Degenhardt, Klaus (Hrg.)

Aufsichtsrecht für Finanzdienstleistungen

AF125432

Degenhardt, Klaus (Hrg.)

Aufsichtsrecht für Finanzdienstleistungen

Band 3:
- Gesetz über Unternehmensbeteiligungsgesellschaften
- Gesetz zur Beschleunigung und Vereinfachung des Erwerbs von Anteilen an sowie Risikopositionen von Unternehmen des Finanzsektors durch den Fonds „Finanzmarktstabilisierungsfonds – FMS"
- Gesetz zur Reorganisation von Kreditinstituten
- Investmentgesetz
- Kreditwesengesetz

Bearbeitungsstand: März 2011

ISBN: 978-3-86741-664-1
Auflage: 1
Erscheinungsjahr: 2011
Erscheinungsort: Bremen, Deutschland

© Europäischer Hochschulverlag GmbH & Co KG, Fahrenheitstr. 1, 28359 Bremen
www.eh-verlag.de

Inhaltsverzeichnis Band 1

Inhaltsverzeichnis Band 2

Inhaltsverzeichnis Band 3

Inhaltsverzeichnis Band 4

Inhaltsverzeichnis Band 5

Inhaltsverzeichnis Band 3

Gesetz über Unternehmensbeteiligungsgesellschaften
Übersicht

Gesetz über Unternehmensbeteiligungsgesellschaften

(UBGG)

In der Fassung der Bekanntmachung vom: 9. September 1998
Zuletzt geändert durch: Art. 2 des Gesetzes vom 12. August 2008 (BGBl I S. 1672),

Erster Abschnitt
Allgemeine Vorschriften

§ 1
Gegenstand und Zweck des Gesetzes

Dieses Gesetz regelt die Tätigkeit und Beaufsichtigung von
Unternehmensbeteiligungsgesellschaften.

§ 1a
Begriffsbestimmungen

(1) Unternehmensbeteiligungsgesellschaften sind die von der zuständigen Behörde als
Unternehmensbeteiligungsgesellschaften anerkannten Gesellschaften.

(2) Offene Unternehmensbeteiligungsgesellschaften sind
Unternehmensbeteiligungsgesellschaften, die ihre Geschäfte unter Beachtung des § 7 Abs. 1
bis 5 betreiben. Integrierte Unternehmensbeteiligungsgesellschaften sind
Unternehmensbeteiligungsgesellschaften, die von der Möglichkeit des § 7 Abs. 6 Gebrauch
machen, von den Vorschriften des § 7 Abs. 1 bis 5 abzuweichen.

(3) Unternehmensbeteiligungen sind Eigenkapitalbeteiligungen an Aktiengesellschaften,
Gesellschaften mit beschränkter Haftung, offenen Handelsgesellschaften,
Kommanditgesellschaften, Gesellschaften bürgerlichen Rechts und Gesellschaften
vergleichbarer ausländischer Rechtsformen. Als Unternehmensbeteiligungen gelten auch
Beteiligungen als stiller Gesellschafter im Sinne des § 230 des Handelsgesetzbuchs und
Genussrechte.

(4) Mutterunternehmen sind Unternehmen, die als Mutterunternehmen im Sinne des § 290
des Handelsgesetzbuchs gelten oder die einen beherrschenden Einfluß ausüben können,
ohne daß es auf die Rechtsform und den Sitz ankommt. Tochterunternehmen sind
Unternehmen, die als Tochterunternehmen im Sinne des § 290 des Handelsgesetzbuchs
gelten oder auf die ein beherrschender Einfluß ausgeübt werden kann, ohne daß es auf die
Rechtsform und den Sitz ankommt. Schwesterunternehmen sind Unternehmen, die ein
gemeinsames Mutterunternehmen haben.

(5) Bilanzsumme ist die Bilanzsumme, die sich aus der letzten geprüften Bilanz ergibt.

§ 2
Anforderungen an Rechtsform, Unternehmensgegenstand, Sitz und Kapital

(1) Eine Unternehmensbeteiligungsgesellschaft darf in der Rechtsform der Aktiengesellschaft, der Gesellschaft mit beschränkter Haftung, der Kommanditgesellschaft und der Kommanditgesellschaft auf Aktien betrieben werden.

(2) Satzungsmäßig oder gesellschaftsvertraglich festgelegter Unternehmensgegenstand der Unternehmensbeteiligungsgesellschaft muß vorbehaltlich abweichender Vorschriften des Zweiten Abschnitts ausschließlich der Erwerb, das Halten, die Verwaltung und die Veräußerung von Unternehmensbeteiligung sein. Im Gesellschaftsvertrag oder in der Satzung der Unternehmensbeteiligungsgesellschaft ist festzulegen, ob sie eine offene oder eine integrierte Unternehmensbeteiligungsgesellschaft sein soll.

(3) Die Unternehmensbeteiligungsgesellschaft muß ihren Sitz und ihre Geschäftsleitung im Inland haben.

(4) Das Grund- oder Stammkapital der Unternehmensbeteiligungsgesellschaft muß mindestens eine Million Euro betragen. Die Einlagen müssen voll geleistet sein.

Zweiter Abschnitt
Vorschriften über die Tätigkeit der Unternehmensbeteiligungsgesellschaften

Erster Unterabschnitt

§ 3
Zulässige Geschäfte

(1) Die Unternehmensbeteiligungsgesellschaft darf außer den in § 2 Abs. 2 bezeichneten Geschäften nur die in den folgenden Absätzen bezeichneten Geschäfte betreiben.

(2) Die Unternehmensbeteiligungsgesellschaft darf Unternehmen, an denen sie eine Unternehmensbeteiligung hält, Darlehen gewähren.

(3) Die Unternehmensbeteiligungsgesellschaft darf verfügbares Geld zur Anlage bei Kreditinstituten und zum Ankauf von Schuldverschreibungen verwenden.

(4) Die Unternehmensbeteiligungsgesellschaft darf Kredite aufnehmen sowie Genußrechte und Schuldverschreibungen begeben. Werden Schuldverschreibungen begeben, darf die Unternehmensbeteiligungsgesellschaft Darlehen nach Absatz 2 nur mit der Maßgabe gewähren, daß diese im Fall der Insolvenz des Unternehmens erst nach Befriedigung aller nicht nachrangigen Gläubiger zurückgezahlt werden.

(5) Der Erwerb von Grundstücken ist der Unternehmensbeteiligungsgesellschaft nur zur Beschaffung von Geschäftsräumen gestattet.

(6) Sonstige Geschäfte darf die Unternehmensbeteiligungsgesellschaft nur tätigen, wenn sie mit ihrem Unternehmensgegenstand zusammenhängen.

§ 4
Anlagegrenzen

(1) Die Unternehmensbeteiligungsgesellschaft darf Unternehmensbeteiligungen an einem Unternehmen nur erwerben, soweit zum Zeitpunkt des Erwerbs ihre Anschaffungskosten zusammen mit dem Buchwert der von der Unternehmensbeteiligungsgesellschaft an diesem Unternehmen bereits gehaltenen Unternehmensbeteiligungen 30 vom Hundert der Bilanzsumme der Unternehmensbeteiligungsgesellschaft nicht übersteigen. Unternehmensbeteiligungen an Konzernunternehmen im Sinne des § 18 des Aktiengesetzes gelten als Unternehmensbeteiligungen an demselben Unternehmen. Die Unternehmensbeteiligungsgesellschaft ist in den ersten drei Jahren seit ihrer Anerkennung als Unternehmensbeteiligungsgesellschaft von der Einschränkung des Satzes 1 befreit.

(2) Die Unternehmensbeteiligungsgesellschaft darf Wagniskapitalbeteiligungen an Unternehmen, deren Aktien oder Genußrechte zum Handel an einem organisierten Markt im Sinne des § 2 Abs. 5 des Wertpapierhandelsgesetzes zugelassen oder die in den Freiverkehr einbezogen oder die Mutterunternehmen solcher Unternehmen sind (börsennotierte Unternehmen), nur erwerben, soweit zum Zeitpunkt des Erwerbs dieser Unternehmensbeteiligungen die Anschaffungskosten zusammen mit dem Buchwert der von der Unternehmensbeteiligungsgesellschaft an solchen Unternehmen insgesamt bereits gehaltenen Unternehmensbeteiligungen 30 vom Hundert der Bilanzsumme der Unternehmensbeteiligungsgesellschaft nicht übersteigen. Anteile an einem börsennotierten Unternehmen, dessen Bilanzsumme 250 Millionen Euro übersteigt, dürfen nicht erworben werden.

(3) Eine offene Unternehmensbeteiligungsgesellschaft darf Unternehmensbeteiligungen an einem Unternehmen nur erwerben, soweit sie dadurch bei dem Unternehmen nicht mehr als 49 vom Hundert der Stimmrechte erlangt. Diese Grenze darf bei Unternehmensbeteiligungen an einem Unternehmen, das nicht börsennotiert im Sinne des Absatzes 2 Satz 1 ist, einmalig je Beteiligung überschritten werden. In diesem Fall muß die Unternehmensbeteiligungsgesellschaft innerhalb von acht Jahren nach Überschreiten der in Satz 1 genannten Grenze ihre Unternehmensbeteiligungen soweit zurückführen, daß sie die Grenze wieder einhält.

(4) Eine integrierte Unternehmensbeteiligungsgesellschaft darf Unternehmensbeteiligungen nur an Unternehmen erwerben, bei denen mindestens einer der zur Geschäftsführung Berechtigten eine natürliche Person ist, die unmittelbar oder mittelbar mit mindestens 10 vom Hundert an den Stimmrechten des Unternehmens beteiligt ist. Bei einer Kommanditgesellschaft, bei der kein persönlich haftender Gesellschafter eine natürliche Person ist, gilt diese Voraussetzung als erfüllt, wenn ein Geschäftsführer der Komplementärgesellschaft an der Kommanditgesellschaft beteiligt ist und dabei über mindestens 10 vom Hundert an den Stimmrechten der Kommanditgesellschaft verfügt. Mehrheitsbeteiligungen der integrierten Unternehmensbeteiligungsgesellschaften müssen vor Ablauf eines Jahres so zurückgeführt werden, dass die Unternehmensbeteiligungsgesellschaft nicht mehr als 49 vom Hundert der Stimmrechte hält. Satz 1 gilt nicht für Unternehmensbeteiligungen nach § 1a Abs. 3 Satz 2.

(5) Die Unternehmensbeteiligungsgesellschaft darf Unternehmensbeteiligungen an Unternehmen, deren Sitz oder Geschäftsleitung nicht in einem Mitgliedstaat der Europäischen Union oder in einem anderen Vertragsstaat des Abkommens über den Europäischen Wirtschaftsraum liegt, nur erwerben, soweit zum Zeitpunkt des Erwerbs der Unternehmensbeteiligungen ihre Anschaffungskosten zusammen mit dem Buchwert der von der Unternehmensbeteiligungsgesellschaft an solchen Unternehmen insgesamt bereits gehaltenen Unternehmensbeteiligungen 30 vom Hundert der Bilanzsumme der Unternehmensbeteiligungsgesellschaft nicht übersteigen.

(6) Die Unternehmensbeteiligungsgesellschaft darf eine Unternehmensbeteiligung länger als 15 Jahre nur halten, soweit der Buchwert aller länger als 15 Jahre gehaltenen Unternehmensbeteiligungen 30 vom Hundert der Bilanzsumme nicht übersteigt. Bei der Berechnung nach Satz 1 werden nicht berücksichtigt typische stille Beteiligungen sowie Unternehmensbeteiligungen an Unternehmensbeteiligungsgesellschaften, sofern in deren Satzung ausgeschlossen ist, dass sich diese an einer anderen Unternehmensbeteiligungsgesellschaft oder Kapitalbeteiligungsgesellschaft beteiligen dürfen.

(7) Darlehen dürfen einem Unternehmen nur bis zur Höhe der dreifachen Anschaffungskosten der an dem Unternehmen gehaltenen Unternehmensbeteiligungen gewährt werden und zusammen mit dem Buchwert der Unternehmensbeteiligungen an diesem Unternehmen 30 vom Hundert der Bilanzsumme der Unternehmensbeteiligungsgesellschaft nicht übersteigen; Absatz 1 Satz 2 ist anzuwenden. Der Gesamtbetrag der den Unternehmen gewährten Darlehen darf zum Zeitpunkt der Darlehensgewährung 30 vom Hundert der Bilanzsumme der Unternehmensbeteiligungsgesellschaft nicht übersteigen.

§ 5
Unzulässige Geschäfte

(1) Die Unternehmensbeteiligungsgesellschaft darf keine Unternehmensbeteiligungen an Unternehmen halten, die Mutterunternehmen oder Schwesterunternehmen der Unternehmensbeteiligungsgesellschaft sind.

(2) Die Unternehmensbeteiligungsgesellschaft darf keine Beteiligungen als stiller Gesellschafter an der Unternehmensbeteiligungsgesellschaft gewähren. Satz 1 ist nicht auf typische stille Beteiligungen von Gesellschaftern anzuwenden, die gleichzeitig an der Unternehmensbeteiligungsgesellschaft beteiligt sind.

§ 6
Verletzung der Vorschriften über den Geschäftskreis

Ein Verstoß gegen die §§ 3 bis 5 berührt die Wirksamkeit des Rechtsgeschäfts nicht.

§ 7
Anteilstruktur, Mitteilungspflichten

(1) Eine offene Unternehmensbeteiligungsgesellschaft darf spätestens fünf Jahre nach ihrer Anerkennung kein Tochterunternehmen mehr sein. Ein Anteilinhaber darf nach Ablauf dieser

Frist nicht mehr maßgeblich beteiligt sein. Maßgeblich beteiligt ist, wer bei einer Unternehmensbeteiligungsgesellschaft unmittelbar oder über ein kontrolliertes Unternehmen mehr als 40 vom Hundert des Kapitals hält oder wem unmittelbar oder über ein kontrolliertes Unternehmen mehr als 40 vom Hundert der Stimmrechte der Unternehmensbeteiligungsgesellschaft zustehen. § 22 Abs. 1 und 3 des Wertpapierhandelsgesetzes gilt für die Berechnung des Stimmrechtsanteils entsprechend, für die Berechnung des Kapitalanteils mit der Maßgabe entsprechend, daß an die Stelle der Stimmrechte die Kapitalanteile treten.

(2) Wird ein Unternehmen Mutterunternehmen einer offenen Unternehmensbeteiligungsgesellschaft, hat es dies der Unternehmensbeteiligungsgesellschaft und der Behörde unverzüglich unter Angabe der Höhe seines Kapital- und Stimmrechtsanteils, des Zeitpunkts, in dem es Mutterunternehmen wurde, und seiner Anschrift schriftlich mitzuteilen. Eine entsprechende Verpflichtung besteht, wenn das Unternehmen nicht mehr Mutterunternehmen der Unternehmensbeteiligungsgesellschaft ist. Wer an einer offenen Unternehmensbeteiligungsgesellschaft maßgeblich beteiligt ist, hat der Unternehmensbeteiligungsgesellschaft und der Behörde unverzüglich die Höhe seines Kapital- und Stimmrechtsanteils unter Angabe des Zeitpunkts, ab dem er maßgeblich beteiligt ist, und seiner Anschrift schriftlich mitzuteilen. Eine entsprechende Verpflichtung besteht, wenn er nicht mehr maßgeblich beteiligt ist.

(3) Wer eine Mitteilung nach Absatz 2 abgegeben hat, muß auf Verlangen der Behörde oder der offenen Unternehmensbeteiligungsgesellschaft das Bestehen des mitgeteilten Kapital- und Stimmrechtsanteils nachweisen.

(4) Rechte aus Anteilen des Mutterunternehmens oder aus einer maßgeblichen Beteiligung an einer offenen Unternehmensbeteiligungsgesellschaft, die einem nach Absatz 2 Satz 1 oder 3 Mitteilungspflichtigen oder einem kontrollierten Unternehmen gehören, bestehen nicht für die Zeit, für welche die Mitteilungspflichten nach Absatz 2 Satz 1 oder 3 nicht erfüllt werden.

(5) Rechte aus Anteilen an einer offenen Unternehmensbeteiligungsgesellschaft von Mutterunternehmen, anderen Unternehmen oder Personen, die an der Unternehmensbeteiligungsgesellschaft maßgeblich beteiligt sind, und von diesen Unternehmen oder Personen unmittelbar oder mittelbar kontrollierten Unternehmen bestehen nach Ablauf der in Absatz 1 genannten Frist nicht für die Anteile, die zusammen mehr als 40 vom Hundert der Kapital- oder Stimmrechtsanteile an der Unternehmensbeteiligungsgesellschaft gewähren.

(6) Eine integrierte Unternehmensbeteiligungsgesellschaft darf ihre Geschäfte abweichend von den Vorschriften der Absätze 1 bis 5 nur betreiben, wenn sie die Anlagegrenzen des § 4 Abs. 4 beachtet.

§ 8
Jahresabschluß, Lagebericht und Abschlußprüfung

(1) Auf Unternehmensbeteiligungsgesellschaften, die kleine Kapitalgesellschaften im Sinne des § 267 Abs. 1 des Handelsgesetzbuchs sind und die nicht die Voraussetzungen des § 267

Abs. 3 Satz 2 des Handelsgesetzbuchs erfüllen, sind die für mittelgroße Kapitalgesellschaften (§ 267 Abs. 2 des Handelsgesetzbuchs) geltenden Vorschriften des Zweiten Abschnitts des Dritten Buches des Handelsgesetzbuchs anzuwenden.

(2) Unternehmensbeteiligungsgesellschaften, die Kommanditgesellschaften sind, haben einen Jahresabschluß und einen Lagebericht entsprechend den für mittelgroße Kapitalgesellschaften (§ 267 Abs. 2 des Handelsgesetzbuchs) geltenden Vorschriften des Zweiten Abschnitts des Dritten Buches des Handelsgesetzbuchs mit Ausnahme der die Offenlegung betreffenden Vorschriften der §§ 325 bis 329 aufzustellen. Als Feststellung des Jahresabschlusses ist die Billigung des Jahresabschlusses durch den oder die vertretungsberechtigten Gesellschafter anzusehen. Soweit eine Unternehmensbeteiligungsgesellschaft, die Kommanditgesellschaft ist, zur Rechnungslegung nach den Bestimmungen des Gesetzes über die Rechnungslegung von bestimmten Unternehmen und Konzernen vom 15. August 1969 (BGBl. I S. 1189, 1970 I S. 1113), zuletzt geändert durch Artikel 9 des Gesetzes vom 28. Oktober 1994 (BGBl. I S. 3210), verpflichtet ist, verbleibt es bei dieser Verpflichtung mit der Maßgabe, daß sie einen Lagebericht aufzustellen hat.

(3) Die Prüfung des Jahresabschlusses und des Lageberichts durch den Abschlußprüfer hat sich auch auf die Einhaltung der Vorschriften dieses Gesetzes zu erstrecken. Das Ergebnis dieser Prüfung hat der Abschlußprüfer in den Bestätigungsvermerk zum Jahresabschluß aufzunehmen.

Zweiter Unterabschnitt

§§ 9 bis 11

(weggefallen)

Dritter Unterabschnitt

§§ 12 und 13

(weggefallen)

Dritter Abschnitt
Verfahren und Aufsicht; Bezeichnungsschutz

§ 14
Zuständigkeit

(1) Die Aufgaben der Behörde nach den Vorschriften dieses Gesetzes werden von den zuständigen obersten Landesbehörden wahrgenommen.

(2) Die Behörde entscheidet über die Anerkennung als Unternehmensbeteiligungsgesellschaft und über die Rücknahme und den Widerruf der Anerkennung. Sie überwacht die Einhaltung der Pflichten der Unternehmensbeteiligungsgesellschaft, der Mitglieder ihrer Organe und ihrer Aktionäre oder

Gesellschafter aus der Anerkennung und kann die zur Durchsetzung dieses Gesetzes geeigneten und erforderlichen Anordnungen treffen.

(3) Es kann ein Zwangsgeld bis zu 250 000 Euro festgesetzt werden.

§ 15
Anerkennung

(1) Unternehmensbeteiligungsgesellschaften bedürfen der Anerkennung durch die zuständige Behörde.

(2) Die Anerkennung als Unternehmensbeteiligungsgesellschaft ist schriftlich zu beantragen. Dem Antrag sind in Urschrift oder öffentlich beglaubigter Abschrift beizufügen:

1. die Satzung oder der Gesellschaftsvertrag in der neuesten Fassung;
2. die Urkunden über die Bestellung des Vorstands, der Geschäftsführer oder Komplementäre und die Urkunden über die Bestellung des Aufsichtsrats; bei einer Unternehmensbeteiligungsgesellschaft, die in der Rechtsform der Kommanditgesellschaft oder Kommanditgesellschaft auf Aktien betrieben werden soll und bei der ein Komplementär eine juristische Person ist, zusätzlich die Urkunde über die Bestellung der geschäftsführenden Organe der juristischen Person;
3. ein Handelsregisterauszug nach neuestem Stand oder eine Bestätigung des Registergerichts, daß die Eintragung der Gesellschaft in das Handelsregister nur noch von der Anerkennung als Unternehmensbeteiligungsgesellschaft abhängt.

§ 16
Voraussetzungen der Anerkennung, Erlöschen

(1) Eine Gesellschaft ist als Unternehmensbeteiligungsgesellschaft anzuerkennen, wenn

1. sie die Voraussetzungen des § 2 erfüllt,
2. ihre Geschäfte den Regeln des § 3 und den Anlagegrenzen des § 4 entsprechen,
3. sie keine Unternehmensbeteiligungen an ihrem Mutterunternehmen oder einem Schwesterunternehmen hält,
4. keine Beteiligungen als stiller Gesellschafter an der Gesellschaft bestehen und
5. der Antrag nach § 15 Abs. 2 ordnungsgemäß und vollständig gestellt ist.

(2) Für die Berechnung der in § 4 Abs. 3 Satz 3, Abs. 4 Satz 2 und Abs. 6 Satz 1 festgelegten Fristen ist für Unternehmensbeteiligungen, die im Zeitpunkt der Anerkennung als Unternehmensbeteiligungsgesellschaft von dieser gehalten werden, der Zeitpunkt dieser Anerkennung maßgeblich.

(3) Die Anerkennung verliert ihre Wirkung nur durch Rücknahme, Widerruf oder Verzicht.

§ 17
Widerruf

Die Behörde kann die Anerkennung außer nach den Vorschriften des Verwaltungsverfahrensgesetzes widerrufen, wenn

1. die Unternehmensbeteiligungsgesellschaft gegen § 2 verstößt oder in schwerwiegender Weise Verpflichtungen verletzt, die ihr nach § 3 Abs. 1 bis 3, 5 und 6 und § 4 obliegen,
2. die Unternehmensbeteiligungsgesellschaft entgegen § 5 Abs. 2 Beteiligungen als stiller Gesellschafter gewährt hat,
3. entgegen § 5 Abs. 1 Unternehmensbeteiligungen hält oder
4. die offene Unternehmensbeteiligungsgesellschaft gegen § 7 Abs. 1 verstößt.

§ 18
Verzicht

Die Unternehmensbeteiligungsgesellschaft kann auf die Anerkennung nur verzichten, indem sie den Unternehmensgegenstand (§ 2 Abs. 2 Satz 1) ändert oder in der Satzung oder in dem Gesellschaftsvertrag bestimmt, daß sie ihre Geschäfte nicht nach Maßgabe dieses Gesetzes betreibt. Die Anerkennung verliert ihre Wirksamkeit von dem Tag an, an dem die Änderung der Satzung oder des Gesellschaftsvertrags in das Handelsregister eingetragen wird.

§ 19
Erneuter Antrag auf Anerkennung

(1) Wird die Anerkennung als Unternehmensbeteiligungsgesellschaft zurückgenommen oder widerrufen oder verzichtet die Unternehmensbeteiligungsgesellschaft auf die Anerkennung, so kann die Gesellschaft einen erneuten Antrag frühestens drei Jahre nach dem Wirksamwerden des Verzichts, der Rücknahme oder des Widerrufs stellen.

(2) Die Gesellschaft ist auf einen solchen Antrag erneut als Unternehmensbeteiligungsgesellschaft anzuerkennen, wenn sie die Voraussetzungen des § 16 Abs. 1 in Verbindung mit Abs. 2 erfüllt und, sofern sie nach ihrer Satzung oder ihrem Gesellschaftsvertrag eine offene Unternehmensbeteiligungsgesellschaft ist, sie kein Tochterunternehmen ist und an ihr keine maßgebliche Beteiligung besteht.

§ 20
Schutz der Bezeichnung "Unternehmensbeteiligungsgesellschaft"

(1) Die Bezeichnung "Unternehmensbeteiligungsgesellschaft" darf in der Firma, als Zusatz zur Firma, zur Bezeichnung des Geschäftszwecks oder zu Werbezwecken nur von anerkannten Unternehmensbeteiligungsgesellschaften geführt werden.

(2) Die Bezeichnung "Unternehmensbeteiligungsgesellschaft" darf als Firma oder als Zusatz zur Firma in das Handelsregister nur eingetragen werden, wenn dem Registergericht die Anerkennung als Unternehmensbeteiligungsgesellschaft nachgewiesen ist. Führt ein Unternehmen eine Firma oder einen Zusatz zur Firma, deren Gebrauch nach Absatz 1 unzulässig ist, so hat das Registergericht die Firma oder den Zusatz zur Firma von Amts wegen zu löschen; § 142 Abs. 1 Satz 2, Abs. 2 und 3 sowie § 143 des Gesetzes über die Angelegenheiten der freiwilligen Gerichtsbarkeit gelten entsprechend.

§ 21
Anzeige-, Vorlage- und Duldungspflichten

(1) Die Unternehmensbeteiligungsgesellschaft hat der Behörde unverzüglich

1. Änderungen der Satzung oder des Gesellschaftsvertrags anzuzeigen sowie
2. den geprüften und festgestellten Jahresabschluß, den Lagebericht sowie den Bericht über die Prüfung des Jahresabschlusses und des Lageberichts einzureichen.

(2) Während der üblichen Arbeitszeit ist den Bediensteten der Behörde, soweit dies zur Wahrnehmung ihrer Aufgaben nach diesem Gesetz erforderlich ist, das Betreten der Grundstücke und Geschäftsräume der Unternehmensbeteiligungsgesellschaft zu gestatten. Die Betroffenen haben Maßnahmen nach Satz 1 zu dulden.

§ 21a
Befugnisse der Aufsichtsbehörde, Verschwiegenheitspflicht

(1) Die Behörde kann von der Unternehmensbeteiligungsgesellschaft und deren Aktionären oder Gesellschaftern Auskünfte und die Vorlage von Urkunden verlangen, soweit dies zur Überwachung der Einhaltung der in § 7 geregelten Pflichten erforderlich ist. Die Befugnisse nach Satz 1 bestehen auch gegenüber Personen und Unternehmen, deren Kapitalanteile nach § 7 Abs. 1 Satz 4 zuzurechnen sind.

(2) Die bei der Behörde beschäftigten Personen dürfen die ihnen bei ihrer Tätigkeit bekannt gewordenen Tatsachen, deren Geheimhaltung im Interesse eines nach diesem Gesetz Verpflichteten oder eines Dritten liegt, insbesondere Geschäfts- oder Betriebsgeheimnisse sowie personenbezogene Daten, nicht unbefugt offenbaren oder verwerten, auch wenn sie nicht mehr im Dienst sind oder ihre Tätigkeit beendet ist. Dies gilt auch für andere Personen, die durch dienstliche Berichterstattung Kenntnis von den in Satz 1 bezeichneten Tatsachen erhalten. Ein unbefugtes Offenbaren oder Verwerten im Sinne des Satzes 1 liegt insbesondere nicht vor, wenn Tatsachen weitergegeben werden an

1. Strafverfolgungsbehörden oder für Straf- und Bußgeldsachen zuständige Gerichte,
2. kraft Gesetzes oder im öffentlichen Auftrag mit der Überwachung von Unternehmensbeteiligungsgesellschaften, Börsen oder anderen Wertpapiermärkten, des Wertpapierhandels, von Kreditinstituten, Finanzinstituten oder Versicherungsunternehmen betraute Stellen sowie von diesen beauftragte Personen,
3. mit der Liquidation oder der Insolvenz einer Unternehmensbeteiligungsgesellschaft befaßte Stellen,

soweit diese Stellen die Informationen zur Erfüllung ihrer Aufgaben benötigen. Für die bei diesen Stellen beschäftigten Personen gilt die Verschwiegenheitspflicht nach Satz 1 entsprechend. Befindet sich die Stelle in einem anderen Staat, so dürfen die Tatsachen nur dann weitergegeben werden, wenn diese Stelle und die von ihr beauftragten Personen einer dem Satz 1 entsprechenden Verschwiegenheitspflicht unterliegen. Die in Satz 3 Nr. 3 genannten Stellen, die direkt oder indirekt Informationen von zuständigen Stellen anderer Staaten erhalten, dürfen diese nur mit ausdrücklicher Zustimmung der übermittelnden Stellen weiter übermitteln. Im übrigen sind die Vorschriften des § 9 Abs. 2 des Gesetzes über das Kreditwesen entsprechend anzuwenden.

§ 22
Mitteilungen und Bekanntmachungen

(1) Die Behörde teilt dem Registergericht die Anerkennung als Unternehmensbeteiligungsgesellschaft und den nicht mehr anfechtbaren Verlust der Anerkennung mit.

(2) Die Behörde macht die Anerkennung, die unanfechtbar gewordene Rücknahme oder den unanfechtbar gewordenen Widerruf der Anerkennung und den Verzicht auf die Anerkennung auf Kosten der Unternehmensbeteiligungsgesellschaft im Bundesanzeiger bekannt.

Vierter Abschnitt
Übergangs-, Bußgeld-, Änderungs- und Schlußvorschriften

Erster Unterabschnitt
Übergangs- und Bußgeldvorschriften

§ 23
Mitteilungspflichten der Aktionäre und Gesellschafter bei Anerkennung als Unternehmensbeteiligungsgesellschaft

(1) Wer im Zeitpunkt der Anerkennung einer offenen Unternehmensbeteiligungsgesellschaft ein Mutterunternehmen dieser Unternehmensbeteiligungsgesellschaft ist oder eine maßgebliche Beteiligung an ihr hält, hat spätestens zwei Monate nach der Bekanntmachung der Anerkennung im Bundesanzeiger der Unternehmensbeteiligungsgesellschaft und der Behörde die Mitteilung nach § 7 Abs. 2 Satz 1 oder 3 zu machen. § 7 Abs. 3 und § 21 a Abs. 1 gelten entsprechend.

(2) Die Verpflichtung nach Absatz 1 gilt für Unternehmensbeteiligungsgesellschaften im Sinne des § 25 Abs. 2 Satz 1 und 2 mit der Maßgabe, daß für die Berechnung der Frist an die Stelle der Anerkennung als Unternehmensbeteiligungsgesellschaft die Eintragung der Satzungsänderung tritt.

§ 24
Gesellschafterdarlehen

Hat die Unternehmensbeteiligungsgesellschaft oder ein an ihr beteiligter Gesellschafter einem Unternehmen, an dem die Unternehmensbeteiligungsgesellschaft beteiligt ist, ein Darlehen gewährt oder eine andere einer Darlehensgewährung wirtschaftlich entsprechende Rechtshandlung vorgenommen, ist § 39 Abs. 1 Nr. 5 der Insolvenzordnung nicht anzuwenden.

§ 25
Übergangsvorschriften für am 1. April 1998 anerkannte Unternehmensbeteiligungsgesellschaften

(1) Dieses Gesetz ist in der vor dem Inkrafttreten des Artikels 7 des Dritten Finanzmarktförderungsgesetzes geltenden Fassung bis zum 31. Dezember 2002 auf

Gesellschaften anzuwenden, die bei Inkrafttreten des Artikels 7 des Dritten Finanzmarktförderungsgesetzes bereits als Unternehmensbeteiligungsgesellschaften anerkannt sind.

(2) Eine Unternehmensbeteiligungsgesellschaft im Sinne des Absatzes 1, die keine Wagniskapitalbeteiligungen an ihrem Mutterunternehmen oder einem Schwesterunternehmen hält, das kein Tochterunternehmen der Unternehmensbeteiligungsgesellschaft ist, kann bis spätestens 31. Dezember 2002 in der Satzung bestimmen, daß sie ihre Geschäfte nach Maßgabe dieses Gesetzes in der Fassung des Artikels 7 des Dritten Finanzmarktförderungsgesetzes betreibt. Ab dem Zeitpunkt der Eintragung der Änderung der Satzung in das Handelsregister unterliegt die Unternehmensbeteiligungsgesellschaft den Vorschriften dieses Gesetzes in der in Satz 1 genannten Fassung für Gesellschaften, die als Unternehmensbeteiligungsgesellschaften anerkannt sind. Für die Berechnung der in § 4 Abs. 3 Satz 3, Abs. 4 Satz 2 und Abs. 6 Satz 1, § 7 Abs. 1 Satz 1 sowie § 23 Abs. 1 Satz 1 bestimmten Fristen tritt an die Stelle der Anerkennung als Unternehmensbeteiligungsgesellschaft der Zeitpunkt der Eintragung nach Satz 2.

(3) Ist am 1. Januar 2003 die Änderung der Satzung nach Absatz 2 Satz 1 nicht im Handelsregister eingetragen, verliert eine Unternehmensbeteiligungsgesellschaft im Sinne des Absatzes 1 ihre Anerkennung als Unternehmensbeteiligungsgesellschaft. Die Behörde macht den Verlust der Anerkennung auf Kosten der Gesellschaft im Bundesanzeiger bekannt.

§ 26
Übergangsvorschriften

(1) Zum Zeitpunkt des Inkrafttretens des Artikels 9 des Zweiten Finanzmarktförderungsgesetzes anerkannte Unternehmensbeteiligungsgesellschaften sind abweichend von § 9 Abs. 1 Satz 1 verpflichtet, innerhalb von zwölf Jahren mindestens sieben Zehntel der Aktien der Unternehmensbeteiligungsgesellschaft öffentlich zum Erwerb anzubieten. In diesen Fällen ist § 17 Abs. 1 Nr. 1, Abs. 2 Nr. 1 mit der Maßgabe anzuwenden, daß an die Stelle einer Frist von zehn Jahren eine Frist von zwölf Jahren tritt.

(2) Auf Anteile, welche die Unternehmensbeteiligungsgesellschaft zum Zeitpunkt des Inkrafttretens des Artikels 9 des Zweiten Finanzmarktförderungsgesetzes an Unternehmen hält, die weniger als fünf Jahre bestehen, ist § 4 Abs. 3 Satz 3 Halbsatz 2 mit der Maßgabe anzuwenden, daß an die Stelle einer Frist von fünf Jahren für die Veräußerung von Anteilen eine Frist von zehn Jahren tritt.

(3) Bei Anteilen, welche die Unternehmensbeteiligungsgesellschaft zum Zeitpunkt des Inkrafttretens des Artikels 9 des Zweiten Finanzmarktförderungsgesetzes an Unternehmen hält, ist § 25 mit der Maßgabe anzuwenden, daß eine Zurechnung bis zum Ablauf von zwölf Jahren nach der Anerkennung der Unternehmensbeteiligungsgesellschaft nicht erfolgt; dies gilt nicht bei Anteilen, bei denen die Frist nach § 25 in der vor dem Inkrafttreten des Artikels 9 des Zweiten Finanzmarktförderungsgesetzes geltenden Fassung bereits abgelaufen war.
§ 27 Bußgeldvorschriften

(1) Ordnungswidrig handelt, wer vorsätzlich oder fahrlässig

1. entgegen § 7 Abs. 2 oder § 23 Abs. 1 Satz 1 oder Abs. 2 eine Mitteilung nicht, nicht richtig, nicht vollständig, nicht in der vorgeschriebenen Weise oder nicht rechtzeitig macht,
2. einer vollziehbaren Anordnung nach § 14 Abs. 2 Satz 2 oder § 21 a Abs. 1 zuwiderhandelt,
3. entgegen § 21 Abs. 1 Nr. 1 eine Anzeige nicht, nicht richtig, nicht vollständig oder nicht rechtzeitig erstattet oder
4. entgegen § 21 Abs. 1 Nr. 2 eine dort genannte Unterlage nicht, nicht richtig, nicht vollständig oder nicht rechtzeitig einreicht oder
5. entgegen § 21 Abs. 2 Satz 2 eine Maßnahme nicht duldet.

(2) Die Ordnungswidrigkeit kann in den Fällen des Absatzes 1 Nr. 1 und 2 mit einer Geldbuße bis zu hundertfünfzigtausend Euro, in den Fällen des Absatzes 1 Nr. 3 bis 5 mit einer Geldbuße bis zu fünfzigtausend Euro geahndet werden.

Zweiter Unterabschnitt
Änderung anderer Gesetze

§§ 28 bis 31

(Änderungsvorschriften)

Dritter Unterabschnitt
Berlin-Klausel und Inkrafttreten

§ 32

(gegenstandslos)

§ 33

(Inkrafttreten)

Gesetz zur Beschleunigung und Vereinfachung des Erwerbs von Anteilen an sowie Risikopositionen von Unternehmen des Finanzsektors durch den Fonds „Finanzmarktstabilisierungsfonds – FMS"

Übersicht

Gesetz zur Beschleunigung und Vereinfachung des Erwerbs von Anteilen an sowie Risikopositionen von Unternehmen des Finanzsektors durch den Fonds „Finanzmarktstabilisierungsfonds – FMS"

In der Fassung der Bekanntmachung vom: 17. Oktober 2008 (BGBl. I S. 1982 - Artikel 2 des Gesetzes)

§ 1
Anwendungsbereich

Dieses Gesetz findet Anwendung auf Unternehmen des Finanzsektors im Sinne des § 2 des Finanzmarktstabilisierungsfondsgesetzes.

§ 2
Verpflichtungserklärung

(1) Die Vorschriften des Aktiengesetzes über die Verantwortung des Vorstands zur eigenverantwortlichen Leitung der Gesellschaft sowie über die Zuständigkeiten der Organe stehen der Zulässigkeit und Wirksamkeit einer gemäß § 10 Abs. 2 Satz 1 Nr. 9 des Finanzmarktstabilisierungsfondsgesetzes abgegebenen Verpflichtungserklärung nicht entgegen. Die Verpflichtungserklärung wird mit ihrer Abgabe wirksam.

(2) Die vertretungsberechtigten Organe sind auch gegenüber der Gesellschaft und der Gesamtheit ihrer Gesellschafter berechtigt und verpflichtet, der Verpflichtungserklärung zu entsprechen. Beschlüsse, die der Verpflichtungserklärung, insbesondere im Hinblick auf die Dividendenpolitik, zuwiderlaufen, können aus diesem Grunde angefochten werden. § 254 Abs. 2 des Aktiengesetzes gilt entsprechend.

(3) Die vorstehenden Absätze gelten für Unternehmen des Finanzsektors in einer anderen Rechtsform als der Aktiengesellschaft entsprechend.

§ 3
Gesetzlich genehmigtes Kapital

(1) Der Vorstand eines als Aktiengesellschaft verfassten Unternehmens des Finanzsektors ist bis zum 31. Dezember 2009 ermächtigt, das Grundkapital bis zu 50 vom Hundert des Grundkapitals, das zum Zeitpunkt des Inkrafttretens dieses Gesetzes vorhanden ist, durch Ausgabe neuer Aktien gegen Einlagen an den Finanzmarktstabilisierungsfonds (Fonds) zu erhöhen. Der Vorstand kann von der Ermächtigung nur mit Zustimmung des Aufsichtsrates Gebrauch machen.

(2) Die Erhöhung des Grundkapitals bedarf nicht der Zustimmung der Hauptversammlung. Die Ausgabe bedarf, falls bereits mehrere Gattungen von Aktien vorhanden sind, nicht der Zustimmung der Aktionäre der verschiedenen Gattungen.

(3) Das Bezugsrecht der Aktionäre ist ausgeschlossen.

(4) Eine vorherige Leistung durch den Fonds in das Vermögen der Gesellschaft kann der Einlagepflicht zugeordnet werden und befreit den Fonds von seiner Einlagepflicht.

(5) Soweit sich aus diesem Gesetz nichts anderes ergibt, gelten für die Kapitalerhöhung und Ausgabe der Aktien die §§ 185 bis 191 des Aktiengesetzes entsprechend. § 182 Abs. 4 Satz 1 des Aktiengesetzes findet keine Anwendung. Die Durchführung der Erhöhung ist unverzüglich in das Handelsregister einzutragen. Eine Prüfung findet nicht statt. § 246a Abs. 4 Satz 2 des Aktiengesetzes gilt entsprechend.

(6) Der Aufsichtsrat ist berechtigt, die Satzung der Gesellschaft zu ändern, soweit dies durch die Erhöhung des Grundkapitals und die Ausgabe neuer Aktien nach vorstehenden Absätzen erforderlich ist.

§ 4
Anrechnung auf bestehendes genehmigtes Kapital

In dem Umfang, in dem das Grundkapital in Anwendung der Bestimmungen des § 3 erhöht wird, reduziert sich der Nennbetrag, bis zu dem der Vorstand das Grundkapital aufgrund ihm zum Zeitpunkt des Inkrafttretens dieses Gesetzes bereits eingeräumter Ermächtigungen erhöhen kann.

§ 5
Ausgestaltung der Aktien

(1) Der Vorstand entscheidet über den Inhalt der Aktienrechte und die Bedingungen der Aktienausgabe. Der Vorstand kann insbesondere bestimmen, dass die neuen Aktien mit einem Gewinnvorzug und bei der Verteilung des Gesellschaftsvermögens mit einem Vorrang ausgestattet sind. Er kann insbesondere auch Vorzugsaktien ohne Stimmrecht ausgeben, bei denen der Vorzug nicht nachzahlbar ist.

(2) Die Entscheidung des Vorstands bedarf der Zustimmung des Aufsichtsrates.

(3) Ein Ausgabebetrag, der dem Börsenkurs entspricht, ist in jedem Falle angemessen. Unbeschadet dessen kann der Vorstand mit Zustimmung des Aufsichtsrates entscheiden, dass der Ausgabebetrag den Börsenpreis der Aktien unterschreitet. § 9 des Aktiengesetzes gilt.

(4) Eine Vorauszahlung der Einlage durch den Fonds befreit diesen von seiner Einlagepflicht.

(5) Soweit die an den Fonds ausgegebenen Aktien mit einem Gewinnvorzug oder einem Vorrang bei der Verteilung des Gesellschaftsvermögens ausgestattet sind, verlieren sie diesen bei der Übertragung an einen Dritten. Der Fonds kann bestimmen, dass die an ihn ausgegebenen Vorzugsaktien bei der Übertragung an einen Dritten in stimmberechtigte Stammaktien umgewandelt werden.

§ 6
Bericht an die Hauptversammlung

Der Vorstand hat der nächsten ordentlichen Hauptversammlung einen schriftlichen Bericht über die Kapitalerhöhung und Ausgabe neuer Aktien vorzulegen, in dem insbesondere der Umfang der Kapitalerhöhung sowie der Ausgabebetrag sowie ein Gewinnvorzug und Liquidationsvorrang der Aktien rechtlich und wirtschaftlich erläutert werden.

§ 7
Beschlussfassung der Hauptversammlung über Kapitalerhöhung

(1) Wird eine Hauptversammlung zur Beschlussfassung über die Erhöhung des Grundkapitals und den Ausschluss des Bezugsrechts zugunsten des Fonds einberufen, findet § 16 Abs. 4 des Wertpapiererwerbs- und Übernahmegesetzes entsprechend Anwendung. Die Einberufungsfrist beträgt mindestens einen Tag.

(2) Der Ausschluss des Bezugsrechts zur Zulassung des Fonds zur Übernahme der Aktien ist in jedem Fall zulässig und angemessen.

(3) Der Beschluss über die Erhöhung des Grundkapitals ist unverzüglich zur Eintragung in das Handelsregister anzumelden. Er ist, sofern er nicht offensichtlich nichtig ist, unverzüglich in das Handelsregister einzutragen. § 246a Abs. 4 Satz 2 des Aktiengesetzes gilt entsprechend.

(4) Eine vorherige Leistung durch den Fonds in das Vermögen der Gesellschaft kann der Einlagepflicht zugeordnet werden und befreit den Fonds von seiner Einlagepflicht.

§ 8
Genussrechte

(1) Der Vorstand eines als Aktiengesellschaft verfassten Unternehmens des Finanzsektors ist bis 31. Dezember 2009 ermächtigt, Genussrechte an den Fonds auszugeben. Der Vorstand kann von der Ermächtigung nur mit Zustimmung des Aufsichtsrates Gebrauch machen.

(2) Die Ausgabe der Genussrechte bedarf nicht der Zustimmung der Hauptversammlung.

(3) Das Bezugsrecht der Aktionäre ist ausgeschlossen.

§ 9
Sinngemäße Anwendung

(1) Für Unternehmen des Finanzsektors, die in der Rechtsform der Kommanditgesellschaft auf Aktien und der Europäischen Gesellschaft (SE) verfasst sind, gelten die §§ 3 bis 8 sinngemäß.

(2) Der Fonds kann Mitglied von Unternehmen des Finanzsektors werden, die in der Rechtsform der Genossenschaft verfasst sind. Satzungsänderungen von Genossenschaften, deren Zweck darin besteht, eine Kapitalverstärkung durch den Fonds herbeizuführen, sind unverzüglich zur Eintragung in das Genossenschaftsregister anzumelden und unverzüglich einzutragen, sofern der zugrunde liegende Beschluss nicht offensichtlich nichtig ist.

(3) Gewähren Versicherungsvereine auf Gegenseitigkeit dem Fonds Genussrechte im Sinne des § 53c Abs. 3a des Versicherungsaufsichtsgesetzes, so gilt für das Beschlussverfahren § 7 Abs. 1 entsprechend.

§ 10
Keine Informationspflicht gegenüber dem Wirtschaftsausschuss

§ 106 Abs. 2 Satz 2 und Abs. 3 Nr. 9a sowie § 109a des Betriebsverfassungsgesetzes finden keine Anwendung auf den Erwerb von Anteilen durch den Fonds.

§ 11
Keine Mitteilungspflicht für wesentliche Beteiligung

§ 27a des Wertpapierhandelsgesetzes findet keine Anwendung auf den Erwerb von Anteilen durch den Fonds.

§ 12
Kein Pflichtangebot

Im Falle der Erlangung der Kontrolle über eine Zielgesellschaft durch den Fonds befreit die Bundesanstalt für Finanzdienstleistungsaufsicht den Fonds von der Verpflichtung zur Abgabe und Veröffentlichung eines Pflichtangebots gemäß § 35 des Wertpapiererwerbs- und Übernahmegesetzes.

§ 13
Verwertung

Bei der Wiederveräußerung der von dem Fonds erworbenen Anteile, stillen Beteiligungen und anderen Rechte soll der Fonds den Aktionären und Gesellschaftern der betreffenden Unternehmen des Finanzsektors ein Bezugsrecht einräumen.

§ 14
Keine Börsenzulassung

§ 40 Abs. 1 des Börsengesetzes und § 69 der Börsenzulassungs- Verordnung finden auf die Ausgabe von Aktien an den Fonds keine Anwendung. Nach einer Übertragung der Aktien an einen Dritten sind die vorstehenden Vorschriften anzuwenden. Die Frist des § 69 Abs. 2 der Börsenzulassungs-Verordnung beginnt mit der Übertragung an den Dritten zu laufen.

§ 15
Stille Gesellschaft

Eine Vereinbarung über die Leistung einer Vermögenseinlage durch den Fonds als stiller Gesellschafter in ein Unternehmen des Finanzsektors ist kein Unternehmensvertrag. Er bedarf insbesondere nicht der Zustimmung der Hauptversammlung oder der Eintragung in das Handelsregister.

§ 16
Erwerb von Risikopositionen

(1) Übertragungen von Risikopositionen und Sicherheiten auf den Fonds sind insolvenzrechtlich nicht anfechtbar. Zivilrechtliche Abtretungs- und Übertragungshindernisse, einschließlich des Erfordernisses einer Zustimmung Dritter, stehen der Wirksamkeit der Übertragung an den Fonds nicht entgegen. Die Übertragung einer Forderung oder eines Vertragsverhältnisses an den Fonds stellt keinen wichtigen Grund zur Kündigung im Sinne des § 314 des Bürgerlichen Gesetzbuchs dar. Die §§ 307 bis 309 des Bürgerlichen Gesetzbuchs und § 354a Abs. 2 des Handelsgesetzbuchs sind auf Übertragungen an den Fonds und die von ihm verwandten Vertragsbedingungen nicht anwendbar.

(2) Die an einer Übertragung von Risikopositionen an den Fonds Beteiligten dürfen personenbezogene Daten erheben, verarbeiten und nutzen, soweit dies zur Übertragung erforderlich ist. § 203 des Strafgesetzbuchs steht einer Übertragung von Informationen im Rahmen der Übertragung von Risikopositionen an den Fonds nicht entgegen.

(3) Durch Vereinbarungstreuhand auf den Fonds übertragene Vermögensgegenstände fallen nicht in die Insolvenzmasse des Treuhänders.

§ 17
Wettbewerbsrecht

Die Vorschriften des Ersten bis Dritten Teils des Gesetzes gegen Wettbewerbsbeschränkungen finden keine Anwendung auf den Fonds.

Gesetz zur Reorganisation von Kreditinstituten

Übersicht

Gesetz zur Reorganisation von Kreditinstituten

(Kreditinstitute-Reorganisationsgesetz – KredReorgG)

In der Fassung der Bekanntmachung vom: 9. Dezember 2010 (BGBl. I S. 1900)

Abschnitt 1
Allgemeine Bestimmungen

§ 1
Grundsätze von Sanierungs- und Reorganisationsverfahren

(1) Sanierungsverfahren und Reorganisationsverfahren dienen der Stabilisierung des Finanzmarktes durch Sanierung oder Reorganisation von Kreditinstituten im Sinne des § 1 Absatz 1 des Kreditwesengesetzes mit Sitz im Inland (Kreditinstitute). Das Reorganisationsverfahren setzt eine Gefährdung der Stabilität des Finanzsystems voraus.

(2) Für beide Verfahren gelten, soweit dieses Gesetz nichts anderes bestimmt, die Vorschriften der Zivilprozessordnung entsprechend.

(3) Die in den Verfahren getroffenen gerichtlichen Entscheidungen ergehen durch Beschluss und sind unanfechtbar. Das Gericht hat von Amts wegen alle Umstände zu ermitteln, die für die Verfahren von Bedeutung sind.

(4) Eine Haftung der Bundesanstalt für Finanzdienstleistungsaufsicht (Bundesanstalt) für Handlungen nach diesem Gesetz ist ausgeschlossen, wenn die gesetzlichen Voraussetzungen für die Zulässigkeit der Handlung nicht vorliegen, die Bundesanstalt aber bei verständiger Würdigung der für sie zum Zeitpunkt der Handlung erkennbaren Umstände annehmen darf, dass die Voraussetzungen vorliegen. Hat das betroffene Kreditinstitut diese Umstände nicht zu verantworten, steht ihm ein Anspruch auf Entschädigung zu. § 4 Absatz 4 des Finanzdienstleistungsaufsichtsgesetzes bleibt unberührt.

(5) Die Befugnisse der Bundesanstalt nach anderen Gesetzen bleiben unberührt.

Abschnitt 2
Sanierungsverfahren

§ 2
Einleitung und Beantragung des Sanierungsverfahrens; Inhalt des Sanierungsplans

(1) Das Kreditinstitut leitet das Sanierungsverfahren durch Anzeige der Sanierungsbedürftigkeit bei der Bundesanstalt ein. Sanierungsbedürftigkeit liegt vor, wenn die Voraussetzungen des § 45 Absatz 1 Satz 1 und 2 des Kreditwesengesetzes erfüllt sind. Mit dieser Anzeige genügt das Institut auch seiner Pflicht nach § 46b Absatz 1 des Kreditwesengesetzes.

(2) Mit der Anzeige der Sanierungsbedürftigkeit legt das Kreditinstitut einen Sanierungsplan vor und schlägt einen geeigneten Sanierungsberater vor. Der Sanierungsplan kann alle Maßnahmen enthalten, die geeignet sind, ohne einen Eingriff in Drittrechte eine Sanierung

des Kreditinstituts zu erreichen. Im Sanierungsplan kann vorgesehen werden, dass die Insolvenzgläubiger in einem anschließenden Insolvenzverfahren, das innerhalb von drei Jahren nach Anordnung der Durchführung eröffnet wird, nachrangig sind gegenüber Gläubigern mit Forderungen aus Darlehen und sonstigen Krediten, die das Kreditinstitut in Umsetzung des Sanierungsplans aufnimmt. In diesem Fall ist zugleich ein Gesamtbetrag für derartige Kredite festzulegen (Kreditrahmen). Dieser darf 10 Prozent der Eigenmittel nicht übersteigen. § 264 Absatz 2 der Insolvenzordnung ist entsprechend anzuwenden mit der Maßgabe, dass an die Stelle des Insolvenzverwalters der Sanierungsberater tritt.

(3) Die Bundesanstalt stellt unverzüglich einen Antrag auf Durchführung des Sanierungsverfahrens, wenn sie dies für zweckmäßig hält. Über den Antrag entscheidet das Oberlandesgericht, das für Klagen gegen die Bundesanstalt zuständig ist, unter Berücksichtigung der besonderen Eilbedürftigkeit. Die Bundesanstalt übersendet dem Oberlandesgericht den Sanierungsplan mit einer Stellungnahme, die insbesondere Aussagen zu den Aussichten einer Sanierung auf der Grundlage des Sanierungsplans sowie zur Eignung des vorgeschlagenen Sanierungsberaters enthält. Die Bundesanstalt kann dem Oberlandesgericht nach Anhörung des Kreditinstituts einen anderen Sanierungsberater vorschlagen, wenn sie den vom Kreditinstitut vorgeschlagenen Sanierungsberater für ungeeignet hält.

(4) Sofern die Bundesanstalt keine abweichende Bestimmung trifft, gilt der Antrag als zurückgenommen, wenn eine Maßnahme nach den §§ 45c, 46, 46b oder den §§ 48a bis 48m des Kreditwesengesetzes angeordnet wird. Die Bundesanstalt zeigt dem Oberlandesgericht die Anordnung in diesen Fällen an.

(5) Die Bundesanstalt trifft die Entscheidungen über Maßnahmen nach Absatz 3 im Benehmen mit der Bundesanstalt für Finanzmarktstabilisierung, sofern ein Kreditinstitut betroffen ist, dem Maßnahmen nach dem Finanzmarktstabilisierungsfondsgesetz gewährt wurden. Die Bundesanstalt ist berechtigt, der Bundesanstalt für Finanzmarktstabilisierung die für die Entscheidung erforderlichen Informationen zur Verfügung zu stellen.

§ 3
Anordnung des Sanierungsverfahrens; Bestellung des Sanierungsberaters

(1) Wenn der Antrag zulässig und der Sanierungsplan nicht offensichtlich ungeeignet ist, ordnet das Oberlandesgericht die Durchführung des Sanierungsverfahrens an. Zugleich bestellt das Oberlandesgericht den vorgeschlagenen Sanierungsberater, sofern dieser nicht offensichtlich ungeeignet ist. Die Mitwirkung an der Erstellung des Sanierungsplans ist kein Kriterium für eine mangelnde Eignung. Bei offensichtlich fehlender Eignung ernennt das Oberlandesgericht nach Anhörung des Kreditinstituts und der Bundesanstalt einen anderen Sanierungsberater.

(2) Mit der Anordnung nach Absatz 1 treten die Wirkungen des § 2 Absatz 2 Satz 3 ein; bei Rechtshandlungen nach dieser Vorschrift wird vermutet, dass sie nicht mit dem Vorsatz vorgenommen werden, die anderen Gläubiger zu benachteiligen. Ein Insolvenzgläubiger kann nach Eröffnung eines Insolvenzverfahrens Klage vor dem Prozessgericht gegen einen vorrangigen Insolvenzgläubiger auf Feststellung erheben, dass die Voraussetzungen für die Einleitung des Sanierungsverfahrens nicht gegeben waren oder der Kreditrahmen nicht den gesetzlichen Anforderungen entsprochen hat.

(3) Zum Sanierungsberater kann auch das Mitglied eines Organs oder ein sonstiger Angehöriger des Kreditinstituts bestellt werden. Wird eine solche Person zum Sanierungsberater bestellt, kann das Oberlandesgericht auf Antrag der Bundesanstalt an deren Stelle einen anderen Sanierungsberater bestellen, ohne dass ein wichtiger Grund gegeben sein muss.

(4) Auf das weitere Verfahren vor dem Oberlandesgericht sind, soweit sich keine Abweichungen aus den Vorschriften dieses Gesetzes ergeben, die im ersten Rechtszug für das Verfahren vor den Landgerichten geltenden Vorschriften der Zivilprozessordnung mit Ausnahme der §§ 348 bis 350 entsprechend anzuwenden.

§ 4
Rechtsstellung des Sanierungsberaters; Verordnungsermächtigung

(1) Der Sanierungsberater ist berechtigt,

1. die Geschäftsräume des Kreditinstituts zu betreten und dort Nachforschungen anzustellen,
2. Einsicht in Bücher und Geschäftspapiere des Kreditinstituts zu nehmen und die Vorlage von Unterlagen sowie die Erteilung aller erforderlichen Auskünfte zu verlangen,
3. an allen Sitzungen und Versammlungen sämtlicher Organe und sonstiger Gremien des Kreditinstituts in beratender Funktion teilzunehmen,
4. Anweisungen für die Geschäftsführung des Kreditinstituts zu erteilen,
5. eigenständige Prüfungen zur Feststellung von Schadensersatzansprüchen gegen Organmitglieder oder ehemalige Organmitglieder des Kreditinstituts durchzuführen oder Sonderprüfungen zu veranlassen und
6. die Einhaltung bereits getroffener Auflagen nach dem Finanzmarktstabilisierungsfondsgesetz zu überwachen.

(2) Der Sanierungsberater steht unter der Aufsicht des Oberlandesgerichts. Sowohl das Oberlandesgericht als auch die Bundesanstalt können jederzeit einzelne Auskünfte oder einen Bericht über den Sachstand und über die Geschäftsführung von ihm verlangen. Das Oberlandesgericht kann den Sanierungsberater aus wichtigem Grund aus dem Amt entlassen. Die Entlassung kann von Amts wegen oder auf Antrag der Bundesanstalt erfolgen. Vor der Entscheidung ist der Sanierungsberater zu hören. Sofern ein Kreditinstitut betroffen ist, dem Maßnahmen nach dem Finanzmarktstabilisierungsfondsgesetz gewährt wurden, kann auch die Bundesanstalt für Finanzmarktstabilisierung die in Satz 2 genannten Auskünfte oder Berichte verlangen, und das Oberlandesgericht hat sie vor seiner Entscheidung zu hören.

(3) Der Sanierungsberater ist allen Beteiligten zum Schadenersatz verpflichtet, wenn er schuldhaft die Pflichten verletzt, die ihm nach diesem Gesetz obliegen.

(4) Der Sanierungsberater hat Anspruch gegen das Kreditinstitut auf Vergütung und auf Erstattung angemessener Auslagen. Das Oberlandesgericht setzt die Höhe der Vergütung und der notwendigen Auslagen auf Antrag des Sanierungsberaters nach Anhörung des Kreditinstituts durch unanfechtbaren Beschluss fest. Das Bundesministerium der Justiz wird

ermächtigt, die Vergütung und die Erstattung der Auslagen des Sanierungsberaters durch Rechtsverordnung ohne Zustimmung des Bundesrates näher zu regeln.

§ 5
Gerichtliche Maßnahmen

(1) Das Oberlandesgericht kann auf Vorschlag der Bundesanstalt, der zu begründen ist, weitere Maßnahmen ergreifen, wenn dies zur Sanierung des Kreditinstituts erforderlich ist und wenn die Gefahr besteht, dass das Kreditinstitut seine Verpflichtungen gegenüber den Gläubigern nicht erfüllen kann. Es kann insbesondere

1. den Mitgliedern der Geschäftsleitung und den Inhabern die Ausübung ihrer Tätigkeit untersagen oder diese beschränken,
2. anordnen, den Sanierungsberater in die Geschäftsleitung aufzunehmen,
3. Entnahmen durch die Inhaber oder Gesellschafter sowie die Ausschüttung von Gewinnen untersagen oder beschränken,
4. die bestehenden Vergütungs- und Bonusregelungen der Geschäftsleitung auf ihre Anreizwirkung und ihre Angemessenheit hin überprüfen und gegebenenfalls eine Anpassung für die Zukunft vornehmen sowie Zahlungsverbote bezüglich nicht geschuldeter Leistungen aussprechen und
5. die Zustimmung des Aufsichtsorgans ersetzen.

(2) Das Oberlandesgericht kann eine Entscheidung über weitere Maßnahmen nach Absatz 1 zeitgleich mit der Bestellung nach § 3 oder nachträglich treffen und von Amts wegen mit Wirkung für die Zukunft ändern. Zuvor gibt es dem Kreditinstitut und den von einer Maßnahme nach Absatz 1 unmittelbar rechtlich Betroffenen Gelegenheit zur Stellungnahme. Wenn dies aufgrund besonderer Umstände ausnahmsweise nicht möglich ist, gibt das Oberlandesgericht ihnen unverzüglich nachträglich Gelegenheit zur Stellungnahme. Das Oberlandesgericht überprüft in diesem Fall die getroffene Entscheidung unter Berücksichtigung der eingegangenen Stellungnahmen; besteht danach kein Grund für eine Abänderung, teilt es dies den Beteiligten formlos mit.

§ 6
Umsetzung des Sanierungsplans; Aufhebung des Sanierungsverfahrens

(1) Der Sanierungsberater setzt den Sanierungsplan um. Er kann im Einvernehmen mit der Bundesanstalt und dem Oberlandesgericht Änderungen des Sanierungsplans vornehmen; dies gilt nicht für Regelungen nach § 2 Absatz 2 Satz 3.

(2) Der Sanierungsberater berichtet dem Oberlandesgericht und der Bundesanstalt regelmäßig über den Stand der Sanierung. Sofern ein Kreditinstitut betroffen ist, dem Maßnahmen nach dem Finanzmarktstabilisierungsfondsgesetz gewährt wurden, berichtet er zugleich der Bundesanstalt für Finanzmarktstabilisierung.

(3) Bevor der Sanierungsberater dem Oberlandesgericht die Beendigung des Sanierungsverfahrens anzeigt, hat er die Bundesanstalt davon zu unterrichten. Das Oberlandesgericht beschließt die Aufhebung des Sanierungsverfahrens. Sofern ein Reorganisationsverfahren eingeleitet werden soll, verbindet es die Aufhebung des

Sanierungsverfahrens mit der Entscheidung über den Antrag auf Durchführung des Reorganisationsverfahrens.

Abschnitt 3
Reorganisationsverfahren

§ 7
Einleitung, Beantragung und Anordnung des Reorganisationsverfahrens

(1) Hält das Kreditinstitut ein Sanierungsverfahren für aussichtslos, kann es sogleich ein Reorganisationsverfahren durch Anzeige bei der Bundesanstalt unter Vorlage eines Reorganisationsplans einleiten. Soll nach Scheitern eines Sanierungsverfahrens ein Reorganisationsverfahren durchgeführt werden, erfolgt die Anzeige mit Zustimmung des Kreditinstituts bei der Bundesanstalt unter Vorlage des Reorganisationsplans durch den Sanierungsberater.

(2) Nach der Anzeige durch das Kreditinstitut kann die Bundesanstalt einen Antrag auf Durchführung des Reorganisationsverfahrens stellen, wenn eine Bestandsgefährdung des Kreditinstituts nach § 48b Absatz 1 des Kreditwesengesetzes vorliegt, die zu einer Systemgefährdung nach § 48b Absatz 2 des Kreditwesengesetzes führt.

(3) Das Oberlandesgericht weist den Reorganisationsplan und den Antrag auf Durchführung des Reorganisationsverfahrens zurück, wenn die Vorschriften über den Inhalt des Reorganisationsplans nicht beachtet sind und der Mangel nicht innerhalb einer angemessenen, vom Oberlandesgericht gesetzten Frist behoben wird. Vor der Zurückweisung gibt das Oberlandesgericht dem Kreditinstitut und der Bundesanstalt Gelegenheit zur Stellungnahme.

(4) Wird der Antrag nicht nach Absatz 3 zurückgewiesen, entscheidet das Oberlandesgericht nach Anhörung der Bundesanstalt, der Deutschen Bundesbank und des Kreditinstituts, ob die Voraussetzungen nach Absatz 2 vorliegen. Dieser Beschluss ist mit der Entscheidung über den Antrag auf Durchführung des Reorganisationsverfahrens zu verbinden.

(5) Soweit für das Reorganisationsverfahren nichts anderes bestimmt ist, gelten die Vorschriften über das Sanierungsverfahren entsprechend. § 46d Absatz 1 bis 4 des Kreditwesengesetzes gilt entsprechend. Für Kreditinstitute, die in anderer Rechtsform als einer Aktiengesellschaft verfasst sind, gelten die folgenden Vorschriften sinngemäß.

§ 8
Inhalt des Reorganisationsplans

(1) Der Reorganisationsplan besteht aus einem darstellenden und einem gestaltenden Teil. Im darstellenden Teil wird beschrieben, welche Regelungen getroffen werden sollen, um die Grundlagen für die Gestaltung der Rechte der Betroffenen zu schaffen. Im gestaltenden Teil wird festgelegt, wie die Rechtsstellung der Beteiligten durch den Reorganisationsplan geändert werden soll; er kann auch Regelungen nach § 2 Absatz 2 Satz 3 enthalten. In dem Reorganisationsplan kann auch die Liquidation des Kreditinstituts vorgesehen werden. Soweit der Reorganisationsplan eintragungspflichtige gesellschaftsrechtliche Maßnahmen enthält, sind diese gesondert aufzuführen.

(2) Im Reorganisationsplan sind Gruppen für die Abstimmung nach den §§ 17 und 18 zu bilden, sofern in die Rechte von Beteiligten eingegriffen wird. Beteiligte mit unterschiedlicher Rechtsstellung bilden jeweils eigene Gruppen. Aus den Beteiligten mit gleicher Rechtsstellung können Gruppen gebildet werden, in denen Beteiligte mit gleichartigen wirtschaftlichen Interessen zusammengefasst werden. Die Anteilsinhaber bilden nur dann eine eigene Gruppe, wenn im Reorganisationsplan Regelungen vorgesehen sind, für die nach den gesellschaftsrechtlichen Bestimmungen ein Beschluss der Hauptversammlung erforderlich oder in diesem Gesetz vorgesehen ist.

(3) Der Reorganisationsplan kann in die Rechte der Gläubiger und in die Stellung der Anteilsinhaber nach Maßgabe der §§ 9 bis 12 eingreifen.

§ 9
Umwandlung von Forderungen in Eigenkapital

(1) Im gestaltenden Teil des Reorganisationsplans kann vorgesehen werden, dass Forderungen von Gläubigern in Anteile am Kreditinstitut umgewandelt werden. Eine Umwandlung gegen den Willen der betroffenen Gläubiger ist ausgeschlossen. Insbesondere kann der Reorganisationsplan eine Kapitalherabsetzung oder -erhöhung, die Leistung von Sacheinlagen oder den Ausschluss von Bezugsrechten vorsehen. Zugunsten der in Satz 1 genannten Gläubiger ist § 39 Absatz 4 Satz 2 und Absatz 5 der Insolvenzordnung entsprechend anzuwenden.

(2) Für eine Maßnahme im Sinne des Absatzes 1 hat das Kreditinstitut den bisherigen Anteilsinhabern eine angemessene Entschädigung zu leisten. Die Angemessenheit der Entschädigung ist durch einen oder mehrere sachverständige Prüfer festzustellen. Diese werden auf Antrag des Reorganisationsberaters vom Oberlandesgericht ausgewählt und bestellt.

(3) Rechtshandlungen, die im Zusammenhang mit einer Kapitalmaßnahme nach Absatz 1 stehen, können nicht nach den Bestimmungen der Insolvenzordnung und des Anfechtungsgesetzes angefochten werden zu Lasten

1. des Finanzmarktstabilisierungsfonds,
2. des Bundes und der Länder,
3. der vom Finanzmarktstabilisierungsfonds und dem Bund errichteten Körperschaften, Anstalten und Sondervermögen sowie
4. der dem Finanzmarktstabilisierungsfonds und dem Bund nahestehenden Personen oder sonstigen von ihnen mittelbar oder unmittelbar abhängigen Unternehmen.

§ 10
Sonstige gesellschaftsrechtliche Regelungen

In dem gestaltenden Teil des Reorganisationsplans können alle nach dem Gesellschaftsrecht zulässigen Regelungen getroffen werden, die geeignet sind, die Reorganisation des Kreditinstituts zu fördern. Dies gilt insbesondere für Satzungsänderungen und die Übertragung von Anteils- und Mitgliedschaftsrechten des Kreditinstituts an anderen Gesellschaften. § 9 Absatz 1 Satz 4, Absatz 2 und 3 gilt entsprechend.

§ 11
Ausgliederung

(1) Im gestaltenden Teil des Reorganisationsplans kann festgelegt werden, dass das Kreditinstitut sein Vermögen ganz oder in Teilen ausgliedert und auf einen bestehenden oder zu gründenden Rechtsträger gegen Gewährung von Anteilen dieses Rechtsträgers an das Kreditinstitut überträgt. Der gestaltende Teil des Reorganisationsplans kann auch festlegen, dass einzelne Vermögensgegenstände, Verbindlichkeiten oder Rechtsverhältnisse auf das übertragende Kreditinstitut zurückübertragen werden. Der Reorganisationsplan hat mindestens die in § 48e Absatz 1 Nummer 1 bis 4 des Kreditwesengesetzes genannten Angaben sowie Angaben über die Folgen der Ausgliederung für die Arbeitnehmer und ihre Vertretungen sowie die insoweit vorgesehenen Maßnahmen zu enthalten. § 48k Absatz 2 Satz 3 des Kreditwesengesetzes gilt entsprechend.

(2) Sieht der Reorganisationsplan eine Ausgliederung zur Aufnahme vor, so darf er durch das Oberlandesgericht nur bestätigt werden, wenn eine notariell beurkundete Zustimmungserklärung des übernehmenden Rechtsträgers vorliegt. Im Übrigen gelten § 48c Absatz 5 und § 48f Absatz 2 und 3 Satz 2 sowie Absatz 4 des Kreditwesengesetzes sowie § 21 Absatz 3 für die Zuleitung an das Registergericht des übernehmenden Rechtsträgers entsprechend.

(3) Ist im Reorganisationsplan eine Ausgliederung zur Neugründung vorgesehen, so muss die in den Reorganisationsplan aufzunehmende Satzung des neuen Rechtsträgers der Satzung des Kreditinstituts nachgebildet werden. Die für die Rechtsform des neuen Rechtsträgers geltenden Gründungsvorschriften sind anzuwenden; § 21 Absatz 1 Satz 2 und 3 bleibt unberührt. Eine Schlussbilanz entsprechend § 48f Absatz 2 Satz 1 des Kreditwesengesetzes ist beizufügen; § 21 Absatz 3 gilt für die Zuleitung an das Registergericht des neuen Rechtsträgers entsprechend.

(4) Für Verbindlichkeiten des ausgliedernden Kreditinstituts, die vor Wirksamwerden der Ausgliederung begründet worden sind, haften als Gesamtschuldner das ausgliedernde Kreditinstitut und der übernehmende Rechtsträger, im Falle einer Ausgliederung zur Neugründung das ausgliedernde Kreditinstitut und der neue Rechtsträger. Die gesamtschuldnerische Haftung des übernehmenden oder des neuen Rechtsträgers ist auf den Betrag beschränkt, den die Gläubiger ohne eine Ausgliederung erhalten hätten. Die Forderungen der Gläubiger, die vom Reorganisationsplan erfasst werden, bestimmen sich ausschließlich nach den Festlegungen dieses Plans. § 48h Absatz 2 des Kreditwesengesetzes gilt entsprechend.

§ 12
Eingriffe in Gläubigerrechte

(1) Im gestaltenden Teil des Reorganisationsplans ist anzugeben, um welchen Bruchteil die Forderungen von Gläubigern gekürzt, für welchen Zeitraum sie gestundet, wie sie gesichert oder welchen sonstigen Regelungen sie unterworfen werden sollen.

(2) Ein Eingriff in eine Forderung, für die im Entschädigungsfall dem Gläubiger ein Entschädigungsanspruch gegen eine Sicherungseinrichtung im Sinne des § 23a des

Kreditwesengesetzes zusteht, ist ausgeschlossen. Dies gilt auch für Forderungen, die über eine freiwillige Einlagensicherung abgedeckt sind.

(3) Ein Eingriff in Forderungen von Arbeitnehmern auf Arbeitsentgelt und von Versorgungsberechtigten auf betriebliche Altersversorgung ist ausgeschlossen.

§ 13
Beendigung von Schuldverhältnissen

Schuldverhältnisse mit dem Kreditinstitut können ab dem Tag der Anzeige nach § 7 Absatz 1 bis zum Ablauf des folgenden Geschäftstages im Sinne des § 1 Absatz 16b des Kreditwesengesetzes nicht beendet werden. Eine Kündigung gegenüber dem Kreditinstitut ist in diesem Zeitraum ausgeschlossen. Die Wirkung sonstiger in diesem Zeitraum eintretender Beendigungstatbestände ist bis zu seinem Ablauf aufgeschoben. Abweichende Vereinbarungen sind unwirksam. Dies gilt nicht für Gläubiger von Forderungen aus Schuldverhältnissen nach § 12 Absatz 2.

§ 14
Anmeldung von Forderungen

(1) Gläubiger, in deren Rechte nach § 12 eingegriffen wird, fordert der Reorganisationsberater auf, ihre Forderungen innerhalb einer von ihm gesetzten Frist, die mindestens drei Wochen beträgt, bei ihm anzumelden. Die Aufforderung ist mit der Ladung nach § 17 Absatz 3 zu verbinden. In der Anmeldung sind der Grund und der Betrag der Forderung anzugeben; die Urkunden, aus denen sich die Forderung ergibt, sind auf Verlangen vorzulegen. § 46f des Kreditwesengesetzes gilt entsprechen mit der Maßgabe, dass an die Stelle der Geschäftsstelle des Insolvenzgerichts der Reorganisationsberater tritt.

(2) Der Reorganisationsberater hat jede nach Maßgabe des Absatzes 1 angemeldete Forderung mit den dort genannten Angaben in eine Tabelle einzutragen.

§ 15
Prüfung und Feststellung der Forderungen

(1) Zur Feststellung des Stimmrechts werden im Abstimmungstermin die fristgemäß angemeldeten Forderungen nach ihrem Betrag geprüft. Maßgeblich für das Stimmrecht ist die Höhe des Betrages im Zeitpunkt der Prüfung der jeweiligen Forderung. Werden Forderungen vom Reorganisationsberater bestritten, sind diese einzeln zu erörtern.

(2) Wurde eine nicht rechtskräftig titulierte Forderung von dem Reorganisationsberater bestritten, so kann der Gläubiger gegen ihn auf dem Zivilrechtsweg die Feststellung zur Tabelle betreiben. Weist der Gläubiger nach Abschluss dieses Verfahrens nach, dass die Abstimmung zu seiner Besserstellung im Reorganisationsplan geführt hätte, so steht ihm gegen das Kreditinstitut ein Ausgleichsanspruch zu.

§ 16
Vorbereitung der Abstimmung über den Reorganisationsplan

Ordnet das Oberlandesgericht die Durchführung des Reorganisationsverfahrens an, legt es die abstimmungserheblichen Inhalte des Reorganisationsplans in der Geschäftsstelle zur Einsicht für die Beteiligten aus und bestimmt einen Termin, in dem der Reorganisationsplan und das Stimmrecht der Gläubiger erörtert werden und über den Reorganisationsplan abgestimmt wird. Der Termin ist innerhalb eines Monats nach der Anordnung der Durchführung des Reorganisationsverfahrens anzusetzen. Zugleich bestimmt das Oberlandesgericht einen Termin für die Hauptversammlung der Anteilsinhaber zur Abstimmung nach § 18; dieser Termin soll vor dem Erörterungs- und Abstimmungstermin der Gläubiger nach Satz 1 stattfinden.

§ 17
Abstimmung der Gläubiger

(1) Jede Gruppe der stimmberechtigten Gläubiger stimmt gesondert über den Reorganisationsplan ab.

(2) Die Einberufung zu dem Termin erfolgt auf Veranlassung des Reorganisationsberaters durch öffentliche Bekanntmachung im elektronischen Bundesanzeiger. Die Einberufung muss spätestens am 21. Tag vor dem Termin erfolgen. Das Kreditinstitut hat vom Tag der öffentlichen Bekanntmachung nach Satz 1 bis zum Abschluss der Abstimmung folgende Informationen über seine Internetseite zugänglich zu machen:

1. die Einberufung,
2. die genauen Bedingungen, von denen die Teilnahme an der Abstimmung und die Ausübung des Stimmrechts abhängen und
3. die abstimmungserheblichen Inhalte des Reorganisationsplans.

Die öffentliche Bekanntmachung enthält die genaue Angabe zu Ort und Zeit des Termins sowie einen Hinweis auf die Internetseite, auf der die in Satz 3 genannten Informationen abrufbar sind.

(3) Neben der Einberufung nach Absatz 2 sind zu dem Termin alle Gläubiger, in deren Rechte nach § 12 eingegriffen wird, durch den Reorganisationsberater zu laden. In der Ladung ist darauf hinzuweisen, dass die in Absatz 2 Satz 3 genannten Informationen auf der Internetseite des Kreditinstituts abrufbar sind.

(4) Die Ladung ist zuzustellen. Die Zustellung kann durch Aufgabe zur Post unter der Anschrift des Zustellungsadressaten erfolgen; § 184 Absatz 2 Satz 1, 2 und 4 der Zivilprozessordnung gilt entsprechend. Soll die Ladung im Inland bewirkt werden, gilt sie drei Tage nach Aufgabe zur Post als zugestellt. Das Oberlandesgericht beauftragt den Reorganisationsberater mit der Durchführung der Ladung. Er kann sich hierfür Dritter, insbesondere auch eigenen Personals, bedienen. Die von ihm nach § 184 Absatz 2 Satz 4 der Zivilprozessordnung gefertigten Vermerke hat er unverzüglich zu den Gerichtsakten zu reichen.

§ 18
Abstimmung der Anteilsinhaber

(1) Die Anteilsinhaber stimmen gesondert im Rahmen einer Hauptversammlung über den Reorganisationsplan ab.

(2) Die Hauptversammlung wird durch den Reorganisationsberater einberufen. Die Einberufung zur Hauptversammlung muss spätestens am 21. Tag vor der Hauptversammlung erfolgen. § 121 Absatz 3 bis 7, § 123 Absatz 1 Satz 2, Absatz 2 und 3 und die §§ 124 bis 125 des Aktiengesetzes sind anzuwenden.

(3) Der Beschluss über die Annahme des Reorganisationsplans bedarf der Mehrheit der abgegebenen Stimmen. Wird das Bezugsrecht ganz oder teilweise in einem Beschluss über die Erhöhung des Grundkapitals ausgeschlossen oder wird das Grundkapital herabgesetzt, bedarf der Beschluss einer Mehrheit, die mindestens zwei Drittel der abgegebenen Stimmen oder des vertretenen Grundkapitals umfasst. Die einfache Mehrheit reicht, wenn die Hälfte des Grundkapitals vertreten ist. § 134 Absatz 1 bis 3 des Aktiengesetzes gilt entsprechend. Abweichende Satzungsbestimmungen sind unbeachtlich.

(4) Anteilsinhaber können gegen den Beschluss Widerspruch zur Niederschrift erklären. Wird der Reorganisationsplan nicht angenommen, kann sich an dem Bestätigungsverfahren nach § 20 Absatz 5 nur beteiligen, wer seine ablehnende Stimme zur Niederschrift hat festhalten lassen.

(5) Gegen den Beschluss der Hauptversammlung ist die Anfechtungsklage statthaft. Über Anfechtungsklagen entscheidet ausschließlich das Landgericht, das für Klagen gegen die Bundesanstalt zuständig ist. § 246a des Aktiengesetzes ist entsprechend anzuwenden mit der Maßgabe, dass der Antrag bei dem nach § 2 Absatz 3 Satz 2 zuständigen Oberlandesgericht durch den Reorganisationsberater zu stellen ist.

§ 19
Annahme des Reorganisationsplans

(1) Zur Annahme des Reorganisationsplans müssen alle Gruppen dem Reorganisationsplan zustimmen. Hierfür ist erforderlich, dass

1. die Gruppe der Anteilsinhaber nach Maßgabe des § 18 Absatz 3 zustimmt und
2. in jeder Gruppe der Gläubiger die Mehrheit der abstimmenden Gläubiger dem Reorganisationsplan zustimmen und
3. in jeder Gruppe der Gläubiger die Summe der Ansprüche der zustimmenden Gläubiger mehr als die Hälfte der Summe der Ansprüche der abstimmenden Gläubiger beträgt.

In dem Erörterungs- und Abstimmungstermin der Gläubiger teilt der Reorganisationsberater den Beschluss der Hauptversammlung nach § 18 mit.

(2) Auch wenn die erforderlichen Mehrheiten in einer Gläubigergruppe nicht erreicht sind, gilt ihre Zustimmung als erteilt, wenn

1. die Gläubiger dieser Gruppe durch den Reorganisationsplan voraussichtlich nicht schlechter gestellt werden, als sie ohne einen Reorganisationsplan stünden und
2. die Gläubiger dieser Gruppe angemessen an dem wirtschaftlichen Wert beteiligt werden, der auf der Grundlage des Reorganisationsplans allen Beteiligten zufließen soll und
3. die Mehrheit der abstimmenden Gruppen dem Reorganisationsplan mit den jeweils erforderlichen Mehrheiten zugestimmt hat.

(3) Eine angemessene Beteiligung im Sinne des Absatzes 2 Nummer 2 liegt vor, wenn nach dem Reorganisationsplan

1. kein anderer Gläubiger wirtschaftliche Werte erhält, die den vollen Betrag seines Anspruchs übersteigen und
2. weder ein Gläubiger, der ohne einen Reorganisationsplan mit Nachrang gegenüber den Gläubigern der Gruppe zu befriedigen wäre, noch das Kreditinstitut oder eine an ihm beteiligte Person einen wirtschaftlichen Wert erhält und
3. kein Gläubiger, der ohne einen Reorganisationsplan gleichrangig mit den Gläubigern der Gruppe zu befriedigen wäre, besser gestellt wird als diese Gläubiger.

(4) Falls die Zustimmung der Anteilsinhaber verweigert wurde, gilt sie als erteilt, wenn

1. die Mehrheit der abstimmenden Gruppen dem Reorganisationsplan mit den jeweils erforderlichen Mehrheiten zugestimmt hat und
2. die im Reorganisationsplan vorgesehenen Maßnahmen nach den §§ 9 bis 11 dazu dienen, erhebliche negative Folgeeffekte bei anderen Unternehmen des Finanzsektors infolge der Bestandsgefährdung des Kreditinstituts und eine Instabilität des Finanzsystems zu verhindern und wenn diese Maßnahmen hierzu geeignet, erforderlich und angemessen sind; wenn die Anteilsinhaber ein alternatives Konzept vorgelegt haben, ist auch dieses zu berücksichtigen.

(5) Der Reorganisationsberater unterrichtet die Anteilsinhaber, wenn ihre Zustimmung nach Absatz 4 ersetzt werden soll, über die Internetseite des Kreditinstituts.

§ 20
Gerichtliche Bestätigung des Reorganisationsplans

(1) Nach der Annahme des Reorganisationsplans durch die Beteiligten bedarf der Reorganisationsplan der Bestätigung durch das Oberlandesgericht. Die Bestätigung oder deren Versagung erfolgt durch Beschluss, der in einem besonderen Termin zu verkünden ist. Dieser soll spätestens einen Monat nach der Annahme des Reorganisationsplans stattfinden.

(2) Die Bestätigung ist von Amts wegen zu versagen,

1. wenn die Vorschriften über den Inhalt und die verfahrensmäßige Behandlung des Reorganisationsplans sowie über die Annahme durch die Beteiligten in einem wesentlichen Punkt nicht beachtet worden sind und der Mangel nicht behoben werden kann oder
2. wenn die Annahme des Reorganisationsplans unlauter, insbesondere durch Begünstigung eines Beteiligten, herbeigeführt worden ist oder

3. wenn die erforderlichen Mehrheiten nicht erreicht wurden und die Voraussetzungen für die Ersetzung der Zustimmung nach § 19 Absatz 2 oder 4 nicht vorliegen.

(3) Auf Antrag eines Gläubigers ist die Bestätigung des Reorganisationsplans zu versagen, wenn der Gläubiger

1. dem Reorganisationsplan spätestens im Abstimmungstermin schriftlich widersprochen hat und
2. durch den Reorganisationsplan voraussichtlich schlechter gestellt wird, als er ohne einen Reorganisationsplan stünde.

(4) Der Antrag nach Absatz 3 ist nur zulässig, wenn der Gläubiger glaubhaft macht, dass die Voraussetzungen des Absatzes 3 vorliegen und wenn der Reorganisationsberater keine Sicherheit leistet. Leistet der Reorganisationsberater Sicherheit, so kann der Gläubiger nur außerhalb des Reorganisationsverfahrens Klage auf angemessene Beteiligung gegenüber dem Reorganisationsberater erheben.

§ 21
Allgemeine Wirkungen des Reorganisationsplans; Eintragung ins Handelsregister

(1) Mit der gerichtlichen Bestätigung des Reorganisationsplans treten die Wirkungen der im gestaltenden Teil festgelegten Regelungen einschließlich der Wirkungen des § 2 Absatz 2 Satz 3 für und gegen die Planbeteiligten ein. Soweit Rechte an Gegenständen begründet, geändert, übertragen, aufgehoben oder gesellschaftsrechtliche Maßnahmen insbesondere nach den §§ 9 bis 11 durchgeführt werden sollen, gelten die in den Reorganisationsplan aufgenommenen Willenserklärungen der Beteiligten als in der vorgeschriebenen Form abgegeben. Entsprechendes gilt für die in den Reorganisationsplan aufgenommenen Verpflichtungserklärungen, die einer Maßnahme nach Satz 2 zugrunde liegen.

(2) Werden Forderungen von Gläubigern in Anteile am Kreditinstitut umgewandelt, kann das Kreditinstitut nach der gerichtlichen Bestätigung keine Ansprüche wegen einer Überbewertung der umgewandelten Forderungen im Reorganisationsplan gegen die bisherigen Gläubiger geltend machen.

(3) Das Oberlandesgericht leitet dem für das Kreditinstitut zuständigen Registergericht unverzüglich eine Ausfertigung des Reorganisationsplans zu oder beauftragt den Reorganisationsberater mit der Zuleitung. Das Registergericht leitet das Eintragungsverfahren von Amts wegen ein. Die im Reorganisationsplan enthaltenen eintragungspflichtigen gesellschaftsrechtlichen Maßnahmen sind, falls sie nicht offensichtlich nichtig sind, unverzüglich in das Handelsregister einzutragen.

§ 22
Aufhebung des Reorganisationsverfahrens; Überwachung der Planerfüllung

(1) Mit der Bestätigung des Reorganisationsplans oder deren Versagung beschließt das Oberlandesgericht die Aufhebung des Reorganisationsverfahrens.

(2) Im gestaltenden Teil des Reorganisationsplans kann vorgesehen werden, dass der Reorganisationsberater die Erfüllung des Reorganisationsplans auch nach Aufhebung des

Reorganisationsverfahrens überwacht. Das Oberlandesgericht beschließt die Aufhebung der Überwachung,

1. wenn die Ansprüche, deren Erfüllung überwacht wird, erfüllt sind oder wenn gewährleistet ist, dass sie erfüllt werden,
2. wenn seit der Aufhebung des Reorganisationsverfahrens drei Jahre verstrichen sind und kein Antrag auf Durchführung eines neuen Reorganisationsverfahrens vorliegt oder
3. wenn die Bundesanstalt Maßnahmen nach den §§ 45c, 46, 46b oder den §§ 48a bis 48m des Kreditwesengesetzes anordnet.

(3) Die Beschlüsse nach den Absätzen 1 und 2 sind im elektronischen Bundesanzeiger und auf der Internetseite des Kreditinstituts bekannt zu machen.

§ 23
Schutz von Finanzsicherheiten sowie von Zahlungs- und Wertpapiersystemen

Die Vorschriften der Insolvenzordnung zum Schutz von Zahlungs- sowie Wertpapierliefer- und -abrechnungssystemen sowie von dinglichen Sicherheiten der Zentralbanken und von Finanzsicherheiten sind entsprechend anzuwenden.

Investmentgesetz

Übersicht

Kapitel 6 Straf-, Bußgeld und Übergangsvorschriften

Investmentgesetz

(InvG)

In der Fassung der Bekanntmachung vom: 15. Dezember 2003 (BGBl. I S. 2676)
Zuletzt geändert durch: Artikel 14 des Gesetzes vom 09. Dezember 2010 (BGBl. I S.1900)

Kapitel 1
Allgemeine Bestimmungen

Abschnitt 1
Allgemeine Vorschriften

§ 1
Anwendungsbereich

Dieses Gesetz ist anzuwenden auf

1. inländische Investmentvermögen, soweit diese in Form von Investmentfonds im Sinne des § 2 Abs. 1 oder Investmentaktiengesellschaften im Sinne des § 2 Abs. 5 gebildet werden,
2. die Aufsicht über inländische Gesellschaften, die Anteile oder Aktien über Investmentvermögen nach Maßgabe der Nummer 1 ausgeben, sowie
3. den beabsichtigten und den tatsächlichen öffentlichen Vertrieb von ausländischen Investmentanteilen im Sinne des § 2 Abs. 9 sowie den beabsichtigten und tatsächlichen Vertrieb von Anteilen an ausländischen Investmentvermögen, die hinsichtlich der Anlagepolitik Anforderungen unterliegen, die denen nach § 112 Abs. 1 vergleichbar sind.

Investmentvermögen im Sinne des Satzes 1 sind Vermögen zur gemeinschaftlichen Kapitalanlage, die nach dem Grundsatz der Risikomischung in Vermögensgegenständen im Sinne des § 2 Abs. 4 angelegt sind.

§ 2
Begriffsbestimmungen

(1) Investmentfonds sind von einer Kapitalanlagegesellschaft verwaltete Publikums-Sondervermögen nach den Anforderungen der Richtlinie 85/611/EWG des Rates vom 20. Dezember 1985 zur Koordinierung der Rechts- und Verwaltungsvorschriften betreffend bestimmte Organismen für gemeinsame Anlagen in Wertpapieren (OGAW) (ABl. EG Nr. L 375 S. 3), zuletzt geändert durch Artikel 9 der Richtlinie 2005/1/EG des Europäischen Parlaments und des Rates vom 9. März 2005 (ABl. EU Nr. L 79 S. 9), und sonstige Publikums- oder Spezial- Sondervermögen.

(2) Sondervermögen sind inländische Investmentvermögen, die von einer Kapitalanlagegesellschaft für Rechnung der Anleger nach Maßgabe dieses Gesetzes und den

Vertragsbedingungen, nach denen sich das Rechtsverhältnis der Kapitalanlagegesellschaft zu den Anlegern bestimmt, verwaltet werden, und bei denen die Anleger das Recht zur Rückgabe der Anteile haben.

(3) Spezial-Sondervermögen sind Sondervermögen, deren Anteile aufgrund schriftlicher Vereinbarungen mit der Kapitalanlagegesellschaft ausschließlich von Anlegern, die nicht natürliche Personen sind, gehalten werden. Alle übrigen Sondervermögen sind Publikums-Sondervermögen.

(4) Vermögensgegenstände im Sinne dieses Gesetzes sind

1. Wertpapiere,
2. Geldmarktinstrumente,
3. Derivate,
4. Bankguthaben,
5. Grundstücke, grundstücksgleiche Rechte und vergleichbare Rechte nach dem Recht anderer Staaten (Immobilien),
6. Beteiligungen an Gesellschaften, die nach dem Gesellschaftsvertrag oder der Satzung nur Immobilien sowie die zur Bewirtschaftung der Immobilien erforderlichen Gegenstände erwerben dürfen (Immobilien- Gesellschaften),
7. Anteile an Investmentvermögen nach Maßgabe der §§ 50, 66, 83, 90g und 112 sowie an entsprechenden ausländischen Investmentvermögen,
8. für Investmentvermögen im Sinne des § 90a sowie für vergleichbare ausländische Investmentvermögen Beteiligungen an ÖPP-Projektgesellschaften, wenn der Verkehrswert dieser Beteiligungen ermittelt werden kann,
9. für inländische Investmentvermögen im Sinne des § 90g sowie für vergleichbare ausländische Investmentvermögen als weitere Vermögensgegenstände Edelmetalle, unverbriefte Darlehensforderungen und Unternehmensbeteiligungen, wenn der Verkehrswert dieser Beteiligungen ermittelt werden kann,
9a. für inländische Investmentvermögen im Sinne des § 90l als weitere Vermögensgegenstände unverbriefte Darlehensforderungen gegen Unternehmen, die ihren Arbeitnehmern einen Vorteil im Sinne des § 3 Nummer 39 des Einkommensteuergesetzes zum Erwerb von Anteilen an diesen Investmentvermögen gewähren, und Beteiligungen einschließlich stiller Beteiligungen im Sinne des § 230 des Handelsgesetzbuchs an diesen Unternehmen, wenn der Verkehrswert der Beteiligungen ermittelt werden kann,
10. für inländische Investmentvermögen im Sinne des § 112, für vergleichbare ausländische Investmentvermögen und für Investmentaktiengesellschaften stille Beteiligungen im Sinne des § 230 des Handelsgesetzbuchs an einem Unternehmen mit Sitz und Geschäftsleitung im Geltungsbereich des Gesetzes, wenn deren Verkehrswert ermittelt werden kann,
11. für inländische Investmentvermögen im Sinne des § 112 sowie für ausländische Investmentvermögen, die hinsichtlich der Anlagepolitik Anforderungen unterliegen, die denen nach § 112 Abs. 1 vergleichbar sind, als weitere Vermögensgegenstände Edelmetalle, und Unternehmensbeteiligungen, wenn deren Verkehrswert ermittelt werden kann.

(5) Investmentaktiengesellschaften sind Unternehmen, deren Unternehmensgegenstand nach der Satzung auf die Anlage und Verwaltung ihrer Mittel nach dem Grundsatz der Risikomischung zur gemeinschaftlichen Kapitalanlage in Vermögensgegenständen nach Absatz 4 Nr. 1 bis 4, 7, 9, 10 und 11 beschränkt ist und bei denen die Anleger das Recht zur

Rückgabe ihrer Aktien haben. Spezial-Investmentaktiengesellschaften sind Unternehmen im Sinne des Satzes 1, deren Aktien nach der Satzung ausschließlich von Anlegern, die nicht natürliche Personen sind, gehalten werden dürfen.

(6) Kapitalanlagegesellschaften sind Unternehmen, deren Hauptzweck in der Verwaltung von inländischen Investmentvermögen im Sinne des § 1 Satz 1 Nr. 1 oder in der Verwaltung von inländischen Investmentvermögen im Sinne des § 1 Satz 1 Nr. 1 und der individuellen Vermögensverwaltung besteht.

(7) Depotbanken sind Unternehmen, die die Verwahrung und Überwachung von Investmentvermögen ausführen.

(8) Ausländische Investmentvermögen sind Investmentvermögen im Sinne des § 1 Satz 2, die dem Recht eines anderen Staates unterstehen. Der Grundsatz der Risikomischung gilt für ausländische Investmentvermögen auch dann als gewahrt, wenn das Investmentvermögen in nicht nur unerheblichem Umfang Anteile an einem oder mehreren anderen Vermögen enthält und diese anderen Vermögen unmittelbar oder mittelbar nach dem Grundsatz der Risikomischung angelegt sind.

(9) Ausländische Investmentanteile sind Anteile an ausländischen Investmentvermögen, die von einem Unternehmen mit Sitz im Ausland ausgegeben werden (ausländische Investmentgesellschaft), und bei denen der Anleger verlangen kann, dass ihm gegen Rückgabe des Anteils sein Anteil an dem ausländischen Investmentvermögen ausgezahlt wird, oder bei denen der Anleger kein Recht zur Rückgabe der Anteile hat, aber die ausländische Investmentgesellschaft in ihrem Sitzstaat einer Aufsicht über Vermögen zur gemeinschaftlichen Kapitalanlage unterstellt ist.

(10) EG-Investmentanteile sind ausländische Investmentanteile, die an einem dem Recht eines anderen Mitgliedstaates der Europäischen Union oder eines anderen Vertragsstaates des Abkommens über den Europäischen Wirtschaftsraum unterstehenden Investmentvermögen bestehen, von einer Investmentgesellschaft mit Sitz in einem solchen Staat ausgegeben werden und den Anforderungen der Richtlinie 85/611/EWG entsprechen.

(11) Öffentlicher Vertrieb ist ein Vertrieb, der im Wege des öffentlichen Anbietens, der öffentlichen Werbung oder in ähnlicher Weise erfolgt.

Nicht als öffentlicher Vertrieb gilt, wenn

1. die Investmentanteile ausschließlich an Institute im Sinne des § 1 Abs. 1b des Kreditwesengesetzes, private und öffentlichrechtliche Versicherungsunternehmen, Kapitalanlagegesellschaften, Investmentaktiengesellschaften sowie ausländische Investmentgesellschaften und von diesen beauftragte Verwaltungsgesellschaften sowie an Pensionsfonds und ihre Verwaltungsgesellschaften vertrieben werden;
2. Investmentvermögen nur namentlich benannt werden;
3. nur die Ausgabe- und Rücknahmepreise von Investmentanteilen veröffentlicht werden;
4. Verkaufsunterlagen einer Umbrella-Konstruktion mit mindestens einem Teilfonds, dessen Anteile im Geltungsbereich dieses Gesetzes öffentlich vertrieben werden dürfen, verwendet werden, und diese Verkaufsunterlagen auch Informationen über

weitere Teilfonds enthalten, für die keine Anzeige nach § 132 oder § 139 erstattet worden ist, sofern in den Verkaufsunterlagen jeweils drucktechnisch herausgestellt an hervorgehobener Stelle darauf hingewiesen wird, dass die Anteile der weiteren Teilfonds an Anleger im Geltungsbereich dieses Gesetzes nicht öffentlich vertrieben werden dürfen;

5. die Besteuerungsgrundlagen nach § 5 des Investmentsteuergesetzes bekannt gemacht werden;
6. in einen Prospekt für Wertpapiere Mindestangaben nach § 7 des Wertpapierprospektgesetzes oder in einen Prospekt für Vermögensanlagen Mindestangaben nach § 8g des Verkaufsprospektgesetzes aufgenommen werden;
7. für ausländische Investmentanteile, die an einer inländischen Börse zum Handel im regulierten Markt zugelassen oder in den regulierten Markt oder den Freiverkehr einbezogen sind, ausschließlich die von der Börse vorgeschriebenen Bekanntmachungen getätigt werden und darüber hinaus kein öffentlicher Vertrieb im Sinne des Satzes 1 stattfindet.

Die Bundesanstalt für Finanzdienstleistungsaufsicht (Bundesanstalt) kann Richtlinien aufstellen, nach denen sie für den Regelfall beurteilt, wann ein öffentlicher Vertrieb im Sinne des Satzes 1 vorliegt.

(12) Drittstaaten im Sinne dieses Gesetzes sind alle Staaten, die nicht Mitgliedstaat der Europäischen Union oder anderer Vertragsstaat des Abkommens über den Europäischen Wirtschaftsraum sind.

(13) Organisierter Markt ist ein Markt, der anerkannt und für das Publikum offen ist und dessen Funktionsweise ordnungsgemäß ist, sofern nicht ausdrücklich etwas anderes bestimmt ist.

(14) ÖPP- Projektgesellschaften im Sinne dieses Gesetzes sind im Rahmen Öffentlich Privater Partnerschaften tätige Gesellschaften, die nach dem Gesellschaftsvertrag oder der Satzung zu dem Zweck gegründet wurden, Anlagen oder Bauwerke zu errichten, zu sanieren, zu betreiben oder zu bewirtschaften, die der Erfüllung öffentlicher Aufgaben dienen.

(15) Prime Broker im Sinne dieses Gesetzes sind Unternehmen, die Vermögensgegenstände von Sondervermögen nach § 112 Abs. 1 oder von Investmentaktiengesellschaften, deren Satzung eine dem § 112 Abs. 1 vergleichbare Anlageform vorsieht, verwahren und sich diese ganz oder teilweise zur Nutzung auf eigene Rechnung übertragen lassen und gegebenenfalls sonstige mit derartigen Investmentvermögen verbundene Dienstleistungen erbringen.

(16) Geschäftsleiter im Sinne dieses Gesetzes sind diejenigen natürlichen Personen, die nach Gesetz, Satzung oder Gesellschaftsvertrag zur Führung der Geschäfte und zur Vertretung einer Kapitalanlagegesellschaft berufen sind, sowie diejenigen natürlichen Personen, die die Geschäfte der Kapitalanlagegesellschaft tatsächlich leiten.

(17) Herkunftsstaat im Sinne dieses Gesetzes ist der Staat, in dem eine Verwaltungsgesellschaft im Sinne des Artikels 1a Nr. 2 der Richtlinie 85/611/EWG ihren Sitz hat.

(18) Aufnahmestaat im Sinne dieses Gesetzes ist der Staat, in dem eine Kapitalanlagegesellschaft eine Zweigniederlassung unterhält oder im Wege des grenzüberschreitenden Dienstleistungsverkehrs tätig wird.

(19) Eine enge Verbindung im Sinne dieses Gesetzes ist eine Verbindung im Sinne des § 1 Abs. 10 des Kreditwesengesetzes zwischen einer Kapitalanlagegesellschaft oder einer Investmentaktiengesellschaft und einer anderen natürlichen oder juristischen Person.

(20) Eine bedeutende Beteiligung im Sinne dieses Gesetzes ist eine Beteiligung im Sinne des § 1 Abs. 9 Satz 1 des Kreditwesengesetzes. Für die Berechnung des Anteils der Stimmrechte gelten § 22 Abs. 1 bis 3a in Verbindung mit einer Rechtsverordnung nach Abs. 5 und § 23 des Wertpapierhandelsgesetzes entsprechend. Die mittelbar gehaltenen Beteiligungen sind den mittelbar beteiligten Personen und Unternehmen in vollem Umfang zuzurechnen.

(21) Mutterunternehmen im Sinne dieses Gesetzes sind Unternehmen im Sinne des § 1 Abs. 6 des Kreditwesengesetzes.

(22) Tochterunternehmen im Sinne dieses Gesetzes sind Unternehmen im Sinne des § 1 Abs. 7 des Kreditwesengesetzes.

(23) Anfangskapital im Sinne dieses Gesetzes sind das eingezahlte Grund- oder Stammkapital ohne die Aktien, die mit einem nachzuzahlenden Vorzug bei der Verteilung des Gewinns ausgestattet sind (Vorzugsaktien), und die Rücklagen im Sinne des § 10 Abs. 3a des Kreditwesengesetzes.

(24) Die Eigenmittel im Sinne dieses Gesetzes bestehen aus dem haftenden Eigenkapital und den Drittrangmitteln im Sinne des § 10 Abs. 2 Satz 1 des Kreditwesengesetzes.

§ 2 a
Inhaber bedeutender Beteiligungen

(1) Wer beabsichtigt, eine bedeutende Beteiligung an einer Kapitalanlagegesellschaft zu erwerben, hat dies der Bundesanstalt unverzüglich anzuzeigen. Die Anzeige hat Angaben zur Höhe seiner jeweiligen Beteiligung und zur Beurteilung seiner Zuverlässigkeit zu enthalten. Die Bundesanstalt kann weitere Angaben oder Unterlagen verlangen, falls dies für die Beurteilung der Zuverlässigkeit des Inhabers der bedeutenden Beteiligung erforderlich ist. Der Inhaber einer bedeutenden Beteiligung hat der Bundesanstalt anzuzeigen, wenn er beabsichtigt, den Betrag der bedeutenden Beteiligung so zu erhöhen, dass die Schwellen von 20 Prozent, 30 Prozent oder 50 Prozent der Stimmrechte oder des Kapitals erreicht oder überschritten werden oder die Kapitalanlagegesellschaft unter seine Kontrolle kommt.

(2) Die Bundesanstalt kann innerhalb von drei Monaten nach Eingang der vollständigen Anzeige den beabsichtigten Erwerb der Beteiligung oder ihre Erhöhung untersagen, wenn Tatsachen die Annahme rechtfertigen, dass der Anzeigepflichtige den im Interesse der Gewährleistung einer soliden und umsichtigen Führung der Kapitalanlagegesellschaft zu stellenden Ansprüchen nicht genügt; Widerspruch und Anfechtungsklage haben keine aufschiebende Wirkung.

(3) Die Bundesanstalt hat die Auskunfts- und Vorlagerechte nach Absatz 1 Satz 3 auch nach Ablauf der Frist des Absatzes 2 Satz 1.

(4) In den Fällen des Absatzes 2 kann die Bundesanstalt dem Inhaber der bedeutenden Beteiligung und den von ihm kontrollierten Unternehmen die Ausübung der Stimmrechte untersagen oder eine bereits vollzogene Stimmrechtsausübung für nichtig erklären; Widerspruch und Anfechtungsklage haben keine aufschiebende Wirkung. Im Fall einer Verfügung nach Satz 1 hat das Gericht am Sitz der Kapitalanlagegesellschaft auf Antrag der Bundesanstalt, der Kapitalanlagegesellschaft oder eines an ihr Beteiligten einen Treuhänder zu bestellen, auf den es die Ausübung des Stimmrechts überträgt. § 2c Abs. 2 Satz 3 bis 9 des Kreditwesengesetzes findet entsprechend Anwendung.

(5) Vor Maßnahmen nach Absatz 2 hat die Bundesanstalt die zuständigen Stellen des anderen Mitgliedstaates der Europäischen Union oder Vertragsstaates des Abkommens über den Europäischen Wirtschaftsraum anzuhören, wenn es sich bei dem Erwerber der bedeutenden Beteiligung

1. um ein in dem anderen Staat zugelassenes Einlagenkreditinstitut, E-Geld-Institut, Wertpapierhandelsunternehmen, Erstversicherungsunternehmen oder eine Verwaltungsgesellschaft im Sinne des Artikels 1a Nr. 2 der Richtlinie 85/611/EWG,
2. um ein Mutterunternehmen eines in dem anderen Staat zugelassenen Einlagenkreditinstituts, E-Geld-Instituts, Wertpapierhandelsunternehmens, Erstversicherungsunternehmens oder einer Verwaltungsgesellschaft im Sinne des Artikels 1a Nr. 2 der Richtlinie 85/611/ EWG oder
3. um eine Person, die ein in dem anderen Staat zugelassenes Einlagenkreditinstitut, E-Geld- Institut, Wertpapierhandelsunternehmen, Erstversicherungsunternehmen oder eine Verwaltungsgesellschaft im Sinne des Artikels 1a Nr. 2 der Richtlinie 85/611/EWG kontrolliert,

handelt und die Kapitalanlagegesellschaft, an der der Erwerber eine Beteiligung zu halten beabsichtigt, durch den Erwerb unter dessen Kontrolle käme.

(6) Wer beabsichtigt, eine bedeutende Beteiligung an einer Kapitalanlagegesellschaft aufzugeben oder den Betrag seiner bedeutenden Beteiligung unter die Schwellen von 20 Prozent, 30 Prozent oder 50 Prozent der Stimmrechte oder des Kapitals abzusenken oder die Beteiligung so zu verändern, dass die Kapitalanlagegesellschaft nicht mehr kontrolliertes Unternehmen ist, hat dies der Bundesanstalt anzuzeigen.

§ 3
Bezeichnungsschutz

(1) Die Bezeichnung "Kapitalanlagegesellschaft", "Investmentfonds" oder "Investmentgesellschaft" oder eine Bezeichnung, in der diese Begriffe allein oder in Zusammensetzungen mit anderen Worten vorkommen, darf in der Firma, als Zusatz zur Firma und zu Geschäfts- und Werbezwecken nur von Kapitalanlagegesellschaften, von ausländischen Investmentgesellschaften, Verwaltungsgesellschaften und Vertriebsgesellschaften im Sinne dieses Gesetzes geführt werden. Die Bezeichnung "Investmentfonds" darf auch von sonstigen Vertriebsgesellschaften geführt werden, die Anteile an Sondervermögen im Sinne des § 2 Abs. 2, Aktien einer

Investmentaktiengesellschaft im Sinne des § 2 Abs. 5 oder ausländische Investmentanteile vertreiben, die nach Maßgabe dieses Gesetzes öffentlich vertrieben werden dürfen.

(2) Die Bezeichnung "Investmentaktiengesellschaft" darf nur von Investmentaktiengesellschaften im Sinne der §§ 96 bis 111a geführt werden.

(3) Investmentgesellschaften mit Sitz in einem anderen Mitgliedstaat der Europäischen Union oder einem anderen Vertragsstaat des Abkommens über den Europäischen Wirtschaftsraum dürfen für die Ausübung ihrer Tätigkeit im Geltungsbereich dieses Gesetzes dieselben allgemeinen Bezeichnungen verwenden, die sie in ihrem Sitzstaat führen. Die Bundesanstalt kann einen erläuternden Zusatz zu der Bezeichnung vorschreiben, wenn die Gefahr einer Verwechslung besteht.

(4) Die §§ 42 und 43 des Kreditwesengesetzes sind entsprechend anzuwenden.

§ 4
Namensgebung, Fondskategorien

(1) Die Bezeichnung des Investmentfonds oder der Investmentaktiengesellschaft darf nicht irreführen.

(2) Die Bundesanstalt kann über Richtlinien für den Regelfall festlegen, welcher Fondskategorie das Investmentvermögen nach den Vertragsbedingungen, insbesondere nach den dort genannten Anlagegrenzen, oder der Satzung entspricht.

§ 5
Aufsicht, Anordnungsbefugnis

(1) Die Bundesanstalt übt die Aufsicht über die Kapitalanlagegesellschaften, Investmentaktiengesellschaften und Depotbanken nach den Vorschriften dieses Gesetzes und über die Depotbanken auch nach den Vorschriften des Kreditwesengesetzes aus. Die Bundesanstalt ist befugt, im Rahmen der Aufsicht alle Anordnungen zu treffen, die erforderlich und geeignet sind, um den Geschäftsbetrieb einer Kapitalanlagegesellschaft oder Investmentaktiengesellschaft und die Tätigkeit einer Depotbank mit diesem Gesetz, den auf Grund dieses Gesetzes erlassenen Bestimmungen und den Vertragsbedingungen oder der Satzung im Einklang zu erhalten.

(2) Die Bundesanstalt entscheidet in Zweifelsfällen, ob ein inländisches Unternehmen den Vorschriften dieses Gesetzes unterliegt. Ihre Entscheidungen binden die Verwaltungsbehörden.

(3) Soweit die Kapitalanlagegesellschaft Dienst- und Nebendienstleistungen im Sinne des § 7 Abs. 2 Nr. 1, 3 und 4 erbringt, gelten die §§ 31 bis 31b, § 31d sowie die §§ 33 bis 34a des Wertpapierhandelsgesetzes entsprechend.

§ 5 a
Besondere Aufgaben

§ 6a des Kreditwesengesetzes findet entsprechend Anwendung, wenn Tatsachen vorliegen, die darauf schließen lassen, dass die der Kapitalanlagegesellschaft oder der Investmentaktiengesellschaft anvertrauten Vermögenswerte oder eine Finanztransaktion der Finanzierung einer terroristischen Vereinigung nach § 129a auch in Verbindung mit § 129b des Strafgesetzbuches dienen oder im Falle der Durchführung einer Finanztransaktion dienen würden. Widerspruch und Anfechtungsklage gegen die Maßnahmen der Bundesanstalt haben keine aufschiebende Wirkung.

§ 5 b
Verschwiegenheitspflicht

Die bei der Bundesanstalt beschäftigten und von ihr beauftragten Personen sowie die im Dienst der Deutschen Bundesbank stehenden Personen, soweit sie Informationen aufgrund dieses Gesetzes erlangen, dürfen die ihnen bei ihrer Tätigkeit bekannt gewordenen Tatsachen, deren Geheimhaltung im Interesse der Kapitalanlagegesellschaft, Investmentaktiengesellschaft oder der ausländischen Investmentgesellschaft oder eines Dritten liegt, insbesondere Geschäftsund Betriebsgeheimnisse, nicht unbefugt offenbaren oder verwerten, auch wenn sie nicht mehr im Dienst sind oder ihre Tätigkeit beendet ist; § 9 des Kreditwesengesetzes findet entsprechend Anwendung.

Abschnitt 2
Kapitalanlagegesellschaften

§ 6
Kapitalanlagegesellschaften

(1) Kapitalanlagegesellschaften sind Unternehmen, deren Geschäftsbereich darauf gerichtet ist, inländische Investmentvermögen im Sinne des § 1 Satz 1 Nr. 1 zu verwalten und Dienstleistungen oder Nebendienstleistungen nach § 7 Abs. 3 zu erbringen. Kapitalanlagegesellschaften dürfen nur in der Rechtsform der Aktiengesellschaft oder der Gesellschaft mit beschränkter Haftung betrieben werden. Sie müssen ihren satzungsmäßigen Sitz und die Hauptverwaltung im Geltungsbereich dieses Gesetzes haben.

(2) Ein Aufsichtsrat ist auch dann zu bilden, wenn die Kapitalanlagegesellschaft in der Rechtsform einer Gesellschaft mit beschränkter Haftung betrieben wird. Seine Zusammensetzung sowie seine Rechte und Pflichten bestimmen sich, vorbehaltlich des Absatzes 2a Satz 2, nach § 90 Abs. 3 bis 5 Satz 2, den §§ 95 bis 114, 116, 118 Abs. 2, § 125 Abs. 3 sowie den §§ 171 und 268 Abs. 2 des Aktiengesetzes.

(2 a) § 101 Abs. 1 Satz 1 Halbsatz 1 des Aktiengesetzes ist auf eine Kapitalanlagegesellschaft in der Rechtsform der Aktiengesellschaft mit der Maßgabe anzuwenden, dass die Hauptversammlung mindestens ein Mitglied des Aufsichtsrats zu wählen hat, das von den Aktionären, den mit ihnen verbundenen Unternehmen und den Geschäftspartnern der Kapitalanlagegesellschaft unabhängig ist. Wird die Kapitalanlagegesellschaft in der Rechtsform einer Gesellschaft mit beschränkter Haftung betrieben, so gilt Satz 1 entsprechend. Die Sätze 1 und 2 gelten nicht für Kapitalanlagegesellschaften, die

ausschließlich Spezial-Sondervermögen oder Spezial-Investmentaktiengesellschaften verwalten.

(3) Die Mitglieder des Aufsichtsrats sollen ihrer Persönlichkeit und ihrer Sachkunde nach die Wahrung der Interessen der Anleger gewährleisten. Die Bestellung und das Ausscheiden von Mitgliedern des Aufsichtsrats ist der Bundesanstalt unverzüglich anzuzeigen.

(4) Absatz 3 findet keine Anwendung, soweit die Aufsichtsratsmitglieder als Vertreter der Arbeitnehmer nach den Vorschriften des Betriebsverfassungsgesetzes gewählt werden.

(5) § 24c und die §§ 25c bis 25h des Kreditwesengesetzes und § 93 Abs. 7 und 8 in Verbindung mit § 93b der Abgabenordnung gelten für die Kapitalanlagegesellschaften entsprechend.

§ 7
Erlaubnis zum Geschäftsbetrieb

(1) Der Geschäftsbetrieb einer Kapitalanlagegesellschaft bedarf der schriftlichen Erlaubnis der Bundesanstalt. Die Bundesanstalt kann die Erlaubnis mit Nebenbestimmungen verbinden.

(2) Die Kapitalanlagegesellschaft darf neben der Verwaltung von Investmentvermögen folgende Dienstleistungen und Nebendienstleistungen erbringen:

1. die Verwaltung einzelner in Finanzinstrumenten im Sinne des § 1 Abs. 11 des Kreditwesengesetzes angelegter Vermögen für andere mit Entscheidungsspielraum einschließlich der Portfolioverwaltung fremder Investmentvermögen (individuelle Vermögensverwaltung),

2. die Verwaltung einzelner in Immobilien angelegter Vermögen für andere sowie die Anlageberatung, sofern die Kapitalanlagegesellschaft befugt ist, Immobilien-Sondervermögen zu verwalten,

3. soweit die Erlaubnis die Dienstleistung nach Nummer 1 umfasst, die Anlageberatung,

4. soweit die Erlaubnis die Dienstleistung nach Nummer 1 umfasst, die Verwahrung und Verwaltung von Anteilen, die nach den Vorschriften dieses Gesetzes oder von einer ausländischen Investmentgesellschaft ausgegeben worden sind, für andere,

5. den Vertrieb von Anteilen, die nach den Vorschriften dieses Gesetzes ausgegeben worden sind oder die nach den §§ 130 bis 140 öffentlich vertrieben werden dürfen,

6. den Abschluss von Altersvorsorgeverträgen gemäß § 1 Abs. 1 des Altersvorsorgeverträge - Zertifizierungsgesetzes sowie von Verträgen zum Aufbau einer eigenen kapitalgedeckten Altersversorgung im Sinne des § 10 Abs. 1 Nr. 2 Buchstabe b des Einkommensteuergesetzes,

6 a. die Abgabe einer Zusage gegenüber dem Anleger, dass bei Rücknahme von Anteilen, bei Beendigung der Verwaltung von Anteilen im Sinne der Nummer 1 und der Beendigung der Verwahrung und Verwaltung von Anteilen im Sinne der Nummer 4 mindestens ein

bestimmter oder bestimmbarer Betrag an den Anleger gezahlt wird (Mindestzahlungszusage),

7. sonstige mit den in diesem Absatz genannten Dienstleistungen und Nebendienstleistungen unmittelbar verbundene Tätigkeiten.

(3) Kapitalanlagegesellschaften dürfen sich an Unternehmen beteiligen, wenn der Geschäftszweck des Unternehmens gesetzlich oder satzungsmäßig im Wesentlichen auf Geschäfte ausgerichtet ist, welche die Kapitalanlagegesellschaft selbst betreiben darf, und eine Haftung der Kapitalanlagegesellschaften aus der Beteiligung durch die Rechtsform des Unternehmens beschränkt ist.

(4) In der Satzung oder dem Gesellschaftsvertrag der Kapitalanlagegesellschaft muss bestimmt sein, dass außer den Geschäften, die zur Anlage ihres eigenen Vermögens erforderlich sind, nur die in Absatz 2 genannten Geschäfte und Tätigkeiten betrieben werden.

(5) Die Kapitalanlagegesellschaft hat der Bundesanstalt Satzungsänderungen unverzüglich anzuzeigen.

§ 7 a
Erlaubnisantrag und Erlaubniserteilung

(1) Der Erlaubnisantrag muss enthalten:

1. einen geeigneten Nachweis der zum Geschäftsbetrieb erforderlichen Mittel nach § 11,
2. die Angabe der Geschäftsleiter,
3. Angaben zur Beurteilung der Zuverlässigkeit der Geschäftsleiter,
4. Angaben zur Beurteilung der fachlichen Eignung der Geschäftsleiter,
5. die Namen der an der Kapitalanlagegesellschaft bedeutend beteiligten Inhaber sowie Angaben zur Beurteilung ihrer Zuverlässigkeit und zur Höhe ihrer jeweiligen Beteiligung,
6. die Angaben der Tatsachen, die auf eine enge Verbindung zwischen der Kapitalanlagegesellschaft und anderen natürlichen oder juristischen Personen hinweisen, und
7. einen tragfähigen Geschäftsplan, aus dem die Art der geplanten Geschäfte sowie der organisatorische Aufbau und die geplanten internen Kontrollverfahren der Kapitalanlagegesellschaft hervorgehen.

(2) Dem Antragsteller ist binnen sechs Monaten nach Einreichung eines vollständigen Antrags mitzuteilen, ob eine Erlaubnis erteilt wird. Die Ablehnung des Antrags ist zu begründen.

(3) Sofern der Kapitalanlagegesellschaft auch die Erlaubnis zum Erbringen der individuellen Vermögensverwaltung nach § 7 Abs. 2 Nr. 1 erteilt wurde, ist ihr mit der Erteilung der Erlaubnis die Entschädigungseinrichtung mitzuteilen, der sie zugeordnet ist.

(4) Die Bundesanstalt hat die Erteilung der Erlaubnis im elektronischen Bundesanzeiger bekannt zu machen.

§ 7 b
Versagung der Erlaubnis

Die Erlaubnis ist zu versagen, wenn

1. das Anfangskapital und die zusätzlichen Eigenmittel nach § 11 nicht zur Verfügung stehen;
2. die Kapitalanlagegesellschaft nicht mindestens zwei Geschäftsleiter hat;
3. Tatsachen vorliegen, aus denen sich ergibt, dass die Geschäftsleiter der Kapitalanlagegesellschaft nicht zuverlässig sind oder die zur Leitung erforderliche fachliche Eignung im Sinne von § 33 Abs. 2 des Kreditwesengesetzes nicht haben;
4. Tatsachen die Annahme rechtfertigen, dass der Inhaber einer bedeutenden Beteiligung nicht zuverlässig ist oder aus anderen Gründen nicht den im Interesse einer soliden und umsichtigen Führung der Kapitalanlagegesellschaft zu stellenden Ansprüchen genügt;
5. enge Verbindungen zwischen der Kapitalanlagegesellschaft und anderen natürlichen oder juristischen Personen bestehen, die die Bundesanstalt bei der ordnungsgemäßen Erfüllung ihrer Aufsichtsfunktionen behindern;
6. enge Verbindungen zwischen der Kapitalanlagegesellschaft und anderen natürlichen oder juristischen Personen bestehen, die den Rechts- und Verwaltungsvorschriften eines Drittlandes unterstehen, deren Anwendung die Bundesanstalt bei der ordnungsgemäßen Erfüllung ihrer Aufsichtsfunktionen behindern;
7. die Kapitalanlagegesellschaft ihren Sitz nicht im Inland hat;
8. die Kapitalanlagegesellschaft nicht bereit oder in der Lage ist, die erforderlichen organisatorischen Vorkehrungen zum ordnungsgemäßen Betreiben der Geschäfte, für die sie die Erlaubnis beantragt, zu schaffen.

§ 8
Anhörung der zuständigen Stellen eines anderen Mitgliedstaates der Europäischen Union oder eines anderen Vertragsstaates des Abkommens über den Europäischen Wirtschaftsraum; Aussetzung oder Beschränkung der Erlaubnis bei Unternehmen mit Sitz in einem Drittstaat

(1) Soll eine Erlaubnis für die in § 7 genannten Geschäfte einer Kapitalanlagegesellschaft erteilt werden, die

1. Tochter- oder Schwesterunternehmen einer anderen Kapitalanlagegesellschaft oder einer entsprechenden ausländischen Gesellschaft, eines Wertpapierhandelsunternehmens, eines Kreditinstituts oder eines Versicherungsunternehmens ist, das in einem anderen Mitgliedstaat der Europäischen Union oder einem anderen Vertragsstaat des Abkommens über den Europäischen Wirtschaftsraum zugelassen ist, oder
2. durch dieselben natürlichen oder juristischen Personen kontrolliert wird, die eine in einem anderen Mitgliedstaat der Europäischen Union oder einem anderen Vertragsstaat des Abkommens über den Europäischen Wirtschaftsraum zugelassene Kapitalanlagegesellschaft oder eine entsprechende ausländische Gesellschaft, ein Wertpapierhandelsunternehmen, ein Kreditinstitut oder ein Versicherungsunternehmen kontrollieren,

hat die Bundesanstalt vor Erteilung der Erlaubnis die zuständigen Stellen des Herkunftsstaates anzuhören.

(2) § 33a des Kreditwesengesetzes ist auf die Aussetzung einer Entscheidung über einen Antrag auf Erlaubnis von Verwaltungsgesellschaften mit Sitz in einem Drittstaat oder die Beschränkung dieser Erlaubnis entsprechend anzuwenden.

§ 9
Allgemeine Verhaltensregeln

(1) Die Kapitalanlagegesellschaft hat die inländischen Investmentvermögen mit der Sorgfalt eines ordentlichen Kaufmanns für gemeinschaftliche Rechnung der Anleger zu verwalten. Sie handelt bei der Wahrnehmung ihrer Aufgaben unabhängig von der Depotbank.

(2) Die Kapitalanlagegesellschaft ist verpflichtet,

1. bei der Ausübung ihrer Tätigkeit im ausschließlichen Interesse ihrer Anleger und der Integrität des Marktes zu handeln,
2. ihre Tätigkeit mit der gebotenen Sachkenntnis, Sorgfalt und Gewissenhaftigkeit im besten Interesse der von ihr verwalteten Sondervermögen und der Integrität des Marktes auszuüben,
3. sich um die Vermeidung von Interessenkonflikten zu bemühen und, wenn diese sich nicht vermeiden lassen, dafür zu sorgen, dass unvermeidbare Konflikte unter der gebotenen Wahrung der Interessen der Anleger gelöst werden,
4. über die für eine ordnungsgemäße Geschäftstätigkeit erforderlichen Mittel und Verfahren zu verfügen und diese wirksam einsetzen.

(3) Die Kapitalanlagegesellschaft muss so organisiert sein, dass das Risiko von Interessenkonflikten zwischen der Gesellschaft und den Anlegern, zwischen verschiedenen Anlegern, zwischen einem Anleger und einem Investmentvermögen oder zwischen zwei Investmentvermögen möglichst gering ist. Die Kapitalanlagegesellschaft muss insbesondere über geeignete Verfahren verfügen, um bei Publikums-Sondervermögen unter Berücksichtigung des Wertes des Sondervermögens und der Anlegerstruktur eine Beeinträchtigung von Anlegerinteressen durch Transaktionskosten zu vermeiden.

(4) Eine Kapitalanlagegesellschaft, deren Erlaubnis auch die in § 7 Abs. 2 Nr. 1 genannte Dienstleistung umfasst, darf das Vermögen des Anlegers weder ganz noch teilweise in Anteilen der von ihr verwalteten Investmentvermögen anlegen, es sei denn, der Anleger hat zuvor eine allgemeine Zustimmung hierzu gegeben.

(5) Die Bundesanstalt kann über Richtlinien für den Regelfall festlegen, ob den Verpflichtungen nach den Absätzen 1 bis 4 entsprochen ist.

§ 9 a
Organisationspflichten

Die Kapitalanlagegesellschaft muss über eine ordnungsgemäße Geschäftsorganisation verfügen, die die Einhaltung der von der Kapitalanlagegesellschaft zu beachtenden gesetzlichen Bestimmungen gewährleistet. Eine ordnungsgemäße Geschäftsorganisation umfasst insbesondere

1. ein angemessenes Risikomanagement, das insbesondere gewährleistet, dass das mit den Anlagepositionen verbundene Risiko sowie deren jeweilige Wirkung auf das Gesamtrisikoprofil des Investmentvermögens jederzeit überwacht und gemessen werden kann,
2. geeignete Regelungen für die persönlichen Geschäfte der Mitarbeiter,
3. geeignete Regelungen für die Anlage des eigenen Vermögens der Kapitalanlagegesellschaft in Finanzinstrumenten,
4. angemessene Kontroll- und Sicherheitsvorkehrungen für den Einsatz der elektronischen Datenverarbeitung,
5. eine vollständige Dokumentation der ausgeführten Geschäfte, die insbesondere gewährleistet, dass jedes das Investmentvermögen betreffende Geschäft nach Gegenpartei, Art und Abschlusszeitpunkt rekonstruiert werden kann,
6. angemessene Kontrollverfahren, die insbesondere das Bestehen einer internen Revision voraussetzen und gewährleisten, dass das Vermögen der von der Kapitalanlagegesellschaft verwalteten Investmentvermögen in Übereinstimmung mit den Vertragsbedingungen sowie den jeweils geltenden rechtlichen Bestimmungen angelegt wird.

§ 10
aufgehoben.

§ 11
Kapitalanforderungen

(1) Eine Kapitalanlagegesellschaft muss

1. mit einem Anfangskapital von mindestens 300 000 Euro ausgestattet sein ,
2. wenn der Wert der von der Kapitalanlagegesellschaft verwalteten Sondervermögen 1,125 Milliarden Euro überschreitet, über zusätzliche Eigenmittel in Höhe von wenigstens 0,02 Prozent des Betrages, um den der Wert der verwalteten Sondervermögen 1,125 Milliarden Euro übersteigt, verfügen; die geforderte Gesamtsumme des Anfangskapitals und der zusätzlichen Eigenmittel darf jedoch 10 Millionen Euro nicht überschreiten. Eine Kapitalanlagegesellschaft braucht die Anforderung der Aufbringung zusätzlicher Eigenmittel nach Satz 1 Nr. 2 in Höhe von bis zu 50 Prozent nicht zu erfüllen, wenn sie über eine von einem Kreditinstitut oder einem Versicherungsunternehmen gestellte Garantie in derselben Höhe verfügt. Das Kreditinstitut oder das Versicherungsunternehmen muss seinen Sitz in einem Mitgliedstaat der Europäischen Union oder in einem anderen Vertragsstaat des Abkommens über den Europäischen Wirtschaftsraum haben oder, sofern es seinen Sitz in einem Drittstaat hat, Aufsichtsbestimmungen unterliegen, die nach Auffassung der Bundesanstalt denen des Gemeinschaftsrechts gleichwertig sind.

(2) Für die Zwecke des Absatzes 1 gelten die von der Kapitalanlagegesellschaft verwalteten Sondervermögen, einschließlich der Sondervermögen, mit deren Verwaltung sie Dritte beauftragt hat, als Sondervermögen der Kapitalanlagegesellschaft; Investmentvermögen, die die Kapitalanlagegesellschaft im Auftrag Dritter verwaltet, werden nicht berücksichtigt.

(3) Unabhängig von der Eigenmittelanforderung in Absatz 1 muss die Kapitalanlagegesellschaft zu jeder Zeit Eigenmittel aufweisen, die mindestens einem Viertel ihrer Kosten entsprechen, die in der Gewinn- und Verlustrechnung des letzten Jahresabschlusses unter den allgemeinen Verwaltungsaufwendungen, den Abschreibungen und Wertberichtigungen auf immaterielle Anlagewerte und Sachanlagen ausgewiesen sind. § 10 Abs. 9 Satz 2 bis 7 des Kreditwesengesetzes ist entsprechend anzuwenden.

(4) Werden Altersvorsorgeverträge nach § 7 Abs. 2 Nr. 6 abgeschlossen oder Mindestzahlungszusagen nach § 7 Abs. 2 Nr. 6a abgegeben, ist insoweit § 10 Abs. 1 Satz 1 des Kreditwesengesetzes entsprechend anzuwenden.

§ 12
Zweigniederlassung und grenzüberschreitender Dienstleistungsverkehr

(1) Eine Kapitalanlagegesellschaft hat die Absicht, in einem anderen Mitgliedstaat der Europäischen Union oder einem anderen Vertragsstaat des Abkommens über den Europäischen Wirtschaftsraum eine Zweigniederlassung zu errichten, der Bundesanstalt unverzüglich nach Maßgabe des Satzes 2 anzuzeigen.

Die Anzeige muss enthalten

1. die Angabe des Mitgliedstaates der Europäischen Union oder des anderen Vertragsstaates des Abkommens über den Europäischen Wirtschaftsraum, in dem die Zweigniederlassung errichtet werden soll,
2. einen Geschäftsplan, aus dem die geplanten Tätigkeiten gemäß § 7 Abs. 2 und der organisatorische Aufbau der Zweigniederlassung hervorgehen,
3. die Anschrift, unter der Unterlagen der Kapitalanlagegesellschaft im Aufnahmestaat angefordert und Schriftstücke zugestellt werden können, und
4. die Angabe der Leiter der Zweigniederlassung.

(2) Besteht kein Grund, die Angemessenheit der Organisationsstruktur und der Finanzlage der Kapitalanlagegesellschaft anzuzweifeln, übermittelt die Bundesanstalt die Angaben nach Absatz 1 Satz 2 innerhalb von zwei Monaten nach Eingang der vollständigen Unterlagen den zuständigen Stellen des Aufnahmestaates und teilt dies der anzeigenden Kapitalanlagegesellschaft mit. Sie unterrichtet die zuständigen Stellen des Aufnahmestaates gegebenenfalls über die Einlagensicherungs- oder Anlegerentschädigungseinrichtung, der die Kapitalanlagegesellschaft angehört. Leitet die Bundesanstalt die Angaben nach Absatz 1 Satz 2 nicht an die zuständigen Stellen des Aufnahmestaates weiter, teilt die Bundesanstalt der Kapitalanlagegesellschaft innerhalb von zwei Monaten nach Eingang sämtlicher Angaben nach Absatz 1 Satz 2 die Gründe dafür mit. Die Kapitalanlagegesellschaft hat die Weiterleitung der Anzeige an die zuständigen Stellen des Aufnahmestaates ebenso wie die Mitteilung des Aufnahmestaates über die vorgeschriebenen Meldungen und Bedingungen für die Ausübung der geplanten Tätigkeiten innerhalb der jeweiligen Zweimonatsfrist abzuwarten.

(3) Absatz 1 Satz 1 gilt entsprechend für die Absicht, im Wege des grenzüberschreitenden Dienstleistungsverkehrs in einem anderen Mitgliedstaat der Europäischen Union oder einem anderen Vertragsstaat des Abkommens über den Europäischen Wirtschaftsraum Tätigkeiten gemäß § 7 Abs. 2 auszuüben.

Die Anzeige muss enthalten

1. die Angabe des Mitgliedstaates der Europäischen Union oder des anderen Vertragsstaates des Abkommens über den Europäischen Wirtschaftsraum, in dem die grenzüberschreitende Dienstleistung ausgeübt werden soll, und
2. einen Geschäftsplan mit Angabe der geplanten Tätigkeiten

Besteht kein Grund, die Angemessenheit der Organisationsstruktur und der Finanzlage der Kapitalanlagegesellschaft anzuzweifeln, unterrichtet die Bundesanstalt die zuständigen Stellen des Aufnahmestaates innerhalb eines Monats nach Eingang der Anzeige. Sie unterrichtet die zuständigen Stellen des Aufnahmestaates gegebenenfalls über die Einlagensicherungs- oder Anlegerentschädigungseinrichtung, der die Kapitalanlagegesellschaft angehört. Die Kapitalanlagegesellschaft hat die Unterrichtung der zuständigen Stellen des Aufnahmestaates innerhalb dieser Frist abzuwarten. Andernfalls teilt die Bundesanstalt der Kapitalanlagegesellschaft die Nichtunterrichtung und deren Gründe unverzüglich mit.

(4) Ändern sich die Verhältnisse, die nach Absatz 1 Satz 2 und Absatz 3 Satz 2 angezeigt wurden, hat die Kapitalanlagegesellschaft der Bundesanstalt und den zuständigen Stellen des Aufnahmestaates die Änderungen mindestens einen Monat vor dem Wirksamwerden der Änderungen schriftlich anzuzeigen. Die Anzeigepflicht nach Satz 1 gilt entsprechend für eine Kapitalanlagegesellschaft, die ihre Zweigniederlassung bereits vor dem Zeitpunkt, von dem an sie unter die Anzeigepflicht nach Absatz 1 fällt, in einem anderen Mitgliedstaat der Europäischen Union oder einem anderen Vertragsstaat des Abkommens über den Europäischen Wirtschaftsraum errichtet hat. Änderungen der Verhältnisse der Einlagensicherungseinrichtung oder der Anlegerentschädigungseinrichtung hat die Kapitalanlagegesellschaft der Bundesanstalt und den zuständigen Stellen des Aufnahmestaates mindestens einen Monat vor dem Wirksamwerden der Änderungen anzuzeigen. Die Bundesanstalt teilt den zuständigen Stellen des Aufnahmestaates die Änderungen nach den Sätzen 1 und 3 mit.

(5) Kapitalanlagegesellschaften, die beabsichtigen, gemäß Absatz 1 eine Zweigniederlassung zu errichten oder gemäß Absatz 3 im Wege des grenzüberschreitenden Dienstleistungsverkehrs tätig zu werden, müssen mindestens ein Sondervermögen nach Maßgabe der §§ 46 bis 65 verwalten und dürfen die in § 7 Abs. 2 Nr. 2 genannte Tätigkeit nicht betreiben.

(6) Das Bundesministerium der Finanzen wird ermächtigt, durch Rechtsverordnung zu bestimmen, dass die Absätze 2 und 4 für die Errichtung einer Zweigniederlassung in einem Drittstaat entsprechend anzuwenden sind, soweit dies im Bereich des Niederlassungsrechts auf Grund von Abkommen der Europäischen Union mit Drittstaaten erforderlich ist. Die Rechtsverordnung bedarf nicht der Zustimmung des Bundesrates.

§ 13
Verwaltungsgesellschaften mit Sitz in einem anderen Mitgliedstaat der Europäischen Union oder einem anderen Vertragsstaat des Abkommens über den Europäischen Wirtschaftsraum

(1) Eine Verwaltungsgesellschaft im Sinne der Richtlinie 85/611/EWG mit Sitz in einem anderen Mitgliedstaat der Europäischen Union oder einem anderen Vertragsstaat des Abkommens über den Europäischen Wirtschaftsraum darf ohne Erlaubnis durch die Bundesanstalt über eine Zweigniederlassung oder im Wege des grenzüberschreitenden Dienstleistungsverkehrs im Inland Tätigkeiten gemäß § 7 Abs. 2 erbringen, wenn sie von den zuständigen Stellen des Herkunftsstaates zugelassen worden ist und die Tätigkeiten durch die Zulassung abgedeckt sind. § 53 des Kreditwesengesetzes ist in diesem Fall nicht anzuwenden. § 14 der Gewerbeordnung bleibt unberührt.

(2) Die Bundesanstalt hat eine Verwaltungsgesellschaft im Sinne des Absatzes 1 Satz 1, die beabsichtigt, eine Zweigniederlassung im Inland zu errichten, innerhalb von zwei Monaten nach Eingang der von den zuständigen Stellen des Herkunftsstaates über die beabsichtigte Errichtung der Zweigniederlassung übermittelten Unterlagen auf die für ihre Tätigkeit vorgeschriebenen Meldungen an die Bundesanstalt hinzuweisen und die Bedingungen anzugeben, die nach Absatz 4 Satz 1 für die Ausübung der von der Zweigniederlassung geplanten Tätigkeiten aus Gründen des Allgemeininteresses gelten. Nach Eingang der Mitteilung der Bundesanstalt, spätestens nach Ablauf der in Satz 1 genannten Frist, kann die Zweigniederlassung errichtet werden und ihre Tätigkeit aufnehmen. Die §§ 130 bis 133 und § 32 Abs. 3 bleiben unberührt.

(3) Die Bundesanstalt hat einer Verwaltungsgesellschaft im Sinne des Absatzes 1 Satz 1, die beabsichtigt, im Inland im Wege des grenzüberschreitenden Dienstleistungsverkehrs tätig zu werden, innerhalb von einem Monat nach Eingang der von den zuständigen Stellen des Herkunftsstaates über die beabsichtigte Aufnahme des grenzüberschreitenden Dienstleistungsverkehrs übermittelten Unterlagen die Bedingungen anzugeben, die nach Absatz 4 Satz 3 für die Ausübung der geplanten Tätigkeiten aus Gründen des Allgemeininteresses gelten. Die §§ 130 bis 133 und § 32 Abs. 3 bleiben unberührt.

(4) Auf Zweigniederlassungen im Sinne des Absatzes 1 Satz 1 sind § 3 Abs. 1, 3 und 4, § 9 Abs. 2 Nr. 1 bis 3 und Abs. 4 und 5, § 19a, § 19c Abs. 1 Nr. 7 sowie die §§ 19g, 121, 124 und 125 dieses Gesetzes, und, soweit diese Dienst- und Nebendienstleistungen im Sinne von § 7 Abs. 2 Nr. 1, 3 und 4 erbringen, § 31 Abs. 1 bis 9 und 11 sowie die §§ 31a, 31b, 31d, 33a, 34, 34a Abs. 3 und 36 des Wertpapierhandelsgesetzes und § 18 des Gesetzes über die Deutsche Bundesbank mit der Maßgabe entsprechend anzuwenden, dass mehrere Niederlassungen derselben Verwaltungsgesellschaft als eine Zweigniederlassung gelten. Änderungen des Geschäftsplans, insbesondere der Art der geplanten Tätigkeiten und des organisatorischen Aufbaus der Zweigniederlassung, der Anschrift und der Leiter sowie der Sicherungseinrichtung im Herkunftsstaat, dem die Verwaltungsgesellschaft angehört, sind der Bundesanstalt mindestens einen Monat vor dem Wirksamwerden der Änderung schriftlich anzuzeigen. Für die Tätigkeiten im Wege des grenzüberschreitenden Dienstleistungsverkehrs nach Absatz 1 Satz 1 gelten § 9 Abs. 2 Nr. 1 bis 3 und Abs. 4 und 5 sowie die §§ 19g, 121, 124 und 125 dieses Gesetzes und, soweit Dienst- und Nebendienstleistungen im Sinne von § 7 Abs. 2 Nr. 1, 3 und 4 erbracht werden, § 31 Abs. 1

bis 9 und 11 sowie die §§ 31a, 31b, 31d, 33a, 34 und 34a Abs. 3 des Wertpapierhandelsgesetzes entsprechend.

(5) Kommt eine Verwaltungsgesellschaft im Sinne des Absatzes 1 Satz 1 ihren Verpflichtungen nach Absatz 4 nicht nach, fordert die Bundesanstalt diese auf, den Mangel innerhalb einer bestimmten Frist zu beheben. Kommt die Verwaltungsgesellschaft der Aufforderung nicht nach, unterrichtet die Bundesanstalt die zuständigen Stellen des Herkunftsstaates. Ergreift der Herkunftsstaat keine Maßnahmen oder erweisen sich die Maßnahmen als unzureichend, kann die Bundesanstalt nach der Unterrichtung der zuständigen Stellen des Herkunftsstaates die erforderlichen Maßnahmen ergreifen; erforderlichenfalls kann sie die Durchführung neuer Geschäfte im Inland untersagen.

(6) In dringenden Fällen kann die Bundesanstalt vor Einleitung des in Absatz 5 vorgesehenen Verfahrens die erforderlichen Maßnahmen ergreifen. Sie hat die Kommission der Europäischen Gemeinschaften und die zuständigen Stellen des Herkunftsstaates hiervon unverzüglich zu unterrichten. Die Bundesanstalt hat die Maßnahmen zu ändern oder aufzuheben, wenn die Kommission dies nach Anhörung der zuständigen Stellen des Herkunftsstaates und der Bundesanstalt beschließt.

(7) Die zuständigen Stellen des Herkunftsstaates können nach vorheriger Unterrichtung der Bundesanstalt selbst oder durch ihre Beauftragten die für die aufsichtliche Überwachung der Zweigniederlassung erforderlichen Informationen bei der Zweigniederlassung prüfen. Auf Ersuchen der zuständigen Stellen des Herkunftsstaates einer Verwaltungsgesellschaft im Sinne des Absatzes 1 Satz 1 hat die Bundesanstalt die Richtigkeit der von der Verwaltungsgesellschaft für die zuständigen Stellen des Herkunftsstaates zu aufsichtlichen Zwecken übermittelten Daten zu überprüfen oder zu gestatten, dass die ersuchende Stelle, ein Wirtschaftsprüfer oder ein Sachverständiger diese Daten überprüft; die Bundesanstalt kann nach pflichtgemäßem Ermessen gegenüber Aufsichtsstellen in Drittstaaten entsprechend verfahren, wenn Gegenseitigkeit gewährleistet ist. § 5 Abs. 2 des Verwaltungsverfahrensgesetzes über die Grenzen der Amtshilfe gilt entsprechend. Die Verwaltungsgesellschaften im Sinne des Absatzes 1 Satz 1 haben die Prüfung zu dulden.

§ 14
Verwaltungsgesellschaften mit Sitz in einem Drittstaat

Das Bundesministerium der Finanzen wird ermächtigt, durch Rechtsverordnung

1. zu bestimmen, dass die Vorschriften dieses Gesetzes über ausländische Verwaltungsgesellschaften mit Sitz in einem anderen Mitgliedstaat der Europäischen Union oder einem anderen Vertragsstaat des Abkommens über den Europäischen Wirtschaftsraum auch auf Verwaltungsgesellschaften mit Sitz in einem Drittstaat anzuwenden sind, soweit dies im Bereich des Niederlassungsrechts oder des Dienstleistungsverkehrs auf Grund von Abkommen der Europäischen Gemeinschaften mit Drittstaaten erforderlich ist;
2. die vollständige oder teilweise Anwendung des § 13 unter vollständiger oder teilweiser Freistellung von den Vorschriften des § 53 des Kreditwesengesetzes auf Verwaltungsgesellschaften mit Sitz in einem Drittstaat anzuordnen, wenn die Gegenseitigkeit gewährleistet ist und,

a. die Verwaltungsgesellschaften in ihrem Sitzstaat in den von der Freistellung betroffenen Bereichen nach international anerkannten Grundsätzen beaufsichtigt werden,

b. den Zweigniederlassungen der entsprechenden Verwaltungsgesellschaften mit Sitz im Inland in diesem Staat gleichwertige Erleichterungen eingeräumt werden und

c. die zuständigen Behörden des Sitzstaates zu einer befriedigenden Zusammenarbeit mit der Bundesanstalt bereit sind und dies auf der Grundlage einer zwischenstaatlichen Vereinbarung sichergestellt ist.

Die Rechtsverordnung bedarf nicht der Zustimmung des Bundesrates.

§ 15
Meldungen an die Kommission der Europäischen Gemeinschaften

Für die Meldungen der Bundesanstalt an die Kommission der Europäischen Gemeinschaften ist § 53e des Kreditwesengesetzes entsprechend anzuwenden; ferner meldet die Bundesanstalt der Kommission der Europäischen Gemeinschaften allgemeine Schwierigkeiten, die die Kapitalanlagegesellschaften beim Vertrieb der Anteile in einem Drittstaat haben.

§ 16
Auslagerung

(1) Die Aufgaben, die für die Durchführung der Geschäfte der Kapitalanlagegesellschaft wesentlich sind, können zum Zwecke einer effizienteren Geschäftsführung auf ein anderes Unternehmen (Auslagerungsunternehmen) ausgelagert werden. Das Auslagerungsunternehmen muss unter Berücksichtigung der ihm übertragenden Aufgaben über die entsprechende Qualifikation verfügen und in der Lage sein, die übernommenen Aufgaben ordnungsgemäß wahrzunehmen. Die Auslagerung darf die Wirksamkeit der Beaufsichtigung der Kapitalanlagegesellschaft in keiner Weise beeinträchtigen; insbesondere darf sie weder die Kapitalanlagegesellschaft daran hindern, im Interesse ihrer Anleger zu handeln, noch darf sie verhindern, dass das Sondervermögen im Interesse der Anleger verwaltet wird.

(1 a) Die Kapitalanlagegesellschaft hat Maßnahmen zu ergreifen, die sie in die Lage versetzen, die Tätigkeiten des Auslagerungsunternehmens jederzeit wirksam zu überwachen. Die Kapitalanlagegesellschaft hat sich insbesondere die erforderlichen Weisungsbefugnisse und die Kündigungsrechte vertraglich zu sichern.

(2) Sofern die Übertragung die Portfolioverwaltung betrifft, dürfen damit nur Unternehmen betraut werden, die für die Zwecke der Vermögensverwaltung zugelassen sind und einer wirksamen öffentlichen Aufsicht unterliegen; § 2 Abs. 6 Satz 1 Nr. 5 des Kreditwesengesetzes findet insoweit keine Anwendung. Die Übertragung muss mit den von der Kapitalanlagegesellschaft regelmäßig festgelegten Vorgaben für die Verteilung der Anlagen in Einklang stehen. Eine Depotbank oder andere Unternehmen, deren Interessen mit denen der Kapitalanlagegesellschaft oder der Anleger kollidieren können, dürfen nicht mit der Portfolioverwaltung betraut werden. Wird die Portfolioverwaltung auf ein Unternehmen mit

Sitz in einem Drittstaat ausgelagert, muss die Zusammenarbeit zwischen der Bundesanstalt und der zuständigen Aufsichtsbehörde des Drittstaates sichergestellt sein.

(3) Die Kapitalanlagegesellschaft hat ein Verschulden des Auslagerungsunternehmens in gleichem Umfang zu vertreten wie eigenes Verschulden.

(4) Die Aufgaben, die die Kapitalanlagegesellschaft übertragen hat, sind in den Verkaufsprospekten nach § 42 aufzulisten.

(5) Nach Beendigung des Geschäftsjahres der Kapitalanlagegesellschaft sind der Bundesanstalt sämtliche in dem jeweiligen Geschäftsjahr erfolgten Auslagerungen unverzüglich und gesammelt anzuzeigen.

§ 17
Erlöschen und Aufhebung der Erlaubnis

(1) Die Erlaubnis erlischt, wenn die Kapitalanlagegesellschaft

1. von ihr nicht innerhalb eines Jahres seit ihrer Erteilung Gebrauch macht,
2. ausdrücklich auf sie verzichtet oder
3. den Geschäftsbetrieb, auf den sich die Erlaubnis bezieht, seit mehr als sechs Monaten nicht mehr ausübt.

Soweit die Kapitalanlagegesellschaft auch über die Erlaubnis zur individuellen Vermögensverwaltung nach § 7 Abs. 2 Nr. 1 verfügt, erlischt diese, wenn die Kapitalanlagegesellschaft nach § 11 des Einlagensicherungs- und Anlegerentschädigungsgesetzes von der Entschädigungseinrichtung ausgeschlossen wird.

(2) Die Bundesanstalt kann die Erlaubnis außer nach den Vorschriften des Verwaltungsverfahrensgesetzes aufheben, wenn

1. die Kapitalanlagegesellschaft die Erlaubnis aufgrund falscher Erklärungen oder auf sonstige rechtswidrige Weise erhalten hat;
2. die Eigenmittel der Kapitalanlagegesellschaft unter die in § 11 Abs. 1 vorgesehenen Schwellen absinken und die Kapitalanlagegesellschaft nicht innerhalb einer von der Bundesanstalt zu bestimmenden Frist diesen Mangel behoben hat;
3. der Bundesanstalt Tatsachen bekannt werden, die eine Versagung der Erlaubnis nach § 7b Nr. 2 bis 8 rechtfertigen würden;
4. die Kapitalanlagegesellschaft nachhaltig gegen die Bestimmungen dieses Gesetzes verstößt.

Widerspruch und Anfechtungsklage haben keine aufschiebende Wirkung.

§ 17 a
Abberufung von Geschäftsleitern; Übertragung von Organbefugnissen auf Sonderbeauftragte

(1) In den Fällen des § 17 Abs. 2 kann die Bundesanstalt statt der Aufhebung der Erlaubnis die Abberufung der verantwortlichen Geschäftsleiter verlangen und ihnen die Ausübung

ihrer Tätigkeit untersagen; Widerspruch und Anfechtungsklage haben keine aufschiebende Wirkung.

(2) Die Bundesanstalt kann die Organbefugnisse abberufener Geschäftsleiter so lange auf einen geeigneten Sonderbeauftragten übertragen, bis die Kapitalanlagegesellschaft über neue Geschäftsleiter verfügt, die den in § 7b Nr. 3 genannten Anforderungen genügen; Widerspruch und Anfechtungsklage haben keine aufschiebende Wirkung. § 45c Absatz 6 und 7 des Kreditwesengesetzes findet entsprechend Anwendung.

§ 17 b
Folgen der Aufhebung und des Erlöschens der Erlaubnis; Maßnahmen bei der Abwicklung

§ 38 des Kreditwesengesetzes findet entsprechend Anwendung, wenn die Bundesanstalt die Erlaubnis der Kapitalanlagegesellschaft aufhebt oder die Erlaubnis erlischt.

§ 17 c
Einschreiten gegen ungesetzliche Geschäfte

Wird eine Kapitalanlagegesellschaft ohne die nach § 7 erforderliche Erlaubnis tätig, kann die Bundesanstalt die sofortige Einstellung des Geschäftsbetriebes und die unverzügliche Abwicklung dieser Geschäfte gegenüber der Kapitalanlagegesellschaft und den Mitgliedern ihrer Organe anordnen; § 37 des Kreditwesengesetzes findet entsprechend Anwendung. Widerspruch und Anfechtungsklage gegen die Maßnahmen der Bundesanstalt haben keine aufschiebende Wirkung.

§ 18
Informationsaustausch mit der Deutschen Bundesbank

(1) Die Bundesanstalt und die Deutsche Bundesbank haben einander Beobachtungen und Feststellungen mitzuteilen, die für die Erfüllung ihrer jeweiligen Aufgaben zwingend erforderlich sind. Die Bundesanstalt hat insoweit der Deutschen Bundesbank die Informationen und Unterlagen gemäß § 2a Abs. 1 Satz 1 und 4 und Abs. 6, § 12 Abs. 1 und 4 Satz 1, soweit es sich um eine Änderung der nach § 12 Abs. 1 Satz 2 angezeigten Verhältnisse handelt, § 13 Abs. 4 Satz 2, § 19c Abs. 1 Nr. 3 bis 10 und Abs. 2, § 19d Satz 2, § 19f Abs. 2 Satz 3, § 20 Abs. 3 Satz 4, § 37 Abs. 2 Satz 3, § 44 Abs. 3 Satz 3 und Abs. 5 Satz 6, § 45 Abs. 3, § 54 Abs. 4, § 94 Satz 4, § 96 Abs. 6 Satz 1 und 2, § 99 Abs. 2 Satz 1 sowie § 111a Abs. 4 zur Verfügung zu stellen. Die Deutsche Bundesbank hat der Bundesanstalt die Angaben zur Verfügung zu stellen, die jene aufgrund statistischer Erhebungen nach § 18 des Gesetzes über die Deutsche Bundesbank erlangt. Sie hat vor Anordnung einer solchen Erhebung die Bundesanstalt zu hören; § 18 Satz 5 des Gesetzes über die Deutsche Bundesbank gilt entsprechend. Die Bundesanstalt und die Deutsche Bundesbank regeln einvernehmlich die Einzelheiten der Weiterleitung dieser Beobachtungen, Feststellungen, Informationen, Unterlagen und Angaben.

(2) Der Informationsaustausch nach Absatz 1 Satz 5 schließt die Übermittlung der zur Erfüllung der Aufgaben der empfangenden Stelle erforderlichen personenbezogenen Daten ein. Zur Erfüllung ihrer Aufgabe dürfen die Bundesanstalt und die Deutsche Bundesbank vereinbaren, dass gegenseitig die bei der anderen Stelle jeweils gespeicherten Daten im

automatisierten Verfahren abgerufen werden dürfen. Im Übrigen gilt § 7 Abs. 4 und 5 des Kreditwesengesetzes entsprechend.

§ 19
Zusammenarbeit mit anderen Stellen

(1) Die Bundesanstalt arbeitet bei der Aufsicht über Kapitalanlagegesellschaften, die in einem anderen Mitgliedstaat der Europäischen Union oder einem anderen Vertragsstaat des Abkommens über den Europäischen Wirtschaftsraum im Rahmen dieses Gesetzes tätig werden, mit den zuständigen Stellen dieses Staates eng zusammen und übermittelt den Stellen die erforderlichen Auskünfte. Mitteilungen der zuständigen Stellen des anderen Staates dürfen nur für folgende Zwecke verwendet werden:

1. zur Erfüllung der der Bundesanstalt obliegenden Aufsichtstätigkeit,
2. für Anordnungen der Bundesanstalt sowie zur Verfolgung und Ahndung von Ordnungswidrigkeiten durch die Bundesanstalt,
3. im Rahmen eines Verwaltungsverfahrens über Rechtsbehelfe gegen eine Entscheidung der Bundesanstalt oder
4. im Rahmen von Verfahren vor Verwaltungsgerichten, Insolvenzgerichten, Staatsanwaltschaften oder für Straf- und Bußgeldsachen zuständigen Gerichten.

(2) Die Bundesanstalt unterrichtet die zuständigen Stellen der anderen Mitgliedstaaten der Europäischen Union oder der anderen Vertragsstaaten des Abkommens über den Europäischen Wirtschaftsraum, in denen die Kapitalanlagegesellschaft Zweigniederlassungen errichtet hat oder im Wege des grenzüberschreitenden Dienstleistungsverkehrs tätig gewesen ist, über eine Aufhebung der Erlaubnis. Ferner hat die Bundesanstalt in Bezug auf ein Sondervermögen getroffene schwerwiegende Maßnahmen, einschließlich einer Anordnung einer Aussetzung einer Rücknahme von Anteilen unverzüglich den zuständigen Stellen der anderen Mitgliedstaaten der Europäischen Union oder der anderen Vertragsstaaten des Abkommens über den Europäischen Wirtschaftsraum, in denen Anteile an einem Sondervermögen gemäß den Vorschriften der Richtlinie 85/611/EWG vertrieben werden, mitzuteilen.

(3) Die Bundesanstalt teilt den zuständigen Stellen des Aufnahmestaates Maßnahmen mit, die sie ergreifen wird, um Verstöße einer Kapitalanlagegesellschaft gegen Rechtsvorschriften des Aufnahmestaates zu beenden, über die sie durch die zuständigen Stellen des Aufnahmestaates unterrichtet worden ist.

(4) Die Bundesanstalt kann Vereinbarungen über die Weitergabe von Informationen mit den zuständigen Stellen in Drittländern schließen, soweit diese Stellen die Informationen zur Erfüllung ihrer Aufgaben benötigen. § 9 Abs. 1 Satz 6 bis 8 des Kreditwesengesetzes gilt entsprechend.

§ 19 a
Werbung

Auf die Werbung von Kapitalanlagegesellschaften findet § 23 des Kreditwesengesetzes entsprechend Anwendung.

§ 19 b
Sicherungseinrichtung

Sofern die Kapitalanlagegesellschaft die Erlaubnis zur Erbringung der individuellen Vermögensverwaltung im Sinne des § 7 Abs. 2 Nr. 1 hat, hat sie die betroffenen Anleger, die nicht Institute sind, über die Zugehörigkeit zu einer Einrichtung zur Sicherung der Ansprüche der Anleger (Sicherungseinrichtung) in geeigneter Weise zu informieren;§ 23a Abs. 1 Satz 2 und 5 sowie Abs. 2 des Kreditwesengesetzes findet entsprechend Anwendung.

§ 19 c
Anzeigen

(1) Eine Kapitalanlagegesellschaft hat der Bundesanstalt unverzüglich anzuzeigen

1. die Absicht der Bestellung einer Person zum Geschäftsleiter unter Angabe der Tatsachen, die für die Beurteilung der Zuverlässigkeit und fachlichen Eignung wesentlich sind, und den Vollzug dieser Absicht;
2. das Ausscheiden eines Geschäftsleiters;
3. die Übernahme und die Aufgabe einer unmittelbaren oder mittelbaren Beteiligung an einem anderen Unternehmen; als Beteiligung gilt das unmittelbare oder mittelbare Halten von mindestens 25 Prozent der Anteile am Kapital oder Stimmrechte des anderen Unternehmens;
4. die Änderung der Rechtsform;
5. die Absenkung der Eigenmittel unter die in § 11 vorgesehenen Schwellen;
6. die Verlegung der Niederlassung oder des Sitzes, die Errichtung, Verlegung oder Schließung einer Zweigstelle in einem Drittstaat sowie die Aufnahme oder Beendigung der Erbringung grenzüberschreitender Dienstleistungen ohne Errichtung einer Zweigstelle;
7. die Einstellung des Geschäftsbetriebes;
8. die Absicht ihrer Geschäftsleiter, eine Entscheidung über die Auflösung der Kapitalanlagegesellschaft herbeizuführen;
9. den Erwerb oder die Aufgabe einer bedeutenden Beteiligung an der eigenen Gesellschaft, das Erreichen, das Über- und Unterschreiten der Beteiligungsschwellen von 20 Prozent, 33 Prozent und 50 Prozent der Stimmrechte oder des Kapitals sowie die Tatsache, dass die Kapitalanlagegesellschaft Tochterunternehmen eines anderen Unternehmens wird oder nicht mehr ist, soweit die Kapitalanlagegesellschaft von der bevorstehenden Änderung dieser Beteiligungsverhältnisse Kenntnis erlangt;
10. die Absicht der Vereinigung mit einer anderen Kapitalanlagegesellschaft.

(2) Die Kapitalanlagegesellschaft hat der Bundesanstalt jährlich anzuzeigen

1. den Namen und die Anschrift der an ihr bedeutend beteiligten Inhaber sowie die Höhe ihrer Beteiligung,
2. die Errichtung, Verlegung oder Schließung einer inländischen Zweigstelle und
3. die Begründung, Änderung oder die Beendigung einer engen Verbindung.

(3) Die Geschäftsleiter der Kapitalanlagegesellschaft haben der Bundesanstalt unverzüglich die in § 24 Abs. 3 Satz 1 Nr. 1 und 2 des Kreditwesengesetzes genannten Tatsachen anzuzeigen.

§ 19 d
Jahresabschluss, Lagebericht und Prüfungsbericht

Für den Jahresabschluss, den Lagebericht und den Prüfungsbericht einer Kapitalanlagegesellschaft gelten die §§ 340a bis 340o des Handelsgesetzbuchs entsprechend. § 26 des Kreditwesengesetzes ist mit der Maßgabe entsprechend anzuwenden, dass die dort geregelten Pflichten gegenüber der Deutschen Bundesbank nicht gelten.

§ 19 e
Bestellung eines Abschlussprüfers in besonderen Fällen

Auf die Bestellung eines Abschlussprüfers findet § 28 des Kreditwesengesetzes mit der Maßgabe entsprechend Anwendung, dass die dort geregelten Pflichten gegenüber der Deutschen Bundesbank nicht gelten.

§ 19 f
Besondere
Pflichten des Abschlussprüfers

(1) Bei der Prüfung des Jahresabschlusses hat der Abschlussprüfer auch die wirtschaftlichen Verhältnisse der Kapitalanlagegesellschaft zu prüfen. Er hat insbesondere festzustellen, ob die Kapitalanlagegesellschaft die Anzeigepflichten nach den §§ 12 und 19c sowie die Anforderungen nach den §§ 9, 9a, 11 und 16 erfüllt hat.

(2) Der Abschlussprüfer hat zu prüfen, ob die Kapitalanlagegesellschaft ihren Verpflichtungen nach dem Geldwäschegesetz nachgekommen ist. Soweit die Kapitalanlagegesellschaft Nebendienstleistungen nach § 7 Abs. 2 erbringt, hat der Abschlussprüfer diese Nebendienstleistungen besonders zu prüfen. § 29 Abs. 3 des Kreditwesengesetzes findet mit der Maßgabe entsprechend Anwendung, dass die dort geregelten Pflichten gegenüber der Deutschen Bundesbank nicht gelten.

(3) Das Bundesministerium der Finanzen wird ermächtigt, im Einvernehmen mit dem Bundesministerium der Justiz durch Rechtsverordnung ohne Zustimmung des Bundesrates nähere Bestimmungen über den Zeitpunkt der Prüfung, über weitere Inhalte, Umfang und Darstellungen des Prüfungsberichts zu erlassen, soweit dies zur Erfüllung der Aufgaben der Bundesanstalt erforderlich ist, insbesondere um einheitliche Unterlagen zur Beurteilung der Tätigkeit der Kapitalanlagegesellschaft zu erhalten. Das Bundesministerium der Finanzen kann die Ermächtigung durch Rechtsverordnung auf die Bundesanstalt übertragen.

§ 19 g
Auskünfte und Prüfungen der Kapitalanlagegesellschaften und der an ihr bedeutend beteiligten Inhaber

Die Kapitalanlagegesellschaften und die an ihr bedeutend beteiligten Inhaber haben der Bundesanstalt Auskünfte entsprechend § 44 Abs. 1 und 6 sowie § 44b des Kreditwesengesetzes zu erteilen. Der Bundesanstalt stehen die in § 44 Abs. 1 und § 44b des Kreditwesengesetzes genannten Prüfungsbefugnisse entsprechend zu. Widerspruch und

Anfechtungsklage gegen die Maßnahmen der Bundesanstalt haben keine aufschiebende Wirkung.

§ 19 h
Auskünfte und Prüfungen zur Verfolgung unerlaubt betriebener Investmentgeschäfte

Auf die Verfolgung unerlaubt betriebener Geschäfte im Sinne des § 17c findet § 44c des Kreditwesengesetzes mit der Maßgabe entsprechend Anwendung, dass die dort geregelten Pflichten gegenüber der Deutschen Bundesbank nicht gelten. Widerspruch und Anfechtungsklage gegen die Maßnahmen der Bundesanstalt haben keine aufschiebende Wirkung.

§ 19 i
Maßnahmen bei unzureichenden Eigenmitteln

Entsprechen bei einer Kapitalanlagegesellschaft die Eigenmittel nicht den Anforderungen des § 11, kann die Bundesanstalt Anordnungen treffen, die geeignet und erforderlich sind, um Verstöße gegen § 11 zu unterbinden. Sie kann insbesondere Entnahmen durch Gesellschafter und die Ausschüttung von Gewinnen untersagen oder beschränken. Widerspruch und Anfechtungsklage gegen die Maßnahmen der Bundesanstalt haben keine aufschiebende Wirkung. Beschlüsse über die Gewinnausschüttung sind insoweit nichtig, als sie einer Anordnung nach Satz 1 widersprechen. § 45 Absatz 5 Satz 1 des Kreditwesengesetzes findet entsprechend Anwendung.

§ 19 j
Maßnahmen bei Gefahr

Besteht die Gefahr für die Erfüllung der Verpflichtungen einer Kapitalanlagegesellschaft gegenüber ihren Gläubigern oder besteht der begründete Verdacht, dass eine wirksame Aufsicht über die Kapitalanlagegesellschaft nach den Bestimmungen dieses Gesetzes nicht möglich ist, kann die Bundesanstalt zur Abwendung dieser Gefahr geeignete und erforderliche Maßnahmen ergreifen; Widerspruch und Anfechtungsklage haben keine aufschiebende Wirkung.

§ 19 k
Insolvenzantrag

Auf den Fall der Zahlungsunfähigkeit, der Überschuldung oder der drohenden Zahlungsunfähigkeit einer Kapitalanlagegesellschaft findet § 46b Abs. 1 des Kreditwesengesetzes entsprechend Anwendung.

§ 19 l
Unterrichtung der Gläubiger im Insolvenzverfahren

Die Gläubiger sind über die Eröffnung des Insolvenzverfahrens in entsprechender Anwendung des § 46f des Kreditwesengesetzes zu unterrichten.

Abschnitt 3
Depotbank

§ 20
Bestellung

(1) Mit der Verwahrung von Investmentvermögen sowie den sonstigen Aufgaben nach Maßgabe der §§ 24 bis 29 hat die Kapitalanlagegesellschaft ein Kreditinstitut als Depotbank zu beauftragen. Die Depotbank muss ihren Sitz im Geltungsbereich dieses Gesetzes haben und zum Einlagen- und Depotgeschäft nach § 1 Abs. 1 Satz 2 Nr. 1 und 5 des Kreditwesengesetzes zugelassen sein.

(2) Als Depotbank kann auch eine Zweigniederlassung eines Kreditinstituts im Sinne des § 53b Abs. 1 Satz 1 des Kreditwesengesetzes im Geltungsbereich dieses Gesetzes beauftragt werden. Eine Zweigniederlassung eines Kreditinstituts im Sinne des § 53 oder des § 53c des Kreditwesengesetzes im Geltungsbereich dieses Gesetzes kann als Depotbank beauftragt werden, wenn die Anteile des Investmentvermögens nicht nach den §§ 128 und 129 in einem anderen Mitgliedstaat der Europäischen Union oder in einem anderen Vertragsstaat des Abkommens über den Europäischen Wirtschaftsraum vertrieben werden dürfen.

(3) Die ordnungsgemäße Erfüllung der gesetzlichen oder vertraglichen Pflichten als Depotbank durch das Kreditinstitut oder die Zweigniederlassung ist durch einen geeigneten Abschlussprüfer einmal jährlich zu prüfen. Die Depotbank hat den Prüfer spätestens zwei Monate nach Ablauf des Kalenderjahres zu bestellen, auf das sich die Prüfung erstreckt. Geeignete Prüfer sind Wirtschaftsprüfer, die hinsichtlich des Prüfungsgegenstandes über ausreichende Erfahrung verfügen. Der Prüfer hat den Prüfungsbericht unverzüglich nach Beendigung der Prüfung der Bundesanstalt einzureichen. Die Depotbank hat den Prüfer vor der Erteilung des Prüfungsauftrags der Bundesanstalt anzuzeigen. Die Bundesanstalt kann innerhalb eines Monats nach Zugang der Anzeige die Bestellung eines anderen Prüfers verlangen, wenn dies zur Erreichung des Prüfungszweckes geboten ist; Widerspruch und Anfechtungsklage hiergegen haben keine aufschiebende Wirkung.

(4) Das Bundesministerium der Finanzen wird ermächtigt, durch Rechtsverordnung nähere Bestimmungen über Art, Umfang und Zeitpunkt der Prüfung nach Absatz 3 Satz 1 zu erlassen, soweit dies zur Erfüllung der Aufgaben der Bundesanstalt erforderlich ist, insbesondere um einheitliche Unterlagen zur Beurteilung der Tätigkeit als Depotbank zu erhalten. Die Rechtsverordnung bedarf nicht der Zustimmung des Bundesrates. Das Bundesministerium der Finanzen kann die Ermächtigung durch Rechtsverordnung auf die Bundesanstalt übertragen.

(5) Die Geschäftsleiter des Kreditinstituts, das für die Wahrnehmung der Aufgaben der Depotbank bestellt werden soll, müssen über die hierfür erforderliche Erfahrung verfügen. Das Kreditinstitut muss bereit und in der Lage sein, die für die Erfüllung der Depotbankaufgaben erforderlichen organisatorischen Vorkehrungen zu schaffen.

(6) Die Depotbank muss ein haftendes Eigenkapital von mindestens 5 Millionen Euro haben; dies gilt nicht, wenn die Depotbank eine Wertpapiersammelbank im Sinne des § 1 Abs. 3 des Depotgesetzes ist.

§ 21
Aufsicht

(1) Die Auswahl sowie jeder Wechsel der Depotbank bedürfen der Genehmigung der Bundesanstalt. Die Bundesanstalt kann die Genehmigung mit Nebenbestimmungen verbinden.

(2) Die Bundesanstalt kann der Kapitalanlagegesellschaft jederzeit einen Wechsel der Depotbank auferlegen. Dies gilt insbesondere dann, wenn die Depotbank ihre gesetzlichen oder vertraglichen Pflichten nicht ordnungsgemäß erfüllt oder ihr haftendes Eigenkapital die nach § 20 Abs. 6 vorgeschriebene Mindesthöhe unterschreitet.

§ 21 a
Vorausgenehmigung der Depotbank-Auswahl

Erteilt die Bundesanstalt eine Vorausgenehmigung im Sinne des § 43a, kann die Auswahl der Depotbank für die von der Vorausgenehmigung umfassten Sondervermögen oder Teilfonds ebenfalls im Voraus genehmigt werden.

§ 22
Interessenkollision

(1) Bei Wahrnehmung ihrer Aufgaben handelt die Depotbank unabhängig von der Kapitalanlagegesellschaft und ausschließlich im Interesse der Anleger. Sie hat jedoch die Weisungen der Kapitalanlagegesellschaft auszuführen, sofern diese nicht gegen gesetzliche Vorschriften und die Vertragsbedingungen verstoßen. Die Depotbank hat durch Vorschriften zu Organisation und Verfahren sicherzustellen, dass bei Wahrnehmung ihrer Aufgaben Interessenkonflikte zwischen der Depotbank und der Kapitalanlagegesellschaft vermieden werden. Die Einhaltung dieser Vorschriften ist von einer bis auf Ebene der Geschäftsführung unabhängigen Stelle zu überwachen.

(2) Geschäftsleiter, Prokuristen und die zum gesamten Geschäftsbetrieb ermächtigten Handlungsbevollmächtigten der Depotbank dürfen nicht gleichzeitig Angestellte der Kapitalanlagegesellschaft sein. Geschäftsleiter, Prokuristen und die zum gesamten Geschäftsbetrieb ermächtigten Handlungsbevollmächtigten der Kapitalanlagegesellschaft dürfen nicht gleichzeitig Angestellte der Depotbank sein.

§ 23
Ausgabe und Rücknahme von Anteilen eines Sondervermögens

(1) Die Depotbank hat die Ausgabe und die Rücknahme von Anteilen eines Sondervermögens vorzunehmen. Anteile dürfen nur gegen volle Leistung des Ausgabepreises ausgegeben werden. Sacheinlagen sind vorbehaltlich § 40 Satz 1 unzulässig.

(2) Der Preis für die Ausgabe von Anteilen (Ausgabepreis) muss dem Wert des Anteils am Sondervermögen zuzüglich eines in den Vertragsbedingungen festzusetzenden Aufschlags gemäß § 41 Abs. 1 Satz 2 entsprechen. Der Ausgabepreis ist an die Depotbank zu entrichten und von dieser abzüglich des Aufschlags unverzüglich auf einem für das Sondervermögen eingerichteten gesperrten Konto zu verbuchen. Der Preis für die Rücknahme von Anteilen

(Rücknahmepreis) muss dem Wert des Anteils am Sondervermögen abzüglich eines in den Vertragsbedingungen festzusetzenden Abschlags gemäß § 41 Abs. 1 Satz 2 entsprechen. Der Rücknahmepreis ist, abzüglich des Abschlags, von dem gesperrten Konto an den Anleger zu zahlen. Der Ausgabeaufschlag und Rücknahmeabschlag nach Maßgabe der Sätze 1 und 3 können an die Gesellschaft ausgezahlt werden.

§ 24
Verwahrung

(1) Die zum Investmentvermögen gehörenden Wertpapiere und Einlagezertifikate sind von der Depotbank in ein gesperrtes Depot zu legen. Die Depotbank darf die Wertpapiere nur einer Wertpapiersammelbank im Sinne des § 1 Abs. 3 des Depotgesetzes, einem anderen in- oder ausländischen Kreditinstitut oder einem anderen ausländischen Verwahrer, sofern dieser die Voraussetzungen des § 5 Abs. 4 Satz 1 des Depotgesetzes erfüllt, zur Verwahrung anvertrauen.

(2) Die zum Investmentvermögen gehörenden Guthaben sind auf Sperrkonten zu verwahren. Die Depotbank ist berechtigt und verpflichtet, auf den gesperrten Konten vorhandene Guthaben auf Sperrkonten bei anderen Kreditinstituten zu übertragen, wenn die Kapitalanlagegesellschaft die Depotbank anweist.

(3) Der Bestand an Immobilien sowie Beteiligungen an Immobilien-Gesellschaften und weitere nicht verwahrfähige Vermögensgegenstände sind laufend zu überwachen.

§ 25
Zahlung und Lieferung

Der Kaufpreis aus dem Verkauf von Vermögensgegenständen des Investmentvermögens, die anfallenden Erträge, Entgelte für Wertpapier-Darlehen und der Optionspreis, den ein Dritter für das ihm eingeräumte Optionsrecht zahlt, sowie sonstige dem Investmentvermögen zustehende Geldbeträge, sind von der Depotbank auf einem für das Investmentvermögen eingerichteten gesperrten Konto zu verbuchen. Aus den gesperrten Konten oder Depots führt die Depotbank auf Weisung der Kapitalanlagegesellschaft oder einem Unternehmen, das die Aufgaben der Kapitalanlagegesellschaft nach Maßgabe von § 16 Abs. 2 wahrnimmt,

1. die Bezahlung des Kaufpreises beim Erwerb von Wertpapieren, Immobilien, Beteiligungen an Immobilien- Gesellschaften oder sonstigen Vermögensgegenständen, die Leistung und Rückgewähr von Sicherheiten für Derivate, Wertpapierdarlehen und Pensionsgeschäfte, Zahlungen von Transaktionskosten und sonstigen Gebühren sowie die Begleichung sonstiger durch die Verwaltung des Investmentvermögens bedingter Verpflichtungen,
2. die Lieferung beim Verkauf von Vermögensgegenständen sowie die Lieferung bei der darlehensweisen Übertragung von Wertpapieren sowie etwaiger weiterer Lieferpflichten,
3. die Ausschüttung der Gewinnanteile an die Anleger

durch.

§ 26
Zustimmungspflichtige Geschäfte

(1) Die Kapitalanlagegesellschaft darf die nachstehenden Geschäfte nur mit Zustimmung der Depotbank durchführen:

1. die Aufnahme von Krediten nach Maßgabe der §§ 53, 80a und 90h Abs. 6, soweit es sich nicht um valutarische Überziehungen handelt,
2. die Anlage von Mitteln des Sondervermögens in Bankguthaben bei anderen Kreditinstituten sowie Verfügungen über solche Bankguthaben,
3. die Verfügung über zum Immobilien-Sondervermögen gehörende Immobilien,
4. die Belastung von Immobilien, die zu einem Sondervermögen gehören, sowie Abtretung von Forderungen aus Rechtsverhältnissen, die sich auf Immobilien beziehen,
5. Verfügungen über Beteiligungen an Immobilien- Gesellschaften oder, wenn es sich nicht um eine Minderheitsbeteiligung handelt, die Verfügung über zum Vermögen dieser Gesellschaften gehörende Vermögensgegenstände im Sinne des § 67 Abs. 1 und 2 sowie Änderungen des Gesellschaftsvertrages oder der Satzung.

(2) Die Depotbank hat den Geschäften nach Absatz 1 zuzustimmen, wenn diese den dort genannten Anforderungen entsprechen und mit den weiteren Vorschriften dieses Gesetzes und mit den Vertragsbedingungen übereinstimmen. Stimmt sie einer Verfügung zu, obwohl dies nicht der Fall ist, berührt dies nicht die Wirksamkeit der Verfügung oder Änderung. Eine Verfügung ohne Zustimmung der Depotbank ist gegenüber den Anlegern unwirksam. Die Vorschriften zugunsten derjenigen, welche Rechte von einem Nichtberechtigten herleiten, finden entsprechende Anwendung.

§ 27
Kontrollfunktion

(1) Die Depotbank hat dafür zu sorgen, dass

1. Ausgabe und Rücknahme von Anteilen und die Ermittlung des Wertes der Anteile den Vorschriften dieses Gesetzes und den Vertragsbedingungen entsprechen,
2. bei den für gemeinschaftliche Rechnung der Anleger getätigten Geschäften der Gegenwert innerhalb der üblichen Fristen in ihre Verwahrung gelangt,
3. die Erträge des Investmentvermögens gemäß den Vorschriften dieses Gesetzes und den Vertragsbedingungen verwendet werden,
4. die erforderlichen Sicherheiten für Wertpapierdarlehen nach Maßgabe des § 54 Abs. 2 rechtswirksam bestellt und jederzeit vorhanden sind und
5. die für das jeweilige Sondervermögen geltenden gesetzlichen und in den Vertragsbedingungen festgelegten Anlagegrenzen eingehalten werden.

(2) Wenn das Sondervermögen Beteiligungen an einer Immobilien-Gesellschaft hält, hat die Depotbank

1. zu überwachen, dass der Erwerb einer Beteiligung unter Beachtung des § 68 erfolgt,
2. die Vermögensaufstellung der Immobilien-Gesellschaft monatlich zu überprüfen,

3. zu überwachen, dass eine Vereinbarung zwischen der Kapitalanlagegesellschaft und der Immobilien-Gesellschaft getroffen wird, wonach für Rechnung des Sondervermögens zustehende Zahlungen, der Liquidationserlös und sonstige zustehende Beträge unverzüglich auf ein Sperrkonto bei der Depotbank einzuzahlen sind.

(3) Die Depotbank hat die Eintragung der Verfügungsbeschränkung nach § 26 Abs. 1 Nr. 3 in das Grundbuch oder bei ausländischen Immobilien die Sicherstellung der Wirksamkeit der Verfügungsbeschränkung zu überwachen.

§ 28
Geltendmachung von Ansprüchen der Anleger

(1) Die Depotbank ist berechtigt und verpflichtet, im eigenen Namen

1. Ansprüche der Anleger wegen Verletzung der Vorschriften dieses Gesetzes oder der Vertragsbedingungen gegen die Kapitalanlagegesellschaft geltend zu machen,
2. im Falle von Verfügungen nach Maßgabe des § 26 Abs. 2 Satz 3 und 4 Ansprüche der Anleger gegen den Erwerber eines Gegenstandes des Immobilien-Sondervermögens im eigenen Namen geltend zu machen und
3. im Wege einer Klage nach § 771 der Zivilprozessordnung Widerspruch zu erheben, wenn in ein Investmentvermögen wegen eines Anspruchs vollstreckt wird, für den das Investmentvermögen nicht haftet; die Anleger können nicht selbst Widerspruch gegen die Zwangsvollstreckung erheben.

Satz 1 Nr. 1 schließt die Geltendmachung von Ansprüchen gegen die Kapitalanlagegesellschaft durch die Anleger nicht aus.

(2) Die Kapitalanlagegesellschaft ist berechtigt und verpflichtet, im eigenen Namen Ansprüche der Anleger gegen die Depotbank geltend zu machen. Der Anleger kann daneben einen eigenen Schadenersatzanspruch gegen die Depotbank geltend machen.

§ 29
Vergütung, Aufwendungsersatz

(1) Die Depotbank darf der Kapitalanlagegesellschaft aus den zu einem Sondervermögen gehörenden Konten nur die für die Verwaltung des Sondervermögens zustehende Vergütung und den ihr zustehenden Ersatz von Aufwendungen auszahlen.

(2) Die Depotbank darf die ihr für die Verwahrung des Sondervermögens und die Wahrnehmung der Aufgaben nach Maßgabe dieses Gesetzes zustehende Vergütung nur mit Zustimmung der Kapitalanlagegesellschaft entnehmen.

Kapitel 2
Sondervermögen

Abschnitt 1
Allgemeine Vorschriften für Sondervermögen

§ 30
Sondervermögen

(1) Die zum Sondervermögen gehörenden Vermögensgegenstände können nach Maßgabe der Vertragsbedingungen im Eigentum der Kapitalanlagegesellschaft oder im Miteigentum der Anleger stehen. Das Sondervermögen ist von dem eigenen Vermögen der Kapitalanlagegesellschaft getrennt zu halten.

(2) Zum Sondervermögen gehört auch alles, was die Kapitalanlagegesellschaft auf Grund eines zum Sondervermögen gehörenden Rechts oder durch ein Rechtsgeschäft erwirbt, das sich auf das Sondervermögen bezieht, oder was derjenige, dem das Sondervermögen zusteht, als Ersatz für ein zum Sondervermögen gehörendes Recht erwirbt.

(3) Die Kapitalanlagegesellschaft darf mehrere Sondervermögen bilden. Diese haben sich durch ihre Bezeichnung zu unterscheiden und sind getrennt zu halten.

(4) Auf das Rechtsverhältnis zwischen den Anlegern und der Kapitalanlagegesellschaft ist das Depotgesetz nicht anzuwenden.

(5) Vermögen, die von der Kapitalanlagegesellschaft gemäß § 7 Abs. 2 Nr. 1 und 2 verwaltet werden, bilden keine Sondervermögen.

§ 31
Verfügungsbefugnis, Treuhänderschaft, Sicherheitsvorschriften

(1) Die Kapitalanlagegesellschaft ist berechtigt, im eigenen Namen über die zu einem Sondervermögen gehörenden Gegenstände nach Maßgabe dieses Gesetzes und der Vertragsbedingungen zu verfügen und alle Rechte aus ihnen auszuüben.

(2) Das Sondervermögen haftet nicht für Verbindlichkeiten der Kapitalanlagegesellschaft; dies gilt auch für Verbindlichkeiten der Kapitalanlagegesellschaft aus Rechtsgeschäften, die sie für gemeinschaftliche Rechnung der Anleger schließt. Die Kapitalanlagegesellschaft ist nicht berechtigt, im Namen der Anleger Verbindlichkeiten einzugehen. Von den Vorschriften dieses Absatzes abweichende Vereinbarungen sind unwirksam.

(3) Die Kapitalanlagegesellschaft kann sich wegen ihrer Ansprüche auf Vergütung und auf Ersatz von Aufwendungen aus den für gemeinschaftliche Rechnung der Anleger getätigten Geschäften nur aus dem Sondervermögen befriedigen; die Anleger haften ihr nicht persönlich.

(4) Die Kapitalanlagegesellschaft darf für gemeinschaftliche Rechnung der Anleger weder Gelddarlehen gewähren noch Verpflichtungen aus einem Bürgschafts oder einem Garantievertrag eingehen.

(5) Gegenstände, die zu einem Sondervermögen gehören, dürfen nicht verpfändet oder sonst belastet, zur Sicherung übereignet oder zur Sicherung abgetreten werden; eine unter Verstoß gegen diese Vorschrift vorgenommene Verfügung ist gegenüber den Anlegern unwirksam. Satz 1 ist nicht anzuwenden, wenn für Rechnung eines Sondervermögens nach § 53, § 80a, § 90h Abs. 6 oder § 112 Abs. 1 Satz 2 Nr. 1 Kredite aufgenommen, einem Dritten Optionsrechte eingeräumt oder Wertpapier- Pensionsgeschäfte nach § 57 oder Finanzterminkontrakte, Devisenterminkontrakte, Swaps oder ähnliche Geschäfte nach Maßgabe des § 51 abgeschlossen oder wenn für Rechnung eines Sondervermögens nach § 112 Abs. 1 Satz 2 Nr. 2 Leerverkäufe getätigt oder einem Sondervermögen im Sinne des § 112 Abs. 1 Wertpapierdarlehen gewährt werden.

(6) Forderungen gegen die Kapitalanlagegesellschaft und Forderungen, die zu einem Sondervermögen gehören, können nicht gegeneinander aufgerechnet werden. Dies gilt nicht für Rahmenverträge über Geschäfte nach § 51 Abs. 3 Nr. 3 , nach den §§ 54 und 57, oder mit Prime Brokern für die vereinbart ist, dass die auf Grund dieser Geschäfte oder des Rahmenvertrages für Rechnung des Sondervermögens begründeten Ansprüche und Forderungen selbsttätig oder durch Erklärung einer Partei aufgerechnet oder im Falle der Beendigung des Rahmenvertrages wegen Nichterfüllung oder Insolvenz durch eine einheitliche Ausgleichsforderung ersetzt werden.

(7) Werden nicht voll eingezahlte Aktien in ein Sondervermögen aufgenommen, so haftet die Kapitalanlagegesellschaft für die Leistung der ausstehenden Einlagen nur mit dem eigenen Vermögen.

§ 32
Stimmrechtsausübung

(1) Zur Ausübung des Stimmrechts aus den zu einem Sondervermögen gehörenden Aktien bedarf die Kapitalanlagegesellschaft keiner schriftlichen Vollmacht der Anleger. § 129 Abs. 3 des Aktiengesetzes ist entsprechend anzuwenden. Die Kapitalanlagegesellschaft soll das Stimmrecht aus Aktien von Gesellschaften, die ihren Sitz im Geltungsbereich dieses Gesetzes haben, im Regelfall selbst ausüben. Das Stimmrecht kann für den Einzelfall durch einen Bevollmächtigten ausgeübt werden; dabei sollen ihm Weisungen für die Ausübung erteilt werden. Ein unabhängiger Stimmrechtsvertreter kann auf Dauer und ohne Weisungen für die Stimmrechtsausübungen bevollmächtigt werden.

(2) Die Kapitalanlagegesellschaft ist unter den folgenden Voraussetzungen hinsichtlich der von ihr verwalteten Sondervermögen kein Tochterunternehmen im Sinne des § 22 Abs. 3 des Wertpapierhandelsgesetzes und des § 2 Abs. 6 des Wertpapiererwerbs- und Übernahmegesetzes und keine Mehrheitsbeteiligung im Sinne des § 135 Abs. 3 Satz 4 des Aktiengesetzes:

1. die Kapitalanlagegesellschaft übt ihre Stimmrechte unabhängig vom Mutterunternehmen aus,
2. das Sondervermögen wird nach Maßgabe der Richtlinie 85/611/EWG verwaltet,
3. das Mutterunternehmen teilt der Bundesanstalt den Namen dieser Kapitalanlagegesellschaft und die für deren Überwachung zuständige Behörde oder das Fehlen einer solchen mit und

4. das Mutterunternehmen erklärt gegenüber der Bundesanstalt, dass die Voraussetzungen der Nummer 1 erfüllt sind.

Die Kapitalanlagegesellschaft gilt jedoch dann als Tochterunternehmen, wenn das Mutterunternehmen oder ein anderes vom Mutterunternehmen kontrolliertes Unternehmen im Sinne des § 22 Abs. 3 des Wertpapierhandelsgesetzes seinerseits Anteile an dem von dieser Kapitalanlagegesellschaft verwalteten Sondervermögen hält und die Kapitalanlagegesellschaft die Stimmrechte, die mit diesen Beteiligungen verbunden sind, nicht nach freiem Ermessen, sondern nur aufgrund unmittelbarer oder mittelbarer Weisungen ausüben kann, die ihr vom Mutterunternehmen oder von einem anderen im Sinne des § 22 Abs. 3 des Wertpapierhandelsgesetzes kontrollierten Unternehmen des Mutterunternehmens erteilt werden. Stimmrechte aus Aktien, die zu einem von einer Kapitalanlagegesellschaft verwalteten Sondervermögen gehören, das kein Spezial-Sondervermögen ist und dessen Vermögensgegenstände im Miteigentum der Anleger stehen, gelten für die Anwendung des § 21 Abs. 1 des Wertpapierhandelsgesetzes und des § 29 Abs. 2 des Wertpapiererwerbs- und Übernahmegesetzes als Stimmrechte der Kapitalanlagegesellschaft; stehen die Vermögensgegenstände dieses Sondervermögens im Eigentum der Kapitalanlagegesellschaft, sind auf die Stimmrechte § 22 Abs. 1 des Wertpapierhandelsgesetzes und § 30 Abs. 1 des Wertpapiererwerbs- und Übernahmegesetzes nicht anzuwenden. Für die Mitteilungspflichten nach § 25 des Wertpapierhandelsgesetzes gilt Satz 3 entsprechend.

(3) Für Verwaltungsgesellschaften im Sinne der Richtlinie 85/611/EWG mit Sitz in einem anderen Mitgliedstaat der Europäischen Union oder in einem anderen Vertragsstaat des Abkommens über den Europäischen Wirtschaftsraum gilt Absatz 2 Satz 1, 2 und 4 in Verbindung mit einer Rechtsverordnung nach Absatz 5 Satz 1 Nr. 1 entsprechend. Absatz 2 Satz 3 ist entsprechend anzuwenden, wenn der Anleger regelmäßig keine Weisungen für die Ausübung der Stimmrechte erteilen kann.

(4) Ein Unternehmen mit Sitz in einem Drittstaat, das einer Erlaubnis nach § 7 oder § 97 bedürfte, wenn es seinen Sitz im Inland hätte, ist unter den folgenden Voraussetzungen hinsichtlich des von ihm verwalteten Investmentvermögens kein Tochterunternehmen im Sinne des § 22 Abs. 3 des Wertpapierhandelsgesetzes und des § 2 Abs. 6 des Wertpapiererwerbs- und Übernahmegesetzes und keine Mehrheitsbeteiligung im Sinne des § 135 Abs. 3 Satz 4 des Aktiengesetzes:

1. das Unternehmen genügt bezüglich seiner Unabhängigkeit Anforderungen, die denen für Kapitalanlagegesellschaften nach Absatz 2 Satz 1 in Verbindung mit einer Rechtsverordnung nach Absatz 5 Nr. 1 gleichwertig sind,
2. das Mutterunternehmen des Unternehmens gibt eine Mitteilung entsprechend Absatz 2 Satz 1 Nr. 3 ab und
3. das Mutterunternehmen erklärt gegenüber der Bundesanstalt, dass die Voraussetzungen der Nummer 1 erfüllt sind.

(5) Das Bundesministerium der Finanzen kann durch Rechtsverordnung, die nicht der Zustimmung des Bundesrates bedarf, nähere Bestimmungen erlassen über

1. Umstände, unter denen im Sinne des Absatzes 2 Satz 1 und 2 eine Unabhängigkeit der Kapitalanlagegesellschaft vom Mutterunternehmen gegeben ist und

2. die Gleichwertigkeit von Regeln eines Drittstaates zur Unabhängigkeit von Kapitalanlagegesellschaften vom Mutterunternehmen.

§ 33
Anteilscheine

(1) Die Anteile an Sondervermögen werden in Anteilscheinen verbrieft. Die Anteilscheine können auf den Inhaber oder auf Namen lauten. Lauten sie auf den Namen, so gelten für sie die §§ 67 und 68 des Aktiengesetzes entsprechend. Die Anteilscheine können über einen oder mehrere Anteile desselben Sondervermögens ausgestellt werden. Die Anteilscheine sind von der Kapitalanlagegesellschaft und von der Depotbank zu unterzeichnen. Die Unterzeichnung kann durch mechanische Vervielfältigung geschehen.

(2) Stehen die zum Sondervermögen gehörenden Gegenstände den Anlegern gemeinschaftlich zu, so geht mit der Übertragung der in dem Anteilschein verbrieften Ansprüche auch der Anteil des Veräußerers an den zum Sondervermögen gehörenden Gegenständen auf den Erwerber über. Entsprechendes gilt für sonstige rechtsgeschäftliche Verfügungen sowie für Verfügungen, die im Wege der Zwangsvollstreckung oder Arrestvollziehung erfolgen. In anderer Weise kann über den Anteil an den zum Sondervermögen gehörenden Gegenständen nicht verfügt werden.

§ 34
Anteilklassen und Teilfonds

(1) Die Anteile an einem Sondervermögen können unter Berücksichtigung der Festlegungen in der Rechtsverordnung nach Absatz 3 Satz 1 und 2 verschiedene Rechte, insbesondere hinsichtlich der Ertragsverwendung, des Ausgabeaufschlags, des Rücknahmeabschlags, der Währung des Anteilwertes, der Verwaltungsvergütung, der Mindestanlagesumme oder einer Kombination dieser Merkmale haben (Anteilklassen). Anteile einer Anteilklasse gewähren gleiche Rechte. Die Kosten bei Einführung neuer Anteilklassen für bestehende Sondervermögen müssen zulasten der Anteilpreise der neuen Anteilklasse in Rechnung gestellt werden. Der Wert des Anteils ist für jede Anteilklasse gesondert zu errechnen.

(2) Die Kosten für die Auflegung neuer Teilfonds müssen zulasten der Anteilpreise der neuen Teilfonds in Rechnung gestellt werden. Die Vertragsbedingungen eines Teilfonds und deren Änderung sind durch die Bundesanstalt nach Maßgabe der §§ 43 und 43a zu genehmigen.

(2a) Die jeweiligen Teilfonds einer Umbrella- Konstruktion sind von den übrigen Teilfonds der Umbrella- Konstruktion vermögensrechtlich und haftungsrechtlich getrennt. Im Verhältnis der Anleger untereinander wird jeder Teilfonds als eigenständiges Zweckvermögen behandelt. Die Rechte von Anlegern und Gläubigern im Hinblick auf einen Teilfonds, insbesondere dessen Auflegung, Verwaltung, Übertragung und Auflösung, beschränken sich auf die Vermögensgegenstände dieses Teilfonds. Für die auf den einzelnen Teilfonds entfallenden Verbindlichkeiten haftet nur der betreffende Teilfonds. Absatz 1 Satz 4 gilt entsprechend.

(3) Das Bundesministerium der Finanzen wird ermächtigt, durch Rechtsverordnung nähere Bestimmungen zur buchhalterischen Darstellung, Rechnungslegung und Ermittlung des Wertes jeder Anteilklasse oder jedes Teilfonds zu erlassen. Die Rechtsverordnung bedarf

nicht der Zustimmung des Bundesrates. Das Bundesministerium der Finanzen kann die Ermächtigung durch Rechtsverordnung auf die Bundesanstalt übertragen.

§ 35
Sammelverwahrung, Verlust von Anteilscheinen

(1) Anteilscheine dürfen in Sammelverwahrung im Sinne des Depotgesetzes nur genommen werden, wenn sie auf den Inhaber lauten oder blanko indossiert sind.

(2) Ist ein Anteilschein abhanden gekommen oder vernichtet, so kann die Urkunde, wenn nicht das Gegenteil darin bestimmt ist, im Aufgebotsverfahren für kraftlos erklärt werden. § 799 Abs. 2 und § 800 des Bürgerlichen Gesetzbuchs gelten sinngemäß. Sind Gewinnanteilscheine auf den Inhaber ausgegeben, so erlischt mit der Kraftloserklärung des Anteilscheins auch der Anspruch aus den noch nicht fälligen Gewinnanteilscheinen.

(3) Ist ein Anteilschein infolge einer Beschädigung oder einer Verunstaltung zum Umlauf nicht mehr geeignet, so kann der Berechtigte, wenn der wesentliche Inhalt und die Unterscheidungsmerkmale der Urkunde noch mit Sicherheit erkennbar sind, von der Gesellschaft die Erteilung einer neuen Urkunde gegen Aushändigung der alten verlangen. Die Kosten hat er zu tragen und vorzuschießen.

(4) Neue Gewinnanteilscheine dürfen an den Inhaber des Erneuerungsscheins nicht ausgeben werden, wenn der Besitzer des Anteilscheins der Ausgabe widerspricht. In diesem Fall sind die Scheine dem Besitzer des Anteilscheins auszuhändigen, wenn er die Haupturkunde vorlegt.

§ 36
Ermittlung des Anteilwertes, Veröffentlichung des Ausgabe- und Rücknahmepreises

(1) Der Wert des Anteils ergibt sich aus der Teilung des Wertes des Sondervermögens durch die Zahl der in den Verkehr gelangten Anteile. Der Wert eines Sondervermögens ist auf Grund der jeweiligen Kurswerte der zu ihm gehörenden Vermögensgegenstände abzüglich der aufgenommenen Kredite und sonstigen Verbindlichkeiten von der Depotbank unter Mitwirkung der Kapitalanlagegesellschaft oder von der Kapitalanlagegesellschaft selbst börsentäglich zu ermitteln. An gesetzlichen Feiertagen im Geltungsbereich dieses Gesetzes, die Börsentage sind, sowie am 24. und 31. Dezember jedes Jahres können die Kapitalanlagegesellschaft und die Depotbank von einer Ermittlung des Wertes absehen. Im Falle schwebender Verpflichtungsgeschäfte ist anstelle des von der Kapitalanlagegesellschaft zu liefernden Vermögensgegenstandes die von ihr zu fordernde Gegenleistung unmittelbar nach Abschluss des Geschäfts zu berücksichtigen. Für die Rückerstattungsansprüche aus Wertpapierdarlehen ist der jeweilige Kurswert der als Darlehen übertragenen Wertpapiere maßgebend.

(2) Der Erwerb von Vermögensgegenständen, die zum Handel an einer Börse zugelassen oder an einem anderen organisierten Markt zugelassen oder in diesen einbezogen sind, und Bezugsrechten für das Sondervermögen darf höchstens zum Tageskurs, die Veräußerung muss mindestens zum Tageskurs erfolgen. Vermögensgegenstände dürfen abweichend von Satz 1 zum vereinbarten Terminpreis oder Basispreis erworben oder veräußert werden, wenn dies zur Erfüllung eines Terminkontraktes oder in Ausübung des einem Dritten

eingeräumten Optionsrechts geschieht. Vermögensgegenstände, die nicht zum Handel an einer Börse zugelassen oder an einem anderen organisierten Markt zugelassen oder in diesen einbezogen sind, dürfen höchstens zu einem Preis erworben werden, der unter Berücksichtigung der Bewertungsregeln nach den Absätzen 3 und 4 angemessen ist; bei der Veräußerung darf die Gegenleistung den von der Kapitalanlagegesellschaft oder Depotbank zuletzt ermittelten Wert nicht oder nur unwesentlich unterschreiten.

(3) Für Vermögensgegenstände, die weder zum Handel an einer Börse zugelassen noch an einem anderen organisierten Markt zugelassen oder in diesen einbezogen sind oder für die kein handelbarer Kurs verfügbar ist, ist der Verkehrswert, der bei sorgfältiger Einschätzung nach geeigneten Bewertungsmodellen unter Berücksichtigung der aktuellen Marktgegebenheiten angemessen ist, zugrunde zu legen. Für die Bewertung von Schuldverschreibungen, die nicht zum Handel an einer Börse zugelassen oder an einem anderen organisierten Markt zugelassen oder in diesen einbezogen sind, und für die Bewertung von Schuldscheindarlehen sind die für vergleichbare Schuldverschreibungen und Schuldscheindarlehen vereinbarten Preise und gegebenenfalls die Kurswerte von Anleihen vergleichbarer Aussteller und entsprechender Laufzeit und Verzinsung, erforderlichenfalls mit einem Abschlag zum Ausgleich der geringeren Veräußerbarkeit, heranzuziehen.

(4) Für die Ermittlung der Kurswerte der zu einem Sondervermögen gehörenden Optionsrechte und der Verbindlichkeiten aus Dritten eingeräumten Optionsrechten, die zum Handel an einer Börse zugelassen oder in einen anderen organisierten Markt einbezogen sind, sind die jeweils zuletzt festgestellten Kurse maßgebend, zu denen mindestens ein Teil der Kauf- oder Verkaufsaufträge ausgeführt worden ist. Auf Derivate geleistete Einschüsse unter Einbeziehung der am Börsentag festgestellten Bewertungsgewinne und Bewertungsverluste sind dem Sondervermögen zuzurechnen.

(5) Das Bundesministerium der Finanzen wird ermächtigt, durch Rechtsverordnung weitere Bestimmungen über die Bewertung der Vermögensgegenstände und die Anteilwertermittlung, insbesondere die Bewertung der Vermögensgegenstände nach § 2 Abs. 4 Nr. 10 und 11, die Bewertung von Finanzinstrumenten und in Wertpapieren verbriefter Finanzinstrumente sowie die Berücksichtigung ungewisser Steuerverpflichtungen bei der Anteilwertermittlung zu erlassen. Die Rechtsverordnung bedarf nicht der Zustimmung des Bundesrates. Das Bundesministerium der Finanzen kann diese Ermächtigung durch Rechtsverordnung auf die Bundesanstalt übertragen.

(6) Gibt die Kapitalanlagegesellschaft oder die Depotbank den Ausgabepreis bekannt, so ist sie verpflichtet, auch den Rücknahmepreis bekannt zu geben; wird der Rücknahmepreis bekannt gegeben, so ist auch der Ausgabepreis bekannt zu geben. Ausgabe- und Rücknahmepreis sind bei jeder Ausgabe oder Rücknahme von Anteilen, mindestens jedoch zweimal im Monat, in einer hinreichend verbreiteten Wirtschafts- oder Tageszeitung oder in den in den Verkaufsprospekten bezeichneten elektronischen Informationsmedien zu veröffentlichen.

(7) Sind Anteile in den Verkehr gelangt, ohne dass der Anteilwert dem Sondervermögen zugeflossen ist, so hat die Kapitalanlagegesellschaft aus ihrem eigenen Vermögen den fehlenden Betrag in das Sondervermögen einzulegen.

§ 37
Rücknahme von Anteilen, Aussetzung

(1) Jeder Anleger kann verlangen, dass ihm gegen Rückgabe des Anteils sein Anteil an dem Sondervermögen aus diesem ausgezahlt wird; die Einzelheiten sind in den Vertragsbedingungen festzulegen.

(2) In den Vertragsbedingungen kann vorgesehen werden, dass die Kapitalanlagegesellschaft die Rücknahme der Anteile aussetzen darf, wenn außergewöhnliche Umstände vorliegen, die eine Aussetzung unter Berücksichtigung der Interessen der Anleger erforderlich erscheinen lassen. Solange die Rücknahme ausgesetzt ist, dürfen keine Anteile ausgegeben werden. Die Kapitalanlagegesellschaft hat der Bundesanstalt und den zuständigen Stellen der anderen Mitgliedstaaten der Europäischen Union oder der anderen Vertragsstaaten des Abkommens über den Europäischen Wirtschaftsraum, in denen sie Anteile des Sondervermögens vertreibt, die Entscheidung zur Aussetzung der Rücknahme unverzüglich anzuzeigen. Die Kapitalanlagegesellschaft hat die Anleger durch eine Bekanntmachung im elektronischen Bundesanzeiger und darüber hinaus in einer hinreichend verbreiteten Wirtschafts- oder Tageszeitung oder in den in dem Verkaufsprospekt bezeichneten elektronischen Informationsmedien über die Aussetzung und die Wiederaufnahme der Rücknahme der Anteile zu unterrichten.

(3) Die Bundesanstalt kann anordnen, dass die Kapitalanlagegesellschaft die Rücknahme der Anteile auszusetzen hat, wenn dies im Interesse der Anleger erforderlich ist. Absatz 2 Satz 2 und 4 ist entsprechend anzuwenden.

§ 38
Kündigung und Verlust des Verwaltungsrechts

(1) Die Kapitalanlagegesellschaft ist berechtigt, die Verwaltung eines Sondervermögens unter Einhaltung einer Kündigungsfrist von sechs Monaten durch Bekanntmachung im elektronischen Bundesanzeiger und darüber hinaus im Jahresbericht oder Halbjahresbericht zu kündigen. Die Vertragsbedingungen können eine längere Kündigungsfrist vorsehen.

(2) Die Kapitalanlagegesellschaft kann ihre Auflösung nicht für einen früheren als den Zeitpunkt beschließen, in dem ihr Recht zur Verwaltung aller Sondervermögen erlischt.

(3) Das Recht der Kapitalanlagegesellschaft, die Sondervermögen zu verwalten, erlischt ferner mit der Eröffnung des Insolvenzverfahrens über das Vermögen der Kapitalanlagegesellschaft oder mit der Rechtskraft des Gerichtsbeschlusses, durch den der Antrag auf die Eröffnung des Insolvenzverfahrens mangels Masse nach § 26 der Insolvenzordnung abgewiesen wird. Die Sondervermögen gehören nicht zur Insolvenzmasse der Kapitalanlagegesellschaft.

(4) Wird die Kapitalanlagegesellschaft aus einem in den Absätzen 2 bis 3 nicht genannten Grund aufgelöst oder wird gegen sie ein allgemeines Verfügungsverbot erlassen, so hat die Depotbank das Recht, hinsichtlich eines bei ihr verwahrten Sondervermögens für die Anleger deren Vertragsverhältnis mit der Kapitalanlagegesellschaft ohne Einhaltung einer Kündigungsfrist zu kündigen.

(5) Kein Anleger kann die Aufhebung der in Ansehung des Sondervermögens bestehenden Gemeinschaft der Anleger verlangen; ein solches Recht steht auch nicht einem Pfandgläubiger oder Pfändungsgläubiger oder dem Insolvenzverwalter über das Vermögen eines Anlegers zu.

§ 39
Abwicklung des Sondervermögens

(1) Erlischt das Recht der Kapitalanlagegesellschaft, ein Sondervermögen zu verwalten, so geht, wenn das Sondervermögen im Eigentum der Kapitalanlagegesellschaft steht, das Sondervermögen, wenn es im Miteigentum der Anleger steht, das Verfügungsrecht über das Sondervermögen auf die Depotbank über.

(2) Die Depotbank hat das Sondervermögen abzuwickeln und an die Anleger zu verteilen.

(3) Mit Genehmigung der Bundesanstalt kann die Depotbank von der Abwicklung und Verteilung absehen und einer anderen Kapitalanlagegesellschaft die Verwaltung des Sondervermögens nach Maßgabe der bisherigen Vertragsbedingungen übertragen. Die Bundesanstalt kann die Genehmigung mit Nebenbestimmungen verbinden. § 415 des Bürgerlichen Gesetzbuchs ist nicht anzuwenden.

§ 40
Übertragung aller Vermögensgegenstände eines Sondervermögens

Die Übertragung aller Vermögensgegenstände eines Sondervermögens nach diesem Gesetz in ein anderes Sondervermögen ist abweichend von dem Verbot der Sacheinlagen nach § 23 Abs. 1 Satz 3 zulässig, wenn

1. das übernehmende Sondervermögen von derselben Kapitalanlagegesellschaft verwaltet wird,
2. die Anlagegrundsätze und -grenzen nach den Vertragsbedingungen für dieses Sondervermögen nicht wesentlich voneinander abweichen,
3. die an die Kapitalanlagegesellschaft und die Depotbank zu zahlenden Vergütungen sowie die Ausgabeaufschläge und Rücknahmeabschläge nicht wesentlich voneinander abweichen,
4. die Übertragung aller Vermögensgegenstände eines Sondervermögens zum Geschäftsjahresende des übertragenden Sondervermögens (Übertragungsstichtag) erfolgt, am Übertragungsstichtag die Werte des übernehmenden und des übertragenden Sondervermögens berechnet werden, das Umtauschverhältnis festgelegt wird, die Vermögensgegenstände und Verbindlichkeiten übernommen werden und der gesamte Übernahmevorgang vom Abschlussprüfer geprüft wird und die Bundesanstalt die Übertragung der Vermögensgegenstände, bei der die Interessen der Anleger ausreichend gewahrt sein müssen, genehmigt hat; sie kann die Genehmigung mit Nebenbestimmungen versehen. Mit Zustimmung der Bundesanstalt kann ein anderer Übertragungsstichtag bestimmt werden; § 44 Abs. 3 und 6 ist entsprechend anzuwenden. Der Beschluss der Kapitalanlagegesellschaft zur Übertragung aller Vermögensgegenstände eines Sondervermögens in ein anderes Sondervermögen ist bekannt zu machen; § 43 Abs. 5 Satz 1 ist entsprechend anzuwenden. Die Übertragung darf nicht vor Ablauf von drei Monaten nach

Bekanntmachung erfolgen, falls nicht mit der Zustimmung der Bundesanstalt ein früherer Zeitpunkt bestimmt wird. Das Umtauschverhältnis ermittelt sich nach dem Verhältnis der Nettoinventarwerte des übernommenen und des aufnehmenden Sondervermögens zum Zeitpunkt der Übernahme. Die Ausgabe der neuen Anteile an die Anleger des übertragenden Sondervermögens gilt nicht als Tausch. Die ausgegebenen Anteile treten an die Stelle der Anteile an dem übertragenden Sondervermögen.

Die neuen Anteile des übernehmenden Sondervermögens gelten bei den Anlegern des übertragenden Sondervermögens mit Beginn des dem Übertragungsstichtag folgenden Tages als ausgegeben. Satz 1 Nr. 3 gilt nicht für die Zusammenlegung einzelner Sondervermögen zu einem einzigen Sondervermögen mit unterschiedlichen Anteilklassen gemäß § 34; in diesem Fall ist statt des Umtauschverhältnisses nach Satz 1 Nr. 4 der Anteil der Anteilklasse an dem Sondervermögen zu ermitteln.

§ 41
Kosten und Kostentransparenz

(1) Die Kapitalanlagegesellschaft hat in den Vertragsbedingungen anzugeben, nach welcher Methode, in welcher Höhe und auf Grund welcher Berechnung die Vergütungen und Aufwendungserstattungen aus dem Sondervermögen an sie, die Depotbank und Dritte zu leisten sind. Ferner hat die Kapitalanlagegesellschaft in den Vertragsbedingungen anzugeben, wie hoch der Aufschlag bei der Ausgabe der Anteile oder der Abschlag bei der Rücknahme ist sowie sonstige vom Anleger zu entrichtende Kosten einschließlich deren Berechnung. Die Verwendung des Aufschlags bei der Ausgabe der Anteile oder des Abschlags bei der Rücknahme der Anteile ist im ausführlichen Verkaufsprospekt darzustellen.

(2) Die Kapitalanlagegesellschaft weist im Jahresbericht und im vereinfachten Verkaufsprospekt eine Gesamtkostenquote aus. Im ausführlichen Verkaufsprospekt ist anzugeben, dass eine Gesamtkostenquote zu berechnen ist und unter Einbeziehung welcher Kosten. Die Gesamtkostenquote stellt das Verhältnis aller bei der Verwaltung zulasten eines Sondervermögens angefallenen Kosten mit Ausnahme der Nebenkosten des Erwerbs und der Kosten der Veräußerung von Vermögensgegenständen (Transaktionskosten) zu dem durchschnittlichen Nettoinventarwert des Sondervermögens innerhalb des vorangegangenen Geschäftsjahres dar; sie ist als Prozentsatz auszuweisen. Sofern in den Vertragsbedingungen eine erfolgsabhängige Verwaltungsvergütung oder eine zusätzliche Verwaltungsvergütung für den Erwerb, die Veräußerung oder die Verwaltung von Vermögensgegenständen nach § 67 Abs. 1 und 2, § 68 Abs. 1 sowie § 90b Abs. 1 Nr. 1 und 2 vereinbart wurde, ist diese darüber hinaus gesondert als Prozentsatz des durchschnittlichen Nettoinventarwertes des Sondervermögens anzugeben.

(2 a) Die Kapitalanlagegesellschaft hat im ausführlichen Verkaufsprospekt zu erläutern, dass Transaktionskosten aus dem Fondsvermögen gezahlt werden und dass die Gesamtkostenquote keine Transaktionskosten enthält.

(3) Das Bundesministerium der Finanzen wird ermächtigt, durch Rechtsverordnung nähere Bestimmungen zu Methoden und Grundlagen der Berechnung der Gesamtkostenquote zu erlassen. Die Rechtsverordnung bedarf nicht der Zustimmung des Bundesrates. Das

Bundesministerium der Finanzen kann die Ermächtigung durch Rechtsverordnung auf die Bundesanstalt übertragen.

(4) Falls in den Vertragsbedingungen für die Vergütungen und Kosten gemäß Absatz 1 eine Pauschalgebühr vereinbart wird, sind im Jahresbericht die an die Kapitalanlagegesellschaft, die Depotbank oder an Dritte geleisteten Vergütungen anzugeben. In den Vertragsbedingungen, im ausführlichen und im vereinfachten Verkaufsprospekt ist anzugeben, aus welchen Vergütungen und Kosten sich die Pauschalgebühr gemäß Satz 1 zusammensetzt. In den Vertragsbedingungen, im ausführlichen und vereinfachten Verkaufsprospekt sowie im Jahresbericht ist der Anleger darauf hinzuweisen, ob und welche Kosten dem Sondervermögen gesondert in Rechnung gestellt werden. Die Absätze 2 und 2a bleiben hiervon unberührt.

(5) Im ausführlichen Verkaufsprospekt und im Jahresbericht ist zu beschreiben, ob der Kapitalanlagegesellschaft Rückvergütungen der aus dem Sondervermögen an die Depotbank und an Dritte geleisteten Vergütungen und Aufwendungserstattungen zufließen und ob je nach Vertriebsweg ein wesentlicher Teil der aus dem Sondervermögen an die Kapitalanlagegesellschaft geleisteten Vergütungen für Vergütungen an Vermittler von Anteilen des Sondervermögens auf den Bestand von vermittelten Anteilen verwendet werden.

(6) Die Vertragsbedingungen und der ausführliche Verkaufsprospekt müssen die Regelung enthalten, dass im Jahresbericht und im Halbjahresbericht der Betrag der Ausgabeaufschläge und Rücknahmeabschläge offen zu legen ist, die dem Sondervermögen im Berichtszeitraum für den Erwerb und die Rücknahme von Anteilen im Sinne der §§ 50, 66 und des § 112 berechnet worden sind, sowie die Vergütung offen zu legen ist, die dem Sondervermögen von der Kapitalanlagegesellschaft selbst, einer anderen Kapitalanlagegesellschaft oder einer Gesellschaft, mit der die Kapitalanlagegesellschaft durch eine wesentliche unmittelbare oder mittelbare Beteiligung verbunden ist oder einer ausländischen Investmentgesellschaft einschließlich ihrer Verwaltungsgesellschaft als Verwaltungsvergütung für die im Sondervermögen gehaltenen Anteile berechnet wurde. Im ausführlichen Verkaufsprospekt ist die Art der möglichen Gebühren, Kosten, Steuern, Provisionen und sonstigen Aufwendungen, die mittelbar oder unmittelbar von den Anlegern des Sondervermögens zu tragen sind, anzugeben. Sowohl im vereinfachten als auch im ausführlichen Verkaufsprospekt ist darauf hinzuweisen, dass dem Sondervermögen neben der Vergütung zur Verwaltung des Sondervermögens eine Verwaltungsvergütung für die im Sondervermögen gehaltenen Anteile berechnet wird.

§ 42
Verkaufsprospekt

(1) Die Kapitalanlagegesellschaft hat für die von ihr verwalteten Sondervermögen einen vereinfachten und einen ausführlichen Verkaufsprospekt mit den Vertragsbedingungen dem Publikum zugänglich zu machen; für Sondervermögen nach Maßgabe der §§ 66 bis 82, 90a bis 90r, 112 und 113 darf ein vereinfachter Verkaufsprospekt nicht erstellt werden. Sowohl der ausführliche als auch der vereinfachte Verkaufsprospekt müssen die Angaben enthalten, die erforderlich sind, damit sich die Anleger über die ihnen angebotene Anlage und insbesondere über die damit verbundenen Risiken ein begründetes Urteil bilden können. Der

ausführliche Verkaufsprospekt muss neben einer eindeutigen und leicht verständlichen Erläuterung des Risikoprofils des Sondervermögens mindestens folgende Angaben enthalten:

1. Bezeichnung und Zeitpunkt der Auflegung des Sondervermögens sowie Angabe der Laufzeit;
2. Angabe der Stellen, bei denen die Jahresberichte und Halbjahresberichte über das Sondervermögen erhältlich sind;
3. Kurzangaben über die für die Anleger bedeutsamen Steuervorschriften einschließlich der Angabe, ob ausgeschüttete Erträge des Sondervermögens einem Quellensteuerabzug unterliegen;
4. Ende des Geschäftsjahres des Sondervermögens; Häufigkeit der Ausschüttung von Erträgen;
5. Name des Abschlussprüfers, der mit der Prüfung des Sondervermögens einschließlich des Jahresberichtes beauftragt ist oder beauftragt werden soll;
6. Art und Hauptmerkmale der Anteile, insbesondere Art der durch die Anteile verbrieften Rechte oder Ansprüche; Angaben, ob die Anteile durch Globalurkunden verbrieft oder ob Anteilscheine ausgegeben werden; Angaben, ob die Anteile auf den Inhaber oder auf den Namen lauten und Angabe der Stückelung;
7. Angaben darüber, ob das Sondervermögen verschiedene Teilfonds umfasst und unter welchen Voraussetzungen Anteile an verschiedenen Teilfonds ausgegeben werden, einschließlich einer Beschreibung der Anlageziele und der Anlagepolitik der Teilfonds nebst etwaiger Konkretisierungen und Beschränkungen derselben;
8. Angaben darüber, ob und unter welchen Voraussetzungen Anteile mit unterschiedlichen Rechten ausgegeben werden, und eine Erläuterung, welche Rechte gemäß § 34 Abs. 1 und 2 den Anteilklassen oder den Teilfonds zugeordnet werden, eine Beschreibung des Verfahrens gemäß § 34 Abs. 1 Satz 4 und Abs. 2a Satz 5 für die Errechnung des Wertes der Anteile jeder Anteilklasse oder der Teilfonds;
9. Voraussetzungen für die Auflösung und Übertragung des Sondervermögens unter Angabe von Einzelheiten insbesondere bezüglich der Rechte der Anleger;
10. gegebenenfalls Angabe der Börsen oder Märkte, an denen die Anteile notiert oder gehandelt werden; Angabe, dass der Anteilwert vom Börsenpreis abweichen kann;
11. bei einem einen anerkannten Wertpapierindex nachbildenden Sondervermögen Darstellung an hervorgehobener Stelle, dass der Grundsatz der Risikomischung für dieses Sondervermögen nur eingeschränkt gilt; welche Wertpapiere Bestandteile des Wertpapierindexes sind und wie hoch der Anteil der jeweiligen Wertpapiere am Wertpapierindex ist; die Angaben über die Zusammensetzung des Wertpapierindexes können unterbleiben, wenn sie für den Schluss oder für die Mitte des jeweiligen Geschäftsjahres im letzten bekannt gemachten Jahres- oder Halbjahresbericht enthalten sind;
12. Bedingungen für die Ausgabe und Rücknahme sowie gegebenenfalls den Umtausch von Anteilen; Voraussetzungen, unter denen die Rücknahme und gegebenenfalls auch der Umtausch von Anteilen ausgesetzt werden kann;
13. Beschreibung der Regeln für die Ermittlung und Verwendung der Erträge;
14. Beschreibung der Anlageziele des Sondervermögens einschließlich der finanziellen Ziele und Beschreibung der Anlagepolitik an hervorgehobener Stelle, einschließlich etwaiger Konkretisierungen und Beschränkungen bezüglich dieser Anlagepolitik sowie der Angabe etwaiger Techniken und Instrumente, von denen bei der Verwaltung des

Sondervermögens Gebrauch gemacht werden kann; Zulässigkeit von Kreditaufnahmen für Rechnung des Sondervermögens; Beschreibung der wesentlichen Merkmale der für das Sondervermögen erwerbbaren Investmentanteile einschließlich der maßgeblichen Anlagegrundsätze und -grenzen;

15. Regeln für die Vermögensbewertung;
16. Berechnung der Ausgabe- und Rücknahmepreise der Anteile unter Berücksichtigung der Methode und Häufigkeit der Berechnung dieser Preise und der mit der Ausgabe und der Rücknahme der Anteile verbundenen Kosten; Angaben über Art, Ort und Häufigkeit der Veröffentlichung der Ausgabe- und Rücknahmepreise der Anteile; etwaige sonstige Kosten oder Gebühren, aufgeschlüsselt nach denjenigen, die vom Anleger zu entrichten sind und denjenigen, die aus dem Sondervermögen zu zahlen sind; § 41 bleibt unberührt;
17. aufgehoben;
18. Firma, Rechtsform, Sitz und, wenn sich die Hauptverwaltung nicht am Sitz befindet, Ort der Hauptverwaltung der Kapitalanlagegesellschaft; Zeitpunkt ihrer Gründung;
19. Angabe der weiteren Sondervermögen, die von der Kapitalanlagegesellschaft verwaltet werden;
20. Namen der Mitglieder des Vorstands oder gegebenenfalls der Geschäftsführer und des Aufsichtsrats unter Angabe der außerhalb der Kapitalanlagegesellschaft ausgeübten Hauptfunktionen, wenn diese für die Kapitalanlagegesellschaft von Bedeutung sind;
21. Höhe des gezeichneten und eingezahlten Kapitals;
22. Firma, Rechtsform, Sitz und, wenn sich die Hauptverwaltung nicht am Sitz befindet, Ort der Hauptverwaltung der Depotbank;
23. Haupttätigkeit der Depotbank;
24. die Namen von Beratungsfirmen oder Anlageberatern, wenn ihre Dienste auf Vertragsbasis in Anspruch genommen werden; Einzelheiten dieser Verträge, die für die Anleger von Interesse sind; andere Tätigkeiten der Beratungsfirma oder des Anlageberaters von Bedeutung;
25. die getroffenen Maßnahmen, um die Zahlungen an die Anleger, die Rücknahme der Anteile sowie die Verbreitung der Berichte und sonstigen Informationen über das Sondervermögen vorzunehmen; falls Anteile in einem anderen Mitgliedstaat der Europäischen Union oder in einem anderen Vertragsstaat des Abkommens über den Europäischen Wirtschaftsraum vertrieben werden, sind Angaben über die in diesem Staat getroffenen Maßnahmen zu machen und in den dort bekannt zu machenden Prospekt aufzunehmen;
26. gegebenenfalls bisherige Wertentwicklung des Sondervermögens und gegebenenfalls der Teilfonds und der Anteilklassen zusammen mit einem Warnhinweis, dass die bisherige Wertentwicklung kein Indikator für die zukünftige Wertentwicklung ist;
27. Profil des typischen Anlegers, für den das Sondervermögen beziehungsweise der Teilfonds konzipiert ist;
28. Datum des Verkaufsprospekts.

Die Bundesanstalt kann verlangen, dass in den ausführlichen Verkaufsprospekt weitere Angaben aufgenommen werden, wenn sie Grund zu der Annahme hat, dass die Angaben für die Erwerber erforderlich sind.

(2) Der vereinfachte Verkaufsprospekt muss in zusammengefasster und für den Durchschnittsanleger leicht verständlicher Form die folgenden Informationen enthalten:

1. Kurzdarstellung des Sondervermögens

   a) Datum der Auflegung und Angabe, dass es sich um ein im Geltungsbereich dieses Gesetzes aufgelegtes Sondervermögen handelt;
   b) gegebenenfalls Hinweis darauf, dass das Sondervermögen unterschiedliche Anteilklassen oder Teilfonds enthält;
   c) verwaltende Kapitalanlagegesellschaft;
   d) Laufzeit;
   e) Depotbank;
   f) Abschlussprüfer;
   g) Finanzgruppe, die das Sondervermögen initiiert;
2. Anlageinformationen

   a) kurze Definition der Anlageziele des Sondervermögens beziehungsweise des Teilfonds;
   b) kurze Beschreibung der Anlagestrategie des Sondervermögens beziehungsweise des Teilfonds an hervorgehobener Stelle und kurze Beurteilung des Risikoprofils derselben;
   c) gegebenenfalls bisherige Wertentwicklung des Sondervermögens zusammen mit einem Warnhinweis, dass die bisherige Wertentwicklung kein Indikator für die zukünftige Wertentwicklung ist;
   d) Profil des typischen Anlegers, für den das Sondervermögen beziehungsweise der Teilfonds konzipiert ist;
3. Wirtschaftliche Informationen

   a) Angabe der für das Sondervermögen geltenden Besteuerung zusammen mit einem Hinweis darauf, dass der Anleger einer individuellen Besteuerung unterliegen kann;
   b) Ausgabe- und Rücknahmepreise; etwaige sonstige Kosten (oder Gebühren), aufgeschlüsselt nach denjenigen, die vom Anleger zu entrichten sind und denjenigen, die aus dem Sondervermögen zu zahlen sind; § 41 bleibt unberührt;
4. Erwerb und Veräußerung der Anteile

   a) Voraussetzungen und Bedingungen des Erwerbs und der Veräußerung sowie gegebenenfalls des Umtauschs der Anteile;
   b) Ertragsverwendung sowie gegebenenfalls Termin und Modalitäten der Ausschüttung von Erträgen;
   c) Häufigkeit und Modalitäten der Preisveröffentlichung;
5. Zusätzliche Informationen

   a) Hinweis darauf, dass der ausführliche Verkaufsprospekt einschließlich der Vertragsbedingungen sowie die Jahres- und Halbjahresberichte jederzeit kostenlos angefordert werden können;
   b) Angabe der zuständigen Aufsichtsbehörde;
   c) Angabe einer Kontaktstelle unter Benennung eines Ansprechpartners, bei der weitere Auskünfte eingeholt werden können;
   d) Ausgabedatum des Verkaufsprospekts.

Weitere Informationen darf der vereinfachte Verkaufsprospekt nicht enthalten, sofern dies nicht ausdrücklich bestimmt ist.

(3) Sofern die Kapitalanlagegesellschaft für Rechnung des Sondervermögens Geschäfte mit Derivaten tätigen darf, müssen der ausführliche und der vereinfachte Verkaufsprospekt an hervorgehobener Stelle erläutern, ob diese Geschäfte zu Absicherungszwecken oder als Teil der Anlagestrategie getätigt werden dürfen und wie sich die Verwendung von Derivaten möglicherweise auf das Risikoprofil des Sondervermögens auswirkt.

(4) Wenn ein Sondervermögen durch seine Zusammensetzung oder durch die für die Fondsverwaltung verwendeten Techniken eine erhöhte Volatilität aufweist, müssen der ausführliche und der vereinfachte Verkaufsprospekt an hervorgehobener Stelle darauf hinweisen.

(5) In dem ausführlichen und vereinfachten Verkaufsprospekt sind die Angaben von wesentlicher Bedeutung auf dem neuesten Stand zu halten.

(6) Die Kapitalanlagegesellschaft hat der Bundesanstalt den ausführlichen und vereinfachten Verkaufsprospekt sowie deren Änderungen unverzüglich nach erster Verwendung einzureichen.

§ 43
Vertragsbedingungen

(1) Die Vertragsbedingungen, nach denen sich das Rechtsverhältnis der Kapitalanlagegesellschaft zu den Anlegern bestimmt, sind vor Ausgabe der Anteile schriftlich festzulegen.

(2) Die Vertragsbedingungen sowie deren Änderung mit Ausnahme der Angaben nach § 41 Abs. 1 Satz 1 bedürfen der Genehmigung der Bundesanstalt. Die Genehmigung ist innerhalb einer Frist von vier Wochen nach Eingang des Genehmigungsantrags zu erteilen, wenn die Vertragsbedingungen den gesetzlichen Anforderungen entsprechen. Liegen die Voraussetzungen für die Genehmigung nicht vor, hat die Bundesanstalt dies dem Antragsteller innerhalb der Frist nach Satz 2 unter Angabe der Gründe mitzuteilen und fehlende oder geänderte Angaben oder Unterlagen anzufordern. Mit dem Eingang der angeforderten Angaben oder Unterlagen beginnt der Lauf der in Satz 2 genannten Frist erneut. Die Genehmigung gilt als erteilt, wenn über den Genehmigungsantrag nicht innerhalb der Frist nach Satz 2 entschieden worden ist und eine Mitteilung nach Satz 4 nicht erfolgt ist. Auf Antrag der Kapitalanlagegesellschaft hat die Bundesanstalt die Genehmigung nach Satz 5 schriftlich zu bestätigen. Der Genehmigungsantrag ist von den Geschäftsleitern zu unterschreiben. Die Bundesanstalt kann die Genehmigung mit Nebenbestimmungen versehen. Die Kapitalanlagegesellschaft darf die Vertragsbedingungen dem ausführlichen Verkaufsprospekt nur beifügen, wenn die Genehmigung nach Satz 1 erteilt worden ist.

(3) Wenn die Änderungen der Vertragsbedingungen mit den bisherigen Anlagegrundsätzen des Sondervermögens nicht vereinbar sind, erteilt die Bundesanstalt die nach Absatz 2 Satz 1 erforderliche Genehmigung nur, wenn die Kapitalanlagegesellschaft die Änderungen der Vertragsbedingungen mindestens sechs Monate vor dem Inkrafttreten nach Absatz 5 bekannt macht und den Anlegern anbietet, die Anteile in Anteile an Sondervermögen mit vergleichbaren Anlagegrundsätzen kostenlos umzutauschen. Gelten die in Satz 1 genannten Änderungen nach Maßgabe des Absatzes 2 Satz 5 als genehmigt, dürfen diese frühestens sechs Monate nach der in Absatz 5 Satz 1 bestimmten Bekanntmachung und nur dann in

Kraft treten, wenn den Anlegern der kostenlose Umtausch der Anteile nach Maßgabe des Satzes 1 angeboten worden ist.

(4) Die Vertragsbedingungen müssen mindestens folgende Angaben enthalten:

1. nach welchen Grundsätzen die Auswahl der zu beschaffenden Vermögensgegenstände erfolgt, insbesondere welche Vermögensgegenstände in welchem Umfang erworben werden dürfen, die Arten der Sondervermögen und der von ausländischen Investmentgesellschaften verwalteten Vermögen, deren Anteile für das Sondervermögen erworben werden dürfen, sowie der Anteil des Sondervermögens, der höchstens in Anteilen der jeweiligen Art gehalten werden darf; ob, in welchem Umfang und mit welchem Zweck Geschäfte mit Derivaten getätigt werden dürfen und welcher Anteil in Bankguthaben und Geldmarktinstrumenten gehalten wird; Techniken und Instrumente, von denen bei der Verwaltung des Sondervermögens Gebrauch gemacht werden kann; Zulässigkeit von Kreditaufnahmen für Rechnung des Sondervermögens;
2. wenn die Auswahl der für das Sondervermögen zu erwerbenden Wertpapiere darauf gerichtet ist, einen Wertpapierindex im Sinne von § 63 nachzubilden, welcher Wertpapierindex nachgebildet werden soll, und dass die in § 60 genannten Grenzen überschritten werden dürfen;
3. ob die zum Sondervermögen gehörenden Gegenstände im Eigentum der Kapitalanlagegesellschaft oder im Miteigentum der Anleger stehen;
4. unter welchen Voraussetzungen, zu welchen Bedingungen und bei welchen Stellen die Anleger die Rücknahme, gegebenenfalls den Umtausch der Anteile von der Kapitalanlagegesellschaft verlangen können; Voraussetzungen, unter denen die Rücknahme und gegebenenfalls der Umtausch der Anteile ausgesetzt werden kann;
5. in welcher Weise und zu welchen Stichtagen der Jahresbericht und der Halbjahresbericht über die Entwicklung des Sondervermögens und seine Zusammensetzung erstattet und dem Publikum zugänglich gemacht werden;
6. ob Erträge des Sondervermögens auszuschütten oder wieder anzulegen sind, und ob auf Erträge entfallende Teile des Ausgabepreises für ausgegebene Anteile zur Ausschüttung herangezogen werden können (Ertragsausgleichsverfahren); ob die Ausschüttung von Veräußerungsgewinnen vorgesehen ist;
7. in welcher Weise das Sondervermögen, sofern es nur für eine begrenzte Dauer gebildet wird, abgewickelt und an die Anleger verteilt wird;
8. ob das Sondervermögen verschiedene Teilfonds umfasst, unter welchen Voraussetzungen Anteile an verschiedenen Teilfonds ausgegeben werden, und nach welchen Grundsätzen die Teilfonds gebildet werden;
9. ob und unter welchen Voraussetzungen Anteile mit unterschiedlichen Rechten oder an Teilfonds ausgegeben werden, und eine Erläuterung, welche Rechte gemäß § 34 Abs. 2 Satz 1 den Teilfonds zugeordnet werden, sowie das Verfahren gemäß § 34 Abs. 1 Satz 4 in Verbindung mit § 34 Abs. 3 Satz 1 für die Errechnung des Wertes der Anteile jeder Anteilklasse oder der Teilfonds;
10. ob und unter welchen Voraussetzungen das Sondervermögen in ein anderes Sondervermögen aufgenommen werden darf, und ob und unter welchen Voraussetzungen ein anderes Sondervermögen aufgenommen werden darf, sowie die Einzelheiten des Verfahrens der Zusammenlegung und die Pflichten des Jahresabschlussprüfers bei der Zusammenlegung.

(5) Vorgesehene Änderungen der Vertragsbedingungen, die von der Bundesanstalt genehmigt sind oder die Angaben nach § 41 Abs. 1 Satz 1 betreffen, sind im elektronischen Bundesanzeiger und darüber hinaus in einer hinreichend verbreiteten Wirtschafts- oder Tageszeitung oder in den in dem Verkaufsprospekt bezeichneten elektronischen Informationsmedien bekannt zu machen. Die Änderungen dürfen frühestens am Tag nach der Bekanntmachung im elektronischen Bundesanzeiger in Kraft treten, im Falle von Änderungen der Angaben nach § 41 Abs. 1 Satz 1 jedoch nicht vor Ablauf von sechs Monaten nach der entsprechenden Bekanntmachung, falls nicht mit Zustimmung der Bundesanstalt ein früherer Zeitpunkt bestimmt wird.

(6) Publikums-Sondervermögen nach Maßgabe der §§ 46 bis 65 dürfen nicht in Sondervermögen nach Maßgabe der §§ 66 bis 95 oder nach Maßgabe der §§ 112 und 113 sowie in Spezial-Sondervermögen umgewandelt werden.

§ 43 a
Vorausgenehmigung

(1) Die Bundesanstalt kann Genehmigungen im Voraus (Vorausgenehmigung) für richtlinienkonforme Sondervermögen erteilen, indem sie vorformulierte alternative Musterklauseln genehmigt, aus denen die Kapitalanlagegesellschaft die Vertragbedingungen ausschließlich auswählen kann; § 43 Abs. 2 Satz 7 und 8, Abs. 4 und 6 gilt entsprechend. Unverzüglich nach der Auflegung eines neuen Sondervermögens hat die Kapitalanlagegesellschaft dieses bei der Bundesanstalt anzuzeigen und die Vertragsbedingungen sowie den vereinfachten und ausführlichen Verkaufsprospekt einzureichen. Die Vertragsbedingungen sind vor Ausgabe der Anteile schriftlich festzulegen und dürfen dem ausführlichen Verkaufsprospekt nur beigefügt werden, wenn die Vorausgenehmigung nach Satz 1 erteilt worden ist.

(2) Mit der Vorausgenehmigung nach Absatz 1 gilt die nach § 43 erforderliche Genehmigung für die Vertragsbedingungen als erteilt, wenn die Vorausgenehmigung im Zeitpunkt der Auflegung des jeweiligen Sondervermögens wirksam ist. Änderungen der genehmigten Musterklauseln lassen die nach Satz 1 als erteilt geltende Genehmigung unberührt, es sei denn, die Änderungen erfolgen, um die Musterklauseln an eine Änderung der Rechtslage anzupassen. In diesem Fall sind sowohl die Musterklauseln als auch die auf deren Grundlage erstellten Vertragsbedingungen an die neue Rechtslage anzupassen und nach Maßgabe des Absatzes 3 genehmigen zu lassen.

(3) Änderungen der genehmigten Musterklauseln bedürfen der Genehmigung der Bundesanstalt. Die Genehmigung ist zu erteilen, wenn die Musterklauseln den gesetzlichen Anforderungen entsprechen. Änderungen der Vertragsbedingungen, die nicht von der Vorausgenehmigung abgedeckt sind, bedürfen ebenfalls der Genehmigung durch die Bundesanstalt. § 43 Abs. 2 Satz 7 bis 9, Abs. 3 Satz 1 und 3, Abs. 5 und 6 gilt entsprechend. Von der Vorausgenehmigung abgedeckte
Änderungen der Vertragsbedingungen sind der Bundesanstalt lediglich anzuzeigen; die Anzeige hat unverzüglich nach der Änderung zu erfolgen.

(4) Die Absätze 1 bis 3 gelten entsprechend für richtlinienkonforme Sondervermögen in der Form der Umbrella- Konstruktion, die von einer Kapitalanlagegesellschaft aufgelegt werden.

§ 44
Rechnungslegung

(1) Die Kapitalanlagegesellschaft hat für jedes Sondervermögen für den Schluss eines jeden Geschäftsjahres einen Jahresbericht nach den Sätzen 2 und 3 zu erstatten. Der Jahresbericht muss einen Bericht über die Tätigkeit der Kapitalanlagegesellschaft im abgelaufenen Geschäftsjahr und alle wesentlichen Angaben enthalten, die es den Anlegern ermöglichen, sich ein Urteil über diese Tätigkeit und die Ergebnisse des Sondervermögens zu bilden. Der Jahresbericht muss folgende Angaben enthalten:

1. eine Vermögensaufstellung der zum Sondervermögen gehörenden Vermögensgegenstände sowie der Verbindlichkeiten aus Kreditaufnahmen, Pensionsgeschäften, Wertpapier-Darlehens-Geschäften und der sonstigen Verbindlichkeiten. Die Vermögensgegenstände sind nach Art, Nennbetrag oder Zahl, Kurs und Kurswert aufzuführen. Der Wertpapierbestand ist zu untergliedern in Wertpapiere mit einer Zulassung zum Handel an einer Börse, an einem organisierten Markt zugelassene oder in diesen einbezogene Wertpapiere, Wertpapiere aus Neuemissionen, die an einer Börse zugelassen oder zum Handel zugelassen oder an einem organisierten Markt zugelassen oder in diesen einbezogen werden sollen, sonstige Wertpapiere gemäß § 52 Abs. 1 Nr. 1 und 3 und verbriefte Geldmarktinstrumente sowie Schuldscheindarlehen, wobei eine weitere Gliederung nach geeigneten Kriterien unter Berücksichtigung der Anlagepolitik nach prozentualen Anteilen am Wert des Sondervermögens vorzunehmen ist. Für jeden Posten der Vermögensaufstellung ist sein Anteil am Wert des Sondervermögens anzugeben. Für jeden Posten der Wertpapiere, Geldmarktinstrumente und Investmentanteile sind auch die während des Berichtszeitraums getätigten Käufe und Verkäufe nach Nennbetrag oder Zahl aufzuführen. Der Wert des Sondervermögens ist anzugeben. Es ist anzugeben, inwieweit zum Sondervermögen gehörende Vermögensgegenstände Gegenstand von Rechten Dritter sind;

2. die während des Berichtszeitraums abgeschlossenen Geschäfte, die Finanzinstrumente zum Gegenstand haben, Pensionsgeschäfte und Wertpapier-Darlehen, soweit sie nicht mehr in der Vermögensaufstellung erscheinen. Die während des Berichtszeitraums von Sondervermögen nach § 112 getätigten Leerverkäufe in Wertpapieren sind unter Nennung von Art, Nennbetrag oder Zahl, Zeitpunkt der Verkäufe und Nennung der erzielten Erlöse anzugeben;

3. die Anzahl der am Berichtsstichtag umlaufenden Anteile und der Wert eines Anteils gemäß § 36 Abs. 1 Satz 2;

4. eine nach Art der Erträge und Aufwendungen gegliederte Ertrags- und Aufwandsrechnung. Sie ist so zu gestalten, dass aus ihr die Erträge aus Anlagen, sonstige Erträge, Aufwendungen für die Verwaltung des Sondervermögens und für die Depotbank, sonstige Aufwendungen und Gebühren und der Nettoertrag sowie Erhöhungen und Verminderungen des Sondervermögens durch Veräußerungsgeschäfte ersichtlich sind. Außerdem ist eine Übersicht über die Entwicklung des Sondervermögens während des Berichtszeitraums, die auch Angaben über ausgeschüttete und wieder angelegte Erträge, Mehr- oder Minderwerte bei den ausgewiesenen Vermögensgegenständen sowie Angaben

über Mittelzuflüsse aus Anteil-Verkäufen und Mittelabflüsse durch Anteil-Rücknahmen enthalten muss, zu erstellen;

4 a. die von der Kapitalanlagegesellschaft beschlossene Verwendung der Erträge des Sondervermögens;

5. eine vergleichende Übersicht der letzten drei Geschäftsjahre, wobei zum Ende jedes Geschäftsjahres der Wert des Sondervermögens und der Wert eines Anteils anzugeben sind.

(2) Die Kapitalanlagegesellschaft hat für die Mitte des Geschäftsjahres einen Halbjahresbericht zu erstatten, der die Angaben nach Absatz 1 Satz 3 Nr. 1 bis 3 enthalten muss. Außerdem sind die Angaben nach Absatz 1 Satz 3 Nr. 4 aufzunehmen, wenn für das Halbjahr Zwischenausschüttungen erfolgt oder vorgesehen sind.

(3) Wird das Recht zur Verwaltung eines Sondervermögens während des Geschäftsjahres von der Kapitalanlagegesellschaft auf eine andere Kapitalanlagegesellschaft übertragen, so hat die übertragende Gesellschaft auf den Übertragungsstichtag einen Zwischenbericht zu erstellen, der den Anforderungen an einen Jahresbericht gemäß Absatz 1 entspricht. Der Zwischenbericht ist der übernehmenden Kapitalanlagegesellschaft unverzüglich auszuhändigen. Die Kapitalanlagegesellschaft hat der Bundesanstalt den Zwischenbericht unverzüglich nach erster Verwendung einzureichen.

(4) Wird ein Sondervermögen aufgelöst, so hat die Kapitalanlagegesellschaft auf den Tag, an dem ihr Verwaltungsrecht nach Maßgabe des § 38 erlischt, einen Auflösungsbericht zu erstellen, der den Anforderungen an einen Jahresbericht gemäß Absatz 1 entspricht.

(5) Der Jahresbericht des Sondervermögens ist durch einen Abschlussprüfer zu prüfen. Der Abschlussprüfer muss von den Gesellschaftern der Kapitalanlagegesellschaft gewählt und im Falle einer Gesellschaft mit beschränkter Haftung von den Geschäftsführern, im Falle einer Aktiengesellschaft vom Vorstand beauftragt werden. § 318 Abs. 3 bis 8 sowie die §§ 319, 319b und 323 des Handelsgesetzbuchs gelten entsprechend. Das Ergebnis der Prüfung hat der Abschlussprüfer in einem besonderen Vermerk zusammenzufassen; der Vermerk ist in vollem Wortlaut im Jahresbericht wiederzugeben. Bei der Prüfung hat der Abschlussprüfer auch festzustellen, ob bei der Verwaltung des Sondervermögens die Vorschriften dieses Gesetzes sowie die Bestimmungen der Vertragsbedingungen beachtet worden sind. Der Abschlussprüfer hat den Bericht über die Prüfung des Sondervermögens unverzüglich nach Beendigung der Prüfung der Bundesanstalt einzureichen.

(6) Zwischenberichte nach Absatz 3 sowie Auflösungsberichte nach Absatz 4 sind ebenfalls durch einen Abschlussprüfer zu prüfen. Auf die Prüfung nach Satz 1 ist Absatz 5 entsprechend anzuwenden.

(7) Das Bundesministerium der Finanzen wird ermächtigt, durch Rechtsverordnung nähere Bestimmungen über weitere Inhalte, Umfang und Darstellungen der Berichte nach den Absätzen 1 bis 4 sowie über den Inhalt der Prüfungsberichte für Sondervermögen zu erlassen, soweit dies zur Erfüllung der Aufgaben der Bundesanstalt erforderlich ist, insbesondere um einheitliche Unterlagen zur Beurteilung der Tätigkeit der Kapitalanlagegesellschaften bei der Verwaltung von Sondervermögen zu erhalten. Die Rechtsverordnung bedarf nicht der Zustimmung des Bundesrates. Das Bundesministerium

der Finanzen kann die Ermächtigung durch Rechtsverordnung auf die Bundesanstalt übertragen.

§ 45
Veröffentlichung des Jahres-, Halbjahres- und Auflösungsberichtes

(1) Der Jahresbericht ist spätestens vier Monate nach Ablauf des Geschäftsjahres, der Halbjahresbericht ist spätestens zwei Monate nach dem Stichtag im elektronischen Bundesanzeiger bekannt zu machen.

(2) Der Auflösungsbericht ist spätestens drei Monate nach dem Stichtag im elektronischen Bundesanzeiger bekannt zu machen.

(3) Die Kapitalanlagegesellschaft hat der Bundesanstalt den Jahresbericht, den Halbjahresbericht sowie den Auflösungsbericht unverzüglich nach erster Verwendung einzureichen.

(4) Die Berichte nach den Absätzen 1 und 2 müssen dem Publikum an den im Verkaufsprospekt angegebenen Stellen zugänglich sein.

Abschnitt 2
Richtlinienkonforme Sondervermögen

§ 46
Zulässige Vermögensgegenstände

Die Kapitalanlagegesellschaft darf für ein Sondervermögen nur die in den §§ 47 bis 52 genannten Vermögensgegenstände erwerben. Edelmetalle und Zertifikate über Edelmetalle dürfen von der Kapitalanlagegesellschaft für ein Sondervermögen nicht erworben werden.

§ 47
Wertpapiere

(1) Die Kapitalanlagegesellschaft darf vorbehaltlich § 52 für Rechnung eines Sondervermögens nur Wertpapiere erwerben,

1. die an einer Börse in einem Mitgliedstaat der Europäischen Union oder in einem anderen Vertragsstaat des Abkommens über den Europäischen Wirtschaftsraum zum Handel zugelassen oder dort an einem anderen organisierten Markt zugelassen oder in diesen einbezogen sind,
2. die ausschließlich an einer Börse außerhalb der Mitgliedstaaten der Europäischen Union oder außerhalb der anderen Vertragsstaaten des Abkommens über den Europäischen Wirtschaftsraum zum Handel zugelassen oder dort an einem anderen organisierten Markt zugelassen oder in diesen einbezogen sind, sofern die Wahl dieser Börse oder dieses organisierten Marktes von der Bundesanstalt zugelassen ist,
3. deren Zulassung an einer Börse in einem Mitgliedstaat der Europäischen Union oder in einem anderen Vertragsstaat des Abkommens über den Europäischen Wirtschaftsraum zum Handel oder deren Zulassung an einem organisierten Markt oder deren Einbeziehung in diesen in einem Mitgliedstaat der Europäischen Union oder in

einem anderen Vertragsstaat des Abkommens über den Europäischen Wirtschaftsraum nach den Ausgabebedingungen zu beantragen ist, sofern die Zulassung oder Einbeziehung dieser Wertpapiere innerhalb eines Jahres nach ihrer Ausgabe erfolgt,

4. deren Zulassung an einer Börse zum Handel oder deren Zulassung an einem organisierten Markt oder die Einbeziehung in diesen außerhalb der Mitgliedstaaten der Europäischen Union oder außerhalb der anderen Vertragsstaaten des Abkommens über den Europäischen Wirtschaftsraum nach den Ausgabebedingungen zu beantragen ist, sofern die Wahl dieser Börse oder dieses organisierten Marktes von der Bundesanstalt zugelassen ist und die Zulassung oder Einbeziehung dieser Wertpapiere innerhalb eines Jahres nach ihrer Ausgabe erfolgt,

5. in Form von Aktien, die dem Sondervermögen bei einer Kapitalerhöhung aus Gesellschaftsmitteln zustehen,

6. die in Ausübung von Bezugsrechten, die zum Sondervermögen gehören, erworben werden,

7. in Form von Anteilen an geschlossenen Fonds, die die in Artikel 2 Abs. 2 Buchstabe a und b der Richtlinie 2007/16/EG der Kommission vom 19. März 2007 zur Durchführung der Richtlinie 85/611/EWG des Rates zur Koordinierung der Rechtsund Verwaltungsvorschriften betreffend bestimmte Organismen für gemeinsame Anlagen in Wertpapieren (OGAW) im Hinblick auf die Erläuterung gewisser Definitionen (ABl. EU Nr. L 79 S. 11) genannten Kriterien erfüllen,

8. in Form von Finanzinstrumenten, die die in Artikel 2 Abs. 2 Buchstabe c der Richtlinie 2007/16/EG genannten Kriterien erfüllen.

Der Erwerb von Wertpapieren nach Satz 1 Nr. 1 bis 4 darf nur erfolgen, wenn zusätzlich die Voraussetzungen des Artikels 2 Abs. 1 Unterabs. 1 Buchstabe a bis c Nr. i, Buchstabe d Nr. i und Buchstabe e bis g der Richtlinie 2007/16/EG erfüllt sind.

(2) Wertpapiere nach Maßgabe des Absatzes 1 sind auch Bezugsrechte, sofern sich die Wertpapiere aus denen die Bezugsrechte herrühren, im Sondervermögen befinden können.

§ 48
Geldmarktinstrumente

(1) Die Kapitalanlagegesellschaft darf vorbehaltlich § 52 für Rechnung eines Sondervermögens Instrumente, die üblicherweise auf dem Geldmarkt gehandelt werden, sowie verzinsliche Wertpapiere, die im Zeitpunkt ihres Erwerbs für das Sondervermögen eine restliche Laufzeit von höchstens 397 Tagen haben, deren Verzinsung nach den Ausgabebedingungen während ihrer gesamten Laufzeit regelmäßig, mindestens aber einmal in 397 Tagen, marktgerecht angepasst wird oder deren Risikoprofil dem Risikoprofil solcher Wertpapiere entspricht (Geldmarktinstrumente), nur erwerben, wenn sie

1. an einer Börse in einem Mitgliedstaat der Europäischen Union oder in einem anderen Vertragsstaat des Abkommens über den Europäischen Wirtschaftsraum zum Handel zugelassen oder dort an einem anderen organisierten Markt zugelassen oder in diesen einbezogen sind,

2. ausschließlich an einer Börse außerhalb der Mitgliedstaaten der Europäischen Union oder außerhalb der anderen Vertragsstaaten des Abkommens über den Europäischen

Wirtschaftsraum zum Handel zugelassen oder dort an einem anderen organisierten Markt zugelassen oder in diesen einbezogen sind, sofern die Wahl dieser Börse oder dieses organisierten Marktes von der Bundesanstalt zugelassen ist,

3. von den Europäischen Gemeinschaften, dem Bund, einem Sondervermögen des Bundes, einem Land, einem anderen Mitgliedstaat oder einer anderen zentralstaatlichen, regionalen oder lokalen Gebietskörperschaft oder der Zentralbank eines Mitgliedstaates der Europäischen Union, der Europäischen Zentralbank oder der Europäischen Investitionsbank, einem Drittstaat oder, sofern dieser ein Bundesstaat ist, einem Gliedstaat dieses Bundesstaates oder von einer internationalen öffentlich-rechtlichen Einrichtung, der mindestens ein Mitgliedstaat der Europäischen Union angehört, begeben oder garantiert werden,

4. von einem Unternehmen begeben werden, dessen Wertpapiere auf den unter den Nummern 1 und 2 bezeichneten Märkten gehandelt werden,

5. von einem Kreditinstitut, das nach den im Europäischen Gemeinschaftsrecht festgelegten Kriterien einer Aufsicht unterstellt ist, oder einem Kreditinstitut, das Aufsichtsbestimmungen, die nach Auffassung der Bundesanstalt denjenigen des Europäischen Gemeinschaftsrechts gleichwertig sind, unterliegt und diese einhält, begeben oder garantiert werden, oder

6. von anderen Emittenten begeben werden und es sich bei dem jeweiligen Emittenten handelt

   a. um ein Unternehmen mit einem Eigenkapital von mindestens 10 Millionen Euro, das seinen Jahresabschluss nach den Vorschriften der Vierten Richtlinie 78/660/EWG des Rates vom 25. Juli 1978 über den Jahresabschluss von Gesellschaften bestimmter Rechtsformen (ABl. EG Nr. L 222 S. 11), die zuletzt durch Artikel 49 der Richtlinie 2006/43/EG des Europäischen Parlaments und des Rates vom 17. Mai 2006 (ABl. EU Nr. L 157 S. 87) geändert worden ist, erstellt und veröffentlicht,

   b. um einen Rechtsträger, der innerhalb einer eine oder mehrere börsennotierte Gesellschaften umfassenden Unternehmensgruppe für die Finanzierung dieser Gruppe zuständig ist, oder

   c. um einen Rechtsträger, der die wertpapiermäßige Unterlegung von Verbindlichkeiten durch Nutzung einer von einer Bank eingeräumten Kreditlinie finanzieren soll. Für die wertpapiermäßige Unterlegung und die von einer Bank eingeräumte Kreditlinie gilt Artikel 7 der Richtlinie 2007/16/EG.

(2) Geldmarktinstrumente im Sinne des Absatzes 1 dürfen nur erworben werden, wenn sie die Voraussetzungen des Artikels 4 Abs. 1 und 2 der Richtlinie 2007/16/EG erfüllen. Für Geldmarktinstrumente im Sinne des Absatzes 1 Nr. 1 und 2 gilt Artikel 4 Abs. 3 der Richtlinie 2007/16/EG.

(3) Geldmarktinstrumente im Sinne des Absatzes 1 Nr. 3 bis 6 dürfen nur erworben werden, wenn die Emission oder der Emittent dieser Instrumente Vorschriften über den Einlagen- und den Anlegerschutz unterliegt und zusätzlich die Kriterien des Artikels 5 Abs. 1 der Richtlinie 2007/16/EG erfüllt sind. Für den Erwerb von Geldmarktinstrumenten, die nach Absatz 1 Nr. 3 von einer regionalen oder lokalen Gebietskörperschaft eines Mitgliedstaates der Europäischen Union oder von einer internationalen öffentlichrechtlichen Einrichtung im Sinne des Absatzes 1 Nr. 3 begeben werden, aber weder von diesem Mitgliedstaat oder, wenn dieser ein Bundesstaat ist, einem Gliedstaat dieses Bundesstaates garantiert werden,

und für den Erwerb von Geldmarktinstrumenten nach Absatz 1 Nr. 4 und 6 gilt Artikel 5 Abs. 2 der Richtlinie 2007/16/EG; für den Erwerb aller anderen Geldmarktinstrumente nach Absatz 1 Nr. 3 außer Geldmarktinstrumenten, die von der Europäischen Zentralbank oder der Zentralbank eines Mitgliedstaates der Europäischen Union begeben oder garantiert wurden, gilt Artikel 5 Abs. 4 dieser Richtlinie. Für den Erwerb von Geldmarktinstrumenten nach Absatz 1 Nr. 5 gelten Artikel 5 Abs. 3 und, wenn es sich um Geldmarktinstrumente handelt, die von einem Kreditinstitut, das Aufsichtsbestimmungen, die nach Auffassung der Bundesanstalt denjenigen des Europäischen Gemeinschaftsrechts gleichwertig sind, unterliegt und diese einhält, begeben oder garantiert werden, Artikel 6 der Richtlinie 2007/16/EG.

§ 49
Bankguthaben

Die Kapitalanlagegesellschaft darf für Rechnung eines Sondervermögens nur Bankguthaben halten, die eine Laufzeit von höchstens zwölf Monaten haben. Die auf Sperrkonten zu führenden Guthaben können bei einem Kreditinstitut mit Sitz in einem Mitgliedstaat der Europäischen Union oder einem anderen Vertragsstaat des Abkommens über den Europäischen Wirtschaftsraum unterhalten werden; die Guthaben können auch bei einem Kreditinstitut mit Sitz in einem Drittstaat, dessen Aufsichtsbestimmungen nach Auffassung der Bundesanstalt denjenigen des Gemeinschaftsrechts gleichwertig sind, gehalten werden.

§ 50
Investmentanteile

(1) Die Kapitalanlagegesellschaft kann für Rechnung eines Sondervermögens Anteile an inländischen Sondervermögen im Sinne der §§ 46 bis 65, Anteile an Investmentaktiengesellschaften im Sinne des § 96 Abs. 3 und EG-Investmentanteile erwerben. Anteile an anderen inländischen Sondervermögen und Investmentaktiengesellschaften sowie ausländische Investmentanteile, die keine EG-Investmentanteile sind, können erworben werden, sofern

1. diese nach Rechtsvorschriften zugelassen wurden, die sie einer wirksamen öffentlichen Aufsicht zum Schutz der Anleger unterstellen und ausreichende Gewähr für eine befriedigende Zusammenarbeit zwischen den Behörden besteht,
2. das Schutzniveau des Anlegers dem Schutzniveau eines Anlegers in einem inländischen Sondervermögen im Sinne der §§ 46 bis 65 gleichwertig ist und insbesondere die Vorschriften für die getrennte Verwahrung der Vermögensgegenstände, die Kreditaufnahme, die Kreditgewährung und Leerverkäufe von Wertpapieren und Geldmarktinstrumenten den Anforderungen der Richtlinie 85/611/EWG gleichwertig sind,
3. die Geschäftstätigkeit Gegenstand von Jahres- und Halbjahresberichten ist, die es erlauben, sich ein Urteil über das Vermögen und die Verbindlichkeiten, die Erträge und die Transaktionen im Berichtszeitraum zu bilden,
4. die Anteile dem Publikum ohne eine Begrenzung der Zahl der Anteile angeboten werden und die Anleger das Recht zur Rückgabe der Anteile haben.

Anteile an inländischen Sondervermögen und Investmentaktiengesellschaften , EG-Investmentanteile und ausländische Investmentanteile dürfen nur erworben werden, wenn nach den Vertragsbedingungen oder der Satzung der Kapitalanlagegesellschaft, der Investmentaktiengesellschaft oder der ausländischen Investmentgesellschaft insgesamt höchstens 10 Prozent des Wertes ihres Vermögens in Anteilen an anderen inländischen Sondervermögen, Investmentaktiengesellschaften mit veränderlichem Kapital oder ausländischen Investmentvermögen angelegt werden dürfen.

(2) Beim Erwerb von Anteilen im Sinne des Absatzes 1, die direkt oder indirekt von derselben Kapitalanlagegesellschaft oder einer Gesellschaft verwaltet werden, mit der die Kapitalanlagegesellschaft durch eine wesentliche unmittelbare oder mittelbare Beteiligung verbunden ist, darf die Kapitalanlagegesellschaft oder die andere Gesellschaft für den Erwerb und die Rücknahme keine Ausgabeaufschläge und Rücknahmeabschläge berechnen.

§ 51
Gesamtgrenze, Derivate

(1) Das Sondervermögen darf nur in Derivate, die von Wertpapieren, Geldmarktinstrumenten, Investmentanteilen gemäß § 50, Finanzindizes im Sinne des Artikels 9
Abs. 1 der Richtlinie 2007/16/EG, Zinssätzen, Wechselkursen oder Währungen, in die das Sondervermögen nach seinen Vertragsbedingungen investieren darf, abgeleitet sind, zu Investmentzwecken investieren. Satz 1 gilt für Finanzinstrumente mit derivativer Komponente im Sinne des Artikels 10 Abs. 1 der Richtlinie 2007/16/EG entsprechend.

(2) Die Kapitalanlagegesellschaft muss sicherstellen, dass sich das Marktrisikopotential eines Sondervermögens durch den Einsatz von Derivaten und Finanzinstrumenten mit derivativer Komponente gemäß Absatz 1 höchstens verdoppelt.

(3) Das Bundesministerium der Finanzen wird ermächtigt, durch Rechtsverordnung

1. die Beschaffenheit von zulässigen Risiko-Messsystemen für Derivate einschließlich der Bemessungsmethode des Marktrisikopotentials festzulegen,
2. vorzuschreiben, wie die Derivate auf die Grenzen gemäß den §§ 60, 61 und 90m Abs. 4 Satz 2 anzurechnen sind,
3. nähere Bestimmungen über Derivate, die nicht zum Handel an einer Börse zugelassen oder an einem anderen organisierten Markt zugelassen oder in diesen einbezogen sind, einschließlich deren Anlagegrenzen, zu erlassen,
4. Aufzeichnungs- und Unterrichtungspflichten festzulegen,
5. weitere Voraussetzungen für den Abschluss von Geschäften, die Derivate zum Gegenstand haben, festzulegen, insbesondere für Derivate, deren Wertentwicklung zur Wertentwicklung des dazugehörigen Basiswertes entgegengesetzt verläuft.

Die Rechtsverordnung bedarf nicht der Zustimmung des Bundesrates. Das Bundesministerium der Finanzen kann die Ermächtigung durch Rechtsverordnung auf die Bundesanstalt übertragen.

§ 52
Sonstige Anlageinstrumente

Die Kapitalanlagegesellschaft darf nur bis zu 10 Prozent des Wertes des Sondervermögens insgesamt anlegen in

1. Wertpapieren, die nicht zum Handel an einer Börse zugelassen oder an einem anderen organisierten Markt zugelassen oder in diesen einbezogen sind, im Übrigen jedoch die Kriterien des Artikels 2 Abs. 1 Buchstabe a bis c Nr. ii, Buchstabe d Nr. ii und Buchstabe e bis g der Richtlinie 2007/16/EG erfüllen,
2. Geldmarktinstrumente von Ausstellern, die nicht den Anforderungen des § 48 genügen, sofern die Geldmarktinstrumente die Voraussetzungen des Artikels 4 Abs. 1 und 2 der Richtlinie 2007/16/EG erfüllen,
3. Aktien, welche die Anforderungen des § 47 Abs. 1 Nr. 3 und 4 erfüllen,
4. Forderungen aus Gelddarlehen, die nicht unter § 48 fallen, Teilbeträge eines von einem Dritten gewährten Gesamtdarlehens sind und über die ein Schuldschein ausgestellt ist (Schuldscheindarlehen), sofern diese Forderungen nach dem Erwerb für das Sondervermögen mindestens zweimal abgetreten werden können und das Darlehen gewährt wurde
   a. dem Bund, einem Sondervermögen des Bundes, einem Land, den Europäischen Gemeinschaften oder einem Staat, der Mitglied der Organisation für wirtschaftliche Zusammenarbeit und Entwicklung ist,
   b. einer anderen inländischen Gebietskörperschaft oder einer Regionalregierung oder örtlichen Gebietskörperschaft eines anderen Mitgliedstaates der Europäischen Union oder eines anderen Vertragsstaates des Abkommens über den Europäischen Wirtschaftsraum, für die nach Artikel 44 der Richtlinie 2000/12/EG des Europäischen Parlaments und des Rates vom 20. März 2000 über die Aufnahme und Ausübung der Tätigkeit der Kreditinstitute (ABl. EG Nr. L 126 S. 1) die Gewichtung Null bekannt gegeben worden ist,
   c. sonstigen Körperschaften oder Anstalten des öffentlichen Rechts mit Sitz im Inland oder in einem anderen Mitgliedstaat der Europäischen Union oder einem anderen Vertragsstaat des Abkommens über den Europäischen Wirtschaftsraum,
   d. Unternehmen, die Wertpapiere ausgegeben haben, die an einem organisierten Markt im Sinne von § 2 Abs. 5 des Wertpapierhandelsgesetzes zum Handel zugelassen oder die an einem anderen organisierten Markt, der die wesentlichen Anforderungen an geregelte Märkte im Sinne der Richtlinie 2004/39/EG des Europäischen Parlaments und des Rates vom 21. April 2004 über Märkte für Finanzinstrumente, zur Änderung der Richtlinien 85/611/EWG und 93/6/EWG des Rates und der Richtlinie 2000/12/EG des Europäischen Parlaments und des Rates und zur Aufhebung der Richtlinie 93/22/EWG des Rates (ABl. EU Nr. L 145 S. 1), die durch die Richtlinie 2006/31/EG des Europäischen Parlaments und des Rates vom 5. April 2006 (ABl. EU Nr. L 114 S. 60) geändert worden ist, erfüllt, sind, oder
   e. gegen Übernahme der Gewährleistung für die Verzinsung und Rückzahlung durch eine der in den Buchstaben a bis c bezeichneten Stellen.

§ 53
Kreditaufnahme

Die Kapitalanlagegesellschaft darf für gemeinschaftliche Rechnung der Anleger kurzfristige Kredite nur bis zur Höhe von 10 Prozent des Sondervermögens und nur aufnehmen, wenn die Bedingungen der Kreditaufnahme marktüblich sind und dies in den Vertragsbedingungen vorgesehen ist.

§ 54
Wertpapierdarlehen, Sicherheiten

(1) Die Kapitalanlagegesellschaft darf für Rechnung des Sondervermögens Wertpapiere an einen Dritten (Wertpapier-Darlehensnehmer) gegen ein marktgerechtes Entgelt auf unbestimmte oder bestimmte Zeit nur mit der Maßgabe übertragen, dass der Wertpapier-Darlehensnehmer der Kapitalanlagegesellschaft für Rechnung des Sondervermögens Wertpapiere von gleicher Art, Güte und Menge zurückzuerstatten hat (Wertpapier-Darlehen), wenn dies in den Vertragsbedingungen vorgesehen ist. Wertpapier-Darlehen dürfen einem Wertpapier- Darlehensnehmer nur insoweit gewährt werden, als der Kurswert der zu übertragenden Wertpapiere zusammen mit dem Kurswert der für Rechnung des Sondervermögens dem Wertpapier-Darlehensnehmer bereits als Wertpapier- Darlehen übertragenen Wertpapiere 10 Prozent des Wertes des Sondervermögens nicht übersteigt; Wertpapier-Darlehen an Konzernunternehmen im Sinne des § 18 des Aktiengesetzes gelten als Wertpapier-Darlehen an dasselbe Unternehmen. Ist für die Rückerstattung des Wertpapier-Darlehens eine Zeit nicht bestimmt, muss die Kapitalanlagegesellschaft jederzeit zur Kündigung berechtigt sein; die Rückerstattungsfrist für den Wertpapier-Darlehensnehmer darf nicht mehr als fünf Börsentage betragen. Ist für die Rückerstattung des Wertpapier- Darlehens eine Zeit bestimmt, muss die Rückerstattung spätestens nach 30 Tagen fällig sein. Der Kurswert der für eine bestimmte Zeit zu übertragenden Wertpapiere darf zusammen mit dem Kurswert der für Rechnung des Sondervermögens bereits als Wertpapier-Darlehen für eine bestimmte Zeit übertragenen Wertpapiere 15 Prozent des Wertes des Sondervermögens nicht übersteigen.

(2) Die Kapitalanlagegesellschaft darf Wertpapiere nach Absatz 1 nur übertragen, wenn sie sich vor oder Zug um Zug gegen Übertragung der Wertpapiere für Rechnung des Sondervermögens ausreichende Sicherheiten durch Geldzahlung oder durch Verpfändung oder Abtretung von Guthaben oder durch Übereignung oder Verpfändung von Wertpapieren nach Maßgabe der Sätze 2 bis 5 und des Absatzes 3 hat gewähren lassen. Die durch Verfügungen nach Satz 1 gewährten Guthaben müssen auf Euro oder die Währung lauten, in der die Anteile des Sondervermögens begeben wurden, und bei der Depotbank oder mit ihrer Zustimmung auf Sperrkonten bei anderen Kreditinstituten mit Sitz in einem Mitgliedstaat der Europäischen Union oder eines anderen Vertragsstaates des Abkommens über den Europäischen Wirtschaftsraum oder einem Kreditinstitut mit Sitz in einem Drittstaat nach Maßgabe des § 49 Satz 2 Halbsatz 2 unterhalten werden oder können in Geldmarktinstrumente im Sinne des § 48 in der Währung des Guthabens angelegt werden. Die Erträge aus Sicherheiten stehen dem Sondervermögen zu. Zu verpfändende Wertpapiere müssen von einem geeigneten Kreditinstitut verwahrt werden. Schuldverschreibungen sind als Sicherheit geeignet, wenn sie zur Sicherung der in Artikel 18.1 des Protokolls über die Satzung des Europäischen Systems der Zentralbanken und der Europäischen Zentralbank

vom 7. Februar 1992 (BGBl. 1992 II S. 1299) genannten Kreditgeschäfte von der Europäischen Zentralbank oder der Deutschen Bundesbank zugelassen sind; Aktien sind geeignet, wenn sie an einem organisierten Markt im Sinne von § 2 Abs. 5 des Wertpapierhandelsgesetzes zum Handel zugelassen sind. Als Sicherheit unzulässig sind Wertpapiere, die vom Wertpapier- Darlehensnehmer oder von einem zu demselben Konzern gehörenden Unternehmen ausgestellt sind, es sei denn, es handelt sich um Pfandbriefe oder Kommunalschuldverschreibungen.

(3) Der Kurswert der als Wertpapier-Darlehen zu übertragenden Wertpapiere bildet zusammen mit den zugehörigen Erträgen den zu sichernden Wert (Sicherungswert). Der Umfang der Sicherheitsleistung ist insbesondere unter Berücksichtigung der wirtschaftlichen Verhältnisse des Wertpapier-Darlehensnehmers zu bestimmen. Die Sicherheitsleistung darf den Sicherungswert zuzüglich eines marktüblichen Aufschlags nicht unterschreiten. Die Kapitalanlagegesellschaft hat unverzüglich die Leistung weiterer Sicherheiten zu verlangen, wenn sich auf Grund der börsentäglichen Ermittlung des Sicherungswertes und der erhaltenen Sicherheitsleistung oder einer Veränderung der wirtschaftlichen Verhältnisse des Wertpapier- Darlehensnehmers ergibt, dass die Sicherheiten nicht mehr ausreichen.

(4) Die Kapitalanlagegesellschaft hat der Bundesanstalt unverzüglich die Unterschreitung des Wertes der Sicherheitsleistung unter den Sicherungswert unter Darlegung des Sachverhalts anzuzeigen.

§ 55
Wertpapier-Darlehensvertrag

In dem Darlehensvertrag zwischen der Kapitalanlagegesellschaft und dem Wertpapier-Darlehensnehmer sind neben den auf Grund des § 54 erforderlichen Regelungen insbesondere festzulegen:

1. die Verpflichtung des Wertpapier-Darlehensnehmers, die Erträge aus den als Wertpapier-Darlehen erhaltenen Wertpapieren bei Fälligkeit an die Depotbank für Rechnung des Sondervermögens zu zahlen;
2. die Verpflichtung des Wertpapier-Darlehensnehmers, als Wertpapier-Darlehen erhaltene Aktien der Kapitalanlagegesellschaft so rechtzeitig zurückzuerstatten, dass diese die verbrieften Rechte ausüben kann; dies gilt nicht für Ansprüche auf Anteile am Gewinn; die Verpflichtung zur Rückerstattung ist entbehrlich, wenn die Kapitalanlagegesellschaft zur Ausübung der Stimmrechte aus den Aktien bevollmächtigt worden ist und die Stimmrechte ausüben kann;
3. die Rechte der Kapitalanlagegesellschaft bei nicht rechtzeitiger Erfüllung der Verpflichtungen des Wertpapier-Darlehensnehmers.

§ 56
Organisierte Wertpapier-Darlehenssysteme

Die Kapitalanlagegesellschaft kann sich eines von einer Wertpapiersammelbank oder von einem anderen Unternehmen, dessen Unternehmensgegenstand die Abwicklung von grenzüberschreitenden Effektengeschäften für andere ist und das in den Vertragsbedingungen genannt ist, organisierten Systems zur Vermittlung und Abwicklung von Wertpapier-Darlehen bedienen, das von den Anforderungen nach den §§ 54 und 55 abweicht, wenn durch die Bedingungen dieses Systems die Wahrung der Interessen der Anleger gewährleistet ist.

§ 57
Pensionsgeschäfte

(1) Die Kapitalanlagegesellschaft darf für Rechnung eines Sondervermögens Pensionsgeschäfte im Sinne des § 340b Abs. 2 des Handelsgesetzbuchs mit Kreditinstituten oder Finanzdienstleistungsinstituten auf der Grundlage standardisierter Rahmenverträge nur abschließen, wenn dies in den Vertragsbedingungen vorgesehen ist. Die Pensionsgeschäfte müssen Wertpapiere zum Gegenstand haben, die nach den Vertragsbedingungen für das Sondervermögen erworben werden dürfen. Die Pensionsgeschäfte dürfen höchstens eine Laufzeit von zwölf Monaten haben. Die in Pension genommenen Wertpapiere sind auf die Anlagegrenzen des § 60 Abs. 1 und 2 anzurechnen.

(2) Der von der Kapitalanlagegesellschaft als Pensionsgeber für Rechnung des Sondervermögens empfangene Betrag ist auf die in § 53 für die Kreditaufnahme geltende Grenze anzurechnen. Die von der Kapitalanlagegesellschaft als Pensionsnehmer gezahlten Beträge sind auf die Grenze in § 60 Abs. 3 und auf eine in den Vertragsbedingungen vorgesehene Liquiditätsgrenze anzurechnen.

§ 58
Verweisung

(1) Für die weiteren in den §§ 46 bis 65 genannten Vermögensgegenstände gelten die §§ 54 bis 57 sinngemäß.

(2) Die in den §§ 54 und 57 genannten Geschäfte müssen die in Artikel 11 Abs. 1 der Richtlinie 2007/16/EG genannten Kriterien erfüllen.

§ 59
Leerverkäufe

Die Kapitalanlagegesellschaft darf für gemeinschaftliche Rechnung der Anleger keine Vermögensgegenstände nach Maßgabe der §§ 47, 48 und 50 verkaufen, wenn die jeweiligen Vermögensgegenstände im Zeitpunkt des Geschäftsabschlusses nicht zum Sondervermögen gehören; § 51 bleibt unberührt. Die Wirksamkeit des Rechtsgeschäfts wird durch einen Verstoß gegen Satz 1 nicht berührt.

§ 60
Ausstellergrenzen

(1) Die Kapitalanlagegesellschaft darf in Wertpapieren und Geldmarktinstrumenten desselben Ausstellers (Schuldners) nur bis zu 5 Prozent des Wertes des Sondervermögens anlegen; in diesen Werten dürfen jedoch bis zu 10 Prozent des Wertes des Sondervermögens angelegt werden, wenn dies in den Vertragsbedingungen vorgesehen ist und der Gesamtwert der Wertpapiere und Geldmarktinstrumente dieser Aussteller (Schuldner) 40 Prozent des Wertes des Sondervermögens nicht übersteigt.

(2) Die Kapitalanlagegesellschaft darf in solche Schuldverschreibungen, Schuldscheindarlehen und Geldmarktinstrumente, die vom Bund, einem Land, den Europäischen Gemeinschaften, einem Mitgliedstaat der Europäischen Union oder seinen Gebietskörperschaften, einem anderen Vertragsstaat des Abkommens über den Europäischen Wirtschaftsraum, einem Drittstaat oder von einer internationalen Organisation, der mindestens ein Mitgliedstaat der Europäischen Union angehört, ausgegeben oder garantiert worden sind, jeweils bis zu 35 Prozent des Wertes des Sondervermögens nur anlegen, wenn dies in den Vertragsbedingungen vorgesehen ist. In Pfandbriefen und Kommunalschuldverschreibungen sowie Schuldverschreibungen, die von Kreditinstituten mit Sitz in einem Mitgliedstaat der Europäischen Union oder in einem anderen Vertragsstaat des Abkommens über den Europäischen Wirtschaftsraum ausgegeben worden sind, darf die Kapitalanlagegesellschaft jeweils bis zu 25 Prozent des Wertes des Sondervermögens nur anlegen, wenn dies in den Vertragsbedingungen vorgesehen ist und die Kreditinstitute auf Grund gesetzlicher Vorschriften zum Schutz der Inhaber dieser Schuldverschreibungen einer besonderen öffentlichen Aufsicht unterliegen und die mit der Ausgabe der Schuldverschreibungen aufgenommenen Mittel nach den gesetzlichen Vorschriften in Vermögenswerten angelegt werden, die während der gesamten Laufzeit der Schuldverschreibungen die sich aus ihnen ergebenden Verbindlichkeiten ausreichend decken und die bei einem Ausfall des Ausstellers vorrangig für die fällig werdenden Rückzahlungen und die Zahlung der Zinsen bestimmt sind. Legt die Kapitalanlagegesellschaft mehr als 5 Prozent des Wertes des Sondervermögens in Schuldverschreibungen desselben Ausstellers nach Satz 2 an, hat sie sicherzustellen, dass der Gesamtwert dieser Schuldverschreibungen 80 Prozent des Wertes des Sondervermögens nicht übersteigt.

(3) Die Kapitalanlagegesellschaft darf nur bis zu 20 Prozent des Wertes des Sondervermögens in Bankguthaben nach Maßgabe des § 49 bei je einem Kreditinstitut einlegen.

(4) aufgehoben.

(5) Die Kapitalanlagegesellschaft hat sicherzustellen, dass eine Kombination aus

1. von ein und derselben Einrichtung begebenen Wertpapieren oder Geldmarktinstrumenten,
2. Einlagen bei dieser Einrichtung,
3. Anrechnungsbeträgen für das Kontrahentenrisiko der mit dieser Einrichtung eingegangenen Geschäfte in Derivaten, die nicht zum Handel an einer Börse zugelassen oder in einen anderen organisierten Markt einbezogen sind,

20 Prozent des Wertes des jeweiligen Sondervermögens nicht übersteigt. Satz 1 gilt für die in Absatz 2 genannten Emittenten und Garantiegeber mit der Maßgabe, dass die Kapitalanlagegesellschaft sicherzustellen hat, dass eine Kombination der in Satz 1 genannten Vermögensgegenstände und Anrechnungsbeträge 35 Prozent des Wertes des jeweiligen Sondervermögens nicht übersteigt. Die jeweiligen Einzelobergrenzen bleiben in beiden Fällen unberührt.

(6) Die in Absatz 2 genannten Schuldverschreibungen, Schuldscheindarlehen und Geldmarktinstrumente werden bei der Anwendung der in Absatz 1 genannten Grenze von 40

Prozent nicht berücksichtigt. Die in den Absätzen 1 bis 5 genannten Grenzen dürfen abweichend von der Regelung in Absatz 5 nicht kumuliert werden.

(7) Wertpapiere und Geldmarktinstrumente von Konzernunternehmen im Sinne des § 18 des Aktiengesetzes gelten als Wertpapiere desselben Ausstellers (Schuldners).

§ 61
Erwerb von Investmentfondsanteilen

Die Kapitalanlagegesellschaft darf in Anteilen an einem einzigen Investmentvermögen nach Maßgabe des § 50 Abs. 1 nur bis zu 20 Prozent des Wertes des Sondervermögens anlegen. In Anteilen an Investmentvermögen nach Maßgabe des § 50 Abs. 1 Satz 2 darf die Kapitalanlagegesellschaft insgesamt nur bis zu 30 Prozent des Wertes des Sondervermögens anlegen.

§ 62
Erweiterte Anlagegrenzen

Die Kapitalanlagegesellschaft darf abweichend von § 60 Abs. 1 in Wertpapiere und Geldmarktinstrumente desselben Ausstellers (Schuldners) nach Maßgabe des § 60 Abs. 2 Satz 1 mehr als 35 Prozent des Wertes des Sondervermögens anlegen, wenn dies in den Vertragsbedingungen des Sondervermögens unter Angabe der betreffenden Aussteller vorgesehen ist und die für Rechnung des Sondervermögens gehaltenen Wertpapiere und Geldmarktinstrumente aus mindestens sechs verschiedenen Emissionen stammen, wobei nicht mehr als 30 Prozent des Wertes des Sondervermögens in einer Emission gehalten werden dürfen.

§ 63
Wertpapierindex-Sondervermögen

(1) Abweichend zu der in § 60 bestimmten Grenze darf die Kapitalanlagegesellschaft bis zu 20 Prozent des Wertes des Wertpapierindex-Sondervermögens in Wertpapieren eines Ausstellers (Schuldner) anlegen, wenn nach den Vertragsbedingungen die Auswahl der für das Sondervermögen zu erwerbenden Wertpapiere darauf gerichtet ist, unter Wahrung einer angemessenen Risikomischung einen bestimmten, von der Bundesanstalt anerkannten Wertpapierindex nachzubilden. Der Wertpapierindex ist insbesondere anzuerkennen, wenn

1. die Zusammensetzung des Wertpapierindexes hinreichend diversifiziert ist,
2. der Index eine adäquate Bezugsgrundlage für den Markt darstellt, auf den er sich bezieht,
3. der Index in angemessener Weise veröffentlicht wird.

Ein Index stellt eine adäquate Bezugsgrundlage für den Markt dar, wenn er die Anforderungen des Artikels 12 Abs. 3 der Richtlinie 2007/16/ EG erfüllt. Ein Index wird in angemessener Weise veröffentlicht, wenn die Kriterien des Artikels 12 Abs. 4 der Richtlinie 2007/16/EG erfüllt sind.

(2) Die in § 60 Abs. 1 bestimmte Grenze darf für Wertpapiere eines Ausstellers (Schuldners) auf bis zu 35 Prozent des Wertes des Sondervermögens angehoben werden, wenn die

Anforderungen nach Maßgabe des Absatzes 1 erfüllt sind. Eine Anlage bis zu der Grenze nach Satz 1 ist nur bei einem einzigen Aussteller (Schuldner) zulässig.

§ 64
Emittentenbezogene Anlagegrenzen

(1) Schuldverschreibungen desselben Ausstellers oder Geldmarktinstrumente desselben Ausstellers darf die Kapitalanlagegesellschaft für Rechnung eines Sondervermögens nur insoweit erwerben, als der Gesamtnennbetrag jeweils 10 Prozent des Gesamtnennbetrags der in Umlauf befindlichen Schuldverschreibungen und Geldmarktinstrumente desselben Ausstellers nicht übersteigt. Dies gilt nicht für Wertpapiere oder Geldmarktinstrumente nach Maßgabe des § 60 Abs. 2 Satz 1. Die in Satz 1 bestimmte Grenze braucht beim Erwerb nicht eingehalten zu werden, wenn der Gesamtnennbetrag der in Umlauf befindlichen Schuldverschreibungen oder Geldmarktinstrumente desselben Ausstellers von der Kapitalanlagegesellschaft nicht ermittelt werden kann. Aktien ohne Stimmrechte desselben Ausstellers dürfen für ein Sondervermögen nur insoweit erworben werden, als ihr Anteil an dem auf die ausgegebenen Aktien ohne Stimmrechte desselben Ausstellers entfallenden Kapital 10 Prozent nicht übersteigt.

(2) Die Kapitalanlagegesellschaft darf für alle von ihr verwalteten Sondervermögen Aktien desselben Ausstellers nur insoweit erwerben, als die Stimmrechte, die der Kapitalanlagegesellschaft aus Aktien desselben Ausstellers zustehen, 10 Prozent der gesamten Stimmrechte aus Aktien desselben Ausstellers nicht übersteigen. Hat ein anderer Mitgliedstaat der Europäischen Union oder ein anderer Vertragsstaat des Abkommens über den Europäischen Wirtschaftsraum eine niedrigere Grenze für den Erwerb von Aktien mit Stimmrechten desselben Ausstellers festgelegt, so ist diese Grenze maßgebend, wenn eine Kapitalanlagegesellschaft für die von ihr verwalteten Sondervermögen solche Aktien eines Ausstellers mit Sitz in diesem Staat erwirbt.

(3) Die Kapitalanlagegesellschaft darf für Rechnung eines Sondervermögens nicht mehr als 25 Prozent der ausgegebenen Anteile eines anderen inländischen oder ausländischen Investmentvermögens erwerben.

§ 65
Überschreiten von Anlagegrenzen

Die in den §§ 52, 60 und 64 bestimmten Grenzen dürfen überschritten werden, wenn es sich um den Erwerb von Aktien, die dem Sondervermögen bei einer Kapitalerhöhung aus Gesellschaftsmitteln zustehen, oder um den Erwerb von neuen Aktien in Ausübung von Bezugsrechten aus Wertpapieren handelt, die zum Sondervermögen gehören. Werden die in den §§ 60 bis 64 bestimmten Grenzen in den Fällen des Satzes 1 oder unbeabsichtigt von der Kapitalanlagegesellschaft überschritten, so hat die Kapitalanlagegesellschaft bei ihren Verkäufen für Rechnung des Sondervermögens als vorrangiges Ziel die Wiedereinhaltung dieser Grenzen anzustreben, soweit dies den Interessen der Anleger nicht zuwiderläuft. Die in den §§ 60 bis 63 bestimmten Grenzen dürfen in den ersten sechs Monaten seit Errichtung eines Sondervermögens unter Beachtung des Grundsatzes der Risikostreuung überschritten werden.

Abschnitt 3
Immobilien - Sondervermögen

§ 66
Immobilien-Sondervermögen

Für die Verwaltung von Sondervermögen, die nach den Vertragsbedingungen das bei ihnen eingelegte Geld in Immobilien anlegen (Immobilien-Sondervermögen), gelten die Vorschriften der §§ 46 bis 65 sinngemäß, soweit sich aus den §§ 67 bis 82 nichts anderes ergibt.

§ 67
Zulässige Vermögensgegenstände, Anlagegrenzen

(1) Die Kapitalanlagegesellschaft darf vorbehaltlich der Absätze 2 bis 6 für ein Immobilien-Sondervermögen nur folgende und die in den §§ 68 und 80 genannten Vermögensgegenstände erwerben:

1. Mietwohngrundstücke, Geschäftsgrundstücke und gemischt genutzte Grundstücke;
2. Grundstücke im Zustand der Bebauung, wenn die genehmigte Bauplanung den in Nummer 1 genannten Voraussetzungen entspricht und nach den Umständen mit einem Abschluss der Bebauung in angemessener Zeit zu rechnen ist und wenn die Aufwendungen für die Grundstücke insgesamt 20 Prozent des Wertes des Sondervermögens nicht überschreiten;
3. unbebaute Grundstücke, die für eine alsbaldige eigene Bebauung nach Maßgabe der Nummer 1 bestimmt und geeignet sind, wenn zur Zeit des Erwerbs ihr Wert zusammen mit dem Wert der bereits in dem Sondervermögen befindlichen unbebauten Grundstücke 20 Prozent des Wertes des Sondervermögens nicht übersteigt;
4. Erbbaurechte unter den Voraussetzungen der Nummern 1 bis 3.

(2) Wenn die Vertragsbedingungen dies vorsehen und die Vermögensgegenstände einen dauernden Ertrag erwarten lassen, darf die Kapitalanlagegesellschaft für Rechnung eines Immobilien-Sondervermögens vorbehaltlich der Absätze 3 bis 6 auch andere Grundstücke und andere Erbbaurechte sowie Rechte in Form des Wohnungseigentums, Teileigentums, Wohnungserbbaurechts und Teilerbbaurechts erwerben. Die Grundstücke und Rechte nach Satz 1 dürfen nur erworben werden, wenn zur Zeit des Erwerbs ihr Wert zusammen mit dem Wert der bereits in dem Sondervermögen befindlichen Grundstücke und Rechte gleicher Art 15 Prozent des Wertes des Immobilien-Sondervermögens nicht überschreitet. Unter den Voraussetzungen des Satzes 1 darf die Kapitalanlagegesellschaft für Rechnung eines Immobilien-Sondervermögens auch Nießbrauchrechte an Grundstücken im Sinne des Absatzes 1 Nr. 1 erwerben, die der Erfüllung öffentlicher Aufgaben dienen, wenn zur Zeit der Bestellung die Aufwendungen für das Nießbrauchrecht zusammen mit dem Wert der bereits im Sondervermögen befindlichen Nießbrauchrechte 10 Prozent des Wertes des Sondervermögens nicht übersteigen.

(3) Außerhalb eines Vertragsstaates des Abkommens über den Europäischen Wirtschaftsraum belegene Vermögensgegenstände der in den Absätzen 1 und 2 genannten Art dürfen für ein Immobilien-Sondervermögen nur dann erworben werden, wenn

1. die Vertragsbedingungen dies vorsehen;
2. eine angemessene regionale Streuung der Vermögensgegenstände gewährleistet ist;
3. in den Vertragsbedingungen diese Staaten und der jeweilige Anteil des Sondervermögens, der in diesen Staaten höchstens angelegt werden darf, angegeben wird;
4. in diesen Staaten die freie Übertragbarkeit der Vermögensgegenstände gemäß den Absätzen 1 und 2 gewährleistet und der Kapitalverkehr nicht beschränkt ist;
5. die Wahrnehmung der Rechte und Pflichten der Depotbank gewährleistet ist.

(4) Die Kapitalanlagegesellschaft hat sicherzustellen, dass die für Rechnung eines Immobilien-Sondervermögens gehaltenen Vermögensgegenstände nur insoweit einem Währungsrisiko unterliegen, als der Wert der einem solchen Risiko unterliegenden Vermögensgegenstände 30 Prozent des Wertes des Sondervermögens nicht übersteigt.

(5) Ein Vermögensgegenstand nach den Absätzen 1 und 2 darf nur erworben werden, wenn er zuvor von einem Sachverständigen im Sinne des § 77 Abs. 2 Satz 2, der nicht einem von der Kapitalanlagegesellschaft nach § 77 Abs. 1 gebildeten Sachverständigenausschuss angehört, bewertet wurde und die aus dem Sondervermögen zu erbringende Gegenleistung den ermittelten Wert nicht oder nur unwesentlich übersteigt. Entsprechendes gilt für Vereinbarungen über die Bemessung des Erbbauzinses und seine etwaige spätere Änderung.

(6) Für ein Immobilien-Sondervermögen dürfen auch Gegenstände erworben werden, die zur Bewirtschaftung der Vermögensgegenstände des Immobilien-Sondervermögens erforderlich sind.

(7) Ein Grundstück im Sinne des Absatzes 1 Nr. 1 bis 3 oder des Absatzes 2 Satz 1 darf die Kapitalanlagegesellschaft nur unter den in den Vertragsbedingungen näher festgelegten Bedingungen mit einem Erbbaurecht belasten. Die Angemessenheit des Erbbauzinses ist vor der Bestellung des Erbbaurechts von einem Sachverständigen im Sinne des § 77 Abs. 2 Satz 2, der nicht einem von der Kapitalanlagegesellschaft nach § 77 Abs. 1 gebildeten Sachverständigenausschuss angehört, zu bestätigen. Der nach § 77 Abs. 1 gebildete Sachverständigenausschuss hat innerhalb von zwei Monaten nach der Bestellung des Erbbaurechts den Wert des Grundstücks neu festzustellen. Ein Erbbaurecht darf nicht bestellt werden, wenn der Wert des Grundstücks, an dem das Erbbaurecht bestellt werden soll, zusammen mit dem Wert der Grundstücke, an denen bereits Erbbaurechte bestellt worden sind, 10 Prozent des Wertes des Immobilien-Sondervermögens übersteigt. Die Verlängerung eines Erbbaurechts gilt als Neubestellung.

(8) Die Nichtbeachtung der vorstehenden Vorschriften berührt die Wirksamkeit des Rechtsgeschäfts nicht.

(9) Das Immobilien-Sondervermögen darf nicht für eine begrenzte Dauer gebildet werden. § 43 Abs. 4 Nr. 7 ist nicht anzuwenden.

(10) Bei der Berechnung des Wertes des Sondervermögens gemäß Absatz 1 Nr. 2 und 3, Absatz 2 Satz 2 und Absatz 7 Satz 4 sowie bei der Angabe des Anteils des Sondervermögens gemäß Absatz 3 Nr. 3 sind die aufgenommenen Darlehen nicht abzuziehen.

§ 68
Beteiligung an Immobilien-Gesellschaften

(1) Die Kapitalanlagegesellschaft darf für Rechnung des Immobilien-Sondervermögens nach Maßgabe der Absätze 2 bis 7 Beteiligungen an Immobilien-Gesellschaften nur erwerben und halten, wenn die Vertragsbedingungen dies vorsehen, die Beteiligung einen dauernden Ertrag erwarten lässt und durch Vereinbarung zwischen Kapitalanlagegesellschaft und Immobilien-Gesellschaft die Befugnisse der Depotbank nach § 26 Abs. 1 Nr. 5 sichergestellt sind. Als Immobilien-Gesellschaften im Sinne dieser Vorschrift gelten nur Immobilien-Gesellschaften,

1. deren Unternehmensgegenstand im Gesellschaftsvertrag oder in der Satzung auf Tätigkeiten beschränkt ist, welche die Kapitalanlagegesellschaft für das Immobilien-Sondervermögen ausüben darf, und
2. die nach dem Gesellschaftsvertrag oder der Satzung nur Vermögensgegenstände im Sinne des § 67 Abs. 1 und 2 Satz 1 sowie Abs. 6 oder Beteiligungen an anderen Immobilien-Gesellschaften erwerben dürfen, die nach den Vertragsbedingungen unmittelbar für das Immobilien-Sondervermögen erworben werden dürfen.

(2) Vor dem Erwerb der Beteiligung an einer Immobilien-Gesellschaft ist ihr Wert durch einen Abschlussprüfer im Sinne des § 319 Abs. 1 Satz 1 und 2 des Handelsgesetzbuchs zu ermitteln. Dabei ist von dem letzten mit dem Bestätigungsvermerk eines Abschlussprüfers versehenen Jahresabschluss der Immobilien-Gesellschaft oder, wenn dieser mehr als drei Monate vor dem Bewertungsstichtag liegt, von den Vermögenswerten und Verbindlichkeiten der Immobilien-Gesellschaft auszugehen, die in einer vom Abschlussprüfer geprüften aktuellen Vermögensaufstellung nachgewiesen sind. Für die Bewertung gilt § 70 Abs. 2 Satz 1 mit der Maßgabe, dass die im Jahresabschluss oder in der Vermögensaufstellung der Immobilien-Gesellschaft ausgewiesenen Immobilien mit dem Wert anzusetzen sind, der von einem Sachverständigen im Sinne des § 77 Abs. 2 Satz 2, der nicht einem von der Kapitalanlagegesellschaft nach § 77 Abs. 1 gebildeten Sachverständigenausschuss angehört, festgestellt wurde.

(3) Die Kapitalanlagegesellschaft darf für Rechnung des Immobilien-Sondervermögens eine Beteiligung an einer Immobilien- Gesellschaft nur erwerben und halten, wenn

1. sie bei der Immobilien-Gesellschaft die für eine Änderung der Satzung erforderliche Stimmen- und Kapitalmehrheit hat und durch die Rechtsform der Immobilien-Gesellschaft eine über die geleistete Einlage hinausgehende Nachschusspflicht ausgeschlossen ist und
2. im Falle der Beteiligung der Immobilien- Gesellschaft an einer anderen Immobilien-Gesellschaft die Beteiligung unmittelbar oder mittelbar 100 Prozent des Kapitals und der Stimmrechte beträgt; eine mittelbare Beteiligung ist nur bei einer Immobilien-Gesellschaft mit Sitz im Ausland zulässig.

Abweichend von Satz 1 Nr. 1 darf die Kapitalanlagegesellschaft unter Beachtung der Grenze des Absatzes 6 Satz 3 für Rechnung des Immobilien-Sondervermögens Beteiligungen an einer Immobilien-Gesellschaft auch dann erwerben und halten, wenn sie nicht die für eine

Änderung der Satzung erforderliche Stimmen- und Kapitalmehrheit hat (Minderheitsbeteiligung).

(4) Die Einlagen der Gesellschafter einer Immobilien-Gesellschaft, an der die Kapitalanlagegesellschaft für Rechnung des Immobilien-Sondervermögens beteiligt ist, müssen voll eingezahlt sein.

(5) Die Satzung oder der Gesellschaftsvertrag der Immobilien-Gesellschaft muss sicherstellen, dass

1. die von der Immobilien-Gesellschaft neu zu erwerbenden Vermögensgegenstände im Sinne des Absatzes 1 Satz 2 Nr. 2 vor ihrem Erwerb von einem Sachverständigen im Sinne des § 77 Abs. 2 Satz 2, der nicht einem von der Kapitalanlagegesellschaft nach § 77 Abs. 1 gebildeten Sachverständigenausschuss angehört, bewertet werden und
2. die Immobilien-Gesellschaft eine Immobilie oder eine Beteiligung an einer anderen Immobilien- Gesellschaft nur erwerben darf, wenn der dem Umfang der Beteiligung entsprechende Wert der Immobilie oder der Beteiligung an der anderen Immobilien-Gesellschaft 15 Prozent des Wertes des Immobilien-Sondervermögens, für dessen Rechnung eine Beteiligung an der Immobilien-Gesellschaft gehalten wird, nicht übersteigt.

§ 73 Abs. 2 gilt entsprechend. Sofern der Gesellschaftsvertrag oder die Satzung der Immobilien-Gesellschaft nicht den Vorschriften des Satzes 1 oder des Absatzes 1 Satz 2 entspricht, darf die Kapitalanlagegesellschaft die Beteiligung an der Immobilien-Gesellschaft nur erwerben, wenn eine entsprechende Änderung des Gesellschaftsvertrags oder der Satzung unverzüglich nach dem Erwerb der Beteiligung sichergestellt ist.

(6) Der Wert aller Vermögensgegenstände, die zum Vermögen der Immobilien-Gesellschaften gehören, an denen die Kapitalanlagegesellschaft für Rechnung des Immobilien-Sondervermögens beteiligt ist, darf 49 Prozent des Wertes des Immobilien-Sondervermögens nicht übersteigen. Der Wert von Vermögensgegenständen, die zum Vermögen einer Immobilien- Gesellschaft gehören, an der die Kapitalanlagegesellschaft für Rechnung des Immobilien-Sondervermögens zu 100 Prozent des Kapitals und der Stimmrechte beteiligt ist, wird auf die Grenze nach Satz 1 nicht angerechnet. Unbeschadet der Anlagegrenze nach Satz 1 darf der Wert der Vermögensgegenstände, die zum Vermögen von Immobilien-Gesellschaften gehören, an denen die Kapitalanlagegesellschaft für Rechnung des Immobilien-Sondervermögens nicht mit einer Kapitalmehrheit beteiligt ist, 30 Prozent des Wertes des Immobilien-Sondervermögens nicht überschreiten. Bei der Berechnung des Wertes des Sondervermögens nach den Sätzen 1 und 3 sind die aufgenommenen Darlehen nicht abzuziehen. Nicht anzurechnen auf die Grenzen gemäß der Sätze 3 und 4 ist die von einer Kapitalanlagegesellschaft für Rechnung eines einzelnen Immobilien-Sondervermögens gehaltene Kapitalbeteiligung von weniger als 50 Prozent des Wertes der Immobilien-Gesellschaft, wenn die Beteiligung der Kapitalanlagegesellschaft infolge zusätzlicher Kapitalbeteiligungen die Anforderungen des Absatzes 3 Satz 1 Nr. 1 erfüllt. Beteiligungen an derselben Immobilien-Gesellschaft dürfen nicht sowohl für Rechnung eines oder mehrerer Publikumsfonds als auch für Rechnung eines oder mehrerer Spezialfonds gehalten werden.

(7) Entsprechend der Beteiligungshöhe sind die von der Immobilien-Gesellschaft gehaltenen Vermögensgegenstände bei dem Immobilien-Sondervermögen bei der Anwendung der in § 67 Abs. 1 bis 4 genannten Anlagebeschränkungen und der Berechnung der dort genannten Grenzen zu berücksichtigen.

(8) Wenn nach Erwerb einer Minderheitsbeteiligung die Voraussetzungen für den Erwerb und das Halten der Beteiligung nicht mehr erfüllt sind, hat die Kapitalanlagegesellschaft deren Veräußerung unter Wahrung der Interessen der Anleger anzustreben.

(9) Für Beteiligungen von Immobilien- Gesellschaften an anderen Immobilien-Gesellschaften gelten die Absätze 2 und 4 bis 7 entsprechend.

§ 68 a
Erwerbs- und Veräußerungsverbot

(1) Ein Vermögensgegenstand nach § 67 Abs. 1 oder Abs. 2 oder nach § 68 Abs. 1 darf für Rechnung eines Immobilien-Sondervermögens nicht erworben werden, wenn er bereits im Eigentum der Kapitalanlagegesellschaft steht. Er darf ferner nicht von einem Mutter-, Schwester- oder Tochterunternehmen der Kapitalanlagegesellschaft oder von einer anderen Gesellschaft erworben werden, an der die Kapitalanlagegesellschaft eine bedeutende Beteiligung hält.

(2) Eine Kapitalanlagegesellschaft darf nur mit Zustimmung der Bundesanstalt einen für Rechnung eines Immobilien-Sondervermögens gehaltenen Vermögensgegenstand im Sinne des Absatzes 1 Satz 1 für eigene Rechnung erwerben oder an ein Unternehmen im Sinne des Absatzes 1 Satz 2 veräußern.

§ 69
Darlehensgewährung an Immobilien-Gesellschaften

(1) Die Kapitalanlagegesellschaft darf einer Immobilien-Gesellschaft für Rechnung des Immobilien-Sondervermögens ein Darlehen nur gewähren, wenn sie an der Immobilien-Gesellschaft für Rechnung des Immobilien-Sondervermögens unmittelbar oder mittelbar beteiligt ist, die Darlehensbedingungen marktgerecht sind, das Darlehen ausreichend besichert ist und bei einer Veräußerung der Beteiligung die Rückzahlung des Darlehens innerhalb von sechs Monaten nach der Veräußerung vereinbart ist. Die Kapitalanlagegesellschaft hat sicherzustellen, dass die Summe der für Rechnung des Immobilien-Sondervermögens einer Immobilien-Gesellschaft insgesamt gewährten Darlehen 50 Prozent des Wertes der von der Immobilien-Gesellschaft gehaltenen Grundstücke nicht übersteigt. Die Kapitalanlagegesellschaft hat sicherzustellen, dass die Summe der für Rechnung des Immobilien-Sondervermögens den Immobilien-Gesellschaften insgesamt gewährten Darlehen 25 Prozent des Wertes des Immobilien-Sondervermögens nicht übersteigt; bei der Berechnung der Grenze sind die aufgenommenen Darlehen nicht abzuziehen.

(2) Einer Darlehensgewährung nach Absatz 1 steht gleich, wenn ein Dritter im Auftrag der Kapitalanlagegesellschaft der Immobilien-Gesellschaft ein Darlehen im eigenen Namen für Rechnung des Immobilien-Sondervermögens gewährt.

§ 70
Monatliche Vermögensaufstellung, Bewertung

(1) Die Kapitalanlagegesellschaft oder die Immobilien-Gesellschaft muss die Immobilien-Gesellschaft, an der sie beteiligt ist, vertraglich verpflichten, monatlich Vermögensaufstellungen bei der Kapitalanlagegesellschaft und der Depotbank einzureichen und diese einmal jährlich anhand des von einem Abschlussprüfer mit einem Bestätigungsvermerk versehenen Jahresabschlusses der Immobilien-Gesellschaft prüfen zu lassen. Der aufgrund der Vermögensaufstellungen ermittelte Wert der Beteiligung an einer Immobilien-Gesellschaft ist bei den Bewertungen zur laufenden Preisermittlung zugrunde zu legen.

(2) Der Wert der Beteiligung an einer Immobilien- Gesellschaft ist durch einen Abschlussprüfer im Sinne des § 319 Abs. 1 Satz 1 und 2 des Handelsgesetzbuchs nach den für die Bewertung von Unternehmensbeteiligungen allgemein anerkannten Grundsätzen zu ermitteln, wobei die im Jahresabschluss oder in der Vermögensaufstellung der Immobilien-Gesellschaft ausgewiesenen Immobilien mit dem Wert anzusetzen sind, der von einem nach § 77 Abs. 1 von der Kapitalanlagegesellschaft gebildeten Sachverständigenausschuss festgestellt wurde. Der Sachverständigenausschuss bewertet die Vermögensgegenstände nach Maßgabe der §§ 67 und 68 nach Erwerb der Beteiligung an der Immobilien-Gesellschaft mindestens einmal jährlich.

(3) aufgehoben

§ 71
Zahlungen, Überwachung durch die Depotbank

Die Kapitalanlagegesellschaft hat mit der Immobilien-Gesellschaft zu vereinbaren, dass die der Kapitalanlagegesellschaft für Rechnung des Immobilien-Sondervermögens zustehenden Zahlungen, der Liquidationserlös und sonstige der Kapitalanlagegesellschaft für Rechnung des Immobilien-Sondervermögens zustehende Beträge unverzüglich auf ein Konto nach § 24 Abs. 2 einzuzahlen sind. Satz 1 gilt entsprechend für Immobilien-Gesellschaften, die Beteiligungen an anderen Immobilien- Gesellschaften erwerben oder halten.

§ 72
Wirksamkeit eines Rechtsgeschäfts

Die Wirksamkeit eines Rechtsgeschäfts wird durch einen Verstoß gegen die Vorschriften der §§ 68 bis 71 nicht berührt.

§ 73
Risikomischung

(1) Eine Immobilie darf zur Zeit des Erwerbs 15 Prozent des Wertes des Sondervermögens nicht übersteigen. Der Gesamtwert aller Immobilien, deren einzelner Wert mehr als 10 Prozent des Wertes des Sondervermögens beträgt, darf 50 Prozent des Wertes des Sondervermögens nicht überschreiten. Bei der Berechnung des Wertes des Sondervermögens gemäß den Sätzen 1 und 2 werden aufgenommene Darlehen nicht abgezogen.

(2) Als Immobilie im Sinne des Absatzes 1 ist auch eine aus mehreren Immobilien bestehende wirtschaftliche Einheit anzusehen.

§ 74
Anlaufzeit

Die Anlagebegrenzungen in § 67 Abs. 1 Nr. 3, § 68 Abs. 6 sowie den §§ 73 und 80 Abs. 1 Satz 1 sind für das Immobilien-Sondervermögen einer Kapitalanlagegesellschaft erst anzuwenden, wenn seit dem Zeitpunkt der Bildung dieses Sondervermögens eine Frist von vier Jahren verstrichen ist. Für den in Satz 1 genannten Zeitraum kann die Bundesanstalt von den weiteren Begrenzungen in den §§ 67 und 68 eine Ausnahmegenehmigung erteilen.

§ 75
Treuhandverhältnis

Abweichend von § 30 Abs. 1 können zum Immobilien-Sondervermögen gehörende Vermögensgegenstände nur im Eigentum der Kapitalanlagegesellschaft stehen.

§ 76
Verfügungsbeschränkung

(1) Die Kapitalanlagegesellschaft hat dafür zu sorgen, dass die Verfügungsbeschränkung nach § 26 Abs. 1 Nr. 3 in das Grundbuch eingetragen wird. Ist bei ausländischen Grundstücken die Eintragung der Verfügungsbeschränkung in ein Grundbuch oder ein vergleichbares Register nicht möglich, so ist die Wirksamkeit der Verfügungsbeschränkung in anderer geeigneter Form sicherzustellen.

(2) Die Bestellung der Depotbank kann gegenüber dem Grundbuchamt durch eine Bescheinigung der Bundesanstalt nachgewiesen werden, aus der sich ergibt, dass die Bundesanstalt die Auswahl dieses Kreditinstitutes als Depotbank genehmigt hat und von ihrem Recht nicht Gebrauch gemacht hat, der Kapitalanlagegesellschaft einen Wechsel der Depotbank aufzuerlegen.

§ 77
Sachverständigenausschuss

(1) Die Kapitalanlagegesellschaft hat einen oder mehrere Sachverständigenausschüsse zu bilden. Der Sachverständigenausschuss ist in den durch dieses Gesetz oder die Vertragsbedingungen bestimmten Fällen für die Bewertung von Vermögensgegenständen zuständig. Der Sachverständigenausschuss übt seine Tätigkeit unabhängig von der Kapitalanlagegesellschaft aus, insbesondere dürfen Vertreter der Kapitalanlagegesellschaft nicht an den Sitzungen des Sachverständigenausschusses teilnehmen.

(1a) Ein Sachverständigenausschuss besteht aus drei Sachverständigen, die als Hauptgutachter oder Nebengutachter an der Bewertung von Vermögensgegenständen mitwirken. Die Zusammensetzung eines Sachverständigenausschusses und dessen Tätigkeit sind von der Kapitalanlagegesellschaft durch eine Geschäftsordnung festzulegen, deren Muster mit der Bundesanstalt abzustimmen ist. Die Geschäftsordnung hat mindestens zu regeln:

1. die Berufung und Abberufung von Mitgliedern,
2. die Anzahl, Zusammensetzung, Aufgaben und Beauftragung der Ausschüsse,
3. dass der Wertermittlung ein geeignetes, am jeweiligen Immobilienanlagemarkt anerkanntes Wertermittlungsverfahren oder mehrere dieser Verfahren zugrunde zu legen sind und die Wahl des Verfahrens zu begründen ist,
4. dass dem Sachverständigenausschuss von der Kapitalanlagegesellschaft alle zur Bewertung erforderlichen Unterlagen zur Verfügung gestellt werden,
5. die Teilnahme der Sachverständigen an einer Objektbesichtigung,
6. die Gliederung der Bewertungsgutachten und
7. die Beschlussfassung.

Nach der Geschäftsordnung muss gewährleistet sein, dass kein Ausschussmitglied mehr als zwei Jahre als Hauptgutachter an der Bewertung desselben Vermögensgegenstandes mitwirkt.

(2) Die Mitglieder des Sachverständigenausschusses werden von der Kapitalanlagegesellschaft bestellt. Die Bestellung setzt voraus, dass der Sachverständige unabhängig, unparteilich und zuverlässig ist sowie angemessene Fachkenntnisse und ausreichende praktische Erfahrungen hinsichtlich der von ihm zu bewertenden Immobilienart und des jeweiligen regionalen Immobilienmarktes nachweist. Ein Sachverständiger darf für die Kapitalanlagegesellschaft in einem ihrer Sachverständigenausschüsse nur bis zum Ablauf des fünften auf seine erstmalige Bestellung folgenden Kalenderjahres tätig sein. Dieser Zeitraum verlängert sich anschließend um jeweils ein weiteres Jahr, wenn

1. die Einnahmen des Sachverständigen aus seiner Tätigkeit als Mitglied eines Sachverständigenausschusses oder aus anderen Tätigkeiten für die Kapitalanlagegesellschaft in den vier Jahren, die dem letzten Jahr des jeweils gesetzlich erlaubten Tätigkeitszeitraums vorausgehen, im Mittel 30 Prozent seiner Gesamteinnahmen nicht überschritten haben;
2. der Sachverständige gegenüber der Kapitalanlagegesellschaft im letzten Jahr des gesetzlich erlaubten Tätigkeitszeitraums eine entsprechende Erklärung im Sinne der Nummer 1 abgibt.

Ein Sachverständiger darf nach Ablauf von zwei Jahren seit Ende des gesetzlich erlaubten Tätigkeitszeitraums erneut bestellt werden. Als Sachverständiger kann auch ein Angehöriger eines Zusammenschlusses von Sachverständigen unabhängig von der Rechtsform des Zusammenschlusses bestellt werden, wenn in Bezug auf diesen Angehörigen die Voraussetzungen nach Satz 2 erfüllt sind; die Sätze 3 bis 5 gelten für diesen Angehörigen entsprechend. Die Bestellung eines Angehörigen eines Zusammenschlusses von Sachverständigen ist nur zulässig, wenn im Gesellschaftsvertrag oder in der Satzung des Zusammenschlusses sowie durch geeignete
Organisationsmaßnahmen die Weisungsfreiheit, die Unabhängigkeit und die Unparteilichkeit der Sachverständigen sichergestellt und Interessenkonflikte aufgrund sonstiger Tätigkeiten des Zusammenschlusses ausgeschlossen sind.

(3) Die Bestellung ist der Bundesanstalt anzuzeigen; das Vorliegen der Voraussetzungen nach Absatz 2 ist hierbei darzulegen. Wenn diese Voraussetzungen fehlen oder wegfallen, kann die Bundesanstalt verlangen, dass ein anderer Sachverständiger bestellt wird.

§ 78
Ertragsverwendung

(1) Die Vertragsbedingungen müssen vorsehen, dass Erträge des Sondervermögens insoweit nicht ausgeschüttet werden dürfen, als sie für künftige Instandsetzungen von Vermögensgegenständen des Sondervermögens erforderlich sind.

(2) Die Vertragsbedingungen müssen im Rahmen der Bestimmungen darüber, in welchem Umfang Erträge des Sondervermögens auszuschütten sind, angeben, ob und in welchem Umfang Erträge zum Ausgleich von Wertminderungen der Vermögensgegenstände des Sondervermögens und für künftige erforderliche Instandsetzungen nach Absatz 1 einbehalten werden.

§ 79
Vermögensaufstellung, Anteilwertermittlung

(1) Die Kapitalanlagegesellschaft hat in den Vermögensaufstellungen nach § 44 Abs. 1 Satz 3 Nr. 1 den Bestand der zum Sondervermögen gehörenden Immobilien und sonstigen Vermögensgegenstände unter Angabe von Grundstücksgröße, Art und Lage, Bau- und Erwerbsjahr, Gebäudenutzfläche, Leerstandsquote, Nutzungsentgeltausfallquote, Fremdfinanzierungsquote, Restlaufzeiten der Nutzungsverträge, des Verkehrswertes oder im Falle des Satzes 4 des Kaufpreises, der Nebenkosten bei Anschaffung von Vermögensgegenständen im Sinne des § 67 Abs. 1 und 2 und des § 68 Abs. 1 sowie der wesentlichen Ergebnisse der nach Maßgabe dieses Abschnitts erstellten Wertgutachten, etwaiger Bestands- oder Projektentwicklungsmaßnahmen und sonstiger wesentlicher Merkmale aufzuführen. Für Vermögensgegenstände im Sinne des § 67 Abs. 1 und 2 und des § 68 Abs. 1 ist als Verkehrswert der vom Sachverständigenausschuss oder Abschlussprüfer ermittelte Wert anzusetzen. Der Wert der Vermögensgegenstände im Sinne des Satzes 2 ist nach Ablauf von zwölf Monaten erneut zu ermitteln. Abweichend von Satz 2 hat die Kapitalanlagegesellschaft im Zeitpunkt des Erwerbs eines Vermögensgegenstandes und danach nicht länger als zwölf Monate den Kaufpreis dieses Vermögensgegenstandes anzusetzen. Abweichend von den Sätzen 3 und 4 ist der Wert erneut zu ermitteln und anzusetzen wenn nach Auffassung der Kapitalanlagegesellschaft der Ansatz des zuletzt ermittelten Wertes oder des Kaufpreises aufgrund von Änderungen wesentlicher Bewertungsfaktoren nicht mehr sachgerecht ist; die Kapitalanlagegesellschaft hat ihre Entscheidung und die sie tragenden Gründe nachvollziehbar zu dokumentieren. Die Anschaffungsnebenkosten sind gesondert anzusetzen und über die voraussichtliche Dauer der Zugehörigkeit des Vermögensgegenstandes zum Immobilien- Sondervermögen, längstens jedoch über zehn Jahre in gleichen Jahresbeträgen abzuschreiben. Wird ein Vermögensgegenstand veräußert, sind die Anschaffungsnebenkosten in voller Höhe abzuschreiben. Die Abschreibungen sind nicht in der Ertrags- und Aufwandsrechnung zu berücksichtigen. In einer Anlage zur Vermögensaufstellung sind die im Berichtszeitraum getätigten Käufe und Verkäufe von Immobilien und Beteiligungen an Immobilien- Gesellschaften anzugeben.

(2) Bei einer Beteiligung nach § 68 Abs. 1 haben die Kapitalanlagegesellschaft oder die Immobilien-Gesellschaft in den Vermögensaufstellungen anzugeben

1. Firma, Rechtsform und Sitz der Immobilien-Gesellschaft,
2. das Gesellschaftskapital,
3. die Höhe der Beteiligung und der Zeitpunkt ihres Erwerbs durch die Kapitalanlagegesellschaft und
4. Zahl und Beträge der durch die Kapitalanlagegesellschaft oder Dritte nach § 69 gewährten Darlehen.

Als Verkehrswert der Beteiligung ist der nach § 70 Abs. 2 ermittelte Wert anzusetzen. Die Angaben nach Absatz 1 Satz 1 für die Immobilien und sonstigen Vermögensgegenstände der Immobilien-Gesellschaft sind nachrichtlich aufzuführen und besonders zu kennzeichnen.

(3) Unter Berücksichtigung der Bewertungen nach Absatz 1 sowie § 70 sind der Wert des Anteils am Sondervermögen sowie der Ausgabe- und Rücknahmepreis eines Anteils nach Maßgabe des § 36 Abs. 1 börsentäglich zu ermitteln. An gesetzlichen Feiertagen im Geltungsbereich dieses Gesetzes, die Börsentage sind, sowie am 24. und 31. Dezember jeden Jahres kann von der Ermittlung abgesehen werden.

§ 80
Liquiditätsvorschriften

(1) Die Kapitalanlagegesellschaft darf für ein Immobilien-Sondervermögen einen Betrag, der insgesamt 49 Prozent des Wertes des Sondervermögens entspricht, nur halten in

1. Bankguthaben,
2. Geldmarktinstrumenten,
3. Investmentanteilen nach Maßgabe des § 50 oder Anteilen an Spezial-Sondervermögen nach Maßgabe des § 50 Abs. 1 Satz 2, die nach den Vertragsbedingungen ausschließlich in Vermögensgegenstände nach den Nummern 1, 2 und 4 Buchstabe a anlegen dürfen; § 61 und § 64 Abs. 3 sind auf Spezial-Sondervermögen nicht anzuwenden,
4. Wertpapieren, die
   a. zur Sicherung der in Artikel 18.1 des Protokolls über die Satzung des Europäischen Systems der Zentralbanken und der Europäischen Zentralbank vom 7. Februar 1992 (BGBl. 1992 II S. 1299) genannten Kreditgeschäfte von der Europäischen Zentralbank oder der Deutschen Bundesbank zugelassen sind oder deren Zulassung nach den Emissionsbedingungen beantragt wird, sofern die Zulassung innerhalb eines Jahres nach ihrer Ausgabe erfolgt,
   b. an einem organisierten Markt im Sinne von § 2 Abs. 5 des Wertpapierhandelsgesetzes zum Handel zugelassen oder festverzinsliche Wertpapiere sind, soweit diese einen Betrag von 5 Prozent des Wertes des Sondervermögens nicht überschreiten, und
5. Aktien von REITTrust - Aktiengesellschaften oder vergleichbare Anteile ausländischer juristischer Personen, die an einem der in § 47 Abs. 1 Nr. 1 und 2 bezeichneten Märkte zugelassen oder in diesen einbezogen sind, soweit der Wert dieser Aktien oder Anteile einen Betrag von 5 Prozent des Wertes des Sondervermögens nicht überschreitet, und die in Artikel 2 Abs. 1 der Richtlinie 2007/16/EG genannten Kriterien erfüllt sind.

Die Kapitalanlagegesellschaft hat sicherzustellen, dass hiervon ein Betrag, der mindestens 5 Prozent des Wertes des Sondervermögens entspricht, täglich verfügbar ist.

(2) Bei der Berechnung der Anlagegrenze nach Absatz 1 Satz 1 sind folgende gebundene Mittel des Immobilien-Sondervermögens abzuziehen:

1. die zur Sicherstellung einer ordnungsgemäßen laufenden Bewirtschaftung benötigten Mittel;
2. die für die nächste Ausschüttung vorgesehenen Mittel;
3. die zur Erfüllung von Verbindlichkeiten aus rechtswirksam geschlossenen Grundstückskaufverträgen, aus Darlehensverträgen, die für die bevorstehenden Anlagen in bestimmten Immobilien und für bestimmte Baumaßnahmen erforderlich werden, sowie aus Bauverträgen erforderlichen Mittel, sofern die Verbindlichkeiten in den folgenden zwei Jahren fällig werden

(3) Die Kapitalanlagegesellschaft darf für Rechnung eines Immobilien-Sondervermögens Wertpapier-Darlehen nur auf unbestimmte Zeit gewähren.

§ 80 a
Kreditaufnahme

Die Kapitalanlagegesellschaft darf unbeschadet des § 53 für gemeinschaftliche Rechnung der Anleger Kredite nur bis zur Höhe von 50 Prozent des Verkehrswertes der im Sondervermögen befindlichen Immobilien und nur aufnehmen, wenn dies in den Vertragsbedingungen vorgesehen ist, die Kreditaufnahme mit einer ordnungsgemäßen Wirtschaftsführung vereinbar ist, die Bedingungen der Kreditaufnahme marktüblich sind und die Grenze nach § 82 Abs. 3 Satz 2 nicht überschritten wird. Eine Kreditaufnahme zur Finanzierung der Rücknahme von Anteilen ist nur nach Maßgabe des § 53 zulässig.

§ 80 b
Risikomanagement

(1) Die Kapitalanlagegesellschaft muss bei der Verwaltung eines Immobilien-Sondervermögens ein geeignetes Risikomanagementsystem anwenden. Das System hat die Identifizierung, Beurteilung, Steuerung und Überwachung sämtlicher damit verbundener Risiken, wie insbesondere Adressenausfall-, Zinsänderungs-, Währungs- sowie sonstiger Marktpreisrisiken, operationeller Risiken und Liquiditätsrisiken sicherzustellen. Darüber hinaus muss

1. die Konzentration von Risiken anhand eines Limitsystems begrenzt werden,
2. ein Verfahren zur Früherkennung von Risiken vorgehalten werden, das der Kapitalanlagegesellschaft die frühzeitige Einleitung von erforderlichen Gegenmaßnahmen ermöglicht,
3. das Risikomanagementsystem kurzfristig an sich ändernde Bedingungen angepasst sowie zumindest jährlich einer Überprüfung unterzogen werden,
4. ein nach dieser Vorschrift erstellter Risikoreport der Geschäftsleitung in angemessenen Zeitabständen, mindestens vierteljährlich, vorgelegt werden,
5. mindestens vierteljährlich ein geeigneter Stresstest durchgeführt werden.

(2) Das Risikomanagement ist einer von der Portfolioverwaltung organisatorisch und bis auf Ebene der Geschäftsleitung unabhängigen Stelle innerhalb der Kapitalanlagegesellschaft zu übertragen. Das Risikomanagement ist ausführlich und nachvollziehbar zu dokumentieren.

§ 80 c
Sonderregelungen für die Ausgabe und Rücknahme von Anteilen

(1) Die Kapitalanlagegesellschaft hat die Ausgabe von Anteilen vorübergehend auszusetzen, wenn eine Verletzung der Anlagegrenzen nach den Liquiditätsvorschriften dieses Abschnitts oder der Vertragsbedingungen droht.

(2) Die Vertragsbedingungen von Immobilien- Sondervermögen können abweichend von § 37 Abs. 1 vorsehen, dass die Rücknahme von Anteilen nur einmal monatlich zu einem in den Vertragsbedingungen bestimmten Termin erfolgt, wenn zum Zeitpunkt der Rückgabe der Anteile die Summe der Werte der zurückgegebenen Anteile einen in den Vertragsbedingungen bestimmten Betrag überschreitet. In den Fällen des Satzes 1 müssen die Vertragsbedingungen vorsehen, dass die Rückgabe eines Anteils durch eine unwiderrufliche schriftliche Rückgabeerklärung gegenüber der Kapitalanlagegesellschaft unter Einhaltung einer Rückgabefrist erfolgen muss, die mindestens einen Monat betragen muss und höchstens zwölf Monate betragen darf; § 116 Satz 4 bis 6 gilt entsprechend.

§ 80 d
Angaben im Verkaufsprospekt und in den Vertragsbedingungen

(1) Der ausführliche Verkaufsprospekt muss zusätzlich zu den Angaben nach § 42 Abs. 1 Satz 2 und 3 folgende weitere Angaben enthalten:

1. einen ausdrücklichen, drucktechnisch hervorgehobenen Hinweis, dass der Anleger abweichend von § 37 Abs. 1 von der Kapitalanlagegesellschaft die Rücknahme von Anteilen und die Auszahlung des Anteilwertes nur monatlich verlangen kann, wenn zum Zeitpunkt der Rückgabe der Anteile die Summe der Werte der zurückgegebenen Anteile den in den Vertragsbedingungen bestimmten Betrag überschreitet sowie
2. alle Voraussetzungen und Bedingungen der Kündigung und Auszahlung von Anteilen aus dem Sondervermögen Zug um Zug gegen Rückgabe der Anteile.

(2) Die Angaben nach Absatz 1 Nr. 2 sind in die Vertragsbedingungen aufzunehmen.

§ 81
Aussetzung der Rücknahme

Verlangt der Anleger, dass ihm gegen Rückgabe des Anteils sein Anteil am Immobilien-Sondervermögen ausgezahlt wird, so kann die Kapitalanlagegesellschaft die Rückzahlung bis zum Ablauf einer in den Vertragsbedingungen festzusetzenden Frist verweigern, wenn die Bankguthaben und der Erlös der nach § 80 Abs. 1 angelegten Mittel zur Zahlung des Rücknahmepreises und zur Sicherstellung einer ordnungsgemäßen laufenden Bewirtschaftung nicht ausreichen oder nicht sogleich zur Verfügung stehen. Reichen nach Ablauf dieser Frist die nach § 80 Abs. 1 angelegten Mittel nicht aus, so sind Vermögensgegenstände des Sondervermögens zu veräußern. Bis zur Veräußerung dieser Vermögensgegenstände zu angemessenen Bedingungen, längstens jedoch ein Jahr nach

Vorlage des Anteils zur Rücknahme, kann die Kapitalanlagegesellschaft die Rücknahme verweigern. Die Jahresfrist kann durch die Vertragsbedingungen auf zwei Jahre verlängert werden. Nach Ablauf dieser Frist darf die Kapitalanlagegesellschaft Vermögensgegenstände des Sondervermögens beleihen, wenn das erforderlich ist, um Mittel zur Rücknahme der Anteile zu beschaffen. Sie ist verpflichtet, diese Belastungen durch Veräußerung von Vermögensgegenständen des Sondervermögens oder in sonstiger Weise abzulösen, sobald dies zu angemessenen Bedingungen möglich ist. Belastungen und ihre Ablösung sind der Bundesanstalt unverzüglich anzuzeigen.

§ 82
Veräußerung und Belastung von Grundstückswerten

(1) Die Veräußerung von Vermögensgegenständen nach § 67 Abs. 1 und 2 und § 68 Abs. 1, die zu einem Sondervermögen gehören, ist vorbehaltlich des § 81 nur zulässig, wenn dies in den Vertragsbedingungen vorgesehen ist und die Gegenleistung den vom Sachverständigenausschuss ermittelten Wert nicht unterschreitet. Werden durch ein einheitliches Rechtsgeschäft zwei oder mehr der in Satz 1 genannten Vermögensgegenstände an denselben Erwerber veräußert, so ist hierbei auf die insgesamt vereinbarte Gegenleistung abzustellen. In den Fällen des Satzes 2 darf die Gegenleistung die Summe der Wertansätze für die veräußerten Vermögensgegenstände um nicht mehr als 5 Prozent unterschreiten, wenn dies den Interessen der Anleger nicht zuwiderläuft.

(2) Von der Bewertung durch den Sachverständigenausschuss kann abgesehen werden, wenn Teile des Immobilienvermögens auf behördliches Verlangen zu öffentlichen Zwecken veräußert, im Umlegungsverfahren oder um es abzuwenden gegen andere Immobilien getauscht oder wenn zum Zwecke der Abrundung eigenen Grundbesitzes Immobilien hinzu erworben werden und die hierfür zu entrichtende Gegenleistung die für eine gleich große Fläche einer eigenen Immobilie erbrachte Gegenleistung um nicht mehr als 5 Prozent überschreitet.

(3) Die Belastung von Vermögensgegenständen nach § 67 Abs. 1 und 2, die zu einem Sondervermögen gehören, sowie die Abtretung und Belastung von Forderungen aus Rechtsverhältnissen, die sich auf Vermögensgegenstände nach § 67 Abs. 1 und 2 beziehen, sind vorbehaltlich des § 68a Abs. 1 Satz 1 und des § 81 zulässig, wenn dies in den Vertragsbedingungen vorgesehen und mit einer ordnungsgemäßen Wirtschaftsführung vereinbar ist und wenn die Depotbank den vorgenannten Maßnahmen zustimmt, weil sie die Bedingungen, unter denen die Maßnahmen erfolgen sollen, für marktüblich erachtet. Die Kapitalanlagegesellschaft muss sicherstellen, dass die Belastung nach Satz 1 insgesamt 50 Prozent des Verkehrswertes der im Sondervermögen befindlichen Immobilien nicht überschreitet.

(4) Verfügungen über zum Vermögen der Immobilien-Gesellschaften gehörende Vermögensgegenstände gelten für die Prüfung ihrer Zulässigkeit als solche im Sinne der Absätze 1 und 3.

(5) Die Wirksamkeit einer Verfügung wird durch einen Verstoß gegen die Vorschriften der Absätze 1 und 3 nicht berührt.

Abschnitt 4
Gemischte Sondervermögen

§ 83
Gemischte Sondervermögen

Auf die Verwaltung von Gemischten Sondervermögen nach Maßgabe der §§ 84 bis 86 finden die Vorschriften der §§ 46 bis 65 so weit Anwendung, als sich aus den nachfolgenden Vorschriften nichts anderes ergibt.

§ 84
Zulässige Vermögensgegenstände

(1) Die Kapitalanlagegesellschaft darf für Rechnung eines Gemischten Sondervermögens nur erwerben:

1. Vermögensgegenstände nach Maßgabe der §§ 47 bis 52,
2. Anteile an
   a. Publikums-Sondervermögen nach Maßgabe der §§ 66 bis 82 oder der §§ 83 bis 86 sowie Anteile an vergleichbaren ausländischen Investmentvermögen,
   b. Publikums-Sondervermögen nach Maßgabe der §§ 90g bis 90k sowie Anteile an vergleichbaren ausländischen Investmentvermögen,
   c. Sondervermögen mit zusätzlichen Risiken nach Maßgabe des § 112 sowie Anteile an vergleichbaren ausländischen Investmentvermögen,
3. Aktien von Investmentaktiengesellschaften,
   a. deren Satzung eine den §§ 83 bis 86 vergleichbare Anlageform vorsieht, sowie Anteile an vergleichbaren ausländischen Investmentvermögen,
   b. deren Satzung eine den §§ 90g bis 90k vergleichbare Anlageform vorsieht, sowie Anteile an vergleichbaren ausländischen Investmentvermögen,
   c. deren Satzung eine dem § 112 vergleichbare Anlageform vorsieht, sowie Anteile an vergleichbaren ausländischen Investmentvermögen.

(2) Anteile nach Absatz 1 Nr. 2 Buchstabe a sowie Aktien nach Absatz 1 Nr. 3 Buchstabe a dürfen nur erworben werden, soweit das Publikums- Sondervermögen oder die Investmentaktiengesellschaft seine Mittel nach den Vertragsbedingungen oder der Satzung insgesamt zu höchstens 10 Prozent des Wertes seines Vermögens in Anteile an anderen Investmentvermögen anlegen darf. Anteile nach Absatz 1 Nr. 2 Buchstabe b und c sowie Aktien nach Absatz 1 Nr. 3 Buchstabe b und c dürfen nur erworben werden, soweit das Publikums-Sondervermögen oder die Investmentaktiengesellschaft seine Mittel nach den Vertragsbedingungen oder der Satzung nicht in Anteile an anderen Investmentvermögen anlegen darf. Die Sätze 1 und 2 gelten nicht für Anteile an anderen inländischen oder ausländischen Investmentvermögen im Sinne des § 80 Abs. 1 Satz 1 Nr. 3 Halbsatz 1.

(3) Ist der Kapitalanlagegesellschaft nach den Vertragsbedingungen gestattet, für Rechnung des Gemischten Sondervermögens Anteile nach Absatz 1 Nr. 2 Buchstabe b und c sowie Aktien nach Absatz 1 Nr. 3 Buchstabe b und c zu erwerben, gelten § 113 Abs. 3 und 4 Satz 2 und 3, § 117 Abs. 1 Satz 2 und § 118 Satz 2 entsprechend.

§ 85
Anlagegrenzen

Die Kapitalanlagegesellschaft darf in Anteilen nach § 84 Abs. 1 Nr. 2 Buchstabe b und c sowie in Aktien nach § 84 Abs. 1 Nr. 3 Buchstabe b und c insgesamt nur bis zu 10 Prozent des Wertes des Sondervermögens anlegen.

§ 86
Erweiterte Anlagegrenzen

Die Kapitalanlagegesellschaft kann die in § 63 bestimmten Grenzen für ein Wertpapierindex-Sondervermögen überschreiten, wenn nach den Vertragsbedingungen die Auswahl der für das Gemischte Sondervermögen zu erwerbenden Wertpapiere darauf gerichtet ist, unter Wahrung einer angemessenen Risikomischung einen bestimmten, allgemein und von der Bundesanstalt anerkannten Wertpapierindex nachzubilden. § 63 Abs. 1 Satz 2 gilt entsprechend.

Abschnitt 5
Altersvorsorge - Sondervermögen

§ 87
Altersvorsorge-Sondervermögen

(1) Für Sondervermögen, die das bei ihnen eingelegte Geld in Vermögensgegenständen nach diesem Abschnitt mit dem Ziel des langfristigen Vorsorgesparens anlegen (Altersvorsorge-Sondervermögen), gelten die Vorschriften der §§ 46 bis 65 sinngemäß, soweit sich aus den nachfolgenden Vorschriften nichts anderes ergibt.

(2) Erträge des Altersvorsorge-Sondervermögens dürfen nicht ausgeschüttet werden.

§ 88
Zulässige Vermögensgegenstände, Anlagegrenzen

(1) Die Kapitalanlagegesellschaft darf für ein Altersvorsorge-Sondervermögen nur erwerben:

1. Wertpapiere,
2. Anteile an Immobilien-Sondervermögen nach Maßgabe der §§ 66 bis 82 und
3. Vermögensgegenstände nach Maßgabe des Absatzes 5.

(2) Bis zu 30 Prozent des Wertes des Altersvorsorge-Sondervermögens dürfen nach Maßgabe der Vertragsbedingungen in Anteilen an Immobilien-Sondervermögen angelegt werden; § 41 Abs. 5 und § 50 Abs. 2 gelten entsprechend.

(3) Der Anteil der für Rechnung des Altersvorsorge-Sondervermögens gehaltenen Aktien darf 75 Prozent des Wertes des Sondervermögens nicht übersteigen.

(4) Der Anteil der für Rechnung des Altersvorsorge-Sondervermögens gehaltenen Aktien und Anteile an Immobilien-Sondervermögen muss mindestens 51 Prozent des Wertes des Altersvorsorge-Sondervermögens betragen.

(5) Der Anteil der für Rechnung des Altersvorsorge- Sondervermögens gehaltenen Bankguthaben, Einlagenzertifikate von Kreditinstituten, wenn sie im Zeitpunkt des Erwerbs für das Sondervermögen eine restliche Laufzeit von höchstens 397 Tagen haben, und Geldmarktinstrumente nach Maßgabe des § 48 Abs. 1 Satz 1 Nr. 3 darf höchstens 49 Prozent des Wertes des Altersvorsorge- Sondervermögens betragen. Abweichend von § 50 Abs. 1 Satz 2 dürfen innerhalb der in Satz 1 genannten Grenzen nach den Vertragsbedingungen anstelle der in Satz 1 genannten Vermögensgegenstände gehalten werden

1. Anteile an einem oder mehreren Sondervermögen,
2. Anteile an einem oder mehreren nach dem Grundsatz der Risikomischung angelegten Vermögen, die von einer ausländischen Investmentgesellschaft ausgegeben wurden, welche einer wirksamen öffentlichen Aufsicht zum Schutz der Anteilinhaber unterliegt,

wenn nach den Vertragsbedingungen oder der Satzung der Kapitalanlagegesellschaft oder der ausländischen Investmentgesellschaft das Vermögen ausschließlich in Vermögensgegenstände nach Satz 1 angelegt werden darf. § 64 Abs. 3 ist nicht anzuwenden, wenn dieses Sondervermögen ein Spezial-Sondervermögen ist.

(6) Geschäfte, die Finanzinstrumente zum Gegenstand haben, dürfen nur zur Absicherung von im Altersvorsorge-Sondervermögen gehaltenen Vermögensgegenständen gegen einen Wertverlust getätigt werden. Der Abschluss von Gegengeschäften ist zulässig.

(7) Die für Rechnung eines Altersvorsorge-Sondervermögens gehaltenen Vermögensgegenstände dürfen nur insoweit einem Währungsrisiko unterliegen, als der Wert der einem solchen Risiko unterliegenden Vermögensgegenstände 30 Prozent des Wertes des Sondervermögens nicht übersteigt.

§ 89
Verbot von Laufzeitfonds

Das Altersvorsorge-Sondervermögen darf nicht für eine begrenzte Dauer angelegt werden. § 43 Abs. 4 Nr. 7 ist nicht anzuwenden.

§ 90
Altersvorsorge-Sparplan

(1) In den Vertragsbedingungen hat die Kapitalanlagegesellschaft dem Erwerber eines Anteils (Altersvorsorge-Sparer) den Abschluss eines Vertrags mit einer Laufzeit von mindestens 18 Jahren oder mit einer Laufzeit bis mindestens zur Vollendung des 60. Lebensjahres des Altersvorsorge-Sparers anzubieten, durch den sich der Erwerber eines Anteils verpflichtet, während der Vertragslaufzeit in regelmäßigem Abstand Geld bei der Kapitalanlagegesellschaft zum Bezug weiterer Anteile einzulegen (Altersvorsorge-Sparplan). Im Vordruck des Antrags auf Vertragsabschluss und im Verkaufsprospekt ist ausdrücklich darauf hinzuweisen, dass sich die Kapitalanlagegesellschaft im Altersvorsorge-Sparplan nicht zur Auszahlung eines bestimmten Geldbetrags verpflichten kann und dass dies auch für den Fall der Arbeitslosigkeit, der völligen Erwerbsunfähigkeit oder des Todes des Altersvorsorge-Sparers gilt. Satz 2 gilt nicht im Falle des Angebots zum Abschluss eines Altersvorsorgevertrags gemäß § 1 Abs. 1 des Altersvorsorgeverträge- Zertifizierungsgesetzes.

(2) Die Kapitalanlagegesellschaft hat dem Altersvorsorge-Sparer in dem Altersvorsorge-Sparplan das Recht einzuräumen, den Umtausch der erworbenen Anteile an dem Altersvorsorge-Sondervermögen gegen Anteile eines anderen von der Kapitalanlagegesellschaft verwalteten Sondervermögens nach Wahl des Altersvorsorge-Sparers ohne Berechnung eines Ausgabeaufschlags oder sonstiger Umtauschkosten zu verlangen. Die Kapitalanlagegesellschaft kann den kostenlosen Umtausch verweigern, wenn im Zeitpunkt des Umtauschverlangens noch nicht drei Viertel der vereinbarten Vertragslaufzeit abgelaufen sind.

(3) Der Altersvorsorge-Sparer kann den Altersvorsorge-Sparplan unter Einhaltung einer Kündigungsfrist von drei Monaten zum Ende eines Kalendervierteljahres kündigen. Die Kündigungsfrist beträgt vier Wochen zum Ende eines Kalendermonats, wenn der Altersvorsorge-Sparer nach Vertragsabschluss arbeitslos oder völlig erwerbsunfähig geworden ist.

(4) Die Kapitalanlagegesellschaft kann den Altersvorsorge-Sparplan nur aus wichtigem Grund kündigen. Als wichtiger Grund für eine Kündigung gilt nicht, wenn der Altersvorsorge-Sparer auf Grund einer nach Vertragsabschluss eingetretenen Arbeitslosigkeit oder Erwerbsunfähigkeit seine Verpflichtungen nach Absatz 1 nicht oder nur unvollständig erfüllt.

(5) In den Vertragsbedingungen hat die Kapitalanlagegesellschaft dem Altersvorsorge-Sparer den Abschluss eines Vertrags anzubieten, in dem sich die Kapitalanlagegesellschaft für Rechnung des Altersvorsorge-Sondervermögens verpflichtet, nach Beendigung des Altersvorsorge-Sparplans dem Altersvorsorge-Sparer gegen Rückgabe von Anteilen nach § 37 Abs. 1 regelmäßig einen bestimmten Geldbetrag auszuzahlen.

Abschnitt 6
Infrastruktur - Sondervermögen

§ 90 a
Infrastruktur - Sondervermögen

Auf die Verwaltung von Infrastruktur-Sondervermögen nach Maßgabe der §§ 90b bis 90f finden die Vorschriften der §§ 66 bis 82 so weit entsprechende Anwendung, als sich aus den nachfolgenden Vorschriften nichts anderes ergibt.

§ 90 b
Zulässige Vermögensgegenstände, Anlagegrenzen

(1) Die Kapitalanlagegesellschaft darf für ein Infrastruktur-Sondervermögen nur erwerben:

1. Beteiligungen an ÖPP- Projektgesellschaften,
2. Immobilien,
3. Wertpapiere,
4. Geldmarktinstrumente,
5. Bankguthaben,
6. Investmentanteile nach Maßgabe des § 50, wenn die Investmentvermögen, an denen Anteile gehalten werden, ausschließlich in Bankguthaben und Geldmarktinstrumenten angelegt sind, und

7. Vermögensgegenstände nach Maßgabe des Absatzes 8.

(2) Beteiligungen an ÖPP- Projektgesellschaften dürfen erst nach Abschluss der Errichtung der Sanierung der Anlagen in der Betreiberphase und nur dann erworben werden, wenn zuvor ihr Wert durch einen Abschlussprüfer im Sinne des § 319 Abs. 1 Satz 1 und 2 des Handelsgesetzbuches ermittelt wurde; § 70 Abs. 2 gilt entsprechend.

(3) Die Kapitalanlagegesellschaft hat sicherzustellen, dass der Anteil der für Rechnung des Infrastruktur-Sondervermögens gehaltenen Beteiligungen an ÖPP- Projektgesellschaften 80 Prozent des Wertes des Sondervermögens nicht übersteigt und nicht mehr als 10 Prozent des Wertes eines Infrastruktur-Sondervermögens in einer einzigen ÖPP- Projektgesellschaft angelegt sind.

(4) Immobilien dürfen für ein Infrastruktur- Sondervermögen nur dann erworben werden, wenn diese der Erfüllung öffentlicher Aufgaben dienen; Entsprechendes gilt auch für den Erwerb von Nießbrauchrechten an Grundstücken. Die Kapitalanlagegesellschaft hat sicherzustellen, dass in diesen Immobilien und Rechten nicht mehr als 30 Prozent des Wertes des Infrastruktur- Sondervermögens angelegt werden.

(5) Die Kapitalanlagegesellschaft hat sicherzustellen, dass der Anteil der für Rechnung des Infrastruktur-Sondervermögens gehaltenen Beteiligungen an ÖPP- Projektgesellschaften, Immobilien und Nießbrauchrechten an Grundstücken mindestens 60 Prozent des Wertes des Sondervermögens beträgt.

(6) Die Kapitalanlagegesellschaft hat sicherzustellen, dass nicht mehr als 20 Prozent des Wertes des Infrastruktur-Sondervermögens in Wertpapieren im Sinne des § 47 Abs. 1 Nr. 1, 5 und 6 angelegt werden.

(7) Die Kapitalanlagegesellschaft hat sicherzustellen, dass der Anteil der für Rechnung des Infrastruktur-Sondervermögens gehaltenen Vermögensgegenstände nach Absatz 1 Nr. 4 bis 6 mindestens 10 Prozent des Wertes des Sondervermögens beträgt.

(8) Geschäfte, die Derivate zum Gegenstand haben, dürfen nur zur Absicherung von im Infrastruktur- Sondervermögen gehaltenen Vermögensgegenständen gegen einen Wertverlust getätigt werden.

§ 90 c
Anlaufzeit

Die in § 90b Abs. 3 bis 7 genannten Anlagegrenzen sind für das Infrastruktur-Sondervermögen einer Kapitalanlagegesellschaft erst nach Ablauf von vier Jahren seit dem Zeitpunkt der Auflegung anzuwenden. Die Frist nach Satz 1 kann auf Antrag von der Bundesanstalt um ein Jahr verlängert werden, wenn Umstände außerhalb des Verantwortungsbereiches der Kapitalanlagegesellschaft eine Verlängerung rechtfertigen.

§ 90 d
Ermittlung des Anteilwertes, Ausgabe und Rücknahme von Anteilen

(1) Die Vertragsbedingungen von Infrastruktur- Sondervermögen können abweichend von § 36 vorsehen, dass die Ermittlung des Anteilwertes und die Bekanntgabe des Ausgabe- und Rücknahmepreises nur zu bestimmten Terminen, jedoch mindestens einmal monatlich erfolgt. Wird von der Möglichkeit nach Satz 1 Gebrauch gemacht, ist die Ausgabe von Anteilen nur zum Termin der Anteilwertermittlung zulässig.

(2) § 37 Abs. 1 ist mit der Maßgabe anzuwenden, dass die Vertragsbedingungen von Infrastruktur- Sondervermögen vorsehen müssen, dass die Rücknahme von Anteilen nur zu bestimmten Rücknahmeterminen, jedoch höchstens einmal halbjährlich und mindestens einmal jährlich erfolgt. Die Rückgabe von Anteilen ist nur durch eine unwiderrufliche Rückgabeerklärung unter Einhaltung einer Rückgabefrist zulässig, die zwischen einem und 24 Monaten betragen muss; § 116 Satz 4 bis 6 gilt entsprechend.

(3) Abweichend von Absatz 2 kann der Anleger die Auszahlung seines Anteils an dem Infrastruktur- Sondervermögen an einem Rücknahmetermin nur verlangen, wenn der Wert der zurückgegebenen Anteile im Zeitpunkt des Zugangs der Rückgabeerklärung den Betrag von 1 Million Euro nicht überschreitet.

§ 90 e
Angaben im Verkaufsprospekt und in den Vertragsbedingungen

(1) Kapitalanlagegesellschaften, die Infrastruktur- Sondervermögen nach Maßgabe des § 90a verwalten, haben dem Publikum abweichend von § 42 Abs. 1 Satz 1 Halbsatz 1 für das Sondervermögen lediglich einen ausführlichen Verkaufsprospekt mit den Vertragsbedingungen zugänglich zu machen.

(2) Der ausführliche Verkaufsprospekt muss alle Angaben nach § 42 Abs. 1 sowie zusätzlich folgende Angaben enthalten:

1. eine Beschreibung der wesentlichen Merkmale von ÖPP- Projektgesellschaften;
2. die Arten von ÖPP- Projektgesellschaften, die für das Sondervermögen erworben werden dürfen, und nach welchen Grundsätzen sie ausgewählt werden;
3. einen Hinweis, dass in Beteiligungen an ÖPP- Projektgesellschaften, die nicht zum Handel an einer Börse zugelassen oder in einen anderen organisierten Markt einbezogen sind, angelegt werden darf;
4. einen ausdrücklichen, drucktechnisch hervorgehobenen Hinweis, dass der Anleger abweichend von § 37 Abs. 1 von der Kapitalanlagegesellschaft die Rücknahme von Anteilen und die Auszahlung des Anteilwertes nur zu bestimmten Terminen verlangen kann;
5. einen ausdrücklichen, drucktechnisch hervorgehobenen Hinweis, dass der Anleger abweichend von § 37 Abs. 1 und von Nummer 4 von der Kapitalanlagegesellschaft die Rücknahme von Anteilen und die Auszahlung des Anteilwertes nur verlangen kann, wenn der Wert der zurückgegebenen Anteile im Zeitpunkt des Zugangs der Rückgabeerklärung den Betrag von 1 Million Euro nicht überschreitet;
6. alle Voraussetzungen und Bedingungen der Kündigung und Auszahlung von Anteilen aus dem Sondervermögen Zug um Zug gegen Rückgabe der Anteile;

7. einen Hinweis, dass die Ermittlung des Anteilwertes und die Bekanntgabe des Ausgabe und Rücknahmepreises nur zu bestimmten Terminen, jedoch mindestens einmal monatlich erfolgen kann und dass in diesen Fällen die Ausgabe von Anteilen nur zum Termin der Anteilwertermittlung erfolgt.

(3) Die Vertragsbedingungen müssen neben den Angaben nach den §§ 41 und 43 Abs. 4 zusätzlich die Angaben nach Absatz 2 Nr. 1 bis 3 und 6 enthalten.

§ 90 f
Anforderungen an die für Anlageentscheidungen verantwortlichen Personen von Infrastruktur-Sondervermögen

Personen, die für die Anlageentscheidungen von Infrastruktur-Sondervermögen nach § 90a verantwortlich sind, müssen neben der allgemeinen fachlichen Eignung für die Durchführung von Investmentgeschäften ausreichendes Erfahrungswissen auf dem Gebiet von Projekten Öffentlich Privater Partnerschaften haben.

Abschnitt 7
Sonstige Sondervermögen

§ 90 g
Sonstige Sondervermögen

Auf die Verwaltung von Sonstigen Sondervermögen nach Maßgabe der §§ 90h bis 90k finden die Vorschriften der §§ 46 bis 59 so weit Anwendung, als sich aus den nachfolgenden Vorschriften nichts anderes ergibt.

§ 90 h
Zulässige Vermögensgegenstände, Anlagegrenzen, Kreditaufnahme

(1) Die Kapitalanlagegesellschaft darf für ein Sonstiges Sondervermögen nur erwerben:

1. Vermögensgegenstände nach Maßgabe der §§ 47 bis 52, wobei sie nicht den Erwerbsbeschränkungen nach § 51 Abs. 1 unterworfen ist,
2. Anteile an Investmentvermögen nach Maßgabe des § 2 Abs. 4 Nr. 7,
3. Beteiligungen an Unternehmen, sofern der Verkehrswert der Beteiligungen ermittelt werden kann,
4. Edelmetalle,
5. unverbriefte Darlehensforderungen.

(2) Ist es der Kapitalanlagegesellschaft nach den Vertragsbedingungen gestattet, für Rechnung des Sonstigen Sondervermögens Anteile an Sonstigen Sondervermögen und Investmentvermögen nach Maßgabe des § 112 Abs. 1 sowie an entsprechenden ausländischen Investmentvermögen zu erwerben, gelten § 113 Abs. 3 und 4 Satz 2 und 3, § 117 Abs. 1 Satz 2 und § 118 Abs. 1 Satz 2 entsprechend.

(3) Die Kapitalanlagegesellschaft darf in Anteile an Sonstigen Sondervermögen und Sondervermögen mit zusätzlichen Risiken nach Maßgabe des § 112 Abs. 1 sowie an

entsprechenden ausländischen Investmentvermögen nur bis zu 30 Prozent des Wertes des Sondervermögens anlegen.

(4) Die Kapitalanlagegesellschaft darf in Vermögensgegenstände im Sinne des § 52 und in Beteiligungen an Unternehmen, die nicht zum Handel an einer Börse zugelassen oder in einen organisierten Markt einbezogen sind, nur bis zu 20 Prozent des Wertes des Sondervermögens anlegen. In Beteiligungen desselben Unternehmens darf die Kapitalanlagegesellschaft nur bis zu 5 Prozent des Wertes des Sondervermögens anlegen.

(5) Die Kapitalanlagegesellschaft muss sicherstellen, dass der Anteil der für Rechnung des Sonstigen Sondervermögens gehaltenen Edelmetalle, Derivate und unverbrieften Darlehensforderungen 30 Prozent des Wertes des Sondervermögens nicht übersteigt. Derivate im Sinne des § 51 Abs. 1 werden auf diese Grenze nicht angerechnet.

(6) Die Kapitalanlagegesellschaft darf für gemeinschaftliche Rechnung der Anleger kurzfristige Kredite nur bis zur Höhe von 20 Prozent des Wertes des Sondervermögens und nur aufnehmen, wenn die Bedingungen der Kreditaufnahme marktüblich sind und dies in den Vertragsbedingungen vorgesehen ist.

(7) Abweichend von Absatz 5 Satz 1 darf die Kapitalanlagegesellschaft von Mikrofinanz-Instituten unverbriefte Darlehensforderungen bis zu 75 Prozent des Wertes des Sondervermögens erwerben. Mikrofinanz-Institute im Sinne des Satzes 1 sind Unternehmen,

1. die als Kredit- oder Finanzinstitut von der in ihrem Sitzstaat für die Beaufsichtigung von Kreditinstituten zuständigen Behörde zugelassen sind und nach international anerkannten Grundsätzen beaufsichtigt werden,
2. deren Haupttätigkeit die Vergabe von Gelddarlehen an Klein- und Kleinstunternehmer für deren unternehmerische Zwecke darstellt,
3. bei denen bei 60 Prozent der Darlehensnehmer die an einen einzelnen Darlehensnehmer hingegebenen Gelddarlehen den Betrag von insgesamt 5 000 Euro nicht überschreiten,
4. bei denen die Summe der insgesamt vergebenen Gelddarlehen den Betrag von 10 Millionen Euro nicht unterschreitet und
5. an denen mindestens 5 Prozent des Kapitals und der Stimmrechte von einer
   a. multilateralen Entwicklungsbank oder
   b. bilateralen Entwicklungsbank, an der ein oder mehrere Vollmitgliedstaaten der Organisation für wirtschaftliche Zusammenarbeit und Entwicklung oder deren Teilstaaten mehrheitlich beteiligt sind,

gehalten werden.

Die Kapitalanlagegesellschaft darf unverbriefte Darlehensforderungen desselben Mikrofinanz-Instituts nur bis zu 10 Prozent des Wertes des Sondervermögens erwerben.

(8) Macht eine Kapitalanlagegesellschaft von den Anlagemöglichkeiten nach Absatz 7 Gebrauch, darf sie für Rechnung des Sondervermögens auch Wertpapiere erwerben, die von Mikrofinanz- Instituten im Sinne des Absatzes 7 Satz 2 begeben werden, ohne dass die Erwerbsbeschränkungen nach § 47 Abs. 1 Satz 1 Nr. 2 und 4 gelten. Die

Kapitalanlagegesellschaft darf in Wertpapiere im Sinne des Satzes 1 nur bis zu 15 Prozent des Wertes des Sondervermögens anlegen.

(9) In den Fällen des Absatzes 7 müssen die Personen, die für die Anlageentscheidungen bei dem Sondervermögen verantwortlich sind, neben der allgemeinen fachlichen Eignung für die Durchführung von Investmentgeschäften ausreichendes Erfahrungswissen in Bezug auf die in Absatz 7 genannten Anlagemöglichkeiten haben.

§ 90 i
Sonderregelungen für die Ausgabe und Rücknahme von Anteilen

(1) Die Vertragsbedingungen von Sonstigen Sondervermögen können abweichend von § 37 Abs. 1 vorsehen, dass die Rücknahme von Anteilen höchstens einmal halbjährlich und mindestens einmal jährlich zu einem in den Vertragsbedingungen bestimmten Termin erfolgt, wenn zum Zeitpunkt der Rückgabe der Anteile die Summe der Werte der zurückgegebenen Anteile einen in den Vertragsbedingungen bestimmten Betrag überschreitet. In den Fällen des Satzes 1 müssen die Vertragsbedingungen vorsehen, dass die Rückgabe eines Anteils durch eine unwiderrufliche schriftliche Rückgabeerklärung gegenüber der Kapitalanlagegesellschaft unter Einhaltung einer Rückgabefrist erfolgen muss, die mindestens einen Monat betragen muss und höchstens zwölf Monate betragen darf; § 116 Satz 4 bis 6 gilt entsprechend.

(2) In den Fällen des § 90h Abs. 7 können die Vertragsbedingungen abweichend von § 36 vorsehen, dass die Ermittlung des Anteilwertes und die Bekanntgabe des Ausgabe- und Rücknahmepreises nur zu bestimmten Terminen, jedoch mindestens einmal monatlich erfolgt. Wird von der Möglichkeit nach Satz 1 Gebrauch gemacht, ist die Ausgabe von Anteilen nur zum Termin der Anteilwertermittlung zulässig.

(3) In den Fällen des § 90h Abs. 7 ist § 37 Abs. 1 mit der Maßgabe anzuwenden, dass die Vertragsbedingungen vorsehen müssen, dass die Rücknahme von Anteilen nur zu bestimmten Rücknahmeterminen, jedoch höchstens einmal halbjährlich und mindestens einmal jährlich erfolgt. Die Rückgabe von Anteilen ist nur durch eine unwiderrufliche Rückgabeerklärung unter Einhaltung einer Rückgabefrist zulässig, die zwischen einem und 24 Monaten betragen muss; § 116 Satz 4 bis 6 gilt entsprechend.

§ 90 j
Angaben im Verkaufsprospekt und in den Vertragsbedingungen

(1) Kapitalanlagegesellschaften, die Sonstige Sondervermögen nach Maßgabe des § 90g verwalten, haben dem Publikum abweichend von § 42 Abs. 1 Satz 1 Halbsatz 1 für das Sondervermögen lediglich einen ausführlichen Verkaufsprospekt mit den Vertragsbedingungen zugänglich zu machen.

(2) Der ausführliche Verkaufsprospekt muss alle Angaben nach § 42 Abs. 1 Satz 2 und 3 sowie zusätzlich folgende Angaben enthalten:

1. ob und in welchem Umfang in Vermögensgegenstände im Sinne des § 52, in Beteiligungen an Unternehmen, die nicht zum Handel an einer Börse zugelassen oder

in einen organisierten Markt einbezogen sind, in Edelmetalle, Derivate und unverbrieften Darlehensforderungen angelegt werden darf;

2. eine Beschreibung der wesentlichen Merkmale der für das Sondervermögen erwerbbaren Beteiligungen an Unternehmen und unverbrieften Darlehensforderungen;
3. Angaben zu dem Umfang, in dem Kredite aufgenommen werden dürfen, verbunden mit einer Erläuterung der Risiken, die damit verbunden sein können;
4. im Falle des § 90h Abs. 7 und 8, ob und in welchem Umfang von den dort genannten Anlagemöglichkeiten Gebrauch gemacht wird und eine Erläuterung der damit verbundenen Risiken sowie eine Beschreibung der wesentlichen Merkmale der Mikrofinanz-Institute und nach welchen Grundsätzen sie ausgewählt werden;
5. im Falle des § 90i Abs. 1 einen ausdrücklichen, drucktechnisch hervorgehobenen Hinweis, dass der Anleger abweichend von § 37 Abs. 1 von der Kapitalanlagegesellschaft die Rücknahme von Anteilen und die Auszahlung des Anteilwertes nur zu bestimmten Terminen verlangen kann, wenn zum Zeitpunkt der Rückgabe der Anteile die Summe der Werte der zurückgegebenen Anteile den in den Vertragsbedingungen bestimmten Betrag überschreitet;
6. in den Fällen des § 90i Abs. 2 einen Hinweis, dass die Ermittlung des Anteilwertes und die Bekanntgabe des Ausgabe- und Rücknahmepreises nur zu bestimmten Terminen, jedoch mindestens einmal monatlich erfolgen kann und dass in diesen Fällen die Ausgabe von Anteilen nur zum Termin der Anteilwertermittlung erfolgt;
7. in den Fällen des § 90i Abs. 3 einen ausdrücklichen, drucktechnisch hervorgehobenen Hinweis, dass der Anleger abweichend von § 37 Abs. 1 von der Kapitalanlagegesellschaft die Rücknahme von Anteilen und die Auszahlung des Anteilwertes nur zu bestimmten Terminen verlangen kann;
8. alle Voraussetzungen und Bedingungen der Rücknahme und Auszahlung von Anteilen aus dem Sondervermögen Zug um Zug gegen Rückgabe der Anteile.

(3) Die Vertragsbedingungen eines Sonstigen Sondervermögens müssen alle Angaben nach § 43 Abs. 4 sowie zusätzlich folgende Angaben enthalten:

1. die Arten der Unternehmensbeteiligungen, Edelmetalle, Derivate und Darlehensforderungen, die für das Sondervermögen erworben werden dürfen;
2. in welchem Umfang die zulässigen Vermögensgegenstände erworben werden dürfen;
3. den Anteil des Sondervermögens, der mindestens in Bankguthaben, Geldmarktinstrumenten oder anderen liquiden Mitteln gehalten werden muss;
4. alle Voraussetzungen und Bedingungen der Rücknahme und Auszahlung von Anteilen aus dem Sondervermögen Zug um Zug gegen Rückgabe der Anteile.

§ 90 k
Risikomanagement

§ 80b ist entsprechend anzuwenden.

Abschnitt 7a
Mitarbeiterbeteiligungs-Sondervermögen

§ 90 l
Mitarbeiterbeteiligungs-Sondervermögen

(1) Mitarbeiterbeteiligungs-Sondervermögen sind Sondervermögen, die für Arbeitnehmer von Unternehmen aufgelegt werden, die ihren Arbeitnehmern einen Vorteil im Sinne des § 3 Nummer 39 des Einkommensteuergesetzes zum Erwerb von Anteilen an dem Sondervermögen gewähren.

(2) Auf die Verwaltung von Mitarbeiterbeteiligungs-Sondervermögen finden die Vorschriften der §§ 46 bis 59 so weit Anwendung, als sich aus den nachfolgenden Vorschriften nichts anderes ergibt.

§ 90 m
Zulässige Vermögensgegenstände, Anlagegrenzen

(1) Die Kapitalanlagegesellschaft darf für ein Mitarbeiterbeteiligungs-Sondervermögen nur erwerben:

1. Beteiligungen an Unternehmen, die ihren Arbeitnehmern einen Vorteil im Sinne des § 3 Nummer 39 des Einkommensteuergesetzes zum Erwerb von Anteilen an dem Sondervermögen gewähren einschließlich stiller Beteiligungen im Sinne des § 230 des Handelsgesetzbuchs an diesen Unternehmen, sofern die Beteiligungen nicht zum Handel an einer Börse zugelassen oder an einem anderen organisierten Markt zugelassen oder in diesen einbezogen sind und der Verkehrswert der Beteiligungen ermittelt werden kann,
2. unverbriefte Darlehensforderungen gegen Unternehmen im Sinne der Nummer 1,
3. Vermögensgegenstände im Sinne der §§ 47 bis 52 Nr. 1.

Unternehmen, die dem gleichen Konzern im Sinne des § 18 des Aktiengesetzes angehören, gelten als Unternehmen nach Satz 1 Nr. 1.

(2) Die Kapitalanlagegesellschaft muss sicherstellen, dass der Anteil der für Rechnung des Sondervermögens gehaltenen Beteiligungen nach Absatz 1 Satz 1 Nr. 1, der unverbrieften Darlehensforderungen nach Absatz 1 Satz 1 Nr. 2 sowie der Vermögensgegenstände nach Absatz 1 Satz 1 Nr. 3, soweit es sich um Wertpapiere nach § 47 Abs. 1 Satz 1 Nr. 1, 3, 5, 6 und 8 und § 52 Nr. 1 handelt, die von Unternehmen im Sinne des Absatzes 1 Satz 1 Nr. 1 ausgegeben wurden, mindestens 60 Prozent des Wertes des Sondervermögens beträgt. Innerhalb dieser Grenze darf die Kapitalanlagegesellschaft auch in Wertpapiere nach § 47 Abs. 1 Satz 1 Nr. 1 und § 52 Nr. 1 anlegen, die Beteiligungen im Sinne des Absatzes 1 Satz 1 Nr. 1 oder Darlehen verbriefen, die den Unternehmen im Sinne des Absatzes 1 Satz 1 Nr. 1 von einem Kreditinstitut gewährt wurden. Die Kapitalanlagegesellschaft darf in Beteiligungen und unverbriefte Darlehensforderungen, die an oder gegenüber demselben Unternehmen im Sinne von Absatz 1 Satz 1 Nr. 1 bestehen sowie in Wertpapiere im Sinne von Satz 1, die von demselben Unternehmen ausgegeben wurden, nur bis zu 20 Prozent des Wertes des Sondervermögens anlegen. Für die in Satz 2 genannten Wertpapiere desselben Ausstellers gilt die in Satz 3 genannte Anlagegrenze entsprechend. In den Fällen des Satzes 3 und des

Satzes 4 ist § 60 Abs. 7 entsprechend anzuwenden. Die Kapitalanlagegesellschaft muss sicherstellen, dass die in Satz 3 und Satz 4 genannte Anlagegrenze durch den Einsatz von Derivaten und Finanzinstrumenten mit derivativer Komponente nicht umgangen wird.

(3) Der Anteil der für Rechnung des Mitarbeiterbeteiligungs-Sondervermögens gehaltenen Beteiligungen nach Absatz 1 Satz 1 Nr. 1 sowie der Wertpapiere nach § 52 Nr. 1, die von Unternehmen nach Absatz 1 Satz 1 Nr. 1 ausgegeben wurden, darf 25 Prozent des Wertes des Sondervermögens nicht überschreiten.

(4) Die Kapitalanlagegesellschaft darf in Vermögensgegenstände nach Absatz 1 Satz 1 Nr. 3, ausgenommen Wertpapiere nach § 52 Nr. 1 und die sonstigen in Absatz 2 Satz 1 und 2 genannten Wertpapiere, bis zu 40 Prozent des Wertes des Sondervermögens anlegen. In Wertpapiere und Geldmarktinstrumente im Sinne des Satzes 1 desselben Ausstellers sowie in Investmentanteile an einem einzigen Investmentvermögen darf die Kapitalanlagegesellschaft nur bis zu 5 Prozent des Wertes des Sondervermögens anlegen. § 60 Abs. 3 und 7 sowie § 64 sind entsprechend anzuwenden. Die Kapitalanlagegesellschaft muss sicherstellen, dass die in Satz 2 genannte Anlagegrenze durch den Einsatz von Derivaten und Finanzinstrumenten mit derivativer Komponente nicht umgangen wird.

(5) Wird die in Absatz 2 Satz 1 bestimmte Grenze unbeabsichtigt von der Kapitalanlagegesellschaft unterschritten oder werden die in Absatz 2 Satz 3 und 4 sowie in Absatz 4 Satz 2 und 3 bestimmten Grenzen unbeabsichtigt von der Kapitalanlagegesellschaft überschritten, ist eine Wiedereinhaltung dieser Grenzen anzustreben, soweit dies den Interessen der Anleger nicht zuwiderläuft.

§ 90 n
Anlaufzeit

Die in § 90m Abs. 2 und 4 genannten Anlagegrenzen sind für das Mitarbeiterbeteiligungs-Sondervermögen einer Kapitalanlagegesellschaft erst nach Ablauf einer Frist von drei Jahren seit dem Zeitpunkt der Auflegung des Sondervermögens anzuwenden.

§ 90 o
Sonderregelungen für die Ausgabe und Rücknahme von Anteilen

(1) Die Vertragsbedingungen von Mitarbeiterbeteiligungs-Sondervermögen können abweichend von § 36 vorsehen, dass die Ermittlung des Anteilwertes und die Bekanntgabe des Ausgabe und Rücknahmepreises nur zu bestimmten Terminen, jedoch mindestens einmal monatlich erfolgt. Wird von der Möglichkeit nach Satz 1 Gebrauch gemacht, ist die Ausgabe von Anteilen nur zum Termin der Anteilwertermittlung zulässig.

(2) § 37 Abs. 1 ist mit der Maßgabe anzuwenden, dass die Vertragsbedingungen von Mitarbeiterbeteiligungs-Sondervermögen vorsehen müssen, dass die Rücknahme von Anteilen nur zu bestimmten Rücknahmeterminen, jedoch höchstens einmal halbjährlich und mindestens einmal jährlich erfolgt. Die Rückgabe von Anteilen ist nur durch eine unwiderrufliche Rückgabeerklärung unter Einhaltung einer Rückgabefrist zulässig, die mindestens einen Monat betragen muss und höchstens 24 Monate betragen darf; § 116 Satz 4 bis 6 gilt entsprechend.

(3) Für den Fall, dass eine Veräußerung der Vermögensgegenstände unter Wahrung der Interessen der Anleger zum Rücknahmetermin nach Absatz 2 nicht gewährleistet ist, darf sich die Kapitalanlagegesellschaft das Recht vorbehalten, die Anteile erst dann zum Rücknahmepreis zurückzunehmen, wenn sie die Vermögensgegenstände unter Wahrung der Interessen der Anleger veräußert hat, spätestens jedoch nach einem Zeitraum von vier Jahren nach dem Rücknahmetermin. Die Einzelheiten sind in den Vertragsbedingungen zu regeln.

§ 90 p
Angaben im Verkaufsprospekt und in den Vertragsbedingungen

(1) Kapitalanlagegesellschaften, die Mitarbeiterbeteiligungs-Sondervermögen nach Maßgabe des § 90l verwalten, haben dem Publikum abweichend von § 42 Abs. 1 Satz 1 Halbsatz 1 für das Sondervermögen nur einen ausführlichen Verkaufsprospekt mit den Vertragsbedingungen zugänglich zu machen.

(2) Der ausführliche Verkaufsprospekt muss alle Angaben nach § 42 Abs. 1 Satz 2 und 3 sowie zusätzlich folgende Angaben enthalten:

1. nach welchen Grundsätzen und in welchem Umfang die zulässigen Vermögensgegenstände erworben werden dürfen;
2. einen Hinweis, dass auch in Beteiligungen an Unternehmen, die nicht zum Handel an einer Börse zugelassen oder in einen anderen organisierten Markt einbezogen sind, angelegt werden darf;
3. einen ausdrücklichen, drucktechnisch hervorgehobenen Hinweis darauf, dass es aufgrund der Anlagepolitik des Sondervermögens zu einer Risikokonzentration kommen und sich dadurch das Verlustrisiko erhöhen kann;
4. einen Hinweis, dass die Ermittlung des Anteilwertes und die Bekanntgabe des Ausgabe und Rücknahmepreises nur zu bestimmten Terminen, jedoch mindestens einmal monatlich erfolgen kann und dass in diesen Fällen die Ausgabe von Anteilen nur zum Termin der Anteilwertermittlung erfolgt;
5. einen ausdrücklichen, drucktechnisch hervorgehobenen Hinweis, dass der Anleger abweichend von § 37 Abs. 1 von der Kapitalanlagegesellschaft die Rücknahme von Anteilen und die Auszahlung des Anteilwertes nur zu bestimmten Terminen verlangen kann;
6. alle Voraussetzungen und Bedingungen der Rücknahme und Auszahlung von Anteilen aus dem Sondervermögen Zug um Zug gegen Rückgabe der Anteile.

(3) Die Vertragsbedingungen eines Mitarbeiterbeteiligungs-Sondervermögens müssen alle Angaben nach § 43 Abs. 4 sowie zusätzlich folgende Angaben enthalten:

1. den Anteil des Sondervermögens, der mindestens in Bankguthaben, Geldmarktinstrumenten oder anderen liquiden Mitteln gehalten werden muss;
2. alle Voraussetzungen und Bedingungen der Rücknahme und Auszahlung von Anteilen aus dem Sondervermögen Zug um Zug gegen Rückgabe der Anteile.

§ 90 q
Verbot von Laufzeitfonds

Das Mitarbeiterbeteiligungs-Sondervermögen darf nicht für eine begrenzte Dauer aufgelegt werden.

§ 90 r
Erklärungspflicht

Die Unternehmen im Sinne des § 90m Abs. 1 Satz 1 Nr. 1 haben gegenüber der Kapitalanlagegesellschaft zu erklären, dass sie einen Vorteil zum Erwerb von Anteilen an dem Sondervermögen gewähren und dass ihre Arbeitnehmer die Absicht haben, Anteile zu erwerben. Nähere Einzelheiten zur Abwicklung des Erwerbs der Anteile nach Satz 1 können zwischen den Unternehmen und der Kapitalanlagegesellschaft vertraglich vereinbart werden.

Abschnitt 8
Spezial - Sondervermögen

§ 91
Spezial-Sondervermögen

(1) aufgehoben.

(2) Für Spezial-Sondervermögen gelten die Vorschriften der §§ 1 bis 29, 30 bis 86, 90a bis 90k und 112 bis 120, soweit sich aus Absatz 3 und 4 und den §§ 92 bis 95 nichts anderes ergibt.

(3) Die Kapitalanlagegesellschaft kann bei Spezial-Sondervermögen von den §§ 46 bis 86 und 90a bis 90k abweichen, wenn

1. die Anleger zustimmen,
2. für das entsprechende Spezial-Sondervermögen nur die gesetzlich zulässigen Vermögensgegenstände erworben werden; abweichend von § 90b Abs. 2 Satz 1 dürfen Beteiligungen an ÖPP- Projektgesellschaften jedoch auch vor Beginn der Betreiberphase erworben werden, und
3. § 51 Abs. 2, die §§ 59, 69 und 82 Abs. 3 sowie die Anlagegrenze nach § 90h Abs. 4 Satz 1 für die dort genannten Vermögensgegenstände unberührt bleiben.

(4) Die Kapitalanlagegesellschaft darf abweichend von den §§ 53 und 90h Abs. 6 für Rechnung eines Spezial-Sondervermögens kurzfristige Kredite bis zur Höhe von 30 Prozent des Wertes des Sondervermögens aufnehmen. § 80a bleibt unberührt, soweit Kredite zu Lasten der im Sondervermögen befindlichen Immobilien aufgenommen werden.

§ 92
Übertragung der Anteile

Die Kapitalanlagegesellschaft hat in einer schriftlichen Vereinbarung mit den Anlegern sicherzustellen, dass die Anteile nur mit Zustimmung der Kapitalanlagegesellschaft von den Anlegern übertragen werden dürfen.

§ 93
Vertragsbedingungen und Verkaufsprospekte

(1) Die Vertragsbedingungen von Spezial-Sondervermögen sowie deren Änderungen bedürfen nicht der Genehmigung der Bundesanstalt nach Maßgabe des § 43 Abs. 2; dies gilt nicht für Sondervermögen mit zusätzlichen Risiken nach § 112 und Dach-Sondervermögen mit zusätzlichen Risiken nach § 113.

(2) Die Kapitalanlagegesellschaft hat der Bundesanstalt unverzüglich jeweils nach dem 30. Juni und 31. Dezember in der Form einer Sammelaufstellung die im abgelaufenen Halbjahr aufgelegten und geschlossenen Spezial-Sondervermögen gemäß Satz 2 anzuzeigen. In der Aufstellung sind außer der Bezeichnung der Sondervermögen nebst Internationaler Wertpapierkennnummer die Zahl der Anleger, die Bezeichnung des anderen Sondervermögens und die Firma der Kapitalanlagegesellschaft, wenn diese für Rechnung des anderen Sondervermögens Anteile des Spezial-Sondervermögens hält, die Depotbank sowie das Geschäftsjahr anzugeben.

(3) Die §§ 42, 121 und 123 finden auf Spezial-Sondervermögen keine Anwendung.

§ 94
Jahresberichte

Die Kapitalanlagegesellschaft hat für jedes Spezial-Sondervermögen für den Schluss eines jeden Geschäftsjahres einen Jahresbericht zu erstellen, der mindestens die in § 44 Abs. 1 Satz 3 Nr. 1 bis 4 geforderten Angaben enthält. Die Erstellung von Halbjahresberichten nach § 44 Abs. 2 ist nicht erforderlich. Zwischen- und Auflösungsberichte müssen den Anforderungen an einen Jahresbericht nach Satz 1 entsprechen. Jahres-, Zwischen- und Auflösungsberichte von Spezial-Sondervermögen und die Berichte über die Prüfung der Berichte sind der Bundesanstalt nur auf Anforderung einzureichen. Die Prüfung von Spezial-Sondervermögen gemäß § 44 Abs. 5 ist zusätzlich auf die Übereinstimmung der Vertragsbedingungen mit den Vorschriften dieses Gesetzes zu erstrecken.

§ 95
Weitere Ausnahmeregelungen

(1) Auf Antrag der Kapitalanlagegesellschaft kann die Auswahl der Depotbank für Spezial-Sondervermögen nach Maßgabe des § 21 von der Bundesanstalt allgemein genehmigt werden. Die Auswahl sowie jeder Wechsel der Depotbank für Spezial-Sondervermögen unterliegt nicht der Genehmigungspflicht der Bundesanstalt, wenn eine Depotbank ausgewählt wird, die von der Bundesanstalt auf Antrag der Kapitalanlagegesellschaft als Depotbank für Spezial Sondervermögen allgemein anerkannt worden ist. Die Sätze 1 und 2 gelten nicht für die Auswahl einer Depotbank für Spezial- Sondervermögen in Form von

Immobilien- Sondervermögen, in Form von Sondervermögen mit zusätzlichen Risiken nach § 112 und in Form von Dach-Sondervermögen mit zusätzlichen Risiken nach § 113.

(2) Wenn die Kapitalanlagegesellschaft die Rücknahme der Anteile von Spezial-Sondervermögen nach Maßgabe des § 37 Abs. 2 aussetzt, findet § 37 Abs. 2 Satz 3 und 4 keine Anwendung.

(3) Die Übertragung der Verwaltung eines Spezial-Sondervermögens auf eine andere Kapitalanlagegesellschaft bedarf abweichend von § 39 Abs. 3 keiner Genehmigung der Bundesanstalt.

(4) Abweichend von § 36 Abs. 1 kann für ein Spezial-Sondervermögen eine andere als die börsentägliche Ermittlung des Wertes des Sondervermögens vereinbart werden, wenn deren Anteile nicht von einer Kapitalanlagegesellschaft für Rechnung eines anderen Publikums-Sondervermögens gehalten werden. § 36 Abs. 6 findet keine Anwendung. Abweichend von § 37 Abs. 1 kann für ein Spezial-Sondervermögen vereinbart werden, dass die Rücknahme von Anteilen nur zu bestimmten Rücknahmeterminen, jedoch mindestens einmal innerhalb von zwei Jahren erfolgt.

(5) § 38 Abs. 1 Satz 1 ist mit der Maßgabe anzuwenden, dass die Einhaltung der Kündigungsfrist und die Bekanntmachung der Kündigung im elektronischen Bundesanzeiger und im Jahresbericht nicht erforderlich sind.

(5a) Die Kapitalanlagegesellschaft darf abweichend von § 50 Abs. 1 für Rechnung eines Spezial-Sondervermögens Anteile an anderen inländischen Spezial Sondervermögen erwerben.

(6) Abweichend von § 80 Abs. 3 Satz 1 und 2 muss für ein Spezial-Sondervermögen keine Mindestliquidität gehalten werden.

(7) § 40 Satz 1 Nr. 2 und 3, Satz 2 und 3 findet auf Spezial-Sondervermögen keine Anwendung. Eine Genehmigung der Bundesanstalt ist nicht erforderlich, jedoch müssen die Anleger der Übertragung zustimmen.

(8) § 23 Abs. 1 Satz 3, § 41, § 43 Abs. 3 bis 5, § 44 Abs. 2 und § 45 finden auf Spezial-Sondervermögen keine Anwendung.

(9) § 68a ist auf Spezial-Sondervermögen nicht anzuwenden.

Kapitel 3
Investmentaktiengesellschaft

Abschnitt 1
Allgemeine Vorschriften

§ 96
Rechtsform, Begriff

(1) Investmentaktiengesellschaften dürfen nur in der Rechtsform der Aktiengesellschaft betrieben werden. Die Aktien einer Investmentaktiengesellschaft bestehen aus Unternehmensaktien und Anlageaktien; eine Investmentaktiengesellschaft, die als Spezial-Investmentaktiengesellschaft im Sinne des § 2 Abs. 5 Satz 2 errichtet wurde, kann auf die Begebung von Anlageaktien verzichten. Die Aktien der Investmentaktiengesellschaft lauten auf keinen Nennbetrag. Sie müssen als Stückaktien begeben werden und am Vermögen der Investmentaktiengesellschaft (Gesellschaftskapital) in gleichem Umfang beteiligt sein, es sei denn, die Investmentaktiengesellschaft lässt in der Satzung auch eine Beteiligung nach Bruchteilen zu.

(1a) Die Satzung der Investmentaktiengesellschaft muss die Bestimmung enthalten, dass der Betrag des Gesellschaftskapitals dem Wert des Gesellschaftsvermögens entspricht. Der Wert des Gesellschaftsvermögens entspricht der Summe der jeweiligen Verkehrswerte der zum Gesellschaftsvermögen gehörenden Vermögensgegenstände abzüglich der aufgenommenen Kredite und sonstigen Verbindlichkeiten.

(1b) Die Personen, die die Investmentaktiengesellschaft unter Leistung der erforderlichen Einlagen gründen, müssen die Unternehmensaktien übernehmen. Nach der Gründung können weitere Personen gegen Leistung von Einlagen und Übernahme von Unternehmensaktien beteiligt werden. Die Unternehmensaktien müssen auf Namen lauten. Die Unternehmensaktionäre sind zur Teilnahme an der Hauptversammlung der Investmentaktiengesellschaft berechtigt und haben ein Stimmrecht. Eine Übertragung der Unternehmensaktien ist nur zulässig, wenn der Erwerber sämtliche Rechte und Pflichten aus diesen Aktien übernimmt. Die Unternehmensaktionäre und jeder Wechsel in ihrer Person sind der Bundesanstalt anzuzeigen, es sei denn, die Investmentaktiengesellschaft ist eine Spezial Investmentaktiengesellschaft im Sinne des § 2 Abs. 5 Satz 2.

(1c) Anlageaktien können erst nach Eintragung der Investmentaktiengesellschaft in das Handelsregister begeben werden. Sie berechtigen nicht zur Teilnahme an der Hauptversammlung der Investmentaktiengesellschaft und gewähren kein Stimmrecht, es sei denn, die Satzung der Investmentaktiengesellschaft sieht dies ausdrücklich vor. Auf Anlageaktien findet § 139 Abs. 2 des Aktiengesetzes keine Anwendung.

(1d) Zusätzlich zur Satzung kann die Investmentaktiengesellschaft Anlagebedingungen erstellen, die mindestens die Angaben nach § 43 Abs. 4 enthalten müssen. Die Anlagebedingungen sind nicht Bestandteil der Satzung; eine notarielle Beurkundung ist nicht erforderlich. Die Anlagebedingungen bedürfen einer Genehmigung durch die Bundesanstalt; § 43 Abs. 2 und 3 gilt entsprechend. § 97 Abs. 5 Satz 2 ist entsprechend anzuwenden.

(2) Satzungsmäßig festgelegter Unternehmensgegenstand der Investmentaktiengesellschaft muss die Anlage und Verwaltung ihrer Mittel nach dem Grundsatz der Risikomischung in Vermögensgegenständen im Sinne des § 2 Abs. 4 Nr. 1 bis 4, 7, 9, 10 und 11 sein mit dem einzigen Ziel, ihre Aktionäre an dem Gewinn aus der Verwaltung des Vermögens der Gesellschaft zu beteiligen.

(3) Sofern die Investmentaktiengesellschaft als richtlinienkonforme Investmentaktiengesellschaft ausgestaltet werden soll, muss deren Satzung abweichend von Absatz 2 zusätzlich festlegen, dass die Anlage ihrer Mittel ausschließlich nach den §§ 46 bis 65 erfolgen darf.

(4) Die Investmentaktiengesellschaft kann eine Kapitalanlagegesellschaft als Verwaltungsgesellschaft benennen (fremdverwaltete Investmentaktiengesellschaft). Dieser obliegt neben der Ausführung der allgemeinen Verwaltungtätigkeit insbesondere auch die Anlage und Verwaltung der Mittel der Investmentaktiengesellschaft. Die Benennung einer Kapitalanlagegesellschaft als Verwaltungsgesellschaft ist kein Fall des § 16 und auch nicht als Unternehmensvertrag im Sinne des Aktiengesetzes anzusehen.

(5) Das Anfangskapital der Investmentaktiengesellschaft beträgt mindestens 300 000 Euro. Innerhalb von sechs Monaten nach Eintragung der Investmentaktiengesellschaft im Handelsregister muss das Gesellschaftsvermögen der Investmentaktiengesellschaft den Betrag von 1,25 Millionen Euro erreicht haben.

(6) Die Investmentaktiengesellschaft hat der Bundesanstalt und den Aktionären das Absinken unverzüglich anzuzeigen, wenn das Gesellschaftsvermögen den Betrag von 1,25 Millionen Euro oder den Betrag von 300 000 Euro unterschreitet. Das Gleiche gilt für den Eintritt der Zahlungsunfähigkeit oder der Überschuldung der Investmentaktiengesellschaft. Mit der Anzeige gegenüber den Aktionären ist durch den Vorstand eine Hauptversammlung einzuberufen.

§ 97
Erlaubnis

(1) Eine Investmentaktiengesellschaft bedarf zum Geschäftsbetrieb der schriftlichen Erlaubnis durch die Bundesanstalt. Die Bundesanstalt kann die Erlaubnis mit Nebenbestimmungen verbinden. Die Erlaubnis darf der Investmentaktiengesellschaft nur erteilt werden, wenn

1. sie mit einem Anfangskapital von mindestens 300 000 Euro ausgestattet ist,
2. die Investmentaktiengesellschaft ihren Sitz und ihre Geschäftsleitung im Geltungsbereich dieses Gesetzes hat,
3. die Geschäftsleiter der Investmentaktiengesellschaft zuverlässig sind und die zur Leitung der Investmentaktiengesellschaft erforderliche fachliche Eignung haben, auch in Bezug auf die Art des Unternehmensgegenstandes der Investmentaktiengesellschaft,
4. die Satzung den Anforderungen dieses Gesetzes entspricht,
5. die Investmentaktiengesellschaft eine Depotbank nach § 20 Abs. 1 beauftragt hat, und
6. im Falle einer fremdverwalteten Investmentaktiengesellschaft diese eine Kapitalanlagegesellschaft benannt hat.

Dem Antragsteller ist binnen sechs Monaten nach Einreichung eines vollständigen Antrags mitzuteilen, ob eine Erlaubnis erteilt wird. Die Ablehnung des Antrags ist zu begründen.

(1a) Bei einer Investmentaktiengesellschaft, die keine Kapitalanlagegesellschaft benannt hat (selbstverwaltende Investmentaktiengesellschaft) ist die Erlaubnis zu versagen, wenn

1. dem Antrag auf Zulassung kein tragfähiger Geschäftsplan beigefügt ist, aus dem sich unter anderem der organisatorische Aufbau und die geplanten internen Kontrollverfahren der Investmentaktiengesellschaft ergeben,
2. enge Verbindungen, die zwischen der Investmentaktiengesellschaft und anderen natürlichen oder juristischen Personen bestehen, die Bundesanstalt bei der ordnungsgemäßen Erfüllung ihrer Aufsichtsfunktionen behindern,
3. die Bundesanstalt bei der ordnungsgemäßen Erfüllung ihrer Aufsichtsfunktionen durch Rechts- und Verwaltungsvorschriften eines Drittlandes, denen eine oder mehrere natürliche oder juristische Personen unterstehen, zu denen die Investmentaktiengesellschaft enge Verbindungen besitzt, oder durch Schwierigkeiten bei deren Anwendung behindert werden.

(2) Die Erlaubnis erlischt, wenn die Investmentaktiengesellschaft von ihr nicht innerhalb eines Jahres seit ihrer Erteilung Gebrauch macht, ausdrücklich auf sie verzichtet oder den Geschäftsbetrieb, auf den sich die Erlaubnis bezieht, seit mehr als sechs Monaten nicht mehr ausübt. Der Verzicht muss gegenüber der Bundesanstalt durch Vorlage eines Handelsregisterauszuges nachgewiesen werden, aus dem sich die entsprechende Änderung des Unternehmensgegenstandes nebst Änderung der Firma ergibt.

(3) Die Bundesanstalt kann die Erlaubnis vorbehaltlich des Verwaltungsverfahrensgesetzes insbesondere dann aufheben, wenn

1. die Investmentaktiengesellschaft die Erlaubnis aufgrund falscher Erklärungen oder auf sonstige rechtswidrige Weise erhalten hat;
2. die Voraussetzungen nach Absatz 1 nicht mehr vorliegen oder der Bundesanstalt Tatsachen bekannt werden, die eine Versagung der Erlaubnis nach Absatz 1a rechtfertigen würden;
3. die Investmentaktiengesellschaft nachhaltig gegen die Bestimmungen dieses Gesetzes verstößt;
4. wenn das Gesellschaftsvermögen der Investmentaktiengesellschaft innerhalb von sechs Monaten nach der Eintragung der Investmentaktiengesellschaft im Handelsregister nicht mindestens 1,25 Millionen Euro beträgt, oder zu einem späteren Zeitpunkt unter diesen Betrag absinkt.

Die §§ 17a bis 17c gelten entsprechend. Widerspruch und Anfechtungsklage haben keine aufschiebende Wirkung.

(4) Für eine Investmentaktiengesellschaft in Form einer Umbrella-Konstruktion gilt § 34 Abs. 2 Satz 3 entsprechend. Für jedes Teilgesellschaftsvermögen sind Anlagebedingungen zu erstellen und einzureichen, die den Vertragsbedingungen von Teilfonds eines Sondervermögens entsprechen. Für jedes Teilgesellschaftsvermögen ist eine Depotbank zu benennen. § 43a findet mit der Maßgabe Anwendung, dass eine Vorausgenehmigung nur für die jeweiligen Anlagebedingungen zulässig ist.

(5) Die Investmentaktiengesellschaft in Form einer Umbrella-Konstruktion, hat in ihre Satzung einen Hinweis aufzunehmen, dass für die Teilgesellschaftsvermögen besondere Anlagebedingungen gelten. In allen Fällen, in denen die Satzung veröffentlicht, ausgehändigt oder in anderer Weise zur Verfügung gestellt werden muss ist auf die jeweiligen Anlagebedingungen zu verweisen und sind diese ebenfalls zu veröffentlichen oder zur Verfügung zu stellen.

§ 98
Bezeichnung und Angabe auf Geschäftsbriefen

(1) Die Firma einer Investmentaktiengesellschaft muss abweichend von § 4 des Aktiengesetzes die Bezeichnung „Investmentaktiengesellschaft" oder eine allgemein verständliche Abkürzung dieser Bezeichnung enthalten; auf allen Geschäftsbriefen im Sinne des § 80 des Aktiengesetzes muss zudem ein Hinweis auf die Veränderlichkeit des Gesellschaftskapitals gegeben werden. Die Firma einer Investmentaktiengesellschaft mit Teilgesellschaftsvermögen muss darüber hinaus den Zusatz „mit Teilgesellschaftsvermögen" oder eine allgemein verständliche Abkürzung dieser Bezeichnungen enthalten.

(2) Wird die Investmentaktiengesellschaft mit Teilgesellschaftsvermögen im Rechtsverkehr lediglich für ein oder mehrere Teilgesellschaftsvermögen tätig, so ist sie verpflichtet, dies offenzulegen und auf die haftungsrechtliche Trennung der Teilgesellschaftsvermögen hinzuweisen.

§ 99
Anwendbare Vorschriften

(1) Die Investmentaktiengesellschaften unterliegen den Vorschriften des Aktiengesetzes mit Ausnahme des § 23 Abs. 5, der §§ 152, 158, 161, 182 bis 240 und 278 bis 290 des Aktiengesetzes, soweit sich aus den Vorschriften dieses Kapitels nichts anderes ergibt.

(2) Auf Investmentaktiengesellschaften ist § 2a dieses Gesetzes mit der Maßgabe anzuwenden, dass

1. der beabsichtigte Erwerb einer Beteiligung nach dessen Absatz 1 nur anzuzeigen ist, wenn die Schwelle von 50 Prozent der Stimmrechte oder des Kapitals erreicht oder überschritten wird oder die Gesellschaft unter die Kontrolle des Erwerbers der Beteiligung gerät, und
2. die beabsichtigte Aufgabe einer Beteiligung nach dessen Absatz 6 nur anzuzeigen ist, wenn diese Beteiligung die Schwelle von 50 Prozent der Stimmrechte oder des Kapitals erreicht oder überschritten hat oder die Gesellschaft kontrolliertes Unternehmen ist.

(3) Auf die Tätigkeit der Investmentaktiengesellschaften sind § 16, § 19 Abs. 2 Satz 2, § 19a, § 19c Abs. 1 Nr. 1 bis 3, 6 bis 10 und Abs. 2 und 3, die §§ 19g, 19i bis 19k, 20 bis 29 und 32 Abs. 2 in Verbindung mit einer Rechtsverordnung nach Abs. 5 Nr. 1, die §§ 34, 36 und 37 Abs. 2 und 3, die §§ 41 bis 43, 44 bis 65, 83 bis 86, 90g bis 90k, 91 bis 95, 112 bis 120a, 121 und 123 Satz 1 Halbsatz 1, § 124 Abs. 1 Satz 1 bis 4 und Abs. 2 sowie die §§ 125, 126, 127, 128 und 129 mit den folgenden Maßgaben entsprechend anzuwenden, soweit sich aus den Vorschriften dieses Kapitels nichts anderes ergibt:

1. die Wörter „für Rechnung des Sondervermögens" bleiben außer Betracht;
2. an die Stelle des Wortes „Kapitalanlagegesellschaft" tritt das Wort „Investmentaktiengesellschaft";
3. an die Stelle des Wortes „Anteil" tritt das Wort „Aktie";
4. an die Stelle des Wortes „Anleger" tritt das Wort „Aktionär";
5. an die Stelle des Wortes „Vertragsbedingungen" tritt das Wort „Satzung" oder, wenn es sich um eine Investmentaktiengesellschaft in Form einer Umbrella-Konstruktion handelt, treten an diese Stelle die Wörter „Satzung und Anlagebedingungen";
6. an die Stelle des Wortes „Sondervermögen" tritt das Wort „Gesellschaftsvermögen";
7. an die Stelle des Wortes „Teilfonds" tritt das Wort „Teilgesellschaftsvermögen";
8. an die Stelle der Wörter „Wert des Sondervermögens" treten die Wörter „Wert des Gesellschaftsvermögens" oder, wenn es sich um eine Investmentaktiengesellschaft in Form einer Umbrella-Konstruktion handelt, treten an diese Stelle die Wörter „Wert des Teilgesellschaftsvermögens".

Auf die selbstverwaltende Investmentaktiengesellschaft sind darüber hinaus § 9 Abs. 2 und § 9a entsprechend anzuwenden.

(4) Auf die Tätigkeit einer Investmentaktiengesellschaft, deren Satzung eine dem § 112 Abs. 1 vergleichbare Anlageform vorsieht, ist § 124 Abs. 1 Satz 1 bis 4 nicht anzuwenden.

(5) Auf die Tätigkeit der Investmentaktiengesellschaft ist das Wertpapiererwerbs- und Übernahmegesetz nicht anzuwenden.

(6) Vorbehaltlich des § 100 Abs. 5 sind auf die Investmentaktiengesellschaft sowie deren Teilgesellschaftsvermögen die Vorschriften des Umwandlungsgesetzes nicht anwendbar.

§ 100
Sondervorschriften für Investmentaktiengesellschaften in Form einer Umbrella-Konstruktion

(1) Die Auflegung von Teilgesellschaftsvermögen bedarf nicht der Zustimmung der Hauptversammlung.

(2) Die haftungs- und vermögensrechtliche Trennung nach Maßgabe des § 34 Abs. 2a gilt bei einer Investmentaktiengesellschaft in Form einer Umbrella Konstruktion auch für den Fall der Insolvenz der Investmentaktiengesellschaft oder der Abwicklung eines Teilgesellschaftsvermögens.

(3) § 96 Abs. 1 Satz 4 gilt bei der Investmentaktiengesellschaft in Form einer Umbrella-Konstruktion mit der Maßgabe, dass die Aktien eines Teilgesellschaftsvermögens denselben Anteil an dem jeweiligen Teilgesellschaftsvermögen oder Bruchteile davon verkörpern.

(4) Die Satzung der Investmentaktiengesellschaft in Form einer Umbrella- Konstruktion kann vorsehen, dass ein Teilgesellschaftsvermögen durch Beschluss des Vorstandes und Zustimmung des Aufsichtsrates oder der Depotbank aufgelöst werden kann. Ein Auflösungsbeschluss des Vorstandes wird erst sechs Monate nach seiner Bekanntgabe im elektronischen Bundesanzeiger wirksam. Der Auflösungsbeschluss ist in den nächsten

Jahresbericht oder Halbjahresbericht aufzunehmen. Für die Abwicklung des Teilgesellschaftsvermögens gilt § 39 Abs. 1 und 2 entsprechend.

(5) Auf die Fälle der Übertragung aller Vermögensgegenstände eines Teilgesellschaftsvermögens auf ein anderes Teilgesellschaftsvermögen der gleichen Umbrella- Konstruktion sowie auf die Übertragung auf ein oder von einem Sondervermögen oder Teilgesellschaftsvermögen, das von der gleichen Kapitalanlagegesellschaft im Sinne der Richtlinie 85/611/EWG verwaltet wird, ist § 40 entsprechend anzuwenden.

Abschnitt 2
Vertriebsverbot; Sacheinlageverbot

§ 101
Verbot des öffentlichen Vertriebs

Aktien einer Investmentaktiengesellschaft, deren Satzung eine dem § 112 Abs. 1 vergleichbare Anlageform vorsieht, dürfen nicht öffentlich vertrieben werden.

§ 102
aufgehoben

§ 103
Sacheinlageverbot

Aktien dürfen nur gegen volle Leistung des Ausgabepreises ausgegeben werden. Sacheinlagen sind außer in den Fällen des § 100 Abs. 5 unzulässig.

Abschnitt 3
Kapitalvorschriften

§ 104
Gesellschaftskapital

Der Vorstand einer Investmentaktiengesellschaft ist ermächtigt, das Gesellschaftskapital wiederholt durch Ausgabe neuer Anlageaktien gegen Einlagen zu erhöhen. Unternehmensaktionäre und Anlageaktionäre haben ein Bezugsrecht entsprechend § 186 des Aktiengesetzes; Anlageaktionäre jedoch nur dann, wenn ihnen nach Maßgabe des § 96 Abs. 1c Satz 2 ein Stimmrecht zusteht. Mit der Ausgabe der Aktien ist das Gesellschaftskapital erhöht.

§ 105
Veränderliches Kapital, Rücknahme von Aktien

(1) Die Investmentaktiengesellschaft kann in den Grenzen eines in der Satzung festzulegenden Mindestkapitals und Höchstkapitals nach Maßgabe der folgenden Bestimmungen jederzeit ihre Aktien ausgeben und zurücknehmen.

(2) Aktionäre können von der Investmentaktiengesellschaft verlangen, dass ihnen gegen Rückgabe von Aktien ihr Anteil am Gesellschaftskapital ausgezahlt wird. Die Verpflichtung

zur Rücknahme besteht nur, wenn durch die Rücknahme das Gesellschaftsvermögen den Betrag von 1,25 Millionen Euro nicht unterschreitet. Die Einzelheiten der Rücknahme regelt die Satzung. Die Zahlung des Erwerbspreises bei der Rücknahme von Aktien gilt nicht als Rückgewähr von Einlagen. Für die Beschränkung des Rechts der Aktionäre auf Rückgabe der Aktien in der Satzung gelten § 37, § 90i oder § 116 entsprechend.

(3) Mit der Rücknahme der Aktien ist das Gesellschaftskapital herabgesetzt.

Abschnitt 4
Besondere Vorschriften über die Verfassung der Investmentaktiengesellschaft

§ 106
Vorstand

Der Vorstand einer Investmentaktiengesellschaft besteht aus mindestens zwei Personen. Er ist verpflichtet,

1. bei der Ausübung seiner Tätigkeit im ausschließlichen Interesse der Aktionäre und der Integrität des Marktes zu handeln,
2. seine Tätigkeit mit der gebotenen Sachkenntnis, Sorgfalt und Gewissenhaftigkeit im besten Interesse des von ihm verwalteten Vermögens und der Integrität des Marktes auszuüben, und
3. sich um die Vermeidung von Interessenkonflikten zu bemühen und, wenn diese sich nicht vermeiden lassen, dafür zu sorgen, dass unvermeidbare Konflikte unter der gebotenen Wahrung der Interessen der Aktionäre gelöst werden.

Der Vorstand hat bei der Wahrnehmung seiner Aufgaben unabhängig von der Depotbank zu handeln.

§ 106 a
Aufsichtsrat

Die Mitglieder des Aufsichtsrats sollen ihrer Persönlichkeit und ihrer Sachkunde nach die Wahrung der Interessen der Aktionäre gewährleisten. Für die Zusammensetzung des Aufsichtsrates gilt § 6 Abs. 2a entsprechend. Die Bestellung und das Ausscheiden von Mitgliedern des Aufsichtsrates ist der Bundesanstalt unverzüglich anzuzeigen.

§ 106 b
Geschäftsverbote für Vorstand und Aufsichtsrat

Mitglieder des Vorstands oder des Aufsichtsrats der Investmentaktiengesellschaft dürfen Vermögensgegenstände weder an die Investmentaktiengesellschaft veräußern noch von dieser erwerben. Erwerb und Veräußerung von Aktien der Investmentaktiengesellschaft durch die Mitglieder des Vorstands und des Aufsichtsrates sind davon nicht erfasst.

§ 107
aufgehoben

§ 108
aufgehoben

§ 109
aufgehoben

Abschnitt 5
Rechnungslegung

§ 110
Jahresabschluss und Lagebericht

(1) Auf den Jahresabschluss und den Lagebericht einer Investmentaktiengesellschaft sind die Vorschriften des Dritten Buchs des Handelsgesetzbuchs anzuwenden, soweit sich aus den folgenden Vorschriften nichts anderes ergibt.

(2) Die Bilanz ist in Staffelform aufzustellen. Gliederung, Ansatz und Bewertung von dem Sondervermögen vergleichbaren Vermögensgegenständen und Schulden bestimmen sich nach § 44 Abs. 1 Satz 3 Nr. 1. Die §§ 150 bis 158 des Aktiengesetzes finden keine Anwendung.

(3) Die Gliederung und der Ausweis von Aufwendungen und Erträgen in der Gewinn- und Verlustrechnung bestimmt sich nach § 44 Abs. 1 Satz 3 Nr. 4.

(4) Der Anhang ist um die Angaben nach § 44 Abs. 1 zu ergänzen, die nicht bereits nach den Absätzen 2, 3 und 5 zu machen sind.

(5) Der Lagebericht ist um die Angaben nach § 44 Abs. 1 Satz 2 zu ergänzen. Die Tätigkeiten einer Kapitalanlagegesellschaft, die diese als Verwaltungsgesellschaft im Sinne des § 96 Abs. 4 Satz 1 ausübt, sind gesondert aufzuführen.

(6) § 264 Abs. 1 Satz 3 des Handelsgesetzbuchs ist mit der Maßgabe anzuwenden, dass die gesetzlichen Vertreter der Investmentaktiengesellschaft den Jahresabschluss und den Lagebericht innerhalb der ersten zwei Monate des Geschäftsjahres für das vergangene Geschäftsjahr aufzustellen haben.

(7) Das Bundesministerium der Finanzen wird ermächtigt, im Einvernehmen mit dem Bundesministerium der Justiz durch Rechtsverordnung ohne Zustimmung des Bundesrates nähere Bestimmungen über weitere Inhalte, Umfang und Darstellung des Jahresabschlusses und des Lageberichts zu erlassen, soweit dies zur Erfüllung der Aufgaben der Bundesanstalt erforderlich ist, insbesondere um einheitliche Unterlagen zur Beurteilung der Tätigkeit der Investmentaktiengesellschaften zu erhalten. Das Bundesministerium der Finanzen kann die Ermächtigung durch Rechtsverordnung ohne Zustimmung des Bundesrates auf die Bundesanstalt übertragen.

§ 110 a
Prüfung des Jahresabschlusses und des Lageberichts

(1) Der Aufsichtsrat hat den Jahresabschluss und den Lagebericht zu prüfen und über das Ergebnis seiner Prüfung einen schriftlichen Bericht zu erstatten. Er hat seinen Bericht innerhalb eines Monats, nachdem ihm der Jahresabschluss und der Lagebericht zugegangen sind, dem Vorstand und dem Abschlussprüfer zuzuleiten. Billigt der Aufsichtsrat den Jahresabschluss und den Lagebericht, so ist dieser festgestellt.

(2) Der Jahresabschluss und der Lagebericht sind durch den Abschlussprüfer zu prüfen. Der Abschlussprüfer wird auf Vorschlag des Aufsichtsrats von der Hauptversammlung gewählt und vom Aufsichtsrat beauftragt. § 28 des Kreditwesengesetzes gilt entsprechend mit der Maßgabe, dass die Anzeige nur gegenüber der Bundesanstalt zu erfolgen hat. § 44 Abs. 5 Satz 3 gilt entsprechend. Das Ergebnis der Prüfung hat der Abschlussprüfer in einem besonderen Vermerk zusammenzufassen; der Vermerk ist in vollem Wortlaut im Jahresabschluss wiederzugeben.

(3) Die Prüfung durch den Abschlussprüfer hat sich auch darauf zu erstrecken, ob bei der Verwaltung des Vermögens der Investmentaktiengesellschaft die Vorschriften dieses Gesetzes und die Bestimmungen der Satzung beachtet worden sind. Bei der Prüfung hat er insbesondere festzustellen, ob die Investmentaktiengesellschaft die Anzeigepflichten nach § 19c Abs. 1 Nr. 1 bis 3, 6 bis 10 sowie Abs. 2 und 3 und die Anforderungen nach § 16 erfüllt hat und ihren Verpflichtungen nach dem Geldwäschegesetz nachgekommen ist. Das Ergebnis der Prüfung hat der Abschlussprüfer im Prüfungsbericht gesondert wiederzugeben.

(4) Bei einer Investmentaktiengesellschaft in Form einer Umbrella- Konstruktion darf der besondere Vermerk für die Investmentaktiengesellschaft nur erteilt werden, wenn für jedes einzelne Teilgesellschaftsvermögen der besondere Vermerk erteilt worden ist.

(5) Das Bundesministerium der Finanzen wird ermächtigt, im Einvernehmen mit dem Bundesministerium der Justiz durch Rechtsverordnung ohne Zustimmung des Bundesrates nähere Bestimmungen über weitere Inhalte, Umfang und Darstellungen des Prüfungsberichts des Abschlussprüfers zu erlassen, soweit dies zur Erfüllung der Aufgaben der Bundesanstalt erforderlich ist, insbesondere um einheitliche Unterlagen zur Beurteilung der Tätigkeit der Investmentaktiengesellschaften zu erhalten. Das Bundesministerium der Finanzen kann die Ermächtigung durch Rechtsverordnung ohne Zustimmung des Bundesrates auf die Bundesanstalt übertragen.

§ 111
Halbjahresbericht, Liquidationsrechnungslegung

(1) Soweit die Investmentaktiengesellschaft zur Aufstellung eines Halbjahresfinanzberichts nach § 37w des Wertpapierhandelsgesetzes verpflichtet ist, findet § 110 entsprechende Anwendung. Anderenfalls hat die Halbjahresberichterstattung nach Maßgabe der §§ 44 und 45 zu erfolgen.

(2) Im Fall der Auflösung und Liquidation der Investmentaktiengesellschaft ist § 110 entsprechend anzuwenden.

(3) In den Fällen des Absatzes 1 und des Absatzes 2 gilt § 110a jeweils entsprechend.

§ 111 a
Offenlegung und Vorlage von Berichten bei der Bundesanstalt

(1) Die Offenlegung des Jahresabschlusses und des Lageberichts erfolgt spätestens drei Monate nach Ablauf des Geschäftsjahres nach Maßgabe der Vorschriften des Vierten Unterabschnitts des Zweiten Abschnitts des Dritten Buchs des Handelsgesetzbuchs.

(2) Die Offenlegung des Halbjahresberichts erfolgt nach Maßgabe des § 37x des Wertpapierhandelsgesetzes. Der Halbjahresbericht ist unverzüglich im elektronischen Bundesanzeiger zu veröffentlichen.

(3) Die Berichte nach den Absätzen 1 und 2 müssen dem Publikum an den im Verkaufsprospekt angegebenen Stellen zugänglich sein.

(4) Die Investmentaktiengesellschaft hat der Bundesanstalt den Jahresabschluss und den Lagebericht unverzüglich nach der Feststellung und den Halbjahresbericht unverzüglich nach der Erstellung einzureichen.

Kapitel 4
Sondervermögen mit zusätzlichen Risiken (Hedgefonds)

§ 112
Sondervermögen mit zusätzlichen Risiken

(1) Sondervermögen mit zusätzlichen Risiken sind Investmentvermögen, die den Grundsatz der Risikomischung beachten und im Übrigen im Rahmen ihrer Anlagestrategien keinen Beschränkungen bei der Auswahl der Vermögensgegenstände nach § 2 Abs. 4 Nr. 1 bis 4, 7, 10 und 11 unterworfen sind. Die Vertragsbedingungen des Sondervermögens müssen zudem mindestens eine der folgenden Bedingungen vorsehen:

1. eine Steigerung des Investitionsgrades des Sondervermögens über grundsätzlich unbeschränkte Aufnahme von Krediten für gemeinschaftliche Rechnung der Anleger oder über den Einsatz von Derivaten (Leverage),
2. den Verkauf von Vermögensgegenständen für gemeinschaftliche Rechnung der Anleger, die im Zeitpunkt des Geschäftsabschlusses nicht zum Sondervermögen gehören (Leerverkauf).

Ferner müssen die Vertragsbedingungen vorsehen, dass die Anlage in Beteiligungen an Unternehmen, die nicht an einer Börse zugelassen oder in einen organisierten Markt einbezogen sind, auf 30 Prozent des Wertes des Sondervermögens beschränkt ist. Das Recht der Anleger auf Rückgabe der Anteile am Sondervermögen kann nach Maßgabe des § 116 eingeschränkt sein.

(2) Sondervermögen nach Absatz 1 dürfen nicht öffentlich vertrieben werden. § 36 Abs. 6 Satz 2 und § 45 Abs. 1 finden auf diese Sondervermögen keine Anwendung.

(3) Abweichend von den Vorschriften der §§ 20 bis 29 kann die Verwahrung der Vermögensgegenstände auch von einem Prime Broker wahrgenommen werden, wenn der Prime Broker seinen Sitz in einem Mitgliedstaat der Europäischen Union oder einem anderen Vertragsstaat des Abkommens über den Europäischen Wirtschaftsraum oder in einem Staat, der Vollmitgliedstaat der Organisation für wirtschaftliche Zusammenarbeit und Entwicklung ist, hat, in seinem Sitzstaat einer wirksamen öffentlichen Aufsicht untersteht und über eine angemessene Bonität verfügt. Der Prime Broker kann entweder unmittelbar durch die Kapitalanlagegesellschaft oder durch die Depotbank bestellt werden. Wird die Verwahrung der Vermögensgegenstände von einem Prime Broker wahrgenommen, finden die §§ 20 bis 29 insoweit keine Anwendung. Ein Wechsel des Prime Brokers ist der Bundesanstalt unverzüglich anzuzeigen.

(4) Das Bundesministerium der Finanzen wird ermächtigt, eine Rechtsverordnung mit Voraussetzungen und Kriterien für eine Beschränkung von Leverage und von Leerverkäufen nach Absatz 1 zu erlassen, soweit dies zur Abwendung von Missbrauch und zur Wahrung der Integrität des Marktes erforderlich ist. Die Rechtsverordnung bedarf nicht der Zustimmung des Bundesrates. Das Bundesministerium der Finanzen kann die Ermächtigung durch Rechtsverordnung ohne Zustimmung des Bundesrates auf die Bundesanstalt übertragen.

§ 113
Dach-Sondervermögen mit zusätzlichen Risiken

(1) Dach-Sondervermögen mit zusätzlichen Risiken sind Investmentvermögen, die vorbehaltlich der Regelung in Absatz 2 in Anteilen von Zielfonds anlegen Zielfonds sind Sondervermögen nach Maßgabe des § 112, Investmentaktiengesellschaften nach Maßgabe des § 96, deren Satzung eine dem § 112 Abs. 1 vergleichbare Anlageform vorsieht, oder ausländische Investmentvermögen, die hinsichtlich der Anlagepolitik Anforderungen unterliegen, die denen nach § 112 Abs. 1 vergleichbar sind. Leverage mit Ausnahme von Kreditaufnahmen nach Maßgabe des § 53 und Leerverkäufe dürfen für Dach-Sondervermögen mit zusätzlichen Risiken nicht durchgeführt werden.

(2) Die Kapitalanlagegesellschaft darf für Rechnung eines Dach-Sondervermögens mit zusätzlichen Risiken nur bis zu 49 Prozent des Wertes des Dach Sondervermögens in Bankguthaben, Geldmarktinstrumente und in Anteilen an Investmentvermögen im Sinne des § 50, die ausschließlich in Bankguthaben und Geldmarktinstrumente anlegen dürfen, sowie in Anteilen an entsprechenden ausländischen Investmentvermögen anlegen. Nur zur Währungskurssicherung von in Fremdwährung gehaltenen Vermögensgegenständen dürfen Devisenterminkontrakte verkauft sowie Verkaufsoptionsrechte auf Devisen oder auf Devisenterminkontrakte erworben werden, die auf dieselbe Währung lauten.

(3) Die Kapitalanlagegesellschaft darf für Rechnung eines Dach-Sondervermögens mit zusätzlichen Risiken ausländische Zielfonds nur erwerben, wenn deren Vermögensgegenstände von einer Depotbank oder einem Prime Broker verwahrt werden oder die Funktionen der Depotbank von einer anderen vergleichbaren Einrichtung wahrgenommen werden.

(4) Die Kapitalanlagegesellschaft darf nicht mehr als zu 20 Prozent des Wertes eines Dach-Sondervermögens mit zusätzlichen Risiken in einem einzelnen Zielfonds anlegen. Sie darf nicht in mehr als zwei Zielfonds vom gleichen Emittenten oder Fondsmanager und nicht in

Zielfonds anlegen, die ihre Mittel selbst in anderen Zielfonds anlegen. Die Kapitalanlagegesellschaft darf nicht in ausländische Zielfonds aus Staaten anlegen, die bei der Bekämpfung der Geldwäsche nicht im Sinne internationaler Vereinbarungen kooperieren. Dach-Sondervermögen mit zusätzlichen Risiken dürfen auch sämtliche ausgegebene Anteile eines Zielfonds erwerben.

(5) Kapitalanlagegesellschaften, die Dach-Sondervermögen mit zusätzlichen Risiken verwalten, müssen sicherstellen, dass ihnen sämtliche für die Anlageentscheidung notwendigen Informationen über die Zielfonds, in die sie anlegen wollen, vorliegen, mindestens jedoch:

1. der letzte Jahres- und Halbjahresbericht,
2. die Vertragsbedingungen und Verkaufsprospekte oder gleichwertige Dokumente,
3. Informationen zur Organisation, zum Management, zur Anlagepolitik, zum Risikomanagement und zur Depotbank oder vergleichbaren Einrichtungen,
4. Angaben zu Anlagebeschränkungen, zur Liquidität, zum Umfang des Leverage und zur Durchführung von Leerverkäufen.

Die Kapitalanlagegesellschaften haben die Zielfonds, in die sie anlegen, in Bezug auf die Einhaltung der Anlagestrategien und Risiken laufend zu überwachen und haben sich regelmäßig allgemein anerkannte Risikokennziffern vorlegen zu lassen. Die Methode, nach der die Risikokennziffer errechnet wird, muss der Kapitalanlagegesellschaft von dem jeweiligen Zielfonds angegeben und erläutert werden. Die Depotbank der Zielfonds oder eine vergleichbare Einrichtung hat eine Bestätigung des Wertes des Zielfonds vorzulegen.

§ 114
Verwaltung von Sondervermögen mit zusätzlichen Risiken

Für die Verwaltung von Sondervermögen nach Maßgabe der §§ 112 und 113 gelten die Vorschriften dieses Gesetzes mit Ausnahme der §§ 46 bis 52 und 54 bis 90r sinngemäß, soweit sich aus den Vorschriften dieses Kapitels nichts anderes ergibt.

§ 115
Auskunftsrecht der Bundesanstalt

Kapitalanlagegesellschaften, die Sondervermögen nach Maßgabe des § 113 verwalten, haben der Bundesanstalt auf Anforderung alle ihnen nach Maßgabe des § 113 Abs. 5 vorliegenden Unterlagen vorzulegen.

§ 116
Rücknahme

Bei Sondervermögen nach Maßgabe der §§ 112 und 113 können die Vertragsbedingungen abweichend von den §§ 36 und 37 vorsehen, dass die Anteilpreisermittlung und die Rücknahme von Anteilen nur zu bestimmten Rücknahmeterminen, jedoch mindestens einmal in jedem Kalendervierteljahr, erfolgt. Anteilrückgaben sind bei Sondervermögen nach § 112 bis zu 40 Kalendertagen und bei Dach-Sondervermögen nach § 113 bis zu 100 Kalendertagen vor dem jeweiligen Rücknahmetermin, zu dem auch die Ermittlung des Anteilwertes erfolgt, durch eine unwiderrufliche Rückgabeerklärung gegenüber der

Kapitalanlagegesellschaft zu erklären. Die Zahlung des Rücknahmepreises muss unverzüglich nach dem Rücknahmetermin erfolgen, spätestens aber 50 Kalendertage nach diesem Tag. Im Fall von im Inland in einem Depot verwahrten Anteilen hat die Erklärung durch die depotführende Stelle zu erfolgen. Die Anteile, auf die sich die Erklärung bezieht, sind bis zur tatsächlichen Rückgabe von der depotführenden Stelle zu sperren. Im Falle von nicht im Inland in einem Depot verwahrten Anteilen wird die Erklärung erst wirksam und beginnt die Frist erst zu laufen, wenn von der Depotbank die zurückzugebenden Anteile in ein Sperrdepot übertragen worden sind.

§ 117
Verkaufsprospekt

(1) Kapitalanlagegesellschaften, die Dach-Sondervermögen nach Maßgabe des § 113 verwalten, haben dem Publikum abweichend von § 42 Abs. 1 Satz 1 Halbsatz 1 für das Sondervermögen lediglich einen ausführlichen Verkaufsprospekt mit den Vertragsbedingungen zugänglich zu machen. Der ausführliche Verkaufsprospekt muss alle Angaben nach Maßgabe des § 42 Abs. 1 sowie zusätzlich folgende Angaben enthalten:

1. Angaben zu den Grundsätzen, nach denen die Zielfonds ausgewählt werden;
2. Angaben zu dem Umfang, in dem Anteile ausländischer nicht beaufsichtigter Zielfonds erworben werden dürfen mit dem Hinweis, dass es sich bei diesen Zielfonds um Investmentvermögen handelt, die hinsichtlich ihrer Anlagepolitik Anforderungen unterliegen, die denen für inländische Sondervermögen mit zusätzlichen Risiken nach § 112 vergleichbar sind, die aber möglicherweise keiner mit diesem Gesetz vergleichbaren staatlichen Aufsicht unterliegen;
3. Angaben zu den Anforderungen, die an die Geschäftsleitung der Zielfonds gestellt werden;
4. Angaben zu dem Umfang, in dem von den ausgewählten Zielfonds im Rahmen ihrer Anlagestrategien Kredite aufgenommen und Leerverkäufe durchgeführt werden dürfen mit einem Hinweis zu den Risiken, die damit verbunden sein können;
5. Angaben zur Gebührenstruktur der Zielfonds mit einem Hinweis auf die Besonderheiten bei der Höhe der Gebühren sowie Angaben zu den Berechnungsmethoden der Gesamtkosten, die der Anleger zu tragen hat;
6. Angaben zu den Einzelheiten und Bedingungen der Rücknahme und der Auszahlung von Anteilen, gegebenenfalls verbunden mit einem ausdrücklichen, drucktechnisch hervorgehobenen Hinweis, dass der Anleger abweichend von § 37 Abs. 1 nicht jederzeit von der Kapitalanlagegesellschaft die Rücknahme von Anteilen und die Auszahlung des auf die Anteile entfallenden Vermögensanteils verlangen kann.

(2) Zusätzlich muss der Verkaufsprospekt eines Dach-Sondervermögens mit zusätzlichen Risiken an auffälliger Stelle drucktechnisch hervorgehoben folgenden Warnhinweis enthalten: "Der Bundesminister der Finanzen warnt: Bei diesem Investmentfonds müssen Anleger bereit und in der Lage sein, Verluste des eingesetzten Kapitals bis hin zum Totalverlust hinzunehmen." Satz 1 gilt nicht im Fall der Abgabe einer Mindestzahlungszusage nach § 7 Abs. 2 Nr. 6a für die Rücknahme von Anteilen.

(3) Absatz 1 Satz 1 und 2 Nr. 6 sowie Absatz 2 finden auf Sondervermögen mit zusätzlichen Risiken entsprechend Anwendung. Wird die Verwahrung der Vermögensgegenstände dieser

Sondervermögen auf einen Prime Broker übertragen, muss der Warnhinweis nach Absatz 2 wie folgt ergänzt werden: „Die Vermögensgegenstände dieses Investmentfonds werden ganz oder teilweise nicht von einer Depotbank verwahrt." Hat der Prime Broker seinen Sitz außerhalb des Geltungsbereichs dieses Gesetzes, muss im Verkaufsprospekt drucktechnisch hervorgehoben auf diese Tatsache hingewiesen werden, verbunden mit dem Hinweis, dass der Prime Broker nicht der staatlichen Aufsicht durch die Bundesanstalt untersteht.

§ 118
Vertragsbedingungen

(1) Die Vertragsbedingungen von Kapitalanlagegesellschaften, die Sondervermögen nach Maßgabe der §§ 112 und 113 verwalten, nach denen sich das Rechtsverhältnis der Kapitalanlagegesellschaft zu den Anlegern bestimmt, müssen die Angaben nach Maßgabe des § 43 enthalten. Ergänzend zu § 43 Abs. 4 Nr. 1 ist von Kapitalanlagegesellschaften, die Dach-Sondervermögen nach Maßgabe des § 113 verwalten, anzugeben, nach welchen Grundsätzen Zielfonds, in die sie anlegen, ausgewählt werden, dass es sich bei diesen Zielfonds um Sondervermögen im Sinne des § 112, Investmentaktiengesellschaften nach Maßgabe des § 96, deren Satzung eine dem § 112 Abs. 1 vergleichbare Anlageform vorsieht, oder ausländische Investmentvermögen handelt, die hinsichtlich ihrer Anlagepolitik Anforderungen unterliegen, die denen nach § 112 vergleichbar sind, welchen Anlagestrategien diese Zielfonds folgen und in welchem Umfang sie im Rahmen ihrer Anlagestrategien zur Steigerung des Investitionsgrades Kredite aufnehmen oder Derivate einsetzen und Leerverkäufe durchführen dürfen und bis zu welcher Höhe Mittel in Bankguthaben, Geldmarktinstrumenten und in Anteilen an Investmentvermögen und ausländischen Investmentanteilen nach § 113 Abs. 2 Satz 1 angelegt werden dürfen. Ergänzend zu § 43 Abs. 4 Nr. 4 haben Kapitalanlagegesellschaften, die Sondervermögen nach Maßgabe der §§ 112 und 113 verwalten, alle Voraussetzungen und Bedingungen der Kündigung und Auszahlung von Anteilen aus dem Sondervermögen Zug um Zug gegen Rückgabe der Anteile anzugeben und ob die Vermögensgegenstände eines Zielfonds bei einer Depotbank oder einem Prime Broker verwahrt werden.

(2) Die Vertragsbedingungen von Kapitalanlagegesellschaften, die Sondervermögen nach § 112 verwalten sowie von Investmentaktiengesellschaften im Sinne des § 96, deren Satzung eine dem § 112 Abs. 1 vergleichbare Anlageform vorsieht, müssen Angaben darüber enthalten, ob die Vermögensgegenstände bei einer Depotbank oder einem Prime Broker verwahrt werden.

§ 119
Risiko-Messsysteme

Das Bundesministerium der Finanzen wird ermächtigt, durch Rechtsverordnung die Beschaffenheit und Verwendung von Risiko-Messsystemen festzulegen, mit denen Informationen zur Risikoüberwachung erlangt werden können. Die Rechtsverordnung bedarf nicht der Zustimmung des Bundesrates. Das Bundesministerium der Finanzen kann die Ermächtigung durch Rechtsverordnung auf die Bundesanstalt übertragen.

§ 120
Anforderungen an die für die Anlageentscheidungen verantwortlichen Personen von Sondervermögen nach den §§ 112 und 113

Personen, die für die Anlageentscheidungen von Sondervermögen nach den §§ 112 und 113 verantwortlich sind, müssen neben der allgemeinen fachlichen Eignung für die Durchführung von Investmentgeschäften ausreichendes Erfahrungswissen und praktische Kenntnisse in Bezug auf die Anlage in Sondervermögen mit zusätzlichen Risiken und vergleichbaren ausländischen Investmentvermögen haben.

Kapitel 5
Vertriebsvorschriften

Abschnitt 1
Allgemeine Vorschriften

§ 121
Anlegerinformation

(1) Vor Vertragsschluss ist dem am Erwerb eines Anteils Interessierten der vereinfachte Verkaufsprospekt der Kapitalanlagegesellschaft oder der ausländischen Investmentgesellschaft in der geltenden Fassung kostenlos und unaufgefordert anzubieten. Darüber hinaus ist dem am Erwerb eines Anteils Interessierten und dem Anleger der ausführliche Verkaufsprospekt sowie der letzte veröffentlichte Jahres- und Halbjahresbericht auf Verlangen kostenlos zur Verfügung zu stellen. Soweit ein vereinfachter Verkaufsprospekt nicht erstellt werden darf, sind die in Satz 2 genannten Unterlagen dem am Erwerb eines Anteils Interessierten vor Vertragsabschluss kostenlos und unaufgefordert anzubieten. Dem ausführlichen Verkaufsprospekt sind die Vertragsbedingungen oder die Satzung beizufügen, es sei denn, der ausführliche Verkaufsprospekt enthält einen Hinweis, wo der am Erwerb eines Anteils Interessierte oder der Anleger diese im Geltungsbereich dieses Gesetzes kostenlos erlangen kann. Die in den Sätzen 1, 2 und 4 genannten Unterlagen (Verkaufsunterlagen) können in Papierform erstellt oder auf einem dauerhaften Datenträger, zu dem der am Erwerb eines Anteils Interessierte und der Anleger Zugang haben, gespeichert werden; der am Erwerb eines Anteils Interessierte und der Anleger können jederzeit verlangen, die Verkaufsunterlagen in Papierform zu erhalten. Der am Erwerb eines Anteils Interessierte ist darauf hinzuweisen, wo im Geltungsbereich des Gesetzes und auf welche Weise er die Verkaufsunterlagen kostenlos erhalten kann. Dem Erwerber ist außerdem eine Durchschrift des Antrags auf Vertragsabschluss auszuhändigen oder eine Kaufabrechnung zu übersenden, die einen Hinweis auf die Höhe des Ausgabeaufschlags und des Rücknahmeabschlags und eine Belehrung über das Recht des Käufers zum Widerruf nach § 126 enthalten müssen.

(2) aufgehoben.

(3) Sofern es sich bei dem am Erwerb eines Anteils Interessierten um eine natürliche Person handelt, sind ihm abweichend von Absatz 1 vor dem Erwerb eines Anteils an einem Sondervermögen mit zusätzlichen Risiken oder eines Anteils an einem Dach-Sondervermögen mit zusätzlichen Risiken oder eines Anteils an einem ausländischen Investmentvermögen, das hinsichtlich der Anlagepolitik Anforderungen unterliegt, die denen

nach § 112 Abs. 1 oder § 113 Abs. 1 und 2 vergleichbar sind, sämtliche Verkaufsunterlagen stets auszuhändigen. Der Erwerb von Anteilen nach Maßgabe des Satzes 1 bedarf der schriftlichen Form. Der am Erwerb eines Anteils Interessierte muss vor dem Erwerb der Anteile auf die Risiken des Investmentvermögens nach Maßgabe des § 117 Abs. 2 und 3 ausdrücklich hingewiesen werden. Ist streitig, ob der Verkäufer die Belehrung durchgeführt hat, trifft die Beweislast den Verkäufer.

(3a) Absatz 3 findet keine Anwendung auf den Erwerb von Anteilen im Rahmen einer Finanzportfolioverwaltung im Sinne des § 1 Abs. 1a Nr. 3 des Kreditwesengesetzes. Erfolgt im Rahmen eines Investment-Sparplans der Erwerb von Anteilen in regelmäßigem Abstand, findet Absatz 3 nur auf den erstmaligen Erwerb Anwendung.

(4) Auf Wunsch des am Erwerb eines Anteils Interessierten muss die Kapitalanlagegesellschaft zusätzlich über die Anlagegrenzen des Risikomanagements des inländischen Investmentvermögens, die Risikomanagementmethoden und die jüngsten Entwicklungen bei den Risiken und Renditen der wichtigsten Kategorien von Vermögensgegenständen des Sondervermögens informieren. Im ausführlichen Verkaufsprospekt ist hierauf hinzuweisen sowie anzugeben, an welcher Stelle und in welcher Form diese Informationen erhältlich sind.

§ 122
Veröffentlichungspflichten

(1) Für EG-Investmentanteile hat die ausländische Investmentgesellschaft den Jahresbericht für den Schluss eines jeden Geschäftsjahres, den Halbjahresbericht, die Verkaufsprospekte, die Ausgabe- und Rücknahmepreise der Anteile sowie sonstige Unterlagen und Angaben, die in dem Mitgliedstaat der Europäischen Union oder in dem anderen Vertragsstaat des Abkommens über den Europäischen Wirtschaftsraum, in dem die Investmentgesellschaft ihren Sitz hat, zu veröffentlichen sind, im Geltungsbereich dieses Gesetzes in deutscher Sprache zu veröffentlichen. Für Umfang, Inhalt und Zeitpunkte der Veröffentlichungen gelten die Vorschriften des Mitgliedstaates der Europäischen Union oder des anderen Vertragsstaates des Abkommens über den Europäischen Wirtschaftsraum, in dem die Investmentgesellschaft ihren Sitz hat, entsprechend. Die Investmentgesellschaft hat die in Satz 1 bezeichneten Unterlagen und Angaben mit Ausnahme der Ausgabe- und Rücknahmepreise jeweils unverzüglich nach deren erster Verwendung in ihrem Sitzstaat der Bundesanstalt zu übersenden.

(2) Die ausländische Investmentgesellschaft veröffentlicht für Anteile, die nicht EG-Investmentanteile sind,

1. für den Schluss eines jeden Geschäftsjahres im elektronischen Bundesanzeiger spätestens vier Monate nach Ablauf des Geschäftsjahres einen Jahresbericht, der

   a) eine Vermögensaufstellung, die in einer dem § 44 Abs. 1 Satz 3 Nr. 1 bis 3, ausgenommen Nr. 1 Satz 3 und 7, sowie § 79 Abs. 1 Satz 1 vergleichbaren Weise ausgestaltet ist und die im Berichtszeitraum getätigten Käufe und Verkäufe von Immobilien benennt,

b) eine nach der Art der Aufwendungen und Erträge gegliederte Aufwands- und Ertragsrechnung,

c) eine Übersicht über die Entwicklung des Investmentvermögens in einer dem § 44 Abs. 1 Nr. 4 Satz 3 vergleichbaren Weise, die mit dem ausdrücklichen Hinweis zu verbinden ist, dass die vergangenheitsbezogenen Werte keine Rückschlüsse für die Zukunft gewähren,

d) die Anzahl der am Berichtsstichtag umlaufenden Anteile und den Wert eines Anteils

zu enthalten hat;

2. für die Mitte eines jeden Geschäftsjahres im elektronischen Bundesanzeiger spätestens zwei Monate nach dem Stichtag einen Halbjahresbericht, der die Angaben nach Nummer 1 Buchstabe a und d enthalten muss; außerdem sind die Angaben nach Nummer 1 Buchstabe b und c aufzunehmen, wenn für das Halbjahr Zwischenausschüttungen erfolgt oder vorgesehen sind;
3. die Ausgabe- und Rücknahmepreise bei jeder Ausgabe oder Rücknahme von Anteilen, mindestens jedoch zweimal im Monat, in einer im Verkaufsprospekt anzugebenden hinreichend verbreiteten Wirtschafts- oder Tageszeitung mit Erscheinungsort im Geltungsbereich dieses Gesetzes; dabei ist der für den niedrigsten Anlagebetrag berechnete Ausgabepreis zu nennen;
4. sämtliche inhaltliche Änderungen und Ergänzungen der Vertragsbedingungen und der Satzung sowie weitere wichtige Informationen, die die Ausgabe und Rücknahme der Anteile betreffen, im elektronischen Bundesanzeiger und darüber hinaus entweder in einer hinreichend verbreiteten Wirtschafts- oder Tageszeitung mit Erscheinungsort im Geltungsbereich dieses Gesetzes oder in einem im Verkaufsprospekt bezeichneten elektronischen Informationsmedium.

(3) Ausgabe- und Rücknahmepreise der ausländischen Investmentanteile, die nicht EG-Investmentanteile sind, dürfen in Veröffentlichungen und Werbeschriften nur gemeinsam genannt werden; der letzte Halbsatz des Absatzes 2 Nr. 3 findet Anwendung.

(4) Für ausländische Investmentvermögen im Sinne von § 136 Abs. 3 müssen die gemäß Absatz 2 Nr. 1 und 2 zu veröffentlichenden Unterlagen eine Darstellung der Entwicklung des Kurses der Anteile des Investmentvermögens und des Nettoinventarwertes des Investmentvermögens im Berichtszeitraum enthalten.

(5) Absatz 2 Nr. 3 und Absatz 3 gelten nicht für ausländische Investmentvermögen im Sinne von § 136 Abs. 3. Die Investmentgesellschaften veröffentlichen für diese Investmentvermögen stattdessen täglich den an dem organisierten Markt im Sinne des § 2 Abs. 5 des Wertpapierhandelsgesetzes oder den an einem organisierten Markt, der die wesentlichen Anforderungen an geregelte Märkte im Sinne der Richtlinie 2004/39/ EG erfüllt, ermittelten Kurs der Anteile des Investmentvermögens und wöchentlich zusätzlich den Nettoinventarwert des Investmentvermögens in einer hinreichend verbreiteten Wirtschafts- oder Tageszeitung mit Erscheinungsort im Geltungsbereich dieses Gesetzes. In sonstigen Veröffentlichungen und Werbeschriften über das Investmentvermögen im Sinne des § 136 Abs. 3 dürfen der Kurs der Anteile und der Nettoinventarwert des Investmentvermögens nur gemeinsam genannt werden.

§ 123
Deutsche Sprache

Die in § 121 Abs. 1 genannten Unterlagen sind in deutscher Sprache abzufassen oder mit einer deutschen Übersetzung zu versehen. Darüber hinaus sind sämtliche Veröffentlichungen und Werbeschriften in deutscher Sprache abzufassen oder mit einer deutschen Übersetzung zu versehen. Soweit es sich nicht um EG-Investmentanteile handelt, ist der deutsche Wortlaut der in den Sätzen 1 und 2 genannten Unterlagen und Veröffentlichungen maßgeblich. Soweit es sich um EG-Investmentanteile handelt, ist im Hinblick auf die Ansprüche des Anlegers aus Prospekthaftung nach § 127 der deutsche Wortlaut maßgeblich.

§ 124
Werbung

(1) Jede Werbung in Textform für den Erwerb von Anteilen eines Investmentvermögens muss auf die Verkaufsprospekte und die Stellen im Geltungsbereich dieses Gesetzes, wo und auf welche Weise diese erhältlich sind, hinweisen. Jede Werbung in Textform für den Erwerb von Anteilen eines inländischen Investmentvermögens, nach dessen Vertragsbedingungen oder Satzung die Anlage von mehr als 35 Prozent des Wertes des Investmentvermögens in Schuldverschreibungen eines der in § 60 Abs. 2 Satz 1 genannten Aussteller zulässig ist, muss diese Aussteller benennen. Jede Werbung für den Erwerb von Anteilen eines Investmentvermögens, nach dessen Vertragsbedingungen oder Satzung ein anerkannter Wertpapierindex nachgebildet wird oder hauptsächlich in Derivate nach Maßgabe des § 51 angelegt wird, muss auf die Anlagestrategie hinweisen. Weist ein Investmentvermögen auf Grund seiner Zusammensetzung oder der für die Fondsverwaltung verwendeten Techniken eine erhöhte Volatilität auf, muss in jeder Werbung in Textform darauf hingewiesen werden. Die Sätze 3 und 4 gelten nicht für die Werbung für ausländische Investmentanteile, die keine EG-Investmentanteile sind.

(2) Jede Werbung für Dach-Sondervermögen mit zusätzlichen Risiken oder für Anteile an ausländischen Investmentvermögen, die hinsichtlich der Anlagepolitik Anforderungen unterliegen, die denen nach § 113 Abs. 1 und 2 vergleichbar sind, muss auf die besonderen Risiken des Investmentvermögens nach Maßgabe des § 117 Abs. 2 ausdrücklich hinweisen.

(3) Um Missständen bei der Werbung für Investmentanteile zu begegnen, kann die Bundesanstalt bestimmte Arten der Werbung untersagen. Dies gilt insbesondere für die Werbung mit Angaben, die geeignet sind, in irreführender Weise den Anschein eines besonders günstigen Angebots hervorzurufen, sowie für die Werbung mit dem Hinweis auf die Befugnisse der Bundesanstalt nach diesem Gesetz.

(4) Verstößt die ausländische Investmentgesellschaft, ein von ihr bestellter Repräsentant oder eine mit dem öffentlichen Vertrieb befasste Person erheblich gegen die Absätze 1 und 2 oder Anordnungen nach Absatz 3 und werden die Verstöße trotz Verwarnung durch die Bundesanstalt nicht eingestellt, so untersagt die Bundesanstalt den weiteren öffentlichen Vertrieb. Sie macht die Untersagung im elektronischen Bundesanzeiger bekannt. Die Bundesanstalt teilt die Untersagung des weiteren öffentlichen Vertriebs von EG-Investmentanteilen den zuständigen Stellen des Mitgliedstaates der Europäischen Union oder des anderen Vertragsstaates des Abkommens über den Europäischen Wirtschaftsraum,

in dem die Investmentgesellschaft ihren Sitz hat, mit. Entstehen der Bundesanstalt durch die Bekanntmachung nach Satz 2 Kosten, sind diese der Bundesanstalt zu erstatten. Hat die Bundesanstalt den weiteren öffentlichen Vertrieb ausländischer Investmentanteile nach Satz 1 untersagt, darf die ausländische Investmentgesellschaft die Absicht, diese ausländischen Investmentanteile im Geltungsbereich dieses Gesetzes öffentlich zu vertreiben, erst wieder anzeigen, wenn seit dem Tag der Untersagung ein Jahr verstrichen ist.

§ 125
Kostenvorausbelastung

Wurde die Abnahme von Anteilen für einen mehrjährigen Zeitraum vereinbart, so darf von jeder der für das erste Jahr vereinbarten Zahlungen höchstens ein Drittel für die Deckung von Kosten verwendet werden, die restlichen Kosten müssen auf alle späteren Zahlungen gleichmäßig verteilt werden.

§ 126
Widerrufsrecht

(1) Ist der Käufer von Anteilen durch mündliche Verhandlungen außerhalb der ständigen Geschäftsräume desjenigen, der die Anteile verkauft oder den Verkauf vermittelt hat, dazu bestimmt worden, eine auf den Kauf gerichtete Willenserklärung abzugeben, so ist er an diese Erklärung nur gebunden, wenn er sie nicht der Kapitalanlagegesellschaft, der ausländischen Investmentgesellschaft oder einem Repräsentanten nach Maßgabe des § 138 gegenüber binnen einer Frist von zwei Wochen schriftlich widerruft; dies gilt auch dann, wenn derjenige, der die Anteile verkauft oder den Verkauf vermittelt, keine ständigen Geschäftsräume hat. Bei Fernabsatzgeschäften gilt § 312d Abs. 4 Nr. 6 des Bürgerlichen Gesetzbuchs entsprechend.

(2) Zur Wahrung der Frist genügt die rechtzeitige Absendung der Widerrufserklärung. Die Widerrufsfrist beginnt erst zu laufen, wenn die Durchschrift des Antrags auf Vertragsabschluss dem Käufer ausgehändigt oder ihm eine Kaufabrechnung übersandt worden ist und darin eine Belehrung über das Widerrufsrecht enthalten ist, die den Anforderungen des § 360 Abs. 1 des Bürgerlichen Gesetzbuchs genügt. Ist der Fristbeginn nach Satz 2 streitig, trifft die Beweislast den Verkäufer.

(3) Das Recht zum Widerruf besteht nicht, wenn der Verkäufer nachweist, dass

1. der Käufer die Anteile im Rahmen seines Gewerbebetriebes erworben hat oder
2. er den Käufer zu den Verhandlungen, die zum Verkauf der Anteile geführt haben, auf Grund vorhergehender Bestellung gemäß § 55 Abs. 1 der Gewerbeordnung aufgesucht hat.

(4) Ist der Widerruf erfolgt und hat der Käufer bereits Zahlungen geleistet, so ist die Kapitalanlagegesellschaft oder die ausländische Investmentgesellschaft verpflichtet, dem Käufer, gegebenenfalls Zug um Zug gegen Rückübertragung der erworbenen Anteile, die bezahlten Kosten und einen Betrag auszuzahlen, der dem Wert der bezahlten Anteile am Tage nach dem Eingang der Widerrufserklärung entspricht.

(5) Auf das Recht zum Widerruf kann nicht verzichtet werden.

(6) Die Vorschrift ist auf den Verkauf von Anteilen durch den Anleger entsprechend anwendbar.

§ 127
Prospekthaftung

(1) Sind in dem ausführlichen oder vereinfachten Verkaufsprospekt Angaben, die für die Beurteilung der Anteile von wesentlicher Bedeutung sind, unrichtig oder unvollständig, so kann derjenige, der auf Grund des ausführlichen oder vereinfachten Verkaufsprospekts Anteile gekauft hat, von der Kapitalanlagegesellschaft oder ausländischen Investmentgesellschaft und von demjenigen, der diese Anteile im eigenen Namen gewerbsmäßig verkauft hat, als Gesamtschuldner Übernahme der Anteile gegen Erstattung des von ihm gezahlten Betrages verlangen. Ist der Käufer in dem Zeitpunkt, in dem er von der Unrichtigkeit oder Unvollständigkeit der Verkaufsprospekte Kenntnis erlangt hat, nicht mehr Inhaber des Anteils, so kann er die Zahlung des Betrages verlangen, um den der von ihm gezahlte Betrag den Rücknahmepreis des Anteils im Zeitpunkt der Veräußerung übersteigt.

(2) Angaben von wesentlicher Bedeutung im vereinfachten Verkaufsprospekt sind für inländische Investmentvermögen ausschließlich die Angaben nach § 42 Abs. 2 bis 4.

(3) Eine Gesellschaft oder diejenige Stelle, welche die Anteile im eigenen Namen gewerbsmäßig verkauft hat, kann nach Absatz 1 nicht in Anspruch genommen werden, wenn sie nachweist, dass sie die Unrichtigkeit oder Unvollständigkeit der Verkaufsprospekte nicht gekannt hat und die Unkenntnis nicht auf grober Fahrlässigkeit beruht. Der Anspruch nach Absatz 1 besteht nicht, wenn der Käufer der Anteile die Unrichtigkeit oder Unvollständigkeit der Verkaufsprospekte beim Kauf gekannt hat.

(4) Zur Übernahme nach Absatz 1 ist auch derjenige verpflichtet, der gewerbsmäßig den Verkauf der Anteile vermittelt oder die Anteile im fremden Namen verkauft hat, wenn er die Unrichtigkeit oder Unvollständigkeit der Verkaufsprospekte gekannt hat. Der Anspruch nach Absatz 1 besteht nicht, wenn auch der Käufer der Anteile die Unrichtigkeit oder Unvollständigkeit der Verkaufsprospekte beim Kauf gekannt hat.

(5) Der Anspruch verjährt in einem Jahr seit dem Zeitpunkt, in dem der Käufer von der Unrichtigkeit oder Unvollständigkeit der Verkaufsprospekte Kenntnis erlangt hat, spätestens jedoch in drei Jahren seit dem Abschluss des Kaufvertrages.

Abschnitt 2
Vertrieb in anderen Mitgliedstaaten der Europäischen Union oder anderen Vertragsstaaten des Abkommens über den Europäischen Wirtschaftsraum

§ 128
Anzeigepflicht

Beabsichtigt die Kapitalanlagegesellschaft, Anteile an einem Sondervermögen nach Maßgabe der §§ 46 bis 65 in einem anderen Mitgliedstaat der Europäischen Union oder in einem anderen Vertragsstaat des Abkommens über den Europäischen Wirtschaftsraum im Publikum zu vertreiben, so hat sie dies der Bundesanstalt und den zuständigen Stellen des anderen Staates anzuzeigen. Zur Vorlage bei den zuständigen Stellen dieses Staates stellt die Bundesanstalt auf Antrag der Kapitalanlagegesellschaft bei Nachweis der Voraussetzungen eine Bescheinigung aus, dass die Vorschriften der Richtlinie 85/611/EWG erfüllt sind.

§ 129
Verpflichtungen bei grenzüberschreitendem Vertrieb

Im Falle des Vertriebs von Anteilen nach Maßgabe der §§ 46 bis 65 in einem anderen Mitgliedstaat der Europäischen Union oder in einem anderen Vertragsstaat des Abkommens über den Europäischen Wirtschaftsraum ist die Kapitalanlagegesellschaft verpflichtet,

1. die in dem anderen Staat geltenden Vorschriften zu beachten, welche die nicht durch diese Richtlinie geregelten Bereiche oder Werbemaßnahmen betreffen,
2. unter Beachtung der in dem anderen Staat geltenden Vorschriften die erforderlichen Maßnahmen zu treffen, um sicherzustellen, dass die Anleger in diesem Staat in den Genuss der Zahlungen kommen, das Recht zur Rückgabe von Anteilen ausüben können und die von der Kapitalanlagegesellschaft zu liefernden Informationen erhalten, und
3. die nach diesem Gesetz zu veröffentlichenden Unterlagen und Angaben in zumindest einer der Landessprachen des Staates oder in einer anderen von den zuständigen Behörden des Staates genehmigten Sprache zu veröffentlichen; für Umfang, Inhalt und Zeitpunkte der Veröffentlichungen gelten die Vorschriften dieses Gesetzes entsprechend.

Abschnitt 3
Öffentlicher Vertrieb von EG - Investmentanteilen nach Maßgabe der Richtlinie 85/611/EWG im Geltungsbereich dieses Gesetzes

§ 130
Anwendbare Vorschriften auf den öffentlichen Vertrieb von EG-Investmentanteilen

Für den öffentlichen Vertrieb von EG-Investmentanteilen im Geltungsbereich dieses Gesetzes gelten die Vorschriften dieses Abschnitts und die weiteren Vorschriften dieses Gesetzes, soweit sie auf EG-Investmentanteile Anwendung finden.

§ 131
Benennungspflicht

Die Investmentgesellschaft muss für den öffentlichen Vertrieb mindestens ein inländisches Kreditinstitut oder eine inländische Zweigniederlassung eines Kreditinstituts mit Sitz im Ausland benennen, über welche die für die Anleger bestimmten Zahlungen geleitet werden und die Rücknahme von Anteilen durch die Investmentgesellschaft abgewickelt wird. Außerdem hat die Investmentgesellschaft die erforderlichen Maßnahmen zu treffen, um sicherzustellen, dass die Anleger die vorgeschriebenen Informationen im Geltungsbereich dieses Gesetzes erhalten. Angaben über die nach den Sätzen 1 und 2 getroffenen Maßnahmen sind in den im Geltungsbereich dieses Gesetzes verbreiteten ausführlichen Verkaufsprospekt sowie den vereinfachten Verkaufsprospekt aufzunehmen; bei Umbrella-Konstruktionen mit mindestens einem Teilfonds, dessen Anteile im Geltungsbereich dieses

Gesetzes öffentlich vertrieben werden dürfen, und weiteren Teilfonds, für die keine Anzeige nach § 132 erstattet wurde, ist drucktechnisch herausgestellt an hervorgehobener Stelle darauf hinzuweisen, dass für die weiteren Teilfonds keine Anzeige erstattet worden ist und Anteile dieser Teilfonds an Anleger im Geltungsbereich dieses Gesetzes nicht öffentlich vertrieben werden dürfen; diese weiteren Teilfonds sind namentlich zu bezeichnen.

§ 132
Anzeigepflicht

(1) Die Investmentgesellschaft hat die Absicht, EG Investmentanteile im Geltungsbereich dieses Gesetzes öffentlich zu vertreiben, der Bundesanstalt anzuzeigen. Die Bundesanstalt kann die Einreichung der Anzeige in englischer Sprache gestatten.

(2) Der Anzeige sind beizufügen:

1. die Bescheinigung der zuständigen Stellen des Mitgliedstaates der Europäischen Union oder des anderen Vertragsstaates des Abkommens über den Europäischen Wirtschaftsraum, in dem die Investmentgesellschaft ihren Sitz hat, dass die Bestimmungen der Richtlinie 85/611/EWG erfüllt sind,
2. die Vertragsbedingungen oder die Satzung der Investmentgesellschaft sowie der im Zeitpunkt der Anzeige gültige vereinfachte und ausführliche Verkaufsprospekt,
3. der zuletzt veröffentlichte Jahresbericht und der anschließende Halbjahresbericht, sofern er veröffentlicht ist,
4. die Angaben über die Vorkehrungen für den öffentlichen Vertrieb,
5. Bestätigungen der gemäß § 131 Satz 1 und 2 beauftragten Stellen über die Übernahme der Funktionen,
6. der Nachweis der Zahlung der Gebühr für die Anzeige.

Fremdsprachige Unterlagen sind vorbehaltlich der in § 2 Abs. 11 Satz 2 Nr. 4 genannten Besonderheiten mit einer deutschen Übersetzung vorzulegen. Die Bescheinigung nach Satz 1 Nr. 1 kann mit einer englischen Übersetzung vorgelegt werden.

(3) Die Bundesanstalt hat den Tag des Eingangs der Anzeige innerhalb von vier Wochen zu bestätigen, sofern die erforderlichen Angaben und Unterlagen vorliegen. Fehlende Angaben und Unterlagen fordert die Bundesanstalt innerhalb der gleichen Frist als Ergänzungsanzeige an. Die Ergänzungsanzeige ist der Bundesanstalt innerhalb von sechs Monaten nach der Erstattung der Anzeige beziehungsweise der letzten Ergänzungsanzeige einzureichen; anderenfalls gilt der öffentliche Vertrieb wegen nicht ordnungsgemäßer Anzeigenerstattung als untersagt. Die Frist nach Satz 3 ist eine Ausschlussfrist.

§ 133
Aufnahme, Untersagung und Einstellung des öffentlichen Vertriebs

(1) Der öffentliche Vertrieb von EG-Investmentanteilen darf vorbehaltlich der Sätze 2 bis 4 erst aufgenommen werden, wenn seit dem Eingang der vollständigen Anzeige zwei Monate vergangen sind, ohne dass die Bundesanstalt die Aufnahme des öffentlichen Vertriebs untersagt hat. Ist die Prüfung der Anzeige abgeschlossen und bestehen keine Gründe, die der Aufnahme des öffentlichen Vertriebs entgegenstehen, kann die Bundesanstalt die Frist nach Satz 1 abkürzen. Bestehen Anhaltspunkte dafür, dass Umstände vorliegen, die zu einer

Untersagung der Aufnahme des öffentlichen Vertriebs nach Absatz 2 führen, und teilt die Bundesanstalt dies der ausländischen Investmentgesellschaft mit, ist der Lauf der Frist nach Satz 1 gehemmt. Die Hemmung ist beendet, sobald die Anhaltspunkte wegfallen und die Bundesanstalt dies der ausländischen Investmentgesellschaft mitteilt. Die Mitteilung nach Satz 4 hat unverzüglich zu erfolgen. Absatz 2 bleibt unberührt.

(2) Die Bundesanstalt untersagt die Aufnahme des öffentlichen Vertriebs, wenn

1. die Investmentgesellschaft die Anzeige nach § 132 nicht ordnungsgemäß erstattet,
2. Art und Weise des öffentlichen Vertriebs gegen sonstige Vorschriften des deutschen Rechts verstoßen oder
3. die Verpflichtungen nach § 131 nicht erfüllt sind.

(3) Die Bundesanstalt untersagt den weiteren öffentlichen Vertrieb der EG-Investmentanteile, wenn

1. die Anzeige nach § 132 nicht erstattet oder der öffentliche Vertrieb vor Ablauf der Frist nach Absatz 1 aufgenommen worden ist,
2. bei dem öffentlichen Vertrieb erheblich gegen sonstige Vorschriften des deutschen Rechts verstoßen worden ist,
3. die Zulassung durch die zuständigen Stellen des Mitgliedstaates der Europäischen Union oder des anderen Vertragsstaates des Abkommens über den Europäischen Wirtschaftsraum, in dem die Investmentgesellschaft ihren Sitz hat, entzogen worden ist oder
4. die Vertriebsvoraussetzungen nach § 131 nicht mehr erfüllt sind.

(4) Die Bundesanstalt kann den weiteren öffentlichen Vertrieb untersagen, wenn die Verpflichtungen nach § 121 Abs. 1, § 122 Abs. 1 oder § 123 Satz 1 oder 2 nicht ordnungsgemäß erfüllt werden oder eine für die Überwachung der Einhaltung der Vorschriften des Ersten und Dritten Abschnitts dieses Kapitels bestehenden Pflichten zu entrichtende Gebühr trotz Mahnung nicht gezahlt wird.

(4a) Die Bundesanstalt kann bei Umbrella- Konstruktionen auch den öffentlichen Vertrieb von EG-Investmentanteilen, die im Geltungsbereich dieses Gesetzes öffentlich vertrieben werden dürfen, untersagen, wenn weitere EG Investmentanteile anderer Teilfonds derselben Umbrella- Konstruktion im Geltungsbereich dieses Gesetzes öffentlich vertrieben werden, die das Anzeigeverfahren nach § 132 nicht erfolgreich durchlaufen haben.

(5) Hat die Bundesanstalt den weiteren öffentlichen Vertrieb von EG-Investmentanteilen nach Absatz 3 Nr. 1 oder 2 oder nach den Absätzen 4 oder 4 a untersagt, darf die ausländische Investmentgesellschaft die Absicht, diese EG-Investmentanteile im Geltungsbereich dieses Gesetzes öffentlich zu vertreiben, erst wieder anzeigen, wenn seit dem Tag der Untersagung ein Jahr verstrichen ist.

(6) Widerspruch und Anfechtungsklage gegen Maßnahmen der Bundesanstalt nach Absatz 1 Satz 3 und den Absätzen 2 und 3 haben keine aufschiebende Wirkung.

(7) Die Bundesanstalt teilt die Untersagung des öffentlichen Vertriebs den zuständigen Stellen des Mitgliedstaates der Europäischen Union oder des anderen Vertragsstaates des

Abkommens über den Europäischen Wirtschaftsraum, in dem die Investmentgesellschaft ihren Sitz hat, mit. Sie macht die Untersagung im elektronischen Bundesanzeiger bekannt, falls ein öffentlicher Vertrieb stattgefunden hat. Entstehen der Bundesanstalt durch die Bekanntmachung nach Satz 2 Kosten, sind diese der Bundesanstalt zu erstatten.

(8) Teilt die ausländische Investmentgesellschaft der Bundesanstalt die Einstellung des öffentlichen Vertriebs von EG-Investmentanteilen mit, hat sie dies unverzüglich im elektronischen Bundesanzeiger zu veröffentlichen und dies der Bundesanstalt nachzuweisen. Die Bundesanstalt kann die Veröffentlichung auf Kosten der ausländischen Investmentgesellschaft vornehmen, wenn die Veröffentlichungspflicht auch nach Fristsetzung durch die Bundesanstalt nicht erfüllt wird. Absatz 9 bleibt unberührt.

(9) Teilt die ausländische Investmentgesellschaft der Bundesanstalt die Einstellung des öffentlichen Vertriebs von einzelnen Teilfonds einer ausländischen Umbrella- Konstruktion mit, hat sie unter Berücksichtigung des § 2 Abs. 11 Satz 2 Nr. 4 geänderte Angaben und Unterlagen entsprechend § 132 Abs. 2 Satz 1 Nr. 2 bis 6 und Satz 2 einzureichen. Die geänderten Unterlagen dürfen erst nach der Einreichung bei der Bundesanstalt im Geltungsbereich dieses Gesetzes eingesetzt werden. Die ausländische Investmentgesellschaft hat die Einstellung des öffentlichen Vertriebs unverzüglich im elektronischen Bundesanzeiger zu veröffentlichen und dies der Bundesanstalt nachzuweisen. Die Bundesanstalt kann die Veröffentlichung auf Kosten der ausländischen Investmentgesellschaft vornehmen, wenn die Veröffentlichungspflicht auch nach Fristsetzung nicht erfüllt wird.

§ 134
aufgehoben

Abschnitt 4
Öffentlicher Vertrieb von ausländischen Investmentanteilen im Geltungsbereich dieses Gesetzes

§ 135
Anwendbare Vorschriften auf den öffentlichen Vertrieb ausländischer Investmentanteile

Für den öffentlichen Vertrieb von ausländischen Investmentanteilen, die keine EG-Investmentanteile sind, im Geltungsbereich dieses Gesetzes gelten die Vorschriften dieses Abschnitts und die weiteren Vorschriften dieses Gesetzes, soweit sie auf ausländische Investmentanteile, die keine EG-Investmentanteile sind, Anwendung finden. Der öffentliche Vertrieb von Anteilen an einem ausländischen Investmentvermögen, das hinsichtlich der Anlagepolitik Anforderungen unterliegt, die denen nach § 112 Abs. 1 vergleichbar sind, ist nicht gestattet.

§ 136
Zulässigkeit des öffentlichen Vertriebs

(1) Der öffentliche Vertrieb von ausländischen Investmentanteilen, die keine EG-Investmentanteile sind, ist zulässig, wenn

1. die ausländische Investmentgesellschaft und die Verwaltungsgesellschaft im Staat ihres Sitzes einer wirksamen öffentlichen Aufsicht zum Schutz der Investmentanleger unterliegen und wenn die zuständigen Aufsichtsstellen des Sitzstaates zu einer nach den Erfahrungen der Bundesanstalt befriedigenden Zusammenarbeit entsprechend § 19 mit der Bundesanstalt bereit sind,
2. die ausländische Investmentgesellschaft der Bundesanstalt ein inländisches Kreditinstitut oder eine zuverlässige, fachlich geeignete Person mit Sitz oder Wohnsitz im Geltungsbereich dieses Gesetzes als Repräsentanten benennt,
3. die Gegenstände des Vermögens von einer Depotbank verwahrt werden, oder, soweit es sich um Immobilien handelt, deren Bestand von einer Depotbank überwacht wird, welche die Anleger in einer den Vorschriften der §§ 20 bis 29 vergleichbaren Weise sichert; die Bundesanstalt kann zulassen, dass mehrere Depotbanken diese Aufgabe wahrnehmen, wenn das im Rahmen des Geschäftsbetriebes der ausländischen Investmentgesellschaft erforderlich ist und dadurch die Sicherheit nicht beeinträchtigt wird,
4. ein oder mehrere inländische Kreditinstitute oder inländische Zweigniederlassungen von Kreditinstituten mit Sitz im Ausland als Zahlstellen benannt werden, über welche von den Anlegern geleistete oder für sie bestimmte Zahlungen geleitet werden können; werden Zahlungen und Überweisungen über eine Zahlstelle geleitet, so ist sicherzustellen, dass die Beträge unverzüglich an die Depotbank oder an die Anleger weitergeleitet werden,
5. die Vertragsbedingungen oder die Satzung der Investmentgesellschaft vorsehen, dass
   a. dem Erwerber unverzüglich nach Eingang des Kaufpreises bei der Depotbank Anteile in entsprechender Höhe übertragen werden,
   b. die Anleger die Auszahlung des auf den Anteil entfallenden Vermögensteils verlangen können,
   c. eine Kostenvorausbelastung nach Maßgabe des § 125 eingeschränkt ist,
   d. Anteile an risikogemischten Investmentvermögen nur in einer den §§ 50, 61, 64 Abs. 3, § 84 Abs. 1 Nr. 2 und 3 sowie § 85 entsprechenden Art und Weise erworben werden,
   e. die zum Investmentvermögen gehörenden Vermögensgegenstände nicht verpfändet oder sonst belastet, zur Sicherung übereignet oder zur Sicherung abgetreten werden dürfen, es sei denn, es handelt sich um Kreditaufnahmen unter Berücksichtigung der Anforderungen nach Buchstabe f oder um Sicherheitsleistungen zur Erfüllung von Einschuss- oder Nachschussverpflichtungen im Rahmen der Abwicklung von Geschäften mit Finanzinstrumenten im Sinne des § 51 Abs. 2 und 3,
   f. Kredite zu Lasten des Investmentvermögens nur entsprechend der Regelung des § 53, zu Lasten eines Investmentvermögens, das nach den Vertragsbedingungen oder der Satzung in Immobilien anlegen darf, nur im Rahmen einer ordnungsgemäßen Wirtschaftsführung bis zu 50 Prozent des Verkehrswertes der im Vermögen befindlichen Immobilien aufgenommen werden dürfen und dass die Kreditaufnahmen der Zustimmung der Depotbank zu den Darlehensbedingungen bedürfen,
   g. keine Geschäfte zu Lasten des Investmentvermögens vorgenommen werden, die den Verkauf nicht zum Investmentvermögen gehörender Vermögensgegenstände zum Inhalt haben und das Recht, die Lieferung von Vermögensgegenständen zu verlangen (Kaufoption), einem Dritten für

Rechnung des Investmentvermögens nur eingeräumt werden darf, wenn die den Gegenstand der Kaufoption bildenden Vermögensgegenstände im Zeitpunkt der Einräumung der Kaufoption zum Investmentvermögen gehören,

6. die in § 121 Abs. 1 und 3, § 122 Abs. 2 bis 5 sowie den §§ 123 und 137 vorgesehenen Verpflichtungen zur Unterrichtung der am Erwerb eines Anteils Interessierten ordnungsgemäß erfüllt werden.

(2) Absatz 1 Nr. 5 Buchstabe b gilt für ausländische Investmentvermögen, die denen nach § 90a vergleichbar sind, mit der Maßgabe, dass die Vertragsbedingungen der Investmentgesellschaft Regelungen vorsehen müssen, die denen des § 90d Abs. 2 oder Abs. 3 entsprechen. Absatz 1 Nr. 5 Buchstabe d gilt für ausländische Investmentvermögen, die denen nach § 90a vergleichbar sind, mit der Maßgabe, dass die Vertragsbedingungen der Investmentgesellschaft Regelungen vorsehen müssen, dass Anteile an risikogemischten Investmentvermögen nur in einer dem § 90b Abs. 1 Nr. 6 entsprechenden Weise erworben werden können.

(2a) Absatz 1 Nr. 5 Buchstabe b gilt für ausländische Investmentvermögen, die denen nach § 90g vergleichbar sind, mit der Maßgabe, dass die Vertragsbedingungen oder die Satzung der Investmentgesellschaft eine Regelung vorsehen können, die der nach § 90i Abs. 1 entspricht. Sehen die Vertragsbedingungen oder die Satzung der ausländischen Investmentgesellschaft dem § 90h Abs. 7 vergleichbare Anlagemöglichkeiten vor, müssen die Vertragsbedingungen oder die Satzung der Investmentgesellschaft Regelungen enthalten, die denen des § 90i Abs. 2 und 3 entsprechen. Absatz 1 Nr. 5 Buchstabe d gilt für ausländische Investmentvermögen, die denen nach § 90g vergleichbar sind, mit der Maßgabe, dass die Vertragsbedingungen oder die Satzung der Investmentgesellschaft Regelungen vorsehen können, dass Anteile an risikogemischten Investmentvermögen in einer dem § 90h Abs. 1 Nr. 2 sowie Abs. 2 und 3 entsprechenden Weise erworben werden. Absatz 1 Nr. 5 Buchstabe f gilt mit der Maßgabe, dass die Vertragsbedingungen oder die Satzung der Investmentgesellschaft Regelungen vorsehen können, die denen nach § 90h Abs. 6 entsprechen.

(3) Absatz 1 Nr. 5 Buchstabe a bis c ist nicht auf ausländische Investmentvermögen anzuwenden, die in einer der Investmentaktiengesellschaft nach Maßgabe dieses Gesetzes mit Ausnahme des § 96 Abs. 1 Satz 2 und 3, Abs. 1a bis 1c, Abs. 4, 5 und 6, des § 104 und des § 105 vergleichbaren Weise gebildet sind und deren Anteile an einem organisierten Markt im Sinne des § 2 Abs. 5 des Wertpapierhandelsgesetzes oder einem organisierten Markt, der die wesentlichen Anforderungen an geregelte Märkte im Sinne der Richtlinie 2004/39/EG erfüllt, zugelassen sind.

(4) Absatz 1 Nr. 5 Buchstabe b und d gilt nicht für ausländische Investmentvermögen, die hinsichtlich der Anlagepolitik Anforderungen unterliegen, die denen nach § 113 Abs. 1 und 2 vergleichbar sind, wenn die Vertragsbedingungen oder die Satzung der Investmentgesellschaft Regelungen vorsehen, die § 113 Abs. 3 und 4 sowie § 116 entsprechen.

(5) Die Bundesanstalt kann bei Staaten, die nicht Mitgliedstaat der Europäischen Union oder Vertragsstaat des Abkommens über den Europäischen Wirtschaftsraum sind, bestimmen, dass die Vorschriften der §§ 130 bis 133 und § 32 Abs. 3 auf den öffentlichen Vertrieb von

ausländischen Investmentanteilen, die von Investmentgesellschaften mit Sitz in einem solchen Staat ausgegeben werden, entsprechend Anwendung finden, wenn die Voraussetzungen nach Absatz 1 Nr. 1 sowie der Richtlinie 85/611/EWG entsprechend erfüllt sind.

§ 137
Verkaufsprospekt

(1) Der ausführliche Verkaufsprospekt der ausländischen Investmentgesellschaft muss alle Angaben enthalten, die im Zeitpunkt der Antragstellung für die Beurteilung der ausländischen Investmentanteile von wesentlicher Bedeutung sind. Er muss insbesondere Angaben enthalten

1. über Name oder Firma, Rechtsform, Sitz und Eigenkapital (Grund- oder Stammkapital abzüglich der ausstehenden Einlagen zuzüglich der Rücklagen) der ausländischen Investmentgesellschaft, des Unternehmens, das über die Anlage des eingelegten Geldes bestimmt (Verwaltungsgesellschaft), des Unternehmens, das den Vertrieb der Investmentanteile übernommen hat (Vertriebsgesellschaft), und der Depotbank;
2. über Name oder Firma, Sitz und Anschrift des Repräsentanten und der Zahlstellen;
3. über Art, Höhe und Berechnung sämtlicher Kosten, die dem Anleger in Rechnung gestellt werden, sowie sämtlicher aus dem Vermögen an Dritte zu zahlender Vergütungen und zu ersetzender Aufwendungen;
4. in den Vorgaben des § 42 Abs. 1 Satz 3 Nr. 14 entsprechender Weise;
5. in den Vorgaben des § 42 Abs. 1 Satz 3 Nr. 15, 16 Halbsatz 1 und 2 und Nr. 28 entsprechender Weise;
6. über die Voraussetzungen und Bedingungen, zu denen die Anleger die Auszahlung des auf den Anteil entfallenden Vermögensteils verlangen können sowie über die hierfür zuständigen Stellen.

Außerdem ist dem ausführlichen Verkaufsprospekt ein Jahresbericht gemäß § 122 Abs. 2 Nr. 1, dessen Stichtag nicht länger als 16 Monate zurückliegen darf, und, wenn der Stichtag des Jahresberichts länger als acht Monate zurückliegt, auch ein Halbjahresbericht gemäß § 122 Abs. 2 Nr. 2 als Anlage beizufügen. Der ausführliche Verkaufsprospekt muss ferner ausdrückliche Hinweise darauf enthalten, dass die ausländische Investmentgesellschaft einer staatlichen Aufsicht durch die Bundesanstalt nicht untersteht. Bei Umbrella- Konstruktionen mit mindestens einem Teilfonds, dessen Anteile im Geltungsbereich dieses Gesetzes öffentlich vertrieben werden dürfen, und weiterer Teilfonds desselben Schirms, für die keine Anzeige nach § 139 erstattet wurde, ist drucktechnisch herausgestellt an hervorgehobener Stelle darauf hinzuweisen, dass für die weiteren Teilfonds keine Anzeige erstattet worden ist und Anteile dieser Teilfonds an Anleger im Geltungsbereich dieses Gesetzes nicht öffentlich vertrieben werden dürfen; diese weiteren Teilfonds sind namentlich zu bezeichnen. Die Bundesanstalt kann verlangen, dass in den ausführlichen Verkaufsprospekt weitere Angaben aufgenommen werden, wenn sie Grund zu der Annahme hat, dass die Angaben für den Erwerber erforderlich sind.

(2) Die Verwendung des vereinfachten Verkaufsprospekts ist nicht gestattet.

(3) Abweichend von Absatz 1 haben ausländische Investmentvermögen im Sinne des § 136 Abs. 3 einen Prospekt im Sinne des Wertpapierprospektgesetzes zu veröffentlichen. Die in

diesen Prospekt aufzunehmenden Angaben bestimmen sich nach dem Wertpapierprospektgesetz und der Verordnung (EG) Nr. 809/ 2004.

(4) Der ausführliche Verkaufsprospekt von ausländischen Investmentvermögen, die hinsichtlich der Anlagepolitik Anforderungen unterliegen, die denen nach § 113 Abs. 1 und 2 vergleichbar sind, muss darüber hinaus Angaben nach § 117 Abs. 1 Satz 2 Nr. 1 bis 6 und Abs. 2 in entsprechender Weise enthalten. Der ausführliche Verkaufsprospekt von ausländischen Investmentvermögen, die denen nach § 90a vergleichbar sind, muss darüber hinaus Angaben nach § 90e Abs. 2 in entsprechender Weise enthalten. Der ausführliche Verkaufsprospekt von ausländischen Investmentvermögen, die denen nach § 90g vergleichbar sind, muss darüber hinaus Angaben nach § 90j Abs. 2 in entsprechender Weise enthalten.

§ 138
Vertretung der Gesellschaft, Gerichtsstand

(1) Der Repräsentant vertritt die ausländische Investmentgesellschaft gerichtlich und außergerichtlich. Er gilt als zum Empfang der für die Verwaltungsgesellschaft und die Vertriebsgesellschaft bestimmten Schriftstücke ermächtigt. Diese Befugnisse können nicht beschränkt werden.

(2) Für Klagen gegen eine ausländische Investmentgesellschaft, eine Verwaltungsgesellschaft oder eine Vertriebsgesellschaft, die auf den öffentlichen Vertrieb von Investmentanteilen im Geltungsbereich dieses Gesetzes Bezug haben, ist das Gericht zuständig, in dessen Bezirk der Repräsentant seinen Wohnsitz oder Sitz hat. Dieser Gerichtsstand kann durch Vereinbarung nicht ausgeschlossen werden.

(3) Der Name des Repräsentanten und die Beendigung seiner Stellung sind von der Bundesanstalt im elektronischen Bundesanzeiger bekannt zu machen. Entstehen der Bundesanstalt durch die Bekanntmachung nach Satz 1 Kosten, sind diese Kosten der Bundesanstalt zu erstatten.

§ 139
Anzeigepflicht

(1) Die ausländische Investmentgesellschaft hat die Absicht, ausländische Investmentanteile im Geltungsbereich dieses Gesetzes öffentlich zu vertreiben, der Bundesanstalt anzuzeigen.

(2) Der Anzeige sind beizufügen:

1. alle wesentlichen Angaben über die ausländische Investmentgesellschaft, ihre Organe und ihren Repräsentanten sowie über die Verwaltungsgesellschaft, die Vertriebsgesellschaften, die Depotbank und die Zahlstellen,
2. Bestätigungen des Repräsentanten, der Depotbank und der Zahlstelle über die Übernahme dieser Funktionen,
3. die Vertragsbedingungen oder die Satzung der Investmentgesellschaft sowie der im Zeitpunkt der Anzeige gültige ausführliche Verkaufsprospekt,
4. der letzte Jahresbericht, der den Anforderungen des § 122 Abs. 2 Nr. 1 entsprechen muss, und, wenn der Stichtag des Jahresberichts länger als acht Monate zurückliegt,

auch der anschließende Halbjahresbericht, der den Anforderungen des § 122 Abs. 2 Nr. 2 entsprechen muss; der Jahresbericht muss mit dem Bestätigungsvermerk eines Wirtschaftsprüfers versehen sein,

5. die festgestellte Jahresbilanz des letzten Geschäftsjahres nebst Gewinn- und Verlustrechnung (Jahresabschluss) der Verwaltungsgesellschaft, die mit dem Bestätigungsvermerk eines Wirtschaftsprüfers versehen ist,

6. die Erklärung der ausländischen Investmentgesellschaft, dass sie sich verpflichtet,

   a. der Bundesanstalt den Jahresabschluss der Verwaltungsgesellschaft und den nach § 122 Abs. 2 Nr. 1 zu veröffentlichenden Jahresbericht spätestens vier Monate nach Ende jedes Geschäftsjahres sowie den nach § 122 Abs. 2 Nr. 2 zu veröffentlichenden Halbjahresbericht spätestens zwei Monate nach Ende jedes Geschäftshalbjahres einzureichen; der Jahresabschluss und der Jahresbericht müssen mit dem Bestätigungsvermerk eines Wirtschaftsprüfers versehen sein,

   b. die Bundesanstalt über alle wesentlichen Änderungen von Umständen, die bei der Anzeige der Absicht des öffentlichen Vertriebs angegeben worden sind, zu unterrichten und die Änderungsangaben nachzuweisen,

   c. der Bundesanstalt auf Verlangen über ihre Geschäftstätigkeit Auskunft zu erteilen und Unterlagen vorzulegen,

7. der Nachweis über die Zahlung der Gebühr für die Anzeige,

8. alle wesentlichen Angaben und Unterlagen, aus denen sich ergibt, dass die ausländische Investmentgesellschaft und die Verwaltungsgesellschaft im Staat ihres Sitzes einer wirksamen öffentlichen Aufsicht zum Schutz der Investmentanleger unterliegen.

Fremdsprachige Unterlagen sind mit einer deutschen Übersetzung vorzulegen. Widerspruch und Anfechtungsklage gegen Verlangen der Bundesanstalt gemäß Satz 1 Nr. 6 Buchstabe c haben keine aufschiebende Wirkung.

(3) Die Bundesanstalt hat den Tag des Eingangs der Anzeige innerhalb vier Wochen zu bestätigen, sofern die nach diesem Gesetz erforderlichen Angaben und Unterlagen vorliegen. Fehlende Angaben und Unterlagen fordert die Bundesanstalt innerhalb der gleichen Frist als Ergänzungsanzeige an. Die Ergänzungsanzeige ist der Bundesanstalt innerhalb von sechs Monaten nach der Erstattung der Anzeige beziehungsweise der letzten Ergänzungsanzeige einzureichen; anderenfalls gilt der öffentliche Vertrieb wegen nicht ordnungsgemäßer Anzeigenerstattung als untersagt. Die Frist nach Satz 3 ist eine Ausschlussfrist.

§ 140
Aufnahme, Untersagung und Einstellung des öffentlichen Vertriebs

(1) Der öffentliche Vertrieb von ausländischen Investmentanteilen darf vorbehaltlich der Sätze 2 bis 4 erst aufgenommen werden, wenn seit dem Eingang der vollständigen Anzeige nach § 139 drei Monate vergangen sind, ohne dass die Bundesanstalt die Aufnahme des öffentlichen Vertriebs untersagt hat. Ist die Prüfung der Anzeige abgeschlossen und bestehen keine Gründe, die der Aufnahme des öffentlichen Vertriebs entgegenstehen, kann die Bundesanstalt die Frist nach Satz 1 abkürzen. Bestehen Anhaltspunkte dafür, dass Umstände vorliegen, die zu einer Untersagung der Aufnahme des öffentlichen Vertriebs nach Absatz 2 führen, und teilt die Bundesanstalt dies der ausländischen

Investmentgesellschaft mit, ist der Lauf der Frist nach Satz 1 gehemmt. Die Hemmung ist beendet, sobald die Anhaltspunkte wegfallen und die Bundesanstalt dies der ausländischen Investmentgesellschaft mitteilt. Die Mitteilung nach Satz 4 hat unverzüglich zu erfolgen. Absatz 2 bleibt unberührt.

(2) Die Bundesanstalt untersagt die Aufnahme des öffentlichen Vertriebs, wenn diese gegen das Verbot des § 135 Abs. 1 Satz 2 verstoßen würde oder die Voraussetzungen nach § 136 nicht erfüllt sind oder die ausländische Investmentgesellschaft die Anzeige nach § 139 nicht ordnungsgemäß erstattet.

(3) Die Bundesanstalt untersagt den weiteren öffentlichen Vertrieb ausländischer Investmentanteile, wenn

1. die Anzeige nach § 139 nicht erstattet oder der öffentliche Vertrieb entgegen des Verbots des § 135 Abs. 1 Satz 2 oder vor Ablauf der Frist nach Absatz 1 aufgenommen worden ist,
2. eine Voraussetzung nach § 136 Abs. 1 Nr. 1 bis 5, Abs. 2, 2a, 3, 4 oder 5 weggefallen ist,
3. die der Bundesanstalt gegenüber nach § 139 Abs. 2 Nr. 6 übernommenen Verpflichtungen trotz Mahnung nicht eingehalten werden,
4. bei dem öffentlichen Vertrieb der ausländischen Investmentanteile erheblich gegen gesetzliche Vorschriften verstoßen worden ist oder
5. ein durch rechtskräftiges Urteil oder gerichtlichen Vergleich gegenüber der ausländischen Investmentgesellschaft, der Verwaltungsgesellschaft oder der Vertriebsgesellschaft festgestellter Anspruch eines Anlegers nicht erfüllt worden ist; sie kann von der Untersagung absehen, wenn ihr dies wegen der besonderen Umstände des Einzelfalles aus Gründen der Billigkeit geboten erscheint.

(4) Die Bundesanstalt kann den weiteren öffentlichen Vertrieb ausländischer Investmentanteile untersagen, wenn

1. die in § 121 Abs. 1 oder 3, § 122 Abs. 2 oder 3, § 123 Satz 1 oder 2 oder § 137vorgesehenen Verpflichtungen nicht ordnungsgemäß erfüllt werden,
2. eine für die Prüfung der nach § 139 Abs. 2 Satz 1 Nr. 6 vorgeschriebenen Angaben und Unterlagen zu entrichtende Gebühr trotz Mahnung nicht gezahlt wird oder der Bundesanstalt im Rahmen der Bekanntmachungspflicht nach § 138 Abs. 3 entstandene Kosten trotz Mahnung nicht erstattet werden, oder
3. bei dem öffentlichen Vertrieb der ausländischen Investmentanteile erheblich gegen die Vertragsbedingungen oder die Satzung verstoßen worden ist.

(4a) Die Bundesanstalt kann bei Umbrella- Konstruktionen auch den öffentlichen Vertrieb von ausländischen Investmentanteilen, die im Geltungsbereich dieses Gesetzes öffentlich vertrieben werden dürfen, untersagen, wenn weitere ausländische Investmentanteile von Teilfonds derselben Umbrella- Konstruktion im Geltungsbereich dieses Gesetzes öffentlich vertrieben werden, die das Anzeigeverfahren nach § 139 nicht erfolgreich durchlaufen haben.

(5) Hat die Bundesanstalt den weiteren öffentlichen Vertrieb ausländischer Investmentanteile nach Absatz 3 Nr. 1, 3 oder 4 oder nach den Absätzen 4 oder 4a untersagt,

darf die ausländische Investmentgesellschaft die Absicht, diese ausländischen Investmentanteile im Geltungsbereich dieses Gesetzes zu vertreiben, erst wieder anzeigen, wenn seit dem Tag der Untersagung ein Jahr verstrichen ist.

(6) Widerspruch und Anfechtungsklage gegen Maßnahmen der Bundesanstalt nach Absatz 1 Satz 3 und den Absätzen 2 und 3 haben keine aufschiebende Wirkung.

(7) Die Bundesanstalt macht die Untersagung im elektronischen Bundesanzeiger bekannt, falls ein öffentlicher Vertrieb stattgefunden hat. Entstehen der Bundesanstalt durch die Bekanntmachung nach Satz 1 Kosten, sind diese der Bundesanstalt zu erstatten.

(8) Teilt die ausländische Investmentgesellschaft die Einstellung des öffentlichen Vertriebs von ausländischen Investmentanteilen der Bundesanstalt mit, hat sie dies unverzüglich im elektronischen Bundesanzeiger zu veröffentlichen und dies der Bundesanstalt nachzuweisen. Die Bundesanstalt kann die Veröffentlichung auf Kosten der ausländischen Investmentgesellschaft vornehmen, wenn die Veröffentlichungspflicht auch nach Fristsetzung durch die Bundesanstalt nicht erfüllt wird. Absatz 9 bleibt unberührt.

(9) Teilt die ausländische Investmentgesellschaft der Bundesanstalt die Einstellung des öffentlichen Vertriebs von einzelnen Teilfonds einer ausländischen Umbrella- Konstruktion mit, hat sie unter Berücksichtigung des § 2 Abs. 11 Satz 2 Nr. 4 geänderte Angaben und Unterlagen entsprechend § 139 Abs. 2 Satz 1 Nr. 2 bis 4 einzureichen. Die geänderten Unterlagen dürfen erst nach der Einreichung bei der Bundesanstalt im Geltungsbereich dieses Gesetzes eingesetzt werden. Die ausländische Investmentgesellschaft hat die Einstellung des öffentlichen Vertriebs unverzüglich im elektronischen Bundesanzeiger zu veröffentlichen und dies der Bundesanstalt nachzuweisen. Die Bundesanstalt kann die Veröffentlichung auf Kosten der ausländischen Investmentgesellschaft vornehmen, wenn die Veröffentlichungspflicht auch nach Fristsetzung nicht erfüllt wird.

Abschnitt 5
Vertriebsüberwachung

§ 141
Zuständigkeit der Bundesanstalt

(1) Die Bundesanstalt überwacht die Einhaltung der §§ 121 bis 127 und 130 bis 140 und der sonstigen beim Vertrieb durch die Investmentgesellschaft zu beachtenden Vorschriften des deutschen Rechts.

(2) Die Bundesanstalt kann Auskünfte über die Geschäftsangelegenheiten und die Vorlage der Verkaufsunterlagen von Personen und Unternehmen verlangen, bei denen Tatsachen die Annahme rechtfertigen, dass sie ausländische Investmentanteile vertreiben, ohne dass die nach § 132 Abs. 1 oder § 139 Abs. 1 erforderliche Anzeige erstattet worden ist.

§ 142
Zusammenarbeit mit anderen Stellen

(1) In Erfüllung der Aufgabe nach § 141 Abs. 1 arbeitet die Bundesanstalt zur Überwachung des Vertriebs von EG-Investmentanteilen mit den zuständigen Stellen des Mitgliedstaates der Europäischen Union oder des anderen Vertragsstaates des Abkommens über den Europäischen Wirtschaftsraum, in dem die Investmentgesellschaft ihren Sitz hat, eng zusammen und übermittelt diesen Stellen die erforderlichen Auskünfte.

(2) Vertrauliche Informationen, welche die Bundesanstalt von den zuständigen Stellen des anderen Mitgliedstaates der Europäischen Union oder des anderen Vertragsstaates des Abkommens über den Europäischen Wirtschaftsraum erhält, dürfen nur für folgende Zwecke verwendet werden:

1. zur Prüfung, ob die Voraussetzungen für den Vertrieb der Investmentanteile erfüllt sind,
2. zur Überwachung der Vertriebstätigkeit der Investmentgesellschaft oder sonstiger mit dem Vertrieb befasster Personen,
3. für Zwecke nach Maßgabe des § 19 Abs. 1 Satz 2 Nr. 2 bis 4.

Kapitel 6
Straf-, Bußgeld und Übergangsvorschriften

§ 143
Bußgeldvorschriften

(1) Ordnungswidrig handelt, wer

1. einer vollziehbaren Anordnung nach § 17a Abs. 1 zuwiderhandelt,
2. entgegen § 31 Abs. 4 ein Gelddarlehen gewährt oder eine dort genannte Verpflichtung eingeht,
3. entgegen § 53 oder § 90h Abs. 6 einen Kredit aufnimmt oder
4. entgegen § 59 Satz 1 einen dort genannten Vermögensgegenstand verkauft.

(2) Ordnungswidrig handelt, wer vorsätzlich oder leichtfertig

1. einer vollziehbaren Anordnung nach § 2a Abs. 2 oder 4 Satz 1 zuwiderhandelt,
2. entgegen § 12 Abs. 1 Satz 1, auch in Verbindung mit Abs. 3 Satz 1 oder 2, oder § 12 Abs. 4 Satz 1, auch in Verbindung mit Satz 2, jeweils auch in Verbindung mit einer Rechtsverordnung nach § 12 Abs. 6 Satz 1, eine Anzeige nicht, nicht richtig, nicht vollständig, nicht in der vorgeschriebenen Weise oder nicht rechtzeitig erstattet,
3. entgegen § 42 Abs. 1 Satz 1 Halbsatz 1 einen vereinfachten oder ausführlichen Verkaufsprospekt dem Publikum nicht oder nicht rechtzeitig zugänglich macht,
4. entgegen § 43 Abs. 2 Satz 9 die Vertragsbedingungen dem ausführlichen Verkaufsprospekt beifügt,
5. entgegen § 44 Abs. 1 Satz 1, Abs. 2 oder 4, jeweils auch in Verbindung mit einer Rechtsverordnung nach § 44 Abs. 7 Satz 1, einen Jahresbericht, einen Halbjahresbericht oder einen Auflösungsbericht nicht, nicht richtig, nicht vollständig, nicht in der vorgeschriebenen Weise oder nicht rechtzeitig erstellt,

6. entgegen § 45 Abs. 1 oder 2, den Jahresbericht, den Halbjahresbericht oder den Auflösungsbericht nicht, nicht richtig, nicht vollständig, nicht in der vorgeschriebenen Weise oder nicht rechtzeitig bekannt macht,

7. entgegen § 93 Abs. 2 Satz 1 eine Anzeige nicht, nicht richtig, nicht vollständig, nicht in der vorgeschriebenen Weise oder nicht rechtzeitig erstattet,

8. entgegen § 96 Abs. 6 Satz 1 oder 2 der Bundesanstalt eine Anzeige nicht, nicht richtig, nicht vollständig oder nicht rechtzeitig erstattet oder

9. entgegen § 111a Abs. 4 den Jahresabschluss, den Lagebericht oder den Halbjahresbericht nicht, nicht richtig, nicht vollständig oder nicht rechtzeitig bei der Bundesanstalt einreicht.

(3) Ordnungswidrig handelt, wer vorsätzlich oder fahrlässig

1. entgegen § 6 Abs. 5 in Verbindung mit § 24c Abs. 1 Satz 1 oder 5 des Kreditwesengesetzes eine Datei nicht, nicht richtig oder nicht vollständig führt oder nicht dafür sorgt, dass die Bundesanstalt Daten jederzeit automatisch abrufen kann,

2. entgegen § 19g Satz 1 in Verbindung mit § 44 Abs. 1 Satz 1 des Kreditwesengesetzes, auch in Verbindung mit § 44b Abs. 1 Satz 1 des Kreditwesengesetzes, eine Auskunft nicht, nicht richtig, nicht vollständig oder nicht rechtzeitig erteilt oder eine Unterlage nicht, nicht richtig, nicht vollständig oder nicht rechtzeitig vorlegt,

3. entgegen § 19g Satz 2 in Verbindung mit § 44 Abs. 1 Satz 4 oder § 44b Abs. 2 Satz 2 des Kreditwesengesetzes eine Maßnahme nicht duldet,

4. einer vollziehbaren Anordnung nach § 19 i Satz 1 oder 2 oder § 19j zuwiderhandelt,

5. entgegen § 19k in Verbindung mit § 46b Abs. 1 Satz 1 des Kreditwesengesetzes eine Anzeige nicht, nicht richtig, nicht vollständig oder nicht rechtzeitig erstattet,

6. entgegen

a) § 46, § 47 Abs. 1, § 48 Abs. 1, § 64 Abs. 1 Satz 1 oder 4, Abs. 2 oder 3, § 84 Abs. 1, § 90b Abs. 1, § 90h Abs. 1 oder § 113 Abs. 2 Satz 2 oder

b) § 67 Abs. 1 oder 3, § 68 Abs. 1 Satz 1, § 68a, § 88 Abs. 1 oder § 90b Abs. 2 Satz 1 oder Abs. 4 Satz 1 einen Vermögensgegenstand, Edelmetall, ein Zertifikat über Edelmetalle, eine Schuldverschreibung, Aktien, Anteile eines Sondervermögens oder ausländischen Investmentvermögens oder Verkaufsoptionsrechte erwirbt,

7. entgegen § 49 Satz 1, § 68 Abs. 1 Satz 1 oder § 80 Abs. 1 Satz 1 einen dort genannten Vermögensgegenstand oder Betrag hält,

8. entgegen § 51 Abs. 1 Satz 1 in Derivate investiert,

9. entgegen § 51 Abs. 2, auch in Verbindung mit einer Rechtsverordnung nach Abs. 3 Satz 1 Nr. 1, nicht sicherstellt, dass sich das Marktrisikopotential höchstens verdoppelt,

10. entgegen § 52, § 60 Abs. 1 Satz 1 Halbsatz 1, Abs. 2 Satz 1 oder 2, Abs. 3, § 61, § 85, § 90h Abs. 3 oder 4, Abs. 7 Satz 1 oder 3, Abs. 8 oder § 113 Abs. 2 Satz 1 oder Abs. 4 Satz 1 oder 2 mehr als einen dort genannten Prozentsatz des Wertes in die dort genannten Vermögensgegenstände anlegt,

11. entgegen § 54 Abs. 1 Satz 1 oder Abs. 2 Satz 1 Wertpapiere überträgt,

12. entgegen

a) § 54 Abs. 1 Satz 2 oder

b) § 69 Abs. 1 Satz 1

ein Darlehen gewährt,

13. entgegen § 54 Abs. 4 eine Anzeige nicht, nicht richtig, nicht vollständig oder nicht rechtzeitig erstattet,
14. entgegen § 57 Abs. 1 Satz 1 ein Pensionsgeschäft abschließt,
15. entgegen § 60 Abs. 2 Satz 3 nicht sicherstellt, dass der Gesamtwert der Schuldverschreibungen 80 Prozent des Wertes des Sondervermögens nicht übersteigt,
16. einer Vorschrift des § 60 Abs. 5 Satz 1 oder 2, § 90b Abs. 3 oder 4 Satz 2, Abs. 5 oder 6 oder § 90h Abs. 5 Satz 1 über eine dort genannte Sicherstellungspflicht zuwiderhandelt,
17. entgegen § 67 Abs. 4, auch in Verbindung mit § 90a, nicht sicherstellt, dass die Vermögensgegenstände nur in dem dort genannten Umfang einem Währungsrisiko unterliegen,
18. entgegen § 68a Abs. 2 einen Vermögensgegenstand veräußert,
19. entgegen § 69 Abs. 1 Satz 2 nicht sicherstellt, dass die Summe der Darlehen einen dort genannten Prozentsatz nicht übersteigt,
20. entgegen § 90b Abs. 8 ein Geschäft tätigt,
21. entgegen § 101 Aktien einer Investmentaktiengesellschaft öffentlich vertreibt,
22. entgegen § 112 Abs. 2 Satz 1 Anteile an Sondervermögen öffentlich vertreibt,
23. entgegen § 113 Abs. 1 Satz 3 Leverage oder Leerverkäufe durchführt,
24. entgegen § 113 Abs. 2 Satz 2 einen Devisenterminkontrakt verkauft,
25. entgegen § 113 Abs. 4 Satz 2 oder 3, jeweils auch in Verbindung § 90h Abs. 2, in dort genannte Zielfonds anlegt,
26. entgegen § 113 Abs. 5 Satz 1 nicht sicherstellt, dass die dort genannten Informationen vorliegen,
27. einer vollziehbaren Untersagung nach § 124 Abs. 4 Satz 1, § 133 Abs. 2, 3, 4 oder 4a, § 140 Abs. 2, 3, 4 oder 4a oder § 144 Abs. 2 Satz 3 zuwiderhandelt,
28. entgegen § 133 Abs. 1 Satz 1 oder § 140 Abs. 1 Satz 1 den öffentlichen Vertrieb von EG-Investmentanteilen oder ausländischen Investmentanteilen aufnimmt oder
29. entgegen § 135 Abs. 1 Satz 2 ausländische Investmentanteile öffentlich vertreibt.

(4) Die Vorschriften des Absatzes 2 Nr. 4 und 5 und des Absatzes 3 Nr. 4, 5, 6 Buchstabe a, Nr. 7, 8, 9, 10, 15 und 16 gelten auch für Investmentaktiengesellschaften nach § 99 Abs. 3 Satz 1.

(5) Die Ordnungswidrigkeit kann in den Fällen des Absatzes 3 Nr. 1, 5 bis 19 sowie Nr. 22 und 23 mit einer Geldbuße bis zu fünfzigtausend Euro, in den übrigen Fällen mit einer Geldbuße bis zu hunderttausend Euro geahndet werden.

(6) Verwaltungsbehörde im Sinne des § 36 Abs. 1 Nr. 1 des Gesetzes über Ordnungswidrigkeiten ist die Bundesanstalt.

§ 143 a
Strafvorschriften

Wer ohne die Erlaubnis nach § 7 Abs. 1 Satz 1 das Geschäft einer Kapitalanlagegesellschaft betreibt, wird mit Freiheitsstrafe bis zu drei Jahren oder Geldstrafe bestraft.

§ 143 b
Mitteilungen in Strafsachen

Für die Mitteilungspflichten der Gerichte, der Strafverfolgungs- oder der Strafvollstreckungsbehörden gegenüber der Bundesanstalt findet § 60a des Kreditwesengesetzes entsprechend Anwendung.

§ 144
Allgemeine Übergangsvorschriften

(1) Aktiengesellschaften oder Gesellschaften mit beschränkter Haftung, die bei Inkrafttreten dieses Gesetzes die in § 6 Abs. 1 Satz 1 aufgeführten Geschäfte betreiben, bedürfen keiner erneuten Erlaubnis zum Geschäftsbetrieb; ihre Vertragsbedingungen für bereits bestehende Sondervermögen bedürfen keiner Genehmigung. Die Erlaubnis gilt für Tätigkeiten nach § 7 Abs. 2 Nr. 1 und 3 als erteilt, wenn diese Dienstleistungen und Nebendienstleistungen vor dem 1. Januar 2004 in der Satzung oder dem Gesellschaftsvertrag der Kapitalanlagegesellschaft bereits vorgesehen waren. Bereits erteilte Erlaubnisse und Genehmigungen gelten als nach diesem Gesetz erteilt. Die Gültigkeit von nach § 24b Abs. 1 Satz 2 des Gesetzes über Kapitalanlagegesellschaften ausgestellten Bescheinigungen wird durch die Aufnahme der Tätigkeiten nach § 7 Abs. 2 Nr. 1 und 3 bis 7 bei Inkrafttreten dieses Gesetzes nicht berührt.

(2) Ausländische Investmentgesellschaften, die bei Inkrafttreten dieses Gesetzes eine Anzeige nach § 7 Abs. 1 oder § 15c Abs. 1 des Auslandinvestment-Gesetzes in der Fassung der Bekanntmachung vom 9. September 1998 (BGBl. I S. 2820), zuletzt geändert durch Artikel 32 des Gesetzes vom 21. August 2002 (BGBl. I S. 3322), erstattet haben und zum öffentlichen Vertrieb berechtigt sind, müssen keine neue Anzeige nach § 132 Abs. 1 oder § 139 Abs. 1 erstatten; ein bereits erlangtes Vertriebsrecht besteht fort. Ein vereinfachter Verkaufsprospekt, der zusätzlich die Angaben nach § 131 Satz 3 Halbsatz 1 enthält, ist der Bundesanstalt für die EG-Investmentanteile, die im Geltungsbereich dieses Gesetzes bereits vor dem 28. Dezember 2007 vertrieben werden durften, vorbehaltlich des § 133 Abs. 9 erstmals vorzulegen, sobald dieser nach Vorschriften des Mitgliedstaates der Europäischen Union oder des anderen Vertragsstaates des Abkommens über den europäischen Wirtschaftsraum geändert werden muss, spätestens jedoch bis zum 31. Dezember 2008. Wird die Verpflichtung aus Satz 2 nicht erfüllt, untersagt die Bundesanstalt den weiteren öffentlichen Vertrieb der EG-Investmentanteile; § 133 Abs. 5 bis 7 gilt entsprechend.

(3) Auf die am 28. Dezember 2007 bestehenden Kapitalanlagegesellschaften findet § 6 Abs. 2a erstmals zum 30. Juni 2008 Anwendung.

(4) Ausführliche Verkaufsprospekte von Kapitalanlagegesellschaften, Investmentaktiengesellschaften und ausländischen Investmentgesellschaften, die eine Belehrung über das Recht des Käufers zum Widerruf nach § 126 in der vor dem 28. Dezember 2007 geltenden Fassung dieses Gesetzes enthalten, dürfen bis zum 31. Dezember 2008 weiterverwendet werden.

§ 145
Übergangsvorschriften für Sondervermögen

(1) Die Kapitalanlagegesellschaft darf auf die am 28. Dezember 2007 bereits bestehenden richtlinienkonformen Sondervermögen die Vorschriften dieses Gesetzes in der vor dem 28. Dezember 2007 geltenden Fassung noch bis zum 1. Juli 2010 anwenden. Auf die in Satz 1 genannten Sondervermögen sind ab dem 1. Juli 2008 die §§ 46 bis 65 in der ab dem 28. Dezember 2007 geltenden Fassung anzuwenden. Werden die Vertragsbedingungen zu diesem Zweck geändert, muss die Änderung der Vertragsbedingungen nach § 43 in der vor dem 28. Dezember 2007 geltenden Fassung mit der Maßgabe erfolgen, dass die in § 43 Abs. 3 und 5 genannten Fristen jeweils drei Monate betragen. Die Kapitalanlagegesellschaft kann die Vertragsbedingungen für die in Satz 2 genannten Sondervermögen ändern, um für Rechnung des Sondervermögens die nach den §§ 46 bis 65 zugelassenen Rechtsgeschäfte abschließen zu können.

(2) Die Kapitalanlagegesellschaft darf auf die am 28. Dezember 2007 bestehenden, nicht von Absatz 1 erfassten Sondervermögen noch bis zum 1. Juli 2010 das Gesetz in der vor dem 28. Dezember 2007 geltenden Fassung anwenden. Die Kapitalanlagegesellschaft kann die Vertragsbedingungen für die am 28. Dezember 2007 bestehenden Immobilien-Sondervermögen ändern, um für Rechnung des Sondervermögens die nach den §§ 66 bis 82 zugelassenen Rechtsgeschäfte abschließen zu können. Die Kapitalanlagegesellschaft kann die Vertragsbedingungen für die am 28. Dezember 2007 bestehenden Sondervermögen mit zusätzlichen Risiken ändern, um für Rechnung des Sondervermögens die nach den §§ 112 bis 120 zugelassenen Rechtsgeschäfte abschließen zu können. Die Kapitalanlagegesellschaft kann die Vertragsbedingungen für die am 28. Dezember 2007 bestehenden Gemischten Sondervermögen ändern, um für Rechnung des Sondervermögens die nach den §§ 83 bis 85 zugelassenen Rechtsgeschäfte abschließen zu können, und für Altersvorsorge-Sondervermögen, um für Rechnung des Sondervermögens die nach den §§ 87 bis 89 zugelassenen Rechtsgeschäfte abschließen zu können. Die Bundesanstalt erteilt die nach § 43 Abs. 2 Satz 1 erforderliche Genehmigung nach Maßgabe des § 43 Abs. 2, Abs. 3 Satz 1 und Abs. 5 in der vor dem Inkrafttreten dieses Gesetzes geltenden Fassung.

(3) § 45 Abs. 1 und 2 in der ab dem 28. Dezember 2007 geltenden Fassung ist erstmals auf Sondervermögen im Sinne der Absätze 1 und 2 anzuwenden, deren Geschäftsjahr nach dem 31. Dezember 2008 endet. Auf Sondervermögen im Sinne der Absätze 1 und 2, deren Geschäftsjahr vor dem 1. Januar 2009 endet, ist § 45 Abs. 1 und 2 in der bis zum 27. Dezember 2007 geltenden Fassung für dieses Geschäftsjahr weiter anzuwenden.

§ 146
Übergangsvorschriften für Investmentaktiengesellschaften

(1) Auf die vor dem 28. Dezember 2007 bestehenden Investmentaktiengesellschaften darf dieses Gesetz in der vor dem 28. Dezember 2007 geltenden Fassung noch bis zum 1. Juli 2010 angewendet werden. Investmentaktiengesellschaften, deren Erlaubnis auf der Grundlage dieses Gesetzes in der vor dem 28. Dezember 2007 geltenden Fassung erteilt worden ist, müssen spätestens bis zum 1. Juli 2010 die Satzung nebst Anlagebedingungen an das Gesetz in der ab dem 28. Dezember 2007 geltenden Fassung anpassen. Die Änderung der Satzung und der Anlagebedingungen muss nach Maßgabe des § 99 Abs. 3 oder des § 97

Abs. 4 Satz 1, jeweils in Verbindung mit § 43, in der ab dem 28. Dezember 2007 geltenden Fassung erfolgen. Die Bundesanstalt erteilt die nach § 43 Abs. 2 Satz 1 erforderliche Genehmigung nach Maßgabe des § 43 Abs. 2, 3 Satz 1 und Abs. 5 in der vor dem 28. Dezember 2007 geltenden Fassung. Die Änderung der Satzung und der Anlagebedingungen wird wirksam mit der Eintragung der Satzungsänderung im Handelsregister.

2) Spätestens einen Monat vor der geplanten Änderung der Satzung und der Anlagebedingungen sind die Aktionäre durch den Vorstand über die Maßnahme und die rechtlichen und finanziellen Folgen im elektronischen Bundesanzeiger, in den im Verkaufsprospekt angegebenen Wirtschafts- und Tageszeitungen und, soweit die Aktionäre namentlich bekannt sind, durch direkte Mitteilung zu informieren.

(3) Die Anpassung der Satzung an die Vorschriften über die Teilnahme- und Stimmrechte der Anlageaktionäre in der Hauptversammlung nach § 96 Abs. 1b und 1c ist nur dann zulässig, wenn die Gründer der Investmentaktiengesellschaft oder andere Personen Aktien der Investmentaktiengesellschaft in einem Wert, der mindestens dem gesetzlich festgelegten Anfangskapital entspricht, halten und ausdrücklich sämtliche Rechte und Pflichten der Unternehmensaktionäre übernehmen.

(4) § 99 Abs. 3 in Verbindung mit § 45 sowie § 111 Abs. 1 Satz 2 in Verbindung mit den §§ 45 und 111a Abs. 1 und 2 jeweils in der ab dem 28. Dezember 2007 geltenden Fassung, sind erstmals auf Investmentaktiengesellschaften oder deren Teilgesellschaftsvermögen anzuwenden, deren Geschäftsjahr nach dem 31. Dezember 2008 endet. Auf Investmentaktiengesellschaften oder deren Teilgesellschaftsvermögen, deren Geschäftsjahr vor dem 1. Januar 2009 endet, sind § 99 Abs. 3 in Verbindung mit § 45 sowie § 110 und § 111 Abs. 1 in der bis zum 27. Dezember 2007 geltenden Fassung für dieses Geschäftsjahr weiter anzuwenden.

§ 147
Übergangsvorschrift zur Verwahrung und Verwaltung von Anteilscheinen

Für Kapitalanlagegesellschaften, die am 29. Juni 2009 die Erlaubnis zur Verwaltung von Investmentvermögen nach § 7 Abs. 1 haben und Anteile gemäß § 7 Abs. 2 Nr. 4 verwahren und verwalten, gilt die Erlaubnis zum Erbringen der individuellen Vermögensverwaltung nach § 7 Abs. 2 Nr. 1 als zu diesem Zeitpunkt erteilt, wenn sie bis zum 29. Juli 2009 der Bundesanstalt anzeigen, dass sie weiterhin die Nebendienstleistungen nach § 7 Abs. 2 Nr. 4 erbringen wollen.

Kreditwesengesetz
Übersicht

Kreditwesengesetz - Gesetz über das Kreditwesen

(KWG)

In der Fassung der Bekanntmachung vom: 9. September 1998 (BGBl. I S. 2776)
Zuletzt geändert durch: Art. 2 des Gesetzes vom 09. Dezember 2010 (BGBl. I S. 1900)

Erster Abschnitt
Allgemeine Vorschriften

1. Kreditinstitute, Finanzdienstleistungsinstitute, Finanzholding-Gesellschaften, gemischte Finanzholding-Gesellschaften, Finanzkonglomerate, gemischte Unternehmen und Finanzunternehmen

§ 1
Begriffsbestimmungen

(1) [1] Kreditinstitute sind Unternehmen, die Bankgeschäfte gewerbsmäßig oder in einem Umfang betreiben, der einen in kaufmännischer Weise eingerichteten Geschäftsbetrieb erfordert. [2] Bankgeschäfte sind

1. die Annahme fremder Gelder als Einlagen oder anderer unbedingt rückzahlbarer Gelder des Publikums, sofern der Rückzahlungsanspruch nicht in Inhaber- oder Orderschuldverschreibungen verbrieft wird, ohne Rücksicht darauf, ob Zinsen vergütet werden (Einlagengeschäft),

1a. die in § 1 Abs. 1 Satz 2 des Pfandbriefgesetzes bezeichneten Geschäfte (Pfandbriefgeschäft),

2. die Gewährung von Gelddarlehen und Akzeptkrediten (Kreditgeschäft),

3. der Ankauf von Wechseln und Schecks (Diskontgeschäft),

4. die Anschaffung und die Veräußerung von Finanzinstrumenten im eigenen Namen für fremde Rechnung (Finanzkommissionsgeschäft),

5. die Verwahrung und die Verwaltung von Wertpapieren für andere (Depotgeschäft),

6. (aufgehoben),

7. die Eingehung der Verpflichtung, zuvor veräußerte Darlehensforderungen vor Fälligkeit zurückzuerwerben,

8. die Übernahme von Bürgschaften, Garantien und sonstigen Gewährleistungen für andere (Garantiegeschäft),

9. die Durchführung des bargeldlosen Scheckeinzugs (Scheckeinzugsgeschäft), des Wechseleinzugs (Wechseleinzugsgeschäft) und die Ausgabe von Reiseschecks (Reisescheckgeschäft),

10. die Übernahme von Finanzinstrumenten für eigenes Risiko zur Plazierung oder die Übernahme gleichwertiger Garantien (Emissionsgeschäft),

11. die Ausgabe und die Verwaltung von elektronischem Geld (E-Geld-Geschäft),

12. die Tätigkeit als zentraler Kontrahent im Sinne von Absatz 31.

(1a) [1] Finanzdienstleistungsinstitute sind Unternehmen, die Finanzdienstleistungen für andere gewerbsmäßig oder in einem Umfang erbringen, der einen in kaufmännischer Weise eingerichteten Geschäftsbetrieb erfordert, und die keine Kreditinstitute sind. [2] Finanzdienstleistungen sind

1. die Vermittlung von Geschäften über die Anschaffung und die Veräußerung von Finanzinstrumenten (Anlagevermittlung),
1a. die Abgabe von persönlichen Empfehlungen an Kunden oder deren Vertreter, die sich auf Geschäfte mit bestimmten Finanzinstrumenten beziehen, sofern die Empfehlung auf eine Prüfung der persönlichen Umstände des Anlegers gestützt oder als für ihn geeignet dargestellt wird und nicht ausschließlich über Informationsverbreitungskanäle oder für die Öffentlichkeit bekannt gegeben wird (Anlageberatung),
1b. der Betrieb eines multilateralen Systems, das die Interessen einer Vielzahl von Personen am Kauf und Verkauf von Finanzinstrumenten innerhalb des Systems und nach festgelegten Bestimmungen in einer Weise zusammenbringt, die zu einem Vertrag über den Kauf dieser Finanzinstrumente führt (Betrieb eines multilateralen Handelssystems),
1c. das Platzieren von Finanzinstrumenten ohne feste Übernahmeverpflichtung (Platzierungsgeschäft),
2. die Anschaffung und die Veräußerung von Finanzinstrumenten im fremden Namen für fremde Rechnung (Abschlußvermittlung),
3. die Verwaltung einzelner in Finanzinstrumenten angelegter Vermögen für andere mit Entscheidungsspielraum (Finanzportfolioverwaltung),
4. das kontinuierliche Anbieten des Kaufs oder Verkaufs von Finanzinstrumenten an einem organisierten Markt oder in einem multilateralen Handelssystem zu selbst gestellten Preisen, das häufige organisierte und systematische Betreiben von Handel für eigene Rechnung außerhalb eines organisierten Marktes oder eines multilateralen Handelssystems, indem ein für Dritte zugängliches System angeboten wird, um mit ihnen Geschäfte durchzuführen, oder die Anschaffung oder Veräußerung von Finanzinstrumenten für eigene Rechnung als Dienstleistung für andere (Eigenhandel),
5. die Vermittlung von Einlagengeschäften mit Unternehmen mit Sitz außerhalb des Europäischen Wirtschaftsraums (Drittstaateneinlagenvermittlung),
6. (aufgehoben),
7. der Handel mit Sorten (Sortengeschäft),
8. (aufgehoben),
9. der laufende Ankauf von Forderungen auf der Grundlage von Rahmenverträgen mit oder ohne Rückgriff (Factoring),
10. der Abschluss von Finanzierungsleasingverträgen als Leasinggeber und die Verwaltung von Objektgesellschaften im Sinne des § 2 Abs. 6 Satz 1 Nr. 17 (Finanzierungsleasing),
11. die Anschaffung und die Veräußerung von Finanzinstrumenten für eine Gemeinschaft von Anlegern, die natürliche Personen sind, mit Entscheidungsspielraum bei der Auswahl der Finanzinstrumente, sofern dies ein Schwerpunkt des angebotenen Produktes ist und zu dem

Zweck erfolgt, dass diese Anleger an der Wertentwicklung der erworbenen Finanzinstrumente teilnehmen (Anlageverwaltung).

(1b) Institute im Sinne dieses Gesetzes sind Kreditinstitute und Finanzdienstleistungsinstitute.

(2) [1] Geschäftsleiter im Sinne dieses Gesetzes sind diejenigen natürlichen Personen, die nach Gesetz, Satzung oder Gesellschaftsvertrag zur Führung der Geschäfte und zur Vertretung eines Instituts in der Rechtsform einer juristischen Person oder einer Personenhandelsgesellschaft berufen sind. [2] In Ausnahmefällen kann die Bundesanstalt für Finanzdienstleistungsaufsicht (Bundesanstalt) auch eine andere mit der Führung der Geschäfte betraute und zur Vertretung ermächtigte Person widerruflich als Geschäftsleiter bezeichnen, wenn sie zuverlässig ist und die erforderliche fachliche Eignung hat; § 33 Abs. 2 ist anzuwenden. [3] Wird das Institut von einem Einzelkaufmann betrieben, so kann in Ausnahmefällen unter den Voraussetzungen des Satzes 2 eine von dem Inhaber mit der Führung der Geschäfte betraute und zur Vertretung ermächtigte Person widerruflich als Geschäftsleiter bezeichnet werden. [4] Beruht die Bezeichnung einer Person als Geschäftsleiter auf einem Antrag des Instituts, so ist sie auf Antrag des Instituts oder des Geschäftsleiters zu widerrufen.

(3) [1] Finanzunternehmen sind Unternehmen, die keine Institute und keine Kapitalanlagegesellschaften oder Investmentaktiengesellschaften sind und deren Haupttätigkeit darin besteht,

1. Beteiligungen zu erwerben und zu halten,
2. Geldforderungen entgeltlich zu erwerben,
3. Leasing-Objektgesellschaft im Sinne des § 2 Abs. 6 Satz 1 Nr. 17 zu sein,
4. (aufgehoben)
5. mit Finanzinstrumenten für eigene Rechnung zu handeln,
6. andere bei der Anlage in Finanzinstrumenten zu beraten,
7. Unternehmen über die Kapitalstruktur, die industrielle Strategie und die damit verbundenen Fragen zu beraten sowie bei Zusammenschlüssen und Übernahmen von Unternehmen diese zu beraten und ihnen Dienstleistungen anzubieten oder
8. Darlehen zwischen Kreditinstituten zu vermitteln (Geldmaklergeschäfte).

[2] Das Bundesministerium der Finanzen kann nach Anhörung der Deutschen Bundesbank durch Rechtsverordnung weitere Unternehmen als Finanzunternehmen bezeichnen, deren Haupttätigkeit in einer Tätigkeit besteht, um welche die Liste im Anhang I der Richtlinie 2006/48/EG vom 14. Juni 2006 über die Aufnahme und Ausübung der Tätigkeit der Kreditinstitute (ABl. EU Nr. L 177 S. 1) (Bankenrichtlinie) erweitert wird.

(3a) [1] Finanzholding-Gesellschaften sind Finanzunternehmen, die keine gemischten Finanzholding-Gesellschaften sind und deren Tochterunternehmen ausschließlich oder hauptsächlich Institute oder Finanzunternehmen sind und die mindestens ein Einlagenkreditinstitut, ein E-Geld-Institut oder ein Wertpapierhandelsunternehmen zum Tochterunternehmen haben. [2] Gemischte Finanzholding-Gesellschaften sind Mutterunternehmen, die keine beaufsichtigten Finanzkonglomeratsunternehmen sind, und die zusammen mit ihren Tochterunternehmen, von denen mindestens ein Unternehmen ein beaufsichtigtes Finanzkonglomeratsunternehmen mit Sitz im Inland oder einem anderen

Staat des Europäischen Wirtschaftsraums ist, und anderen Unternehmen ein Finanzkonglomerat bilden. ³ Beaufsichtigte Finanzkonglomeratsunternehmen sind konglomeratsangehörige Einlagenkreditinstitute, E-Geld-Institute, Wertpapierhandelsunternehmen, Erstversicherungsunternehmen im Sinne des § 104k Nr. 2 Buchstabe a des Versicherungsaufsichtsgesetzes, Kapitalanlagegesellschaften oder andere Vermögensverwaltungsgesellschaften im Sinne des Artikels 2 Nr. 5 und des Artikels 30 der Richtlinie 2002/87/EG.

(3b) Gemischte Unternehmen sind Unternehmen, die keine Finanzholding-Gesellschaften, gemischte Finanzholding-Gesellschaften oder Institute sind und die mindestens ein Einlagenkreditinstitut, ein E-Geld-Institut oder ein Wertpapierhandelsunternehmen zum Tochterunternehmen haben. Eine gemischte Unternehmensgruppe besteht aus einem gemischten Unternehmen und seinen Tochterunternehmen.

(3c) Anbieter von Nebendienstleistungen sind Unternehmen, die keine Institute oder Finanzunternehmen sind und deren Haupttätigkeit darin besteht, Immobilien zu verwalten, Rechenzentren zu betreiben oder ähnliche Tätigkeiten auszuführen, die Nebentätigkeiten im Verhältnis zur Haupttätigkeit eines oder mehrerer Institute sind.

(3d) ¹ Einlagenkreditinstitute sind Kreditinstitute, die Einlagen oder andere unbedingt rückzahlbare Gelder des Publikums entgegennehmen und das Kreditgeschäft betreiben. ²Wertpapierhandelsunternehmen sind Institute, die keine Einlagenkreditinstitute sind und die Bankgeschäfte im Sinne des Absatzes 1 Satz 2 Nr. 4 oder 10 betreiben oder Finanzdienstleistungen im Sinne des Absatzes 1a Satz 2 Nr. 1 bis 4 erbringen, es sei denn, die Bankgeschäfte oder Finanzdienstleistungen beschränken sich auf Devisen oder Rechnungseinheiten. ³Wertpapierhandelsbanken sind Kreditinstitute, die keine Einlagenkreditinstitute sind und die Bankgeschäfte im Sinne des Absatzes 1 Satz 2 Nr. 4 oder 10 betreiben oder Finanzdienstleistungen im Sinne des Absatzes 1a Satz 2 Nr. 1 bis 4 erbringen. ⁴ E-Geld-Institute sind Kreditinstitute, die nur das E-Geld-Geschäft betreiben.

(3e) Wertpapier- oder Terminbörsen im Sinne dieses Gesetzes sind Wertpapier- oder Terminmärkte, die von den zuständigen staatlichen Stellen geregelt und überwacht werden, regelmäßig stattfinden und für das Publikum unmittelbar oder mittelbar zugänglich sind, einschließlich

1. ihrer Betreiber, wenn deren Haupttätigkeit im Betreiben von Wertpapier- oder Terminmärkten besteht, und
2. ihrer Systeme zur Sicherung der Erfüllung der Geschäfte an diesen Märkten (Clearingstellen), die von den zuständigen staatlichen Stellen geregelt und überwacht werden.

(4) Herkunftsstaat ist der Staat, in dem die Hauptniederlassung eines Instituts zugelassen ist.

(5) Aufnahmestaat ist der Staat, in dem ein Institut außerhalb seines Herkunftsstaats eine Zweigniederlassung unterhält oder im Wege des grenzüberschreitenden Dienstleistungsverkehrs tätig wird.

(5a) ¹ Der Europäische Wirtschaftsraum im Sinne dieses Gesetzes umfaßt die Mitgliedstaaten der Europäischen Union sowie die anderen Vertragsstaaten des Abkommens über den

Europäischen Wirtschaftsraum. [2] Drittstaaten im Sinne dieses Gesetzes sind alle anderen Staaten.

(5b) (aufgehoben)

(6) Mutterunternehmen sind Unternehmen, die als Mutterunternehmen im Sinne des § 290 des Handelsgesetzbuchs gelten oder die einen beherrschenden Einfluß ausüben können, ohne daß es auf die Rechtsform und den Sitz ankommt.

(7) [1] Tochterunternehmen sind Unternehmen, die als Tochterunternehmen im Sinne des § 290 des Handelsgesetzbuchs gelten oder auf die ein beherrschender Einfluß ausgeübt werden kann, ohne daß es auf die Rechtsform und den Sitz ankommt. [2] Schwesterunternehmen sind Unternehmen, die ein gemeinsames Mutterunternehmen haben.

(7a) Mutterinstitute in einem Mitgliedstaat sind Institute mit Sitz in einem Staat des Europäischen Wirtschaftsraums, denen ein Institut im Sinne von § 10a Abs. 1 Satz 2 oder Abs. 4, oder eine Kapitalanlagegesellschaft, ein Zahlungsinstitut im Sinne des Zahlungsdiensteaufsichtsgesetzes oder ein Finanzunternehmen nachgeordnet ist und die selbst weder einem Institut noch einer Finanzholding-Gesellschaft mit Sitz im gleichen Staat des Europäischen Wirtschaftsraums nachgeordnet sind.

(7b) Mutterfinanzholding-Gesellschaften in einem Mitgliedstaat sind Finanzholding-Gesellschaften, die selbst weder Tochterunternehmen eines Instituts noch einer Finanzholding-Gesellschaft mit Sitz im gleichen Staat des Europäischen Wirtschaftsraums sind.

(7c) EU-Mutterinstitute sind Mutterinstitute in einem Mitgliedstaat, die selbst weder einem Institut noch einer Finanzholding-Gesellschaft mit Sitz in einem Staat des Europäischen Wirtschaftsraums im Sinne von § 10a Abs. 1 Satz 2 oder Abs. 4 nachgeordnet sind.

(7d) EU-Mutterfinanzholding-Gesellschaften sind Mutterfinanzholding-Gesellschaften in einem Mitgliedstaat, die selbst weder Tochterunternehmen eines Instituts noch einer Finanzholding-Gesellschaft mit Sitz in einem Staat des Europäischen Wirtschaftsraums sind.

(8) Eine Kontrolle besteht, wenn ein Unternehmen im Verhältnis zu einem anderen Unternehmen als Mutterunternehmen gilt oder wenn zwischen einer natürlichen oder einer juristischen Person und einem Unternehmen ein gleichartiges Verhältnis besteht.

(9) [1] Eine bedeutende Beteiligung besteht, wenn unmittelbar oder mittelbar über ein oder mehrere Tochterunternehmen oder ein gleichartiges Verhältnis oder im Zusammenwirken mit anderen Personen oder Unternehmen mindestens 10 vom Hundert des Kapitals oder der Stimmrechte eines dritten Unternehmens im Eigen- oder Fremdinteresse gehalten werden oder wenn auf die Geschäftsführung eines anderen Unternehmens ein maßgeblicher Einfluss ausgeübt werden kann. [2] Für die Berechnung des Anteils der Stimmrechte gelten § 21 Abs. 1 in Verbindung mit einer Rechtsverordnung nach Abs. 3, § 22 Abs. 1 bis 3a in Verbindung mit einer Rechtsverordnung nach Abs. 5 und § 23 des Wertpapierhandelsgesetzes sowie § 32 Abs. 2 und 3 in Verbindung mit einer Rechtsverordnung nach Abs. 5 Nr. 1 des Investmentgesetzes entsprechend. [3] Unberücksichtigt bleiben die Stimmrechte oder

Kapitalanteile, die Institute im Rahmen des Emissionsgeschäfts nach Absatz 1 Satz 2 Nr. 10 halten, vorausgesetzt, diese Rechte werden nicht ausgeübt oder anderweitig benutzt, um in die Geschäftsführung des Emittenten einzugreifen, und sie werden innerhalb eines Jahres nach dem Zeitpunkt des Erwerbs veräußert. [4] Die mittelbar gehaltenen Beteiligungen sind den mittelbar beteiligten Personen und Unternehmen in vollem Umfang zuzurechnen.

(10) Eine enge Verbindung besteht, wenn ein Institut und eine andere natürliche Person oder ein anderes Unternehmen verbunden sind

1. durch das unmittelbare oder mittelbare Halten durch ein oder mehrere Tochterunternehmen oder Treuhänder von mindestens 20 vom Hundert des Kapitals oder der Stimmrechte oder
2. als Mutter- und Tochterunternehmen, mittels eines gleichartigen Verhältnisses oder als Schwesterunternehmen.

(11) [1] Finanzinstrumente im Sinne der Absätze 1 bis 3 und 17 sowie im Sinne des § 2 Abs. 1 und 6 sind abweichend von § 1a Abs. 3 Wertpapiere, Geldmarktinstrumente, Devisen oder Rechnungseinheiten sowie Derivate. [2] Wertpapiere sind, auch wenn keine Urkunden über sie ausgestellt sind, alle Gattungen von übertragbaren Wertpapieren mit Ausnahme von Zahlungsinstrumenten, die ihrer Art nach auf den Kapitalmärkten handelbar sind, insbesondere

1. Aktien und andere Anteile an in- oder ausländischen juristischen Personen, Personengesellschaften und sonstigen Unternehmen, soweit sie Aktien vergleichbar sind, sowie Zertifikate, die Aktien vertreten,
2. Schuldtitel, insbesondere Genussscheine, Inhaberschuldverschreibungen, Orderschuldverschreibungen und Zertifikate, die diese Schuldtitel vertreten,
3. sonstige Wertpapiere, die zum Erwerb oder zur Veräußerung von Wertpapieren nach den Nummern 1 und 2 berechtigen oder zu einer Barzahlung führen, die in Abhängigkeit von Wertpapieren, von Währungen, Zinssätzen oder anderen Erträgen, von Waren, Indices oder Messgrößen bestimmt wird,
4. Anteile an Investmentvermögen, die von einer Kapitalanlagegesellschaft oder einer ausländischen Investmentgesellschaft ausgegeben werden.

[3] Geldmarktinstrumente sind alle Gattungen von Forderungen, die nicht unter Satz 1 fallen und die üblicherweise auf dem Geldmarkt gehandelt werden, mit Ausnahme von Zahlungsinstrumenten. [4] Derivate sind

1. als Kauf, Tausch oder anderweitig ausgestaltete Festgeschäfte oder Optionsgeschäfte, die zeitlich verzögert zu erfüllen sind und deren Wert sich unmittelbar oder mittelbar vom Preis oder Maß eines Basiswertes ableitet (Termingeschäfte) mit Bezug auf die folgenden Basiswerte:
a. Wertpapiere oder Geldmarktinstrumente,
b. Devisen oder Rechnungseinheiten,
c. Zinssätze oder andere Erträge,
d. Indices der Basiswerte des Buchstaben a, b oder c, andere Finanzindices oder Finanzmessgrößen oder
e. Derivate;

2. Termingeschäfte mit Bezug auf Waren, Frachtsätze, Emissionsberechtigungen, Klima- oder andere physikalische Variablen, Inflationsraten oder andere volkswirtschaftliche Variablen oder sonstige Vermögenswerte, Indices oder Messwerte als Basiswerte, sofern sie

    a. durch Barausgleich zu erfüllen sind oder einer Vertragspartei das Recht geben, einen Barausgleich zu verlangen, ohne dass dieses Recht durch Ausfall oder ein anderes Beendigungsereignis begründet ist,

    b. auf einem organisierten Markt oder in einem multilateralen Handelssystem geschlossen werden oder

    c. nach Maßgabe des Artikels 38 Abs. 1 der Verordnung (EG) Nr. 1287/2006 der Kommission vom 10. August 2006 zur Durchführung der Richtlinie 2004/39/EG des Europäischen Parlaments und des Rates betreffend die Aufzeichnungspflichten für Wertpapierfirmen, die Meldung von Geschäften, die Markttransparenz, die Zulassung von Finanzinstrumenten zum Handel und bestimmte Begriffe im Sinne dieser Richtlinie (ABl. EU Nr. L 241 S. 1) Merkmale anderer Derivate aufweisen und nicht kommerziellen Zwecken dienen und nicht die Voraussetzungen des Artikels 38 Abs. 4 dieser Verordnung gegeben sind,

    und sofern sie keine Kassageschäfte im Sinne des Artikels 38 Abs. 2 der Verordnung (EG)Nr. 1287/2006 sind;

3. finanzielle Differenzgeschäfte;

4. als Kauf, Tausch oder anderweitig ausgestaltete Festgeschäfte oder Optionsgeschäfte, die zeitlich verzögert zu erfüllen sind und dem Transfer von Kreditrisiken dienen (Kreditderivate);

5. Termingeschäfte mit Bezug auf die in Artikel 39 der Verordnung (EG) Nr. 1287/2006 genannten Basiswerte, sofern sie die Bedingungen der Nummer 2 erfüllen.

(12) (aufgehoben)

(13) [1] Risikomodelle im Sinne dieses Gesetzes sind zeitbezogene stochastische Darstellungen der Veränderungen von Marktkursen, -preisen oder -werten oder -zinssätzen und ihrer Auswirkungen auf den Marktwert einzelner Finanzinstrumente oder Gruppen von Finanzinstrumenten (potentielle Risikobeträge) auf der Basis der Empfindlichkeit (Sensitivität) dieser Finanzinstrumente oder Finanzinstrumentsgruppen gegenüber Veränderungen der für sie maßgeblichen risikobestimmenden Faktoren. [2] Sie beinhalten mathematisch-statistische Strukturen und Verteilungen zur Ermittlung risikobeschreibender Kennzahlen, insbesondere des Ausmaßes und Zusammenhangs von Kurs-, Preis- und Zinssatzschwankungen (Volatilität und Korrelation) sowie der Sensitivität der Finanzinstrumente und Finanzinstrumentsgruppen, die durch angemessene EDV-gestützte Verfahren, insbesondere Zeitreihenanalysen ermittelt werden.

(14) Elektronisches Geld sind Werteinheiten in Form einer Forderung gegen die ausgebende Stelle, die

1. auf elektronischen Datenträgern gespeichert sind,

2. gegen Entgegennahme eines Geldbetrags ausgegeben werden und

3. von Dritten als Zahlungsmittel angenommen werden, ohne gesetzliches Zahlungsmittel zu sein.

(15) [1] Eine qualifizierte Beteiligung im Sinne dieses Gesetzes besteht, wenn eine Person oder ein Unternehmen an einem anderen Unternehmen unmittelbar oder mittelbar über ein oder mehrere Tochterunternehmen oder ein gleichartiges Verhältnis mindestens 10 vom Hundert des Kapitals oder der Stimmrechte hält oder auf die Geschäftsführung des anderen Unternehmens einen maßgeblichen Einfluss ausüben kann; Absatz 9 Satz 2 bis 4 gilt entsprechend. [2] Anteile, die nicht dazu bestimmt sind, durch die Herstellung einer dauernden Verbindung dem eigenen Geschäftsbetrieb zu dienen, sind in die Berechnung der Höhe der Beteiligung nicht einzubeziehen.

(16) [1] Ein System im Sinne von § 24b ist eine schriftliche Vereinbarung nach Artikel 2 Buchstabe a der Richtlinie 98/26/EG des Europäischen Parlaments und des Rates vom 19. Mai 1998 über die Wirksamkeit von Abrechnungen in Zahlungs- sowie Wertpapierliefer- und -abrechnungssystemen (ABl. L 166 vom 11.6.1998, S. 45), die durch die Richtlinie 2009/44/EG (ABl. L 146 vom 10.6.2009, S. 37) geändert worden ist, einschließlich der Vereinbarung zwischen einem Teilnehmer und einem indirekt teilnehmenden Kreditinstitut, die von der Deutschen Bundesbank oder der zuständigen Stelle eines anderen Mitgliedstaats oder Vertragsstaats des Europäischen Wirtschaftsraums der Kommission der Europäischen Gemeinschaften gemeldet wurde. [2] Systeme aus Drittstaaten stehen den in Satz 1 genannten Systemen gleich, sofern sie im Wesentlichen den in Artikel 2 Buchstabe a der Richtlinie 98/26/EG angeführten Voraussetzungen entsprechen. [3]System im Sinne des Satzes 1 ist auch ein System, dessen Betreiber eine Vereinbarung mit dem Betreiber eines anderen Systems oder den Betreibern anderer Systeme geschlossen hat, die eine Ausführung von Zahlungs- oder Übertragungsaufträgen zwischen den betroffenen Systemen zum Gegenstand hat (interoperables System); auch die anderen an der Vereinbarung beteiligten Systeme sind interoperable Systeme.

(16a) Systembetreiber im Sinne dieses Gesetzes ist derjenige, der für den Betrieb des Systems rechtlich verantwortlich ist.

(16b) Der Geschäftstag eines Systems umfasst Tag- und Nachtabrechnungen und beinhaltet alle Ereignisse innerhalb des üblichen Geschäftszyklus eines Systems.

(17) [1] Finanzsicherheiten im Sinne dieses Gesetzes sind Barguthaben, Geldbeträge, Wertpapiere, Geldmarktinstrumente sowie Kreditforderungen im Sinne des Artikels 2 Absatz 1 Buchstabe o der Richtlinie 2002/47/EG des Europäischen Parlaments und des Rates vom 6. Juni 2002 über Finanzsicherheiten (ABl. L 168 vom 27.6.2002, S. 43), die durch die Richtlinie 2009/44/EG (ABl. L 146 vom 10.6.2009, S. 37) geändert worden ist," einschließlich jeglicher damit in Zusammenhang stehender Rechte oder Ansprüche, die als Sicherheit in Form eines beschränkten dinglichen Sicherungsrechts oder im Wege der Vollrechtsübertragung auf Grund einer Vereinbarung zwischen einem Sicherungsnehmer und einem Sicherungsgeber, die einer der in Artikel 1 Abs. 2 Buchstabe a bis e der Richtlinie 2002/47/EG , die durch die Richtlinie 2009/44/EG geändert worden ist, aufgeführten Kategorien angehören, bereitgestellt werden. Gehört der Sicherungsgeber zu den in Artikel 1 Abs. 2 Buchstabe e der Richtlinie 2002/47/EG genannten Personen oder Gesellschaften, so liegt eine Finanzsicherheit nur vor, wenn die Sicherheit der Besicherung von Verbindlichkeiten aus Verträgen oder aus der Vermittlung von Verträgen über

a) die Anschaffung und die Veräußerung von Finanzinstrumenten,

b) Pensions-, Darlehens- sowie vergleichbare Geschäfte auf Finanzinstrumente oder

c) Darlehen zur Finanzierung des Erwerbs von Finanzinstrumenten

dient.[2] Gehört der Sicherungsgeber zu den in Artikel 1 Abs. 2 Buchstabe e der Richtlinie 2002/ 47/EG genannten Personen oder Gesellschaften, so sind eigene Anteile des Sicherungsgebers oder Anteile an verbundenen Unternehmen im Sinne von § 290 Abs. 2 des Handelsgesetzbuches keine Finanzsicherheiten; maßgebend ist der Zeitpunkt der Bestellung der Sicherheit. [3] Sicherungsgeber aus Drittstaaten stehen den in Satz 1 genannten Sicherungsgebern gleich, sofern sie im Wesentlichen den in Artikel 1 Abs. 2 Buchstabe a bis e aufgeführten Körperschaften, Finanzinstituten und Einrichtungen entsprechen.

(18) Branchenvorschriften im Sinne dieses Gesetzes sind die Rechtsvorschriften der Europäischen Gemeinschaften im Bereich der Finanzaufsicht, insbesondere die Richtlinien 73/239/EWG, 85/611/EWG, 98/78/EG, 2004/39/EG, 2006/48/EG und 2006/49/EG sowie Anhang V Teil A der Richtlinie 2002/83/EG, die darauf beruhenden inländischen Gesetze, insbesondere dieses Gesetz, das Versicherungsaufsichtsgesetz, das Wertpapierhandelsgesetz, das Investmentgesetz, das Pfandbriefgesetz, das Gesetz über Bausparkassen, das Geldwäschegesetz einschließlich der dazu ergangenen Rechtsverordnungen sowie der sonstigen im Bereich der Finanzaufsicht erlassenen Rechts- und Verwaltungsvorschriften.

(19) Finanzbranche im Sinne dieses Gesetzes sind folgende Branchen:

1. die Banken- und Wertpapierdienstleistungsbranche; dieser gehören Kreditinstitute im Sinne des Absatzes 1, Finanzdienstleistungsinstitute im Sinne des Absatzes 1a, Kapitalanlagegesellschaften im Sinne des § 2 Abs. 6 des Investmentgesetzes, Investmentaktiengesellschaften im Sinne des § 2 Abs. 5 des Investmentgesetzes, Finanzunternehmen im Sinne des Absatzes 3, Anbieter von Nebendienstleistungen im Sinne des Absatzes 3c oder entsprechende Unternehmen mit Sitz im Ausland sowie Zahlungsinstitute im Sinne des § 1 Abs. 1 Nr. 5 des Zahlungsdiensteaufsichtsgesetzes an; für die Zwecke der §§ 51a und 51c gelten Kapitalanlagegesellschaften und Investmentaktiengesellschaften als nicht dieser Branche angehörig;
2. die Versicherungsbranche; dieser gehören Erstversicherungsunternehmen im Sinne des § 104k Nr. 2 Buchstabe a des Versicherungsaufsichtsgesetzes, Rückversicherungsunternehmen im Sinne des § 104a Abs. 2 Nr. 3 des Versicherungsaufsichtsgesetzes, Versicherungs-Holdinggesellschaften im Sinne des § 104a Abs. 2 Nr. 4 des Versicherungsaufsichtsgesetzes oder entsprechende Unternehmen mit Sitz im Ausland an;
3. eine weitere aus den gemischten Finanzholding-Gesellschaften gebildete Branche.

(20) [1] Ein Finanzkonglomerat im Sinne dieses Gesetzes ist vorbehaltlich des § 51a Abs. 2 bis 6 eine Gruppe von Unternehmen,

1. die aus einem Mutterunternehmen, seinen Tochterunternehmen und den Unternehmen, an denen das Mutterunternehmen oder ein Tochterunternehmen eine Beteiligung halten, besteht, oder aus Unternehmen, die zu einer horizontalen Unternehmensgruppe zusammengefasst sind;

2. an deren Spitze ein beaufsichtigtes Finanzkonglomeratsunternehmen steht, bei dem es sich um ein Mutterunternehmen eines Unternehmens der Finanzbranche, ein Unternehmen, das eine Beteiligung an einem Unternehmen der Finanzbranche hält, oder ein Unternehmen, das mit einem anderen Unternehmen der Banken- und Wertpapierdienstleistungsbranche oder der Versicherungsbranche zu einer horizontalen Unternehmensgruppe zusammengefasst ist, handelt; steht kein beaufsichtigtes Finanzkonglomeratsunternehmen an der Spitze der Gruppe, weist die Gruppe jedoch mindestens eines dieser Unternehmen als Tochterunternehmen auf, ist die Gruppe ein Finanzkonglomerat, wenn sie vorwiegend in der Finanzbranche tätig ist;
3. der mindestens ein Unternehmen der Versicherungsbranche sowie mindestens ein Unternehmen der Banken- und Wertpapierdienstleistungsbranche angehören und
4. in der die konsolidierte oder aggregierte Tätigkeit beziehungsweise die konsolidierte und aggregierte Tätigkeit der Unternehmen der Gruppe sowohl in der Versicherungsbranche als auch in der Banken- und Wertpapierdienstleistungsbranche erheblich ist.

² Als Finanzkonglomerat gilt auch eine Untergruppe einer Gruppe im Sinne des Satzes 1 Nr. 1, sofern diese selbst die Voraussetzungen nach Satz 1 Nr. 1 bis 4 erfüllt.

(21) Eine horizontale Unternehmensgruppe im Sinne dieses Gesetzes ist eine Gruppe, in der ein Unternehmen mit einem oder mehreren anderen Unternehmen in der Weise verbunden ist, dass

1. sie gemeinsam auf Grund einer Satzungsbestimmung oder eines Vertrages unter einheitlicher Leitung stehen, oder
2. sich ihre Verwaltungs-, Leitungs- oder Aufsichtsorgane mehrheitlich aus denselben Personen zusammensetzen, die während des Geschäftsjahres und bis zum Ablauf des in § 290 Abs. 1 des Handelsgesetzbuchs bestimmten Zeitraums im Amt sind, wenn sie einen konsolidierten Abschluss aufzustellen haben oder hätten.

(22) Gruppeninterne Transaktionen innerhalb eines Finanzkonglomerats im Sinne dieses Gesetzes sind Transaktionen, bei denen sich beaufsichtigte Finanzkonglomeratsunternehmen zur Erfüllung einer Verbindlichkeit direkt oder indirekt auf andere Unternehmen innerhalb desselben Finanzkonglomerats oder auf natürliche oder juristische Personen stützen, die mit den Unternehmen der Gruppe durch enge Verbindungen verbunden sind, wobei unerheblich ist, ob dies auf vertraglicher oder nicht vertraglicher oder auf entgeltlicher oder unentgeltlicher Grundlage erfolgt.

(23) Risikokonzentrationen im Sinne dieses Gesetzes sind alle mit einem Ausfallrisiko behafteten Engagements der Unternehmen eines Finanzkonglomerats, die groß genug sind, die Solvabilität oder die allgemeine Finanzlage der beaufsichtigten Finanzkonglomeratsunternehmen zu gefährden, wobei die Ausfallgefahr auf einem Adressenausfallrisiko, einem Kreditrisiko, einem Anlagerisiko, einem Versicherungsrisiko, einem Marktrisiko, einem sonstigen Risiko, einer Kombination dieser Risiken oder auf Wechselwirkungen zwischen diesen Risiken beruht oder beruhen kann.

(24) Refinanzierungsunternehmen sind Unternehmen, die zum Zwecke der eigenen Refinanzierung oder der Refinanzierung des Übertragungsberechtigten Gegenstände oder

Ansprüche auf deren Übertragung aus ihrem Geschäftsbetrieb an Zweckgesellschaften, Refinanzierungsmittler, ein Kreditinstitut mit Sitz in einem Staat des Europäischen Wirtschaftsraums oder an eine in § 2 Abs. 1 Nr. 1 oder Nr. 3a genannte Einrichtung veräußern; unschädlich ist, wenn sie daneben wirtschaftliche Risiken weitergeben, ohne dass damit ein Rechtsübergang einhergeht.

(25) Refinanzierungsmittler sind Kreditinstitute, die von Refinanzierungsunternehmen oder anderen Refinanzierungsmittlern Gegenstände aus dem Geschäftsbetrieb eines Refinanzierungsunternehmens oder Ansprüche auf deren Übertragung erwerben, um diese an Zweckgesellschaften oder Refinanzierungsmittler zu veräußern; unschädlich ist, wenn sie daneben wirtschaftliche Risiken weitergeben, ohne dass damit ein Rechtsübergang einhergeht.

(26) Zweckgesellschaften sind Unternehmen, deren wesentlicher Zweck darin besteht, durch Emission von Finanzinstrumenten oder auf sonstige Weise Gelder aufzunehmen oder andere vermögenswerte Vorteile zu erlangen, um von Refinanzierungsunternehmen oder Refinanzierungsmittlern Gegenstände aus dem Geschäftsbetrieb eines Refinanzierungsunternehmens oder Ansprüche auf deren Übertragung zu erwerben; unschädlich ist, wenn sie daneben wirtschaftliche Risiken übernehmen, ohne dass damit ein Rechtsübergang einhergeht.

(27) Multilaterale Entwicklungsbanken im Sinne dieses Gesetzes sind:

1. Internationale Bank für Wiederaufbau und Entwicklung,
2. Internationale Finanz-Corporation,
3. Multilaterale Investitionsgarantie-Agentur,
4. Interamerikanische Entwicklungsbank,
5. Afrikanische Entwicklungsbank,
6. Asiatische Entwicklungsbank,
7. Karibische Entwicklungsbank,
8. Nordische Investitionsbank,
9. Entwicklungsbank des Europarates,
10. Europäische Bank für Wiederaufbau und Entwicklung,
11. Europäische Investitionsbank,
12. Europäischer Investitionsfonds,
13. Interamerikanische Investitionsgesellschaft,
14. Schwarzmeer-Handels- und Entwicklungsbank,
15. Zentralamerikanische Bank für wirtschaftliche Integration,
16. Islamische Entwicklungsbank und
17. Internationale Finanzierungsfazilität für Impfungen.

(28) Internationale Organisationen im Sinne dieses Gesetzes sind:

1. Europäische Gemeinschaft,
2. Internationaler Währungsfonds und
3. Bank für Internationalen Zahlungsausgleich.

(29) [1]Anerkannte Wertpapierhandelsunternehmen aus Drittstaaten im Sinne dieses Gesetzes sind Wertpapierhandelsunternehmen, die in einem Drittstaat zugelassen sind und einem

Aufsichtssystem unterliegen, das dem Aufsichtssystem für Handelsbuchinstitute nach den Bestimmungen dieses Gesetzes gleichwertig ist. [2]Satz 1 gilt nicht für die von § 2 Absatz 8 erfassten Anlageberater, Anlagevermittler, Abschlussvermittler, Betreiber multilateraler Handelssysteme, Unternehmen, die das Platzierungsgeschäft betreiben, und sonstigen Unternehmen.

(30) [1]Einrichtungen des öffentlichen Bereichs im Sinne dieses Gesetzes sind Verwaltungseinrichtungen, die keine Erwerbszwecke verfolgen und ausschließlich Zentralregierungen, Regionalregierungen oder örtlichen Gebietskörperschaften unterstehen und deren Aufgaben wahrnehmen. [2]Zu den Einrichtungen des öffentlichen Bereichs zählen auch nicht wettbewerbswirtschaftlich tätige, rechtlich selbständige Förderinstitute im Geltungsbereich dieses Gesetzes, die auch von einer inländischen Gebietskörperschaft getragen werden und für deren Zahlungsverpflichtungen mindestens eine inländische Gebietskörperschaft die Haftung übernommen hat.

(31) Ein zentraler Kontrahent ist ein Unternehmen, das bei Kaufverträgen innerhalb eines oder mehrerer Finanzmärkte zwischen den Käufer und den Verkäufer geschaltet wird, um als Vertragspartner für jeden der beiden zu dienen, und dessen Forderungen aus Kontrahentenausfallrisiken gegenüber allen Teilnehmern an seinen Systemen auf Tagesbasis hinreichend besichert sind.

(32) Terrorismusfinanzierung im Sinne dieses Gesetzes ist

1. die Bereitstellung oder Sammlung finanzieller Mittel in Kenntnis dessen, dass sie ganz oder teilweise dazu verwendet werden oder verwendet werden sollen,
    a. eine Tat nach § 129a, auch in Verbindung mit § 129b des Strafgesetzbuchs, oder
    b. eine andere der in Artikel 1 bis 3 des Rahmenbeschlusses 2002/475/JI des Rates vom 13. Juni 2002 zur Terrorismusbekämpfung (ABl. EG Nr. L 164 S. 3) umschriebenen Straftaten

    zu begehen oder zu einer solchen Tat anzustiften oder Beihilfe zu leisten sowie

2. die Begehung einer Tat nach § 89a Abs. 1 in den Fällen des Abs. 2 Nr. 4 des Strafgesetzbuchs oder die Teilnahme an einer solchen Tat.

§ 1a
Handelsbuch und Anlagebuch

(1) Dem Handelsbuch eines Instituts im Sinne dieses Gesetzes sind zum Zweck der Ermittlung und der Anrechnung von Handelsbuch-Risikopositionen folgende Positionen zuzurechnen:

1. Finanzinstrumente im Sinne des Absatzes 3 und Waren, die das Institut zum Zweck des kurzfristigen Wiederverkaufs im Eigenbestand hält oder die von dem Institut übernommen werden, um bestehende oder erwartete Unterschiede zwischen den Kauf- und Verkaufspreisen oder Schwankungen von Marktkursen, -preisen, -werten oder -zinssätzen kurzfristig zu nutzen, damit ein Eigenhandelserfolg erzielt wird (Handelsabsicht),

2. Finanzinstrumente im Sinne des Absatzes 3 sowie Waren zur Absicherung von Marktrisiken des Handelsbuchs und damit im Zusammenhang stehende Refinanzierungsgeschäfte,
3. Pensions- und Darlehensgeschäfte auf Positionen des Handelsbuchs sowie Geschäfte, die mit Pensions- und Darlehensgeschäften auf Positionen des Handelsbuchs vergleichbar sind,
4. Aufgabegeschäfte sowie
5. Forderungen in Form von Gebühren, Provisionen, Zinsen, Dividenden und Einschüssen, die mit den Positionen des Handelsbuchs unmittelbar verknüpft sind. Finanzinstrumente und Waren, die nach Satz 1 Nr. 1 oder nach Satz 1 Nr. 2 dem Handelsbuch zugerechnet werden, dürfen entweder keinerlei einschränkenden Bestimmungen in Bezug auf ihre Handelbarkeit unterliegen oder müssen ihrerseits absicherbar sein.

(2) Das Anlagebuch bilden alle Geschäfte eines Instituts, die nicht dem Handelsbuch zuzurechnen sind.

(3) Finanzinstrumente im Sinne dieses Gesetzes sind, vorbehaltlich § 1 Abs. 11, alle Verträge, die für eine der beteiligten Seiten einen finanziellen Vermögenswert und für die andere Seite eine finanzielle Verbindlichkeit oder ein Eigenkapitalinstrument schaffen.

(4) [1]Die Einbeziehung in das Handelsbuch hat nach institutsintern festgelegten nachprüfbaren Kriterien zu erfolgen, die der Bundesanstalt und der Deutschen Bundesbank mitzuteilen sind; Änderungen der Kriterien sind der Bundesanstalt und der Deutschen Bundesbank unverzüglich unter Darlegung der Gründe anzuzeigen. [2]Die Institute haben die Einhaltung dieser Kriterien regelmäßig zu überwachen sowie vollständig und nachvollziehbar in ihren Unterlagen zu dokumentieren. [3]Eine Umwidmung von Positionen des Handelsbuchs in das Anlagebuch oder von Positionen des Anlagebuchs in das Handelsbuch ist vorzunehmen, wenn die Voraussetzungen für eine Zurechnung der entsprechenden Position zum Handelsbuch oder zum Anlagebuch entfallen sind. [4]Ansonsten darf eine Umwidmung von Positionen des Handelsbuchs in das Anlagebuch oder von Positionen des Anlagebuchs in das Handelsbuch nur dann erfolgen, wenn für die Umwidmung ein schlüssiger Grund vorliegt. [5]Die Umwidmung ist in den Unterlagen des Instituts vollständig zu dokumentieren sowie nachvollziehbar und hinreichend zu begründen.

(5) Die Institute müssen über klar formulierte Konzepte und Vorgaben zur Führung und Verwaltung ihres Handelsbuchs verfügen, die ausdrücklich auch auf die Einschätzung der Institute zur Handelbarkeit und Absicherbarkeit der von ihnen gehaltenen verschiedenen Arten von Handelsbuchpositionen eingehen. Insbesondere haben die Institute geeignete Kontrollprozesse einzurichten und ständig fortzuführen, anhand derer sie tatsächliche und rechtliche Beschränkungen der Handelbarkeit und der Absicherbarkeit ihrer Handelsbuchpositionen verlässlich feststellen und die Zuverlässigkeit der Bewertung ihrer Handelsbuchpositionen angemessen beurteilen können.

(6) [1]Bei Positionen des Handelsbuchs, die mit Handelsabsicht gehalten werden, muss sich die Handelsabsicht anhand einer von der Geschäftsleitung genehmigten Handelsstrategie sowie eindeutig verfasster Vorgaben zur aktiven Steuerung und zur Überwachung der Handelsbuchpositionen des Instituts auf Übereinstimmung mit der Handelsstrategie des

Instituts nachweisen lassen. [2]Die Ausgestaltung und Dokumentation der Handelsstrategie sowie die institutsinternen Vorgaben zur Steuerung und Überwachung der Handelsbuchpositionen auf Übereinstimmung mit der Handelsstrategie muss die in Anhang VII, Teil A der Richtlinie 2006/49/EG des Europäischen Parlaments und des Rates vom 14. Juni 2006 über die angemessene Eigenkapitalausstattung von Wertpapierfirmen und Kreditinstituten (ABl. EU Nr. L 177 S. 201) (Kapitaladäquanzrichtlinie) niedergelegten Anforderungen erfüllen. [3]Die Handelsstrategie kann dabei Teil der in § 25a Abs. 1 Satz 3 Nr. 1 geforderten Strategien sein.

(7) [1]Institutsinterne Sicherungsgeschäfte sind Geschäfte, die der wesentlichen oder vollständigen Absicherung einer oder mehrerer Anlagebuchpositionen dienen. [2]Sie dürfen nur dann dem Handelsbuch zugerechnet werden, wenn sie zu Marktbedingungen durchgeführt sowie konsistent für die Absicherung von Anlagebuchpositionen des Instituts eingesetzt werden und das Institut sie ebenso wie vergleichbare Handelsbuchpositionen, die keine institutsinternen Sicherungsgeschäfte sind, in die Steuerung und Überwachung seiner Handelsbuchpositionen einbezieht. [3]Die Absätze 4, 5 und 8 gelten entsprechend. [4]Des Weiteren setzt die Zurechnung derartiger Sicherungsgeschäfte zum Handelsbuch voraus, dass diese Sicherungsgeschäfte gemäß den Vorgaben, die die Geschäftsleitung des Instituts für die Vornahme derartiger Sicherungsgeschäfte genehmigt hat, getätigt und ständig durch hierfür eingerichtete, institutsinterne Kontrollverfahren überwacht werden. [5]Die Einbeziehung institutsinterner Sicherungsgeschäfte in das Handelsbuch ist in den Unterlagen des Instituts nachvollziehbar zu dokumentieren. [6]Die Zurechnung institutsinterner Sicherungsgeschäfte zum Handelsbuch lässt die Zurechnung der durch diese Sicherungsgeschäfte abgesicherten Anlagebuchpositionen zum Anlagebuch sowie die auf Grund dessen für diese Anlagebuchpositionen geltenden Eigenkapitalanforderungen unberührt. [7]Demgegenüber kann ein Institut unter den Voraussetzungen und in der Weise, die die Rechtsverordnung nach § 10 Abs. 1 Satz 9 vorsieht, ein Kreditderivat, das es von einem Dritten erworben hat und zur Absicherung einer Anlagebuchposition einsetzt, selbst dann für die Ermittlung der Eigenkapitalanforderungen in Bezug auf diese Anlagebuchposition berücksichtigen, wenn es dieses Kreditderivat dem Handelsbuch zuordnet. [8]Dabei darf das Institut dieses Kreditderivat aber nur insoweit berücksichtigen, wie es dieses Kreditderivat durch ein internes Sicherungsgeschäft in das Anlagebuch durchleitet.

(8) [1]Die Institute haben Handelsbuchpositionen täglich zu Marktpreisen zu bewerten, die aus unabhängigen Quellen bezogen werden. [2]Ist eine solche direkte Bewertung zu Marktpreisen nicht möglich, darf das Institut den Marktwert der Handelsbuchpositionen mit Hilfe von Bewertungsmodellen schätzen, die sich auf am Markt beobachtete Referenzpreise stützen. [3]Für die Bewertung von Handelsbuchpositionen haben die Institute geeignete Systeme und Kontrollprozesse einzurichten und ständig fortzuführen. [4]Diese Systeme und Kontrollprozesse müssen über schriftlich niedergelegte Vorgaben und Verfahrensweisen für den Bewertungsprozess der Handelsbuchpositionen verfügen und gewährleisten, dass die Handelsbuchpositionen vorsichtig und zuverlässig bewertet werden. [5]Bei der Bewertung ihrer Handelsbuchpositionen haben die Institute insbesondere das Risiko zu berücksichtigen, dass im Falle einer kurzfristigen Veräußerung oder Absicherung dieser Handelsbuchpositionen nicht ihr zuletzt beobachteter Marktpreis oder Schätzwert, sondern lediglich ein ungünstigerer Wert erzielt wird.

(9) [1]Das Bundesministerium der Finanzen wird ermächtigt, durch Rechtsverordnung im Benehmen mit der Deutschen Bundesbank nähere Bestimmungen zur Zusammensetzung, Führung und Verwaltung des Handelsbuchs der Institute sowie zur Anwendung von Vorschriften über das Handelsbuch in Institutsgruppen und Finanzholding-Gruppen im Sinne von § 10a Abs. 1 bis 5 zu erlassen, insbesondere

1. zur Zuordnung von weiteren handelbaren Positionen zum Handelsbuch,
2. zum Ausschluss von Positionen von der Zurechnung zum Handelsbuch,
3. zur Abgrenzung der Handelsbuchinstitute von Nichthandelsbuchinstituten,
4. zu den Anforderungen an das Handelsbuch und die darin einbezogenen Positionen,
5. zur Steuerung der Handelsbuchpositionen und der Risiken des Handelsbuchs sowie
6. zur Bewertung von Handelsbuchpositionen und zu den Anforderungen an die hierfür institutsintern vorzuhaltenden Systeme und Kontrollprozesse.

[2]Das Bundesministerium der Finanzen kann die Ermächtigung durch Rechtsverordnung auf die Bundesanstalt mit der Maßgabe übertragen, dass die Rechtsverordnung im Einvernehmen mit der Deutschen Bundesbank ergeht. [3]Vor Erlass der Rechtsverordnung sind die Spitzenverbände der Institute anzuhören.

§ 1b
Begriffsbestimmungen für Verbriefungen

(1) Eine Verbriefungstransaktion liegt vor, wenn

1. das Adressenausfallrisiko aus einem verbrieften Portfolio anfänglich in wenigstens zwei Verbriefungstranchen aufgeteilt wird,
2. Zahlungsansprüche oder Zahlungsverpflichtungen der Halter von Risikopositionen in den Verbriefungstranchen vertraglich von der Realisierung des Adressenausfallrisikos ausschließlich des verbrieften Portfolios abhängen,
3. die Verbriefungstranchen in einem Subordinationsverhältnis stehen und diese Rangfolge die Reihenfolge und die Höhe bestimmt, in der Zahlungen oder Verluste bei einer Realisierung des Adressenausfallrisikos des verbrieften Portfolios den Haltern von Positionen in den Verbriefungstranchen zugewiesen werden (Wasserfall-Prinzip), und
4. eine Leistungsstörung nicht bereits dann als eingetreten gilt, wenn für eine im Rang nachgehende Verbriefungstranche derselben Transaktion auf Grund der vertraglich festgelegten Zuweisung von Verlusten oder Nichtzuweisung von Zahlungen ein wirtschaftliches Kreditereignis eingetreten ist.

Als Verbriefungstransaktion gilt auch ein Verbriefungsprogramm, das die in Satz 1 genannten Voraussetzungen erfüllt.

(2) Eine Verbriefungstranche ist ein vertraglich abgegrenzter Teil des mit einem verbrieften Portfolio verbundenen Adressenausfallrisikos, sofern eine Position in dem betreffenden Teil ein Verlustrisiko beinhaltet, das entweder höher oder niedriger ist als das Verlustrisiko einer Position über denselben Betrag in jedem anderen Teil. Sicherungsinstrumente, die dem Inhaber der Position von Dritten direkt zur Verfügung gestellt worden sind, bleiben hierbei unberücksichtigt.

(3) Eine Verbriefungsposition ist eine Risikoposition in einer Verbriefungstranche. Als Risikopositionen im Sinne des Satzes 1 gelten auch

1. derivative Adressenausfallrisikopositionen aus der Absicherung von Zins- und Währungsrisiken, wenn sie in das Wasserfall-Prinzip einbezogen sind,
2. bilanzielle oder außerbilanzielle Adressenausfallrisikopositionen, die ein Institut begründet, indem es Verbriefungs-Liquiditätsfazilitäten im Sinne des Satzes 3, Kreditverbesserungen im Sinne des Satzes 4 oder Gewährleistungen oder Sicherheiten für Verbriefungstranchen oder Teile von Verbriefungstranchen bereitstellt, und
3. vom Originator zu berücksichtigende Investorenanteile im Sinne der Rechtsverordnung nach § 10 Absatz 1 Satz 9.

Eine Verbriefungs-Liquiditätsfazilität ist eine Verbriefungsposition, die aus der vertraglichen Verpflichtung entstanden ist, finanzielle Mittel zur Sicherstellung der termingerechten Weiterleitung von Zahlungen an Investoren bereitzustellen. Eine Kreditverbesserung ist jede vertragliche Vereinbarung, die darauf gerichtet ist, die Kreditqualität des verbrieften Portfolios, einer Verbriefungstransaktion, einer Verbriefungstranche oder einer Verbriefungsposition zu erhöhen, insbesondere durch Nachordnung von Zahlungsansprüchen.

(4) Eine Wiederverbriefung ist eine Verbriefungstransaktion, in deren verbrieftem Portfolio mindestens eine Verbriefungsposition enthalten ist.

(5) Eine Wiederverbriefungsposition ist eine Verbriefungsposition in einer Wiederverbriefung. Die Bundesanstalt kann einzelne Verbriefungspositionen von der Einstufung als Wiederverbriefungspositionen ausnehmen, wenn dies aus besonderen Gründen, insbesondere wegen der Art und der Struktur der zugrunde liegenden Geschäfte, angezeigt ist. Die Ausnahme kann auf Antrag eines Instituts oder von Amts wegen erfolgen.

(6) Ein durch eine Verbriefungstransaktion verbrieftes Portfolio ist die Gesamtheit derjenigen Adressenausfallrisikopositionen, deren Adressenausfallrisiko durch diese Verbriefungstransaktion übertragen werden soll.

(7) Ein Institut gilt für eine Verbriefungstransaktion als Originator, wenn das verbriefte Portfolio Adressenausfallrisikopositionen enthält, die für Rechnung des Instituts begründet oder zum Zwecke der Verbriefung angekauft oder im Auftrag des Instituts verbrieft wurden. Überträgt ein Institut Adressenausfallrisikopositionen durch eine Verbriefungstransaktion auf eine andere Person mit dem Zweck der Weiterverbriefung, gilt das Institut auch für die weiteren Verbriefungstransaktionen als Originator, wenn die von dem Institut auf die andere Person übertragenen Adressenausfallrisikopositionen mindestens 50 Prozent der Bemessungsgrundlage oder mindestens 50 Prozent der risikogewichteten Positionswerte sämtlicher Adressenausfallrisikopositionen des verbrieften Portfolios der weiteren Verbriefungstransaktionen zum Zeitpunkt ihres Abschlusses ausmachen. Für die Bestimmung nach Satz 2 sind diejenigen im verbrieften Portfolio enthaltenen Adressenausfallrisikopositionen unberücksichtigt zu lassen, die nach der Rechtsverordnung nach § 10 Absatz 1 Satz 9 als Hilfsgeschäfte gelten.

(8) Ein Institut gilt für eine Verbriefungstransaktion als Sponsor, wenn die

Verbriefungstransaktion ein forderungsgedecktes Geldmarktpapierprogramm oder anderes Verbriefungsprogramm ist, das Institut dieses Geldmarktpapierprogramm oder andere Verbriefungsprogramm auflegt und verwaltet und das Institut nicht Originator dieser Verbriefungstransaktion ist. Ein forderungsgedecktes Geldmarktpapierprogramm im Sinne des Satzes 1 ist ein Verbriefungsprogramm, in dessen Rahmen fortlaufend Wertpapiere überwiegend in der Form von Geldmarktpapieren mit einer Ursprungslaufzeit von längstens einem Jahr begeben werden (ABCP-Programm).

(9) Ein Institut gilt für eine Verbriefungstransaktion als Investor, wenn es weder Originator noch Sponsor dieser Verbriefungstransaktion ist und

1. eine oder mehrere Verbriefungspositionen aus dieser Verbriefungstransaktion hält oder
2. von anderen gehaltene Verbriefungspositionen aus dieser Verbriefungstransaktion gewährleistet oder absichert.

§ 2
Ausnahmen

(1) Als Kreditinstitut gelten vorbehaltlich der Absätze 2 und 3 nicht

1. die Deutsche Bundesbank;

2. die Kreditanstalt für Wiederaufbau;

3. die Sozialversicherungsträger und die Bundesagentur für Arbeit;

3a. die öffentliche Schuldenverwaltung des Bundes, eines seiner Sondervermögen, eines Landes oder eines anderen Staates des Europäischen Wirtschaftsraums und deren Zentralbanken, sofern diese nicht fremde Gelder als Einlagen oder andere rückzahlbare Gelder des Publikums annimmt oder das Kreditgeschäft betreibt;

3b. Kapitalanlagegesellschaften, selbst wenn sie Investmentanteile für andere nach Maßgabe des § 7 Abs. 2 Nr. 4 des Investmentgesetzes verwalten und verwahren und Investmentaktiengesellschaften;

4. private und öffentlich-rechtliche Versicherungsunternehmen;

5. Unternehmen des Pfandleihgewerbes, soweit sie dieses durch Gewährung von Darlehen gegen Faustpfand betreiben;

6. Unternehmen, die auf Grund des Gesetzes über Unternehmensbeteiligungsgesellschaften als Unternehmensbeteiligungsgesellschaften anerkannt sind;

6a. Unternehmen, die auf Grund des Gesetzes über Wagniskapitalbeteiligungen als Wagniskapitalbeteiligungsgesellschaften anerkannt sind;

7. Unternehmen, die Bankgeschäfte ausschließlich mit ihrem Mutterunternehmen oder ihren Tochter- oder Schwesterunternehmen betreiben;

8. Unternehmen, die, ohne grenzüberschreitend tätig zu werden, als Bankgeschäft ausschließlich das Finanzkommissionsgeschäft an inländischen Börsen oder in inländischen multilateralen Handelssystemen im Sinne des § 1 Absatz 1a Satz 2 Nummer 1b, an oder in denen Derivate gehandelt werden (Derivatemärkte), für andere Mitglieder dieser Märkte oder Handelssysteme betreiben, sofern für die Erfüllung der Verträge, die diese Unternehmen an diesen Märkten oder in diesen Handelssystemen schließen, Clearingmitglieder derselben Märkte oder Handelssysteme haften;

9. Unternehmen, die Finanzkommissionsgeschäfte nur im Bezug auf Derivate im Sinne des § 1 Abs. 11 Satz 4 Nr. 2 und 5 erbringen, sofern

a) sie nicht Teil einer Unternehmensgruppe sind, deren Haupttätigkeit in der Erbringung von Finanzdienstleistungen im Sinne des § 1 Abs. 1a Satz 2 Nr. 1 bis 4 oder Bankgeschäften im Sinne des § 1 Abs. 1 Satz 2 Nr. 1, 2, 8 oder 11 besteht,

b) Finanzkommissionsgeschäfte, Finanzdienstleistungen im Sinne des § 1 Abs. 1a Satz 2 Nr. 1 bis 4 in Bezug auf Derivate im Sinne des § 1 Abs. 11 Satz 4 Nr. 2 und 5 und Eigengeschäfte in Finanzinstrumenten auf Ebene der Unternehmensgruppe von untergeordneter Bedeutung im Verhältnis zur Haupttätigkeit sind und

c) die Finanzkommissionsgeschäfte nur für Kunden ihrer Haupttätigkeit im sachlichen Zusammenhang mit Geschäften der Haupttätigkeit erbracht werden.

(2) Für die Kreditanstalt für Wiederaufbau gelten die §§ 14, 22a bis 22o und die auf Grund von § 47 Abs. 1 Nr. 2 und § 48 getroffenen Regelungen; für die Sozialversicherungsträger, für die Bundesagentur für Arbeit, für Versicherungsunternehmen sowie für Unternehmensbeteiligungsgesellschaften gilt § 14.

(3) Für Unternehmen der in Absatz 1 Nr. 4 bis 6 bezeichneten Art gelten die Vorschriften dieses Gesetzes insoweit, als sie Bankgeschäfte betreiben, die nicht zu den ihnen eigentümlichen Geschäften gehören.

(4) [1] Die Bundesanstalt kann im Einzelfall bestimmen, daß auf ein Institut die §§ 2c, 10 bis 18, 24, 24a, 25, 25a, 26 bis 38, 45, 46 bis 46c und 51 Abs. 1 dieses Gesetzes insgesamt nicht anzuwenden sind, solange das Unternehmen wegen der Art der von ihm betriebenen Geschäfte insoweit nicht der Aufsicht bedarf. [2] Die Entscheidung ist im elektronischen Bundesanzeiger bekanntzumachen.

(5) [1] Die Bundesanstalt kann im Einzelfall im Benehmen mit der Deutschen Bundesbank bestimmen, daß auf ein Unternehmen, das nur das E-Geld-Geschäft betreibt, die §§ 2c, 10 bis 18, 24, 26a, 32 bis 38, 45 und 46 Absatz 1 Satz 2 Nummer 4 bis 6 dieses Gesetzes insgesamt nicht anzuwenden sind, solange das Unternehmen wegen der Art oder des Umfangs der von ihm betriebenen Geschäfte insoweit nicht der Aufsicht bedarf. [2] Die Entscheidung ist im elektronischen Bundesanzeiger bekanntzumachen. [3] Das Bundesministerium der Finanzen kann durch eine im Benehmen mit der Deutschen Bundesbank zu erlassende Rechtsverordnung nähere Bestimmungen für die Freistellung nach Satz 1 erlassen. [4] Das Bundesministerium der Finanzen kann diese Ermächtigung durch Rechtsverordnung auf die Bundesanstalt mit der Maßgabe übertragen, daß die Rechtsverordnung im Einvernehmen mit der Deutschen Bundesbank ergeht.

(6) [1] Als Finanzdienstleistungsinstitute gelten nicht

1. die Deutsche Bundesbank;

2. die Kreditanstalt für Wiederaufbau;

3. die öffentliche Schuldenverwaltung des Bundes, eines seiner Sondervermögen, eines Landes oder eines anderen Staates des Europäischen Wirtschaftsraums und deren Zentralbanken;

4. private und öffentlich-rechtliche Versicherungsunternehmen;

5. Unternehmen, die Finanzdienstleistungen im Sinne des § 1 Abs. 1a Satz 2 ausschließlich innerhalb der Unternehmensgruppe erbringen;

5a. Kapitalanlagegesellschaften, selbst wenn sie die individuelle Vermögensverwaltung nach Maßgabe des § 7 Abs. 2 Nr. 1, die Anlageberatung nach § 7 Abs. 2 Nr. 3 oder sonstige Dienstleistungen und Nebendienstleistungen nach § 7 Abs. 2 Nr. 7 des Investmentgesetzes erbringen, und Investmentaktiengesellschaften;

5b. ausländische Investmentgesellschaften, soweit sie ausländische Investmentanteile im Sinne des § 2 Abs. 9 des Investmentgesetzes ausgeben;

6. Unternehmen, deren Finanzdienstleistung für andere ausschließlich in der Verwaltung eines Systems von Arbeitnehmerbeteiligungen an den eigenen oder an mit ihnen verbundenen Unternehmen besteht;

7. Unternehmen, die ausschließlich Finanzdienstleistungen im Sinne sowohl der Nummer 5 als auch der Nummer 6 erbringen;

8. Unternehmen, die als Finanzdienstleistungen für andere ausschließlich die Anlageberatung und die Anlage- und Abschlussvermittlung zwischen Kunden und

a) inländischen Instituten,

b) Instituten oder Finanzunternehmen mit Sitz in einem anderen Staat des Europäischen Wirtschaftsraums, die die Voraussetzungen nach § 53b Abs. 1 Satz 1 oder Abs. 7 erfüllen,

c) Unternehmen, die auf Grund einer Rechtsverordnung nach § 53c gleichgestellt oder freigestellt sind, oder

d) Kapitalanlagegesellschaften, Investmentaktiengesellschaften und ausländische Investmentgesellschaften

betreiben, sofern sich diese Finanzdienstleistungen auf Anteile an Investmentvermögen, die von einer inländischen Kapitalanlagegesellschaft oder Investmentaktiengesellschaft im Sinne der §§ 96 bis 111a des Investmentgesetzes ausgegeben werden, oder auf ausländische Investmentanteile, die nach dem Investmentgesetz öffentlich vertrieben werden dürfen, beschränken und die Unternehmen nicht befugt sind, sich bei der Erbringung dieser

Finanzdienstleistungen Eigentum oder Besitz an Geldern oder Anteilen von Kunden zu verschaffen, es sei denn, das Unternehmen beantragt und erhält eine entsprechende Erlaubnis nach § 32 Abs. 1; Anteile an Sondervermögen mit zusätzlichen Risiken nach § 112 des Investmentgesetzes gelten nicht als Anteile an Investmentvermögen im Sinne dieser Vorschrift;

9. Unternehmen, die, ohne grenzüberschreitend tätig zu werden, Eigengeschäfte an Derivatemärkten im Sinne des Absatzes 1 Nr. 8 betreiben und an Kassamärkten nur zur Absicherung dieser Positionen handeln, Eigenhandel oder Abschlussvermittlung nur für andere Mitglieder dieser Derivatemärkte erbringen oder als Market Maker im Sinne des § 23 Abs. 4 des Wertpapierhandelsgesetzes im Wege des Eigenhandels Preise für andere Mitglieder dieser Derivatemärkte stellen, sofern für die Erfüllung der Verträge, die diese Unternehmen schließen, Clearingmitglieder derselben Märkte oder Handelssysteme haften;

10. Angehörige freier Berufe, die Finanzdienstleistungen im Sinne des § 1 Abs. 1a Satz 2 Nr. 1 bis 4 nur gelegentlich im Rahmen eines Mandatsverhältnisses als Freiberufler erbringen und einer Berufskammer in der Form der Körperschaft des öffentlichen Rechts angehören, deren Berufsrecht die Erbringung von Finanzdienstleistungen nicht ausschließt;

11. Unternehmen, die Eigengeschäfte in Finanzinstrumenten betreiben oder Finanzdienstleistungen im Sinne des § 1 Abs. 1a Satz 2 Nr. 1 bis 4 nur in Bezug auf Derivate im Sinne des § 1 Abs. 11 Satz 4 Nr. 2 und 5 erbringen, sofern

a) sie nicht Teil einer Unternehmensgruppe sind, deren Haupttätigkeit in der Erbringung von Finanzdienstleistungen im Sinne des § 1 Abs. 1a Satz 2 Nr. 1 bis 4 oder Bankgeschäften im Sinne des § 1 Abs. 1 Satz 2 Nr. 1, 2, 8 oder 11 besteht,

b) diese Finanzdienstleistungen auf Ebene der Unternehmensgruppe von untergeordneter Bedeutung im Verhältnis zur Haupttätigkeit sind und

c) die Finanzdienstleistungen in Bezug auf Derivate im Sinne des § 1 Abs. 11 Satz 4 Nr. 2 und 5 nur für Kunden ihrer Haupttätigkeit im sachlichen Zusammenhang mit Geschäften der Haupttätigkeit erbracht werden,

12. Unternehmen, deren einzige Finanzdienstleistung im Sinne des § 1 Abs. 1a Satz 2 der Handel mit Sorten ist, sofern ihre Haupttätigkeit nicht im Sortengeschäft besteht;

13. Unternehmen, soweit sie als Haupttätigkeit Eigengeschäfte und Eigenhandel mit Waren oder Derivaten im Sinne des § 1 Abs. 11 Satz 4 Nr. 2 im Bezug auf Waren betreiben, sofern sie nicht einer Unternehmensgruppe angehören, deren Haupttätigkeit in der Erbringung von Finanzdienstleistungen im Sinne des § 1 Abs. 1a Satz 2 Nr. 1 bis 4 oder dem Betreiben von Bankgeschäften nach § 1 Abs. 1 Satz 2 Nr. 1, 2, 8 oder 11 besteht;

14. aufgehoben

15. Unternehmen, die als Finanzdienstleistung im Sinne des § 1 Abs. 1a Satz 2 ausschließlich die Anlageberatung im Rahmen einer anderen beruflichen Tätigkeit erbringen, ohne sich die Anlageberatung besonders vergüten zu lassen;

16. Betreiber organisierter Märkte, die neben dem Betrieb eines multilateralen Handelssystems keine anderen Finanzdienstleistungen im Sinne des § 1 Abs. 1a Satz 2 erbringen;

17. Unternehmen, die als einzige Finanzdienstleistung im Sinne des § 1 Abs. 1a Satz 2 das Finanzierungsleasing betreiben, falls sie nur als Leasing-Objektgesellschaft für ein einzelnes Leasingobjekt tätig werden, keine eigenen geschäftspolitischen Entscheidungen treffen und von einem Institut mit Sitz im Europäischen Wirtschaftsraum verwaltet werden, das nach dem Recht des Herkunftsstaates zum Betrieb des Finanzierungsleasing zugelassen ist;

18. Unternehmen, die als Finanzdienstleistung nur die Anlageverwaltung betreiben und deren Mutterunternehmen die Kreditanstalt für Wiederaufbau oder ein Institut im Sinne des Satzes 2 ist. Institut im Sinne des Satzes 1 ist ein Finanzdienstleistungsinstitut, das die Erlaubnis für die Anlageverwaltung hat, oder ein Einlagenkreditinstitut oder Wertpapierhandelsunternehmen mit Sitz in einem anderen Staat des Europäischen Wirtschaftsraums im Sinne des § 53b Abs. 1 Satz 1, das in seinem Herkunftsstaat über eine Erlaubnis für mit § 1 Abs. 1a Satz 2 Nr. 11 vergleichbare Geschäfte verfügt, oder ein Institut mit Sitz in einem Drittstaat, das für die in § 1 Abs. 1a Satz 2 Nr. 11 genannten Geschäfte nach Absatz 4 von der Erlaubnispflicht nach § 32 freigestellt ist.

Für Einrichtungen und Unternehmen im Sinne des Satzes 1 Nr. 3 und 4 gelten die Vorschriften dieses Gesetzes insoweit, als sie Finanzdienstleistungen erbringen, die nicht zu den ihnen eigentümlichen Geschäften gehören.

(7) [1] Die Vorschriften des § 2b Abs. 2, der §§ 10, 11 bis 18 und 24 Abs. 1 Nr. 9, der §§ 24a und 33 Abs. 1 Satz 1 Nr. 1, des § 35 Abs. 2 Nr. 5 und der §§ 45, 46 Absatz 1 Satz 2 Nummer 4 bis 6 sowie der §§ 46b und 46c sind nicht anzuwenden auf Finanzdienstleistungsinstitute, die außer der Drittstaateneinlagenvermittlung und dem Sortengeschäft keine weiteren Finanzdienstleistungen im Sinne des § 1 Abs. 1a Satz 2 erbringen. [2] Auf Unternehmen, die ausschließlich Finanzdienstleistungen nach § 1 Absatz 1a Satz 2 Nummer 9 oder Nummer 10 erbringen, sind die §§ 1a und 2b Absatz 2, die §§ 10, 11 bis 13d, 15 bis 18 und 24 Absatz 1 Nummer 4, 6, 9, 11, 14, 16, Absatz 1a Nummer 5, die §§ 25, 26a und 33 Absatz 1 Satz 1 Nummer 1, § 35 Absatz 2 Nummer 5 und die §§ 45 und 46 Absatz 1 Satz 2 Nummer 4 bis 6 sowie der §§ 46b und 46c nicht anzuwenden.

(8) Die Vorschriften des § 2b Abs. 2, der §§ 10, 11 und 12 Abs. 1, der §§ 13, 13a, 14 bis 18 und 24 Absatz 1 Nummer 14, 16, Absatz 1a Nummer 5, des § 25a Absatz 1 Satz 7, der §§ 26a und 35 Abs. 2 Nr. 5 und des § 45 sind nicht anzuwenden auf Anlageberater, Anlagevermittler, Abschlussvermittler, Betreiber multilateraler Handelssysteme und Unternehmen, die das Platzierungsgeschäft betreiben, die nicht befugt sind, sich bei der Erbringung von Finanzdienstleistungen Eigentum oder Besitz an Geldern oder Wertpapieren von Kunden zu verschaffen, und die nicht auf eigene Rechnung mit Finanzinstrumenten handeln, sowie auf Unternehmen, die auf Grund der Rückausnahme für die Erbringung grenzüberschreitender Geschäfte in Absatz 1 Nr. 8 oder Absatz 6 Nr. 9 als Institute einzustufen sind.

(8a) Die Anforderungen der §§ 10 und 26a gelten, vorbehaltlich des § 64h Absatz 7, nicht für die Institute, deren Haupttätigkeit ausschließlich im Betreiben von Bankgeschäften oder der

Erbringung von Finanzdienstleistungen im Zusammenhang mit Derivaten nach § 1 Absatz 11 Satz 4 Nummer 2, 3 und 5 besteht.

(8b) § 10 Absatz 1 Satz 9, die §§ 13, 13a und 24 Absatz 1 Nummer 14, 16 und Absatz 1a Nummer 5, § 25a Absatz 1 Satz 7 und § 26a sowie die Solvabilitätsverordnung sind nicht anzuwenden auf Finanzportfolioverwalter, die nicht befugt sind, sich bei der Erbringung von Finanzdienstleistungen Eigentum oder Besitz an Geldern oder Wertpapieren von Kunden zu verschaffen, und die nicht auf eigene Rechnung mit Finanzinstrumenten handeln.

(9) Die §§ 13 und 13a gelten nicht für Finanzkommissionäre und Eigenhändler, die für eigene Rechnung ausschließlich zum Zwecke der Erfüllung oder Ausführung eines Kundenauftrags oder des möglichen Zugangs zu einem Abwicklungs- und Verrechnungssystem oder einer anerkannten Börse handeln, sofern sie im eigenen Namen für fremde Rechnung tätig sind oder einen Kundenauftrag ausführen.

(10) [1] Ein Unternehmen, das keine Bankgeschäfte im Sinne des § 1 Abs. 1 Satz 2 betreibt und als Finanzdienstleistungen nur die Anlage- oder Abschlussvermittlung, das Platzierungsgeschäft oder die Anlageberatung ausschließlich für Rechnung und unter der Haftung eines Einlagenkreditinstituts oder eines Wertpapierhandelsunternehmens, das seinen Sitz im Inland hat oder nach § 53b Abs. 1 Satz 1 oder Abs. 7 im Inland tätig ist, erbringt (vertraglich gebundener Vermittler), gilt nicht als Finanzdienstleistungsinstitut, sondern als Finanzunternehmen, wenn das Einlagenkreditinstitut oder Wertpapierhandelsunternehmen als das haftende Unternehmen dies der Bundesanstalt anzeigt. [2] Die Tätigkeit des vertraglich gebundenen Vermittlers wird dem haftenden Unternehmen zugerechnet. [3] Ändern sich die von dem haftenden Unternehmen angezeigten Verhältnisse, sind die neuen Verhältnisse unverzüglich der Bundesanstalt anzuzeigen. [4] Für den Inhalt der Anzeigen nach den Sätzen 1 und 3 und die beizufügenden Unterlagen und Nachweise können durch Rechtsverordnung nach § 24 Abs. 4 nähere Bestimmungen getroffen werden. [5] Die Bundesanstalt übermittelt die Anzeigen nach den Sätzen 1 und 3 der Deutschen Bundesbank. [6] Die Bundesanstalt führt über die ihr angezeigten vertraglich gebundenen Vermittler nach diesem Absatz ein öffentliches Register im Internet, das das haftende Unternehmen, die vertraglich gebundenen Vermittler, das Datum des Beginns und des Endes der Tätigkeit nach Satz 1 ausweist. [7] Für die Voraussetzungen zur Aufnahme in das Register, den Inhalt und die Führung des Registers können durch Rechtsverordnung nach § 24 Abs. 4 nähere Bestimmungen getroffen werden, insbesondere kann dem haftenden Unternehmen ein schreibender Zugriff auf die für dieses Unternehmen einzurichtende Seite des Registers eingeräumt und ihm die Verantwortlichkeit für die Richtigkeit und Aktualität dieser Seite übertragen werden. [8] Die Bundesanstalt kann einem haftenden Unternehmen, das die Auswahl oder Überwachung seiner vertraglich gebundenen Vermittler nicht ordnungsgemäß durchgeführt hat oder die ihm im Zusammenhang mit der Führung des Registers übertragenen Pflichten verletzt hat, untersagen, vertraglich gebundene Vermittler im Sinne der Sätze 1 und 2 in das Unternehmen einzubinden.

(11) [1] Ein Institut braucht die Vorschriften dieses Gesetzes über das Handelsbuch nicht anzuwenden, sofern

1. der Anteil des Handelsbuchs des Instituts in der Regel 5 vom Hundert der Gesamtsumme der bilanz- und außerbilanzmäßigen Geschäfte nicht überschreitet,

2. die Gesamtsumme der einzelnen Positionen des Handelsbuchs in der Regel den Gegenwert von 15 Millionen Euro nicht überschreitet und
3. der Anteil des Handelsbuchs zu keiner Zeit 6 vom Hundert der Gesamtsumme der bilanz- und außerbilanzmäßigen Geschäfte und die Gesamtsumme der Positionen des Handelsbuchs zu keiner Zeit den Gegenwert von 20 Millionen Euro überschreiten.

[2] Zur Bestimmung des Anteils des Handelsbuchs werden Derivate entsprechend dem Nominalwert oder dem Marktpreis der ihnen zugrundeliegenden Instrumente, die anderen Finanzinstrumente mit ihrem Nennwert oder Marktpreis angesetzt; Kauf- und Verkaufspositionen werden ungeachtet ihres Vorzeichens addiert. [3] Näheres wird durch Rechtsverordnung nach § 22 geregelt. [4] Das Institut hat der Bundesanstalt und der Deutschen Bundesbank unverzüglich anzuzeigen, wenn es von der Möglichkeit nach Satz 1 Gebrauch macht, eine Grenze nach Satz 1 Nr. 3 überschritten hat oder die Vorschriften über das Handelsbuch anwendet, obwohl die Voraussetzungen des Satzes 1 vorliegen.

(12) [1] Für Betreiber organisierter Märkte mit Sitz im Ausland, die als einzige Finanzdienstleistung ein multilaterales Handelssystem im Inland betreiben, gelten die Anforderungen der §§ 25a und 33 Abs. 1 Nr. 1 bis 4 sowie die Anzeigepflichten nach § 2c Abs. 1 und 4 sowie § 24 Abs. 1 Nr. 1, 2 und 11 und Abs. 1a Nr. 2 entsprechend. [2] Die in Satz 1 genannten Anforderungen gelten entsprechend auch für Träger einer inländischen Börse, die außer dem Freiverkehr als einzige Finanzdienstleistung ein multilaterales Handelssystem im Inland betreiben. [3] Es wird vermutet, dass Geschäftsführer einer inländischen Börse und Personen, die die Geschäfte eines ausländischen organisierten Marktes tatsächlich leiten, den Anforderungen nach § 33 Abs. 1 Nr. 2 und 4 genügen. [4] Die Befugnisse der Bundesanstalt nach den §§ 2c und 25a Abs. 1 Satz 7 sowie den §§ 44 bis 48 gelten entsprechend. [5] Die Bundesanstalt kann den in Satz 1 genannten Personen den Betrieb eines multilateralen Handelssystems in den Fällen des § 35 Abs. 2 Nr. 4, 5 und 6 sowie dann untersagen, wenn sie die Anforderungen des § 33 Abs. 1 Satz 1 Nr. 1 bis 4 nicht erfüllen. [6] Die in Satz 1 genannten Personen haben der Bundesanstalt die Aufnahme des Betriebs unverzüglich anzuzeigen.

§ 2a
Ausnahmen für gruppenangehörige Institute

(1) Ein Institut mit Sitz im Inland, das nachgeordnetes Unternehmen einer Institutsgruppe nach § 10a Abs. 1 oder 2 ist, kann davon absehen, die Vorschriften des § 10, der §§ 13 und 13a sowie des § 25a Abs. 1 Satz 3 Nr. 1 zur Ermittlung und Sicherstellung der Risikotragfähigkeit, Festlegung von Strategien, Einrichtung von Prozessen zur Identifizierung, Beurteilung, Steuerung, Überwachung und Kommunikation von Risiken anzuwenden, wenn

1. das übergeordnete Unternehmen über 50 vom Hundert der mit den Anteilen des nachgeordneten Instituts verbundenen Stimmrechte hält oder zur Bestellung und/oder Abberufung der Mehrheit der Mitglieder des Leitungsorgans des nachgeordneten Instituts berechtigt ist,
2. die aufsichtsrechtliche Führung des nachgeordneten Instituts durch das übergeordnete Unternehmen den Anforderungen der Bundesanstalt genügt,
3. die Strategien, die Verfahren zur Ermittlung und Sicherstellung der Risikotragfähigkeit und die Prozesse zur Identifizierung, Beurteilung, Steuerung sowie Überwachung und

Kommunikation der Risiken des übergeordneten Unternehmens das nachgeordnete Institut einschließen und dies durch gruppenintern vereinbarte Durchgriffsrechte sichergestellt ist,

4. weder ein rechtliches noch ein bedeutendes tatsächliches Hindernis für die unverzügliche Übertragung von Eigenmitteln oder die Rückzahlung von Verbindlichkeiten durch das übergeordnete Unternehmen vorhanden oder abzusehen ist und

5. das übergeordnete Institut mit Zustimmung der Bundesanstalt verbindlich erklärt hat, dass es für die von dem nachgeordneten Institut eingegangenen bestehenden und künftigen Verpflichtungen einsteht, oder wenn die durch das nachgeordnete Institut verursachten Risiken von untergeordneter Bedeutung sind.

(2) [1] Das Institut zeigt der Bundesanstalt und der Deutschen Bundesbank unverzüglich an, dass und in welchem Umfang es von der Ausnahme nach Absatz 1 Gebrauch macht. [2] Das Institut weist der Bundesanstalt und der Deutschen Bundesbank das Vorliegen der Voraussetzungen nach Absatz 1 durch geeignete Unterlagen nach.

(3) [1] Das Institut überprüft anlassbezogen, ob die Voraussetzungen nach Absatz 1 noch vorliegen und dokumentiert das Ergebnis schriftlich. [2] Die Dokumentation ist der Bundesanstalt und der Deutschen Bundesbank auf Anforderung vorzulegen.

(4) [1] Wird das Vorliegen der Voraussetzung nach Absatz 1 nicht nachgewiesen, kann die Bundesanstalt das Institut oder das übergeordnete Unternehmen auffordern, die erforderlichen Nachweise vorzulegen oder Vorkehrungen zu treffen, die geeignet und erforderlich sind, die bestehenden Mängel zu beseitigen; die Bundesanstalt kann dafür eine angemessene Frist bestimmen. [2] Werden die Nachweise nicht oder nicht fristgerecht vorgelegt oder werden die Mängel nicht oder nicht fristgerecht behoben, kann die Bundesanstalt anordnen, dass das Institut die Vorschriften der §§ 10, 13 und 13a sowie des § 25a Abs. 1 Satz 3 Nr. 1 zur Festlegung von Strategien, zur Ermittlung und Sicherstellung der Risikotragfähigkeit und zur Einrichtung von Prozessen zur Identifizierung, Beurteilung, Steuerung, Überwachung und Kommunikation von Risiken wieder anzuwenden hat.

(5) Die Absätze 1 bis 4 gelten entsprechend für Institute mit Sitz im Inland, die nachgeordnetes Unternehmen einer Finanzholding-Gruppe nach § 10a Abs. 3 sind, wenn die Finanzholding-Gesellschaft ihren Sitz ebenfalls im Inland hat.

(6) [1] Ein übergeordnetes Unternehmen im Sinne des § 10a Absatz 1 bis 3 mit Sitz im Inland kann auf Einzelinstitutsebene davon absehen, die §§ 10, 13, 13a und § 25a Absatz 1 Satz 3 Nummer 1 zur Ermittlung und Sicherstellung der Risikotragfähigkeit, Festlegung von Strategien, Einrichtung von Prozessen zur Identifizierung, Beurteilung, Steuerung, Überwachung und Kommunikation von Risiken anzuwenden, wenn

1. weder ein rechtliches noch ein bedeutendes tatsächliches Hindernis für die unverzügliche Übertragung von Eigenmitteln oder die Rückzahlung von Verbindlichkeiten an das übergeordnete Unternehmen vorhanden oder abzusehen ist und

2. in angemessener Weise für die Gruppe auf zusammengefasster Basis Strategien festgelegt worden sind, Verfahren zur Ermittlung und Sicherstellung der Risikotragfähigkeit vorhanden sind sowie Prozesse zur Identifizierung, Beurteilung,

Steuerung, Überwachung und Kommunikation von Risiken eingerichtet worden sind und die Einbeziehung der gruppenangehörigen Unternehmen durch gruppenintern vereinbarte Durchgriffsrechte sichergestellt ist; in begründeten Ausnahmefällen können nach Zustimmung der Bundesanstalt einzelne Tochterunternehmen von der Vereinbarung von Durchgriffsrechten ausgenommen werden, sofern und solange die ausgenommenen Tochterunternehmen insgesamt für das Gesamtrisikoprofil der Gruppe unwesentlich sind.

§ 2b
Rechtsform

(1) Kreditinstitute, die eine Erlaubnis nach § 32 Abs. 1 benötigen, dürfen nicht in der Rechtsform des Einzelkaufmanns betrieben werden.

(2) [1] Bei Wertpapierhandelsunternehmen in der Rechtsform des Einzelkaufmanns oder der Personenhandelsgesellschaft sind die Risikoaktiva des Inhabers oder der persönlich haftenden Gesellschafter in die Beurteilung der Solvenz des Instituts gemäß § 10 Abs. 1 einzubeziehen; das freie Vermögen des Inhabers oder der Gesellschafter bleibt jedoch bei der Berechnung der Eigenmittel des Instituts unberücksichtigt. [2] Wird ein solches Institut in der Rechtsform eines Einzelkaufmanns betrieben, hat der Inhaber angemessene Vorkehrungen für den Schutz seiner Kunden für den Fall zu treffen, daß auf Grund seines Todes, seiner Geschäftsunfähigkeit oder aus anderen Gründen das Institut seine Geschäftstätigkeit einstellt.

§ 2c
Inhaber bedeutender Beteiligungen

(1) [1] Wer beabsichtigt, allein oder im Zusammenwirken mit anderen Personen oder Unternehmen eine bedeutende Beteiligung an einem Institut zu erwerben (interessierter Erwerber), hat dies der Bundesanstalt und der Deutschen Bundesbank nach Maßgabe des Satzes 2 unverzüglich schriftlich anzuzeigen. [2] In der Anzeige hat der interessierte Erwerber die für die Höhe der Beteiligung und die für die Begründung des maßgeblichen Einflusses, die Beurteilung seiner Zuverlässigkeit und die Prüfung der weiteren Untersagungsgründe nach Absatz 1b Satz 1 wesentlichen Tatsachen und Unterlagen, die durch Rechtsverordnung nach § 24 Abs. 4 näher zu bestimmen sind, sowie die Personen und Unternehmen anzugeben, von denen er die entsprechenden Anteile erwerben will. [3] In der Rechtsverordnung kann, insbesondere auch als Einzelfallentscheidung oder allgemeine Regelung, vorgesehen werden, dass der interessierte Erwerber die in § 32 Abs. 1 Satz 2 Nr. 6 Buchstabe d und e genannten Unterlagen vorzulegen hat. [4] Ist der interessierte Erwerber eine juristische Person oder Personenhandelsgesellschaft, hat er in der Anzeige die für die Beurteilung der Zuverlässigkeit seiner gesetzlichen oder satzungsmäßigen Vertreter oder persönlich haftenden Gesellschafter wesentlichen Tatsachen anzugeben. [5] Der Inhaber einer bedeutenden Beteiligung hat jeden neu bestellten gesetzlichen oder satzungsmäßigen Vertreter oder neuen persönlich haftenden Gesellschafter mit den für die Beurteilung von dessen Zuverlässigkeit wesentlichen Tatsachen der Bundesanstalt und der Deutschen Bundesbank unverzüglich schriftlich anzuzeigen. [6] Der Inhaber einer bedeutenden Beteiligung hat der Bundesanstalt und der Deutschen Bundesbank ferner unverzüglich schriftlich anzuzeigen, wenn er beabsichtigt, allein oder im Zusammenwirken mit anderen

Personen oder Unternehmen den Betrag der bedeutenden Beteiligung so zu erhöhen, dass die Schwellen von 20 vom Hundert, 30 vom Hundert oder 50 vom Hundert der Stimmrechte oder des Kapitals erreicht oder überschritten werden oder dass das Institut unter seine Kontrolle kommt. [7] Die Bundesanstalt hat den Eingang einer vollständigen Anzeige nach Satz 1 oder Satz 6 umgehend, spätestens jedoch innerhalb von zwei Arbeitstagen nach deren Zugang schriftlich gegenüber dem Anzeigepflichtigen zu bestätigen.

(1a) [1] Die Bundesanstalt hat die Anzeige nach Absatz 1 innerhalb von 60 Arbeitstagen ab dem Datum des Schreibens, mit dem sie den Eingang der vollständigen Anzeige schriftlich bestätigt hat, zu beurteilen (Beurteilungszeitraum). [2] In der Bestätigung nach Absatz 1 Satz 7 hat die Bundesanstalt dem Anzeigepflichtigen den Tag mitzuteilen, an dem der Beurteilungszeitraum endet. [3] Bis spätestens zum 50. Arbeitstag innerhalb des Beurteilungszeitraums kann die Bundesanstalt schriftlich weitere Informationen anfordern, die für den Abschluss der Beurteilung notwendig sind. [4] Die Anforderung ergeht schriftlich unter Angabe der zusätzlich benötigten Informationen. [5] Die Bundesanstalt hat den Eingang der weiteren Informationen umgehend, spätestens jedoch innerhalb von zwei Arbeitstagen nach deren Zugang schriftlich gegenüber dem Anzeigepflichtigen zu bestätigen. [6] Der Beurteilungszeitraum
ist vom Zeitpunkt der Anforderung der weiteren Informationen bis zu deren Eingang bei der Bundesanstalt gehemmt. [7] Der Beurteilungszeitraum beträgt im Falle einer Hemmung nach Satz 6 höchstens 80 Arbeitstage. [8] Die Bundesanstalt kann Ergänzungen oder Klarstellungen zu diesen Informationen anfordern; dies führt nicht zu einer erneuten Hemmung des Beurteilungszeitraums. [9] Abweichend von Satz 7 kann der Beurteilungszeitraum im Falle einer Hemmung auf höchstens 90 Arbeitstage ausgedehnt werden, wenn der Anzeigepflichtige

1. außerhalb des Europäischen Wirtschaftsraums ansässig ist oder beaufsichtigt wird oder
2. eine nicht der Beaufsichtigung nach der Richtlinie 85/611/EWG des Rates vom 20. Dezember 1985 zur Koordinierung der Rechts- und Verwaltungsvorschriften betreffend bestimmte Organismen für gemeinsame Anlagen in Wertpapieren (OGAW), der Richtlinie 92/49/EWG des Rates vom 18. Juni 1992 zur Koordinierung der Rechts- und Verwaltungsvorschriften für die Direktversicherung mit Ausnahme der Lebensversicherung, der Richtlinie 2002/83/EG des Europäischen Parlaments und des Rates vom 5. November 2002 über Lebensversicherungen, der Richtlinie 2004/39/EG des Europäischen Parlaments und des Rates vom 21. April 2004 über Märkte für Finanzinstrumente, der Richtlinie 2005/68/EG des Rates vom 16. November 2002 über die Rückversicherung oder der Bankenrichtlinie unterliegende natürliche Person oder Unternehmen ist.

(1b) [1] Die Bundesanstalt kann innerhalb des Beurteilungszeitraums den beabsichtigten Erwerb der bedeutenden Beteiligung oder ihre Erhöhung untersagen, wenn Tatsachen die Annahme rechtfertigen, dass

1. der Anzeigepflichtige oder, wenn er eine juristische Person ist, auch ein gesetzlicher oder satzungsmäßiger Vertreter, oder, wenn er eine Personenhandelsgesellschaft ist, auch ein Gesellschafter, nicht zuverlässig ist oder aus anderen Gründen nicht den im Interesse einer soliden und umsichtigen Führung des Instituts zu stellenden

Ansprüchen genügt; dies gilt im Zweifel auch dann, wenn Tatsachen die Annahme rechtfertigen, dass er die von ihm aufgebrachten Mittel für den Erwerb der bedeutenden Beteiligung durch eine Handlung erbracht hat, die objektiv einen Straftatbestand erfüllt;

2. das Institut nicht in der Lage sein oder bleiben wird, den Aufsichtsanforderungen insbesondere nach der Bankenrichtlinie, der Richtlinie 2000/46/EG des Europäischen Parlaments und des Rates vom 18. September 2000 über die Aufnahme, Ausübung und Beaufsichtigung der Tätigkeit von E-Geldinstituten, der Richtlinie 2002/87/EG des Europäischen Parlaments und des Rates vom 16. Dezember 2002 über die zusätzliche Beaufsichtigung der Kreditinstitute, Versicherungsunternehmen und Wertpapierfirmen eines Finanzkonglomerats und der Richtlinie 2006/49/EG des Europäischen Parlaments und des Rates vom 14. Juni 2006 über die angemessene Eigenkapitalausstattung von Wertpapierfirmen und Kreditinstituten zu genügen oder das Institut durch die Begründung oder Erhöhung der bedeutenden Beteiligung mit dem Inhaber der bedeutenden Beteiligung in einen Unternehmensverbund eingebunden würde, der durch die Struktur des Beteiligungsgeflechtes oder mangelhafte wirtschaftliche Transparenz eine wirksame Aufsicht über das Institut oder einen wirksamen Austausch von Informationen zwischen den zuständigen Stellen oder die Festlegung der Aufteilung der Zuständigkeiten zwischen diesen beeinträchtigt;

3. das Institut durch die Begründung oder Erhöhung der bedeutenden Beteiligung Tochterunternehmen eines Instituts mit Sitz in einem Drittstaat würde, das im Staat seines Sitzes oder seiner Hauptverwaltung nicht wirksam beaufsichtigt wird oder dessen zuständige Aufsichtsstelle zu einer befriedigenden Zusammenarbeit mit der Bundesanstalt nicht bereit ist;

4. der künftige Geschäftsleiter nicht zuverlässig oder nicht fachlich geeignet ist;

5. im Zusammenhang mit dem beabsichtigten Erwerb oder der Erhöhung der Beteiligung Geldwäsche oder Terrorismusfinanzierung im Sinne des Artikels 1 der Richtlinie 2005/60/EG stattfinden, stattgefunden haben, diese Straftaten versucht wurden oder der Erwerb oder die Erhöhung das Risiko eines solchen Verhaltens erhöhen könnte oder

6. der Anzeigepflichtige nicht über die notwendige finanzielle Solidität verfügt; dies ist insbesondere dann der Fall, wenn der Anzeigepflichtige auf Grund seiner Kapitalausstattung oder Vermögenssituation nicht den besonderen Anforderungen gerecht werden kann, die von Gesetzes wegen an die Eigenmittel und die Liquidität eines Instituts gestellt werden.

[2] Die Bundesanstalt kann den Erwerb oder die Erhöhung der Beteiligung auch untersagen, wenn die Angaben nach Absatz 1 Satz 2 oder Satz 6 oder die zusätzlich nach Absatz 1a Satz 3 angeforderten Informationen unvollständig oder nicht richtig sind oder nicht den Anforderungen der Rechtsverordnung nach § 24 Abs. 4 entsprechen. [3] Die Bundesanstalt darf weder Vorbedingungen an die Höhe der zu erwerbenden Beteiligung oder der beabsichtigten Erhöhung der Beteiligung stellen noch darf sie bei ihrer Prüfung auf die wirtschaftlichen Bedürfnisse des Marktes abstellen. [4] Entscheidet die Bundesanstalt nach Abschluss der Beurteilung, den Erwerb oder die Erhöhung der Beteiligung zu untersagen, teilt sie dem Anzeigepflichtigen die Entscheidung innerhalb von zwei Arbeitstagen und unter Einhaltung des Beurteilungszeitraums schriftlich unter Angabe der Gründe mit. [5] Bemerkungen und Vorbehalte der für den Anzeigepflichtigen zuständigen Stellen sind in der Entscheidung wiederzugeben; die Untersagung darf nur auf Grund der in den Sätzen 1 und 2

genannten Gründe erfolgen. [6] Wird der Erwerb oder die Erhöhung der Beteiligung nicht innerhalb des Beurteilungszeitraums schriftlich untersagt, kann der Erwerb oder die Erhöhung vollzogen werden; die Rechte der Bundesanstalt nach Absatz 2 bleiben unberührt. [7] Die Bundesanstalt kann eine Frist setzen, nach deren Ablauf ihr der Anzeigepflichtige den Vollzug oder den Nichtvollzug des beabsichtigten Erwerbs oder der Erhöhung anzuzeigen hat. [8] Nach Ablauf der Frist hat der Anzeigepflichtige die Anzeige unverzüglich bei der Bundesanstalt einzureichen.

(2) [1] Die Bundesanstalt kann dem Inhaber einer bedeutenden Beteiligung sowie den von ihm kontrollierten Unternehmen die Ausübung seiner Stimmrechte untersagen und anordnen, daß über die Anteile nur mit ihrer Zustimmung verfügt werden darf, wenn

1. die Voraussetzungen für eine Untersagungsverfügung nach Absatz 1b Satz 1 oder Satz 2 vorliegen,
2. der Inhaber der bedeutenden Beteiligung seiner Pflicht nach Absatz 1 zur vorherigen Unterrichtung der Bundesanstalt und der Deutschen Bundesbank nicht nachgekommen ist und diese Unterrichtung innerhalb einer von ihr gesetzten Frist nicht nachgeholt hat oder
3. die Beteiligung entgegen einer vollziehbaren Untersagung nach Absatz 1b Satz 1 oder Satz 2 erworben oder erhöht worden ist.

[2] Im Falle einer Untersagung nach Satz 1 bestellt das Gericht am Sitz des Instituts auf Antrag der Bundesanstalt, des Instituts oder eines an ihm Beteiligten einen Treuhänder, auf den es die Ausübung der Stimmrechte überträgt. [3] Der Treuhänder hat bei der Ausübung der Stimmrechte den Interessen einer soliden und umsichtigen Führung des Instituts Rechnung zu tragen. [4] Über die Maßnahmen nach Satz 1 hinaus kann die Bundesanstalt den Treuhänder mit der Veräußerung der Anteile, soweit sie eine bedeutende Beteiligung begründen, beauftragen, wenn der Inhaber der bedeutenden Beteiligung ihr nicht innerhalb einer von ihr bestimmten angemessenen Frist einen zuverlässigen Erwerber nachweist; die Inhaber der Anteile haben bei der Veräußerung in dem erforderlichen Umfang mitzuwirken. [5] Sind die Voraussetzungen des Satzes 1 entfallen, hat die Bundesanstalt den Widerruf der Bestellung des Treuhänders zu beantragen. [6] Der Treuhänder hat Anspruch auf Ersatz angemessener Auslagen und auf Vergütung für seine Tätigkeit. [7] Das Gericht setzt auf Antrag des Treuhänders die Auslagen und die Vergütung fest; die weitere Beschwerde ist ausgeschlossen. [8] Für die Kosten, die durch die Bestellung des Treuhänders entstehen, die diesem zu gewährenden Auslagen sowie die Vergütung haften das Institut und der betroffene Inhaber der bedeutenden Beteiligung als Gesamtschuldner. [9] Die Bundesanstalt schießt die Auslagen und die Vergütung vor.

(3) [1] Wer beabsichtigt, eine bedeutende Beteiligung an einem Institut aufzugeben oder den Betrag seiner bedeutenden Beteiligung unter die Schwellen von 20 vom Hundert, 30 vom Hundert oder 50 vom Hundert der Stimmrechte oder des Kapitals abzusenken oder die Beteiligung so zu verändern, daß das Institut nicht mehr kontrolliertes Unternehmen ist, hat dies der Bundesanstalt und der Deutschen Bundesbank unverzüglich schriftlich anzuzeigen. [2] Dabei ist die beabsichtigte verbleibende Höhe der Beteiligung anzugeben. [3] Die Bundesanstalt kann eine Frist festsetzen, nach deren Ablauf ihr die Person oder Personenhandelsgesellschaft, welche die Anzeige nach Satz 1 erstattet hat, den Vollzug oder den Nichtvollzug der beabsichtigten Absenkung oder Veränderung anzuzeigen hat. [4] Nach

Ablauf der Frist hat die Person oder Personenhandelsgesellschaft, welche die Anzeige nach Satz 1 erstattet hat, die Anzeige unverzüglich bei der Bundesanstalt zu erstatten.

(4) [1] Die Bundesanstalt hat den Erwerb einer unmittelbaren oder mittelbaren Beteiligung an einem Institut, durch den das Institut zu einem Tochterunternehmen eines Unternehmens mit Sitz in einem Drittstaat würde, vorläufig zu untersagen oder zu beschränken, wenn ein entsprechender Beschluß der Kommission vorliegt, der nach Artikel 151 Abs. 2 der Bankenrichtlinie oder Artikel 15 Abs. 3 Satz 2 der Richtlinie 2004/39/EG des Europäischen Parlaments und des Rates vom 21. April 2004 über Märkte für Finanzinstrumente (ABl. EU Nr. L 145 S. 1, 2005 Nr. L 45 S. 18) (Finanzmarktrichtlinie) zustande gekommen ist. [2] Die vorläufige Untersagung oder Beschränkung darf drei Monate vom Zeitpunkt des Beschlusses an nicht überschreiten. [3] Beschließt der Rat die Verlängerung der Frist nach Satz 2, hat die Bundesanstalt die Fristverlängerung zu beachten und die vorläufige Untersagung oder Beschränkung entsprechend zu verlängern.

§ 2d
Leitungsorgane von Finanzholding-Gesellschaften und gemischten Finanzholding-Gesellschaften

(1) Personen, die die Geschäfte einer Finanzholding-Gesellschaft oder einer gemischten Finanzholding-Gesellschaft tatsächlich führen, müssen zuverlässig sein und die zur Führung der Gesellschaft erforderliche fachliche Eignung haben.

(2) Bei Finanzholding-Gesellschaften und gemischten Finanzholding-Gesellschaften, die nach § 10a Abs. 3 Satz 6 oder Satz 7 oder § 10b Abs. 3 Satz 8 als übergeordnetes Unternehmen bestimmt worden sind, kann die Bundesanstalt die Abberufung der Personen im Sinne des Absatzes 1 verlangen und ihnen die Ausübung ihrer Tätigkeit untersagen, wenn

1. sie die Voraussetzungen nach Absatz 1 nicht erfüllen oder
2. sie vorsätzlich oder leichtfertig gegen die Bestimmung dieses Gesetzes, gegen die zur Durchführung dieses Gesetzes erlassenen Verordnungen oder gegen Anordnungen der Bundesanstalt verstoßen haben und trotz Verwarnung durch die Bundesanstalt dieses Verhalten fortsetzen.

§ 3
Verbotene Geschäfte

Verboten sind

1. der Betrieb des Einlagengeschäftes, wenn der Kreis der Einleger überwiegend aus Betriebsangehörigen des Unternehmens besteht (Werksparkassen) und nicht sonstige Bankgeschäfte betrieben werden, die den Umfang dieses Einlagengeschäftes übersteigen;
2. die Annahme von Geldbeträgen, wenn der überwiegende Teil der Geldgeber einen Rechtsanspruch darauf hat, daß ihnen aus diesen Geldbeträgen Darlehen gewährt oder Gegenstände auf Kredit verschafft werden (Zwecksparunternehmen); dies gilt nicht für Bausparkassen;
3. der Betrieb des Kreditgeschäftes oder des Einlagengeschäftes, wenn es durch Vereinbarung oder geschäftliche Gepflogenheit ausgeschlossen oder erheblich

erschwert ist, über den Kreditbetrag oder die Einlagen durch Barabhebung zu verfügen.

§ 4
Entscheidung der Bundesanstalt für Finanzdienstleistungsaufsicht

[1] Die Bundesanstalt entscheidet in Zweifelsfällen, ob ein Unternehmen den Vorschriften dieses Gesetzes unterliegt. [2] Ihre Entscheidungen binden die Verwaltungsbehörden.

2. Bundesanstalt für Finanzdienstleistungsaufsicht

§ 5
(weggefallen)

§ 6
Aufgaben

(1) Die Bundesanstalt übt die Aufsicht über die Institute nach den Vorschriften dieses Gesetzes aus.

(2) Die Bundesanstalt hat Mißständen im Kredit- und Finanzdienstleistungswesen entgegenzuwirken, welche die Sicherheit der den Instituten anvertrauten Vermögenswerte gefährden, die ordnungsmäßige Durchführung der Bankgeschäfte oder Finanzdienstleistungen beeinträchtigen oder erhebliche Nachteile für die Gesamtwirtschaft herbeiführen können.

(3) [1] Die Bundesanstalt kann im Rahmen der ihr gesetzlich zugewiesenen Aufgaben gegenüber den Instituten und ihren Geschäftsleitern Anordnungen treffen, die geeignet und erforderlich sind, um Verstöße gegen aufsichtsrechtliche Bestimmungen zu unterbinden oder um Missstände in einem Institut zu verhindern oder zu beseitigen, welche die Sicherheit der dem Institut anvertrauten Vermögenswerte gefährden können oder die ordnungsgemäße Durchführung der Bankgeschäfte oder Finanzdienstleistungen beeinträchtigen. [2] Die Anordnungsbefugnis nach Satz 1 besteht auch gegenüber Finanzholding-Gesellschaften oder gemischten Finanzholding-Gesellschaften sowie gegenüber den Personen, die die Geschäfte dieser Gesellschaften tatsächlich führen.

(4) Die Bundesanstalt hat bei der Ausübung ihrer Aufgaben in angemessener Weise die möglichen Auswirkungen ihrer Entscheidungen auf die Stabilität des Finanzsystems in den jeweils betroffenen Staaten des Europäischen Wirtschaftsraums zu berücksichtigen.

(5) Die Bundesanstalt beteiligt sich an den Tätigkeiten des Ausschusses der europäischen Bankaufsichtsbehörden und wendet die Leitlinien, Empfehlungen, Standards und andere vom Ausschuss der europäischen Bankaufsichtsbehörden beschlossene Maßnahmen bei Anwendung dieses Gesetzes an und begründet gegenüber den Mitgliedern des Ausschusses, wenn sie davon abweicht.

§ 6a
Besondere Aufgaben

(1) Liegen Tatsachen vor, die darauf schließen lassen, dass von einem Institut angenommene Einlagen, sonstige dem Institut anvertraute Vermögenswerte oder eine Finanztransaktion der Vorbereitung einer schweren staatsgefährdenden Gewalttat nach § 89a Abs. 1, 2 Nr. 4 des Strafgesetzbuchs oder der Finanzierung einer terroristischen Vereinigung nach § 129a, auch in Verbindung mit § 129b des Strafgesetzbuchs dienen oder im Falle der Durchführung einer Finanztransaktion dienen würden, kann die Bundesanstalt

1. der Geschäftsführung des Instituts Anweisungen erteilen,
2. dem Institut Verfügungen von einem bei ihm geführten Konto oder Depot untersagen,
3. dem Institut die Durchführung von sonstigen Finanztransaktionen untersagen.

(2) Tatsachen im Sinne des Absatzes 1 liegen in der Regel insbesondere dann vor, wenn es sich bei dem Inhaber eines Kontos oder Depots, dessen Verfügungsberechtigten oder dem Kunden eines Instituts um eine natürliche oder juristische Person oder eine nicht rechtsfähige Personenvereinigung handelt, deren Name in die im Zusammenhang mit der Bekämpfung des Terrorismus angenommene Liste des Rates der Europäischen Union zum Gemeinsamen Standpunkt des Rates 2001/931/GASP vom 27. Dezember 2001 über die Anwendung besonderer Maßnahmen zur Bekämpfung des Terrorismus (ABl. EG Nr. L 344 S. 93) in der jeweils geltenden Fassung aufgenommen wurde.

(3) Die Bundesanstalt kann Vermögenswerte, die einer Anordnung nach Absatz 1 unterliegen, im Einzelfall auf Antrag der betroffenen natürlichen oder juristischen Person oder einer nicht rechtsfähigen Personenvereinigung freigeben, soweit diese der Deckung des notwendigen Lebensunterhalts der Person oder ihrer Familienmitglieder, der Bezahlung von Versorgungsleistungen, Unterhaltsleistungen oder vergleichbaren Zwecken dienen.

(4) Eine Anordnung nach Absatz 1 ist aufzuheben, sobald und soweit der Anordnungsgrund nicht mehr vorliegt.

(5) Gegen eine Anordnung nach Absatz 1 kann das Institut oder ein anderer Beschwerter Widerspruch erheben.

(6) Die Möglichkeit zur Anordnung von Beschränkungen des Kapital- und Zahlungsverkehrs nach § 2 Abs. 2 in Verbindung mit § 7 Abs. 1 des Außenwirtschaftsgesetzes bleibt unberührt.

§ 7
Zusammenarbeit mit der Deutschen Bundesbank

(1) [1] Die Bundesanstalt und die Deutsche Bundesbank arbeiten nach Maßgabe dieses Gesetzes zusammen. [2] Unbeschadet weiterer gesetzlicher Maßgaben umfasst die Zusammenarbeit die laufende Überwachung der Institute durch die Deutsche Bundesbank. [3] Die laufende Überwachung beinhaltet insbesondere die Auswertung der von den Instituten eingereichten Unterlagen, der Prüfungsberichte nach § 26 und der Jahresabschlussunterlagen sowie die Durchführung und Auswertung der bankgeschäftlichen Prüfungen zur Beurteilung der angemessenen Eigenkapitalausstattung und Risikosteuerungsverfahren der Institute und das Bewerten von Prüfungsfeststellungen. [4] Die

laufende Überwachung durch die Deutsche Bundesbank erfolgt in der Regel durch ihre Hauptverwaltungen.

(2) [1] Die Deutsche Bundesbank hat dabei die Richtlinien der Bundesanstalt zu beachten. [2] Die Richtlinien der Bundesanstalt zur laufenden Aufsicht ergehen im Einvernehmen mit der Deutschen Bundesbank. [3] Kann ein Einvernehmen nicht innerhalb einer angemessenen Frist hergestellt werden, erlässt das Bundesministerium der Finanzen solche Richtlinien im Benehmen mit der Deutschen Bundesbank. [4] Die aufsichtsrechtlichen Maßnahmen, insbesondere Allgemeinverfügungen und Verwaltungsakte einschließlich Prüfungsanordnungen nach § 44 Abs. 1 Satz 2 und § 44b Abs. 2 Satz 1 trifft die Bundesanstalt gegenüber den Instituten. [5] Die Bundesanstalt legt die von der Deutschen Bundesbank getroffenen Prüfungsfeststellungen und Bewertungen in der Regel ihren aufsichtsrechtlichen Maßnahmen zugrunde.

(3) [1] Die Bundesanstalt und die Deutsche Bundesbank haben einander Beobachtungen und Feststellungen mitzuteilen, die für die Erfüllung ihrer Aufgaben erforderlich sind. [2] Die Deutsche Bundesbank hat insoweit der Bundesanstalt auch die Angaben zur Verfügung zu stellen, die jene auf Grund statistischer Erhebungen nach § 18 des Gesetzes über die Deutsche Bundesbank erlangt. [3] Sie hat vor Anordnung einer solchen Erhebung die Bundesanstalt zu hören; § 18 Satz 5 des Gesetzes über die Deutsche Bundesbank gilt entsprechend.

(4) [1] Die Zusammenarbeit nach Absatz 1 und die Mitteilungen nach Absatz 3 schließen die Übermittlung der zur Erfüllung der Aufgaben der empfangenden Stelle erforderlichen personenbezogenen Daten ein. [2] Zur Erfüllung ihrer Aufgaben nach diesem Gesetz dürfen die Bundesanstalt und die Deutsche Bundesbank gegenseitig die bei der anderen Stelle jeweils gespeicherten Daten im automatisierten Verfahren abrufen. [3] Die Deutsche Bundesbank hat bei jedem zehnten von der Bundesanstalt durchgeführten Abruf personenbezogener Daten den Zeitpunkt, die Angaben, welche die Feststellung der aufgerufenen Datensätze ermöglichen, sowie die für den Abruf verantwortliche Person zu protokollieren. [4]Die Protokolldaten dürfen nur für Zwecke der Datenschutzkontrolle, der Datensicherung oder zur Sicherstellung eines ordnungsmäßigen Betriebs der Datenverarbeitungsanlage verwendet werden. [5]Sie sind am Ende des auf das Jahr der Protokollierung folgenden Kalenderjahres zu löschen, soweit sie nicht für ein laufendes Kontrollverfahren benötigt werden. [6] Die Sätze 3 bis 5 gelten entsprechend für die Datenabrufe der Deutschen Bundesbank bei der Bundesanstalt. [7] Im Übrigen bleiben die Bestimmungen des Bundesdatenschutzgesetzes unberührt.

(5) [1] Die Bundesanstalt und die Deutsche Bundesbank können gemeinsame Dateien einrichten. [2] Jede der beiden Stellen darf nur die von ihr eingegebenen Daten verändern, sperren oder löschen und ist nur hinsichtlich der von ihr eingegebenen Daten verantwortliche Stelle im Sinne des Bundesdatenschutzgesetzes. [3] Hat eine der beiden Stellen Anhaltspunkte dafür, dass von der anderen Stelle eingegebene Daten unrichtig sind, teilt sie dies der anderen Stelle unverzüglich mit. [4] Die andere Stelle hat die Richtigkeit der Daten unverzüglich zu prüfen und die Daten erforderlichenfalls unverzüglich zu berichtigen, zu sperren und zu löschen. [5] Bei der Errichtung einer gemeinsamen Datei ist festzulegen, welche Stelle die technischen und organisatorischen Maßnahmen nach § 9 des Bundesdatenschutzgesetzes zu treffen hat. [6] Die nach Satz 5 bestimmte Stelle hat

sicherzustellen, dass die Beschäftigten Zugang zu personenbezogenen Daten nur in dem Umfang erhalten, der zur Erfüllung ihrer Aufgaben erforderlich ist. [7] Abrufe personenbezogener Daten, die nicht durch die eingebende Stelle erfolgen, sind in entsprechender Anwendung von Absatz 4 Satz 3 bis 5 zu protokollieren.

§ 8
Zusammenarbeit mit anderen Stellen

(1) aufgehoben

(2) Werden gegen Inhaber oder Geschäftsleiter von Instituten sowie gegen Inhaber bedeutender Beteiligungen von Instituten oder deren gesetzliche oder satzungsmäßige Vertreter oder persönlich haftende Gesellschafter oder gegen Personen, die die Geschäfte einer Finanzholding-Gesellschaft oder einer gemischten Finanzholding-Gesellschaft tatsächlich führen, Steuerstrafverfahren eingeleitet oder unterbleibt dies auf Grund einer Selbstanzeige nach § 371 der Abgabenordnung, so steht § 30 der Abgabenordnung Mitteilungen an die Bundesanstalt über das Verfahren und über den zugrunde liegenden Sachverhalt nicht entgegen; das Gleiche gilt, wenn sich das Verfahren gegen Personen richtet, die das Vergehen als Bedienstete eines Instituts oder eines Inhabers einer bedeutenden Beteiligung an einem Institut begangen haben.

(3) [1] Die Bundesanstalt und, soweit sie im Rahmen dieses Gesetzes tätig wird, die Deutsche Bundesbank arbeiten bei der Aufsicht über Institute, die in einem anderen Staat des Europäischen Wirtschaftsraums Bankgeschäfte betreiben oder Finanzdienstleistungen erbringen, sowie bei der Aufsicht über Institutsgruppen oder Finanzholding-Gruppen im Sinne des § 10a Abs. 1 bis 5 mit den zuständigen Stellen im Europäischen Wirtschaftsraum zusammen. [2] Bei der Beurteilung nach § 2c Abs. 1a und 1b arbeitet die Bundesanstalt mit den zuständigen Stellen im Europäischen Wirtschaftsraum zusammen, wenn der Anzeigepflichtige

1. ein Einlagenkreditinstitut, ein E-Geld-Institut oder ein Wertpapierhandelsunternehmen, ein Erst- oder Rückversicherungsunternehmen oder eine Verwaltungsgesellschaft im Sinne des Artikels 1a Nr. 2 der Richtlinie 85/611/EWG (OGAW-Verwaltungsgesellschaft) ist, das beziehungsweise die in einem anderen Mitgliedstaat oder anderen Sektor als dem, in dem der Erwerb beabsichtigt wird, zugelassen ist;
2. ein Mutterunternehmen eines Einlagenkreditinstituts, eines E-Geld-Instituts oder eines Wertpapierhandelsunternehmens, eines Erst- oder Rückversicherungsunternehmens oder einer OGAW-Verwaltungsgesellschaft ist, das beziehungsweise die in einem anderen Mitgliedstaat oder anderen Sektor als dem, in dem der Erwerb beabsichtigt wird, zugelassen ist oder
3. eine natürliche oder juristische Person ist, die ein Einlagenkreditinstitut, ein E-Geld-Institut oder ein Wertpapierhandelsunternehmen, ein Erst- oder Rückversicherungsunternehmen oder eine OGAW-Verwaltungsgesellschaft kontrolliert, das beziehungsweise die in einem anderen Mitgliedstaat oder anderen Sektor als dem, in dem der Erwerb beabsichtigt wird, zugelassen ist.

[3] Vorbehaltlich des § 4b Abs. 1 in Verbindung mit § 15 Abs. 1 des Bundesdatenschutzgesetzes tauschen sie mit ihnen alle zweckdienlichen und grundlegenden

Informationen aus, die für die Durchführung der Aufsicht erforderlich sind. [4] Grundlegende Informationen können auch ohne entsprechende Anfrage der zuständigen Stelle weitergegeben werden. [5] Als grundlegend in diesem Sinne gelten alle Informationen, die Einfluss auf die Beurteilung der Finanzlage eines Instituts in dem betreffenden Staat des Europäischen Wirtschaftsraums haben können. [6] Hierzu gehören insbesondere:

1. Ermittlung der Gruppenstruktur unter Einbeziehung aller wesentlichen Institute der Gruppe sowie der jeweils für die Aufsicht zuständigen Stellen,
2. Verfahren für die Sammlung und Überprüfung von Informationen von gruppenangehörigen Instituten,
3. nachteilige Entwicklungen bei Instituten oder anderen Unternehmen einer Gruppe, die die Institute ernsthaft beeinträchtigen könnten, und
4. schwerwiegende oder außergewöhnliche bankaufsichtliche Maßnahmen, die die Bundesanstalt nach Maßgabe dieses Gesetzes oder der zu seiner Durchführung erlassenen Rechtsverordnungen ergriffen hat.

[7] Die Bundesanstalt übermittelt der zuständigen Stelle im Aufnahmestaat alle Informationen für die Beurteilung der Zuverlässigkeit und fachlichen Eignung der in § 1 Abs. 2 Satz 1 genannten Personen sowie für die Beurteilung der Zuverlässigkeit der Inhaber einer bedeutenden Beteiligung an Unternehmen derselben Gruppe mit Sitz im Inland, die bei der Erteilung einer Erlaubnis und der laufenden Aufsicht über ein Unternehmen im Sinne des § 33b Satz 1, welches im Aufnahmestaat Bankgeschäfte entsprechend § 1 Abs. 1 Satz 2 Nr. 1, 2, 4 und 10 oder Finanzdienstleistungen entsprechend § 1 Abs. 1a Satz 2 Nr. 1 bis 4 zu erbringen beabsichtigt, erforderlich sind. [8]Informationen nach Satz 6 Nummer 3 und 4 sind auch der zuständigen Stelle in dem Aufnahmestaat zu übermitteln, in dem ein Einlagenkreditinstitut oder E-Geld-Institut über Zweigniederlassungen verfügt, die als bedeutend eingestuft worden sind.

(3a) [1] Die zuständige Stelle im Sinne des Absatzes 3 Satz 1 kann die Bundesanstalt um Zusammenarbeit bei einer Überwachung, einer Prüfung oder Ermittlung ersuchen. [2] Die Bundesanstalt macht bei Ersuchen im Sinne des Satzes 1 zum Zwecke der Überwachung der Einhaltung dieses Gesetzes und entsprechender Bestimmungen dieser Staaten von allen ihr nach dem Gesetz zustehenden Befugnissen Gebrauch, soweit dies geeignet und erforderlich ist, den Ersuchen nachzukommen. [3] Die Bundesanstalt kann eine Untersuchung, die Übermittlung von Informationen oder die Teilnahme von Bediensteten dieser ausländischen Stellen an solchen Prüfungen verweigern, wenn

1. hierdurch die Souveränität, die Sicherheit oder die öffentliche Ordnung der Bundesrepublik Deutschland beeinträchtigt werden könnte oder
2. auf Grund desselben Sachverhaltes gegen die betreffenden Personen bereits ein gerichtliches Verfahren eingeleitet worden oder eine unanfechtbare Entscheidung ergangen ist.

[4]Kommt die Bundesanstalt einem entsprechenden Ersuchen nicht nach oder macht sie von ihrem Recht nach Satz 1 Gebrauch, teilt sie dies der ersuchenden Stelle unverzüglich mit und legt die Gründe dar; im Falle einer Verweigerung nach Satz 3 Nr. 2 sind genaue Informationen über das gerichtliche Verfahren oder die unanfechtbare Entscheidung zu übermitteln.

(4) In den Fällen, in denen die Bundesanstalt für die Aufsicht über EU-Mutterinstitute oder Institute, die von einer EU-Mutterfinanzholding-Gesellschaft kontrolliert werden, zuständig ist, übermittelt sie den zuständigen Stellen in den anderen Staaten des Europäischen Wirtschaftsraums, die für die Aufsicht über Tochterunternehmen dieser Institute zuständig sind, auf Anfrage alle zweckdienlichen Informationen. Als zweckdienlich in diesem Sinne gelten alle Informationen, die die Beurteilung der finanziellen Solidität eines Instituts in einem anderen Staat des Europäischen Wirtschaftsraums wesentlich beeinflussen können. Der Umfang der Informationspflicht richtet sich insbesondere nach der Bedeutung des Tochterunternehmens für das Finanzsystem des betreffenden Staates.

(5) Mitteilungen der zuständigen Stellen eines anderen Staates dürfen nur für folgende Zwecke verwendet werden:

1. zur Prüfung der Zulassung zum Geschäftsbetrieb eines Instituts,
2. zur Überwachung der Tätigkeit der Institute auf Einzelbasis oder auf zusammengefasster Basis,
3. für Anordnungen der Bundesanstalt sowie zur Verfolgung und Ahndung von Ordnungswidrigkeiten durch die Bundesanstalt,
4. im Rahmen eines Verwaltungsverfahrens über Rechtsbehelfe gegen eine Entscheidung der Bundesanstalt oder
5. im Rahmen von Verfahren vor Verwaltungsgerichten, Insolvenzgerichten, Staatsanwaltschaften oder für Straf- und Bußgeldsachen zuständigen Gerichten.

(6) Vor der Entscheidung über folgende Sachverhalte hört die Bundesanstalt regelmäßig die zuständigen Stellen im Europäischen Wirtschaftsraum an, sofern die Entscheidung von Bedeutung für deren Aufsichtstätigkeit ist:

1. Änderungen in der Struktur der Inhaber, der Organisation oder der Geschäftsleitung gruppenangehöriger Institute, die der Zustimmung der Bundesanstalt bedürfen,
2. schwerwiegende oder außergewöhnliche bankaufsichtliche Maßnahmen. In diesen Fällen ist stets zumindest die für die Aufsicht auf zusammengefasster Basis zuständige Stelle anzuhören, sofern diese Zuständigkeit nicht bei der Bundesanstalt liegt.

Die Bundesanstalt kann bei Gefahr im Verzug von einer vorherigen Anhörung der zuständigen Stellen absehen. Das Gleiche gilt, wenn die vorherige Anhörung die Wirksamkeit der Maßnahme gefährden könnte; in diesen Fällen informiert die Bundesanstalt die zuständigen Stellen unverzüglich nach Erlass oder Durchführung der Maßnahme.

(7) [1]Ist die Bundesanstalt für die Aufsicht über eine Institutsgruppe oder Finanzholding-Gruppe auf zusammengefasster Basis zuständig und tritt eine Krisensituation auf, insbesondere bei widrigen Entwicklungen an den Finanzmärkten, die eine Gefahr für die Marktliquidität und die Stabilität des Finanzsystems eines Staates innerhalb des Europäischen Wirtschaftsraums darstellt, in dem eines der gruppenangehörigen Unternehmen seinen Sitz hat oder eine Zweigniederlassung als bedeutend angesehen wurde, hat die Bundesanstalt unverzüglich das Bundesministerium der Finanzen sowie die Deutsche Bundesbank zu unterrichten und ihnen alle für die Durchführung ihrer Aufgaben wesentlichen Informationen zu übermitteln. [2]§ 9 bleibt unberührt.

(8) Die Bundesanstalt teilt den zuständigen Stellen des Aufnahmestaats Maßnahmen mit, die sie ergreifen wird, um Verstöße eines Instituts gegen Rechtsvorschriften des Aufnahmestaats zu beenden, über die sie durch die zuständigen Stellen des Aufnahmestaats unterrichtet worden ist.

(9) [1] Hat die Bundesanstalt hinreichende Anhaltspunkte für einen Verstoß gegen Vorschriften dieses Gesetzes oder entsprechende Vorschriften der Staaten des Europäischen Wirtschaftsraums, teilt sie diese der für die Zusammenarbeit bei der Aufsicht über Institute zuständigen Stelle mit, auf dessen Gebiet die vorschriftswidrige Handlung stattgefunden hat. [2] Erhält die Bundesanstalt eine entsprechende Mitteilung von zuständigen Stellen anderer Staaten, unterrichtet sie diese über die Ergebnisse daraufhin eingeleiteter Untersuchungen.

§ 8a
Besondere Aufgaben bei der Aufsicht auf zusammengefasster Basis

(1) Ist die Bundesanstalt für die Aufsicht auf zusammengefasster Basis über eine Institutsgruppe oder eine Finanzholding-Gruppe im Sinne des § 10a Abs. 1 bis 5 zuständig, an deren Spitze ein EU-Mutterinstitut oder eine EU-Mutterfinanzholding-Gesellschaft steht, obliegen ihr neben den sonstigen, sich aus diesem Gesetz ergebenden Aufgaben folgende Aufgaben:

1. Koordinierung der Sammlung und Verbreitung zweckdienlicher und grundlegender Informationen nach § 8 Abs. 3 im Rahmen der laufenden Aufsicht sowie in Krisensituationen und
2. Planung und Koordinierung der Aufsichtstätigkeiten im Rahmen der laufenden Aufsicht sowie in Krisensituationen, insbesondere bei widrigen Entwicklungen bei Instituten oder an den Finanzmärkten. Die Bundesanstalt und, soweit sie im Rahmen dieses Gesetzes tätig wird, die Deutsche Bundesbank arbeiten hierbei soweit erforderlich mit den jeweils zuständigen Stellen der anderen Staaten des Europäischen Wirtschaftsraums zusammen. Im Rahmen der laufenden Aufsicht umfasst die Zusammenarbeit insbesondere die laufende Überwachung des Risikomanagements der Institute, grenzüberschreitende Prüfungen, Maßnahmen bei organisatorischen Mängeln nach § 45b, die Offenlegung durch die Institute und die in Anhang V der Bankenrichtlinie genannten technischen Vorgaben für die Organisation und Behandlung von Risiken. In Krisensituationen, insbesondere bei widrigen Entwicklungen in Instituten oder an den Finanzmärkten, schließt die Zusammenarbeit die Anordnung von Maßnahmen nach den §§ 45 bis 46b, die Ausarbeitung gemeinsamer Bewertungen, die Durchführung von Notfallkonzepten und die Kommunikation mit der Öffentlichkeit ein.

(2) [1] Die Bundesanstalt und die zuständigen Stellen im Europäischen Wirtschaftsraum können in Kooperationsvereinbarungen die näheren Bestimmungen für die Beaufsichtigung von Institutsgruppen oder Finanzholding-Gruppen im Sinne von § 10a Abs. 1 bis 5 regeln. [2] In diesen Vereinbarungen können der jeweils für die Aufsicht auf zusammengefasster Basis zuständigen Stelle weitere Aufgaben übertragen und Verfahren für die Beschlussfassung und die Zusammenarbeit mit anderen zuständigen Behörden festgelegt werden.

(3) [1] Ist die Bundesanstalt für die Beaufsichtigung einer Institutsgruppe oder einer Finanzholding-Gruppe auf zusammengefasster Basis zuständig, an deren Spitze ein EU-

Mutterinstitut oder eine EU-Mutterfinanzholding-Gesellschaft steht, soll sie mit den für die Beaufsichtigung der gruppenangehörigen Unternehmen zuständigen Stellen im Europäischen Wirtschaftsraum eine gemeinsame Entscheidung treffen, ob die Eigenmittelausstattung der Gruppe auf zusammengefasster Basis ihrer Finanzlage und ihrem Risikoprofil angemessen ist und welche zusätzliche Eigenmittelanforderungen für jedes gruppenangehörige Unternehmen und auf zusammengefasster Basis erforderlich sind. [2]Die Entscheidung ist schriftlich umfassend zu begründen und hat angemessen die von den jeweils zuständigen Stellen durchgeführte Risikobewertung der Tochterunternehmen zu berücksichtigen. [3]Die Bundesanstalt stellt die Entscheidung dem übergeordneten Unternehmen der Gruppe zu. [4]Stimmen nicht alle für die Beaufsichtigung der gruppenangehörigen Unternehmen zuständigen Stellen im Europäischen Wirtschaftsraum der Entscheidung der Bundesanstalt zu, beteiligt die Bundesanstalt von sich aus oder auf Antrag einer der anderen zuständigen Stellen den Ausschuss der europäischen Bankaufsichtsbehörden. [5]Dessen Stellungnahme ist im weiteren Verfahren zu berücksichtigen; erhebliche Abweichungen hiervon sind in der Entscheidung zu begründen.

(4) [1]Kommt innerhalb von vier Monaten nach Übermittlung einer Risikobewertung der Gruppe an die zuständigen Stellen keine gemeinsame Entscheidung zustande, entscheidet die Bundesanstalt allein, ob die Eigenmittelausstattung der Institutsgruppe oder Finanzholding-Gruppe auf zusammengefasster Basis sowie die Eigenmittelausstattung der gruppenangehörigen Unternehmen, die sie auf Einzelbasis oder unterkonsolidierter Basis beaufsichtigt, der Finanzlage und dem Risikoprofil angemessen sind oder ob zusätzliche Eigenmittelanforderungen erforderlich sind und gibt die Entscheidung dem übergeordneten Unternehmen der Gruppe bekannt. [2]Dabei berücksichtigt die Bundesanstalt in angemessener Weise die von den jeweils zuständigen Stellen durchgeführten Risikobewertungen der Tochterunternehmen. [3]Hinsichtlich der Angemessenheit der Eigenmittelausstattung und der Notwendigkeit von zusätzlichen Eigenmittelanforderungen der gruppenangehörigen Unternehmen, die nicht von der Bundesanstalt auf Einzelbasis oder unterkonsolidierte Basis beaufsichtigt werden, übermittelt die Bundesanstalt ihre Auffassung an die jeweils zuständige Stelle. [4]Erhält die Bundesanstalt von einer anderen zuständigen Stelle eine begründete Entscheidung, die der Risikobewertung und den Auffassungen Rechnung trägt, die die anderen zuständigen Stellen innerhalb des Zeitraums von vier Monaten durchgeführt und geäußert haben, übermittelt sie dieses Dokument allen betroffenen zuständigen Stellen sowie dem übergeordneten Unternehmen der Gruppe.

(5) [1]Entscheidungen nach den Absätzen 3 und 4 sind in der Regel jährlich und ausnahmsweise dann unterjährig zu aktualisieren, wenn eine für die Beaufsichtigung eines gruppenangehörigen Unternehmens zuständige Stelle dies bei der Bundesanstalt schriftlich und umfassend begründet beantragt. [2]In diesem Fall kann die Aktualisierung allein zwischen der Bundesanstalt und der zuständigen Stelle, die den Antrag gestellt hat, abgestimmt werden.

§ 8b
Zusammenarbeit bei der Beaufsichtigung von Finanzkonglomeraten

(1) [1]Die Bundesanstalt und, soweit sie im Rahmen dieses Gesetzes tätig wird, die Deutsche Bundesbank arbeiten bei der Ermittlung und Beaufsichtigung von Finanzkonglomeraten nach Maßgabe der Richtlinie 2002/87/EG des Europäischen Parlaments und des Rates vom 16.

Dezember 2002 über die zusätzliche Beaufsichtigung der Kreditinstitute, Versicherungsunternehmen und Wertpapierfirmen eines Finanzkonglomerats und zur Änderung der Richtlinien 73/239/EWG, 79/267/EWG, 92/49/EWG, 92/96/EWG, 93/6/EWG und 93/22/EWG des Rates und der Richtlinien 98/78/EG und 2000/12/EG des Europäischen Parlaments und des Rates (ABl. EU 2003 Nr. L 35 S. 1) mit den zuständigen Stellen der anderen Staaten des Europäischen Wirtschaftsraums zusammen; § 8 Abs. 5 gilt entsprechend. [2] Gehört ein Einlagenkreditinstitut, E-Geld-Institut, Wertpapierhandelsunternehmen oder eine Kapitalanlagegesellschaft einer grenzüberschreitend tätigen Unternehmensgruppe an, die ein Finanzkonglomerat sein könnte, das noch nicht nach Maßgabe der Richtlinie 2002/87/EG als solches eingestuft wurde, teilt die Bundesanstalt dies den zuständigen Stellen der anderen betroffenen Staaten des Europäischen Wirtschaftsraums mit.

(2) [1] Die Bundesanstalt bestimmt mit den zuständigen Stellen der anderen betroffenen Staaten des Europäischen Wirtschaftsraums nach Maßgabe des Artikels 10 der Richtlinie 2002/87/EG den nach diesem Gesetz für die zusätzliche Beaufsichtigung des Finanzkonglomerats zuständigen Koordinator. [2] Ist die Bundesanstalt Koordinator, obliegen ihr nach Maßgabe des Artikels 11 der Richtlinie 2002/87/EG insbesondere folgende Aufgaben:

1. Koordinierung der Sammlung und Verbreitung zweckdienlicher und grundlegender Informationen bei der laufenden Beaufsichtigung sowie in Krisensituationen;
2. generelle Aufsicht und Beurteilung der Finanzlage eines Finanzkonglomerats;
3. Beurteilung der Einhaltung der Vorschriften über die Eigenmittelausstattung und der Bestimmungen über Risikokonzentrationen und gruppeninterne Transaktionen nach Maßgabe der Artikel 6 bis 8 der Richtlinie 2002/87/EG;
4. Beurteilung der Struktur, Organisation und internen Kontrollsysteme eines Finanzkonglomerats nach Maßgabe des Artikels 9 der Richtlinie 2002/87/EG;
5. Planung und Koordinierung der Aufsichtstätigkeiten bei der laufenden Beaufsichtigung sowie in Krisensituationen in Zusammenarbeit mit den jeweils zuständigen Stellen der anderen betroffenen Staaten des Europäischen Wirtschaftsraums und
6. sonstige Aufgaben, Maßnahmen und Entscheidungen, die der Bundesanstalt durch die Richtlinie 2002/87/EG oder in Anwendung ihrer Bestimmungen zugewiesen werden.

[3] Die Bundesanstalt als Koordinator

1. unterrichtet die zuständigen Stellen der anderen betroffenen Staaten des Europäischen Wirtschaftsraums über die Mitteilung der Feststellung einer Gruppe von Unternehmen als Finanzkonglomerat nach § 51b Abs. 1;
2. hört die zuständigen Stellen der anderen betroffenen Staaten des Europäischen Wirtschaftsraums vorab an

a) bei Entscheidungen nach § 10b Abs. 3 Satz 8, auch in Verbindung mit § 13d Abs. 1, und § 53d;

b) bei Befreiungen nach § 31 Abs. 5 Satz 3; in dringenden Fällen kann die Bundesanstalt von der vorherigen Anhörung absehen;

c) vor Maßnahmen nach § 10b Abs. 5, § 13d Abs. 4 Satz 5, § 45 Absatz 4 und § 45a Abs. 1 Satz 2, sofern dies für deren Aufsichtätigkeit von Bedeutung ist; in dringenden Fällen oder bei Gefahr im Verzug kann die Bundesanstalt von der vorherigen Anhörung absehen. Sie hat die zuständigen Stellen der betroffenen Staaten des Europäischen Wirtschaftsraums hiervon unverzüglich zu unterrichten;

3. unterbreitet den zuständigen Stellen der anderen betroffenen Staaten des Europäischen Wirtschaftsraums Vorschläge für Entscheidungen zur

a) Nichtberücksichtigung von konglomeratsangehörigen Unternehmen bei der Berechnung der Schwellenwerte nach § 51a Abs. 4;

b) Aufhebung der Feststellung einer Unternehmensgruppe als Finanzkonglomerat und eines Unternehmens als übergeordnetes Finanzkonglomeratsunternehmen nach § 51b Abs. 3;

c) Befreiungen nach § 51c Nr. 2.

(3) [1] In den Fällen des § 8d Abs. 2, § 10b Abs. 4, § 51a Abs. 4 und 6 Satz 4, § 51b Abs. 3 und § 51c entscheidet die Bundesanstalt im Einvernehmen mit den zuständigen Stellen der anderen betroffenen Staaten des Europäischen Wirtschaftsraums. [2] Zuständige Stellen im Sinne des Satzes 1 sowie des Absatzes 2 Satz 3 Nr. 2 Buchstabe a, b und Nr. 3 sind nur die relevanten zuständigen Behörden. [3] Relevante zuständige Behörden sind der Koordinator nach Absatz 2 Satz 1 und die anderen in Artikel 2 Nr. 17 der Richtlinie 2002/87/EG als relevante zuständige Behörden definierten oder im dort beschriebenen Verfahren bestimmten Stellen.

(4) Die näheren Bestimmungen über die Zusammenarbeit bei der Beaufsichtigung von Finanzkonglomeraten regelt die Bundesanstalt in Kooperationsvereinbarungen mit den zuständigen Stellen der anderen betroffenen Staaten des Europäischen Wirtschaftsraums.

§ 8c
Übertragung der Zuständigkeit für die Aufsicht über Institutsgruppen, Finanzholding-Gruppen und gruppenangehörige Institute

(1)[1] Die Bundesanstalt kann von der Beaufsichtigung einer Institutsgruppe oder Finanzholding-Gruppe im Sinne des § 10a Abs. 1 bis 5 absehen und die Aufsicht auf zusammengefasster Basis widerruflich auf eine andere zuständige Stelle innerhalb des Europäischen Wirtschaftsraums übertragen, wenn die Beaufsichtigung durch die Bundesanstalt im Hinblick auf die betreffenden Institute und die Bedeutung ihrer Geschäftätigkeit in dem anderen Staat unangemessen wäre und wenn bei

1. Institutsgruppen das übergeordnete Unternehmen der Gruppe Tochterunternehmen eines Einlagenkreditinstituts oder eines Wertpapierhandelsunternehmens mit Sitz in dem anderen Staat des Europäischen Wirtschaftsraums und dort in die Beaufsichtigung auf zusammengefasster Basis gemäß der Bankenrichtlinie einbezogen ist oder

2. Finanzholding-Gruppen diese von den zuständigen Stellen des anderen Staates des Europäischen Wirtschaftsraums auf zusammengefasster Basis gemäß der Bankenrichtlinie beaufsichtigt werden.

[2] Die Bundesanstalt stellt in diesen Fällen das übergeordnete Unternehmen widerruflich von den Vorschriften dieses Gesetzes über die Beaufsichtigung auf zusammengefasster Basis frei. [3] Vor der Freistellung und der Übertragung der Zuständigkeit ist das übergeordnete Unternehmen anzuhören. [4] Die Kommission der Europäischen Gemeinschaften ist über das Bestehen und den Inhalt dieser Vereinbarungen zu unterrichten.

(2)[1] Übernimmt die Bundesanstalt auf Grund einer Übereinkunft mit einer zuständigen Stelle innerhalb des Europäischen Wirtschaftsraums die Aufsicht auf zusammengefasster Basis über eine Institutsgruppe oder eine Finanzholding-Gruppe, kann sie ein Institut der Gruppe mit Sitz im Inland als übergeordnetes Unternehmen bestimmen.[2] § 10a gilt entsprechend.

(3)[1] Die Bundesanstalt kann die Zuständigkeit für die Beaufsichtigung eines Instituts, für dessen Zulassung sie zuständig ist, widerruflich auf eine andere zuständige Stelle innerhalb des Europäischen Wirtschaftsraums übertragen, wenn das Institut Tochterunternehmen eines Instituts ist, für dessen Zulassung und Beaufsichtigung diese zuständige Stelle nach Maßgabe der Bankenrichtlinie zuständig ist.[2] Vor der Übertragung der Zuständigkeit ist dieses Institut anzuhören.[3] Die Kommission der Europäischen Gemeinschaften ist über das Bestehen und den Inhalt dieser Vereinbarungen zu unterrichten.

§ 8d
Zuständigkeit für die zusätzliche Beaufsichtigung auf Konglomeratsebene

(1) Die Bundesanstalt kann von der Beaufsichtigung eines Finanzkonglomerats absehen und das übergeordnete Finanzkonglomeratsunternehmen von den Vorschriften dieses Gesetzes über die Beaufsichtigung auf Konglomeratsebene widerruflich freistellen, wenn

1. das Finanzkonglomerat einem anderen Finanzkonglomerat nachgeordnet ist, dessen übergeordnetes Finanzkonglomeratsunternehmen mit Sitz in einem anderen Staat des Europäischen Wirtschaftsraums dort in die zusätzliche Beaufsichtigung auf Konglomeratsebene gemäß der Richtlinie 2002/87/EG einbezogen ist, oder
2. dies unter Berücksichtigung der Struktur des Finanzkonglomerats und des relativen Gewichts seiner Tätigkeiten in verschiedenen Staaten des Europäischen Wirtschaftsraums angemessen ist; dem übergeordneten Finanzkonglomeratsunternehmen ist Gelegenheit zur Äußerung zu geben.

(2) Die Bundesanstalt kann über die Fälle des § 1 Abs. 20 und des § 10b Abs. 3 Satz 6 bis 8 oder Abs. 4 hinaus nach Maßgabe des Artikels 2 Nr. 14 sowie der Artikel 3 und 5 der Richtlinie 2002/87/EG eine branchenübergreifend tätige Unternehmensgruppe als Finanzkonglomerat und ein Institut als übergeordnetes Finanzkonglomeratsunternehmen bestimmen. Die Vorschriften dieses Gesetzes über die zusätzliche Beaufsichtigung von Finanzkonglomeraten sind in diesem Fall entsprechend anzuwenden.

§ 8e
Aufsichtskollegien

(1) [1]Ist die Bundesanstalt für die Aufsicht auf zusammengefasster Basis über eine Institutsgruppe oder Finanzholding-Gruppe zuständig, richtet sie Aufsichtskollegien ein mit dem Ziel, die Aufgabenwahrnehmung nach § 8 Absatz 7 und den §§ 8a und 10 Absatz 1a zu erleichtern sowie eine angemessene Zusammenarbeit mit den zuständigen Stellen im Europäischen Wirtschaftsraum sowie in Drittstaaten zu gewährleisten. [2]Die Aufsichtskollegien dienen

1. dem Austausch von Informationen,
2. gegebenenfalls der Einigung über die freiwillige Übertragung von Aufgaben und Zuständigkeiten,
3. der Festlegung aufsichtsrechtlicher Prüfungsprogramme auf der Grundlage der Risikobewertung einer Institutsgruppe oder Finanzholding-Gruppe,
4. der Beseitigung unnötiger aufsichtsrechtlicher Doppelanforderungen,
5. der gleichmäßigen Anwendung der bestehenden aufsichtsrechtlichen Anforderungen auf alle Unternehmen der Gruppe unter Berücksichtigung bestehender Ermessensspielräume und Wahlrechte und
6. der Planung und Koordinierung der Aufsichtstätigkeiten in Vorbereitung auf und in Krisensituationen unter Berücksichtigung der Arbeit anderer Foren, die in diesem Bereich eingerichtet werden.

(2) [1]Die Bundesanstalt legt die Einrichtung und Funktionsweise des jeweiligen Aufsichtskollegiums im Benehmen mit den zuständigen Stellen schriftlich fest; § 8a Absatz 2 gilt entsprechend. [2]Die Bundesanstalt leitet die Sitzungen des Aufsichtskollegiums und entscheidet, welche zuständigen Stellen neben der Bundesanstalt und der Deutschen Bundesbank an einer Sitzung oder Tätigkeiten des Aufsichtskollegiums teilnehmen. [3]Neben den für die Beaufsichtigung von Tochterunternehmen der Gruppe zuständigen Stellen und den zuständigen Stellen des Aufnahmestaates einer bedeutenden Zweigniederlassung kann die Bundesanstalt auch über die Teilnahme von zuständigen Stellen aus Drittstaaten an dem Aufsichtskollegium entscheiden, sofern diese über Geheimhaltungsvorschriften verfügen, die nach Auffassung aller am Kollegium beteiligten Stellen den Vorschriften des Kapitels 1 Abschnitt 2 der Bankenrichtlinie gleichwertig sind.

(3) Die Bundesanstalt informiert alle Mitglieder des Aufsichtskollegiums vorab laufend und umfassend über die Organisation der Sitzungen, die wesentlichen zu erörternden Fragen und die in Betracht kommenden Tätigkeiten sowie rechtzeitig über das in den Sitzungen beschlossene Vorgehen und die durchgeführten Maßnahmen.

(4) Die Bundesanstalt berücksichtigt bei ihren nach Absatz 2 zu treffenden Entscheidungen die Bedeutung der zu planenden oder zu koordinierenden Aufsichtstätigkeiten für die zuständigen Stellen, insbesondere die möglichen Auswirkungen auf die Stabilität des Finanzsystems in den betroffenen Staaten.

(5) Die Bundesanstalt unterrichtet den Ausschuss der europäischen Bankaufsichtsbehörden über die Tätigkeit des Aufsichtskollegiums, insbesondere in Krisensituationen, und übermittelt dem Ausschuss alle Informationen, die für die Zwecke der Vereinheitlichung der Aufsicht auf europäischer Ebene von besonderem Belang sind.

(6) In den Fällen, in denen die Bundesanstalt nicht für die Aufsicht über eine Institutsgruppe oder Finanzholding-Gruppe auf zusammengefasster Basis zuständig ist, aber Einlagenkreditinstitute oder E-Geld-Institute mit bedeutenden Zweigniederlassungen in anderen Staaten des Europäischen Wirtschaftsraums beaufsichtigt, richtet sie ein Aufsichtskollegium ein, um die Zusammenarbeit mit den zuständigen Stellen des Aufnahmestaates nach § 8 Absatz 3 sowie in Krisensituationen zu erleichtern. Absatz 2 Satz 1 und 2 sowie die Absätze 3 und 4 gelten entsprechend.

(7) Bei der Wahrnehmung der Aufgaben nach den Absätzen 1 bis 6 arbeiten die Bundesanstalt und die Deutsche Bundesbank zusammen.

§ 9
Verschwiegenheitspflicht

(1) [1] Die bei der Bundesanstalt beschäftigten und die nach § 4 Abs. 3 des Finanzdienstleistungsaufsichtsgesetzes beauftragten Personen, die nach § 45c bestellten Sonderbeauftragten, die nach § 37 Satz 2 und § 38 Abs. 2 Satz 2 und 4 bestellten Abwickler sowie die im Dienst der Deutschen Bundesbank stehenden Personen, soweit sie zur Durchführung dieses Gesetzes tätig werden, dürfen die ihnen bei ihrer Tätigkeit bekannt gewordenen Tatsachen, deren Geheimhaltung im Interesse des Instituts oder eines Dritten liegt, insbesondere Geschäfts- und Betriebsgeheimnisse, nicht unbefugt offenbaren oder verwerten, auch wenn sie nicht mehr im Dienst sind oder ihre Tätigkeit beendet ist. [2] Die von den beaufsichtigten Instituten und Unternehmen zu beachtenden Bestimmungen des Bundesdatenschutzgesetzes bleiben unberührt. [3] Dies gilt auch für andere Personen, die durch dienstliche Berichterstattung Kenntnis von den in Satz 1 bezeichneten Tatsachen erhalten. [4] Ein unbefugtes Offenbaren oder Verwerten im Sinne des Satzes 1 liegt insbesondere nicht vor, wenn Tatsachen weitergegeben werden an

1. Strafverfolgungsbehörden oder für Straf- und Bußgeldsachen zuständige Gerichte,
2. kraft Gesetzes oder im öffentlichen Auftrag mit der Überwachung von Instituten, Investmentgesellschaften, Finanzunternehmen, Versicherungsunternehmen, der Finanzmärkte oder des Zahlungsverkehrs betraute Stellen sowie von diesen beauftragte Personen,
3. mit der Liquidation oder dem Insolvenzverfahren über das Vermögen eines Instituts befaßte Stellen,
4. mit der gesetzlichen Prüfung der Rechnungslegung von Instituten oder Finanzunternehmen betraute Personen sowie Stellen, welche die vorgenannten Personen beaufsichtigen,
5. eine Einlagensicherungseinrichtung oder Anlegerentschädigungseinrichtung,
6. Wertpapier- oder Terminbörsen,
7. Zentralnotenbanken,
8. Betreiber von Systemen nach § 1 Abs. 16,
9. die zuständigen Stellen in anderen Staaten des Europäischen Wirtschaftsraums sowie in Drittstaaten, mit denen die Bundesanstalt im Rahmen von Aufsichtskollegien nach § 8e zusammenarbeitet, oder
10. den Ausschuss der europäischen Bankaufsichtsbehörden,

soweit diese Stellen die Informationen zur Erfüllung ihrer Aufgaben benötigen. [5] Für die bei diesen Stellen beschäftigten Personen gilt die Verschwiegenheitspflicht nach Satz 1 entsprechend. [6] Befindet sich die Stelle in einem anderen Staat, so dürfen die Tatsachen nur weitergegeben werden, wenn diese Stelle und die von ihr beauftragten Personen einer dem Satz 1 entsprechenden Verschwiegenheitspflicht unterliegen. [7] Die ausländische Stelle ist darauf hinzuweisen, daß sie Informationen nur zu dem Zweck verwenden darf, zu deren Erfüllung sie ihr übermittelt werden. [8] Informationen, die aus einem anderen Staat stammen, dürfen nur mit ausdrücklicher Zustimmung der zuständigen Stellen, die diese Informationen mitgeteilt haben, und nur für solche Zwecke weitergegeben werden, denen diese Stellen zugestimmt haben.

(2) [1] Die §§ 93, 97 und 105 Abs. 1, § 111 Abs. 5 in Verbindung mit § 105 Abs. 1 sowie § 116 Abs. 1 der Abgabenordnung gelten nicht für die in Absatz 1 bezeichneten Personen, soweit sie zur Durchführung dieses Gesetzes tätig werden. [2] Dies gilt nicht, soweit die Finanzbehörden die Kenntnisse für die Durchführung eines Verfahrens wegen einer Steuerstraftat sowie eines damit zusammenhängenden Besteuerungsverfahrens benötigen, an deren Verfolgung ein zwingendes öffentliches Interesse besteht, oder soweit es sich um vorsätzlich falsche Angaben des Auskunftpflichtigen oder der für ihn tätigen Personen handelt. [3] Satz 2 ist nicht anzuwenden, soweit Tatsachen betroffen sind, die den in Absatz 1 Satz 1 oder 3 bezeichneten Personen durch die zuständige Aufsichtsstelle eines anderen Staates oder durch von dieser Stelle beauftragte Personen mitgeteilt worden sind.

Zweiter Abschnitt
Vorschriften für Institute, Institutsgruppen, Finanzholding-Gruppen, Finanzkonglomerate, gemischte Finanzholding-Gesellschaften und gemischte Unternehmen

1. Eigenmittel und Liquidität

§ 10
Anforderungen an die Eigenmittelausstattung von Instituten, Institutsgruppen und Finanzholding-Gruppen

(1) [1] Die Institute sowie die Institutsgruppen und Finanzholding-Gruppen nach § 10a Abs. 1 bis 5 müssen im Interesse der Erfüllung ihrer Verpflichtungen gegenüber ihren Gläubigern, insbesondere im Interesse der Sicherheit der ihnen anvertrauten Vermögenswerte, angemessene Eigenmittel haben. [2] Institute sowie Institutsgruppen und Finanzholding-Gruppen im Sinne von § 10a Abs. 1 bis 5 dürfen mit vorheriger Zulassung durch die Bundesanstalt interne Risikomessverfahren, insbesondere interne Ratingsysteme für die Schätzung von Risikoparametern des Adressenausfallrisikos, interne Marktrisikomodelle sowie interne Schätzverfahren zur Bestimmung des operationellen Risikos, zur Beurteilung der Angemessenheit ihrer Eigenmittelausstattung verwenden. [3] Institute dürfen personenbezogene Daten ihrer Kunden, von Personen, mit denen sie Vertragsverhandlungen über Adressenausfallrisiken begründende Geschäfte aufnehmen, sowie von Personen, die für die Erfüllung eines Adressenausfallrisikos einstehen sollen, erheben und verwenden, soweit diese Daten

1. unter Zugrundelegung eines wissenschaftlich anerkannten mathematisch-statistischen Verfahrens nachweisbar für die Bestimmung und Berücksichtigung von Adressenausfallrisiken erheblich und

2. zum Aufbau und Betrieb einschließlich der Entwicklung und Weiterentwicklung von internen Ratingsystemen für die Schätzung von Risikoparametern des Adressenausfallrisikos des Instituts erforderlich sind

und es sich nicht um Angaben zur Staatsangehörigkeit oder Daten nach § 3 Abs. 9 des Bundesdatenschutzgesetzes handelt. [4] Betriebs- und Geschäftsgeheimnisse stehen personenbezogenen Daten gleich. [5] Zur Entwicklung und Weiterentwicklung der Ratingsysteme dürfen abweichend von Satz 3 Nr. 1 auch Daten erhoben und verwendet werden, die bei nachvollziehbarer wirtschaftlicher Betrachtungsweise für die Bestimmung und Berücksichtigung von Adressenausfallrisiken erheblich sein können. [6] Für die Bestimmung und Berücksichtigung von Adressenausfallrisiken können insbesondere Daten erheblich sein, die den folgenden Kategorien angehören oder aus Daten der folgenden Kategorien gewonnen worden sind:

1. Einkommens-, Vermögens- und Beschäftigungsverhältnisse sowie die sonstigen wirtschaftlichen Verhältnisse, insbesondere Art, Umfang und Wirtschaftlichkeit der Geschäftstätigkeit des Betroffenen,
2. Zahlungsverhalten und Vertragstreue des Betroffenen,
3. vollstreckbare Forderungen sowie Zwangsvollstreckungsverfahren und -maßnahmen gegen den Betroffenen,
4. Insolvenzverfahren über das Vermögen des Betroffenen, sofern diese eröffnet worden sind oder die Eröffnung beantragt worden ist.

[7] Diese Daten dürfen erhoben werden

1. beim Betroffenen,
2. bei Instituten, die derselben Institutsgruppe angehören,
3. bei Ratingagenturen und Auskunfteien und
4. aus allgemein zugänglichen Quellen.

[8] Die Institute dürfen anderen Instituten derselben Institutsgruppe und in pseudonymisierter Form auch von ihnen mit dem Aufbau und Betrieb einschließlich der Entwicklung und Weiterentwicklung von Ratingsystemen beauftragten Dienstleistern nach Satz 3 erhobene personenbezogene Daten übermitteln, soweit dies zum Aufbau und Betrieb einschließlich der Entwicklung und Weiterentwicklung von internen Ratingsystemen für die Schätzung von Risikoparametern des Adressenausfallrisikos erforderlich ist. [9] Das Bundesministerium der Finanzen wird ermächtigt, durch Rechtsverordnung im Benehmen mit der Deutschen Bundesbank nähere Bestimmungen über die angemessene Eigenmittelausstattung (Solvabilität) der Institute sowie der Institutsgruppen und Finanzholding-Gruppen zu erlassen, insbesondere über

1. die Bestimmung der für Adressenausfallrisiken, einschließlich Beteiligungs- und Veritätsrisiken, und Marktrisiken (insbesondere Fremdwährungsrisiken, Rohwarenrisiken und Positionsrisiken des Handelsbuchs) anrechnungspflichtigen Geschäfte und ihrer Risikoparameter;
2. den Gegenstand und die Verfahren zur Ermittlung von Eigenkapitalanforderungen für das operationelle Risiko;
3. die Berechnungsmethoden für die Eigenkapitalanforderung und die dafür erforderlichen technischen Grundsätze;

4. die näheren Einzelheiten der Erhebung und Verwendung personenbezogener Daten zur Bestimmung und Berücksichtigung von Adressenausfallrisiken; in der Rechtsverordnung sind Höchstfristen für die Löschung oder Anonymisierung der Daten zu bestimmen;
5. die Zulassungsvoraussetzungen für die Verwendung interner Risikomessverfahren, insbesondere interner Ratingsysteme für die Schätzung von Risikoparametern des Adressenausfallrisikos, interner Marktrisikomodelle sowie interner Schätzverfahren zur Bestimmung des operationellen Risikos, das Zulassungsverfahren und die Durchführung von Prüfungen nach § 44 Abs. 1 Satz 2 zur Zulassung interner Risikomessverfahren;
6. Inhalt, Art, Umfang und Form der nach Absatz 1e zum Nachweis der angemessenen Eigenmittelausstattung erforderlichen Angaben und über die für die Datenübermittlung zulässigen Datenträger, Übertragungswege und Datenformate;
7. die Pflicht der Institute zur Offenlegung von zum Nachweis angemessener Eigenmittel zugrunde gelegten Informationen nach Maßgabe des § 26a Abs. 1 und 2, einschließlich des Gegenstands der Offenlegungsanforderung, sowie des Mediums und der Häufigkeit der Offenlegung;
8. die Berechnungsmethoden zur Ermittlung der Positionen nach Absatz 2b Satz 1 Nr. 9 und Absatz 6a;
9. die Anforderungen an eine Ratingagentur, um deren Ratings für Risikogewichtungszwecke anerkennen zu können, und die Anforderungen an das Rating;
10. die Ausstattungsmerkmale von Eigenmittelinstrumenten, namentlich im Hinblick auf die Ausgestaltung von Tilgungsanreizen im Sinne des Absatzes 4 Satz 1 Nummer 4 und die Mindestanforderungen an Rahmenbedingungen im Sinne des Absatzes 4 Satz 9,
11. die Zustimmung der Bundesanstalt zur vorzeitigen Rückzahlung, zum Rückkauf oder zur Kündigung von Eigenmittelbestandteilen durch das Institut einschließlich des Ablaufs des Zustimmungsverfahrens und
12. die Durchführung von Marktpflegemaßnahmen nach Aufnahme von Kapital im Sinne der Absätze 4, 5, 5a und 7.

[10] Das Bundesministerium der Finanzen kann die Ermächtigung durch Rechtsverordnung auf die Bundesanstalt mit der Maßgabe übertragen, dass die Rechtsverordnung im Einvernehmen mit der Deutschen Bundesbank ergeht. [11] Vor Erlass der Rechtsverordnung sind die Spitzenverbände der Institute zu hören.

(1a) [1] Beabsichtigen die Institute einer grenzüberschreitenden Institutsgruppe oder Finanzholding-Gruppe, für deren Aufsicht auf zusammengefasster Basis nach Maßgabe des § 10a Abs. 1 bis 5 die Bundesanstalt zuständig ist, erstmalig ein internes Risikomessverfahren zur Berechnung ihrer Eigenmittelanforderungen für Adressenausfallrisiken oder das operationelle Risiko oder ein internes Marktrisikomodell auf zusammengefasster Basis nach Absatz 1 Satz 2 zu nutzen, hat das übergeordnete Unternehmen den Zulassungsantrag bei der Bundesanstalt einzureichen. [2] Eine grenzüberschreitende Institutsgruppe oder Finanzholding-Gruppe im Sinne dieser Vorschrift liegt vor, wenn die Unternehmen dieser Gruppe ihren jeweiligen Sitz in mindestens zwei verschiedenen Staaten des Europäischen Wirtschaftsraums haben. [3] Nach Eingang des vollständigen Antrags leitet die Bundesanstalt ihn unverzüglich an die zuständigen Stellen innerhalb des Europäischen Wirtschaftsraums, denen die Aufsicht über die vom Antrag umfassten Unternehmen nach Maßgabe der

Bankenrichtlinie obliegt, weiter. [4] Die zuständigen Stellen sollen innerhalb von sechs Monaten nach Eingang des vollständigen Antrags bei der Bundesanstalt eine gemeinsame Entscheidung über den Antrag treffen. [5] Kommt in dieser Zeit keine gemeinsame Entscheidung zustande, entscheidet die Bundesanstalt allein. [6] Sobald eine Entscheidung nach Satz 4 oder Satz 5 vorliegt, unterrichtet die Bundesanstalt das übergeordnete Unternehmen der Gruppe schriftlich und unter Angabe der maßgeblichen Gründe sowie unter Hinweis auf die der Entscheidung zugrunde liegenden Rechtsgrundlagen über deren Inhalt. [7] Im Falle einer Entscheidung nach Satz 5 unterrichtet sie außerdem die weiteren betroffenen zuständigen Stellen; bei der Angabe der maßgeblichen Gründe ist in diesem Fall auch auf die von diesen Stellen geltend gemachten Vorbehalte einzugehen. [8] Den Zulassungsbescheid zur Verwendung des internen Risikomessverfahrens auf zusammengefasster Basis sowie auf Einzelebene erlässt die Bundesanstalt, wenn die vom Antrag erfassten Unternehmen auf Einzelebene ihrer Aufsicht unterliegen. [9] Satz 8 gilt entsprechend für die Zulassungsbescheide gegenüber Instituten, die einer grenzüberschreitenden Gruppe im Sinne von Satz 2 angehören, aber nur auf Einzelebene der Aufsicht der Bundesanstalt unterliegen.

(1b) Die Bundesanstalt kann bei der Beurteilung der Angemessenheit der Eigenmittel anordnen, dass ein Institut Eigenmittelanforderungen einhalten muss, die über die Anforderungen der Rechtsverordnung nach Absatz 1 Satz 9 und eine Anordnung nach § 45b Abs. 1 hinausgehen, insbesondere

1. um solche Risiken zu berücksichtigen, die nicht oder nicht in vollem Umfang Gegenstand der Rechtsverordnung nach § 10 Abs. 1 Satz 9 sind,
2. wenn die Risikotragfähigkeit eines Instituts nicht gewährleistet ist,
3. um den Aufbau eines zusätzlichen Eigenmittelpuffers für Perioden wirtschaftlichen Abschwungs sicherzustellen oder
4. um einer besonderen Geschäftssituation des Instituts, etwa bei Aufnahme der Geschäftstätigkeit, Rechnung zu tragen.

(1c) [1]Auf Antrag des Instituts kann die Bundesanstalt bei der Beurteilung der Angemessenheit der Eigenmittel einer abweichenden Berechnung der Eigenmittelanforderungen zustimmen, um eine im Einzelfall unangemessene Risikoabbildung zu vermeiden. [2]Die Zustimmung muss nach dem Recht der Europäischen Gemeinschaft zulässig sein.

(1d) [1] Der Berechnung der Angemessenheit der Eigenmittel nach der Rechtsverordnung nach Absatz 1 Satz 9 ist das modifizierte verfügbare Eigenkapital zugrunde zu legen. [2] Zur Bestimmung des modifizierten verfügbaren Eigenkapitals werden die Beträge, die nach den Vorschriften dieses Gesetzes zur Unterlegung von Positionen mit Kern- und Ergänzungskapital benötigt werden, und die Positionen des Absatzes 6a vom haftenden Eigenkapital nach Absatz 2 Satz 2 abgezogen. [3] Bei der Berechnung des haftenden Eigenkapitals nach Absatz 2 Satz 2 allein für die Ermittlung der Obergrenzen des § 12 Absatz 1 und 2, der Großkredite und deren Obergrenzen nach den §§ 13, 13a und 13b sowie der Organkredite nach § 15 Absatz 3 Nummer 2 bleibt der zurechenbare Anteil des berücksichtigungsfähigen Wertberichtigungsüberschusses (Absatz 2b Satz 1 Nummer 9) unberücksichtigt. [4] Gleiches gilt für die Beträge, die nach den Vorschriften dieses Gesetzes zur Unterlegung von Positionen mit haftendem Eigenkapital benötigt werden.

(1e) [1] Die Institute sowie die übergeordneten Unternehmen einer Institutsgruppe oder Finanzholding-Gruppe nach § 10a Abs. 1 bis 3 haben der Bundesanstalt und der Deutschen Bundesbank vierteljährlich die für die Überprüfung der angemessenen Eigenkapitalausstattung erforderlichen Angaben einzureichen. [2] Die Rechtsverordnung nach Absatz 1 Satz 9 Nr. 6 kann in besonderen Fällen einen längeren Meldezeitraum vorsehen.

(2) [1] Die Eigenmittel bestehen aus dem haftenden Eigenkapital und den Drittrangmitteln. [2] Das haftende Eigenkapital ist die Summe aus dem Kernkapital nach Absatz 2a Satz 1 unter Berücksichtigung der Abzugspositionen nach Absatz 2a Satz 2 Nr. 1 bis 5 und dem Ergänzungskapital nach Absatz 2b Satz 1 abzüglich der Positionen des Absatzes 6 Satz 1. [3]Wurde sonstiges Kapital nach Absatz 4 dem Institut befristet überlassen oder ist es mit einem Anreiz zur Tilgung ausgestattet, darf sein Anteil am Kernkapital 15 vom Hundert nicht übersteigen. [4]Im Übrigen darf sonstiges Kapital nach Absatz 4, vorbehaltlich der Ausschöpfung der Anrechnungsgrenzen nach Satz 3, höchstens 35 vom Hundert des Kernkapitals betragen. [5]Sonstiges Kapital nach Absatz 4, das entsprechend Absatz 4 Satz 9 umwandelbar ist, darf vorbehaltlich der Ausschöpfung der Anrechnungsgrenzen nach den Sätzen 3 und 4 höchstens 50 vom Hundert des Kernkapitals betragen. [6] Bei der Berechnung des haftenden Eigenkapitals kann Ergänzungskapital nach Satz 2 nur bis zur Höhe des Kernkapitals nach Satz 2 berücksichtigt werden. [7] Dabei darf das berücksichtigte Ergänzungskapital nur bis zu 50 vom Hundert des Kernkapitals aus längerfristigen nachrangigen Verbindlichkeiten und dem Haftsummenzuschlag bestehen. [8] Von Dritten zur Verfügung gestellte Eigenmittel können nur berücksichtigt werden, wenn sie dem Institut tatsächlich zugeflossen sind. [9] Der Erwerb von Eigenmitteln des Instituts durch einen für Rechnung des Instituts handelnden Dritten, durch ein Tochterunternehmen des Instituts oder durch einen Dritten, der für Rechnung des Tochterunternehmens des Instituts handelt, steht für ihre Berücksichtigung einem Erwerb durch das Institut gleich, es sei denn, das Institut weist nach, dass ihm die Eigenmittel tatsächlich zugeflossen sind. [10]Dem Erwerb steht die Inpfandnahme gleich. [11]Die Bundesanstalt kann Instituten in Krisensituationen gestatten, die in den Sätzen 3 bis 7 festgelegten Grenzen vorübergehend zu überschreiten.

(2a) [1] Als Kernkapital gelten abzüglich der Positionen des Satzes 2

1. bei Einzelkaufleuten, offenen Handelsgesellschaften und Kommanditgesellschaften das eingezahlte Geschäftskapital und die Rücklagen nach Abzug der Entnahmen des Inhabers oder der persönlich haftenden Gesellschafter und der diesen gewährten Kredite sowie eines Schuldenüberhanges beim freien Vermögen des Inhabers;
2. bei Aktiengesellschaften, Kommanditgesellschaften auf Aktien und Gesellschaften mit beschränkter Haftung das eingezahlte Grund- oder Stammkapital ohne die Aktien, die mit einem nachzuzahlenden Vorzug bei der Verteilung des Gewinns ausgestattet sind (kumulative Vorzugsaktien), und die Rücklagen; bei Kommanditgesellschaften auf Aktien ferner Vermögenseinlagen der persönlich haftenden Gesellschafter, die nicht auf das Grundkapital geleistet worden sind, unter Abzug der Entnahmen der persönlich haftenden Gesellschafter und der diesen gewährten Kredite;
3. bei eingetragenen Genossenschaften die Geschäftsguthaben und die Rücklagen; Geschäftsguthaben von Mitgliedern, die zum Schluß des Geschäftsjahres ausscheiden, und ihre Ansprüche auf Auszahlung eines Anteils an der in der Bilanz nach § 73 Abs. 3 des Genossenschaftsgesetz von eingetragenen Genossenschaften gesondert ausgewiesenen Ergebnisrücklage der Genossenschaft sind abzusetzen;

4. bei öffentlich-rechtlichen Sparkassen sowie bei Sparkassen des privaten Rechts, die als öffentliche Sparkassen anerkannt sind, die Rücklagen;
5. bei Kreditinstituten des öffentlichen Rechts, die nicht unter Nummer 4 fallen, das eingezahlte Dotationskapital und die Rücklagen;
6. bei Kreditinstituten in einer anderen Rechtsform das eingezahlte Kapital und die Rücklagen;
7. die Sonderposten für allgemeine Bankrisiken nach § 340g des Handelsgesetzbuchs;
8. anderes Kapital, das unbefristet überlassen ist, als von den Gesellschaftern oder anderen Eigentümern gezeichnetes Eigenkapital gilt, im Falle des Insolvenzverfahrens über das Vermögen des Instituts oder der Liquidation des Instituts keinen Vorrang vor dem stimmberechtigten Geschäftskapital vermittelt, ansonsten gleichrangig mit dem stimmberechtigten Geschäftskapital am Verlust teilnimmt, den Anforderungen aus Absatz 4 Nummer 1 und 3 genügt und Maßnahmen der Bundesanstalt nach Absatz 4 Satz 6 unterliegt;
9. der Bilanzgewinn, soweit seine Zuweisung zum Geschäftskapital, zu den Rücklagen oder den Geschäftsguthaben beschlossen ist;
10. sonstiges Kapital im Sinne des Absatzes 4.

[2] Abzugspositionen im Sinne des Satzes 1 sind

1. der Bilanzverlust,
2. die immateriellen Vermögensgegenstände,
3. der Korrekturposten gemäß Absatz 3b,
4. Kredite an den Kommanditisten, den Gesellschafter einer Gesellschaft mit beschränkter Haftung, den Aktionär, den Kommanditaktionär oder den Anteilseigner an einem Institut des öffentlichen Rechts, dem mehr als 25 vom Hundert des Kapitals (Nennkapital, Summe der Kapitalanteile) des Instituts gehören oder dem mehr als 25 vom Hundert der Stimmrechte zustehen, wenn sie zu nicht marktmäßigen Bedingungen gewährt werden oder soweit sie nicht banküblich gesichert sind,
5. Kredite an Personen, die Kapital nach Satz 1 Nummer 8 oder Nummer 10 gewährt haben, welches mehr als 25 vom Hundert des Kernkapitals ohne Berücksichtigung des Kapitals nach Satz 1 Nummer 8 oder Nummer 10 beträgt, wenn die Kredite zu nicht marktmäßigen Bedingungen gewährt werden oder soweit sie nicht banküblich gesichert sind,
6. mindestens die jeweils hälftigen Beträge der Positionen nach Absatz 6 Satz 1, Absatz 6a und der nach § 12 Absatz 1 und 2 sowie den §§ 13, 13a, 13b und 15 mit Kern- und Ergänzungskapital zu unterlegenden Beträge und
7. der negative Ergänzungskapitalsaldo, der sich ergibt, wenn die Summe der jeweils höchstens hälftigen Beträge der Positionen nach Absatz 6 Satz 1 und Absatz 6a sowie der nach § 12 Absatz 1 und 2 sowie den §§ 13, 13a, 13b und 15 mit Kern- und Ergänzungskapital zu unterlegenden Positionen das berücksichtigungsfähige Ergänzungskapital nach Absatz 2 Satz 3 übersteigt.

[3] Für die Berechnung der Vomhundertsätze nach Satz 2 Nr. 4 und 5 gilt § 16 Abs. 2 bis 4 des Aktiengesetzes entsprechend.

(2b) [1] Das Ergänzungskapital besteht abzüglich der Korrekturposten gemäß Absatz 3b aus

1. ungebundenen Vorsorgereserven nach § 340f des Handelsgesetzbuchs,

2. kumulative Vorzugsaktien im Sinne des Absatzes 2a Satz 1 Nummer 2,

3. Rücklagen nach § 6b des Einkommensteuergesetzes in Höhe von 45 vom Hundert, soweit diese Rücklagen durch die Einstellung von Gewinnen aus der Veräußerung von Grundstücken, grundstücksgleichen Rechten und Gebäuden entstanden sind,

4. dem Kapital im Sinne des Absatzes 5,

5. längerfristigen nachrangigen Verbindlichkeiten im Sinne des Absatzes 5a,

6. den im Anhang des letzten festgestellten Jahresabschlusses ausgewiesenen nicht realisierten Reserven nach Maßgabe der Absätze 4a und 4b bei Grundstücken, grundstücksgleichen Rechten und Gebäuden in Höhe von 45 vom Hundert des Unterschiedsbetrags zwischen dem Buchwert und dem Beleihungswert,

7. den im Anhang des letzten festgestellten Jahresabschlusses ausgewiesenen nicht realisierten Reserven nach Maßgabe der Absätze 4a und 4c bei Anlagebuchpositionen in Höhe von 45 vom Hundert des Unterschiedsbetrags zwischen dem Buchwert zuzüglich Vorsorgereserven und

a. dem Kurswert bei Wertpapieren, die an einer Wertpapierbörse zum Handel zugelassen sind,

b. dem nach § 11 Abs. 2 Satz 2 bis 5 des Bewertungsgesetzes festzustellenden Wert bei nicht notierten Wertpapieren, die Anteile an zum Verbund der Kreditgenossenschaften oder der Sparkassen gehörenden Kapitalgesellschaften mit einer Bilanzsumme von mindestens 10 Millionen Euro verbriefen, oder

c. dem veröffentlichten Rücknahmepreis von Anteilen an einem Sondervermögen im Sinne des Investmentgesetzes oder von Anteilen an einem Investmentvermögen, die von einer Investmentgesellschaft mit Sitz in einem anderen Staat des Europäischen Wirtschaftsraums nach den Bestimmungen der Investmentrichtlinie ausgegeben werden,

7a. dem sonstigen Kapital nach Absatz 4, das wegen Überschreitung der Anrechnungsgrenzen des Absatzes 2 Satz 3 bis 5 nicht als Kernkapital berücksichtigt werden kann,

8. dem bei eingetragenen Genossenschaften vom Bundesministerium der Finanzen nach Anhörung der Deutschen Bundesbank durch Rechtsverordnung festzusetzenden Zuschlag, welcher der Haftsummenverpflichtung der Mitglieder Rechnung trägt (Haftsummenzuschlag); das Bundesministerium der Finanzen kann diese Ermächtigung durch Rechtsverordnung auf die Bundesanstalt übertragen,

9. dem berücksichtigungsfähigen Wertberichtigungsüberschuss, der sich bei einem Institut, das bei der Ermittlung der Angemessenheit der Eigenmittel nach Absatz 1 Adressrisikopositionen nach dem auf internen Ratings basierenden Ansatz (IRBA) berücksichtigen darf (IRBA-Institut), bei der Berechnung der Differenz zwischen den

Wertberichtigungen und Rückstellungen, die für alle IRBA-Positionen der Forderungsklassen Zentralregierungen, Institute, Unternehmen und Mengengeschäft gebildet wurden und den erwarteten Verlustbeträgen für diese IRBA-Positionen ergibt; der Wertberichtigungsüberschuss wird bis zu 0,6 vom Hundert der Summe der risikogewichteten IRBA-Positionswerte für sämtliche IRBA-Positionen, die keine IRBA-Verbriefungspositionen sind und die ein Risikogewicht von 1 250 vom Hundert haben, anerkannt.

[2] Als Abzugspositionen gelten auch die jeweils höchstens hälftigen Beträge der Positionen nach Absatz 6 Satz 1, Absatz 6a und der nach § 12 Absatz 1 und 2 sowie der §§ 13, 13a, 13 b und 15 mit Kern- und Ergänzungskapital zu unterlegenden Beträge.

(2c) [1] Drittrangmittel sind

1. der anteilige Gewinn, der bei einer Glattstellung aller Handelsbuchpositionen entstünde, abzüglich aller vorhersehbaren Aufwendungen und Ausschüttungen sowie der bei einer Liquidation des Unternehmens voraussichtlich entstehende Verlust aus dem Anlagebuch, soweit dieser nicht bereits in den Korrekturposten nach Absatz 3b berücksichtigt wird (Nettogewinn),
2. die kurzfristigen nachrangigen Verbindlichkeiten im Sinne des Absatzes 7 und
3. Positionen, die allein wegen einer Kappung nach Absatz 2 Satz 6 und 7 nicht als Ergänzungskapital berücksichtigt werden können.

[2] Die vorstehend genannten Positionen können nur bis zu einem Betrag als Drittrangmittel berücksichtigt werden, der zusammen mit dem Ergänzungskapital nach Absatz 2b, das nicht zur Unterlegung der Adressenausfallrisiken und des operationellen Risikos nach den Vorgaben dieses Gesetzes benötigt wird (freies Ergänzungskapital), 250 vom Hundert des Kernkapitals nach Absatz 2a, das nicht zur Unterlegung der Adressenausfallrisiken und des operationellen Risikos nach den Vorgaben dieses Gesetzes benötigt wird (freies Kernkapital), nicht übersteigt (anrechenbare Drittrangmittel). [3] Bei Wertpapierhandelsunternehmen beträgt die in Satz 2 bezeichnete Grenze 200 vom Hundert des freien Kernkapitals, es sei denn, von den Drittrangmitteln werden die schwer realisierbaren Aktiva im Sinne des Satzes 4, soweit diese nicht nach Absatz 6 Satz 1 Nr. 1 vom haftenden Eigenkapital abgezogen werden, sowie die Verluste ihrer Tochterunternehmen abgezogen. [4] Schwer realisierbare Aktiva sind

1. Sachanlagen,
2. Anteile und Forderungen aus Kapitalüberlassungen nach Absatz 2a Satz 1 Nummer 8 und 10 sowie nach Absatz 2b Satz 1 Nummer 4 oder nachrangigen Verbindlichkeiten, soweit sie nicht in Wertpapieren, die zum Handel an einer Wertpapierbörse zugelassen sind, verbrieft und nicht Teil des Handelsbuchs sind,
3. Darlehen und nicht marktgängige Schuldtitel mit einer Restlaufzeit von mehr als 90 Tagen und
4. Bestände in Waren, soweit diese nicht gemäß der Rechtsverordnung nach Absatz 1 Satz 9 mit Eigenmitteln zu unterlegen sind.

[5] Einschüsse auf Termingeschäfte, die an einer Wertpapier- oder Terminbörse abgeschlossen werden, gelten nicht als schwer realisierbare Aktiva.

(2d) [1] Bei der Berechnung der Angemessenheit der Eigenmittel nach der Rechtsverordnung nach Absatz 1 Satz 9 haben Institute die Drittrangmittel nach Absatz 2c, im Falle von Handelsbuchinstituten vermindert um die Überschreitungsbeträge von Großkreditüberschreitungen aus kreditnehmerbezogenen Handelsbuch- oder Gesamtbuchpositionen gemäß § 13a Abs. 4 und 5, soweit diese Überschreitungsbeträge mit Drittrangmitteln unterlegt werden, zugrunde zu legen (verfügbare Drittrangmittel). [2] Verfügbare Drittrangmittel dürfen nur zur Unterlegung der Anrechnungsbeträge für Marktrisiken verwendet werden.

(2e) (aufgehoben)

(3) [1] Von einem Institut aufgestellte Zwischenabschlüsse sind einer prüferischen Durchsicht durch den Abschlussprüfer zu unterziehen; in diesen Fällen gilt der Zwischenabschluss für die Zwecke dieser Vorschrift als ein mit dem Jahresabschluss vergleichbarer Abschluss, wobei Gewinne des Zwischenabschlusses dem Kernkapital zugerechnet werden, soweit sie nicht für voraussichtliche Gewinnausschüttungen oder Steueraufwendungen gebunden sind. [2] Verluste, die sich aus Zwischenabschlüssen ergeben, sind vom Kernkapital abzuziehen. [3] Das Institut hat den Zwischenabschluss der Bundesanstalt und der Deutschen Bundesbank jeweils unverzüglich einzureichen. [4] Der Abschlussprüfer hat eine Bescheinigung über die prüferische Durchsicht des Zwischenabschlusses unverzüglich nach Beendigung der prüferischen Durchsicht der Bundesanstalt und der Deutschen Bundesbank einzureichen. [5] Ein im Zuge der Verschmelzung erstellter unterjähriger Jahresabschluss gilt nicht als Zwischenabschluss im Sinne dieses Absatzes.

(3a) [1] Als Rücklagen im Sinne des Absatzes 2a Satz 1 gelten nur die in der letzten für den Schluß eines Geschäftsjahres festgestellten Bilanz als Rücklagen ausgewiesenen Beträge mit Ausnahme solcher Passivposten, die erst bei ihrer Auflösung zu versteuern sind. [2] Als Rücklagen ausgewiesene Beträge, die aus Erträgen gebildet worden sind, auf die erst bei Eintritt eines zukünftigen Ereignisses Steuern zu entrichten sind, können nur in Höhe von 45 vom Hundert berücksichtigt werden. [3] Rücklagen, die auf Grund eines bei der Emission von Anteilen erzielten Aufgeldes oder anderweitig durch den Zufluß externer Mittel gebildet werden, können vom Zeitpunkt des Zuflusses an berücksichtigt werden. [4] Bei einem Institut, das Originator einer Verbriefungstransaktion ist, gelten die Nettogewinne aus der Kapitalisierung der künftigen Erträge der verbrieften Forderungen, die die Bonität von Verbriefungspositionen verbessern, nicht als Rücklagen im Sinne von Absatz 2a Satz 1.

(3b) [1] Die Bundesanstalt kann auf das haftende Eigenkapital einen Korrekturposten festsetzen. [2] Wird der Korrekturposten festgesetzt, um noch nicht bilanzwirksam gewordene Kapitalveränderungen zu berücksichtigen, wird die Festsetzung mit der Feststellung des nächsten für den Schluss eines Geschäftsjahres aufgestellten Jahresabschlusses gegenstandslos. [3] Die Bundesanstalt hat die Festsetzung auf Antrag des Instituts aufzuheben, soweit die Voraussetzung für die Festsetzung wegfällt.

(4) [1] Sonstiges Kapital kann dem Kernkapital zugerechnet werden, wenn

1. vereinbart ist, dass das Kapital im laufenden Geschäftsbetrieb bis zur vollen Höhe am Verlust teilnimmt und das Institut das Recht hat, vorgesehene Ausschüttungen, wenn notwendig, ohne Anspruch auf Nachzahlung entfallen zu lassen; die Vereinbarung muss den Ausfall der Ausschüttungen für den Fall vorsehen, dass das Institut nicht

über angemessene Eigenmittel im Sinne des § 10 Absatz 1 Satz 1 in Verbindung mit der nach § 10 Absatz 1 Satz 9 erlassenen Rechtsverordnung verfügt,

2. vereinbart ist, dass das Kapital im Falle des Insolvenzverfahrens über das Vermögen des Instituts oder der Liquidation des Instituts erst nach Befriedigung aller Gläubiger zurückzuzahlen ist,

3. vereinbart ist, dass das Kapital dem Institut unbefristet oder für mindestens 30 Jahre zur Verfügung gestellt wird und weder auf Initiative des Kapitalgebers noch ohne vorherige Zustimmung der Bundesanstalt rückzahlbar ist; die Vereinbarung kann dem Institut eine Kündigungsmöglichkeit einräumen, mit der Maßgabe, dass die Kündigung nur mit vorheriger Zustimmung der Bundesanstalt erfolgen und nicht zu einer Rückzahlung des Kapitals vor Ablauf von fünf Jahren seit Einzahlung führen darf,

4. bei befristeter Kapitalüberlassung kein Tilgungsanreiz vereinbart ist; bei unbefristeter Kapitalüberlassung muss ein vereinbarter Tilgungsanreiz maßvoll sein und darf frühestens zehn Jahre nach Kapitalüberlassung wirksam werden,

5. keine Besserungsabreden vereinbart sind, nach denen ein durch Verluste ermäßigter Rückzahlungsanspruch durch Gewinne, die nach einer Fälligkeit des Rückzahlungsanspruchs entstehen, wieder aufgefüllt wird, und

6. das Institut den Kapitalgeber vor Einzahlung des Kapitals auf die in den Sätzen 7 und 8 genannten Rechtsfolgen ausdrücklich und schriftlich hingewiesen hat.

[2] Die Bundesanstalt erteilt die nach Satz 1 Nummer 3 erforderliche Zustimmung auf Antrag des Instituts, wenn weder die Finanz- noch die Solvabilitätslage des Instituts durch die Kapitalrückzahlung übermäßig beeinträchtigt wird. [3]Sie kann die Zustimmung davon abhängig machen, dass das Kapital durch gleich- oder höherwertiges Kapital ersetzt worden ist. [4]Die Zustimmung zur Rückzahlung befristet überlassenen Kapitals zum Fälligkeitstermin ist zu versagen, sofern und so lange das Institut nicht über angemessene Eigenmittel im Sinne des § 10 Absatz 1 Satz 1 in Verbindung mit der nach § 10 Absatz 1 Satz 9 erlassenen Rechtsverordnung verfügt; im Übrigen kann die Zustimmung versagt werden, wenn die Finanz- oder Solvabilitätslage des Instituts dies erfordert. [5]Die Bundesanstalt kann der vorzeitigen Rückzahlung befristet und unbefristet überlassenen Kapitals jederzeit zustimmen, wenn sich dessen steuerliche Behandlung oder bankaufsichtliche Einstufung ändert, ohne dass dies zum Zeitpunkt der Kapitalgewährung absehbar war. [6]Die Bundesanstalt kann verlangen, dass Ausschüttungen auf das überlassene Kapital ohne Anspruch auf Nachzahlung entfallen, wenn dies die Finanz- oder Solvabilitätslage des Instituts erfordert. [7]Nachträglich können die Teilnahme am Verlust nicht zum Nachteil des Instituts geändert, der Nachrang nicht beschränkt sowie die Laufzeit und die Kündigungsfrist nicht verkürzt werden. [8]Eine den Vorschriften dieses Absatzes widersprechende Rückzahlung ist dem Institut ohne Rücksicht auf entgegenstehende Vereinbarungen zurückzugewähren. [9]Es kann vereinbart werden, dass das Kapital in einer Belastungssituation des Instituts oder auf Initiative der Bundesanstalt unter Berücksichtigung der Finanz- oder Solvabilitätslage des Instituts innerhalb von bei Kapitalüberlassung festgelegten Rahmenbedingungen in Kapital im Sinne des Absatzes 2a Satz 1 Nummer 1 bis 6 oder Nummer 8 gewandelt wird. [10]Die §§ 489, 723 bis 725, 727 und 728 des Bürgerlichen Gesetzbuchs finden keine Anwendung, wenn Zweck der Vereinbarung die Überlassung von haftendem Eigenkapital ist.

(4a) [1] Nicht realisierte Reserven können dem haftenden Eigenkapital nur zugerechnet werden, wenn das Kernkapital nach Absatz 2a Satz 1 unter Berücksichtigung der Abzugspositionen nach Absatz 2a Satz 2 Nummer 1 bis 5 mindestens 4,4 vom Hundert der mit 12,5 multiplizierten Summe aus dem Gesamtanrechnungsbetrag für Adressrisiken und dem Anrechnungsbetrag für das operationelle Risiko beträgt; die nicht realisierten Reserven können dem haftenden Eigenkapital nur bis zu 1,4 vom Hundert dieses Betrages zugerechnet werden. [2] Für diese Berechnungen dürfen Positionen des Handelsbuchs als Positionen des Anlagebuchs berücksichtigt werden. [3] Nicht realisierte Reserven können nur berücksichtigt werden, wenn in die Berechnung des Unterschiedsbetrags jeweils sämtliche Aktiva nach Absatz 2b Satz 1 Nr. 6 oder 7 einbezogen werden. [4] Auf Verlangen der Bundesanstalt sind dieser und der Deutschen Bundesbank die Berechnung der nicht realisierten Reserven unter Angabe der maßgeblichen Wertansätze offen zu legen.

(4b) [1] Für die Ermittlung des Beleihungswertes von Grundstücken, grundstücksgleichen Rechten und Gebäuden gilt § 16 Abs. 1 und 2 des Pfandbriefgesetzes entsprechend. [2] Diese Werte sind mindestens alle drei Jahre durch Bewertungsgutachten zu ermitteln. [3] Für die Ermittlung des Beleihungswertes hat das Institut einen aus mindestens drei Mitgliedern bestehenden Sachverständigenausschuß zu bestellen. [4] § 77 Abs. 2 und 3 des Investmentgesetzes gilt entsprechend. [5] Liegt der Beleihungswert unter dem Buchwert, sind die nicht realisierten Reserven um diesen negativen Unterschiedsbetrag zu ermäßigen.

(4c) [1] Der Kurswert der Wertpapiere nach Absatz 2b Satz 1 Nr. 7 Buchstabe a bestimmt sich nach dem Kurs am Meldestichtag. [2] Liegt an einem Meldestichtag kein Kurs vor, so ist der letzte vor dem Meldestichtag festgestellte Kurs maßgebend. [3] Wird von der Behandlung von Wertpapieren nach den Grundsätzen für das Anlagevermögen Gebrauch gemacht, sind die nicht realisierten Reserven um den Unterschiedsbetrag zwischen dem maßgeblichen Kurswert und dem höheren Buchwert zu ermäßigen. [4] Auf die Ermittlung des Wertes der Wertpapiere nach Absatz 2b Satz 1 Nr. 7 Buchstabe b nach § 11 Abs. 2 des Bewertungsgesetzes und des Rücknahmepreises von Anteilen an einem Sondervermögen ist das Verfahren der Sätze 1 bis 3 entsprechend anzuwenden.

(5) [1] Dem Ergänzungskapital kann Kapital nur dann zugerechnet werden, wenn

1. es bis zur vollen Höhe am Verlust teilnimmt und das Institut berechtigt ist, im Falle eines Verlustes Zinszahlungen aufzuschieben,
2. vereinbart ist, daß es im Falle des Insolvenzverfahrens über das Vermögen des Instituts oder der Liquidation des Instituts erst nach Befriedigung aller nicht nachrangigen Gläubiger zurückgezahlt wird,
3. es dem Institut für mindestens fünf Jahre zur Verfügung gestellt worden ist,
4. der Rückzahlungsanspruch nicht in weniger als zwei Jahren fällig wird oder auf Grund des Vertrags fällig werden kann,
5. der Vertrag über die Kapitalüberlassung keine Besserungsabreden enthält, nach denen der durch Verluste während der Laufzeit der Kapitalgewährung ermäßigte Rückzahlungsanspruch durch Gewinne, die nach Fälligkeit des Rückzahlungsanspruchs entstehen, wieder aufgefüllt wird, und
6. das Institut bei Abschluß des Vertrags auf die in den Sätzen 3 und 4 genannten Rechtsfolgen ausdrücklich und schriftlich hingewiesen hat.

[2] Das Institut darf sich die fristlose Kündigung der Verbindlichkeit für den Fall vorbehalten, daß eine Änderung der Besteuerung zu Zusatzzahlungen an den Kapitalgeber führt. [3] Nachträglich können die Teilnahme am Verlust nicht zum Nachteil des Instituts geändert, der

Nachrang nicht beschränkt sowie die Laufzeit und die Kündigungsfrist nicht verkürzt werden. [4]Ein vorzeitiger Rückerwerb oder eine anderweitige Rückzahlung ist außer in den Fällen des Satzes 6 dem Institut ohne Rücksicht auf entgegenstehende Vereinbarungen zurückzugewähren, sofern nicht das Kapital durch die Einzahlung anderen, zumindest gleichwertigen haftenden Eigenkapitals ersetzt worden ist oder die Bundesanstalt der vorzeitigen Rückzahlung zustimmt; das Institut kann sich ein entsprechendes Recht vertraglich vorbehalten. [5] Werden Wertpapiere über die Kapitalüberlassung begeben, ist nur in den Zeichnungs- und Ausgabebedingungen auf die in den Sätzen 3 und 4 genannten Rechtsfolgen hinzuweisen. [6]Ein Institut darf sein in Wertpapieren verbrieftes Kapital im Sinne dieses Absatzes im Rahmen der Marktpflege in Höhe von bis zu 3 vom Hundert seines Gesamtnennbetrags oder im Rahmen einer Einkaufskommission erwerben. [7]Ein Institut hat die Absicht, von der Möglichkeit der Marktpflege nach Satz 6 Gebrauch zu machen, der Bundesanstalt und der Deutschen Bundesbank unverzüglich anzuzeigen. [8]Absatz 4 Satz 10 gilt entsprechend.

(5a) [1] Kapital, das auf Grund der Eingehung nachrangiger Verbindlichkeiten eingezahlt ist, ist dem haftenden Eigenkapital als längerfristige nachrangige Verbindlichkeiten zuzurechnen, wenn

1. vereinbart ist, daß es im Falle des Insolvenzverfahrens über das Vermögen des Instituts oder der Liquidation des Instituts erst nach Befriedigung aller nicht nachrangigen Gläubiger zurückgezahlt wird,
2. es dem Institut für mindestens fünf Jahre zur Verfügung gestellt worden ist und
3. die Aufrechnung des Rückzahlungsanspruchs gegen Forderungen des Instituts ausgeschlossen ist und für die Verbindlichkeiten in den Vertragsbedingungen keine Sicherheiten durch das Institut oder durch Dritte gestellt werden.

[2] Wenn der Rückzahlungsanspruch in weniger als zwei Jahren fällig wird oder auf Grund des Vertrags fällig werden kann, werden die Verbindlichkeiten nur noch zu zwei Fünfteln dem haftenden Eigenkapital angerechnet. [3] Das Institut darf sich die fristlose Kündigung der Verbindlichkeit für den Fall vorbehalten, daß eine Änderung der Besteuerung zu Zusatzzahlungen an den Erwerber der nachrangigen Forderungen führt. [4] Nachträglich können der Nachrang nicht beschränkt sowie die Laufzeit und die Kündigungsfrist nicht verkürzt werden. [5] Ein vorzeitiger Rückerwerb oder eine anderweitige Rückzahlung ist außer in den Fällen des Satzes 6 dem Institut ohne Rücksicht auf entgegenstehende Vereinbarungen zurückzugewähren, sofern nicht das Kapital durch die Einzahlung anderen, zumindest gleichwertigen haftenden Eigenkapitals ersetzt worden ist oder die Bundesanstalt der vorzeitigen Rückzahlung zustimmt; das Institut kann sich ein entsprechendes Recht vertraglich vorbehalten. [6] Ein Institut darf in Wertpapieren verbriefte eigene nachrangige Verbindlichkeiten im Rahmen der Marktpflege bis zu 3 vom Hundert ihres Gesamtnennbetrags oder im Rahmen einer Einkaufskommission erwerben. [7] Ein Institut hat die Absicht, von der Möglichkeit der Marktpflege nach Satz 6 Gebrauch zu machen, der Bundesanstalt und der Deutschen Bundesbank unverzüglich anzuzeigen. [8] Das Institut hat bei Abschluß des Vertrags auf die in den Sätzen 4 und 5 genannten Rechtsfolgen ausdrücklich und schriftlich hinzuweisen; werden Wertpapiere über die nachrangigen Verbindlichkeiten begeben, ist nur in den Zeichnungs- und Ausgabebedingungen auf die genannten Rechtsfolgen hinzuweisen. [9] § 309 Nr. 3 des Bürgerlichen Gesetzbuchs über das Aufrechnungsverbot findet keine Anwendung auf Forderungen aus nachrangigen

Verbindlichkeiten des Instituts. [10] Für nachrangige Verbindlichkeiten darf keine Bezeichnung verwendet und mit keiner Bezeichnung geworben werden, die den Wortanteil "Spar" enthält oder sonst geeignet ist, über den Nachrang im Falle der Eröffnung des Insolvenzverfahrens oder der Liquidation zu täuschen; dies gilt jedoch nicht, soweit ein Kreditinstitut seinen in § 40 geschützten Firmennamen benutzt. [11] Abweichend von Satz 1 Nr. 3 darf ein Institut nachrangige Sicherheiten für nachrangige Verbindlichkeiten stellen, die ein ausschließlich für den Zweck der Kapitalaufnahme gegründetes Tochterunternehmen des Instituts eingegangen ist.

(6) [1] Jeweils hälftig von Kern- und Ergänzungskapital sind abzuziehen:

1. unmittelbare Beteiligungen an Instituten, Finanzunternehmen und Zahlungsinstituten im Sinne des Zahlungsdiensteaufsichtsgesetzes in Höhe von mehr als 10 vom Hundert des Kapitals dieser Unternehmen;
2. Forderungen aus nachrangigen Verbindlichkeiten im Sinne des Absatzes 5a und Forderungen aus Kapital im Sinne des Absatzes 5 an Instituten, Finanzunternehmen und Zahlungsinstituten im Sinne des Zahlungsdiensteaufsichtsgesetzes, an denen das Institut unmittelbar zu mehr als 10 vom Hundert des Kapitals dieser Unternehmen beteiligt ist;
3. Forderungen aus Kapitalüberlassungen nach Absatz 2a Satz 1 Nummer 8 und 10 an Institute, Finanzunternehmen und Zahlungsinstitute im Sinne des Zahlungsdiensteaufsichtsgesetzes, an denen das Institut unmittelbar zu mehr als 10 vom Hundert des Kapitals dieser Unternehmen beteiligt ist;
4. der Gesamtbetrag der folgenden Positionen, soweit er 10 vom Hundert des haftenden Eigenkapitals des Instituts vor Abzug der Beträge nach den Nummern 1 bis 3, 5 und 6 und nach dieser Nummer übersteigt:
   a. unmittelbare Beteiligungen an Instituten, Finanzunternehmen und Zahlungsinstituten im Sinne des Zahlungsdiensteaufsichtsgesetzes bis zu höchstens 10 vom Hundert des Kapitals dieser Unternehmen;
   b. Forderungen aus nachrangigen Verbindlichkeiten im Sinne des Absatzes 5a und Forderungen aus Kapital im Sinne des Absatzes 5 an Instituten, Finanzunternehmen und Zahlungsinstituten im Sinne des Zahlungsdiensteaufsichtsgesetzes, an denen das Institut nicht oder bis zu höchstens 10 vom Hundert des Kapitals dieser Unternehmen unmittelbar beteiligt ist;
   c. Forderungen aus Kapitalüberlassungen nach Absatz 2a Satz 1 Nummer 8 und 10 an Institute, Finanzunternehmen und Zahlungsinstitute im Sinne des Zahlungsdiensteaufsichtsgesetzes, an denen das Institut nicht oder bis zu höchstens 10 vom Hundert des Kapitals dieser Unternehmen unmittelbar beteiligt ist;
5. Beteiligungen im Sinne des § 271 Abs. 1 Satz 1 des Handelsgesetzbuchs oder eine unmittelbare oder mittelbare Beteiligung in Höhe von mindestens 20 vom Hundert des Kapitals oder der Stimmrechte an Erstversicherungsunternehmen, Rückversicherungsunternehmen und Versicherungs-Holdinggesellschaften und
6. Forderungen aus Genussrechten im Sinne des § 53c Abs. 3 Satz 1 Nr. 3a in Verbindung mit Abs. 3a des Versicherungsaufsichtsgesetzes und Forderungen aus nachrangigen Verbindlichkeiten im Sinne des § 53c Abs. 3 Satz 1 Nr. 3b in Verbindung mit Abs. 3b des Versicherungsaufsichtsgesetzes an Erstversicherungsunternehmen,

Rückversicherungsunternehmen und Versicherungs-Holdinggesellschaften, an denen das Institut eine Beteiligung im Sinne der Nummer 5 hält.

[2] Die Bundesanstalt kann auf Antrag des Instituts in Bezug auf die Abzugspositionen nach Satz 1 Nr. 1 bis 6 Ausnahmen zulassen, wenn das Institut Anteile eines anderen Instituts, Finanzunternehmens, Erstversicherungsunternehmens oder Rückversicherungsunternehmens oder einer Versicherungs-Holdinggesellschaft vorübergehend besitzt, um das betreffende Unternehmen zwecks Sanierung und Rettung finanziell zu stützen. [3] Anteile eines anderen Instituts, Finanzunternehmens, Zahlungsinstituts im Sinne des Zahlungsdiensteaufsichtsgesetzes, Erstversicherungsunternehmens oder Rückversicherungsunternehmens oder einer Versicherungs-Holdinggesellschaft, die ein Institut nur vorübergehend hält, um an den Finanzmärkten auf kontinuierlicher Basis durch den An- und Verkauf dieser Anteile unter Einsatz des eigenen Kapitals Handel für eigene Rechnung zu von ihm gestellten Kursen zu betreiben, sind dann nicht vom Kern- und Ergänzungskapital abzuziehen, wenn das Institut das Betreiben dieser Tätigkeit der Bundesanstalt und der Deutschen Bundesbank angezeigt hat und über angemessene Systeme und Kontrollen für den Handel mit diesen Anteilen verfügt. [4] Ein Institut braucht Positionen nach Satz 1 Nr. 1 bis 4, die es selbst oder das ihm übergeordnete Unternehmen pflichtgemäß oder freiwillig in die Zusammenfassung nach den §§ 10a, 13b Abs. 3 Satz 1 und nach § 12 Abs. 2 Satz 1 und 2 einbezieht, nicht abzuziehen. [5] Gehört ein Institut einer branchenübergreifend tätigen Unternehmensgruppe an, die kein Finanzkonglomerat ist, braucht es Positionen nach Satz 1 Nr. 5 und 6 nicht abzuziehen, wenn diese Unternehmensgruppe mit Zustimmung der Bundesanstalt eine Berechnung der Eigenkapitalausstattung nach Maßgabe einer der in der Rechtsverordnung nach § 10b Abs. 1 Satz 2 näher bestimmten Berechnungsmethoden zusätzlich durchführt und das Institut und die betreffenden Unternehmen in entsprechender Anwendung der Kriterien des § 10b Abs. 3 Satz 5 bis 8 oder Abs. 4 als nachgeordnete oder übergeordnetes Unternehmen in diese Berechnung einbezogen werden; eine Berechnung nach der Berechnungsmethode 1 darf nur dann erfolgen, wenn und soweit Umfang und Niveau des integrierten Managements und der internen Kontrollen in Bezug auf die in den Konsolidierungskreis einbezogenen Unternehmen angemessen sind. [6] Die Wahlmöglichkeit nach Satz 5 ist von dem Unternehmen zu beantragen, das in entsprechender Anwendung der Kriterien des § 10b Abs. 3 Satz 6 bis 8 oder Abs. 4 übergeordnetes Unternehmen der Gruppe ist; die gewählte Berechnungsmethode ist auf Dauer einheitlich anzuwenden. [7] Ein Institut, das einem Finanzkonglomerat angehört, braucht die Positionen nach Satz 1 Nr. 1 bis 6 nicht abzuziehen, wenn es selbst und die betreffenden Unternehmen in die Berechnung der Eigenmittel dieses Finanzkonglomerats auf Konglomeratsebene nach § 10b einbezogen werden.

(6a) Bei der Ermittlung des modifizierten verfügbaren Eigenkapitals im Sinne von Absatz 1d Satz 2 sind jeweils hälftig von Kern- und Ergänzungskapital abzuziehen:

1. Wertberichtigungsfehlbeträge, die sich bei einem IRBA-Institut bei der Berechnung der Differenz zwischen der Summe der erwarteten Verlustbeträge für alle IRBA-Positionen der Forderungsklassen Zentralregierungen, Institute, Unternehmen und Mengengeschäft und der Wertberichtigungen und Rückstellungen, die für diese IRBA-Positionen gebildet wurden, ergeben;

2. erwartete Verlustbeträge für unter Berücksichtigung der Ausfallwahrscheinlichkeit gesteuerte IRBA-Beteiligungspositionen und IRBA-Beteiligungspositionen, die mit dem einfachen IRBA-Risikogewicht für Beteiligungen bewertet werden;
3. Verbriefungspositionen, soweit die Rechtsverordnung nach Absatz 1 Satz 9 eine Unterlegung der Verbriefungsposition mit Eigenmitteln zu ihrem vollen Betrag vorsieht, das Institut aber stattdessen den Abzug wählt und
4. der Betrag des übertragenen Wertes zuzüglich etwaiger Wiederbeschaffungskosten bei Vorleistungen im Rahmen von Geschäften des Handelsbuches über Wertpapiere, Fremdwährungen oder Waren, solange die Gegenleistung fünf Geschäftstage nach deren Fälligkeit noch nicht wirksam erbracht worden ist; durch systemweite Ausfälle eines Abwicklungs- und Verrechnungssystems entstandene Vorleistungen können mit Zustimmung der Bundesanstalt bis zur Wiederherstellung der Funktionsfähigkeit der Systeme unberücksichtigt bleiben.

(7) [1] Kapital, das auf Grund der Eingehung nachrangiger Verbindlichkeiten eingezahlt ist, ist den Drittrangmitteln als kurzfristige nachrangige Verbindlichkeiten zuzurechnen, wenn

1. vereinbart ist, daß es im Falle des Insolvenzverfahrens über das Vermögen des Instituts oder der Liquidation des Instituts erst nach Befriedigung aller nicht nachrangigen Gläubiger zurückerstattet wird,
2. es dem Institut für mindestens zwei Jahre zur Verfügung gestellt worden ist,
3. die Aufrechnung des Rückzahlungsanspruchs gegen Forderungen des Instituts ausdrücklich ausgeschlossen ist und für die Verbindlichkeiten in den Vertragsbedingungen ausdrücklich keine Sicherheiten durch das Institut oder durch Dritte gestellt werden und
4. in den Vertragsbedingungen ausdrücklich festgelegt ist, daß
   a. auf die Verbindlichkeit weder Tilgungs- noch Zinszahlungen geleistet werden müssen, wenn dies zur Folge hätte, daß die Eigenmittel des Instituts die gesetzlichen Anforderungen nicht mehr erfüllen, und
   b. vorzeitige Tilgungs- oder Zinszahlungen dem Institut unbeschadet entgegenstehender Vereinbarungen zurückzuerstatten sind.

[2] Nachträglich können der Nachrang nicht beschränkt sowie die Laufzeit und die Kündigungsfrist nicht verkürzt werden. [3] Ein vorzeitiger Rückerwerb oder eine anderweitige Rückzahlung ist außer in den Fällen des Satzes 5 dem Institut ohne Rücksicht auf entgegenstehende Vereinbarungen zurückzugewähren, sofern nicht das Kapital durch die Einzahlung anderer, zumindest gleichwertiger Eigenmittel ersetzt worden ist oder die Bundesanstalt der vorzeitigen Rückzahlung zugestimmt hat; das Institut kann sich ein entsprechendes Recht vertraglich vorbehalten. [4] Das Institut hat bei Abschluß des Vertrags auf die in den Sätzen 2 und 3 genannten Rechtsfolgen ausdrücklich und schriftlich hinzuweisen; werden Wertpapiere über die nachrangigen Verbindlichkeiten begeben, ist nur in den Zeichnungs- und Ausgabebedingungen auf die genannten Rechtsfolgen hinzuweisen. [5] Ein Institut darf in Wertpapieren verbriefte eigene nachrangige Verbindlichkeiten im Rahmen der Marktpflege bis zu 3 vom Hundert ihres Gesamtnennbetrags oder im Rahmen einer Einkaufskommission erwerben. [6] Ein Institut hat die Absicht, von der Möglichkeit der Marktpflege nach Satz 5 Gebrauch zu machen, der Bundesanstalt und der Deutschen Bundesbank unverzüglich anzuzeigen. [7] Ein Institut hat die Bundesanstalt und die Deutsche Bundesbank unverzüglich zu unterrichten, wenn seine Eigenmittel durch Tilgungs- oder

Zinszahlungen auf die kurzfristigen nachrangigen Verbindlichkeiten unter 120 vom Hundert des Gesamtbetrags der nach Absatz 1 Satz 1 angemessenen Eigenmittel absinken. [8] Abweichend von Satz 1 Nr. 3 darf ein Institut nachrangige Sicherheiten für nachrangige Verbindlichkeiten stellen, die ein ausschließlich für den Zweck der Kapitalaufnahme gegründetes Tochterunternehmen des Instituts eingegangen ist.

(8) [1] Ein Institut hat der Bundesanstalt und der Deutschen Bundesbank unverzüglich nach Maßgabe des Satzes 2 einen Kredit anzuzeigen, der nach Absatz 2a Satz 2 Nr. 4 oder 5 abzuziehen ist. [2] Dabei hat es die gestellten Sicherheiten und die Kreditbedingungen anzugeben. [3] Es hat einen Kredit, den es nach Satz 1 angezeigt hat, unverzüglich erneut der Bundesanstalt und der Deutschen Bundesbank anzuzeigen, wenn die gestellten Sicherheiten oder die Kreditbedingungen rechtsgeschäftlich geändert werden, und die entsprechenden Änderungen anzugeben. [4] Die Bundesanstalt kann von den Instituten fordern, ihr und der Deutschen Bundesbank alle fünf Jahre einmal eine Sammelanzeige der nach Satz 1 anzuzeigenden Kredite einzureichen.

(9) [1] Finanzportfolioverwalter, die nicht befugt sind, sich bei der Erbringung von Finanzdienstleistungen Eigentum oder Besitz an Geldern oder Wertpapieren von Kunden zu verschaffen und die nicht auf eigene Rechnung mit Finanzinstrumenten handeln, müssen Eigenmittel aufweisen, die mindestens 25 vom Hundert ihrer Kosten entsprechen, die in der Gewinn- und Verlustrechnung des letzten Jahresabschlusses unter den allgemeinen Verwaltungsaufwendungen, den Abschreibungen und Wertberichtigungen auf immaterielle Anlagewerte und Sachanlagen ausgewiesen sind. [2] Bei Fehlen eines Jahresabschlusses für das erste volle Geschäftsjahr sind die im Geschäftsplan für das laufende Jahr für die entsprechenden Posten vorgesehenen Aufwendungen auszuweisen. [3] Die Bundesanstalt kann die Anforderungen nach den Sätzen 1 und 2 heraufsetzen, wenn dies durch eine Ausweitung der Geschäftstätigkeit des Instituts angezeigt ist. [4] Sie kann die bei der Berechnung der Relation nach den Sätzen 1 und 2 anzusetzenden Kosten für das laufende Geschäftsjahr auf Antrag des Instituts herabsetzen, wenn dies durch eine gegenüber dem Vorjahr nachweislich erhebliche Reduzierung der Geschäftstätigkeit des Instituts im laufenden Geschäftsjahr angezeigt ist. [5] Finanzportfolioverwalter, die nicht befugt sind, sich bei der Erbringung von Finanzdienstleistungen Eigentum oder Besitz an Geldern oder Wertpapieren von Kunden zu verschaffen und die nicht auf eigene Rechnung mit Finanzinstrumenten handeln, haben der Bundesanstalt und der Deutschen Bundesbank die für die Überprüfung der Relation und der Einhaltung der Anforderungen nach den Sätzen 1 und 3 erforderlichen Angaben und Nachweise einzureichen. [6] Das Bundesministerium der Finanzen wird ermächtigt, durch Rechtsverordnung im Benehmen mit der Deutschen Bundesbank nähere Bestimmungen zu erlassen über Inhalt, Art, Umfang, Zeitpunkt und Form der Angaben sowie die zulässigen Datenträger, Übertragungswege und Datenformate. [7] Das Bundesministerium der Finanzen kann diese Ermächtigung durch Rechtsverordnung auf die Bundesanstalt mit der Maßgabe übertragen, dass Rechtsverordnungen der Bundesanstalt im Einvernehmen mit der Deutschen Bundesbank ergehen.

(10) [1] Die Eigenmittel eines E-Geld-Instituts müssen vorbehaltlich weitergehender Anforderungen mindestens 2 vom Hundert

1. des aktuellen Betrags oder
2. des Durchschnitts der für die vorhergehenden sechs Monate ermittelten Summe

seiner Verbindlichkeiten auf Grund des noch nicht in Anspruch genommenen elektronischen Geldes betragen. [2] Maßgeblich ist der jeweils höhere Wert. [3] Hat ein E-Geld-Institut seine Geschäftätigkeit seit dem Tag der Geschäftsaufnahme noch nicht mindestens sechs Monate lang ausgeübt, so müssen die Eigenmittel mindestens 2 vom Hundert

1. des aktuellen Betrags oder
2. des Sechsmonatsziels

seiner Verbindlichkeiten auf grund des noch nicht in Anspruch genommenen elektronischen Geldes betragen; Satz 2 gilt entsprechend. [4] Das Sechsmonatsziel der Summe der Verbindlichkeiten muss aus dem Geschäftsplan des Instituts hervorgehen, der gegebenenfalls entsprechend den Anforderungen der Bundesanstalt zu ändern ist. [5] Absatz 9 Satz 5 bis 7 ist entsprechend anzuwenden.

(11) [1] Die Bundesanstalt kann einem Institut nach § 1 Abs. 7a oder Abs. 7c auf Antrag gestatten, bei der Ermittlung seiner Eigenmittelausstattung auf Einzelebene die entsprechenden Positionen von Tochterunternehmen einzubeziehen, wenn

1. das Tochterunternehmen in die Risikobewertungs-, -mess- und -kontrollverfahren des Instituts einbezogen ist,
2. das Institut über 50 vom Hundert der mit den Anteilen oder Aktien des Tochterunternehmens verbundenen Stimmrechte hält oder zur Bestellung oder Abberufung der Mehrheit der Mitglieder des Leitungsorgans des Tochterunternehmens berechtigt ist,
3. die wesentlichen Forderungen oder Verbindlichkeiten des Tochterunternehmens gegenüber dem Institut bestehen und
4. weder ein rechtliches noch ein bedeutendes tatsächliches Hindernis für die jederzeitige und unverzügliche Übertragung von Eigenmitteln oder die Begleichung von Verbindlichkeiten des Tochterunternehmens durch das Institut besteht noch ein solches abzusehen ist.

[2] Das Institut hat der Bundesanstalt in seinem Antrag in vollem Umfang die für das Vorliegen der Voraussetzung nach Satz 1 Nr. 4 erforderlichen Umstände und Vorkehrungen, einschließlich rechtlich wirksamer Vereinbarungen, offen zu legen. [3] Die Bundesanstalt unterrichtet die zuständigen Stellen im Europäischen Wirtschaftsraum regelmäßig, mindestens aber einmal jährlich, über nach Satz 1 erteilte Genehmigungen sowie über die Umstände und Vorkehrungen nach Satz 1 Nr. 4. [4] Hat das Tochterunternehmen seinen Sitz in einem Drittstaat, so unterrichtet die Bundesanstalt die zuständige Behörde des betreffenden Drittstaats entsprechend.

§ 10a
Ermittlung der Eigenmittelausstattung von Institutsgruppen und Finanzholding-Gruppen

(1) [1] Eine Institutsgruppe im Sinne dieses Gesetzes besteht aus einem Institut im Sinne von § 1 Abs. 7a oder Abs. 7c mit Sitz im Inland (übergeordnetes Unternehmen) und den nachgeordneten Unternehmen (gruppenangehörige nternehmen). [2]Nachgeordnete Unternehmen im Sinne dieser Vorschrift sind die Tochterunternehmen eines Instituts, die selbst Institute, Kapitalanlagegesellschaften, Finanzunternehmen, Anbieter von Nebendienstleistungen oder Zahlungsinstitute im Sinne des

Zahlungsdiensteaufsichtsgesetzes sind. [3]Ist das übergeordnete Unternehmen ein Finanzierungsleasing- oder ein Factoringinstitut im Sinne des § 1 Absatz 1a Satz 2 Nummer 9 oder 10, besteht nur dann eine Institutsgruppe im Sinne dieser Vorschrift, wenn ihm mindestens ein Einlagenkreditinstitut, E-Geld-Institut oder ein Wertpapierhandelsunternehmen mit Sitz im Inland als Tochterunternehmen nachgeordnet ist. [4]Abweichend von den Sätzen 1 und 2 kann die Bundesanstalt auf Antrag des übergeordneten Unternehmens bestimmen, dass ein anderes gruppenangehöriges Institut als übergeordnetes Unternehmen gilt; das gruppenangehörige Institut ist vorab anzuhören. [5]Erfüllt bei wechselseitigen Beteiligungen kein Institut der Institutsgruppe die Voraussetzungen des § 1 Abs. 7a oder Abs. 7c, bestimmt die Bundesanstalt das übergeordnete Unternehmen der Gruppe. [6]Sind einem Institut ausschließlich Anbieter von Nebendienstleistungen nachgeordnet, besteht keine Institutsgruppe. [7]Die Absätze 6 bis 8 und 10 bis 14 sind nicht anzuwenden auf Institutsgruppen und Finanzholding-Gruppen, wenn auf sämtliche gruppenangehörige Institute nach § 2 Absatz 7 bis 8b der § 10 auf Einzelebene nicht anzuwenden ist oder diese nach § 2 Absatz 4 oder 5 auf Einzelebene von der Anwendung des § 10 freigestellt wurden.

(2) [1] Eine Institutsgruppe im Sinne dieses Gesetzes besteht auch dann, wenn ein Institut mit anderen Unternehmen der Banken- und Wertpapierdienstleistungsbranche oder der Investmentbranche eine horizontale Unternehmensgruppe bildet. [2] Bei einer solchen Institutsgruppe gilt als übergeordnetes Unternehmen dasjenige gruppenangehörige Einlagenkreditinstitut, E-Geld-Institut oder Wertpapierhandelsunternehmen mit Sitz im Inland mit der höchsten Bilanzsumme; bei gleich hoher Bilanzsumme bestimmt die Bundesanstalt das übergeordnete Unternehmen.

(3) [1] Eine Finanzholding-Gruppe im Sinne dieses Gesetzes besteht, wenn einer Finanzholding-Gesellschaft im Sinne von § 1 Abs. 7b oder Abs. 7d mit Sitz im Inland Unternehmen im Sinne des Absatzes 1 Satz 2 nachgeordnet sind, von denen mindestens ein Einlagenkreditinstitut, E-Geld-Institut oder Wertpapierhandelsunternehmen mit Sitz im Inland der Finanzholding-Gesellschaft als Tochterunternehmen nachgeordnet ist. [2] Satz 1 findet keine Anwendung auf Finanzholding-Gesellschaften im Sinne von § 1 Abs. 7b, die ihrerseits einem Einlagenkreditinstitut, einem E-Geld-Institut oder einem Wertpapierhandelsunternehmen mit Sitz in einem anderen Staat des Europäischen Wirtschaftsraums als Tochterunternehmen nachgeordnet sind. [3] Hat die Finanzholding-Gesellschaft im Sinne von § 1 Abs. 7b oder Abs. 7d ihren Sitz in einem anderen Staat des Europäischen Wirtschaftsraums, besteht eine Finanzholding-Gruppe, wenn

1. der Finanzholding-Gesellschaft mindestens ein Einlagenkreditinstitut, ein E-Geld-Institut oder ein Wertpapierhandelsunternehmen mit Sitz im Inland und weder ein Einlagenkreditinstitut noch ein E-Geld-Institut oder ein Wertpapierhandelsunternehmen mit Sitz in ihrem Sitzstaat als Tochterunternehmen nachgeordnet ist und
2. das Einlagenkreditinstitut, das E-Geld-Institut oder das Wertpapierhandelsunternehmen mit Sitz im Inland eine höhere Bilanzsumme hat als jedes andere der Finanzholding-Gesellschaft als Tochterunternehmen nachgeordnete Einlagenkreditinstitut, E-Geld-Institut oder Wertpapierhandelsunternehmen mit Sitz in einem anderen Staat des Europäischen Wirtschaftsraums; bei gleich hoher Bilanzsumme ist der frühere Zulassungszeitpunkt maßgeblich.

[4] Bei einer Finanzholding-Gruppe gilt als übergeordnetes Unternehmen dasjenige gruppenangehörige Einlagenkreditinstitut, E-Geld-Institut oder Wertpapierhandelsunternehmen mit Sitz im Inland, das selbst keinem anderen gruppenangehörigen Institut mit Sitz im Inland nachgeordnet ist. [5] Erfüllen mehrere Einlagenkreditinstitute, E-Geld-Institute oder Wertpapierhandelsunternehmen mit Sitz im Inland oder bei wechselseitigen Beteiligungen kein Institut mit Sitz im Inland diese Voraussetzungen, gilt als übergeordnetes Unternehmen regelmäßig das Einlagenkreditinstitut oder E-Geld-Institut mit der höchsten Bilanzsumme; auf Antrag oder bei gleich hoher Bilanzsumme bestimmt die Bundesanstalt das Einlagenkreditinstitut, E-Geld-Institut oder Wertpapierhandelsunternehmen mit Sitz im Inland, das als übergeordnetes Unternehmen gilt. [6] Abweichend von den Sätzen 4 und 5 kann die Bundesanstalt auf Antrag einer Finanzholding-Gesellschaft, die ihren Sitz im Inland hat, und nach Anhörung des beaufsichtigten Unternehmens, das nach den Sätzen 4 und 5 als übergeordnetes Unternehmen gilt oder nach Bestimmung durch die Bundesanstalt gelten würde, bestimmen, dass die Finanzholding-Gesellschaft als übergeordnetes Unternehmen gilt, sofern sie dargelegt hat, dass sie über die zur Einhaltung der gruppenbezogenen Pflichten erforderliche Struktur und Organisation verfügt. [7] Abweichend von Satz 6 kann die Bundesanstalt
eine Finanzholding-Gesellschaft, die ihren Sitz im Inland hat, nach Anhörung des beaufsichtigten Unternehmens, das nach den Sätzen 4 und 5 als übergeordnetes Unternehmen gilt oder nach Bestimmung durch die Bundesanstalt gelten würde, auch ohne Antrag als übergeordnetes Unternehmen bestimmen, sofern dies aus bankaufsichtlichen Gründen, insbesondere solchen, die sich aus der Organisation und Struktur der Finanzholding-Gruppe ergeben, erforderlich ist. [8] Die nach Satz 6 oder Satz 7 bestimmte Finanzholding-Gesellschaft hat alle gruppenbezogenen Pflichten eines übergeordneten Unternehmens zu erfüllen. [9] Liegen die Voraussetzungen für eine Anordnung nach Satz 6 oder Satz 7 nicht mehr vor, insbesondere, wenn die Finanzholding-Gesellschaft ihren Sitz in einen anderen Staat verlagert oder nicht mehr in der Lage ist, für die Einhaltung der gruppenbezogenen Pflichten zu sorgen, hat die Bundesanstalt die Anordnung nach Anhörung der Finanzholding-Gesellschaft aufzuheben; § 35 Abs. 3 gilt entsprechend. [10] Die Bundesanstalt hat gegenüber einer nach Satz 6 oder Satz 7 zum übergeordneten Unternehmen bestimmten Finanzholding-Gesellschaft und deren Organen alle Befugnisse, die ihr gegenüber einem Institut als übergeordnetem Unternehmen und dessen Organen zustehen.

(4) [1] Als nachgeordnete Unternehmen gelten auch Institute, Kapitalanlagegesellschaften, Finanzunternehmen, Anbieter von Nebendienstleistungen oder Zahlungsinstitute im Sinne des Zahlungsdiensteaufsichtsgesetzes mit Sitz im Inland oder Ausland, wenn ein gruppenangehöriges Unternehmen mindestens 20 vom Hundert der Kapitalanteile unmittelbar oder mittelbar hält, die Institute, Kapitalanlagegesellschaften oder Unternehmen gemeinsam mit anderen Unternehmen leitet und für die Verbindlichkeiten dieser Institute, Kapitalanlagegesellschaften oder Unternehmen auf ihre Kapitalanteile beschränkt haftet (qualifizierte Minderheitsbeteiligung). [2] Unmittelbar oder mittelbar gehaltene Kapitalanteile sowie Kapitalanteile, die von einem anderen für Rechnung eines gruppenangehörigen Unternehmens gehalten werden, sind zusammenzurechnen. [3] Mittelbar gehaltene Kapitalanteile sind nicht zu berücksichtigen, wenn sie durch ein Unternehmen vermittelt werden, das nicht Tochterunternehmen des übergeordneten Instituts oder der Finanzholding-Gesellschaft ist. [4] Dies gilt entsprechend für mittelbar

gehaltene Kapitalanteile, die durch mehr als ein Unternehmen vermittelt werden. [5] Kapitalanteilen stehen Stimmrechte gleich. [6] § 16 Abs. 2 und 3 des Aktiengesetzes gilt entsprechend.

(5) Als nachgeordnete Unternehmen gelten auch Unternehmen, die nach § 10 Abs. 6 Satz 4 freiwillig in die Zusammenfassung nach dieser Vorschrift sowie nach § 13b Abs. 3 Satz 1 und § 12 Abs. 2 Satz 1 und 2 einbezogen werden.

(6) [1] Ob gruppenangehörige Unternehmen insgesamt angemessene Eigenmittel haben, ist anhand einer Zusammenfassung ihrer Eigenmittel einschließlich der Anteile anderer Gesellschafter und der im Rahmen der Rechtsverordnung nach § 10 Abs. 1 Satz 9 maßgeblichen Risikopositionen zu beurteilen; bei gruppenangehörigen Unternehmen gelten als Eigenmittel die Bestandteile, die den nach § 10 anerkannten Bestandteilen entsprechen. [2] Für die Zusammenfassung hat das übergeordnete Unternehmen seine maßgeblichen Positionen mit denen der anderen gruppenangehörigen Unternehmen zusammenzufassen. [3] Von den gemäß Satz 2 zusammenzufassenden Eigenmitteln sind abzuziehen:

1. die bei dem übergeordneten Unternehmen und den anderen Unternehmen der Institutsgruppe oder Finanzholding-Gruppe ausgewiesenen, auf die gruppenangehörigen Unternehmen entfallenden Buchwerte
    a. der Kapitalanteile,
    b. des Kapitals im Sinne des § 10 Absatz 2a Satz 1 Nummer 8 und 10, jeweils in Verbindung mit dessen Absatz 4,
    c. des Kapitals im Sinne des § 10 Absatz 5 Satz 1,
    d. der längerfristigen nachrangigen Verbindlichkeiten nach § 10 Abs. 5a Satz 1 und
    e. der kurzfristigen nachrangigen Verbindlichkeiten nach § 10 Abs. 7 Satz 1 sowie
2. die bei dem übergeordneten Unternehmen oder einem anderen Unternehmen der Institutsgruppe oder Finanzholding-Gruppe berücksichtigten nicht realisierten Reserven nach § 10 Abs. 2b Satz 1 Nr. 6 und 7, soweit sie auf gruppenangehörige Unternehmen entfallen.

[4] Kapitalanteile, vorbehaltlich der Regelung für den aktivischen Unterschiedsbetrag nach den Sätzen 9 und 10, und Kapital nach § 10 Absatz 2a Satz 1 Nummer 8 und 10 sind vom Kernkapital abzuziehen. [5] Längerfristige nachrangige Verbindlichkeiten sind von den Bestandteilen des Ergänzungskapitals nach § 10 Absatz 2b Satz 1 in Verbindung mit § 10 Absatz 2 Satz 7 abzuziehen. Kapital nach § 10 Absatz 2b Satz 1 Nummer 4 und die nicht realisierten Reserven sind vom Ergänzungskapital insgesamt, jeweils vor der in § 10 Absatz 2 Satz 6 und 7 vorgesehenen Kappung, abzuziehen. Kurzfristige nachrangige Verbindlichkeiten sind von den Drittrangmitteln gemäß § 10 Absatz 2c Satz 1 vor der in § 10 Absatz 2c Satz 2 und 3 vorgesehenen Kappung abzuziehen. [6]Bei Beteiligungen, die über nicht gruppenangehörige Unternehmen vermittelt werden, sind solche Buchwerte und nicht realisierte Reserven jeweils quotal in Höhe desjenigen Anteils abzuziehen, welcher der durchgerechneten Kapitalbeteiligung entspricht. [7] Ist der Buchwert einer Beteiligung höher als der nach Satz 2 zusammenzufassende Teil des Kapitals und der Rücklagen des nachgeordneten Unternehmens, hat das übergeordnete Unternehmen den Unterschiedsbetrag zu gleichen Teilen vom Kern- und Ergänzungskapital der Institutsgruppe oder Finanzholding-Gruppe abzuziehen. [8] Dabei kann der aktivische Unterschiedsbetrag mit einem jährlich um mindestens ein Zehntel abnehmenden Betrag wie eine Beteiligung an

einem gruppenfremden Unternehmen behandelt werden. [9] Die Adressenausfallpositionen, die sich aus Rechtsverhältnissen zwischen gruppenangehörigen Unternehmen ergeben, sind nicht zu berücksichtigen. [10]Marktrisikobehaftete Positionen verschiedener gruppenangehöriger Unternehmen können nicht miteinander verrechnet werden, es sei denn, die Unternehmen sind in die zentrale Risikosteuerung des übergeordneten Unternehmens einbezogen, die Eigenmittel sind in der Institutsgruppe oder Finanzholding-Gruppe angemessen verteilt und es ist bei nachgeordneten Unternehmen mit Sitz in Drittstaaten gewährleistet, dass die örtlichen Rechts- und Verwaltungsvorschriften den freien Kapitaltransfer zu anderen gruppenangehörigen Unternehmen nicht behindern.

(7) [1] Ist das übergeordnete Unternehmen einer Institutsgruppe verpflichtet, nach den Vorschriften des Handelsgesetzbuchs einen Konzernabschluss aufzustellen oder ist es nach Artikel 4 der Verordnung (EG) Nr. 1606/2002 des Europäischen Parlaments und des Rates vom 19. Juli 2002 betreffend die Anwendung internationaler Rechnungslegungsstandards (ABl. EG Nr. L 243 S. 1) in der jeweils geltenden Fassung oder nach Maßgabe von § 315a Abs. 2 des Handelsgesetzbuchs verpflichtet, bei der Aufstellung des Konzernabschlusses die nach den Artikeln 3 und 6 der genannten Verordnung übernommenen internationalen Rechnungslegungsstandards anzuwenden, hat es spätestens nach Ablauf von fünf Jahren nach Entstehen dieser Verpflichtung bei der Ermittlung der zusammengefassten Eigenmittel sowie der zusammengefassten Risikopositionen nach Maßgabe der Rechtsverordnung nach § 10 Abs. 1 Satz 9 den Konzernabschluss zugrunde zu legen; als Eigenmittel gelten die Bestandteile, die den nach § 10 anerkannten Bestandteilen entsprechen. [2] § 64h Abs. 3 und 4 bleibt unberührt. [3] Wendet das übergeordnete Unternehmen einer Institutsgruppe die genannten internationalen Rechnungslegungsstandards nach Maßgabe von § 315a Abs. 3 des Handelsgesetzbuchs an, finden die Sätze 1 und 2 entsprechende Anwendung; an die Stelle des Entstehens der Verpflichtung tritt die erstmalige Anwendung der internationalen Rechnungslegungsstandards. [4] Absatz 6 findet in den Fällen der Sätze 1 bis 3 vorbehaltlich des Satzes 6 keine Anwendung. [5] Hierbei bleiben die Eigenmittel und sonstigen maßgeblichen Risikopositionen in den Konzernabschluss einbezogener Unternehmen, die keine gruppenangehörigen Unternehmen im Sinne dieser Vorschrift sind, unberücksichtigt. [6] Eigenmittel und sonstige maßgebliche Risikopositionen nicht in den Konzernabschluss einbezogener Unternehmen, die gruppenangehörige Unternehmen im Sinne dieser Vorschrift sind, sind hinzuzurechnen, wobei das Verfahren nach Absatz 6 angewendet werden darf. [7] Die Sätze 1 bis 6 gelten entsprechend für das übergeordnete Unternehmen einer Finanzholding-Gruppe, wenn die Finanzholding-Gesellschaft nach den genannten Vorschriften verpflichtet ist, einen Konzernabschluss aufzustellen oder nach § 315a Abs. 3 des Handelsgesetzbuchs einen Konzernabschluss nach den genannten internationalen Rechnungslegungsstandards aufstellt.

(8) [1] Eine Institutsgruppe oder eine Finanzholding-Gruppe, die nach Absatz 7 bei der Ermittlung der zusammengefassten Eigenmittel sowie der zusammengefassten Risikopositionen den Konzernabschluss zugrunde zu legen hat, darf mit Zustimmung der Bundesanstalt für diese Zwecke das Verfahren nach Absatz 6 nutzen, wenn die Heranziehung des Konzernabschlusses im Einzelfall ungeeignet ist. [2] Das übergeordnete Unternehmen der Institutsgruppe oder der Finanzholding-Gruppe muss das Verfahren nach Absatz 6 in diesem Fall in mindestens drei aufeinander folgenden Jahren anwenden.

(9) [1] Das Bundesministerium der Finanzen wird ermächtigt, durch Rechtsverordnung im Benehmen mit der Deutschen Bundesbank nähere Bestimmungen über die Ermittlung der Eigenmittelausstattung von Institutsgruppen und Finanzholding-Gruppen zu erlassen, insbesondere über

1. die Überleitung von Angaben aus dem Konzernabschluss in die Ermittlung der zusammengefassten Eigenmittelausstattung bei Anwendung des Verfahrens nach Absatz 7,
2. die Behandlung der nach der Äquivalenzmethode bewerteten Beteiligungen bei Anwendung des Verfahrens nach Absatz 7.

[2] Das Bundesministerium der Finanzen kann die Ermächtigung durch Rechtsverordnung auf die Bundesanstalt mit der Maßgabe übertragen, dass die Rechtsverordnung im Einvernehmen mit der Deutschen Bundesbank ergeht. [3] Vor Erlass der Rechtsverordnung sind die Spitzenverbände der Institute anzuhören.

(10) [1] Ermittelt eine Institutsgruppe oder Finanzholding-Gruppe die Angemessenheit ihrer Eigenmittelausstattung nach Maßgabe des Absatzes 7 und erstellt das übergeordnete Unternehmen einer Institutsgruppe oder einer Finanzholding-Gruppe Zwischenabschlüsse, sind diese einer prüferischen Durchsicht durch den Abschlussprüfer zu unterziehen. [2] Der Zwischenabschluss nach Satz 1 gilt für die Zwecke dieser Vorschrift als ein mit dem Konzernabschluss vergleichbarer Abschluss, wobei Gewinne des Zwischenabschlusses dem Kernkapital zugerechnet werden, soweit sie nicht für voraussichtliche Gewinnausschüttungen oder Steueraufwendungen gebunden sind. [3] Verluste, die sich aus Zwischenabschlüssen ergeben, sind vom Kernkapital abzuziehen. [4] Das übergeordnete Unternehmen hat den Zwischenabschluss der Bundesanstalt und der Deutschen Bundesbank jeweils unverzüglich einzureichen. [5] Der Abschlussprüfer hat eine Bescheinigung über die prüferische Durchsicht des Zwischenabschlusses unverzüglich nach Beendigung der prüferischen Durchsicht der Bundesanstalt und der Deutschen Bundesbank einzureichen.

(11) [1] Bei nachgeordneten Unternehmen, die keine Tochterunternehmen sind, hat das übergeordnete Unternehmen seine Eigenmittel und die im Rahmen der Rechtsverordnung nach § 10 Abs. 1 Satz 9 maßgeblichen Risikopositionen mit den Eigenmitteln und den maßgeblichen Risikopositionen der nachgeordneten Unternehmen jeweils quotal in Höhe desjenigen Anteils zusammenzufassen, der seiner Kapitalbeteiligung an dem nachgeordneten Unternehmen entspricht. [2] Im Übrigen gelten die Absätze 6 und 7, jeweils auch in Verbindung mit der Rechtsverordnung nach Absatz 9.

(12) [1] Das übergeordnete Unternehmen ist für eine angemessene Eigenmittelausstattung der Institutsgruppe oder Finanzholding-Gruppe verantwortlich. [2] Es darf jedoch zur Erfüllung seiner Verpflichtungen nach Satz 1 auf die gruppenangehörigen Unternehmen nur einwirken, soweit dem das allgemein geltende Gesellschaftsrecht nicht entgegensteht.

(13) [1] Die gruppenangehörigen Unternehmen haben zur Sicherstellung der ordnungsgemäßen Aufbereitung und Weiterleitung der für die Zusammenfassung gemäß den Absätzen 6, 7 und 11 erforderlichen Angaben eine ordnungsgemäße Organisation und angemessene interne Kontrollverfahren einzurichten. [2] Sie sind verpflichtet, dem übergeordneten Unternehmen die für die Zusammenfassung erforderlichen Angaben zu übermitteln. [3] Kann ein übergeordnetes Unternehmen für einzelne gruppenangehörige

Unternehmen die erforderlichen Angaben nicht beschaffen, sind die auf das gruppenangehörige Unternehmen entfallenden, in Absatz 6 Satz 3 genannten Buchwerte von den Eigenmitteln des übergeordneten Unternehmens abzuziehen.

(14) [1] Auf ein Institut mit Sitz im Inland, dem mindestens ein Institut , eine Vermögensverwaltungsgesellschaft im Sinne des Artikels 2 Nr. 5 der Richtlinie 2002/87/EG oder Finanzunternehmen mit Sitz in einem Drittstaat nachgeordnet ist, finden, unabhängig davon, ob es selbst nachgeordnetes Unternehmen einer Institutsgruppe oder Finanzholding-Gruppe nach den Absätzen 1 bis 5 ist, die Absätze 6 bis 13 dieser Vorschrift sowie § 10 Anwendung. [2] Hat die Finanzholding-Gesellschaft an der Spitze einer Finanzholding-Gruppe als Tochterunternehmen mindestens ein Institut , eine Vermögensverwaltungsgesellschaft im Sinne des Artikels 2 Nr. 5 der Richtlinie 2002/87/EG oder Finanzunternehmen mit Sitz in einem Drittstaat, gilt Satz 1 mit der Maßgabe, dass das übergeordnete Unternehmen der Finanzholding-Gruppe verpflichtet ist, die zusätzliche Zusammenfassung vorzunehmen; Absatz 1 Satz 3 gilt entsprechend.

§ 10b
Eigenmittelausstattung von Finanzkonglomeraten

(1) [1] Ein Finanzkonglomerat muss insgesamt angemessene Eigenmittel haben. [2] Das Bundesministerium der Finanzen wird ermächtigt, durch Rechtsverordnung, die nicht der Zustimmung des Bundesrates bedarf, im Benehmen mit der Deutschen Bundesbank nähere Bestimmungen über die angemessene Eigenmittelausstattung zur Durchführung des Artikels 6 und des Anhangs I der Richtlinie 2002/87/EG zu erlassen, insbesondere über

1. die zulässige Zusammensetzung der Eigenmittel,
2. den Umfang und die Form der Berechnung der zusätzlichen Eigenkapitalanforderung sowie die sonstigen technischen Grundsätze,
3. die folgenden zulässigen Berechnungsmethoden für die zusätzliche Eigenkapitalanforderung:
   a. Methode 1: Berechnung auf Grundlage des konsolidierten Abschlusses;
   b. Methode 2: Abzugs- und Aggregationsmethode;
   c. Methode 3: Buchwert-/Anforderungsabzugsmethode oder
   d. Kombination der Methoden 1 bis 3,
4. Risikomodelle,
5. Berechnungsintervalle.

[3] Das Bundesministerium der Finanzen kann diese Ermächtigung durch Rechtsverordnung auf die Bundesanstalt mit der Maßgabe übertragen, dass die Rechtsverordnung im Einvernehmen mit der Deutschen Bundesbank ergeht. [4] Vor Erlass der Rechtsverordnung sind die Spitzenverbände der Institute und der Versicherungsbeirat nach § 92 des Versicherungsaufsichtsgesetzes anzuhören.

(2) [1] Die Bundesanstalt überprüft die angemessene Eigenmittelausstattung der Finanzkonglomerate. [2] Das übergeordnete Finanzkonglomeratsunternehmen im Sinne des Absatzes 3 Satz 6 bis 8 oder des Absatzes 4 hat der Bundesanstalt und der Deutschen Bundesbank die für die Überprüfung der angemessenen Eigenmittelausstattung auf Konglomeratsebene nach Maßgabe des Absatzes 1 erforderlichen Angaben einzureichen, es sei denn, ein übergeordnetes Finanzkonglomeratsunternehmen im Sinne des § 104a Abs. 3

Satz 6 bis 8 oder Abs. 4 des Versicherungsaufsichtsgesetzes ist nach § 104q Abs. 2 des Versicherungsaufsichtsgesetzes anzeigepflichtig. Nähere Bestimmungen über Art, Umfang, Zeitpunkt und Form der Angaben sowie über die zulässigen Datenträger und Übertragungswege sind in der Rechtsverordnung nach Absatz 1 Satz 2 zu regeln.

(3) [1] In die Berechnung der Eigenmittel auf Konglomeratsebene nach Absatz 1 sind einzubeziehen das übergeordnete Finanzkonglomeratsunternehmen mit Sitz im Inland und die ihm nachgeordneten Finanzkonglomeratsunternehmen. [2] Bei den in die Berechnung der Eigenmittel auf Konglomeratsebene einzubeziehenden Unternehmen gelten als Eigenmittel die Bestandteile, die den nach den Vorschriften dieses Gesetzes und des Versicherungsaufsichtsgesetzes anerkannten Bestandteilen entsprechen. [3] Die Bundesanstalt bestimmt, welche der in der Rechtsverordnung nach Absatz 1 Satz 2 näher bestimmten Berechnungsmethoden das Finanzkonglomerat bei der Berechnung der Eigenmittel auf Konglomeratsebene anzuwenden hat; das übergeordnete Finanzkonglomeratsunternehmen ist vorab anzuhören. [4] Steht eine gemischte Finanzholding-Gesellschaft an der Spitze des Finanzkonglomerats, dessen beaufsichtigte Finanzkonglomeratsunternehmen ihren Sitz nicht ausschließlich im Inland haben, ist die Anwendung jeder der in der Rechtsverordnung nach Absatz 1 Satz 2 näher bestimmten Berechnungsmethoden zulässig; das übergeordnete Finanzkonglomeratsunternehmen hat der Bundesanstalt und der Deutschen Bundesbank die Wahl der Berechnungsmethode unverzüglich anzuzeigen. [5] Nachgeordnete Finanzkonglomeratsunternehmen im Sinne dieses Gesetzes sind die konglomeratsangehörigen gemischten Finanzholding-Gesellschaften, Kreditinstitute, Finanzdienstleistungsinstitute, Kapitalanlagegesellschaften, Finanzunternehmen, Anbieter von Nebendienstleistungen, Zahlungsinstitute im Sinne des Zahlungsdiensteaufsichtsgesetzes, Erstversicherungsunternehmen, Rückversicherungsunternehmen und Versicherungsholding-Gesellschaften, die nicht übergeordnetes Finanzkonglomeratsunternehmen sind. [6] Übergeordnetes Finanzkonglomeratsunternehmen im Sinne dieses Gesetzes ist das in der Banken- und Wertpapierdienstleistungsbranche tätige beaufsichtigte Finanzkonglomeratsunternehmen, das

1. an der Spitze eines Finanzkonglomerats steht, es sei denn, ein Erstversicherungsunternehmen mit Sitz im Inland steht ebenfalls an der Spitze des Finanzkonglomerats und die Versicherungsbranche ist stärker vertreten als die Banken- und Wertpapierdienstleistungsbranche;
2. ein Tochterunternehmen einer gemischten Finanzholding-Gesellschaft mit Sitz im Inland ist, es sei denn,

   a) ein Erstversicherungsunternehmen mit Sitz im Inland ist das Tochterunternehmen derselben gemischten Finanzholding-Gesellschaft und die Versicherungsbranche ist stärker vertreten als die Banken- und Wertpapierdienstleistungsbranche;

   b) ein in der Banken- und Wertpapierdienstleistungsbranche tätiges beaufsichtigtes Finanzkonglomeratsunternehmen derselben Gruppe mit Sitz in einem anderen Staat des Europäischen Wirtschaftsraums, das Tochterunternehmen einer gemischten Finanzholding-Gesellschaft in seinem Sitzstaat ist, hat eine höhere Bilanzsumme als das Einlagenkreditinstitut, E-Geld-Institut oder Wertpapierhandelsunternehmen mit Sitz im Inland;

c) ein Erstversicherungsunternehmen derselben Gruppe mit Sitz in einem anderen Staat des Europäischen Wirtschaftsraums ist Tochterunternehmen einer gemischten Finanzholding-Gesellschaft in seinem Sitzstaat und die Versicherungsbranche ist stärker vertreten als die Banken- und Wertpapierdienstleistungsbranche;

erfüllen mehrere in der Banken- und Wertpapierdienstleistungsbranche tätige beaufsichtigte Finanzkonglomeratsunternehmen mit Sitz im Inland diese Voraussetzungen, ist das Institut mit der höchsten Bilanzsumme das übergeordnete Finanzkonglomeratsunternehmen;

3. ein Tochterunternehmen einer gemischten Finanzholding-Gesellschaft mit Sitz in einem anderen Staat des Europäischen Wirtschaftsraums ist, das kein Mutterunternehmen von einem beaufsichtigten Finanzkonglomeratsunternehmen mit Sitz in ihrem Sitzstaat ist, wenn

a) die Banken- und Wertpapierdienstleistungsbranche stärker als die Versicherungsbranche vertreten ist und

b) das in der Banken- und Wertpapierdienstleistungsbranche tätige beaufsichtigte Finanzkonglomeratsunternehmen mit Sitz im Inland die höchste Bilanzsumme hat.

[7] Vorbehaltlich des Satzes 6 Nr. 2 und 3 gilt ein in der Banken- und Wertpapierdienstleistungsbranche tätiges beaufsichtigtes Finanzkonglomeratsunternehmen mit Sitz im Inland als übergeordnetes Finanzkonglomeratsunternehmen, wenn die Banken- und Wertpapierdienstleistungsbranche stärker vertreten ist als die Versicherungsbranche und dieses Institut mit Sitz im Inland die höchste Bilanzsumme hat. [8] Abweichend von Satz 6 Nr. 1 bis 3 und Satz 7 kann die Bundesanstalt unter Berücksichtigung der Struktur des Finanzkonglomerats nach Anhörung des beaufsichtigten Finanzkonglomeratsunternehmens, das nach den Sätzen 6 und 7 als übergeordnetes Finanzkonglomeratsunternehmen zu bestimmen wäre, ein anderes beaufsichtigtes Finanzkonglomeratsunternehmen oder eine gemischte Finanzholding-Gesellschaft als übergeordnetes Finanzkonglomeratsunternehmen bestimmen; das zu bestimmende Unternehmen ist ebenfalls vorab anzuhören. [9] Im Sinne dieses Absatzes stärker vertreten ist jeweils die Finanzbranche mit dem höchsten durchschnittlichen Anteil nach § 51a Abs. 3.

(4) [1] Bestehen Beteiligungen an einem oder mehreren beaufsichtigten Finanzkonglomeratsunternehmen oder Kapitalbeziehungen zu derartigen Unternehmen oder kann auf derartige Unternehmen ein beherrschender Einfluss ausgeübt werden, ohne dass ein Fall des Absatzes 3 Satz 6 bis 8 vorliegt, kann die Bundesanstalt die Vorschriften dieses Gesetzes über die zusätzliche Beaufsichtigung auf Konglomeratsebene ganz oder teilweise auf diese Unternehmen entsprechend anwenden und eines dieser Unternehmen als übergeordnetes Finanzkonglomeratsunternehmen bestimmen, wenn

1. mindestens eines dieser Unternehmen der Banken- und Wertpapierdienstleistungsbranche und mindestens eines der Versicherungsbranche angehört und
2. die konsolidierten oder aggregierten Tätigkeiten beziehungsweise die konsolidierten und aggregierten Tätigkeiten dieser Unternehmen in der Banken- und

Wertpapierdienstleistungsbranche sowie der Versicherungsbranche erheblich im Sinne des § 51a Abs. 3 sind.

(5) [1] Die Bundesanstalt kann auf die Eigenmittel des Finanzkonglomerats einen Korrekturposten festsetzen, wenn

1. unbeschadet der Erfüllung der Anforderungen nach Absatz 1 Satz 1 in Verbindung mit der Rechtsverordnung nach Absatz 1 Satz 2 oder nach § 13d oder § 25a Abs. 1a die Solvabilität des Finanzkonglomerats gefährdet ist;
2. bedeutende gruppeninterne Transaktionen innerhalb des Finanzkonglomerats oder bedeutende Risikokonzentrationen auf Konglomeratsebene die Finanzlage des Finanzkonglomerats gefährden.

[2] Die Bundesanstalt hat die Festsetzung auf Antrag des übergeordneten Finanzkonglomeratsunternehmens aufzuheben, soweit die Voraussetzung für die Festsetzung wegfällt. Die Bundesanstalt darf die in Satz 1 bezeichneten Anordnungen erst treffen, wenn das Finanzkonglomerat den Mangel nicht innerhalb einer von der Bundesanstalt zu bestimmenden Frist behoben hat.

(6) [1] Das übergeordnete Finanzkonglomeratsunternehmen ist für eine angemessene Eigenmittelausstattung des Finanzkonglomerats verantwortlich. [2] Es darf jedoch zur Erfüllung seiner Verpflichtungen nach Satz 1 auf die nach Absatz 3 Satz 1 in die Berechnung der Eigenmittel auf Konglomeratsebene einzubeziehenden Unternehmen nur einwirken, soweit dem das allgemeine Gesellschaftsrecht nicht entgegensteht.

(7) [1] Die nach Absatz 3 Satz 1 in die Berechnung der Eigenmittel auf Konglomeratsebene einzubeziehenden Unternehmen haben zur Sicherstellung der ordnungsgemäßen Aufbereitung und Weiterleitung der für die zusätzliche Beaufsichtigung eines Finanzkonglomerats erforderlichen Angaben eine ordnungsgemäße Organisation und angemessene interne Kontrollverfahren einzurichten. [2] Sie sind verpflichtet, die für die zusätzliche Beaufsichtigung erforderlichen Angaben an das nach Absatz 2 anzeigepflichtige Unternehmen zu übermitteln. [3] Kann das nach Absatz 2 anzeigepflichtige Unternehmen für einzelne nachgeordnete Finanzkonglomeratsunternehmen die erforderlichen Angaben nicht beschaffen, sind die auf das nachgeordnete Finanzkonglomeratsunternehmen entfallenden Buchwerte nach Maßgabe der Rechtsverordnung nach Absatz 1 Satz 2 von den Eigenmitteln des übergeordneten Finanzkonglomeratsunternehmens abzuziehen.

(8) Die Absätze 1, 6 und 7 gelten nicht für ein Finanzkonglomerat, das selbst einem Finanzkonglomerat nachgeordnet ist, für das die Absätze 1, 6 und 7 gelten.

§ 10c
Nullgewichtung von Intragruppenforderungen

(1) [1] Für eine Kreditrisiko-Standardansatz-Position (KSA-Position) eines Instituts, das gruppenangehöriges Unternehmen einer Institutsgruppe nach § 10a Abs. 1 oder 2 oder Finanzholding-Gruppe nach § 10a Abs. 3 ist, die nicht den Eigenmitteln des Schuldners der KSA-Position zugerechnet wird, darf ein KSA-Risikogewicht von null vom Hundert verwendet werden, sofern die folgenden Voraussetzungen erfüllt sind:

1. der Schuldner der KSA-Position ist das übergeordnete Unternehmen der Institutsgruppe oder Finanzholding-Gruppe, ein nachgeordnetes Unternehmen der gleichen Institutsgruppe oder Finanzholding-Gruppe oder die Finanzholding-Gesellschaft an der Spitze der Finanzholding-Gruppe,
2. sowohl das Institut als auch der Schuldner sind in die Vollkonsolidierung einbezogen,
3. das Institut und der Schuldner der KSA-Position haben ihren Sitz im Inland,
4. beim Schuldner der KSA-Position kommen die gleichen Prozesse zur Identifizierung, Beurteilung, Steuerung sowie Überwachung und Kommunikation der Risiken zur Anwendung wie beim Institut und
5. es ist weder ein rechtliches noch ein bedeutendes tatsächliches Hindernis für die unverzügliche Übertragung von Eigenmitteln oder die Rückzahlung von Verbindlichkeiten an das Institut durch den Schuldner der KSA-Position vorhanden oder abzusehen.

[2] Das Institut hat das Vorliegen der Voraussetzungen angemessen zu dokumentieren. [3] Nähere Bestimmungen zur Ermittlung der KSA-Position regelt die Rechtsverordnung nach § 10 Abs. 1 Satz 9.

(2) [1] Für eine KSA-Position, deren Erfüllung von einem Unternehmen geschuldet wird, das Mitglied desselben institutsbezogenen Sicherungssystems ist wie das Institut, und die nicht den Eigenmitteln des Schuldners der KSA-Position zugerechnet wird, darf ein KSA-Risikogewicht von null vom Hundert verwendet werden, sofern die folgenden Voraussetzungen erfüllt sind:

1. der Schuldner der KSA-Position ist ein Institut, eine Finanzholding-Gesellschaft, ein Finanzunternehmen oder ein Anbieter von Nebendienstleistungen und er unterliegt entweder der Aufsicht nach diesem Gesetz oder die Bundesanstalt hat ihm gegenüber Prüfungsrechte und Anordnungsbefugnisse,
2. das Institut und der Schuldner der KSA-Position haben ihren Sitz im Inland,
3. es ist weder ein rechtliches noch ein bedeutendes tatsächliches Hindernis für die unverzügliche Übertragung von Eigenmitteln oder die Rückzahlung von Verbindlichkeiten an das Institut durch den Schuldner der KSA-Position vorhanden oder abzusehen,
4. das Institut und der Schuldner der KSA-Position haben eine vertragliche oder satzungsmäßige Haftungsabrede geschlossen, die sie absichert und insbesondere bei Bedarf ihre Liquidität und Solvabilität zur Vermeidung der Insolvenz sicherstellt,
5. die Haftungsvereinbarung stellt sicher, dass das institutsbezogene Sicherungssystem im Rahmen seiner Verpflichtung die notwendige Unterstützung aus sofort verfügbaren Mitteln gewähren kann,
6. das institutsbezogene Sicherungssystem verfügt über geeignete und einheitlich geregelte Systeme für die Überwachung und Einstufung der Risiken, die einen vollständigen Überblick über die Risikosituationen der einzelnen Mitglieder und das institutsbezogene Sicherungssystem insgesamt liefern, mit entsprechenden Möglichkeiten der Einflussnahme; diese Systeme stellen eine angemessene Überwachung von Forderungsausfällen sicher,
7. das institutsbezogene Sicherungssystem führt eine eigene Risikobewertung durch, die den einzelnen Mitgliedern mitgeteilt wird,

8. das institutsbezogene Sicherungssystem veröffentlicht mindestens einmal jährlich entweder einen zusammengefassten Bericht mit einer Vermögensübersicht, einer Gewinn- und Verlustrechnung, einem Lagebericht und einem Risikobericht über das institutsbezogene Sicherungssystem insgesamt oder einen Bericht mit einer zusammenfassenden Vermögensübersicht, einer zusammenfassenden Gewinn- und Verlustrechnung, einem Lagebericht und einem Risikobericht zum institutsbezogenen Sicherungssystem insgesamt,

9. die Mitglieder des institutsbezogenen Sicherungssystems sind verpflichtet, ihre Absicht, aus dem System auszuscheiden, mindestens 24 Monate im Voraus anzuzeigen,

10. es findet weder eine mehrfache Belegung von Bestandteilen, die als Eigenmittel berücksichtigungsfähig sind, noch eine unangemessene Bildung von Eigenmitteln zwischen den Mitgliedern des institutsbezogenen Sicherungssystems statt,

11. das institutsbezogene Sicherungssystem verfügt über hinreichend viele Mitgliedsinstitute mit einem überwiegend gleichartigen Geschäftsprofil und

12. die Angemessenheit der Systeme nach Nummer 6 wurde von der Bundesanstalt bestätigt und wird in regelmäßigen Abständen überprüft.

[2] Das Institut hat das Vorliegen der Voraussetzungen angemessen zu dokumentieren. [3] Nähere Bestimmungen zur Ermittlung der KSA-Position regelt die Rechtsverordnung nach § 10 Abs. 1 Satz 9.

(3) Ein IRBA-Institut darf Adressenausfallpositionen, die als KSA-Positionen

1. die in Absatz 1 Satz 1 Nr. 1 oder
2. die in Absatz 2 Satz 1 Nr. 1 bis 12

genannten Anforderungen erfüllen würden, dauerhaft von der Anwendung des IRBA ausnehmen und als KSA-Positionen behandeln.

§ 11
Liquidität

(1) [1] Die Institute müssen ihre Mittel so anlegen, dass jederzeit eine ausreichende Zahlungsbereitschaft (Liquidität) gewährleistet ist. [2] Das Bundesministerium der Finanzen wird ermächtigt, durch Rechtsverordnung im Benehmen mit der Deutschen Bundesbank nähere Anforderungen an die ausreichende Liquidität zu bestimmen, insbesondere über die

1. Methoden zur Beurteilung der ausreichenden Liquidität und die dafür erforderlichen technischen Grundsätze,
2. als Zahlungsmittel und Zahlungsverpflichtungen zu berücksichtigenden Geschäfte einschließlich ihrer Bemessungsgrundlagen sowie
3. Pflicht der Institute zur Übermittlung der zum Nachweis der ausreichenden Liquidität erforderlichen Angaben an die Bundesanstalt und die Deutsche Bundesbank, einschließlich Bestimmungen zu Inhalt, Art, Umfang und Form der Angaben, zu der Häufigkeit ihrer Übermittlung und über die zulässigen Datenträger, Übertragungswege und Datenformate.

[2] In der Rechtsverordnung ist an die Definition der Spareinlagen aus § 21 Abs. 4 der Kreditinstituts-Rechnungslegungsverordnung anzuknüpfen. [3] Das Bundesministerium der Finanzen kann die Ermächtigung durch Rechtsverordnung auf die Bundesanstalt mit der Maßgabe übertragen, dass die Rechtsverordnung im Einvernehmen mit der Deutschen Bundesbank ergeht. [4] Vor Erlass der Rechtsverordnung sind die Spitzenverbände der Institute zu hören.

(2) Die Bundesanstalt kann bei der Beurteilung der Liquidität im Einzelfall gegenüber Instituten über die in der Rechtsverordnung nach Absatz 1 festgelegten Vorgaben hinausgehende Liquiditätsanforderungen anordnen, wenn ohne eine solche Maßnahme die nachhaltige Liquidität eines Instituts nicht gesichert ist.

(3) (aufgehoben)

§ 12
Begrenzung von qualifizierten Beteiligungen und Beteiligungsbeschränkungen für E-Geld-Institute

(1) [1] Ein Einlagenkreditinstitut darf an einem Unternehmen, das weder Institut, Kapitalanlagegesellschaft, Finanzunternehmen, Erstversicherungsunternehmen oder Rückversicherungsunternehmen noch Anbieter von Nebendienstleistungen ist, keine qualifizierte Beteiligung halten, deren Anteil am Nennkapital dem Betrage nach 15 vom Hundert des haftenden Eigenkapitals des Einlagenkreditinstituts übersteigt. [2] Ein Einlagenkreditinstitut darf an Unternehmen im Sinne des Satzes 1 qualifizierte Beteiligungen nicht halten, deren Anteil am Nennkapital dem Betrage nach zusammen 60 vom Hundert des haftenden Eigenkapitals des Einlagenkreditinstituts übersteigt. [3] Das Einlagenkreditinstitut darf die in Satz 1 oder 2 festgelegten Grenzen mit Zustimmung der Bundesanstalt überschreiten. [4] Die Bundesanstalt darf die Zustimmung nur erteilen, wenn das Einlagenkreditinstitut die über die Grenze hinausgehenden Beteiligungen, bei Überschreitung beider Grenzen den höheren Betrag, jeweils hälftig mit Kern- und Ergänzungskapital unterlegt.

(2) [1] Das übergeordnete Unternehmen einer Gruppe im Sinne des § 10a Abs. 1 bis 3, zu der mindestens ein Einlagenkreditinstitut gehört, hat sicherzustellen, dass die Gruppe an einem Unternehmen im Sinne des Absatzes 1 Satz 1 qualifizierte Beteiligungen nicht hält, deren Anteil am Nennkapital dem Betrage nach 15 vom Hundert des haftenden Eigenkapitals der Gruppe übersteigt. [2] Es hat außerdem sicherzustellen, dass die Gruppe insgesamt an Unternehmen im Sinne des Absatzes 1 Satz 1 qualifizierte Beteiligungen nicht hält, deren Anteil am Nennkapital dem Betrage nach zusammen 60 vom Hundert des haftenden Eigenkapitals der Gruppe übersteigt. [3] Mit Zustimmung der Bundesanstalt darf das übergeordnete Unternehmen zulassen, dass die Gruppe die in Satz 1 oder Satz 2 festgelegten Grenzen überschreitet. [4] Die Bundesanstalt darf die Zustimmung nur erteilen, wenn das Institut die über die Grenze hinausgehenden Beteiligungen, bei Überschreitung beider Grenzen den höheren Betrag, jeweils hälftig mit Kern- und Ergänzungskapital der Gruppe unterlegt. [5] Die Sätze 1 bis 4 gelten entsprechend für Institute im Sinne des § 10a Abs. 14.

(3) Ein E-Geld-Institut darf keine Beteiligung an einem anderen Unternehmen halten, es sei denn, dieses Unternehmen nimmt operative oder sonstige Aufgaben im Zusammenhang mit dem vom betreffenden Institut aus- oder weitergegebenen elektronischen Geld wahr.

§ 12a
Begründung von Unternehmensbeziehungen

(1) [1] Ein Institut oder eine Finanzholding-Gesellschaft hat bei dem Erwerb einer Beteiligung an einem Unternehmen mit Sitz im Ausland oder der Begründung einer Unternehmensbeziehung mit einem solchen Unternehmen, wodurch das Unternehmen zu einem nachgeordneten Unternehmen im Sinne des § 10a Abs. 1 bis 5 oder § 13b Abs. 2 wird, sicherzustellen, daß es, im Falle einer Finanzholding-Gesellschaft das für die Zusammenfassung verantwortliche übergeordnete Unternehmen, die für die Erfüllung der jeweiligen Pflichten nach den §§ 10a, 13b und 25 Abs. 2 erforderlichen Angaben erhält. [2] Satz 1 ist hinsichtlich der für die Erfüllung der Pflichten nach den §§ 10a und 13b erforderlichen Angaben nicht anzuwenden, wenn durch den gemäß § 10a Abs. 13 Satz 3 vorzunehmenden Abzug der Buchwerte in einer der Zusammenfassung nach § 10a Abs. 6 oder 7 und § 13b Abs. 3 vergleichbaren Weise dem Risiko aus der Begründung der Beteiligung oder der Unternehmensbeziehung Rechnung getragen und es der Bundesanstalt ermöglicht wird, die Einhaltung dieser Voraussetzung zu überprüfen. [3] Das Institut oder die Finanzholding-Gesellschaft hat die Begründung, die Veränderung oder die Aufgabe einer in Satz 1 genannten Beteiligung oder Unternehmensbeziehung unverzüglich der Bundesanstalt und der Deutschen Bundesbank anzuzeigen.

(2) [1] Die Bundesanstalt kann die Fortführung der Beteiligung oder der Unternehmensbeziehung untersagen, wenn das übergeordnete Unternehmen oder das Institut im Sinne von § 10a Abs. 14 die für die Erfüllung der Pflichten nach §§ 10a, 13b oder 25 Abs. 2 erforderlichen Angaben nicht erhält. [2] Die Ausnahme nach Absatz 1 Satz 2 gilt entsprechend für die Untersagungsermächtigung nach Satz 1.

(3) Die Absätze 1 und 2 Satz 1 gelten für eine gemischte Finanzholding-Gesellschaft und ein in der Banken- und Wertpapierdienstleistungsbranche tätiges beaufsichtigtes übergeordnetes Finanzkonglomeratsunternehmen in Bezug auf Pflichten nach den §§ 10b und 13d entsprechend.

2. Kreditgeschäft

§ 13
Großkredite von Nichthandelsbuchinstituten

(1) [1] Ein Institut, das nach § 2 Abs. 11 von den Vorschriften über das Handelsbuch freigestellt ist (Nichthandelsbuchinstitut), hat der Deutschen Bundesbank anzuzeigen, wenn seine Kredite an einen Kreditnehmer insgesamt 10 vom Hundert seines haftenden Eigenkapitals erreichen oder übersteigen (Großkredit).

(2) [1] Ein Nichthandelsbuchinstitut in der Rechtsform einer juristischen Person oder einer Personenhandelsgesellschaft darf unbeschadet der Wirksamkeit der Rechtsgeschäfte einen Großkredit nur auf Grund eines einstimmigen Beschlusses sämtlicher Geschäftsleiter gewähren. [2] Der Beschluß soll vor der Kreditgewährung gefaßt werden. [3] Ist dies im Einzelfall

wegen der Eilbedürftigkeit des Geschäftes nicht möglich, ist der Beschluß unverzüglich nachzuholen. [4] Der Beschluß ist aktenkundig zu machen. [5] Ist der Großkredit ohne vorherigen einstimmigen Beschluß sämtlicher Geschäftsleiter gewährt worden und wird die Beschlußfassung nicht innerhalb eines Monats nach Gewährung des Kredits nachgeholt, hat das Nichthandelsbuchinstitut dies der Bundesanstalt und der Deutschen Bundesbank unverzüglich anzuzeigen. [6] Wird ein bereits gewährter Kredit durch Verringerung des haftenden Eigenkapitals zu einem Großkredit, darf das Nichthandelsbuchinstitut diesen Großkredit unbeschadet der Wirksamkeit des Rechtsgeschäftes nur auf Grund eines unverzüglich nachzuholenden einstimmigen Beschlusses sämtlicher Geschäftsleiter weitergewähren. [7] Der Beschluß ist aktenkundig zu machen. [8] Wird der Beschluß nicht innerhalb eines Monats, gerechnet von dem Zeitpunkt an, zu dem der Kredit zu einem Großkredit geworden ist, nachgeholt, hat das Nichthandelsbuchinstitut dies der Bundesanstalt und der Deutschen Bundesbank unverzüglich anzuzeigen.

(3) [1] Unbeschadet der Wirksamkeit der Rechtsgeschäfte darf ein Nichthandelsbuchinstitut ohne Zustimmung der Bundesanstalt an einen Kreditnehmer keine Kredite gewähren, die insgesamt 25 vom Hundert des haftenden Eigenkapitals des Nichthandelsbuchinstituts (Großkreditobergrenze) überschreiten. [2]Ist der Kreditnehmer ein Institut oder gehören zu einer Kreditnehmereinheit im Sinne des § 19 Absatz 2 ein oder mehrere Institute, so darf der Kredit den jeweils höheren Wert von entweder 25 vom Hundert des haftenden Eigenkapitals des Nichthandelsbuchinstituts oder 150 Millionen Euro nicht übersteigen, sofern nach Berücksichtigung von Sicherungsinstrumenten nach § 20b oder von Sicherungsinstrumenten, die durch die Rechtsverordnung nach § 22 anerkannt wurden, die Summe der Kredite gegenüber sämtlichen verbundenen Kreditnehmern, die keine Institute sind, 25 vom Hundert des haftenden Eigenkapitals des Nichthandelsbuchinstituts nicht übersteigt. [3]Übersteigt der Betrag von 150 Millionen Euro 25 vom Hundert des haftenden Eigenkapitals des Nichthandelsbuchinstituts, so darf der Kredit nach Berücksichtigung von Sicherungsinstrumenten nach § 20b oder von Sicherungsinstrumenten, die durch die Rechtsverordnung nach § 22 anerkannten werden, nicht das Niedrigere von 100 vom Hundert des haftenden Eigenkapitals des Nichthandelsbuchinstituts und des Vomhundertsatzes des haftenden Eigenkapitals übersteigen, den das Institut für seine interne Steuerung der Konzentrationsrisiken gegenüber derartigen Kreditnehmern verwendet; das Nichthandelsbuchinstitut hat die Konzentrationsrisiken aus einem solchen Kredit in seinem Risikomanagement nach § 25a Absatz 1 zu berücksichtigen. [4]Kommt der Betrag von 150 Millionen Euro zur Anwendung, so kann die Bundesanstalt in Fällen, in denen das Institut begründet nachweisen kann, dass eine Begrenzung auf 100 vom Hundert des haftenden Eigenkapitals nicht sachgerecht ist und es zudem auch für seine interne Risikosteuerung einen höheren Vomhundertsatz verwendet, auf Antrag eine höhere Grenze als 100 vom Hundert des haftenden Eigenkapitals festsetzen. [5]Die Sätze 2 bis 4 gelten auch für Kredite an anerkannte Wertpapierhandelsunternehmen aus Drittstaaten sowie anerkannte Clearingstellen und Börsen. [6]Unabhängig davon, ob die Bundesanstalt die Zustimmung erteilt, hat das Nichthandelsbuchinstitut das Überschreiten der Großkreditobergrenze unverzüglich der Bundesanstalt und der Deutschen Bundesbank anzuzeigen und den Betrag, um den der Großkredit die Großkreditobergrenze überschreitet, jeweils hälftig mit Kern- und Ergänzungskapital zu unterlegen. [7]Die Bundesanstalt kann ein Nichthandelsbuchinstitut vorübergehend von der Unterlegungspflicht befreien.

(4) Die Absätze 1 und 2 gelten auch für Zusagen von Kreditrahmenkontingenten mit der Maßgabe, daß die Anzeigen nach Absatz 1 an Stichtagen zu erstatten sind, die durch Rechtsverordnung nach § 24 Abs. 4 Satz 1 bestimmt werden.

§ 13a
Großkredite von Handelsbuchinstituten

(1) [1] Ein Institut, das nicht nach § 2 Abs. 11 von den Vorschriften über das Handelsbuch freigestellt ist (Handelsbuchinstitut), hat Großkredite gemäß Satz 3 der Deutschen Bundesbank anzuzeigen. [2] § 13 Abs. 1 Satz 2 gilt entsprechend. [3] Für ein Handelsbuchinstitut besteht ein Gesamtbuch-Großkredit, wenn die Gesamtheit der Kredite an einen Kreditnehmer (kreditnehmerbezogene Gesamtposition) 10 vom Hundert der Eigenmittel erreicht oder überschreitet; für das Handelsbuchinstitut besteht ein Anlagebuch-Großkredit, wenn die Gesamtheit der Kredite an einen Kreditnehmer ohne Berücksichtigung der kreditnehmerbezogenen Handelsbuchgesamtposition (kreditnehmerbezogene Anlagebuch-Gesamtposition) 10 vom Hundert des haftenden Eigenkapitals des Instituts erreicht oder überschreitet. [4] Die kreditnehmerbezogene Handelsbuchgesamtposition bildet die Gesamtheit der Kredite an einen Kreditnehmer, die dem Handelsbuch zugeordnet werden.

(2) § 13 Abs. 2 über die Beschlußfassung über Großkredite von Nichthandelsbuchinstituten gilt für Handelsbuchinstitute entsprechend.

(3) [1] Unbeschadet der Wirksamkeit der Rechtsgeschäfte hat ein Handelsbuchinstitut sicherzustellen, dass die kreditnehmerbezogene Anlagebuch-Gesamtposition nicht ohne Zustimmung der Bundesanstalt 25 vom Hundert seines haftenden Eigenkapitals (Anlagebuch-Großkreditobergrenze) überschreitet; § 13 Absatz 3 Satz 2 bis 5 gilt entsprechend. [2] Unabhängig davon, ob die Bundesanstalt die Zustimmung erteilt, hat das Handelsbuchinstitut das Überschreiten der Anlagebuch-Großkreditobergrenze der Bundesanstalt und der Deutschen Bundesbank unverzüglich anzuzeigen und den Überschreitungsbetrag jeweils hälftig mit Kern- und Ergänzungskapital zu unterlegen. [3] § 13 Absatz 3 Satz 7 gilt entsprechend.

(4) [1] Das Handelsbuchinstitut hat sicherzustellen, daß die kreditnehmerbezogene Gesamtposition nicht ohne Zustimmung der Bundesanstalt 25 vom Hundert seiner Eigenmittel überschreitet (Gesamtbuch-Großkreditobergrenze); § 13 Absatz 3 Satz 2 und 3 gilt entsprechend. [2] Unabhängig davon, ob die Bundesanstalt die Zustimmung erteilt, hat das Handelsbuchinstitut eine Überschreitung der Gesamtbuch-Großkreditobergrenze der Bundesanstalt und der Deutschen Bundesbank anzuzeigen und den Überschreitungsbetrag nach Maßgabe der Rechtsverordnung nach § 22 Satz 1 mit Eigenmitteln zu unterlegen.

(5) [1] Auch mit der Zustimmung der Bundesanstalt darf im Falle einer Überschreitung der Obergrenze nach Absatz 4 Satz 1 die kreditnehmerbezogene Handelsbuch-Gesamtposition eines Handelsbuchinstituts höchstens das Fünffache der Eigenmittel des Handelsbuchinstituts, die nicht zur Unterlegung der Risiken aus dem Anlagebuch, der Adressrisiken des Handelsbuchs sowie des operationellen Risikos nach den Vorgaben dieses Gesetzes benötigt werden, betragen. [2] Eine Überschreitung dieser Grenze hat das Handelsbuchinstitut unverzüglich der Bundesanstalt und der Deutschen Bundesbank anzuzeigen und den Überschreitungsbetrag nach Maßgabe der Rechtsverordnung nach § 22 Satz 1 mit Eigenmitteln zu unterlegen. [3] Alle kreditnehmerbezogenen Gesamtpositionen,

welche die Obergrenze nach Absatz 4 Satz 1 oder 3 länger als zehn Tage überschreiten, dürfen nach Abzug der Beträge, die diese Obergrenzen nicht überschreiten (Gesamt-Überschreitungsposition), zusammen nicht das Sechsfache der Eigenmittel des Handelsbuchinstituts, die nicht zur Unterlegung der Risiken aus dem Anlagebuch, der Adressrisiken des Handelsbuchs sowie des operationellen Risikos nach den Vorgaben dieses Gesetzes benötigt werden, übersteigen. [4] Eine Überschreitung dieser Grenze hat das Handelsbuchinstitut unverzüglich der Bundesanstalt und der Deutschen Bundesbank anzuzeigen und den Überschreitungsbetrag nach Maßgabe der Rechtsverordnung nach § 22 Satz 1 mit Eigenmitteln zu unterlegen.

(6) Die Absätze 1 und 2 gelten auch für Zusagen von Kreditrahmenkontingenten mit der Maßgabe, daß die Anzeigen nach Absatz 1 an Stichtagen zu erstatten sind, die durch Rechtsverordnung nach § 24 Abs. 4 Satz 1 bestimmt werden.

§ 13b
Großkredite von Institutsgruppen und Finanzholding-Gruppen

(1) Für die von den Unternehmen einer Institutsgruppe oder Finanzholding-Gruppe insgesamt gewährten Kredite gelten § 13 Abs. 1, 3 und 4 sowie § 13a Abs. 1 und 3 bis 6 über Großkredite einzelner Institute entsprechend.

(2) Für die Bestimmung einer Institutsgruppe oder Finanzholding-Gruppe im Sinne dieser Vorschrift gilt § 10a Abs. 1 bis 5 und 14 entsprechend.

(3) [1] Ob Unternehmen, die einer Institutsgruppe oder Finanzholding-Gruppe angehören, insgesamt einen Großkredit gewährt haben und die Obergrenzen nach den §§ 13 und 13a einhalten, ist anhand einer Zusammenfassung ihrer Eigenmittel einschließlich der Anteile anderer Gesellschafter und der Kredite an einen Kreditnehmer festzustellen, wenn für eines der gruppenangehörigen Unternehmen die kreditnehmerbezogene Gesamtposition 5 vom Hundert seines haftenden Eigenkapitals beträgt oder übersteigt. [2] § 10a Abs. 6 Satz 2 bis 11 und Abs. 7 bis 11 gilt entsprechend.

(4) [1] Das übergeordnete Unternehmen hat die Anzeigepflichten nach Absatz 1 in Verbindung mit den §§ 13 und 13a zu erfüllen. [2] Es ist dafür verantwortlich, daß die gruppenangehörigen Unternehmen insgesamt die Obergrenzen nach den §§ 13 und 13a einhalten. [3] Es darf jedoch zur Erfüllung seiner Verpflichtungen nach Satz 2 auf gruppenangehörige Unternehmen nur einwirken, soweit dem das allgemein geltende Gesellschaftsrecht nicht entgegensteht.

(5) § 10a Abs. 13 und 14 gilt entsprechend.

(6) Die Beschlussfassungspflichten nach § 13 Absatz 2 und § 13a Absatz 2 gelten entsprechend für das übergeordnete Unternehmen, wenn ein Unternehmen der Institutsgruppe oder der Finanzholding-Gruppe nach § 2a von der Anwendung der §§ 13 und 13a befreit ist.

§ 13c
Gruppeninterne Transaktionen mit gemischten Unternehmen

(1) [1] Ein Einlagenkreditinstitut, E-Geld-Institut oder ein Wertpapierhandelsunternehmen, das Tochterunternehmen eines gemischten Unternehmens ist, hat der Bundesanstalt und der Deutschen Bundesbank bedeutende gruppeninterne Transaktionen mit gemischten Unternehmen oder deren anderen Tochterunternehmen anzuzeigen. [2] Das Bundesministerium der Finanzen wird ermächtigt, durch eine im Benehmen mit der Deutschen Bundesbank zu erlassende Rechtsverordnung, die nicht der Zustimmung des Bundesrates bedarf, näher zu bestimmen:

1. die Arten der anzuzeigenden Transaktionen und Schwellenwerte, anhand derer die gruppeninternen Transaktionen als bedeutend anzusehen sind;
2. die Obergrenzen für gruppeninterne Transaktionen und Beschränkungen hinsichtlich der Art gruppeninterner Transaktionen;
3. Art, Umfang, Zeitpunkt und Form der Angaben sowie die zulässigen Datenträger und Übertragungswege.

[3] Das Bundesministerium der Finanzen kann die Ermächtigung durch Rechtsverordnung auf die Bundesanstalt mit der Maßgabe übertragen, dass die Rechtsverordnung im Einvernehmen mit der Deutschen Bundesbank zu erlassen ist. [3] Vor Erlass der Rechtsverordnung sind die Spitzenverbände der Institute anzuhören.

(2) Das Einlagenkreditinstitut, E-Geld-Institut oder Wertpapierhandelsunternehmen im Sinne von Absatz 1 Satz 1 darf unbeschadet der Wirksamkeit der Rechtsgeschäfte bedeutende gruppeninterne Transaktionen mit gemischten Unternehmen oder deren anderen Tochterunternehmen nur auf Grund eines einstimmigen Beschlusses sämtlicher Geschäftsleiter durchführen; § 13 Abs. 2 Satz 2 bis 5 gilt entsprechend.

(3) [1] Unbeschadet der Wirksamkeit der Rechtsgeschäfte darf das Einlagenkreditinstitut, E-Geld-Institut oder Wertpapierhandelsunternehmen im Sinne des Absatzes 1 Satz 1 ohne Zustimmung der Bundesanstalt keine bedeutenden gruppeninternen Transaktionen mit gemischten Unternehmen oder deren anderen Tochterunternehmen durchführen, die die in der Rechtsverordnung nach Absatz 1 Satz 2 festgelegten Obergrenzen überschreiten oder gegen die in der Rechtsverordnung festgelegten Beschränkungen hinsichtlich der Art bedeutender gruppeninterner Transaktionen verstoßen. [2] Die Zustimmung nach Satz 1 steht im Ermessen der Bundesanstalt. [3] Unabhängig davon, ob die Bundesanstalt die Zustimmung erteilt, hat das Institut das Überschreiten der Obergrenzen oder die Verstöße gegen die Beschränkungen hinsichtlich der Art gruppeninterner Transaktionen der Bundesanstalt und der Deutschen Bundesbank unverzüglich anzuzeigen. [4] Die Bundesanstalt kann

1. von dem Einlagenkreditinstitut, E-Geld-Institut oder Wertpapierhandelsunternehmen im Sinne des Absatzes 1 Satz 1 bei einem Überschreiten der in der Rechtsverordnung nach Absatz 1 Satz 2 bestimmten Obergrenzen die Unterlegung des Überschreitungsbetrags mit Eigenmitteln verlangen;
2. Verstöße gegen die in der Rechtsverordnung nach Absatz 1 Satz 2 bestimmten Beschränkungen hinsichtlich der Art gruppeninterner Transaktionen durch geeignete und erforderliche Maßnahmen unterbinden.

(4) [1] Zur Ermittlung, Quantifizierung, Überwachung und Steuerung bedeutender gruppeninterner Transaktionen innerhalb einer gemischten Unternehmensgruppe müssen die gruppenangehörigen Einlagenkreditinstitute, E-Geld-Institute oder Wertpapierhandelsunternehmen über ein angemessenes Risikomanagement und angemessene interne Kontrollverfahren, einschließlich eines ordnungsgemäßen Berichtswesens und ordnungsgemäßer Rechnungslegungsverfahren, verfügen; die §§ 13 und 13b bleiben unberührt. [2] § 10a Abs. 12 und 13 Satz 1 und 2 sowie § 25a Abs. 1 Satz 2 gelten entsprechend.

§ 13d
Risikokonzentrationen und gruppeninterne Transaktionen von Finanzkonglomeraten

(1) Das übergeordnete Finanzkonglomeratsunternehmen im Sinne des § 10b Abs. 3 Satz 6 bis 8 oder Abs. 4 hat der Bundesanstalt und der Deutschen Bundesbank bedeutende Risikokonzentrationen auf Konglomeratsebene und bedeutende gruppeninterne Transaktionen innerhalb des Finanzkonglomerats anzuzeigen, es sei denn, ein übergeordnetes Finanzkonglomeratsunternehmen ist nach § 104q Abs. 3 Satz 6 bis 8 oder Abs. 4 des Versicherungsaufsichtsgesetzes anzeigepflichtig.

(2) [1] Das Bundesministerium der Finanzen wird ermächtigt, durch Rechtsverordnung, die nicht der Zustimmung des Bundesrates bedarf, im Benehmen mit der Deutschen Bundesbank nähere Bestimmungen zu Risikokonzentrationen und gruppeninternen Transaktionen zur Durchführung der Artikel 7 und 8 und des Anhangs II der Richtlinie 2002/87/EG zu erlassen, insbesondere über

1. Arten der anzuzeigenden Risikokonzentrationen und gruppeninternen Transaktionen sowie Schwellenwerte, anhand derer Risikokonzentrationen und gruppeninternen Transaktionen als bedeutend anzusehen sind;
2. Obergrenzen für bedeutende Risikokonzentrationen und bedeutende gruppeninterne Transaktionen sowie Beschränkungen hinsichtlich der Art gruppeninterner Transaktionen;
3. Art, Umfang, Zeitpunkt und Form der Angaben und über die zulässigen Datenträger und Übertragungswege.

[2] Das Bundesministerium der Finanzen kann die Ermächtigung durch Rechtsverordnung auf die Bundesanstalt mit der Maßgabe übertragen, dass die Rechtsverordnung im Einvernehmen mit der Deutschen Bundesbank zu erlassen ist. [3] Vor Erlass der Rechtsverordnung sind die Spitzenverbände der Institute und der Versicherungsbeirat nach § 92 des Versicherungsaufsichtsgesetzes zu hören.

(3) [1] Ein in der Banken- und Wertpapierdienstleistungsbranche tätiges beaufsichtigtes Finanzkonglomeratsunternehmen darf unbeschadet der Wirksamkeit der Rechtsgeschäfte nur auf Grund eines einstimmigen Beschlusses sämtlicher Geschäftsleiter dieses Instituts bedeutende gruppeninterne Transaktionen durchführen. [2] § 13 Abs. 2 Satz 2 bis 5 gilt entsprechend.

(4) [1] Unbeschadet der Wirksamkeit der Rechtsgeschäfte ist das übergeordnete Finanzkonglomeratsunternehmen dafür verantwortlich, dass bedeutende Risikokonzentrationen auf Konglomeratsebene oder bedeutende gruppeninterne

Transaktionen innerhalb des Finanzkonglomerats ohne Zustimmung der Bundesanstalt nicht die in der Rechtsverordnung nach Absatz 2 festgelegten Obergrenzen überschreiten oder gegen die in der Rechtsverordnung festgelegten Beschränkungen hinsichtlich der Art gruppeninterner Transaktionen verstoßen. [2] Es darf jedoch zur Erfüllung seiner Verpflichtungen nach Satz 1 auf die konglomeratsangehörigen Unternehmen nur einwirken, soweit dem das allgemeine Gesellschaftsrecht nicht entgegensteht; § 10b Abs. 7 und 8 gilt entsprechend. [3] Die Zustimmung nach Satz 1 steht im Ermessen der Bundesanstalt. [4] Unabhängig davon, ob die Bundesanstalt die Zustimmung erteilt, hat das nach Absatz 1 anzeigepflichtige Unternehmen das Überschreiten der Obergrenzen oder die Verstöße gegen die Beschränkungen hinsichtlich der Art gruppeninterner Transaktionen unverzüglich der Bundesanstalt und der Deutschen Bundesbank anzuzeigen. [5] Die Bundesanstalt kann

1. bei einem Überschreiten der in der Rechtsverordnung nach Absatz 2 Satz 1 bestimmten Obergrenzen von dem Finanzkonglomerat die Unterlegung des Überschreitungsbetrags mit Eigenmitteln verlangen;
2. Verstöße gegen die in der Rechtsverordnung nach Absatz 2 Satz 1 bestimmten Beschränkungen hinsichtlich der Art gruppeninterner Transaktionen durch geeignete und erforderliche Maßnahmen unterbinden.

§ 14
Millionenkredite

(1) [1] Ein Kreditinstitut, ein Finanzdienstleistungsinstitut im Sinne des § 1 Abs. 1a Satz 2 Nr. 4, 9 oder 10, ein Finanzunternehmen im Sinne des § 1 Abs. 3 Satz 1 Nr. 2 und die in § 2 Abs. 2 genannten Unternehmen und Stellen (am Millionenkreditmeldeverfahren beteiligte Unternehmen) haben der bei der Deutschen Bundesbank geführten Evidenzzentrale vierteljährlich die Kreditnehmer anzuzeigen, deren Kreditvolumen nach § 19 Abs. 1 (Verschuldung) 1 500 000 Euro oder mehr beträgt (Millionenkredite); Anzeigeinhalte und Anzeigefristen sind durch die Rechtsverordnung nach § 22 zu regeln. [2] Übergeordnete Unternehmen im Sinne des § 13b Abs. 2 haben zugleich für die gruppenangehörigen Unternehmen im Sinne des § 13b Abs. 2 deren Kreditnehmer im Sinne des entsprechend anzuwendenden Satzes 1 anzuzeigen. [3] Dies gilt nicht, soweit diese Unternehmen selbst nach Satz 1 anzeigepflichtig sind oder nach § 2 Abs. 4, 5, 7 oder 8 von der Anzeigepflicht befreit oder ausgenommen sind oder der Buchwert der Beteiligung an dem gruppenangehörigen Unternehmen nach § 10a Abs. 13 Satz 3 von den Eigenmitteln des übergeordneten Unternehmens abgezogen wird. [4] Die nicht selbst nach Satz 1 anzeigepflichtigen gruppenangehörigen Unternehmen haben dem übergeordneten Unternehmen die hierfür erforderlichen Angaben zu übermitteln. [5] Satz 1 gilt bei Gemeinschaftskrediten von 1,5 Millionen Euro und mehr auch dann, wenn der Anteil des einzelnen Unternehmens 1,5 Millionen Euro nicht erreicht. [6] § 13 Abs. 1 Satz 3 gilt entsprechend. [5] Die Bundesanstalt kann Kreditinstitute, die ausschließlich Bankgeschäfte nach § 1 Abs. 1 Satz 2 Nr. 12 mit Unternehmen der Finanzbranche betreiben, auf Antrag von der Verpflichtung nach Satz 1 befreien.

(2) [1] Ergibt sich, dass einem Kreditnehmer von mehreren Unternehmen Millionenkredite gewährt worden sind, hat die Deutsche Bundesbank die anzeigenden Unternehmen zu benachrichtigen. [2] Die Benachrichtigung umfasst Angaben über die Gesamtverschuldung des Kreditnehmers und über die Gesamtverschuldung der Kreditnehmereinheit, der dieser

zugehört, über die Anzahl der beteiligten Unternehmen sowie Informationen über die prognostizierte Ausfallwahrscheinlichkeit im Sinne der Rechtsverordnung nach § 10 Abs. 1 Satz 9 für diesen Kreditnehmer, soweit ein Unternehmen selbst eine solche gemeldet hat. [3] Die Benachrichtigung ist nach Maßgabe der Rechtsverordnung nach § 22 aufzugliedern. [4] Die Deutsche Bundesbank teilt einem anzeigepflichtigen Unternehmen auf Antrag den Schuldenstand eines Kreditnehmers oder voraussichtlichen Kreditnehmers oder, sofern der Kreditnehmer oder der voraussichtliche Kreditnehmer einer Kreditnehmereinheit angehört, den Schuldenstand der Kreditnehmereinheit mit. [5] Sofern es sich um einen voraussichtlichen Kreditnehmer handelt, hat das Unternehmen auf Verlangen der Deutschen Bundesbank die Höhe der beabsichtigten Kreditgewährung mitzuteilen und nachzuweisen, dass der voraussichtliche Kreditnehmer in die Mitteilung eingewilligt hat. [6] Die am Millionenkreditmeldeverfahren beteiligten Unternehmen und die Deutsche Bundesbank dürfen die Meldung nach Absatz 1, die Benachrichtigung nach Satz 1 sowie die Mitteilung nach Satz 4 auch im Wege der elektronischen Datenübertragung durchführen. [7] Einzelheiten des Verfahrens regelt die Rechtsverordnung nach § 22. [8] Soweit es für die Zwecke der Zuordnung der Meldung nach Absatz 1 zu einem bestimmten Kreditnehmer unerlässlich ist, darf die Deutsche Bundesbank personenbezogene Daten mehrerer Kreditnehmer an das anzeigepflichtige Unternehmen übermitteln. [9] Diese Daten dürfen keine Angaben über finanzielle Verhältnisse der Kreditnehmer enthalten. [10] Die bei einem anzeigepflichtigen Unternehmen beschäftigten Personen dürfen Angaben, die dem Unternehmen nach diesem Absatz mitgeteilt werden, Dritten nicht offenbaren und nicht verwerten. [11] Die Deutsche Bundesbank protokolliert zum Zwecke der Datenschutzkontrolle durch die jeweils zuständige Stelle bei jeder Datenübertragung den Zeitpunkt, die übertragenen Daten und die beteiligten Stellen. [12] Eine Verwendung der Protokolldaten für andere Zwecke ist unzulässig. [13] Die Protokolldaten sind mindestens 18 Monate aufzubewahren und spätestens nach 24 Monaten zu löschen.

(3) [1] Gelten nach § 19 Abs. 2 mehrere Schuldner als ein Kreditnehmer, so sind in den Anzeigen nach Absatz 1 auch die Verschuldung und Informationen über die prognostizierten Ausfallwahrscheinlichkeiten der einzelnen Schuldner anzugeben. [2] Die Verschuldung einzelner Schuldner sowie die Informationen über die prognostizierten Ausfallwahrscheinlichkeiten sind jeweils nur den Unternehmen mitzuteilen, die selbst oder deren nachgeordnete Unternehmen im Sinne des Absatzes 1 Satz 3 und 4 diesen Schuldnern Kredite gewährt oder Informationen über die prognostizierten Ausfallwahrscheinlichkeiten dieses Schuldners gemeldet haben.

(4) Die Deutsche Bundesbank darf im Einvernehmen mit der Bundesanstalt nach Maßgabe des § 4b des Bundesdatenschutzgesetzes ausländischen Evidenzzentralen die bei ihr gespeicherten Daten über Kreditnehmer, auch zur Weitergabe an dort ansässige Kreditgeber, zur Verfügung stellen.

§ 15
Organkredite

(1) [1] Kredite an

1. Geschäftsleiter des Instituts,

2. nicht zu den Geschäftsleitern gehörende Gesellschafter des Instituts, wenn dieses in der Rechtsform einer Personenhandelsgesellschaft oder der Gesellschaft mit beschränkter Haftung betrieben wird, sowie an persönlich haftende Gesellschafter eines in der Rechtsform der Kommanditgesellschaft auf Aktien betriebenen Instituts, die nicht Geschäftsleiter sind,
3. Mitglieder eines zur Überwachung der Geschäftsführung bestellten Organs des Instituts, wenn die Überwachungsbefugnisse des Organs durch Gesetz geregelt sind (Aufsichtsorgan),
4. Prokuristen und zum gesamten Geschäftsbetrieb ermächtigte Handlungsbevollmächtigte des Instituts,
5. Ehegatten, Lebenspartner und minderjährige Kinder der unter den Nummern 1 bis 4 genannten Personen,
6. stille Gesellschafter des Instituts,
7. Unternehmen in der Rechtsform einer juristischen Person oder einer Personenhandelsgesellschaft, wenn ein Geschäftsleiter, ein Prokurist oder ein zum gesamten Geschäftsbetrieb ermächtigter Handlungsbevollmächtigter des Instituts gesetzlicher Vertreter oder Mitglied des Aufsichtsorgans der juristischen Person oder Gesellschafter der Personenhandelsgesellschaft ist,
8. Unternehmen in der Rechtsform einer juristischen Person oder einer Personenhandelsgesellschaft, wenn ein gesetzlicher Vertreter der juristischen Person, ein Gesellschafter der Personenhandelsgesellschaft, ein Prokurist oder ein zum gesamten Geschäftsbetrieb ermächtigter Handlungsbevollmächtigter dieses Unternehmens dem Aufsichtsorgan des Instituts angehört,
9. Unternehmen, an denen das Institut oder ein Geschäftsleiter mit mehr als 10 vom Hundert des Kapitals des Unternehmens beteiligt ist oder bei denen das Institut oder ein Geschäftsleiter persönlich haftender Gesellschafter ist,
10. Unternehmen, die an dem Institut mit mehr als 10 vom Hundert des Kapitals des Instituts beteiligt sind,
11. Unternehmen in der Rechtsform einer juristischen Person oder einer Personenhandelsgesellschaft, wenn ein gesetzlicher Vertreter der juristischen Person oder ein Gesellschafter der Personenhandelsgesellschaft an dem Institut mit mehr als 10 vom Hundert des Kapitals beteiligt ist und
12. persönlich haftende Gesellschafter, Geschäftsführer, Mitglieder des Vorstands oder des Aufsichtsorgans, Prokuristen und an zum gesamten Geschäftsbetrieb ermächtigte Handlungsbevollmächtigte eines von dem Institut abhängigen Unternehmens oder das Institut beherrschenden Unternehmens sowie ihre Ehegatten, Lebenspartner und minderjährigen Kinder,

(Organkredite) dürfen nur auf Grund eines einstimmigen Beschlusses sämtlicher Geschäftsleiter des Instituts und außer im Rahmen von Mitarbeiterprogrammen nur zu marktmäßigen Bedingungen und nur mit ausdrücklicher Zustimmung des Aufsichtsorgans, im Falle der Nummer 12 des Aufsichtsorgans des das Institut beherrschenden Unternehmens, gewährt werden; die vorstehenden Bestimmungen für Personenhandelsgesellschaften sind auf Partnerschaften entsprechend anzuwenden. [2] Auf einen einstimmigen Beschluss sämtlicher Geschäftsleiter sowie die ausdrückliche Zustimmung des Aufsichtsorgans kann verzichtet werden, wenn für einen Kredit an ein Unternehmen nach Satz 1 Nr. 9 und 10 gemäß § 10c Abs. 1 ein KSA-Risikogewicht von null vom Hundert verwendet werden kann. [3] Als Beteiligung im Sinne des Satzes 1 Nr. 9 bis 11 gilt jeder Besitz von Aktien oder

Geschäftsanteilen des Unternehmens, wenn er mindestens ein Viertel des Kapitals (Nennkapital, Summe der Kapitalanteile) erreicht, ohne daß es auf die Dauer des Besitzes ankommt. [4] Der Gewährung eines Kredits steht die Gestattung von Entnahmen gleich, die über die einem Geschäftsleiter oder einem Mitglied des Aufsichtsorgans zustehenden Vergütungen hinausgehen, insbesondere auch die Gestattung der Entnahme von Vorschüssen auf Vergütungen. [5] Organkredite, die nicht zu marktmäßigen Bedingungen gewährt werden, sind auf Anordnung der Bundesanstalt jeweils hälftig mit Kern- und Ergänzungskapital zu unterlegen.

(2) [1] Die Bundesanstalt kann für die Gewährung von Organkrediten im Einzelfall Obergrenzen anordnen; dieses Recht besteht auch, nachdem der Organkredit gewährt worden ist. [2] Organkredite, die die von der Bundesanstalt angeordneten Obergrenzen überschreiten, sind auf weitere Anordnung der Bundesanstalt auf die angeordneten Obergrenzen zurückzuführen; in der Zwischenzeit sind sie jeweils hälftig mit Kern- und Ergänzungskapital zu unterlegen.

(3) Absatz 1 gilt nicht

1. für Kredite an Prokuristen und zum gesamten Geschäftsbetrieb ermächtigte Handlungsbevollmächtigte sowie an ihre Ehegatten, Lebenspartner und minderjährigen Kinder, wenn der Kredit ein Jahresgehalt des Prokuristen oder des Handlungsbevollmächtigten nicht übersteigt,
2. für Kredite an in Absatz 1 Satz 1 Nr. 6 bis 11 genannte Personen oder Unternehmen, wenn der Kredit weniger als 1 vom Hundert des haftenden Eigenkapitals des Instituts oder weniger als 50 000 Euro beträgt, und
3. für Kredite, die um nicht mehr als 10 vom Hundert des nach Absatz 1 Satz 1 beschlossenen Betrages erhöht werden.

(4) [1] Der Beschluß der Geschäftsleiter und der Beschluß über die Zustimmung sind vor der Gewährung des Kredits zu fassen. [2] Die Beschlüsse müssen Bestimmungen über die Verzinsung und Rückzahlung des Kredits enthalten. [3] Sie sind aktenkundig zu machen. [4] Ist die Gewährung eines Kredits nach Absatz 1 Satz 1 Nr. 6 bis 11 eilbedürftig, genügt es, daß sämtliche Geschäftsleiter sowie das Aufsichtsorgan der Kreditgewährung unverzüglich nachträglich zustimmen. [5] Ist der Beschluß der Geschäftsleiter nicht innerhalb von zwei Monaten oder der Beschluß des Aufsichtsorgans nicht innerhalb von vier Monaten, jeweils vom Tage der Kreditgewährung an gerechnet, nachgeholt, hat das Institut dies der Bundesanstalt unverzüglich anzuzeigen. [6] Der Beschluß der Geschäftsleiter und der Beschluß über die Zustimmung zu Krediten an die in Absatz 1 Satz 1 Nr. 1 bis 5 und 12 genannten Personen können für bestimmte Kreditgeschäfte und Arten von Kreditgeschäften im voraus, jedoch nicht für länger als ein Jahr gefaßt werden.

(5) Wird entgegen Absatz 1 oder 4 ein Kredit an eine in Absatz 1 Satz 1 Nr. 1 bis 5 und 12 genannte Person gewährt, so ist dieser Kredit ohne Rücksicht auf entgegenstehende Vereinbarungen sofort zurückzuzahlen, wenn nicht sämtliche Geschäftsleiter sowie das Aufsichtsorgan der Kreditgewährung unverzüglich nachträglich zustimmen.

§ 16
(aufgehoben)

§ 17
Haftungsbestimmung

(1) Wird entgegen den Vorschriften des § 15 Kredit gewährt, so haften die Geschäftsleiter, die hierbei ihre Pflichten verletzen, und die Mitglieder des Aufsichtsorgans, die trotz Kenntnis gegen eine beabsichtigte Kreditgewährung pflichtwidrig nicht einschreiten, dem Institut als Gesamtschuldner für den entstehenden Schaden; die Geschäftsleiter und die Mitglieder des Aufsichtsorgans haben nachzuweisen, daß sie nicht schuldhaft gehandelt haben.

(2) [1] Der Ersatzanspruch des Instituts kann auch von dessen Gläubigern geltend gemacht werden, soweit sie von diesem keine Befriedigung erlangen können. [2] Den Gläubigern gegenüber wird die Ersatzpflicht weder durch einen Verzicht oder Vergleich des Instituts noch dadurch aufgehoben, daß bei Instituten in der Rechtsform der juristischen Person die Kreditgewährung auf einem Beschluß des obersten Organs des Instituts (Hauptversammlung, Generalversammlung, Gesellschafterversammlung) beruht.

(3) Die Ansprüche nach Absatz 1 verjähren in fünf Jahren.

§ 18
Kreditunterlagen

(1) [1]Ein Kreditinstitut darf einen Kredit, der insgesamt 750 000 Euro oder 10 vom Hundert des haftenden Eigenkapitals des Instituts überschreitet, nur gewähren, wenn es sich von dem Kreditnehmer die wirtschaftlichen Verhältnisse, insbesondere durch Vorlage der Jahresabschlüsse, offen legen lässt. [2] Das Kreditinstitut kann hiervon absehen, wenn das Verlangen nach Offenlegung im Hinblick auf die gestellten Sicherheiten oder auf die Mitverpflichteten offensichtlich unbegründet wäre. [3] Das Kreditinstitut kann von der laufenden Offenlegung absehen, wenn

1. der Kredit durch Grundpfandrechte auf Wohneigentum, das vom Kreditnehmer selbst genutzt wird, gesichert ist,
2. der Kredit vier Fünftel des Beleihungswertes des Pfandobjektes im Sinne des § 16 Abs. 1 und 2 des Pfandbriefgesetzes nicht übersteigt und
3. der Kreditnehmer die von ihm geschuldeten Zins- und Tilgungsleistungen störungsfrei erbringt.

[4] Eine Offenlegung ist nicht erforderlich bei Krediten an eine ausländische öffentliche Stelle im Sinne des § 20 Abs. 2 Nr. 1 Buchstabe a bis c.

(2) Die Institute prüfen vor Abschluss eines Verbraucherdarlehensvertrags oder eines Vertrags über eine entgeltliche Finanzierungshilfe die Kreditwürdigkeit des Verbrauchers. Grundlage können Auskünfte des Verbrauchers und erforderlichenfalls Auskünfte von Stellen sein, die geschäftsmäßig personenbezogene Daten, die zur Bewertung der Kreditwürdigkeit von Verbrauchern genutzt werden dürfen, zum Zweck der Übermittlung erheben, speichern oder verändern. Bei Änderung des Nettodarlehensbetrags sind die

Auskünfte auf den neuesten Stand zu bringen. Bei einer erheblichen Erhöhung des Nettodarlehensbetrags ist die Kreditwürdigkeit neu zu bewerten. Die Bestimmungen zum Schutz personenbezogener Daten bleiben unberührt.

§ 18a
Verbriefungen

(1) [1]Ein Institut darf Verbriefungspositionen aus einer Verbriefungstransaktion, für die es weder als Originator oder Sponsor noch als ursprünglicher Kreditgeber der verbrieften Positionen gilt, nur dann im Handelsbuch oder Anlagebuch halten, wenn der Originator oder der Sponsor der Verbriefungstransaktion oder der ursprüngliche Kreditgeber der verbrieften Positionen dem Institut ausdrücklich offengelegt hat, dass er kontinuierlich einen materiellen Nettoanteil hält. [2]Als materieller Nettoanteil gilt ein Selbstbehalt in Höhe von mindestens 10 vom Hundert des Nominalwertes

1. einer jeden Verbriefungstranche, soweit sie an Anleger verkauft oder übertragen wurde,
2. der verbrieften Forderungen bei Verbriefungen von revolvierenden Adressenausfallrisikopositionen in Form des Originatorenanteils im Sinne des Anhangs IX Teil 4 Nummer 19 oder Nummer 70 der Bankenrichtlinie,
3. der für die Verbriefung vorgesehenen Forderungen, wobei der Selbstbehalt aus Forderungen gebildet wird, die nach dem Zufallsprinzip aus den für die Verbriefung vorgesehenen Forderungen eines Forderungstyps ausgewählt wurden, und die Anzahl der für die Verbriefung vorgesehenen Forderungen zu Beginn mindestens 100 betragen muss oder
4. der verbrieften Forderungen aus der Erstverlusttranche und, soweit diese 10 vom Hundert des Nominalwerts der verbrieften Forderungen unterschreitet, aus anderen Verbriefungstranchen, die dasselbe oder ein höheres Risikoprofil aufweisen und nicht früher fällig werden als diejenigen Verbriefungstranchen, die an Anleger verkauft oder übertragen wurden.

Der materielle Nettoanteil nach Satz 2 ist zum Beginn der Verbriefungstransaktion zu ermitteln und kontinuierlich aufrechtzuerhalten. [3]Er darf nicht Gegenstand von Kreditrisikominderungstechniken, Verkaufspositionen oder sonstiger Absicherungen sein. Bei der Ermittlung des materiellen Nettoanteils ist bei außerbilanziellen Positionen auf den Nominalwert abzustellen. [4]Der materielle Nettoanteil ist für eine Verbriefungstransaktion nicht mehrfach anzusetzen.

(2) Die Anforderung nach Absatz 1 kann auch auf konsolidierter Ebene durch das EU-Mutterinstitut oder die EU-Mutterfinanzholding-Gesellschaft erfüllt werden, wenn das EU-Mutterinstitut oder die EU-Mutterfinanzholding-Gesellschaft oder eines ihrer Tochterunternehmen Originator oder Sponsor einer Verbriefungstransaktion ist, deren verbrieftes Portfolio Forderungen enthält, die von Unternehmen begründet wurden, die derselben Institutsgruppe oder Finanzholding-Gruppe wie das EU-Mutterinstitut oder die EU-Mutterfinanzholding-Gesellschaft angehören. Voraussetzung dafür ist, dass die gruppenangehörigen Unternehmen, welche die Forderungen begründet haben, sich verpflichtet haben, die Anforderungen nach § 18b Absatz 4 zu erfüllen und dem EU-Mutterinstitut beziehungsweise der EU-Mutterfinanzholding-Gesellschaft rechtzeitig die zur

Erfüllung der Anforderungen nach § 18b Absatz 5 erforderlichen Informationen zu übermitteln.

(3) Absatz 1 ist nicht anzuwenden,

1. wenn es sich bei den verbrieften Positionen um Forderungen oder Eventualforderungen handelt, die geschuldet werden oder vollständig, bedingungslos und unwiderruflich garantiert sind von:
    a. der Bundesrepublik Deutschland, der Deutschen Bundesbank, einem rechtlich unselbständigen Sondervermögen der Bundesrepublik Deutschland, einer ausländischen Zentralregierung oder Zentralnotenbank, der Europäischen Zentralbank,
    b. Regionalregierungen, örtlichen Gebietskörperschaften, Verwaltungseinrichtungen oder Unternehmen ohne Erwerbscharakter, einschließlich Einrichtungen des öffentlichen Bereichs, im Inland oder in einem anderen Staat des Europäischen Wirtschaftsraums,
    c. Instituten, denen ein Kreditrisiko-Standardansatz- Risikogewicht von 50 vom Hundert oder ein niedrigeres Risikogewicht zugewiesen wird oder
    d. multilateralen Entwicklungsbanken;
2. auf Geschäfte, die auf einen klar definierten, transparenten und zugänglichen Index bezogen sind, wenn die dem Index zugrundeliegenden Referenzeinheiten Bestandteil eines breit gehandelten Index oder handelbare Wertpapiere sind, die keine Verbriefungspositionen sind;
3. auf Konsortialkredite, angekaufte Forderungen und Credit Default Swaps, wenn diese Instrumente nicht auf eine Verbriefungsposition bezogen sind oder nicht dazu verwendet werden, eine Verbriefungsposition abzusichern.

(4) Das Institut muss der Bundesanstalt für jede einzelne von ihm gehaltene Verbriefungsposition nachweisen können, dass es über eine umfassende und gründliche Kenntnis verfügt über:

1. die von Originatoren, Sponsoren oder ursprünglichen Kreditgebern nach Absatz 1 offengelegte Information über den in der Verbriefungstransaktion kontinuierlich gehaltenen materiellen Nettoanteil, es sei denn, die Verbriefungstransaktion ist nach Absatz 3 privilegiert,
2. die Risikomerkmale der einzelnen Verbriefungsposition,
3. die Risikomerkmale der Forderungen, die der Verbriefungsposition zugrunde liegen,
4. die Reputation und die entstandenen Verluste früherer Verbriefungstransaktionen der Originatoren und Sponsoren in den maßgeblichen, der Verbriefungsposition zugrunde liegenden Forderungsklassen,
5. die Erklärungen und Offenlegungen der Originatoren oder Sponsoren, ihrer Beauftragten oder Berater über die von ihnen in Bezug auf die verbrieften Positionen und die Qualität der für die verbrieften Positionen bestehenden Sicherheiten geübte Sorgfalt,
6. die Methoden und Konzepte, auf denen die Bewertung der in Bezug auf die verbrieften Positionen bestehenden Sicherheiten basiert und die Vorschriften, die beim Originator oder Sponsor zur Gewährleistung der Unabhängigkeit der die Bewertung durchführenden Person zur Anwendung kommen, und

7. alle strukturellen Merkmale der Verbriefung, die wesentlichen Einfluss auf die Wertentwicklung der Verbriefungspositionen des Instituts haben können.

Die Kenntnis muss bereits vor dem Erwerb der jeweiligen Verbriefungsposition vorhanden sein.

§ 18b
Organisatorische Vorkehrungen bei Verbriefungen

(1) [1]Ein Institut muss für sein Handelsbuch und Anlagebuch angemessene und dem Risikoprofil seiner Investitionen in Verbriefungspositionen entsprechende förmliche Verfahren und Regelungen eingeführt haben, um die Informationen nach § 18a Absatz 4 Satz 1 zu analysieren und zu erfassen. [2]Es hat in Bezug auf seine Verbriefungspositionen regelmäßig selbst geeignete Stresstests durchzuführen. [3]Dabei darf es sich auf von Ratingagenturen entwickelte ökonomische Modelle stützen, vorausgesetzt, das Institut kann der Bundesanstalt auf Verlangen nachweisen, dass es vor der Investition die Strukturierung der Modelle und die diesen zugrunde liegenden relevanten Annahmen überprüft und die Methodik, die Annahmen und Ergebnisse verstanden hat.

(2) [1]Institute, die weder Originator oder Sponsor einer Verbriefungstransaktion noch ursprünglicher Kreditgeber der verbrieften Positionen sind, müssen ihrem Handelsbuch und Anlagebuch angemessene und dem Risikoprofil ihrer Investitionen in Verbriefungspositionen entsprechende Prozesse einführen, um die Informationen über die Wertentwicklung der den Verbriefungspositionen zugrunde liegenden Forderungen laufend und zeitnah zu überwachen. [2]Liegen die Voraussetzungen des Satzes 1 vor, müssen die betroffenen Institute folgende Informationen, soweit diese für Verbriefungen dieser Art üblicherweise vorliegen, überwachen:

1. die Art der Forderung,
2. den Prozentsatz der seit mehr als 30, 60 und 90 Tagen überfälligen Kredite,
3. die Ausfallquoten,
4. die Quoten vorzeitiger Rückzahlungen,
5. unter Zwangsvollstreckung stehende Kredite,
6. die Art der Besicherung und ihre Beanspruchung,
7. die Häufigkeitsverteilung der Kreditpunktebewertungen (Scoring) und anderer Bonitätsbewertungen für alle zugrunde liegenden Forderungen,
8. die branchenmäßige und geographische Diversifikation,
9. die Häufigkeitsverteilung der Beleihungsausläufe mit Bandbreiten, die eine angemessene Sensitivitätsanalyse erleichtern.

[3]Wenn es sich bei den zugrunde liegenden Positionen um Verbriefungspositionen handelt, müssen die Institute nicht nur hinsichtlich der zugrunde liegenden Verbriefungstranchen über die in Satz 2 aufgeführten Informationen verfügen, sondern auch über Informationen über Eigenschaften und Wertentwicklung der den Verbriefungstranchen zugrunde liegenden Portfolien, den Namen des Emittenten und die Kreditqualität.

(3) Institute müssen über ein umfassendes Verständnis aller strukturellen Merkmale einer Verbriefungstransaktion verfügen, die die Wertentwicklung ihrer Risikopositionen in der Transaktion wesentlich beeinflussen könnten, wie insbesondere vertragliche Wasserfall-

Strukturen und damit verbundene auslösende Ereignisse, Kreditverbesserungen, Liquiditätsverbesserungen, vom Marktwert abhängende auslösende Ereignisse und die geschäftsspezifische Ausfalldefinition.

(4) [1]Ein Institut, das Sponsor oder Originator ist, muss auf Forderungen, unabhängig davon, ob diese verbrieft werden sollen oder nicht, dieselben soliden und klar definierten Kreditvergabekriterien, die den Anforderungen nach § 25a Absatz 1 genügen müssen, anwenden. [2]Dabei muss derselbe Prozess für die Genehmigung und, soweit zutreffend, für die Änderung, Verlängerung und Refinanzierung von Krediten zur Anwendung kommen. [3]Ein Institut muss dieselben Analysestandards auch auf Beteiligungen an und Übernahmen von Verbriefungstranchen, die von Dritten erworben wurden, anwenden, unabhängig davon, ob die Beteiligungen an oder Übernahmen von Verbriefungstranchen im Handelsbuch oder Anlagebuch gehalten werden sollen.

(5) [1]Ein Institut, das Sponsor oder Originator oder ursprünglicher Kreditgeber der verbrieften Forderungen ist, ist verpflichtet, einem Investor die Höhe des Selbstbehalts nach § 18a Absatz 1 offenzulegen. [2]Es hat sicherzustellen, dass künftige Investoren freien Zugang zu allen wesentlichen relevanten Daten über die Kreditqualität und Wertentwicklung der einzelnen zugrunde liegenden Forderungen, die Zahlungsströme und die für die verbrieften Positionen bestehenden Sicherheiten sowie zu solchen Informationen haben, die notwendig sind, um die Anforderungen nach den Absätzen 1 und 2 und § 18a Absatz 4 zu erfüllen und um umfassende und fundierte Stresstests in Bezug auf die Zahlungsströme und die Werte der für die zugrunde liegenden Forderungen bestehenden Sicherheiten durchzuführen. [3]Zu diesem Zweck sind die wesentlichen relevanten Daten vorzuhalten.

(6) [1]Wenn ein Institut die in den Absätzen 1 bis 3 und 5 sowie die in § 18a Absatz 4 genannten Anforderungen schuldhaft in wesentlicher Hinsicht nicht erfüllt, setzt die Bundesanstalt das Risikogewicht, das von dem Institut gemäß der Rechtsverordnung nach § 10 Absatz 1 Satz 9 auf die betreffenden Verbriefungspositionen anzuwenden ist, in angemessener Weise unter Berücksichtigung der Schwere und der Häufigkeit des Verstoßes mindestens um den Faktor 3,5 und höchstens bis zu einer Obergrenze von 1 250 Prozent herauf. [2]Bei der Festsetzung des höheren Risikogewichts hat die Bundesanstalt das Vorliegen eines Ausnahmetatbestands nach § 18a Absatz 3 mindernd zu berücksichtigen. [3]Das Institut hat die Nichterfüllung der Anforderungen nach § 18a Absatz 4 und den Absätzen 1 bis 3 und 5 der Bundesanstalt und der Deutschen Bundesbank anzuzeigen.

(7) Ein Institut, das Originator einer Verbriefungstransaktion ist, darf aus dieser Verbriefungstransaktion keine Anrechnungserleichterung in Anspruch nehmen, wenn die in Absatz 4 genannten Anforderungen nicht erfüllt sind.

§ 19
Begriff des Kredits für die §§ 13 bis 13b und 14 und des Kreditnehmers

(1) [1] Kredite im Sinne der §§ 13 bis 13b und 14 sind Bilanzaktiva, Derivate mit Ausnahme der Stillhalterverpflichtungen aus Kaufoptionen sowie die dafür übernommenen Gewährleistungen und andere außerbilanzielle Geschäfte. [2] Bilanzaktiva im Sinne des Satzes 1 sind

1. Guthaben bei Zentralnotenbanken und Postgiroämtern,
2. Schuldtitel öffentlicher Stellen und Wechsel, die zur Refinanzierung bei Zentralnotenbanken zugelassen sind,
3. im Einzug befindliche Werte, für die entsprechende Zahlungen bereits bevorschußt wurden,
4. Forderungen an Kreditinstitute und Kunden, einschließlich der Warenforderungen von Kreditinstituten mit Warengeschäft sowie in der Bilanz aktivierte Ansprüche aus Leasingverträgen auf Zahlungen, zu denen der Leasingnehmer verpflichtet ist oder verpflichtet werden kann, und Optionsrechte des Leasingnehmers zum Kauf der Leasinggegenstände, die einen Anreiz zur Ausübung des Optionsrechts bieten,
5. Schuldverschreibungen und andere festverzinsliche Wertpapiere, soweit sie kein Recht verbriefen, das unter die in Satz 1 genannten Derivate fällt,
6. Aktien und andere nicht festverzinsliche Wertpapiere, soweit sie kein Recht verbriefen, das unter die in Satz 1 genannten Derivate fällt,
7. Beteiligungen,
8. Anteile an verbundenen Unternehmen,
9. (aufgehoben)
10. sonstige Vermögensgegenstände, sofern sie einem Adressenausfallrisiko unterliegen.

[3] Als andere außerbilanzielle Geschäfte im Sinne des Satzes 1 sind anzusehen

1. den Kreditnehmern abgerechnete eigene Ziehungen im Umlauf,
2. Indossamentsverbindlichkeiten aus weitergegebenen Wechseln,
3. Bürgschaften und Garantien für Bilanzaktiva,
4. Erfüllungsgarantien und andere als die in Nummer 3 genannten Garantien und Gewährleistungen, soweit sie sich nicht auf die in Satz 1 genannten Derivate beziehen,
5. Eröffnung und Bestätigung von Akkreditiven,
6. unbedingte Verpflichtungen der Bausparkassen zur Ablösung fremder Vorfinanzierungs- und Zwischenkredite an Bausparer,
7. Haftung aus der Bestellung von Sicherheiten für fremde Verbindlichkeiten,
8. beim Pensionsgeber vom Bestand abgesetzte Bilanzaktiva, die dieser mit der Vereinbarung auf einen anderen übertragen hat, daß er sie auf Verlangen zurücknehmen muß,
9. Verkäufe von Bilanzaktiva mit Rückgriff, bei denen das Kreditrisiko bei dem verkaufenden Institut verbleibt,
10. Terminkäufe auf Bilanzaktiva, bei denen eine unbedingte Verpflichtung zur Abnahme des Liefergegenstandes besteht,
11. Plazierung von Termineinlagen auf Termin,
12. Ankaufs- und Refinanzierungszusagen,
13. noch nicht in Anspruch genommene Kreditzusagen,
14. Kreditderivate,
15. noch nicht in der Bilanz aktivierte Ansprüche aus Leasingverträgen auf Zahlungen, zu denen der Leasingnehmer verpflichtet ist oder verpflichtet werden kann, und Optionsrechte des Leasingnehmers zum Kauf der Leasinggegenstände, die einen Anreiz zur Ausübung des Optionsrechts bieten, sowie
16. außerbilanzielle Geschäfte, sofern sie einem Adressenausfallrisiko unterliegen und von den Nummern 1 bis 14 nicht erfasst sind.

(1a) [1] Derivate im Sinne dieser Vorschrift sind abweichend von § 1 Abs. 11 Satz 4 als Kauf, Tausch oder durch anderweitigen Bezug auf einen Basiswert ausgestaltete Festgeschäfte oder Optionsgeschäfte, deren Wert durch den Basiswert bestimmt wird und deren Wert sich infolge eines für wenigstens einen Vertragspartner zeitlich hinausgeschobenen Erfüllungszeitpunkts künftig ändern kann, einschließlich finanzieller Differenzgeschäfte. [2] Basiswert im Sinne von Satz 1 kann auch ein Derivat sein.

(2) [1] Zwei oder mehr natürliche oder juristische Personen oder Personenhandelsgesellschaften gelten als ein Kreditnehmer im Sinne der §§ 10 und 13 bis 18, wenn eine von ihnen einen unmittelbar oder mittelbar beherrschenden Einfluss auf die andere oder die anderen ausüben kann, es sei denn, das Institut weist gegenüber der Bundesanstalt nach, dass kein unmittelbarer oder mittelbarer beherrschender Einfluss ausgeübt wird oder ausgeübt werden kann. [2] Unmittelbar oder mittelbar beherrschender Einfluss wird insbesondere vermutet

1. bei Unternehmen, die demselben Konzern im Sinne von § 18 des Aktiengesetzes angehören oder,
2. bei Unternehmen, die durch Verträge verbunden sind, welche vorsehen, dass das eine Unternehmen verpflichtet ist, seinen ganzen Gewinn an ein anderes Unternehmen abzuführen,
3. bei in Mehrheitsbesitz stehenden Unternehmen und den an ihnen mit Mehrheit beteiligten Unternehmen oder Personen.

[3] Von Satz 1 ausgenommen sind

1. der Bund, ein Sondervermögen des Bundes, ein Land, eine Gemeinde oder ein Gemeindeverband,
2. die Europäischen Gemeinschaften,
3. ausländische Zentralregierungen, wenn ungesicherte Kredite an diese Gebietskörperschaften ein Kreditrisiko-Standardansatz- Risikogewicht von null vom Hundert erhalten würden,
4. Regionalregierungen und örtliche Gebietskörperschaften in anderen Staaten des Europäischen Wirtschaftsraums, wenn ungesicherte Kredite an diese Gebietskörperschaften ein Kreditrisiko-Standardansatz- Risikogewicht von null vom Hundert erhalten würden.

[4] Als ein Kreditnehmer im Sinne der §§ 10 und 13 bis 18 gelten auch

1. Personenhandelsgesellschaften oder Kapitalgesellschaften und jeder persönlich haftende Gesellschafter sowie
2. Partnerschaften und jeder Partner.

[5] Die Zusammenfassungstatbestände nach den Sätzen 1 und 4 sind kumulativ anzuwenden. Zwei oder mehr natürliche oder juristische Personen oder Personenhandelsgesellschaften, zwischen denen kein Beherrschungsverhältnis im Sinne des Satzes 1 besteht, gelten im Sinne der §§ 10, 13 bis 13b und 15 bis 18 auch dann als ein Kreditnehmer, wenn zwischen ihnen Abhängigkeiten bestehen, die es wahrscheinlich erscheinen lassen, dass, wenn eine dieser Personen oder Gesellschaften in finanzielle Schwierigkeiten, insbesondere in Refinanzierungs- oder Rückzahlungsschwierigkeiten gerät, die andere oder alle anderen in

Refinanzierungs- oder Rückzahlungsschwierigkeiten geraten. [6]Bei Anwendung der §§ 13 und 13a gelten die Sätze 1 bis 6 nicht für Kredite innerhalb einer Gruppe nach § 13b Absatz 2 an Unternehmen, die in die Zusammenfassung nach § 13b Absatz 3 einbezogen sind. [7]Dies gilt entsprechend für Kredite an ein Mutterunternehmen mit Sitz in einem anderen Staat des Europäischen Wirtschaftsraums sowie an dessen Tochterunternehmen, sofern das Institut, sein Mutterunternehmen und dessen Tochterunternehmen von den zuständigen Stellen des anderen Staates in die Überwachung der Großkredite auf zusammengefasster Basis nach Maßgabe der Bankenrichtlinie einbezogen werden.

(3) [1]Bei Krediten aus öffentlichen Fördermitteln, welche die Förderinstitute des Bundes und der Länder auf Grund selbständiger Kreditverträge, gegebenenfalls auch über weitere Durchleitungsinstitute, über Hausbanken zu vorbestimmten Konditionen an Endkreditnehmer leiten (Hausbankprinzip), können für die beteiligten Institute in bezug auf die §§ 13 bis 13b die einzelnen Endkreditnehmer als Kreditnehmer des von ihnen gewährten Interbankkredits behandelt werden, wenn ihnen die Kreditforderungen zur Sicherheit abgetreten werden. [2]Dies gilt entsprechend für aus eigenen oder öffentlichen Mitteln zinsverbilligte Kredite der Förderinstitute nach dem Hausbankprinzip (Eigenmittelprogramme) sowie für Kredite aus nicht öffentlichen Mitteln, die ein Kreditinstitut nach gesetzlichen Vorgaben, gegebenenfalls auch über weitere Durchleitungsinstitute, über Hausbanken an Endkreditnehmer leitet.

(4) Für die Anwendung der §§ 13 bis 13b gelten bei Krediten, die Zentralkreditinstitute über die ihnen angeschlossenen Zentralbanken oder Girozentralen oder über die diesen angeschlossenen eingetragenen Genossenschaften oder Sparkassen an Endkreditnehmer leiten, die einzelnen Endkreditnehmer als Kreditnehmer des Zentralkreditinstituts, wenn die Kreditforderungen an das Zentralkreditinstitut zur Sicherheit abgetreten werden.

(5) Bei dem entgeltlichen Erwerb von Geldforderungen gilt der Veräußerer der Forderungen als Kreditnehmer im Sinne der §§ 13 bis 18, wenn er für die Erfüllung der übertragenen Forderung einzustehen oder sie auf Verlangen des Erwerbers zurückzuerwerben hat; andernfalls gilt der Schuldner der Verbindlichkeit als Kreditnehmer.

(6) (aufgehoben)

§ 20
Ausnahmen von den Verpflichtungen nach den §§ 13 bis 13b und 14

(1) Als Kredite im Sinne der §§ 13 bis 13b gelten nicht

1. Kredite bei Wechselkursgeschäften, die im Rahmen des üblichen Abrechnungsverfahrens innerhalb von zwei Geschäftstagen ab Vorleistung abgewickelt werden, jedoch vorbehaltlich anderer Bestimmungen der Rechtsverordnung nach § 22 für kreditnehmerbezogene Vorleistungsrisiken im Rahmen der Handelsbuch-Gesamtposition eines Handelsbuchinstituts,
2. Kredite bei Wertpapiergeschäften, die im Rahmen des üblichen Abrechnungsverfahrens innerhalb von fünf Geschäftstagen ab Vorleistung abgewickelt werden, jedoch vorbehaltlich anderer Bestimmungen der Rechtsverordnung nach § 22 für kreditnehmerbezogene Vorleistungsrisiken im Rahmen der Handelsbuch-Gesamtposition eines Handelsbuchinstituts,

3. im Fall der Durchführung des Zahlungsverkehrs, einschließlich der Ausführung von Zahlungsdiensten, der Verrechnung und Abwicklung in jedweder Währung und des Korrespondenzbankgeschäfts, oder der Erbringung von Dienstleistungen für Kunden zur Verrechnung, Abwicklung und Verwahrung von Finanzinstrumenten, verspätete Zahlungseingänge bei Finanzierungen und andere Kredite im Kundengeschäft, die längstens bis zum folgenden Geschäftstag bestehen,

3a. Geldsicherheiten, die im Kontext von Finanzmarktgeschäften für Kunden hinterlegt werden und deren vereinbarte Laufzeit oder Kündigungsfrist einen Geschäftstag nicht überschreitet,

4. Kredite, die im Fall der Durchführung des Zahlungsverkehrs, einschließlich der Ausführung von Zahlungsdiensten, der Verrechnung und Abwicklung in jedweder Währung und des Korrespondenzbankgeschäfts, an Institute vergeben werden, die diese Dienste erbringen, sofern die Kredite bis zum Geschäftsschluss zurückzuzahlen sind,
5. Bilanzaktiva, die nach § 10 Absatz 2a Satz 2 Nummer 4 und 5 vom Kernkapital, nach Absatz 6 Satz 1 Nummer 1 bis 3, 5 und 6 jeweils hälftig vom Kern- und Ergänzungskapital und nach § 10a Absatz 13 Satz 3 oder § 13b Absatz 5 von den Eigenmitteln abgezogen werden und
6. abgeschriebene Kredite.

(2) [1] Bei der Berechnung der Auslastung der Obergrenzen nach § 13 Absatz 3 und § 13a Absatz 3 bis 5, auch in Verbindung mit § 13b Absatz 1, sind nicht zu berücksichtigen

1. Kredite an
   a. Zentralregierungen oder Zentralnotenbanken im Ausland, den Bund, die Deutsche Bundesbank oder ein rechtlich unselbständiges Sondervermögen des Bundes, wenn sie ungesichert ein Kreditrisiko-Standardansatz-Risikogewicht (KSA-Risikogewicht) von null vom Hundert erhalten würden,
   b. multilaterale Entwicklungsbanken oder internationale Organisationen, wenn sie ungesichert ein KSA-Risikogewicht von null vom Hundert erhalten würden,
   c. Regionalregierungen oder örtliche Gebietskörperschaften in einem anderen Staat des Europäischen Wirtschaftsraums, ein Land, eine Gemeinde, einen Gemeindeverband, ein rechtlich unselbständiges Sondervermögen eines Landes, einer Gemeinde oder eines Gemeindeverbandes oder Einrichtungen des öffentlichen Bereichs, wenn sie ungesichert ein KSA-Risikogewicht von null vom Hundert erhalten würden, sowie
   d. andere Kreditnehmer, soweit die Kredite vorbehaltlich der Regelungen in § 20b durch eine in den Buchstaben a bis c genannte Stelle ausdrücklich gewährleistet werden und wenn Kredite an diese Stelle ungesichert ein KSA-Risikogewicht von null vom Hundert erhalten würden,
2. Kredite, soweit sie vorbehaltlich der Regelungen in § 20b gedeckt sind durch Sicherheiten in Form von
   a. (aufgehoben)
   b. Bareinlagen bei dem kreditgewährenden Institut oder bei einem Drittinstitut, das Mutter- oder Tochterunternehmen des kreditgewährenden Instituts ist, oder Barmitteln, die das Institut im Rahmen der Emission einer Credit Linked Note erhält, oder

c. Einlagenzertifikaten oder ähnlichen Papieren, die von dem kreditgewährenden Institut oder einem Drittinstitut, das Mutter- oder Tochterunternehmen des kreditgewährenden Instituts ist, ausgegeben wurden und bei diesen hinterlegt sind,

3. (aufgehoben)
4. Kredite aus gesetzlichen Liquiditätsanforderungen an eine Zentralregierung, die nicht von Nummer 1 Buchstabe a erfasst sind, sofern die Kredite auf die Währung des jeweiligen Schuldners oder Emittenten lauten und in dieser Währung finanziert sind und die Zentralregierung eine Bonitätsbeurteilungskategorie von drei oder besser nach § 54 Absatz 1 der Solvabilitätsverordnung hat,
5. Kredite aus Mindestreserveanforderungen an eine Zentralnotenbank, die nicht von Nummer 1 Buchstabe a erfasst sind, sofern die Kredite auf die Währung des jeweiligen Schuldners lauten und in dieser Währung finanziert sind,
6. gedeckte Schuldverschreibungen im Sinne des § 20a und Forderungen im Sinne des § 4 Absatz 3 des Pfandbriefgesetzes,
7. Positionen, die nach § 10 Absatz 6a Nummer 4 jeweils hälftig vom Kern- und Ergänzungskapital abgezogen werden und
8. Aktiva in Form von Forderungen und sonstigen Krediten von Förderinstituten des Bundes und der Länder im Sinne des § 5 Absatz 1 Nummer 2 des Körperschaftsteuergesetzes an Kreditinstitute, sofern die betreffenden Aktiva aus Darlehen herrühren, die dem Förderauftrag entsprechen, über andere Kreditinstitute an die Begünstigten weitergereicht werden und nicht den Eigenmitteln dieser Kreditinstitute zugerechnet werden; das Förderinstitut hat die Inanspruchnahme dieses Anrechnungsverfahrens der Bundesanstalt und der Deutschen Bundesbank anzuzeigen und für einen Zeitraum von mindestens fünf Jahren ab Eingang der Anzeige bei der Bundesanstalt beizubehalten.

(3) (aufgehoben)

(4) Bei der Berechnung der kreditnehmerbezogenen Handelsbuch-Gesamtposition nach § 13a Abs. 5 Satz 1 und bei der Berechnung der Gesamt-Überschreitungsposition nach § 13a Abs. 5 Satz 3 sind die Kredite nach den Absatz 2 nicht zu berücksichtigen.

(5) § 13 Abs. 2 und 4 sowie § 13a Abs. 2 und 6 über Großkreditbeschlüsse gelten nicht für Kredite nach den Absatz 2.

(6) Als Kredite im Sinne des § 14 gelten nicht

1. Kredite nach Absatz 1 Nummer 1 bis 4 und 6;
2. Kredite an
   a. den Bund, die Deutsche Bundesbank, ein rechtlich unselbständiges Sondervermögen des Bundes oder eines Landes, ein Land, eine Gemeinde oder einen Gemeindeverband,
   b. die Europäischen Gemeinschaften,
   c. die Europäische Investitionsbank,
   d. Kreditnehmer, für deren Verbindlichkeiten der Bund kraft Gesetzes selbstschuldnerisch haftet,
3. Kreditzusagen,

4. Anteile an anderen Unternehmen unabhängig von ihrem Bilanzausweis und Bilanzaktiva, die nach § 10a Abs. 13 Satz 3 vom haftenden Eigenkapital abgezogen werden,
5. Wertpapiere des Handelsbestandes und
6. Verfügungen über gutgeschriebene Beträge aus dem Lastschrifteinzugsverfahren, die mit dem Vermerk "Eingang vorbehalten" versehen werden.

§ 20a
Gedeckte Schuldverschreibungen

(1) [1] Gedeckte Schuldverschreibungen sind:

1. Pfandbriefe im Sinne des § 1 Abs. 3 des Pfandbriefgesetzes,
2. Schuldverschreibungen gemäß Artikel 22 Abs. 4 der Investmentrichtlinie, die vor dem 31. Dezember 2007 ausgegeben wurden, oder
3. Schuldverschreibungen gemäß Artikel 22 Abs. 4 der Investmentrichtlinie, die ausschließlich durch die folgenden Vermögensgegenstände gedeckt sind:
   a. Forderungen, deren Erfüllung von einer

      aa) Zentralregierung oder Zentralnotenbank eines Staates des Europäischen Wirtschaftsraums oder

      bb) Zentralregierung oder Zentralnotenbank eines Drittstaates, einer multilateralen Entwicklungsbank oder internationalen Organisation, deren KSA-Risikogewicht null vom Hundert beträgt,

      geschuldet oder ausdrücklich gewährleistet wird,
   b. Forderungen, deren Erfüllung von einer

      aa) Regionalregierung, örtlichen Gebietskörperschaft oder Einrichtung des öffentlichen Bereichs eines Staates des Europäischen Wirtschaftsraums,

      bb) Regionalregierung oder örtlichen Gebietskörperschaft eines Drittstaates, die das KSA-Risikogewicht der Zentralregierung erhält, zu deren Hoheitsgebiet der Schuldner gehört und deren KSA-Risikogewicht null vom Hundert beträgt, oder

      cc) Regionalregierung, örtlichen Gebietskörperschaft oder Einrichtung des öffentlichen Bereichs eines Drittstaates, die das KSA-Risikogewicht für Institute erhält und deren KSA-Risikogewicht 20 vom Hundert beträgt,

      geschuldet oder ausdrücklich gewährleistet wird,
   c. Forderungen, deren Erfüllung von einer

      aa) Zentralregierung, Zentralnotenbank, Einrichtung des öffentlichen Bereichs, Regionalregierung oder einer örtlichen Gebietskörperschaft eines Drittstaates oder

      bb) multilateralen Entwicklungsbank oder internationalen Organisation geschuldet oder ausdrücklich gewährleistet wird, wenn sie insgesamt 20 vom Hundert des Gesamtnennwerts der ausstehenden gedeckten Schuldverschreibungen des emittierenden Kreditinstituts nicht übersteigen und der Schuldner oder Gewährleistungsgeber keiner höheren Bonitätsstufe als 2 zugeordnet ist,

d. Forderungen, deren Erfüllung von

aa) einem Kreditinstitut mit Sitz im Inland,

bb) einem Wertpapierhandelsunternehmen mit Sitz im Inland, mit Ausnahme der Unternehmen im Sinne des § 2 Absatz 8,

cc) einem Einlagenkreditinstitut, E-Geld-Institut oder Wertpapierhandelsunternehmen, mit Ausnahme der Unternehmen im Sinne des § 2 Absatz 8,

dd) einem Einlagenkreditinstitut oder einem E-Geld-Institut mit Sitz in einem Drittstaat, das in diesem Drittstaat zugelassen ist und einem Aufsichtssystem unterliegt, das materiell demjenigen dieses Gesetzes gleichwertig ist,

ee) einem anerkannten Wertpapierhandelsunternehmen aus Drittstaaten im Sinne von § 1 Abs. 29,

ff) einem zentralen Kontrahenten im Sinne von § 1 Abs. 31 oder

gg) einer Wertpapier- oder Terminbörse im Sinne von § 1 Abs. 3e

geschuldet wird und deren KSA-Risikogewicht 20 vom Hundert beträgt, vorbehaltlich der Regelungen in Absatz 2,

e. Forderungen, die durch Grundpfandrechte auf Wohnimmobilien besichert sind, soweit der Wert des Grundpfandrechts zusammen mit allen nicht nachrangigen Grundpfandrechten 80 vom Hundert des Werts der belasteten Wohnimmobilie nicht übersteigt,

f. Forderungen, die durch Grundpfandrechte auf Gewerbeimmobilien besichert sind, soweit der Wert des Grundpfandrechts zusammen mit allen nicht nachrangigen Grundpfandrechten 60 vom Hundert des Werts der belasteten Gewerbeimmobilie nicht übersteigt, und

g. Forderungen, die durch eingetragene Schiffspfandrechte besichert sind, soweit der Wert des Schiffspfandrechts zusammen mit allen nicht nachrangigen Schiffspfandrechten 60 vom Hundert des Werts des verpfändeten Schiffes nicht übersteigt.

[2] Nähere Bestimmungen zur Ermittlung des KSA-Risikogewichts, zu den KSA-Positionen und Forderungsklassen und zu den Bonitätsstufen kann die Rechtsverordnung nach § 10 Abs. 1 Satz 9 treffen.

(2) [1] Deckungswerte der gedeckten Schuldverschreibung gemäß Absatz 1 Satz 1 Nr. 3 Buchstabe d dürfen einen Anteil von 15 vom Hundert am Gesamtnennwert aller von diesem Kreditinstitut emittierten gedeckten Schuldverschreibungen nicht übersteigen. [2] Forderungen, die durch die Übermittlung und Verwaltung von Zahlungen der Schuldner oder des Liquidationserlöses von durch Immobilien besicherten Forderungen an die Inhaber gedeckter Schuldverschreibungen entstehen, werden bei der Grenze von 15 vom Hundert nicht berücksichtigt. [3] Bei Forderungen, die eine Restlaufzeit von bis zu 100 Tagen haben, darf das KSA-Risikogewicht des Schuldners nicht höher als 50 vom Hundert sein.

(3) [1] Sind Deckungswerte der gedeckten Schuldverschreibung Forderungen, die gemäß Absatz 1 Satz 1 Nr. 3 Buchstabe e bis g durch Grundpfandrechte oder Schiffspfandrechte besichert sind, muss der Emittent der gedeckten Schuldverschreibungen die Vorgaben der Absätze 4 bis 8 erfüllen. [2] Für Schiffspfandrechte gelten die Bestimmungen für Grundpfandrechte auf Gewerbeimmobilien entsprechend.

(4) [1] Das Grundpfandrecht muss rechtlich durchsetzbar sein; dies ist zu dokumentieren. [2] Das Institut muss in der Lage sein, bei Eintritt des Sicherungsfalles den Wert des Grundpfandrechts in angemessener Zeit realisieren zu können.

(5) [1] Um eine Immobilie als Deckungswert berücksichtigen zu dürfen, muss sie von einem unabhängigen Sachverständigen bewertet werden, und die Immobilie darf höchstens zu ihrem Marktwert nach § 16 Abs. 2 Satz 4 des Pfandbriefgesetzes bewertet werden. [2] Gelten in einem Staat des Europäischen Wirtschaftsraums in Rechts- oder Verwaltungsvorschriften strenge Vorgaben für die Bemessung eines Beleihungswerts, kann die Immobilie statt zu ihrem Marktwert nach Wahl des Instituts zu ihrem Beleihungswert nach § 16 Abs. 2 Satz 1 bis 3 des Pfandbriefgesetzes bewertet werden. [3] Der Immobilienwert muss transparent und klar dokumentiert werden.

(6) [1] Der Wert der belasteten Immobilie muss in regelmäßigen Abständen überwacht werden. [2] Dieser Abstand darf für Gewerbeimmobilien nicht größer als ein Jahr und für Wohnimmobilien nicht größer als drei Jahre sein. [3] Die Überwachung muss häufiger vorgenommen werden, wenn der Markt für die belastete Immobilie starken Wertschwankungen ausgesetzt ist. [4] Institute können statistische Methoden verwenden, um diejenigen Immobilien zu bestimmen, die einer Neubewertung bedürfen und um den Wert der belasteten Immobilie zu überwachen. [5] Wird eine Immobilie zum Beleihungswert bewertet, gelten die Sätze 1 bis 4 für die Grundlagen der Wertermittlung. [6] Die Bewertung der belasteten Immobilie muss durch einen unabhängigen Sachverständigen überprüft werden, sobald dem Institut Informationen vorliegen, dass der Wert der belasteten Immobilie gegenüber dem allgemeinen Marktwert für vergleichbare Immobilien wesentlich gesunken sein könnte. [7] Für durch Grundpfandrechte besicherte Forderungen, bei denen die Bemessungsgrundlage des Kredits und der Wert der belasteten Immobilie das kleinere von 3 Millionen Euro oder 5 vom Hundert des haftenden Eigenkapitals nach § 10 Abs. 2 Satz 2 des Instituts übersteigt, ist die Bewertung der belasteten Immobilie zumindest alle drei Jahre durch einen unabhängigen Sachverständigen zu überprüfen. [8] § 16 Abs. 1 des Pfandbriefgesetzes gilt entsprechend. [9] Ergibt die Überprüfung des Werts der belasteten Immobilie die Notwendigkeit eines Wertabschlags, so ist der Wert entsprechend zu verringern; vorrangige Belastungen sind bei der Bestimmung des Werts des Grundpfandrechts in Abzug zu bringen.

(7) Ein Institut muss schriftliche Anweisungen zur Kreditvergabe gegen grundpfandrechtliche Besicherung, insbesondere zu den Arten von Wohnimmobilien und Gewerbeimmobilien besitzen, bei denen Grundpfandrechte als Sicherheit akzeptiert werden.

(8) Ein Institut muss sichergestellt haben, dass die als Sicherheit dienende Immobilie angemessen gegen Schäden versichert ist.

§ 20b
Anerkennung von Sicherungsinstrumenten als anrechnungsentlastend

Die folgenden Sicherungsinstrumente werden als anrechnungsentlastend anerkannt, wenn sie die näheren Bestimmungen der Rechtsverordnung nach § 10 Absatz 1 Satz 9 zur Kreditrisikominderung erfüllen:

1. ausdrückliche Gewährleistungen gemäß § 20 Abs. 2 Satz 1 Nr. 1 Buchstabe d,
2. (aufgehoben)
3. Bareinlagen oder Barmittel gemäß § 20 Abs. 2 Satz 1 Nr. 2 Buchstabe b,
4. Einlagenzertifikate oder ähnliche Papiere gemäß § 20 Abs. 2 Satz 1 Nr. 2 Buchstabe c.
5. (aufgehoben)
6. (aufgehoben)

§ 20c
Befreiung von den Verpflichtungen nach § 13 Abs. 3, § 13a Abs. 3 bis 5 und § 13b Abs. 1

(1) Die Bundesanstalt kann Wertpapierhandelsunternehmen mit Sitz im Inland, mit Ausnahme der Unternehmen im Sinne des § 2 Absatz 8 Satz 1 gestatten, dass

1. Kredite die Großkreditobergrenzen nach § 13 Abs. 3 und § 13a Abs. 3 bis 5, auch in Verbindung mit § 13b Abs. 1, ohne Zustimmung der Bundesanstalt überschreiten dürfen, wenn die Kredite ausschließlich entstehen
   a. durch Finanzinstrumente im Sinne des Absatzes 2 Nr. 1 mit Bezug auf die in § 1 Abs. 11 Satz 4 Nr. 2 und 5 genannten Basiswerte, für die ein Kreditäquivalenzbetrag nach den Bestimmungen der Rechtsverordnung nach § 22 zu ermitteln ist, oder
   b. auf Grund von Verträgen, die die Lieferung von Waren oder die Übertragung von Emissionsrechten betreffen, und
2. der Betrag, um den ein Kredit im Sinne der Nummer 1 eine Großkreditobergrenze nach § 13 Abs. 3 und § 13a Abs. 3 bis 5, auch in Verbindung mit § 13b Abs. 1, überschreitet, nicht mit haftendem Eigenkapital oder mit Eigenmitteln unterlegt werden muss.

(2) Dem Antrag nach Absatz 1 kann nur stattgegeben werden, wenn das Institut

1. Bankgeschäfte und Finanzdienstleistungen im Zusammenhang mit Derivaten nach § 1 Abs. 11 Satz 4 Nr. 2, 3 und 5 erbringt,
2. die Bankgeschäfte und Finanzdienstleistungen nach Nummer 1 nicht für oder im Auftrag von Privatkunden erbringt,

3. über eine dokumentierte Strategie zum Management, insbesondere zur Kontrolle und Begrenzung von Konzentrationsrisiken verfügt und diese der Bundesanstalt und der Deutschen Bundesbank angezeigt hat und
4. Vorkehrungen trifft, die
   a. eine fortlaufende, dem Konzentrationsrisiko angemessene Überwachung der Bonität der Kreditnehmer sicherstellen und
   b. eine unverzügliche Reaktion auf eine Verschlechterung der Bonität der Kreditnehmer erlauben.

(3) Ein Wertpapierhandelsunternehmen im Sinne des Absatzes 1 hat der Bundesanstalt und der Deutschen Bundesbank unverzüglich anzuzeigen, wenn

1. ein Kredit im Sinne des Absatzes 1 die Konzentrationsgrenzen, die das Institut in seiner Strategie nach Absatz 2 Nr. 3 intern festgelegt hat, überschreitet; die Anzeige hat den Überschreitungsbetrag, den Namen des Kreditnehmers und Informationen über das zugrunde liegende Geschäft zu enthalten oder
2. sich die Strategie nach Absatz 2 Nr. 3 wesentlich ändert.

(4) [1] Ein Wertpapierhandelsunternehmen im Sinne des Absatzes 1 hat der Bundesanstalt und der Deutschen Bundesbank jeweils bis zum 15. nach Quartalsbeginn die Großkredite des vergangenen Quartals, die von der Ausnahme nach Absatz 1 erfasst sind und die Obergrenzen nach § 13 Abs. 3 und § 13a Abs. 3 bis 5, auch in Verbindung mit § 13b Abs. 1, überschreiten, anzuzeigen. [2] Die Anzeige hat die Überschreitungsbeträge, die Namen der Kreditnehmer und Informationen über die Entwicklung der Kredite zu enthalten.

§ 21
Begriff des Kredits für die §§ 15 bis 18

(1) [1] Kredite im Sinne der §§ 15 bis 18 sind

1. Gelddarlehen aller Art, entgeltlich erworbene Geldforderungen, Akzeptkredite sowie Forderungen aus Namensschuldverschreibungen mit Ausnahme der auf den Namen lautenden Pfandbriefe und Kommunalschuldverschreibungen;
2. die Diskontierung von Wechseln und Schecks;
3. Geldforderungen aus sonstigen Handelsgeschäften eines Kreditinstituts, ausgenommen die Forderungen aus Warengeschäften der Kreditgenossenschaften, sofern diese nicht über die handelsübliche Frist hinaus gestundet werden;
4. Bürgschaften, Garantien und sonstige Gewährleistungen eines Instituts sowie die Haftung eines Instituts aus der Bestellung von Sicherheiten für fremde Verbindlichkeiten;
5. die Verpflichtung, für die Erfüllung entgeltlich übertragener Geldforderungen einzustehen oder sie auf Verlangen des Erwerbers zurückzuerwerben;
6. der Besitz eines Instituts an Aktien oder Geschäftsanteilen eines anderen Unternehmens, der mindestens ein Viertel des Kapitals (Nennkapital, Summe der Kapitalanteile) des Beteiligungsunternehmens erreicht, ohne daß es auf die Dauer des Besitzes ankommt;
7. Gegenstände, über die ein Institut als Leasinggeber Leasingverträge abgeschlossen hat, abzüglich bis zum Buchwert des ihm zugehörigen Leasinggegenstandes solcher

Posten, die wegen der Erfüllung oder der Veräußerung von Forderungen aus diesen Leasingverträgen gebildet werden.

[2] Zugunsten des Instituts bestehende Sicherheiten sowie Guthaben des Kreditnehmers bei dem Institut bleiben außer Betracht.

(2) Als Kredite im Sinne der §§ 15 bis 18 gelten nicht

1. Kredite an den Bund, ein rechtlich unselbständiges Sondervermögen des Bundes oder eines Landes, ein Land, eine Gemeinde oder einen Gemeindeverband;
2. ungesicherte Forderungen an andere Institute aus bei diesen unterhaltenen, nur der Geldanlage dienenden Guthaben, die spätestens in drei Monaten fällig sind; Forderungen eingetragener Genossenschaften an ihre Zentralbanken, von Sparkassen an ihre Girozentralen sowie von Zentralbanken und Girozentralen an ihre Zentralkreditinstitute können später fällig gestellt sein;
3. von anderen Instituten angekaufte Wechsel, die von einem Institut angenommen, indossiert oder als eigene Wechsel ausgestellt sind, eine Laufzeit von höchstens drei Monaten haben und am Geldmarkt üblicherweise gehandelt werden;
4. abgeschriebene Kredite.

(3) § 15 Abs. 1 Satz 1 Nr. 6 bis 11 und § 18 gelten nicht für

1. Kredite, soweit sie den Erfordernissen des § 14 und des § 16 Abs. 1 und 2 des Pfandbriefgesetzes entsprechen (Realkredite);
2. Kredite mit Laufzeiten von höchstens 15 Jahren gegen Bestellung von Schiffshypotheken, soweit sie den Erfordernissen des § 22 Abs. 1, 2 Satz 1 und Abs. 5 Satz 3, des § 23 Abs. 1 und 4 sowie des § 24 Abs. 2 in Verbindung mit Abs. 3 des Pfandbriefgesetzes entsprechen;
3. Kredite an eine inländische juristische Person des öffentlichen Rechts, die nicht in Absatz 2 Nr. 1 genannt ist, die Europäischen Gemeinschaften oder die Europäische Investitionsbank;
4. Kredite, soweit sie vom Bund, einem Sondervermögen des Bundes, einem Land, einer Gemeinde oder einem Gemeindeverband verbürgt oder in anderer Weise gesichert sind (öffentlich verbürgte Kredite).

(4) Als Kredite im Sinne des § 18 gelten nicht

1. Kredite auf Grund des entgeltlichen Erwerbs einer Forderung aus nicht bankmäßigen Handelsgeschäften, wenn
   a. Forderungen aus nicht bankmäßigen Handelsgeschäften gegen den jeweiligen Schuldner laufend erworben werden,
   b. der Veräußerer der Forderung nicht für deren Erfüllung einzustehen hat und
   c. die Forderung innerhalb von drei Monaten vom Tage des Ankaufs an gerechnet, fällig ist;
2. Kredite im Sinne des § 20 Abs. 2 Satz 1 Nr. 2 Buchstabe b oder c.

§ 22
Rechtsverordnungsermächtigung über Kredite

[1] Das Bundesministerium der Finanzen wird ermächtigt, durch eine im Benehmen mit der Deutschen Bundesbank zu erlassende Rechtsverordnung für Großkredite und Millionenkredite nähere Regelungen zur Bestimmung der Kreditanrechnungsbeträge und der Kreditnehmer, zur Kreditrisikominderung, zur Abgrenzung zwischen Handelsbuch- und Nichthandelsbuchinstituten, zu organisatorischen Pflichten und Maßnahmen, zu Beschlussfassungspflichten und zur Unterlegung von Großkreditobergrenzen-überschreitungen, zur Handelsbuch-Gesamtposition eines Handelsbuchinstituts und zur Bewertung von Positionen des Handelsbuchs, zu Benachrichtigungspflichten im Rahmen des Millionenkreditverfahrens und zur Anzeige der von den Instituten gewährten Großkredite und Millionenkredite zu erlassen, insbesondere über

1. die Ermittlung der Kreditbeträge,
2. die Ermittlung der Kreditäquivalenzbeträge von Derivaten sowie von Pensions- und Leihgeschäften und von anderen mit diesen vergleichbaren Geschäften sowie der für diese Geschäfte übernommenen Gewährleistungen,
3. abweichende Bestimmungen zu den §§ 20 bis 20b sowie nähere Bestimmungen für Institute, nach denen es ihnen auf Antrag gestattet werden kann, die Besicherungswirkungen von Finanzsicherheiten bei der Ermittlung der Kreditbeträge nach den §§ 13 bis 13b zu berücksichtigen, wenn sie periodische Stresstests durchführen und Strategien zur Steuerung von Konzentrationsrisiken entwickelt haben,
4. die Zurechnung von Krediten zu Kreditnehmern,
5. die Anrechnung von Krediten auf die Großkreditgrenzen und im Rahmen der Millionenkreditanzeigen,
6. die Anerkennung, Berücksichtigung und Berechnung von Sicherungsinstrumenten (Kreditrisikominderungsbestimmungen),
7. die Anzeigepflichten bei Konzentrationsrisiken gegenüber einem Sicherungsgeber,
8. die Beschlussfassungspflichten für Großkredite,
9. Art, Umfang, Zeitpunkt und Form der Angaben und über die zulässigen Datenträger, Übertragungswege und Datenformate der Großkreditanzeigen nach den §§ 13 bis 13b und die nach diesen Bestimmungen bestehenden Anzeigepflichten, die durch die Verpflichtung zur Erstattung von Sammelanzeigen ergänzt werden können, soweit dies zur Erfüllung der Aufgaben der Bundesanstalt erforderlich ist, insbesondere um einheitliche Unterlagen zur Beurteilung der von den Instituten geöffneten Positionen zu erhalten,
10. die Ermittlung der Handelsbuch-Gesamtposition,
11. abweichende Bestimmungen zu § 20 für das kreditnehmerbezogene Vorleistungsrisiko,
12. die Unterlegung des Überschreitungsbetrags nach § 13a Abs. 4 Satz 2, 4 und 6 sowie nach Abs. 5 Satz 2 und 4,
13. die Anzeigeinhalte, Anzeigefristen und den Beobachtungszeitraum nach § 14 Abs. 1 Satz 1,
14. weitere Angaben in der Benachrichtigung nach § 14 Abs. 2 Satz 1, soweit dies auf Grund von Informationen, die die Deutsche Bundesbank von ausländischen Evidenzzentralen erhalten hat, erforderlich ist,

15. Einzelheiten zu den Angaben in der Benachrichtigung nach § 14 Abs. 2 Satz 2, insbesondere zu den Voraussetzungen und den Inhalten der Rückmeldungen der Informationen über prognostizierte Ausfallwahrscheinlichkeiten, sowie die Aufgliederung der Benachrichtigung nach § 14 Abs. 2 Satz 3,
16. Einzelheiten des Verfahrens der elektronischen Datenübertragung nach § 14 Abs. 2 Satz 6.

2 Das Bundesministerium der Finanzen kann die Ermächtigung durch Rechtsverordnung auf die Bundesanstalt mit der Maßgabe übertragen, dass die Rechtsverordnung im Einvernehmen mit der Deutschen Bundesbank ergeht. 3 Vor Erlass der Rechtsverordnung sind die Spitzenverbände der Institute anzuhören.

2a. Refinanzierungsregister

§ 22a
Registerführendes Unternehmen

(1) ^{1} Ist das Refinanzierungsunternehmen ein Kreditinstitut oder eine in § 2 Abs. 1 Nr. 1 bis 3a genannte Einrichtung und hat eine Zweckgesellschaft, ein Refinanzierungsmittler, ein Kreditinstitut mit Sitz in einem Staat des Europäischen Wirtschaftsraums oder eine in § 2 Abs. 1 Nr. 1 oder Nr. 3a genannte Einrichtung einen Anspruch auf Übertragung einer Forderung des Refinanzierungsunternehmens oder eines Grundpfandrechts des Refinanzierungsunternehmens, das der Sicherung von Forderungen dient, können diese Gegenstände in ein vom Refinanzierungsunternehmen geführtes Refinanzierungsregister eingetragen werden; dies gilt entsprechend für Registerpfandrechte an einem Luftfahrzeug und für Schiffshypotheken. ^{2} Für jede Refinanzierungstransaktion ist eine gesonderte Abteilung zu bilden.

(2) ^{1} Eine Pflicht des Refinanzierungsunternehmens oder des Refinanzierungsmittlers zur Führung eines Refinanzierungsregisters wird durch diesen Unterabschnitt nicht begründet. ^{2} Die Registerführung kann nur unter den Voraussetzungen des § 22k beendet oder übertragen werden.

(3) Eine Auslagerung der Registerführung ist nicht statthaft.

(4) Die Absätze 1 bis 3 gelten sinngemäß für Refinanzierungsmittler, die Kreditinstitut oder eine in § 2 Abs. 1 Nr. 1 bis 3a genannte Einrichtung sind.

§ 22b
Führung des Refinanzierungsregisters für Dritte

(1) ^{1} Ist das Refinanzierungsunternehmen weder ein Kreditinstitut noch eine in § 2 Abs. 1 Nr. 1 bis 3a genannte Einrichtung, können die in § 22a Abs. 1 Satz 1 genannten Gegenstände des Refinanzierungsunternehmens, auf deren Übertragung eine Zweckgesellschaft, ein Refinanzierungsmittler oder ein Kreditinstitut mit Sitz in einem Staat des Europäischen Wirtschaftsraums einen Anspruch hat, in ein von einem Kreditinstitut oder von der Kreditanstalt für Wiederaufbau geführtes Refinanzierungsregister eingetragen werden. ^{2} Enthält das Refinanzierungsregister daneben Gegenstände, deren Übertragung das registerführende oder ein anderes Unternehmen schuldet, so ist für jeden zur Übertragung

Verpflichteten innerhalb desselben Refinanzierungsregisters eine gesonderte Abteilung und innerhalb dieser für jede Refinanzierungstransaktion eine Unterabteilung zu bilden.

(2) [1] Ist das Refinanzierungsunternehmen ein Kreditinstitut, für welches die Führung eines eigenen Refinanzierungsregisters nach Art und Umfang seines Geschäftsbetriebs eine unangemessene Belastung darstellt, so soll die Bundesanstalt auf Antrag des Refinanzierungsunternehmens der Führung des Refinanzierungsregisters durch ein anderes Kreditinstitut zustimmen. [2] Die Zustimmung der Bundesanstalt gilt als erteilt, wenn sie nicht binnen eines Monats nach Stellung des Antrages verweigert wird.

(3) Eintragungen, die für andere Kreditinstitute vorgenommen werden, ohne dass eine Zustimmung der Bundesanstalt nach Absatz 2 vorliegt, sind unwirksam.

(4) § 22a Abs. 2 und 3, auch in Verbindung mit Abs. 4, findet entsprechende Anwendung.

§ 22c
Refinanzierungsmittler

Die §§ 22d bis 22o gelten sinngemäß für Refinanzierungsregister, die gemäß § 22a Abs. 4 von einem Refinanzierungsmittler oder gemäß § 22b Abs. 4 für einen Refinanzierungsmittler geführt werden.

§ 22d
Refinanzierungsregister

(1) [1] Eine elektronische Führung des Refinanzierungsregisters ist zulässig, sofern sichergestellt ist, dass hinreichende Vorkehrungen gegen einen Datenverlust getroffen worden sind. [2] Das Bundesministerium der Finanzen hat durch Rechtsverordnung, die nicht der Zustimmung des Bundesrates bedarf, Einzelheiten über die Form des Refinanzierungsregisters sowie der Art und Weise der Aufzeichnung zu bestimmen. [3] Das Bundesministerium der Finanzen kann diese Ermächtigung durch Rechtsverordnung auf die Bundesanstalt für Finanzdienstleistungsaufsicht übertragen.

(2) [1] In das Refinanzierungsregister sind von dem registerführenden Unternehmen einzutragen:

1. die Forderungen oder die Sicherheiten, auf deren Übertragung die im Register als übertragungsberechtigt eingetragenen Zweckgesellschaften, Refinanzierungsmittler, Kreditinstitute mit Sitz in einem Staat des Europäischen Wirtschaftsraums oder in § 2 Abs. 1 Nr. 1 oder Nr. 3a genannten Einrichtungen (Übertragungsberechtigte) einen Anspruch haben,
2. der Übertragungsberechtigte,
3. der Zeitpunkt der Eintragung,
4. falls ein Gegenstand als Sicherheit dient, den rechtlichen Grund, den Umfang, den Rang der Sicherheit und das Datum des Tages, an dem der den rechtlichen Grund für die Absicherung enthaltende Vertrag geschlossen wurde.

[2] In den Fällen der Nummern 1 und 4 genügt es, wenn Dritten, insbesondere dem Verwalter, dem Sachwalter, der Bundesanstalt oder einem Insolvenzverwalter die eindeutige

Bestimmung der einzutragenden Angaben möglich ist. [3] Ist der Übertragungsberechtigte eine Pfandbriefbank, so ist diese sowie der gemäß § 7 Abs. 1 des Pfandbriefgesetzes bestellte Treuhänder von der Eintragung zu unterrichten.

(3) Soweit nach Absatz 2 erforderliche Angaben fehlen oder Eintragungen unrichtig sind oder keine eindeutige Bestimmung einzutragender Angaben zulassen, sind die betroffenen Gegenstände nicht ordnungsgemäß eingetragen.

(4) [1] Forderungen sind auch dann eintragungsfähig und nach Eintragung an den Übertragungsberechtigten veräußerbar, wenn die Abtretung durch mündliche oder konkludente Vereinbarung mit dem Schuldner ausgeschlossen worden ist. [2] § 354a des Handelsgesetzbuchs sowie gesetzliche Verfügungsverbote bleiben unberührt.

(5) 1 Eintragungen können nur mit Zustimmung des Übertragungsberechtigten sowie, sofern ein Übertragungsberechtigter eine Pfandbriefbank ist, mit Zustimmung des Treuhänders der Pfandbriefbank gelöscht werden, wobei der Zeitpunkt der Löschung einzutragen ist. [2] Fehlerhafte Eintragungen können jedoch mit Zustimmung des Verwalters gelöscht werden; Absatz 2 Satz 3 gilt entsprechend. [3] Die Korrektur, ihr Zeitpunkt und die Zustimmung des Verwalters sind im Refinanzierungsregister einzutragen. [4] Die nochmalige Eintragung ohne Löschung der früheren Eintragung entfaltet keine Rechtswirkung.

§ 22e
Bestellung des Verwalters

(1) [1] Bei jedem registerführenden Unternehmen ist eine natürliche Person als Verwalter des Refinanzierungsregisters (Verwalter) zu bestellen. [2] Das Amt erlischt mit der Beendigung der Registerführung oder der Bestellung eines personenverschiedenen Sachwalters des Refinanzierungsregisters nach § 22l Abs. 4 Satz 1.

(2) [1] Die Bestellung erfolgt durch die Bundesanstalt auf Vorschlag des registerführenden Unternehmens. [2] Die Bundesanstalt soll die vorgeschlagene Person zum Verwalter bestellen, wenn deren Unabhängigkeit, Zuverlässigkeit und Sachkunde gewährleistet erscheint. [3] Bei ihrer Entscheidung hat die Bundesanstalt die Interessen des im Refinanzierungsregister eingetragenen oder einzutragenden Übertragungsberechtigten angemessen zu berücksichtigen.

(3) [1] Die Bestellung kann befristet werden; die Bundesanstalt kann den Verwalter jederzeit aus sachlichem Grund abberufen. [2] Absatz 2 Satz 3 gilt entsprechend. [3] Steht der Verwalter zu einem an einer konkreten Refinanzierungstransaktion Beteiligten in einem Beschäftigungs- oder Mandatsverhältnis, so ruht sein Amt für diese Refinanzierungstransaktion.

(4) [1] Auf Antrag des registerführenden Unternehmens ist ein Stellvertreter des Verwalters zu bestellen. [2] Der Antrag ist zu jeder Zeit zulässig. [3] Auf die Bestellung und Abberufung des Stellvertreters finden die Absätze 2 und 3 entsprechende Anwendung. [4] Wird der Verwalter nach Absatz 3 Satz 1 abberufen, ruht sein Amt oder ist er verhindert, so tritt der Stellvertreter an seine Stelle.

(5) [1] Ist ein Verwalter für einen nicht unerheblichen Zeitraum nicht vorhanden, an der Wahrnehmung seiner Aufgaben verhindert oder ruht sein Amt, ohne dass ein Stellvertreter

an seine Stelle getreten ist, bestellt die Bundesanstalt ohne Anhörung des registerführenden Unternehmens einen geeigneten Verwalter. [2] Absatz 2 Satz 3 gilt entsprechend. [3] Das registerführende Unternehmen hat der Bundesanstalt unverzüglich mitzuteilen, wenn ein Umstand gemäß Satz 1 eingetreten ist.

(6) [1]Der Verwalter und sein Stellvertreter haften dem registerführenden Unternehmen sowie den Übertragungsberechtigten aus ihrer Tätigkeit nur im Falle von Vorsatz oder grober Fahrlässigkeit. [2]Die Ersatzpflicht des Verwalters oder des Stellvertreters beschränkt sich im Falle grob fahrlässigen Handelns auf 1 Million Euro. [3]Sie kann nicht durch Vertrag ausgeschlossen oder beschränkt werden. [4]Wird die Haftung des Verwalters oder des Stellvertreters durch eine Versicherung abgedeckt, ist ein Selbstbehalt in Höhe des Eineinhalbfachen der nach § 22i Absatz 1 festgesetzten jährlichen Vergütung vorzusehen. [5]Das registerführende Unternehmen darf den Versicherungsvertrag zugunsten des Verwalters und des Stellvertreters schließen und die Prämien zahlen.

§ 22f
Verhältnis des Verwalters zur Bundesanstalt

(1) Der Verwalter hat der Bundesanstalt Auskunft über die von ihm im Rahmen seiner Tätigkeit getroffenen Feststellungen und Beobachtungen zu erteilen und auch unaufgefordert Mitteilungen zu machen, wenn Umstände auf eine nicht ordnungsgemäße Registerführung hindeuten.

(2) Der Verwalter ist an Weisungen der Bundesanstalt nicht gebunden.

§ 22g
Aufgaben des Verwalters

(1) [1] Der Verwalter wacht darüber, dass das Refinanzierungsregister ordnungsgemäß geführt wird. [2] Zu seinen Aufgaben gehört es jedoch nicht zu prüfen, ob es sich bei den eingetragenen Gegenständen um solche des Refinanzierungsunternehmens oder um nach § 22d Abs. 2 eintragungsfähige Gegenstände handelt.

(2) [1] Insbesondere hat der Verwalter des Refinanzierungsregisters darauf zu achten, dass

1. das Refinanzierungsregister die nach § 22d Abs. 2 erforderlichen Angaben enthält,
2. die im Refinanzierungsregister enthaltenen Zeitangaben der Richtigkeit entsprechen und
3. die Eintragungen nicht nachträglich verändert werden.

[2] Im Übrigen hat der Verwalter des Refinanzierungsregisters die inhaltliche Richtigkeit des Refinanzierungsregisters nicht zu überprüfen.

(3) Der Verwalter kann sich bei der Durchführung seiner Aufgaben anderer Personen und Einrichtungen bedienen.

§ 22h
Verhältnis des Verwalters zum registerführenden Unternehmen und zum Refinanzierungsunternehmen

(1) [1] Der Verwalter ist befugt, jederzeit die Bücher und Papiere des registerführenden Unternehmens einzusehen, es sei denn, dass sie mit der Führung des Refinanzierungsregisters in keinem Zusammenhang stehen. [2] In den Fällen des § 22b stehen dem Verwalter dieselben Befugnisse auch gegenüber dem Refinanzierungsunternehmen zu.

(2) [1] Der Verwalter ist zur Verschwiegenheit über alle Tatsachen verpflichtet, von denen er durch Einsicht in die Bücher und Papiere des registerführenden Unternehmens oder des davon abweichenden Refinanzierungsunternehmens Kenntnis erlangt. [2] Der Bundesanstalt darf er nur über Tatsachen Auskunft geben oder Mitteilung machen, die mit der Überwachung des Refinanzierungsregisters im Zusammenhang stehen.

(3) Streitigkeiten zwischen dem Verwalter und dem registerführenden Unternehmen oder dem davon abweichenden Refinanzierungsunternehmen entscheidet die Bundesanstalt.

§ 22i
Vergütung des Verwalters

(1) [1] Der Verwalter sowie sein Stellvertreter erhalten von dem registerführenden Unternehmen eine angemessene Vergütung, deren Höhe von der Bundesanstalt festgesetzt wird, und Ersatz der notwendigen Auslagen.

(2) (aufgehoben)

(3) Außer in Fällen des Absatzes 1 sind Leistungen des registerführenden Unternehmens, des Refinanzierungsunternehmens, für welches das Register geführt wird, und der Übertragungsberechtigten an den Verwalter des Refinanzierungsregisters und dessen Stellvertreter unzulässig.

§ 22j
Wirkungen der Eintragung in das Refinanzierungsregister

(1) [1] Gegenstände des Refinanzierungsunternehmens, die ordnungsgemäß im Refinanzierungsregister eingetragen sind, können im Fall der Insolvenz des Refinanzierungsunternehmens vom Übertragungsberechtigten nach § 47 der Insolvenzordnung ausgesondert werden. [2] Das Gleiche gilt für Gegenstände, die an die Stelle der ordnungsgemäß im Refinanzierungsregister eingetragenen Gegenstände treten. [3] Gegen Verfügungen im Wege der Zwangsvollstreckung oder der Arrestvollziehung kann der Übertragungsberechtigte Widerspruch im Wege der Klage nach § 771 der Zivilprozessordnung erheben.

(2) [1] Die Eintragung in das Refinanzierungsregister schränkt Einwendungen und Einreden Dritter gegen die eingetragenen Forderungen und Rechte nicht ein. [2] Werden die im Refinanzierungsregister eingetragenen Gegenstände ausgesondert oder an den Übertragungsberechtigten beziehungsweise von dem Übertragungsberechtigten an einen Dritten übertragen, können alle Einwendungen und Einreden wie bei einer Abtretung

geltend gemacht werden. [3] Die Vorschrift des § 1156 Satz 1 des Bürgerlichen Gesetzbuchs findet keine Anwendung. [4] Dienen im Refinanzierungsregister eingetragene Gegenstände der Absicherung anderer Gegenstände, so kann der Sicherungsgeber gegenüber dem Übertragungsberechtigten alle Einwendungen und Einreden aus dem Vertrag geltend machen, der den rechtlichen Grund für die Absicherung enthält. [5] Die Vorschrift des § 1157 Satz 2 des Bürgerlichen Gesetzbuchs findet keine Anwendung. [6] § 22d Abs. 4 in Verbindung mit § 22j Abs. 1 Satz 1 und 2 bleibt jedoch unberührt.

(3) [1] Gegenüber den Ansprüchen des Übertragungsberechtigten auf Übertragung der ordnungsgemäß im Refinanzierungsregister eingetragenen Gegenstände kann das Refinanzierungsunternehmen nicht aufrechnen und keine Zurückbehaltungsrechte geltend machen. [2] Anfechtungsrechte seiner Gläubiger nach dem Anfechtungsgesetz und den §§ 129 bis 147 der Insolvenzordnung bleiben unberührt.

§ 22k
Beendigung und Übertragung der Registerführung

(1) [1] Willigen alle im Refinanzierungsregister eingetragenen Übertragungsberechtigten und deren Gläubiger ein, kann die Führung des Refinanzierungsregisters einen Monat nach Anzeige an die Bundesanstalt beendet werden. [2] Willigen alle im Refinanzierungsregister eingetragenen Übertragungsberechtigten und deren Gläubiger ein, kann die Registerführung unter Aufsicht der Bundesanstalt auf ein geeignetes Kreditinstitut übertragen werden, sofern es sich bei den eingetragenen Gegenständen um solche des die Registerführung übernehmenden Kreditinstituts handelt oder die Voraussetzungen des § 22b über die Führung des Refinanzierungsregisters für Dritte vorliegen.

(2) [1] Die Registerführung endet außerdem, wenn das registerführende Unternehmen nach Einschätzung der Bundesanstalt zur Registerführung ungeeignet ist. [2] In diesem Fall wird die Führung des Registers unter Aufsicht der Bundesanstalt auf ein nach Einschätzung der Bundesanstalt zur Registerführung geeignetes Kreditinstitut übertragen. [3] Die Vorschriften des § 22b über die Führung des Refinanzierungsregisters für Dritte finden sinngemäße Anwendung.

(3) Absatz 2 findet keine Anwendung, wenn über das Vermögen eines Unternehmens, das ein Refinanzierungsregister nicht nur für Dritte führt, das Insolvenzverfahren eröffnet wird.

§ 22l
Bestellung des Sachwalters bei Eröffnung des Insolvenzverfahrens

(1) [1] Ist über das Vermögen eines Unternehmens, das ein Refinanzierungsregister nicht nur für Dritte führt, das Insolvenzverfahren eröffnet, bestellt das Insolvenzgericht auf Antrag der Bundesanstalt eine oder zwei von der Bundesanstalt vorgeschlagene natürliche Personen als Sachwalter des Refinanzierungsregisters (Sachwalter). [2] Das Gericht kann vom Vorschlag der Bundesanstalt abweichen, wenn dies zur Sicherstellung einer sachgerechten Zusammenarbeit zwischen Insolvenzverwalter und Sachwalter erforderlich erscheint. [3] Der Sachwalter erhält eine Urkunde über seine Ernennung, die er bei Beendigung seines Amtes dem Insolvenzgericht zurückzugeben hat.

(2) [1] Die Bundesanstalt stellt einen Antrag nach Absatz 1 Satz 1, wenn dies nach Anhörung der Übertragungsberechtigten zur ordnungsgemäßen Verwaltung der im Refinanzierungsregister eingetragenen Gegenstände erforderlich erscheint. [2] Als Sachwalter des Refinanzierungsregisters soll die Bundesanstalt den Verwalter des Refinanzierungsregisters vorschlagen, bei Fehlen oder dauernder Verhinderung desselben seinen Stellvertreter oder eine andere geeignete natürliche Person. [3] Der Sachwalter des Refinanzierungsregisters ist auf Antrag der Bundesanstalt abzuberufen, wenn ein wichtiger Grund vorliegt.

(3) [1] Erscheint die Bestellung eines zweiten Sachwalters des Refinanzierungsregisters zur ordnungsgemäßen Verwaltung der im Refinanzierungsregister eingetragenen Gegenstände erforderlich, kann die Bundesanstalt nach Anhörung der Übertragungsberechtigten einen weiteren Antrag nach Absatz 1 Satz 1 stellen. [2] Stellt sie diesen Antrag, soll sie den Stellvertreter des Verwalters des Refinanzierungsregisters oder, wenn ein solcher fehlt, eine andere geeignete natürliche Person vorschlagen.

(4) [1] Mit der Bestellung einer anderen Person als der des Verwalters zum Sachwalter erlischt das Amt des Verwalters. [2] Das Amt wird vom Sachwalter des Refinanzierungsregisters fortgeführt. [3] Die Sätze 1 und 2 gelten entsprechend für den Stellvertreter des Verwalters.

§ 22m
Bekanntmachung der Bestellung des Sachwalters

(1) [1] Das Insolvenzgericht hat die Ernennung und Abberufung des Sachwalters unverzüglich dem zuständigen Registergericht mitzuteilen und öffentlich bekannt zu machen. [2] Die Ernennung und Abberufung des Sachwalters sind auf die Mitteilung von Amts wegen in das Handelsregister einzutragen. [3] Die Eintragungen werden nicht bekannt gemacht. [4] Die Vorschriften des § 15 des Handelsgesetzbuchs finden keine Anwendung.

(2) [1] Sind in das Refinanzierungsregister Rechte des registerführenden Unternehmens eingetragen, für die eine Eintragung im Grundbuch besteht, so ist die Bestellung des Sachwalters auf Ersuchen des Insolvenzgerichts oder des Sachwalters in das Grundbuch einzutragen, wenn nach der Art der Rechte und den Umständen zu besorgen ist, dass ohne die Eintragung die Interessen der Übertragungsberechtigten gefährdet werden. [2] Satz 1 gilt entsprechend für Rechte des registerführenden Unternehmens, die im Schiffsregister, Schiffsbauregister oder im Register für Pfandrechte an Luftfahrzeugen eingetragen sind.

§ 22n
Rechtsstellung des Sachwalters

(1) [1] Der Sachwalter steht unter der Aufsicht des Insolvenzgerichts. [2] Das Insolvenzgericht kann vom Sachwalter insbesondere jederzeit einzelne Auskünfte oder einen Bericht über den Sachstand und die Geschäftsführung verlangen. [3] Daneben obliegen dem Sachwalter die Pflichten eines Verwalters. [4] Der Sachwalter und der Insolvenzverwalter haben einander alle Informationen mitzuteilen, die für das Insolvenzverfahren über das Vermögen des registerführenden Unternehmens und für die Verwaltung der im Refinanzierungsregister eingetragenen Gegenstände von Bedeutung sein können.

(2) [1] Soweit das registerführende Unternehmen befugt war, die im Refinanzierungsregister eingetragenen Gegenstände zu verwalten und über sie zu verfügen, geht dieses Recht auf den Sachwalter über. [2] In Abstimmung mit dem Insolvenzverwalter nutzt der Sachwalter alle Einrichtungen des registerführenden Unternehmens, die zur Verwaltung der eingetragenen Gegenstände erforderlich sind.

(3) [1] Hat das registerführende Unternehmen nach der Bestellung des Sachwalters über einen im Refinanzierungsregister eingetragenen Gegenstand verfügt, so ist diese Verfügung unwirksam. [2] Die Vorschriften der §§ 892, 893 des Bürgerlichen Gesetzbuchs, der §§ 16, 17 des Gesetzes über Rechte an eingetragenen Schiffen und Schiffsbauwerken und der §§ 16, 17 des Gesetzes über Rechte an Luftfahrzeugen bleiben unberührt. [3] Hat das registerführende Unternehmen am Tage der Bestellung des Sachwalters des Refinanzierungsregisters verfügt, so wird vermutet, dass es nach der Bestellung verfügt hat.

(4) [1] Der Sachwalter des Refinanzierungsregisters hat bei seiner Geschäftsführung die Sorgfalt eines ordentlichen und gewissenhaften Sachwalters anzuwenden. [2] Verletzt der Sachwalter des Refinanzierungsregisters seine Pflichten, so können die Übertragungsberechtigten und das registerführende Unternehmen Ersatz des hierdurch entstehenden Schadens verlangen. [3] Dies gilt nicht, wenn der Sachwalter des Refinanzierungsregisters die Pflichtverletzung nicht zu vertreten hat.

(5) [1] Der Sachwalter des Refinanzierungsregisters erhält von der Bundesanstalt eine angemessene Vergütung und Ersatz seiner Aufwendungen. [2] Die gezahlten Beträge sind der Bundesanstalt von den Übertragungsberechtigten anteilig nach der Anzahl der für sie eingetragenen Gegenstände gesondert zu erstatten und auf Verlangen der Bundesanstalt vorzuschießen. [3] Soweit das Refinanzierungsregister für Dritte geführt wird, sind diese neben den Übertragungsberechtigten als Gesamtschuldner zur Erstattung und zum Vorschuss verpflichtet. [4] § 22i Abs. 2 und 3 Satz 1 gilt sinngemäß. [5] § 22i Abs. 3 Satz 2 findet mit der Maßgabe entsprechende Anwendung, dass die Bundesanstalt beim Insolvenzgericht einen Antrag auf Abberufung stellen soll.

§ 22o
Bestellung des Sachwalters bei Insolvenzgefahr

(1) [1] Unter den Voraussetzungen des § 46 bestellt das Gericht am Sitz des registerführenden Unternehmens auf Antrag der Bundesanstalt eine oder zwei Personen als Sachwalter. [2] Die Bundesanstalt stellt einen Antrag nach Satz 1, wenn dies nach Anhörung der Übertragungsberechtigten zur ordnungsgemäßen Verwaltung der im Refinanzierungsregister eingetragenen Gegenstände erforderlich erscheint. [3] Bei Gefahr im Verzuge ist auf die Anhörung zu verzichten. [4] In diesem Fall ist die Anhörung unverzüglich nachzuholen.

(2) [1] Für die Bestellung und Abberufung sowie für die Rechtsstellung eines unter diesen Umständen bestellten Sachwalters gelten die Vorschriften der §§ 22l bis 22n mit der Maßgabe entsprechend, dass an die Stelle des Insolvenzgerichts das Gericht am Sitz des registerführenden Unternehmens tritt. [2] Ein wichtiger Grund im Sinne des § 22l Abs. 2 Satz 3 liegt insbesondere dann vor, wenn die Voraussetzungen des § 46 wieder entfallen sind. [3] In diesem Fall soll die Bundesanstalt aus dem Kreis der Sachwalter den Verwalter bestellen.

(3) ^{1} Wird das Insolvenzverfahren über das Vermögen des registerführenden Unternehmens nach Bestellung des Sachwalters nach Maßgabe der Absätze 1 und 2 eröffnet, so gilt der Sachwalter für die Zeit nach Eröffnung des Insolvenzverfahrens als mit Eröffnung des Insolvenzverfahrens vom Insolvenzgericht bestellt. ^{2} Das Insolvenzgericht tritt an die Stelle des Gerichts am Sitz des registerführenden Unternehmens. ^{3} Das Gericht am Sitz des registerführenden Unternehmens hat dem Insolvenzgericht alle mit der Bestellung und Aufsicht des Sachwalters des Refinanzierungsregisters in Zusammenhang stehenden Unterlagen zu übergeben.

3. Kundenrechte

§ 22p
Rücktauschbarkeit von elektronischem Geld

(1) Der Inhaber von elektronischem Geld kann während der Gültigkeitsdauer von der ausgebenden Stelle den Rücktausch zum Nennwert in Münzen und Banknoten oder in Form einer Überweisung auf ein Konto verlangen, ohne dass diese dafür andere als die zur Durchführung dieses Vorgangs unbedingt erforderlichen Kosten in Rechnung stellen darf.

(2) In dem Vertrag zwischen der ausgebenden Stelle und dem Inhaber sind die Rücktauschbedingungen eindeutig zu nennen.

(3) ^{1} In dem Vertrag kann ein Mindestrücktauschbetrag vorgesehen werden. ^{2} Dieser darf 10 Euro nicht überschreiten.

4. Werbung und Hinweispflichten der Institute

§ 23
Werbung

(1) Um Missständen bei der Werbung der Institute zu begegnen, kann die Bundesanstalt bestimmte Arten der Werbung untersagen.

(2) Vor allgemeinen Maßnahmen nach Absatz 1 sind die Spitzenverbände der Institute und des Verbraucherschutzes zu hören.

§ 23a
Sicherungseinrichtung

(1) ^{1} Ein Institut, das Bankgeschäfte im Sinne des § 1 Abs. 1 Satz 2 Nr. 1, 4 oder 10 betreibt oder Finanzdienstleistungen im Sinne des § 1 Abs. 1a Satz 2 Nr. 1 bis 4 erbringt, hat Kunden, die nicht Institute sind, im Preisaushang über die Zugehörigkeit zu einer Einrichtung zur Sicherung der Ansprüche von Einlegern und Anlegern (Sicherungseinrichtung) zu informieren. ^{2} Das Institut hat ferner Kunden, die nicht Institute sind, vor Aufnahme der Geschäftsbeziehung in Textform in leicht verständlicher Form über die für die Sicherung geltenden Bestimmungen einschließlich Umfang und Höhe der Sicherung zu informieren. ^{3} Sofern Einlagen und andere rückzahlbare Gelder nicht gesichert sind, hat das Institut auf diese Tatsache in den Allgemeinen Geschäftsbedingungen, im Preisaushang und an hervorgehobener Stelle in den Vertragsunterlagen vor Aufnahme der Geschäftsbeziehung

hinzuweisen, es sei denn, die rückzahlbaren Gelder sind in Pfandbriefen, Kommunalschuldverschreibungen oder anderen Schuldverschreibungen, welche die Voraussetzungen des Artikels 22 Abs. 4 Satz 1 und 2 der Investmentrichtlinie erfüllen, verbrieft. [4] Die Informationen in den Vertragsunterlagen gemäß Satz 3 dürfen keine anderen Erklärungen enthalten und sind gesondert von den Kunden zu unterschreiben. [5] Außerdem müssen auf Anfrage Informationen über die Bedingungen der Sicherung einschließlich der für die Geltendmachung der Entschädigungsansprüche erforderlichen Formalitäten erhältlich sein.

(2) Scheidet ein Institut aus einer Sicherungseinrichtung aus, hat es die Kunden, die nicht Institute sind, sowie die Bundesanstalt und die Deutsche Bundesbank hierüber unverzüglich in Textform zu unterrichten.

5. Besondere Pflichten der Institute, ihrer Geschäftsleiter, der Finanzholding-Gesellschaften und der gemischten Unternehmen

§ 24
Anzeigen

(1) Ein Institut hat der Bundesanstalt und der Deutschen Bundesbank unverzüglich anzuzeigen

1. die Absicht der Bestellung eines Geschäftsleiters und der Ermächtigung einer Person zur Einzelvertretung des Instituts in dessen gesamten Geschäftsbereich unter Angabe der Tatsachen, die für die Beurteilung der Zuverlässigkeit und der fachlichen Eignung wesentlich sind, und den Vollzug einer solchen Absicht;
2. das Ausscheiden eines Geschäftsleiters sowie die Entziehung der Befugnis zur Einzelvertretung des Instituts in dessen gesamten Geschäftsbereich;
3. die Änderung der Rechtsform, soweit nicht bereits eine Erlaubnis nach § 32 Abs. 1 erforderlich ist, und die Änderung der Firma;
4. einen Verlust in Höhe von 25 vom Hundert des haftenden Eigenkapitals;
5. die Verlegung der Niederlassung oder des Sitzes;
6. die Errichtung, die Verlegung und die Schließung einer Zweigstelle in einem Drittstaat sowie die Aufnahme und die Beendigung der Erbringung grenzüberschreitender Dienstleistungen ohne Errichtung einer Zweigstelle;
7. die Einstellung des Geschäftsbetriebs;
8. die Absicht seiner gesetzlichen und satzungsgemäßen Organe, eine Entscheidung über seine Auflösung herbeizuführen;
9. das Absinken des Anfangskapitals unter die Mindestanforderungen nach § 33 Abs. 1 Satz 1 Nr. 1 sowie den Wegfall einer geeigneten Versicherung nach § 33 Abs. 1 Satz 2 und 3;
10. den Erwerb oder die Aufgabe einer bedeutenden Beteiligung an dem eigenen Institut, das Erreichen, das Über- oder das Unterschreiten der Beteiligungsschwellen von 20 vom Hundert, 30 vom Hundert und 50 vom Hundert der Stimmrechte oder des Kapitals sowie die Tatsache, daß das Institut Tochterunternehmen eines anderen Unternehmens wird oder nicht mehr ist, sobald das Institut von der bevorstehenden Änderung dieser Beteiligungsverhältnisse Kenntnis erlangt;

11. jeden Fall, in dem die Gegenpartei eines Pensionsgeschäftes, umgekehrten Pensionsgeschäftes oder Darlehensgeschäftes in Wertpapieren oder Waren ihren Erfüllungsverpflichtungen nicht nachgekommen ist;
12. das Entstehen, die Änderung oder die Beendigung einer engen Verbindung zu einer anderen natürlichen Person oder einem anderen Unternehmen;
13. das Entstehen, die Veränderungen in der Höhe oder die Beendigung einer qualifizierten Beteiligung an anderen Unternehmen;
14. die Feststellung, dass bei der Ermittlung der Auswirkungen einer von der Bundesanstalt nach § 25a Abs. 1 Satz 7 vorgegebenen plötzlichen und unerwarteten Zinsänderung der Barwert des Instituts um mehr als 20 vom Hundert der Eigenmittel nach § 10 Abs. 2 absinkt;
15. die Bestellung eines Mitglieds des Verwaltungs- oder Aufsichtsorgans unter Angabe der zur Beurteilung seiner Zuverlässigkeit und Sachkunde erforderlichen Tatsachen,
16. eine Änderung des Verhältnisses von bilanziellem Eigenkapital zur Summe aus der Bilanzsumme und den außerbilanziellen Verpflichtungen und des Wiedereindeckungsaufwands für Ansprüche aus außerbilanziellen Geschäften (modifizierte bilanzielle Eigenkapitalquote) um mindestens 5 vom Hundert auf der Grundlage eines Monatsausweises nach § 25 Abs. 1 Satz 1 oder der monatlichen Bilanzstatistik nach § 25 Abs. 1 Satz 3 jeweils zum Ende eines Quartals im Verhältnis zum festgestellten Jahresabschluss des Instituts; soweit das Institut nach internationalen Rechnungslegungsstandards bilanziert oder auf Grund der Vorschriften des Wertpapierhandelsgesetzes zur Aufstellung von Zwischenabschlüssen verpflichtet ist, ist eine entsprechende Änderung der modifizierten bilanziellen Eigenkapitalquote auch auf der Grundlage eines Zwischenabschlusses im Verhältnis zum festgestellten Jahresabschluss nach internationalen Rechnungslegungsstandards anzuzeigen.

(1a) [1] Ein Institut hat der Bundesanstalt und der Deutschen Bundesbank jährlich anzuzeigen

1. seine engen Verbindungen zu anderen natürlichen Personen oder Unternehmen,
2. seine qualifizierten Beteiligungen an anderen Unternehmen,
3. den Namen und die Anschrift des Inhabers einer bedeutenden Beteiligung an dem anzeigenden Institut und an den ihm nach § 10a nachgeordneten Unternehmen mit Sitz im Ausland sowie die Höhe dieser Beteiligungen,
4. die Anzahl seiner inländischen Zweigstellen und
5. die modifizierte bilanzielle Eigenkapitalquote auf der Grundlage des festgestellten Jahresabschlusses.

(2) Hat ein Institut die Absicht, sich mit einem anderen Institut zu vereinigen, hat es dies der Bundesanstalt und der Deutschen Bundesbank unverzüglich anzuzeigen.

(3) [1] Ein Geschäftsleiter eines Instituts und die Personen, die die Geschäfte einer Finanzholding-Gesellschaft oder einer gemischten Finanzholding-Gesellschaft tatsächlich führen, haben der Bundesanstalt und der Deutschen Bundesbank unverzüglich anzuzeigen

1. die Aufnahme und die Beendigung einer Tätigkeit als Geschäftsleiter oder als Aufsichtsrats- oder Verwaltungsratsmitglied eines anderen Unternehmens und

2. die Übernahme und die Aufgabe einer unmittelbaren Beteiligung an einem Unternehmen sowie Veränderungen in der Höhe der Beteiligung.

[2] Als unmittelbare Beteiligung im Sinne des Satzes 1 Nr. 2 gilt das Halten von mindestens 25 vom Hundert der Anteile am Kapital des Unternehmens.

(3a) [1] Eine Finanzholding-Gesellschaft hat der Bundesanstalt und der Deutschen Bundesbank unverzüglich anzuzeigen:

1. die Absicht der Bestellung einer Person, die die Geschäfte der Finanzholding-Gesellschaft tatsächlich führen soll, unter Angabe der Tatsachen, die für die Beurteilung der Zuverlässigkeit und der fachlichen Eignung wesentlich sind, und den Vollzug einer solchen Absicht;
2. das Ausscheiden einer Person, die die Geschäfte der Finanzholding-Gesellschaft tatsächlich geführt hat;
3. Änderungen der Struktur der Finanzholding-Gruppe in der Weise, dass die Gruppe künftig branchenübergreifend tätig wird;
4. die Bestellung eines Mitglieds des Verwaltungs- oder Aufsichtsorgans unter Angabe der zur Beurteilung seiner Zuverlässigkeit und Sachkunde erforderlichen Tatsachen.

[2] Eine Finanzholding-Gesellschaft hat der Bundesanstalt und der Deutschen Bundesbank ferner einmal jährlich eine Sammelanzeige der Institute, Kapitalanlagegesellschaften, Finanzunternehmen, Anbieter von Nebendienstleistungen und Zahlungsinstitute im Sinne des Zahlungsdiensteaufsichtsgesetzes, die ihr nachgeordnete Unternehmen im Sinne des § 10a Abs. 3 bis 5 sind, einzureichen. [3] Die Bundesanstalt übermittelt hierüber eine Aufstellung den zuständigen Stellen der anderen Staaten des Europäischen Wirtschaftsraums und der Kommission der Europäischen Gemeinschaften. [4] Die Begründung, die Veränderung oder die Aufgabe solcher Beteiligungen oder Unternehmensbeziehungen sind der Bundesanstalt und der Deutschen Bundesbank unverzüglich anzuzeigen. [5] Satz 1 Nr. 1 und 2 gilt entsprechend für eine gemischte Finanzholding-Gesellschaft hinsichtlich der Personen, die die Geschäfte dieser Gesellschaft tatsächlich führen; die Sätze 2 und 4 gelten hinsichtlich der konglomeratsangehörigen Unternehmen entsprechend.

(3b) Die Bundesanstalt und die Deutsche Bundesbank können Instituten oder Arten oder Gruppen von Instituten zusätzliche Anzeigeund Meldepflichten auferlegen, insbesondere um vertieften Einblick in die Entwicklung der wirtschaftlichen Verhältnisse der Institute zu erhalten, soweit dies zur Erfüllung der Aufgaben der Bundesanstalt und der Deutschen Bundesbank erforderlich ist.

(4) [1] Das Bundesministerium der Finanzen kann im Benehmen mit der Deutschen Bundesbank durch Rechtsverordnung nähere Bestimmungen über Art, Umfang, Zeitpunkt und Form der nach diesem Gesetz vorgesehenen Anzeigen und Vorlagen von Unterlagen und über die zulässigen Datenträger, Übertragungswege und Datenformate erlassen und die bestehenden Anzeigepflichten durch die Verpflichtung zur Erstattung von Sammelanzeigen und die Einreichung von Sammelaufstellungen ergänzen, soweit dies zur Erfüllung der Aufgaben der Bundesanstalt erforderlich ist, insbesondere um einheitliche Unterlagen zur Beurteilung der von den Instituten durchgeführten Bankgeschäfte und Finanzdienstleistungen zu erhalten. [2] Es kann diese Ermächtigung durch Rechtsverordnung auf die Bundesanstalt mit der Maßgabe übertragen, daß Rechtsverordnungen der

Bundesanstalt im Einvernehmen mit der Deutschen Bundesbank ergehen. ³ Vor Erlaß der Rechtsverordnung sind die Spitzenverbände der Institute anzuhören.

§ 24a
Errichtung einer Zweigniederlassung und Erbringung grenzüberschreitender Dienstleistungen in anderen Staaten des Europäischen Wirtschaftsraums

(1) ¹ Ein Einlagenkreditinstitut, ein E-Geld-Institut und ein Wertpapierhandelsunternehmen haben die Absicht, in einem anderen Staat des Europäischen Wirtschaftsraums eine Zweigniederlassung zu errichten, der Bundesanstalt und der Deutschen Bundesbank unverzüglich nach Maßgabe des Satzes 2 anzuzeigen. ² Die Anzeige muß enthalten

1. die Angabe des Mitgliedstaats, in dem die Zweigniederlassung errichtet werden soll,
2. einen Geschäftsplan, aus dem die Art der geplanten Geschäfte, der organisatorische Aufbau der Zweigniederlassung und eine Absicht zur Heranziehung vertraglich gebundener Vermittler hervorgehen,
3. die Anschrift, unter der Unterlagen des Instituts im Aufnahmemitgliedstaat angefordert und Schriftstücke zugestellt werden können, und
4. die Angabe der Leiter der Zweigniederlassung.

(2) ¹ Besteht kein Grund, die Angemessenheit der Organisationsstruktur und der Finanzlage des Instituts anzuzweifeln, übermittelt die Bundesanstalt die Angaben nach Absatz 1 Satz 2 innerhalb von zwei Monaten nach Eingang der vollständigen Unterlagen den zuständigen Stellen des Aufnahmestaats und teilt dies dem anzeigenden Institut mit. ² Sie unterrichtet die zuständigen Stellen des Aufnahmestaats außerdem über die Höhe der Eigenmittel und die Angemessenheit der Eigenmittelausstattung sowie gegebenenfalls über die Einlagensicherungseinrichtung oder Anlegerentschädigungseinrichtung, der das Institut angehört, oder den gleichwertigen Schutz im Sinne des § 23a Absatz 1 Satz 1. ³ Leitet die Bundesanstalt die Angaben nach Absatz 1 Satz 2 nicht an die zuständigen Stellen des Aufnahmestaats weiter, teilt die Bundesanstalt dem Institut innerhalb von zwei Monaten nach Eingang sämtlicher Angaben nach Absatz 1 Satz 2 die Gründe dafür mit. ⁴ Nach Weiterleitung der Anzeige an die zuständigen Stellen des Aufnahmestaats kann das Institut nach einer entsprechenden Mitteilung dieser Stellen oder spätestens nach Ablauf einer Zweimonatsfrist seine Tätigkeit in dem anderen Staat aufnehmen.

(3) ¹ Absatz 1 Satz 1 gilt entsprechend für die Absicht, im Wege des grenzüberschreitenden Dienstleistungsverkehrs in einem anderen Staat des Europäischen Wirtschaftsraums Bankgeschäfte zu betreiben, Finanzdienstleistungen im Sinne des § 1 Abs. 1a Satz 2 Nr. 1, 1a, 1c, 2 bis 4, 9 und 10 oder Satz 3 oder Tätigkeiten nach § 1 Abs. 3 Satz 1 Nr. 2 bis 8 zu erbringen, Handelsauskünfte oder Schließfachvermietungen anzubieten oder, im Falle von Einlagenkreditinstituten oder E-Geld-Instituten, Zahlungsdienste im Sinne des Zahlungsdiensteaufsichtsgesetzes zu erbringen. ² Die Anzeige hat die Angabe des Staates, in dem die grenzüberschreitende Dienstleistung erbracht werden soll, einen Geschäftsplan mit Angabe der beabsichtigten Tätigkeiten und die Angabe, ob in diesem Staat vertraglich gebundene Vermittler herangezogen werden sollen, zu enthalten. ³ Besteht kein Grund, die Angemessenheit der Organisationsstruktur und der Finanzlage des Instituts anzuzweifeln, unterrichtet die Bundesanstalt die zuständigen Stellen des Aufnahmestaats innerhalb eines Monats nach Eingang der Anzeige. ⁴ Das Institut hat die Unterrichtung der zuständigen

Stellen des Aufnahmestaats innerhalb dieser Frist abzuwarten, bevor es seine Tätigkeit in dem anderen Staat aufnimmt. [5] Andernfalls teilt die Bundesanstalt dem Institut die Nichtunterrichtung und deren Gründe unverzüglich mit.

(3a) [1] Beabsichtigt der Betreiber eines multilateralen Handelssystems, Handelsteilnehmern in anderen Staaten einen unmittelbaren Zugang zu seinem Handelssystem zu gewähren, hat er dies der Bundesanstalt anzuzeigen, sofern es sich um die erstmalige Zugangsgewährung an einen Handelsteilnehmer in dem betreffenden Staat handelt. [2] Die Bundesanstalt unterrichtet die zuständigen Stellen des Aufnahmestaats innerhalb eines Monats nach Eingang der Anzeige von dieser Absicht. [3] Der Betreiber hat der Bundesanstalt auf Anfrage die Namen der zugelassenen Handelsteilnehmer aus diesem Staat zu nennen. [4] Auf Ersuchen der zuständigen Stellen im Aufnahmestaat teilt die Bundesanstalt innerhalb einer angemessenen Frist diese Angaben mit.

(3b) [1] Beabsichtigt ein Finanzdienstleistungsinstitut im Sinne des § 1 Abs. 1a Satz 2 Nr. 1 bis 4 bei einer Tätigkeit im Sinne des Absatzes 3 vertraglich gebundene Vermittler heranzuziehen, so teilt die Bundesanstalt auf Ersuchen der zuständigen Stellen des Aufnahmestaats innerhalb einer angemessenen Frist den oder die Namen der vertraglich gebundenen Vermittler mit, die das Institut in diesem Staat heranzuziehen beabsichtigt. [2] Satz 1 gilt entsprechend für das Ersuchen eines Aufnahmestaats um Übermittlung der Namen der Mitglieder oder Teilnehmer eines im Inland niedergelassenen multilateralen Handelssystems, welches beabsichtigt, derartige Systeme in diesem Aufnahmestaat bereitzustellen.

(4) [1] Ändern sich die Verhältnisse, die nach Absatz 1 Satz 2 oder Absatz 3 Satz 2 angezeigt wurden, hat das Institut der Bundesanstalt, der Deutschen Bundesbank und den zuständigen Stellen des Aufnahmestaats diese Änderungen mindestens einen Monat vor dem Wirksamwerden der Änderungen schriftlich anzuzeigen. [2] Die Anzeigepflicht nach Satz 1 gilt entsprechend für ein Institut, das seine Zweigniederlassung bereits vor dem Zeitpunkt, von dem an es unter die Anzeigepflicht nach Absatz 1 fällt, in einem anderen Staat des Europäischen Wirtschaftsraums errichtet hat. [3] Änderungen der Verhältnisse der Einlagensicherungseinrichtung oder der Anlegerentschädigungseinrichtung oder des gleichwertigen Schutzes im Sinne des § 23a Absatz 1 Satz 1 hat das Institut, das eine Zweigniederlassung gemäß Absatz 1 errichtet hat, der Bundesanstalt, der Deutschen Bundesbank und den zuständigen Stellen des Aufnahmestaats mindestens einen Monat vor dem Wirksamwerden der Änderungen anzuzeigen. [4] Die Bundesanstalt teilt den zuständigen Stellen des Aufnahmestaats die Änderungen nach Satz 3 mit.

(5) Das Bundesministerium der Finanzen wird ermächtigt, durch Rechtsverordnung zu bestimmen, inwieweit die Absätze 1, 2 und 4 auf den Einsatz eines vertraglich gebundenen Vermittlers, der seinen Sitz oder seinen gewöhnlichen Aufenthalt in einem anderen Mitgliedstaat des Europäischen Wirtschaftsraums hat, entsprechend anzuwenden sind und daß die Absätze 2 und 4 für die Errichtung einer Zweigniederlassung in einem Drittstaat entsprechend gelten, soweit dies im Bereich des Niederlassungsrechts auf Grund von Abkommen der Europäischen Gemeinschaften mit Drittstaaten erforderlich ist.

(6) (aufgehoben)

§ 24b
Teilnahme an Zahlungs- sowie Wertpapierliefer- und -abrechnungssystemen sowie interoperablen Systemen

(1) [1] Ein Institut hat die Absicht, ein System nach § 1 Abs. 16 zu betreiben, unverzüglich der Bundesanstalt und der Deutschen Bundesbank anzuzeigen und die Teilnehmer zu benennen. [2] Dies gilt auch für eine spätere Änderung des Teilnehmerkreises sowie für Vereinbarungen über den Betrieb interoperabler Systeme. [3] Die Deutsche Bundesbank teilt die ihr gemeldeten Systeme der Kommission der Europäischen Gemeinschaften mit, nachdem sie sich von der Zweckdienlichkeit der Regeln des Systems überzeugt hat. [4]Im Fall einer Vereinbarung über den Betrieb interoperabler Systeme prüft die Deutsche Bundesbank, ob die Regeln der beteiligten Systeme über den Zeitpunkt des Einbringens und der Unwiderruflichkeit von Aufträgen miteinander vereinbar sind.

(2) Das Institut hat demjenigen, der ein berechtigtes Interesse nachweisen kann, Auskunft über die Systeme im Sinne von Absatz 1, an denen es beteiligt ist, sowie über die wesentlichen Regeln für deren Funktionieren zu erteilen.

(3) [1] Ein Institut, das ein System nach § 1 Abs. 16 betreibt, hat Einlagenkreditinstituten oder Wertpapierhandelsunternehmen mit Sitz in einem anderen Staat des Europäischen Wirtschaftsraums gleichberechtigend den Zugang zu dem System nach denselben transparenten und objektiven Kriterien zu gewähren, die für inländische Teilnehmer an diesem System gelten. [2] Davon unberührt bleibt das Recht des Instituts, den Zugang aus berechtigten gewerblichen Gründen zu verweigern.

(4) Das Bundesministerium der Finanzen wird ermächtigt, im Benehmen mit der Deutschen Bundesbank durch Rechtsverordnung die Einzelheiten der Anzeigepflicht und der Unterrichtung der Kommission der Europäischen Gemeinschaften nach Absatz 1, des Auskunftsanspruchs nach Absatz 2 sowie der Zugangsgewährung nach Absatz 3 zu bestimmen.

(5) Auf Systembetreiber, die nicht Institut sind, sind die Absätze 1 bis 4 entsprechend anzuwenden.

§ 24c
Automatisierter Abruf von Kontoinformationen

(1) [1] Ein Kreditinstitut hat eine Datei zu führen, in der unverzüglich folgende Daten zu speichern sind:

1. die Nummer eines Kontos, das der Verpflichtung zur Legitimationsprüfung im Sinne des § 154 Abs. 2 Satz 1 der Abgabenordnung unterliegt, oder eines Depots sowie der Tag der Errichtung und der Tag der Auflösung,
2. der Name, sowie bei natürlichen Personen der Tag der Geburt, des Inhabers und eines Verfügungsberechtigten sowie in den Fällen des § 3 Abs. 1 Nr. 3 des Geldwäschegesetzes der Name und, soweit erhoben, die Anschrift eines abweichend wirtschaftlich Berechtigten im Sinne des § 1 Abs. 6 des Geldwäschegesetzes.

² Bei jeder Änderung einer Angabe nach Satz 1 ist unverzüglich ein neuer Datensatz anzulegen. ³ Die Daten sind nach Ablauf von drei Jahren nach der Auflösung des Kontos oder Depots zu löschen. ⁴ Im Falle des Satzes 2 ist der alte Datensatz nach Ablauf von drei Jahren nach Anlegung des neuen Datensatzes zu löschen. ⁵ Das Kreditinstitut hat zu gewährleisten, dass die Bundesanstalt jederzeit Daten aus der Datei nach Satz 1 in einem von ihr bestimmten Verfahren automatisiert abrufen kann. ⁶ Es hat durch technische und organisatorische Maßnahmen sicherzustellen, dass ihm Abrufe nicht zur Kenntnis gelangen.

(2) Die Bundesanstalt darf einzelne Daten aus der Datei nach Absatz 1 Satz 1 abrufen, soweit dies zur Erfüllung ihrer aufsichtlichen Aufgaben nach diesem Gesetz oder dem Gesetz über das Aufspüren von Gewinnen aus schweren Straftaten, insbesondere im Hinblick auf unerlaubte Bankgeschäfte oder Finanzdienstleistungen oder den Missbrauch der Institute durch Geldwäsche oder betrügerische Handlungen zu Lasten der Institute erforderlich ist und besondere Eilbedürftigkeit im Einzelfall vorliegt.

(3) ¹ Die Bundesanstalt erteilt auf Ersuchen Auskunft aus der Datei nach Absatz 1 Satz 1

1. den Aufsichtsbehörden gemäß § 9 Abs. 1 Satz 4 Nr. 2, soweit dies zur Erfüllung ihrer aufsichtlichen Aufgaben unter den Voraussetzungen des Absatzes 2 erforderlich ist,
2. den für die Leistung der internationalen Rechtshilfe in Strafsachen sowie im Übrigen für die Verfolgung und Ahndung von Straftaten zuständigen Behörden oder Gerichten, soweit dies für die Erfüllung ihrer gesetzlichen Aufgaben erforderlich ist,
3. der für die Beschränkungen des Kapital- und Zahlungsverkehrs nach dem Außenwirtschaftsgesetz zuständigen nationalen Behörde, soweit dies für die Erfüllung ihrer sich aus dem Außenwirtschaftsgesetz oder Rechtsakten der Europäischen Gemeinschaften im Zusammenhang mit der Einschränkung von Wirtschafts- oder Finanzbeziehungen ergebenden Aufgaben erforderlich ist.

² Die Bundesanstalt hat die in den Dateien gespeicherten Daten im automatisierten Verfahren abzurufen und sie an die ersuchende Stelle weiter zu übermitteln. ³ Die Bundesanstalt prüft die Zulässigkeit der Übermittlung nur, soweit hierzu besonderer Anlass besteht. ⁴ Die Verantwortung für die Zulässigkeit der Übermittlung trägt die ersuchende Stelle. ⁵ Die Bundesanstalt darf zu den in Satz 1 genannten Zwecken ausländischen Stellen Auskunft aus der Datei nach Absatz 1 Satz 1 nach Maßgabe des § 4b des Bundesdatenschutzgesetzes erteilen. ⁶ § 9 Abs. 1 Satz 5, 6 und Abs. 2 gilt entsprechend. ⁷ Die Regelungen über die internationale Rechtshilfe in Strafsachen bleiben unberührt.

(4) ¹ Die Bundesanstalt protokolliert für Zwecke der Datenschutzkontrolle durch die jeweils zuständige Stelle bei jedem Abruf den Zeitpunkt, die bei der Durchführung des Abrufs verwendeten Daten, die abgerufenen Daten, die Person, die den Abruf durchgeführt hat, das Aktenzeichen sowie bei Abrufen auf Ersuchen die ersuchende Stelle und deren Aktenzeichen. ² Eine Verwendung der Protokolldaten für andere Zwecke ist unzulässig. ³ Die Protokolldaten sind mindestens 18 Monate aufzubewahren und spätestens nach zwei Jahren zu löschen.

(5) 1 Das Kreditinstitut hat in seinem Verantwortungsbereich auf seine Kosten alle Vorkehrungen zu treffen, die für den automatisierten Abruf erforderlich sind. 2 Dazu gehören auch, jeweils nach den Vorgaben der Bundesanstalt, die Anschaffung der zur Sicherstellung der Vertraulichkeit und des Schutzes vor unberechtigten Zugriffen

erforderlichen Geräte, die Einrichtung eines geeigneten Telekommunikationsanschlusses und die Teilnahme an dem geschlossenen Benutzersystem sowie die laufende Bereitstellung dieser Vorkehrungen.

(6) [1] Das Kreditinstitut und die Bundesanstalt haben dem jeweiligen Stand der Technik entsprechende Maßnahmen zur Sicherstellung von Datenschutz und Datensicherheit zu treffen, die insbesondere die Vertraulichkeit und Unversehrtheit der abgerufenen und weiter übermittelten Daten gewährleisten. [2] Den Stand der Technik stellt die Bundesanstalt im Benehmen mit dem Bundesamt für Sicherheit in der Informationstechnik in einem von ihr bestimmten Verfahren fest.

(7) [1] Das Bundesministerium der Finanzen kann durch Rechtsverordnung Ausnahmen von der Verpflichtung zur Übermittlung im automatisierten Verfahren zulassen. [2] Es kann die Ermächtigung durch Rechtsverordnung auf die Bundesanstalt übertragen.

(8) Soweit die Deutsche Bundesbank und die Bundesrepublik Deutschland – Finanzagentur GmbH Konten und Depots für Dritte führen, gelten sie als Kreditinstitute im Sinne der Absätze 1, 5 und 6.

§ 25
Monatsausweise und weitere Angaben

(1) [1] Ein Institut hat unverzüglich nach Ablauf eines jeden Monats der Deutschen Bundesbank einen Monatsausweis einzureichen. [2] Die Deutsche Bundesbank leitet diese Meldungen an die Bundesanstalt mit ihrer Stellungnahme weiter; diese kann auf die Weiterleitung bestimmter Meldungen verzichten. [3] Werden nach § 18 des Gesetzes über die Deutsche Bundesbank monatliche Bilanzstatistiken durchgeführt oder nach Artikel 5 des Protokolls über die Satzung des Europäischen Systems der Zentralbanken und der Europäischen Zentralbank von der Deutschen Bundesbank monatliche Bilanzstatistiken erhoben, gelten die hierzu einzureichenden Meldungen auch als Monatsausweise nach Satz 1.

(2) [1] Ein übergeordnetes Unternehmen im Sinne des § 13b Abs. 2 hat außerdem unverzüglich nach Ablauf eines jeden Monats der Deutschen Bundesbank einen zusammengefaßten Monatsausweis einzureichen. [2] Absatz 1 Satz 2 und § 10a Abs. 6, 7 und 11 über das Verfahren der Zusammenfassung, § 10a Abs. 13 über die Informationspflicht und § 10a Abs. 14 über die Unterkonsolidierung von Tochterunternehmen in Drittstaaten gelten entsprechend.

(3) 1 Das Bundesministerium der Finanzen kann im Benehmen mit der Deutschen Bundesbank durch Rechtsverordnung nähere Bestimmungen über Art und Umfang und über die zulässigen Datenträger, Übertragungswege und Datenformate der Monatsausweise, soweit monatliche Bilanzstatistiken nach § 18 des Gesetzes über die Deutsche Bundesbank nicht durchgeführt werden, insbesondere um Einblick in die Entwicklung der Vermögens- und Ertragslage der Institute zu erhalten, sowie über weitere Angaben erlassen, soweit dies zur Erfüllung der Aufgaben der Bundesanstalt erforderlich ist. [2] Die Angaben können sich auch auf nachgeordnete Unternehmen im Sinne des § 13b Abs. 2 sowie auf Tochterunternehmen mit Sitz im Inland oder Ausland, die nicht in die Beaufsichtigung auf zusammengefaßter Basis einbezogen sind, sowie auf gemischte Unternehmen mit

nachgeordneten Instituten beziehen; die gemischten Unternehmen haben den Instituten die erforderlichen Angaben zu übermitteln. [3] Das Bundesministerium der Finanzen kann die Ermächtigung zum Erlaß einer Rechtsverordnung durch Rechtsverordnung auf die Bundesanstalt mit der Maßgabe übertragen, daß die Rechtsverordnung im Einvernehmen mit der Deutschen Bundesbank ergeht.

§ 25a
Besondere organisatorische Pflichten von Instituten

(1) [1] Ein Institut muss über eine ordnungsgemäße Geschäftsorganisation verfügen, die die Einhaltung der vom Institut zu beachtenden gesetzlichen Bestimmungen und der betriebswirtschaftlichen Notwendigkeiten gewährleistet. [2] Die in § 1 Abs. 2 Satz 1 bezeichneten Personen sind für die ordnungsgemäße Geschäftsorganisation des Instituts verantwortlich. [3] Eine ordnungsgemäße Geschäftsorganisation muss insbesondere ein angemessenes und wirksames Risikomanagement umfassen, auf dessen Basis ein Institut die Risikotragfähigkeit laufend sicherzustellen hat; das Risikomanagement

1. beinhaltet die Festlegung von Strategien, Verfahren zur Ermittlung und Sicherstellung der Risikotragfähigkeit sowie die Einrichtung interner Kontrollverfahren mit einem internen Kontrollsystem und einer Internen Revision, wobei das interne Kontrollsystem insbesondere
   a. aufbau- und ablauforganisatorische Regelungen mit klarer Abgrenzung der Verantwortungsbereiche und
   b. Prozesse zur Identifizierung, Beurteilung, Steuerung sowie Überwachung und Kommunikation der Risiken entsprechend den in Anhang V der Bankenrichtlinie niedergelegten Kriterien umfasst;
2. setzt eine angemessene personelle und technisch-organisatorische Ausstattung des Instituts voraus;
3. schließt die Festlegung eines angemessenen Notfallkonzepts, insbesondere für IT-Systeme, ein und
4. umfasst angemessene, transparente und auf eine nachhaltige Entwicklung des Instituts ausgerichtete Vergütungssysteme für Geschäftsleiter und Mitarbeiter; dies gilt nicht, soweit die Vergütung durch Tarifvertrag oder in seinem Geltungsbereich durch Vereinbarung der Arbeitsvertragsparteien über die Anwendung der tarifvertraglichen Regelungen oder aufgrund eines Tarifvertrags in einer Betriebs- oder Dienstvereinbarung vereinbart ist.

[4] Die Ausgestaltung des Risikomanagements hängt von Art, Umfang, Komplexität und Risikogehalt der Geschäftstätigkeit ab. [5] Seine Angemessenheit und Wirksamkeit ist vom Institut regelmäßig zu überprüfen. [6] Eine ordnungsgemäße Geschäftsorganisation umfasst darüber hinaus

1. angemessene Regelungen, anhand derer sich die finanzielle Lage des Instituts jederzeit mit hinreichender Genauigkeit bestimmen lässt;
2. eine vollständige Dokumentation der Geschäftstätigkeit, die eine lückenlose Überwachung durch die Bundesanstalt für ihren Zuständigkeitsbereich gewährleistet; erforderliche Aufzeichnungen sind mindestens fünf Jahre aufzubewahren; § 257 Abs. 4

des Handelsgesetzbuchs bleibt unberührt, § 257 Abs. 3 und 5 des Handelsgesetzbuchs gilt entsprechend.

[7] Die Bundesanstalt kann Vorgaben zur Ausgestaltung einer plötzlichen und unerwarteten Zinsänderung und zur Ermittlungsmethodik der Auswirkungen auf den Barwert bezüglich der Zinsänderungsrisiken im Anlagebuch festlegen. [8]Die Bundesanstalt kann gegenüber einem Institut im Einzelfall Anordnungen treffen, die geeignet und erforderlich sind, die ordnungsgemäße Geschäftsorganisation im Sinne der Sätze 3 und 6 sowie die Beachtung der Vorgaben nach Satz 7 sicherzustellen.

(1a) [1] Absatz 1 gilt für Institutgruppen, Finanzholding-Gruppen, Institute im Sinne des § 10a Abs. 14 und Finanzkonglomerate mit der Maßgabe entsprechend, dass die in § 1 Abs. 2 Satz 1 oder § 2d Abs. 1 bezeichneten Personen des übergeordneten Unternehmens oder des übergeordneten Finanzkonglomeratsunternehmens für die ordnungsgemäße Geschäftsorganisation der Institutsgruppe, Finanzholding-Gruppe oder des Finanzkonglomerats verantwortlich sind. [2] § 10a Abs. 12 sowie Abs. 13 Satz 1 und 2 gilt für Institutsgruppen und Finanzholding-Gruppen, § 10b Abs. 6 sowie Abs. 7 Satz 1 und 2 für Finanzkonglomerate entsprechend.

(2) [1] Ein Institut muss abhängig von Art, Umfang, Komplexität und Risikogehalt einer Auslagerung von Aktivitäten und Prozessen auf ein anderes Unternehmen, die für die Durchführung von Bankgeschäften, Finanzdienstleistungen oder sonstigen institutstypischen Dienstleistungen wesentlich sind, angemessene Vorkehrungen treffen, um übermäßige zusätzliche Risiken zu vermeiden. [2] Eine Auslagerung darf weder die Ordnungsmäßigkeit dieser Geschäfte und Dienstleistungen noch die Geschäftsorganisation im Sinne des Absatzes 1 beeinträchtigen. [3]Insbesondere muss ein angemessenes und wirksames Risikomanagement durch das Institut gewährleistet bleiben, welches die ausgelagerten Aktivitäten und Prozesse einbezieht. [4] Die Auslagerung darf nicht zu einer Delegation der Verantwortung der in § 1 Abs. 2 Satz 1 bezeichneten Personen an das Auslagerungsunternehmen führen. [5] Das Institut bleibt bei einer Auslagerung für die Einhaltung der vom Institut zu beachtenden gesetzlichen Bestimmungen verantwortlich. [6] Durch die Auslagerung darf die Bundesanstalt an der Wahrnehmung ihrer Aufgaben nicht gehindert werden; ihre Auskunfts- und Prüfungsrechte sowie Kontrollmöglichkeiten müssen in Bezug auf die ausgelagerten Aktivitäten und Prozesse auch bei einer Auslagerung auf ein Unternehmen mit Sitz in einem Staat des Europäischen Wirtschaftsraums oder einem Drittstaat durch geeignete Vorkehrungen gewährleistet werden. [7] Entsprechendes gilt für die Wahrnehmung der Aufgaben der Prüfer des Instituts. [8] Eine Auslagerung bedarf einer schriftlichen Vereinbarung, welche die zur Einhaltung der vorstehenden Voraussetzungen erforderlichen Rechte des Instituts, einschließlich Weisungs- und Kündigungsrechten, sowie die korrespondierenden Pflichten des Auslagerungsunternehmens festschreibt.

(3) [1] Sind bei Auslagerungen nach Absatz 2 die Prüfungsrechte und Kontrollmöglichkeiten der Bundesanstalt beeinträchtigt, kann die Bundesanstalt im Einzelfall Anordnungen treffen, die geeignet und erforderlich sind, diese Beeinträchtigung zu beseitigen. [2] Die Befugnisse der Bundesanstalt nach Absatz 1 Satz 8 bleiben unberührt.

(4) [1] Bedient sich ein Einlagenkreditinstitut oder Wertpapierhandelsunternehmen eines vertraglich gebundenen Vermittlers im Sinne des § 2 Abs. 10 Satz 1, so hat es sicherzustellen,

dass dieser zuverlässig und fachlich geeignet ist, bei der Erbringung der Finanzdienstleistungen die gesetzlichen Vorgaben erfüllt, Kunden vor Aufnahme der Geschäftsbeziehung über seinen Status nach § 2 Abs. 10 Satz 1 und 2 informiert und unverzüglich von der Beendigung dieses Status in Kenntnis setzt. [2] Die erforderlichen Nachweise für die Erfüllung seiner Pflichten nach Satz 1 muss das Einlagenkreditinstitut oder Wertpapierhandelsunternehmen mindestens bis fünf Jahre nach dem Ende des Status des vertraglich gebundenen Vermittlers aufbewahren. [3] Nähere Bestimmungen zu den erforderlichen Nachweisen können durch Rechtsverordnung nach § 24 Abs. 4 getroffen werden.

(5) [1]Das Bundesministerium der Finanzen wird ermächtigt, durch Rechtsverordnung, die nicht der Zustimmung des Bundesrates bedarf, im Benehmen mit der Deutschen Bundesbank nähere Bestimmungen zu erlassen über

1. die Ausgestaltung der Vergütungssysteme nach Absatz 1 Satz 3 Nummer 4 in den Instituten einschließlich der Entscheidungsprozesse und Verantwortlichkeiten, der Zusammensetzung der Vergütung, der Ausgestaltung positiver und negativer Vergütungsparameter, der Leistungszeiträume sowie der Berücksichtigung der Geschäftsstrategie, der Ziele, der Werte und der langfristigen Interessen des Instituts,
2. die Überwachung der Angemessenheit und Transparenz der Vergütungssysteme durch das Institut und die Weiterentwicklung der Vergütungssysteme,
3. die Offenlegung der Ausgestaltung der Vergütungssysteme und der Zusammensetzung der Vergütung einschließlich des Gesamtbetrags der garantierten Bonuszahlungen und der einzelvertraglichen Abfindungszahlungen unter Angabe der höchsten geleisteten Abfindung und der Anzahl der Begünstigten sowie
4. das Offenlegungsmedium und die Häufigkeit der Offenlegung im Sinne der Nummer 3.

[2] Die Regelungen haben sich insbesondere an Größe und Vergütungsstruktur des Instituts sowie Art, Umfang, Komplexität, Risikogehalt und Internationalität der Geschäftsaktivitäten zu orientieren. [3]Im Rahmen der Bestimmungen nach Satz 1 Nummer 3 müssen die auf Offenlegung der Vergütung bezogenen handelsrechtlichen Bestimmungen nach § 340a Absatz 1 und 2 in Verbindung mit § 340l Absatz 1 Satz 1 des Handelsgesetzbuchs unberührt bleiben. [4]Das Bundesministerium der Finanzen kann die Ermächtigung durch Rechtsverordnung auf die Bundesanstalt mit der Maßgabe übertragen, dass die Rechtsverordnung im Einvernehmen mit der Deutschen Bundesbank ergeht. [5]Vor Erlass der Rechtsverordnung sind die Spitzenverbände der Institute zu hören.

5a. Verhinderung von Geldwäsche, von Terrorismusfinanzierung und von betrügerischen Handlungen zum Nachteil der Institute

§ 25b
Einhaltung der besonderen organisatorischen Pflichten im bargeldlosen Zahlungsverkehr

Die Bundesanstalt überwacht die Einhaltung der in der Verordnung (EG) Nr. 1781/2006 des Europäischen Parlaments und des Rates vom 15. November 2006 über die Übermittlung von Angaben zum Auftraggeber bei Geldtransfers (ABl. EU Nr. L 345 S. 1) enthaltenen Pflichten durch die Kreditinstitute.

§ 25c Interne Sicherungsmaßnahmen

(1) Institute sowie nach § 10a Abs. 3 Satz 6 oder Satz 7 oder nach § 10b Abs. 3 Satz 8 als übergeordnetes Unternehmen geltende Finanzholding-Gesellschaften und gemischte Finanzholding-Gesellschaften haben unbeschadet der in § 25a Abs. 1 dieses Gesetzes und der in § 9 Abs. 1 und 2 des Geldwäschegesetzes aufgeführten Pflichten im Rahmen ihrer ordnungsgemäßen Geschäftsorganisation und des angemessenen Risikomanagements zur Verhinderung von betrügerischen Handlungen zu ihren Lasten interne Grundsätze und angemessene geschäfts- und kundenbezogene Sicherungssysteme zu schaffen und zu aktualisieren und Kontrollen durchzuführen.

(2) [1]Kreditinstitute haben angemessene Datenverarbeitungssysteme zu betreiben und zu aktualisieren, mittels derer sie in der Lage sind, Geschäftsbeziehungen und einzelne Transaktionen im Zahlungsverkehr zu erkennen, die auf Grund des öffentlich und im Kreditinstitut verfügbaren Erfahrungswissens über die Methoden der Geldwäsche, der Terrorismusfinanzierung und betrügerischer Handlungen zum Nachteil von Instituten als zweifelhaft oder ungewöhnlich anzusehen sind. [2]Liegen solche Sachverhalte vor, ist diesen vor dem Hintergrund der laufenden Geschäftsbeziehung und einzelner Transaktionen nachzugehen, um das Risiko der jeweiligen Geschäftsbeziehungen und Transaktionen überwachen, einschätzen und gegebenenfalls das Vorliegen eines Verdachtsfalls prüfen zu können. [3]Die Kreditinstitute dürfen personenbezogene Daten erheben, verarbeiten und nutzen, soweit dies zur Erfüllung dieser Pflicht erforderlich ist. [4]Die Bundesanstalt kann Kriterien bestimmen, bei deren Vorliegen Kreditinstitute vom Einsatz von Systemen nach Satz 1 absehen können.

§ 25d
Vereinfachte Sorgfaltspflichten

(1) Soweit die Voraussetzungen des § 25f dieses Gesetzes und des § 6 des Geldwäschegesetzes nicht vorliegen, besteht über § 5 des Geldwäschegesetzes hinaus bei Instituten ein geringes Risiko der Geldwäsche oder der Terrorismusfinanzierung in folgenden Fällen:

1. bei der Ausgabe oder Verwaltung von elektronischem Geld im Sinne von § 1 Abs. 14, sofern sichergestellt ist, dass

   a) bei einem nicht wiederaufladbaren Datenträger der gespeicherte Betrag nicht mehr als 150 Euro beträgt oder

   b) bei einem wiederaufladbaren Datenträger sich der in einem Kalenderjahr insgesamt ausgegebene oder verwaltete Betrag auf nicht mehr als 2 500 Euro beläuft, es sei denn ein Betrag von 1 000 Euro oder mehr wird in demselben Kalenderjahr von dem Inhaber im Sinne des § 22p Abs. 1 zurückgetauscht;
2. vorbehaltlich Satz 2 beim Abschluss eines
   a) staatlich geförderten, kapitalgedeckten Altersvorsorgevertrags,

   b) Vertrags zur Anlage von vermögenswirksamen Leistungen, sofern die Voraussetzungen für eine staatliche Förderung durch den Vertrag erfüllt werden,

c) Verbraucherdarlehensvertrags oder Vertrags über eine entgeltliche Finanzierungshilfe, sofern Nummer 3 Buchstabe d eingehalten wird,

d) Kreditvertrags im Rahmen eines staatlichen Förderprogramms, der über eine Förderbank des Bundes oder der Länder abgewickelt wird und dessen Darlehenssumme zweckgebunden verwendet werden muss,

e) Kreditvertrags zur Absatzfinanzierung,

f) sonstigen Kreditvertrags, bei dem das Kreditkonto ausschließlich der Abwicklung des Kredits dient und die Rückzahlung des Kredits von einem Konto des Kreditnehmers bei einem Kreditinstitut im Sinne des § 1 Abs. 1 mit Ausnahme der in § 2 Abs. 1 Nr. 3 bis 8 genannten Unternehmen, bei einem Kreditinstitut in einem anderen Mitgliedstaat der Europäischen Union oder bei einer im Inland gelegenen Zweigstelle oder Zweigniederlassung eines Kreditinstituts mit Sitz im Ausland erfolgt,

g) Sparvertrags und

h) Leasingvertrags;

3. vorbehaltlich Satz 2 in sonstigen Fällen, soweit folgende Bedingungen erfüllt sind:

a) der Vertrag liegt in Schriftform vor,

b) die betreffenden Transaktionen werden über ein Konto des Kunden bei einem Kreditinstitut im Sinne des § 1 Abs. 1 mit Ausnahme der in § 2 Abs. 1 Nr. 3 bis 8 genannten Unternehmen, bei einem Kreditinstitut in einem anderen Mitgliedstaat der Europäischen Union, bei einer im Inland gelegenen Zweigstelle oder Zweigniederlassung eines Kreditinstituts mit Sitz im Ausland oder über ein in einem Drittstaat ansässiges Kreditinstitut abgewickelt, für das der Richtlinie 2005/60/EG gleichwertige Anforderungen gelten,

c) das Produkt oder die damit zusammenhängende Transaktion ist nicht anonym und ermöglicht die rechtzeitige Anwendung von § 3 Abs. 2 Satz 1 Nr. 3 des Geldwäschegesetzes und

d) die Leistungen aus dem Vertrag oder der damit zusammenhängenden Transaktion können nicht zugunsten Dritter ausgezahlt werden, außer bei Tod, Behinderung, Überschreiten einer bestimmten Altersgrenze oder in vergleichbaren Fällen;

4. vorbehaltlich Satz 2 bei Produkten oder damit zusammenhängenden Transaktionen, bei denen in Finanzanlagen oder Ansprüche, wie Versicherungen oder sonstige Eventualforderungen, investiert werden kann, sofern über die in Nummer 3 genannten Voraussetzungen hinaus:

a) die Leistungen aus dem Produkt oder der Transaktion nur langfristig auszahlbar sind,

b) das Produkt oder die Transaktion nicht als Sicherheit hinterlegt werden kann und

c) während der Laufzeit keine vorzeitigen Zahlungen geleistet und keine Rückkaufsklauseln in Anspruch genommen werden können und der Vertrag nicht vorzeitig gekündigt werden kann.

Ein geringes Risiko besteht in den Fällen des Satzes 1 Nr. 2 bis 4 jedoch nur, sofern folgende Schwellenwerte nicht überschritten werden:

1. für Verträge im Sinne des Satzes 1 Nr. 2 Buchstabe a, b, d und f oder für Verträge im Sinne des Satzes 1 Nr. 3 und 4 insgesamt 15 000 Euro an Zahlungen,
2. für Verträge im Sinne des Satzes 1 Nr. 2 Buchstabe c, e und h oder für sonstige Verträge, die der Finanzierung von Sachen oder ihrer Nutzung dienen und bei denen das Eigentum an der Sache bis zur Abwicklung des Vertrages nicht auf den Vertragspartner oder den Nutzer übergeht, 15 000 Euro an Zahlungen im Kalenderjahr,
3. für Sparverträge im Sinne des Satzes 1 Nr. 2 Buchstabe g bei periodischen Zahlungen 1 000 Euro im Kalenderjahr oder eine Einmalzahlung in Höhe von 2 500 Euro.

(2) Absatz 1 findet keine Anwendung, wenn einem Institut im Hinblick auf eine konkrete Transaktion oder Geschäftsbeziehung Informationen vorliegen, die darauf schließen lassen, dass das Risiko der Geldwäsche oder der Terrorismusfinanzierung nicht gering ist.

§ 25e
Vereinfachungen bei der Durchführung der Identifizierung

Abweichend von § 4 Abs. 1 des Geldwäschegesetzes kann die Überprüfung der Identität des Vertragspartners und des wirtschaftlich Berechtigten auch unverzüglich nach der Eröffnung eines Kontos oder Depots abgeschlossen werden. In diesem Fall muss sichergestellt sein, dass vor Abschluss der Überprüfung der Identität keine Gelder von dem Konto oder dem Depot abverfügt werden können.

§ 25f
Verstärkte Sorgfaltspflichten

(1) Institute haben über § 6 des Geldwäschegesetzes hinaus verstärkte, dem erhöhten Risiko angemessene Sorgfaltspflichten auch bei der Abwicklung des Zahlungsverkehrs im Rahmen von Geschäftsbeziehungen zu Korrespondenzinstituten mit Sitz in einem Drittstaat zu erfüllen. Soweit sich diese Geschäftsbeziehungen nicht auf die Abwicklung des Zahlungsverkehrs beziehen, bleibt § 5 Abs. 2 Nr. 1 des Geldwäschegesetzes hiervon unberührt. § 3 Abs. 4 Satz 2 des Geldwäschegesetzes findet entsprechende Anwendung.

(2) Institute haben in den Fällen des Absatzes 1

1. ausreichende, öffentlich verfügbare Informationen über das Korrespondenzinstitut und seine Geschäfts- und Leitungsstruktur einzuholen, um sowohl vor als auch während einer solchen Geschäftsbeziehung die Art der Geschäftstätigkeit des Korrespondenzinstituts in vollem Umfang verstehen und seinen Ruf und seine Kontrollen zur Bekämpfung der Geldwäsche und der Terrorismusfinanzierung sowie die Qualität der Aufsicht bewerten zu können,

2. vor Begründung einer solchen Geschäftsbeziehung die jeweiligen Verantwortlichkeiten der beiden Institute in Bezug auf die Erfüllung der Sorgfaltspflichten festzulegen und zu dokumentieren,

3. sicherzustellen, dass vor Begründung einer solchen Geschäftsbeziehung durch einen für den Verpflichteten Handelnden, die Zustimmung des diesem unmittelbar Vorgesetzten oder der ihm unmittelbar übergeordneten Führungsebene eingeholt wird,

4. Maßnahmen zu ergreifen, um sicherzustellen, dass das Korrespondenzinstitut keine Geschäftsbeziehung mit einem Kreditinstitut begründet oder fortsetzt, von dem bekannt ist, dass seine Konten von einer Bank-Mantelgesellschaft im Sinne des Artikels 3 Nr. 10 der Richtlinie 2005/60/EG des Europäischen Parlaments und des Rates vom 26. Oktober 2005 zur Verhinderung der Nutzung des Finanzsystems zum Zwecke der Geldwäsche und der Terrorismusfinanzierung (ABl. EU Nr. L 309 S. 15), die zuletzt durch die Richtlinie 2007/64/EG des Europäischen Parlaments und des Rates vom 13. November 2007 (ABl. EU Nr. L 319 S. 1) geändert worden ist, genutzt werden, und

5. Maßnahmen zu ergreifen, um sicherzustellen, dass das Korrespondenzinstitut keine Transaktionen über Durchlaufkonten zulässt.

(3) Abweichend von § 3 Abs. 2 Satz 1 Nr. 2 des Geldwäschegesetzes bestehen die Sorgfaltspflichten nach § 3 Abs. 1 Nr. 1 und 3 des Geldwäschegesetzes für Verpflichtete nach § 2 Abs. 1 Nr. 1 und 2 des Geldwäschegesetzes bei der Annahme von Bargeld ungeachtet etwaiger im Geldwäschegesetz oder in diesem Gesetz genannter Schwellenbeträge, soweit ein Sortengeschäft im Sinne des § 1 Abs. 1a Satz 2 Nr. 7 nicht über ein bei dem Verpflichteten eröffnetes Konto des Kunden abgewickelt wird und die Transaktion einen Wert von 2 500 Euro oder mehr aufweist.

§ 25g
Gruppenweite Einhaltung von Sorgfaltspflichten

(1) [1] Die in § 25c Abs. 1 genannten Institute und Unternehmen haben als übergeordnete Unternehmen in Bezug auf ihre nachgeordneten Unternehmen, Zweigstellen und Zweigniederlassungen gruppenweite interne Sicherungsmaßnahmen nach § 9 des Geldwäschegesetzes und § 25c Abs. 1 zu schaffen, die Einhaltung der Sorgfaltspflichten nach den §§ 3, 5 und 6 des Geldwäschegesetzes und den §§ 25d und 25f sowie der Aufzeichnungs- und Aufbewahrungspflicht nach § 8 des Geldwäschegesetzes sicherzustellen. [2] Verantwortlich für die ordnungsgemäße Erfüllung der Pflichten nach Satz 1 sind die Geschäftsleiter im Sinne des § 1 Abs. 2 Satz 1. [3] Soweit die nach Satz 1 im Rahmen der Begründung oder Durchführung von Geschäftsbeziehungen oder Transaktionen zu treffenden Maßnahmen in einem Drittstaat, in dem das Unternehmen ansässig ist, nach dem Recht des betroffenen Staates nicht zulässig oder tatsächlich nicht durchführbar sind, hat das übergeordnete Unternehmen oder Mutterunternehmen sicherzustellen, dass ein nachgeordnetes Unternehmen, eine Zweigstelle oder Zweigniederlassung in diesem Drittstaat keine Geschäftsbeziehung begründet oder fortsetzt und keine Transaktionen durchführt. [4] Soweit eine Geschäftsbeziehung bereits besteht, hat das übergeordnete Unternehmen oder Mutterunternehmen sicherzustellen, dass diese von dem nachgeordneten Unternehmen, der Zweigstelle oder der Zweigniederlassung ungeachtet anderer gesetzlicher oder vertraglicher Bestimmungen durch Kündigung oder auf andere Weise beendet wird. [5] Für den Fall, dass am ausländischen Sitz eines nachgeordneten

Unternehmens, einer Zweigstelle oder einer Zweigniederlassung strengere Pflichten gelten, sind dort diese strengeren Pflichten zu erfüllen.

(2) [1] Finanzholding-Gesellschaften oder gemischte Finanzholding-Gesellschaften, die nach § 10a Abs. 3 Satz 6 oder Satz 7 oder § 10b Abs. 3 Satz 8 als übergeordnetes Unternehmen gelten, sind Verpflichtete im Sinne des § 2 Abs. 1 Nr. 1 des Geldwäschegesetzes. [2] Sie unterliegen insoweit auch der Aufsicht der Bundesanstalt nach § 16 Abs. 1 in Verbindung mit Abs. 2 Nr. 2 des Geldwäschegesetzes.

§ 25h
Verbotene Geschäfte

Verboten sind:

1. die Aufnahme oder Fortführung einer Korrespondenz- oder sonstigen Geschäftsbeziehung mit einer Bank-Mantelgesellschaft im Sinne des Artikels 3 Nr. 10 der Richtlinie 2005/60/EG und
2. die Errichtung und Führung von Konten auf den Namen des Instituts oder für dritte Institute, über die Kunden zur Durchführung von eigenen Transaktionen eigenständig verfügen können; § 154 Abs. 1 der Abgabenordnung bleibt unberührt.

5b. Vorlage von Rechnungslegungsunterlagen

§ 26
Vorlage von Jahresabschluß, Lagebericht und Prüfungsberichten

(1) [1] Die Institute haben den Jahresabschluß in den ersten drei Monaten des Geschäftsjahres für das vergangene Geschäftsjahr aufzustellen und den aufgestellten sowie später den festgestellten Jahresabschluß und den Lagebericht der Bundesanstalt und der Deutschen Bundesbank nach Maßgabe des Satzes 2 jeweils unverzüglich einzureichen. [2] Der Jahresabschluß muß mit dem Bestätigungsvermerk oder einem Vermerk über die Versagung der Bestätigung versehen sein. [3] Der Abschlußprüfer hat den Bericht über die Prüfung des Jahresabschlusses (Prüfungsbericht) unverzüglich nach Beendigung der Prüfung der Bundesanstalt und der Deutschen Bundesbank einzureichen. [4] Bei Kreditinstituten, die einem genossenschaftlichen Prüfungsverband angehören oder durch die Prüfungsstelle eines Sparkassen- und Giroverbandes geprüft werden, hat der Abschlußprüfer den Prüfungsbericht nur auf Anforderung der Bundesanstalt einzureichen.

(2) Hat im Zusammenhang mit einer Sicherungseinrichtung eine zusätzliche Prüfung stattgefunden, hat der Prüfer oder der Prüfungsverband den Bericht über diese Prüfung der Bundesanstalt und der Deutschen Bundesbank unverzüglich einzureichen.

(3) [1] Ein Institut, das einen Konzernabschluß oder einen Konzernlagebericht aufstellt, hat diese Unterlagen der Bundesanstalt und der Deutschen Bundesbank unverzüglich einzureichen. [2] Das übergeordnete Unternehmen einer Finanzholding-Gruppe im Sinne des § 10a Absatz 3 oder eines Finanzkonglomerats hat einen Konzernabschluss oder einen Konzernlagebericht unverzüglich einzureichen, wenn die Finanzholding-Gesellschaft an der Spitze der Gruppe oder die gemischte Finanzholding-Gesellschaft an der Spitze des Finanzkonglomerats einen Konzernabschluss oder

Konzernlagebericht aufstellt. [3]Der Konzernabschlussprüfer hat die Prüfungsberichte über die in den Sätzen 1 und 2 genannten Konzernabschlüsse und Konzernlageberichte unverzüglich nach Beendigung seiner Prüfung bei der Bundesanstalt und der Deutschen Bundesbank einzureichen. [4] Bei Kreditinstituten, die einem genossenschaftlichen Prüfungsverband angehören oder durch die Prüfungsstelle eines Sparkassen- und Giroverbandes geprüft werden, hat der Prüfer den Prüfungsbericht nur auf Anforderung der Bundesanstalt einzureichen.

(4) Die Bestimmungen des Absatzes 3 gelten entsprechend für einen Einzelabschluss nach § 325 Abs. 2a des Handelsgesetzbuchs.

5c. Offenlegung

§ 26a
Offenlegung durch die Institute

(1) [1] Ein Institut muss regelmäßig qualitative und quantitative Informationen über sein Eigenkapital, die eingegangenen Risiken und seine Risikomanagementverfahren, einschließlich der nach § 10 Abs. 1 Satz 2 verwandten internen Modelle, der Kreditrisikominderungstechniken und der Verbriefungstransaktionen veröffentlichen und über förmliche Verfahren und Regelungen zur Erfüllung dieser Offenlegungspflichten verfügen. [2] Die Regelungen müssen auch die regelmäßige Überprüfung der Angemessenheit und Zweckmäßigkeit der Offenlegungspraxis des Instituts vorsehen. [3] Nähere Anforderungen an den Inhalt der offen zu legenden Informationen und die Verfahren und Regelungen zur Erfüllung der Offenlegungspflicht können durch die Rechtsverordnung nach § 10 Abs. 1 Satz 9 Nr. 7 geregelt werden.

(2) [1] Eine Offenlegungspflicht besteht nicht für solche Informationen, die nicht wesentlich, rechtlich geschützt oder vertraulich sind. [2] Informationen gelten insbesondere dann als

1. wesentlich, wenn ihre Auslassung oder fehlerhafte Angabe die Beurteilung oder die Entscheidung des Nutzers, der sich bei wirtschaftlichen Entscheidungen auf diese Informationen stützt, ändern oder beeinflussen kann;
2. rechtlich geschützt, wenn ihre öffentliche Bekanntgabe die Wettbewerbsposition des Instituts schwächen würde;
3. vertraulich, wenn sie auf vertraglicher Basis zur Verfügung gestellt wurden oder aus einer Geschäftsverbindung resultieren.

[3] In diesen Fällen legt das Institut den Grund für die Nichtoffenlegung solcher Informationen dar und veröffentlicht allgemeinere Angaben zu den unter Satz 1 Nr. 2 und 3 fallenden Informationen, es sei denn, diese sind nach den in Satz 2 Nummer 2 und 3 genannten Kriterien ebenfalls als rechtlich geschützt oder vertraulich einzustufen.

(3) Kommt ein Institut seinen Offenlegungspflichten in anderen als den in Absatz 2 genannten Fällen nicht, nicht richtig, nicht vollständig oder nicht rechtzeitig nach, kann die Bundesanstalt im Einzelfall Anordnungen treffen, die geeignet und erforderlich sind, die ordnungsgemäße Offenlegung der Informationen zu veranlassen.

(4) [1] Die Absätze 1 bis 3 gelten für Institutsgruppen und Finanzholding-Gruppen nach § 10a Abs. 1 bis 5 mit der Maßgabe entsprechend, dass die in § 1 Abs. [2] Satz 1 bezeichneten Personen des übergeordneten Unternehmens für die ordnungsgemäße Offenlegung der Institutsgruppe oder der Finanzholding-Gruppe verantwortlich sind. 2 § 10a Abs. 12 und 13 Satz 1 und 2 gilt entsprechend. [3] In den Fällen nach Satz 1 entfällt eine Offenlegung von Informationen nach den Absätzen 1 bis 3 für das Einzelinstitut.

6. Prüfung und Prüferbestellung

§ 27
(aufgehoben)

§ 28
Bestellung des Prüfers in besonderen Fällen

(1) [1] Die Institute haben der Bundesanstalt und der Deutschen Bundesbank den von ihnen bestellten Prüfer unverzüglich nach der Bestellung anzuzeigen. [2] Die Bundesanstalt kann innerhalb eines Monats nach Zugang der Anzeige die Bestellung eines anderen Prüfers verlangen, wenn dies zur Erreichung des Prüfungszwecks geboten ist. [3]Hat das Institut eine Wirtschaftsprüfungsgesellschaft zum Prüfer bestellt, die in einem der beiden vorangegangenen Geschäftsjahre Prüfer des Instituts war, kann die Bundesanstalt den Wechsel des verantwortlichen Prüfungspartners verlangen, wenn die vorangegangene Prüfung einschließlich des Prüfungsberichts den Prüfungszweck nicht erfüllt hat; § 319a Absatz 1 Satz 5 des Handelsgesetzbuchs gilt entsprechend. [4]Widerspruch und Anfechtungsklage gegen Maßnahmen nach Satz 2 oder Satz 3 haben keine aufschiebende Wirkung.

(2) [1] Das Registergericht des Sitzes des Instituts hat auf Antrag der Bundesanstalt einen Prüfer zu bestellen, wenn

1. die Anzeige nach Absatz 1 Satz 1 nicht unverzüglich nach Ablauf des Geschäftsjahres erstattet wird;
2. das Institut dem Verlangen auf Bestellung eines anderen Prüfers nach Absatz 1 Satz 2 nicht unverzüglich nachkommt;
3. der gewählte Prüfer die Annahme des Prüfungsauftrages abgelehnt hat, weggefallen ist oder am rechtzeitigen Abschluß der Prüfung verhindert ist und das Institut nicht unverzüglich einen anderen Prüfer bestellt hat.

[2] Die Bestellung durch das Gericht ist endgültig. [3] § 318 Abs. 5 des Handelsgesetzbuchs ist entsprechend anzuwenden. [4] Das Registergericht kann auf Antrag der Bundesanstalt einen nach Satz 1 bestellten Prüfer abberufen.

(3) Die Absätze 1 und 2 gelten nicht für Kreditinstitute, die einem genossenschaftlichen Prüfungsverband angehören oder durch die Prüfungsstelle eines Sparkassen- und Giroverbandes geprüft werden.

§ 29
Besondere Pflichten des Prüfers

(1) [1] Bei der Prüfung des Jahresabschlusses sowie eines Zwischenabschlusses hat der Prüfer auch die wirtschaftlichen Verhältnisse des Instituts zu prüfen. [2] Bei der Prüfung des Jahresabschlusses hat er insbesondere festzustellen, ob das Institut die Anzeigepflichten nach den §§ 10, 10b, 11, 12a, 13 bis 13d und 14 Abs. 1, nach den §§ 15, 24 und 24a jeweils auch in Verbindung mit einer Rechtsverordnung nach § 24 Abs. 4 Satz 1, nach § 24a auch in Verbindung mit einer Rechtsverordnung nach § 24a Abs. 5, sowie die Anforderungen nach § 1a Abs. 4 bis 8 jeweils auch in Verbindung mit einer Rechtsverordnung nach § 1a Abs. 9, nach den §§ 10 bis 10b, 11, 12, 13 bis 13d, 18, 25a Absatz 1 Satz 3 und 6 Nummer 1, Abs. 1a und 2 und § 26a, sowie nach den §§ 13 bis 13c und 14 Abs. 1 jeweils auch in Verbindung mit einer Rechtsverordnung nach § 22 erfüllt hat. [3] Macht ein Institut von der Ausnahme nach § 2a Gebrauch, hat der Prüfer das Vorliegen der dort genannten Voraussetzungen zu prüfen. [4] Hat die Bundesanstalt nach § 30 gegenüber dem Institut Bestimmungen über den Inhalt der Prüfung getroffen, sind diese vom Prüfer zu berücksichtigen. [5] Sofern dem haftenden Eigenkapital des Instituts nicht realisierte Reserven zugerechnet werden, hat der Prüfer bei der Prüfung des Jahresabschlusses auch zu prüfen, ob bei der Ermittlung dieser Reserven § 10 Abs. 4a bis 4c beachtet worden ist. [6] Das Ergebnis ist in den Prüfungsbericht aufzunehmen.

(2) [1] Der Prüfer hat auch zu prüfen, ob das Institut seinen Verpflichtungen nach den §§ 24c und 25c bis 25h, dem Geldwäschegesetz und der Verordnung (EG) Nr. 1781/2006 nachgekommen ist. [2] Bei Instituten, die das Depotgeschäft betreiben, hat er dieses Geschäft besonders zu prüfen, soweit es nicht nach § 36 Abs. 1 Satz 2 des Wertpapierhandelsgesetzes zu prüfen ist; diese Prüfung hat sich auch auf die Einhaltung des § 128 des Aktiengesetzes über Mitteilungspflichten und des § 135 des Aktiengesetzes über die Ausübung des Stimmrechts zu erstrecken. [3] Über die Prüfungen nach den Sätzen 1 und 2 ist jeweils gesondert zu berichten; § 26 Abs. 1 Satz 3 gilt entsprechend.

(3) [1] Der Prüfer hat unverzüglich der Bundesanstalt und der Deutschen Bundesbank anzuzeigen, wenn ihm bei der Prüfung Tatsachen bekannt werden, welche die Einschränkung oder Versagung des Bestätigungsvermerkes rechtfertigen, die den Bestand des Instituts gefährden oder seine Entwicklung wesentlich beeinträchtigen können, die einen erheblichen Verstoß gegen die Vorschriften über die Zulassungsvoraussetzungen des Instituts oder die Ausübung einer Tätigkeit nach diesem Gesetz darstellen oder die schwerwiegende Verstöße der Geschäftsleiter gegen Gesetz, Satzung oder Gesellschaftsvertrag erkennen lassen. [2] Auf Verlangen der Bundesanstalt oder der Deutschen Bundesbank hat der Prüfer ihnen den Prüfungsbericht zu erläutern und sonstige bei der Prüfung bekannt gewordene Tatsachen mitzuteilen, die gegen eine ordnungsmäßige Durchführung der Geschäfte des Instituts sprechen. [3] Die Anzeige-, Erläuterungs- und Mitteilungspflichten nach den Sätzen 1 und 2 bestehen auch in Bezug auf ein Unternehmen, das mit dem Institut in enger Verbindung steht, sofern dem Prüfer die Tatsachen im Rahmen der Prüfung des Instituts bekannt werden. [4] Der Prüfer haftet nicht für die Richtigkeit von Tatsachen, die er nach diesem Absatz in gutem Glauben anzeigt.

(4) [1] Das Bundesministerium der Finanzen wird ermächtigt, im Einvernehmen mit dem Bundesministerium der Justiz und nach Anhörung der Deutschen Bundesbank durch Rechtsverordnung nähere Bestimmungen über

1. den Gegenstand der Prüfung nach den Absätzen 1 und 2,
2. den Zeitpunkt ihrer Durchführung und
3. den Inhalt der Prüfungsberichte

zu erlassen, soweit dies zur Erfüllung der Aufgaben der Bundesanstalt erforderlich ist, insbesondere um Missstände, welche die Sicherheit der einem Institut anvertrauten Vermögenswerte gefährden oder die ordnungsgemäße Durchführung der Bankgeschäfte oder Finanzdienstleistungen beeinträchtigen können, zu erkennen sowie einheitliche Unterlagen zur Beurteilung der von den Instituten durchgeführten Geschäfte zu erhalten. [2] In der Rechtsverordnung kann bestimmt werden, dass die in den Absätzen 1 bis 3 geregelten Pflichten auch bei der Prüfung des Konzernabschlusses einer Instituts- oder Finanzholding-Gruppe oder eines Finanzkonglomerats einzuhalten sind; nähere Bestimmungen über den Gegenstand der Prüfung, den Zeitpunkt ihrer Durchführung und den Inhalt des Prüfungsberichts können dabei nach Maßgabe des Satzes 1 erlassen werden. [3] Das Bundesministerium der Finanzen kann die Ermächtigung durch Rechtsverordnung auf die Bundesanstalt übertragen.

§ 30
Bestimmung von Prüfungsinhalten

[1] Unbeschadet der besonderen Pflichten des Prüfers nach § 29 kann die Bundesanstalt auch gegenüber dem Institut Bestimmungen über den Inhalt der Prüfung treffen, die vom Prüfer im Rahmen der Jahresabschlussprüfung zu berücksichtigen sind. [2] Sie kann insbesondere Schwerpunkte für die Prüfungen festlegen.

7. Befreiungen

§ 31
Befreiungen

(1) [1] Das Bundesministerium der Finanzen kann nach Anhörung der Deutschen Bundesbank durch Rechtsverordnung

1. alle Institute oder Arten oder Gruppen von Instituten von der Pflicht zur Anzeige bestimmter Kredite und Tatbestände nach § 10 Abs. 8 Satz 3, § 13 Abs. 1, § 13a Abs. 1, § 14 Abs. 1 sowie § 24 Abs. 1 Nr. 1 bis 4 und 6 und Abs. 1a, Arten oder Gruppen von Instituten von der Pflicht zur Einreichung von Monatsausweisen nach § 25 oder von der Pflicht nach § 26 Abs. 1 Satz 2, den Jahresabschluß in einer Anlage zu erläutern, sowie Geschäftsleiter eines Instituts von der Pflicht zur Anzeige von Beteiligungen nach § 24 Abs. 3 Nr. 2 freistellen, wenn die Angaben für die Aufsicht ohne Bedeutung sind;
2. Arten oder Gruppen von Instituten von der Einhaltung der Vorschriften der § 13 Abs. 3 sowie des § 26 freistellen, wenn die Eigenart des Geschäftsbetriebes dies rechtfertigt.

^{2} Das Bundesministerium der Finanzen kann diese Ermächtigung durch Rechtsverordnung auf die Bundesanstalt mit der Maßgabe übertragen, daß die Rechtsverordnung im Benehmen mit der Deutschen Bundesbank ergeht.

(2) ^{1} Die Bundesanstalt kann einzelne Institute von Verpflichtungen nach § 13 Abs. 1 und 2, § 13a Abs. 1 und 2, § 15 Abs. 1 Satz 1 Nr. 6 bis 11 und Abs. 2, § 24 Abs. 1 Nr. 1 bis 4, den §§ 25, 26 und 29 Abs. 2 Satz 2 sowie von der Verpflichtung nach § 15 Abs. 1 Satz 1, Kredite nur zu marktmäßigen Bedingungen zu gewähren, freistellen, wenn dies aus besonderen Gründen, insbesondere wegen der Art oder des Umfanges der betriebenen Geschäfte, angezeigt ist. ^{2} Die Freistellung kann auf Antrag des Instituts oder von Amts wegen erfolgen.

(3) ^{1} Ein übergeordnetes Unternehmen im Sinne von § 10a Abs. 1 bis 3 und § 13b Abs. 2 kann von der Einbeziehung einzelner nachgeordneter Unternehmen im Sinne von § 10a Abs. 1 bis 5 und § 13b Abs. 2 in die Zusammenfassung nach § 10a Abs. 6 bis 12, § 12a Abs. 1 Satz 1 und § 13b Abs. 3 und 4 und § 25 Abs. 2 absehen, wenn und solange die Bilanzsumme des einzelnen nachgeordneten Unternehmens niedriger als der kleinere der folgenden zwei Beträge ist:

1. 10 Millionen Euro oder
2. 1 vom Hundert der Bilanzsumme des einer Institutsgruppe übergeordneten Unternehmens oder der die Beteiligung haltenden Finanzholding-Gesellschaft.

^{2} Das übergeordnete Unternehmen hat der Bundesanstalt und der Deutschen Bundesbank die Absicht, Satz 1 für ein Unternehmen in Anspruch zu nehmen, unverzüglich anzuzeigen sowie einmal jährlich in einer Sammelanzeige mitzuteilen, welche Unternehmen es nach Satz 1 von der Einbeziehung in die Zusammenfassung nach § 10a Abs. 6 bis 12, § 12a Abs. 1 Satz 1, § 13b Abs. 3 und 4 und § 25 Abs. 2 ausgenommen hat. ^{3} Die Bundesanstalt kann anordnen, dass einzelne oder mehrere nach Satz 1 von der Zusammenfassung ausgenommene nachgeordnete Unternehmen wieder in die Zusammenfassung aufgenommen werden, wenn die Gesamtheit dieser Unternehmen für die Aufsicht auf zusammengefasster Basis nicht von untergeordneter Bedeutung ist. ^{4} In anderen als den in Satz 1 genannten Fällen kann die Bundesanstalt auf Antrag einzelne übergeordnete Unternehmen im Sinne des § 10a Abs. 1 bis 3 und des § 13b Abs. 2 von Verpflichtungen nach § 10a Abs. 6 bis 12, § 12a Abs. 1 Satz 1 und § 13b Abs. 3 und 4 und § 25 Abs. 2 hinsichtlich einzelner nachgeordneter Unternehmen im Sinne des § 10a Abs. 1 bis 5 und des § 13b Abs. 2 freistellen, wenn deren Einbeziehung für die Aufsicht auf zusammengefasster Basis ohne oder von untergeordneter Bedeutung ist. ^{5}Für einzelne gruppenangehörige Unternehmen ist eine Freistellung auf Antrag des übergeordneten Instituts oder von Amts wegen auch zulässig, wenn nach Auffassung der Bundesanstalt ihre Einbeziehung in die Aufsicht auf zusammengefasster Basis ungeeignet oder irreführend wäre. ^{6} Die Sätze 1 bis 5 gelten entsprechend für Institute, die nach § 10a Abs. 14 zur Ermittlung der zusammengefassten Eigenmittel verpflichtet sind.

(4) ^{1} Die Bundesanstalt kann unter folgenden Bedingungen einzelne Institutsgruppen und Finanzholding-Gruppen von der Anforderung des § 10 Abs. 1 Satz 1 zur Ermittlung der Eigenmittelausstattung auf zusammengefasster Basis freistellen:

1. der Gruppe gehören keine Einlagenkreditinstitute und E-Geld-Institute sowie keine Institute an, die das Emissionsgeschäft betreiben oder die auf eigene Rechnung mit Finanzinstrumenten handeln,
2. jedes gruppenangehörige Institut mit Sitz innerhalb des Europäischen Wirtschaftsraums ermittelt seine Eigenmittel im Sinne von § 10 Abs. 2, gemindert um alle Eventualverbindlichkeiten, die es zugunsten von gruppenangehörigen Unternehmen übernommen hat,
3. jedes gruppenangehörige Institut mit Sitz innerhalb des Europäischen Wirtschaftsraums erfüllt die Anforderung des § 10 Abs. 1 Satz 1 auf Einzelebene,
4. die Positionen nach „§ 10 Absatz 2a Satz 1 Nummer 1 bis 10 und Abs. 2b Satz 1 Nr. 1 bis 8 einer Finanzholding-Gesellschaft, die ein gruppenangehöriges Unternehmen ist, müssen mindestens der Summe der in § 10a Abs. 6 Satz 3 Nr. 1 aufgezählten Positionen sowie der zugunsten von gruppenangehörigen Unternehmen übernommenen Eventualverbindlichkeiten entsprechen,
5. jede Finanzholding-Gesellschaft, die an der Spitze einer Finanzholding-Gruppe steht, muss mindestens in einem Umfang über Eigenkapital verfügen, der der Summe der in § 10a Abs. 6 Satz 3 Nr. 1 aufgezählten Positionen sowie der zugunsten von gruppenangehörigen Unternehmen übernommenen Eventualverbindlichkeiten entspricht,
6. jedes gruppenangehörige Institut mit Sitz innerhalb des Europäischen Wirtschaftsraums muss über Systeme verfügen, um die Herkunft der Eigenmittel und der weiteren Finanzierungsquellen aller gruppenangehörigen Unternehmen zu überwachen und zu steuern,
7. das übergeordnete Unternehmen der Gruppe informiert die Bundesanstalt und die Deutsche Bundesbank über alle Risiken, die die finanzielle Situation der Institutsgruppe oder Finanzholding-Gruppe beeinträchtigen können.

[2] Abweichend von Satz 1 Nr. 4 und 5 kann die Bundesanstalt eine Freistellung nach Satz 1 auch dann gewähren, wenn die Finanzholding-Gesellschaft, die die Muttergesellschaft eines Finanzdienstleistungsinstituts dieser Gruppe ist, über Eigenkapital verfügt, das der Summe der Anforderungen des § 10 Abs. 1 Satz 1 auf Einzelebene für die der Finanzholding-Gesellschaft nachgeordneten Finanzdienstleistungsinstitute sowie der zugunsten von gruppenangehörigen Unternehmen übernommenen Eventualverbindlichkeiten entspricht; für Wertpapierhandelsunternehmen aus Drittstaaten sind fiktive Eigenmittelanforderungen zu berechnen. [3] Institute, die einer nach Satz 1 freigestellten Institutsgruppe oder Finanzholding-Gruppe angehören, müssen die in § 10 Abs. 6 Satz 1 genannten Positionen an gruppenangehörigen Unternehmen, die bei diesen dem Kernkapital zugerechnet werden, bei der Berechnung der Relationen nach § 10 Absatz 2 Satz 6 und 7 und der Ermittlung des freien Kernkapitals nach § 10 Abs. 2c vom Kernkapital abziehen; schwer realisierbare Aktiva nach § 10 Abs. 2c Satz 4 sowie die Verluste ihrer Tochterunternehmen sind von den Eigenmitteln abzuziehen.

(5) [1] Die Bundesanstalt kann einzelne übergeordnete Finanzkonglomeratsunternehmen im Sinne des § 10b Abs. 3 Satz 6 bis 8 oder Abs. 4 von Verpflichtungen nach § 10b hinsichtlich einzelner nachgeordneter Finanzkonglomeratsunternehmen im Sinne des § 10b Abs. 3 Satz 5 freistellen, wenn und solange die Einbeziehung dieser Unternehmen für die Aufsicht auf Konglomeratsebene ohne Bedeutung ist und es der Bundesanstalt ermöglicht wird, die Einhaltung dieser Voraussetzungen zu überprüfen. [2] Die Bundesanstalt hat von einer

Freistellung nach Satz 1 abzusehen, wenn mehrere nachgeordnete Finanzkonglomeratsunternehmen die Voraussetzung für eine Freistellung zwar erfüllen, die Gesamtheit dieser Unternehmen für die Aufsicht auf Konglomeratsebene aber nicht von untergeordneter Bedeutung ist. [3] Für einzelne nachgeordnete Finanzkonglomeratsunternehmen im Sinne des § 10b Abs. 3 Satz 5 ist eine Freistellung auch zulässig, wenn nach Auffassung der Bundesanstalt ihre Einbeziehung in die Aufsicht auf Konglomeratsebene ungeeignet oder irreführend wäre. [4] Freistellungen nach Satz 1 oder 3 können auf Antrag des übergeordneten Finanzkonglomeratsunternehmens oder von Amts wegen erfolgen.

(6) Die Bundesanstalt kann die Anforderungen nach § 18a Absatz 1 und 2 in Zeiten allgemein angespannter Marktliquidität zeitweise aussetzen.

Dritter Abschnitt
Vorschriften über die Beaufsichtigung der Institute

1. Zulassung zum Geschäftsbetrieb

§ 32
Erlaubnis

(1) [1] Wer im Inland gewerbsmäßig oder in einem Umfang, der einen in kaufmännischer Weise eingerichteten Geschäftsbetrieb erfordert, Bankgeschäfte betreiben oder Finanzdienstleistungen erbringen will, bedarf der schriftlichen Erlaubnis der Bundesanstalt; § 37 Abs. 4 des Verwaltungsverfahrensgesetzes ist anzuwenden. [2] Der Erlaubnisantrag muß enthalten

1. einen geeigneten Nachweis der zum Geschäftsbetrieb erforderlichen Mittel;
2. die Angabe der Geschäftsleiter;
3. die Angaben, die für die Beurteilung der Zuverlässigkeit der Antragsteller und der in § 1 Abs. 2 Satz 1 bezeichneten Personen erforderlich sind;
4. die Angaben, die für die Beurteilung der zur Leitung des Instituts erforderlichen fachlichen Eignung der Inhaber und der in § 1 Abs. 2 Satz 1 bezeichneten Personen erforderlich sind;
5. einen tragfähigen Geschäftsplan, aus dem die Art der geplanten Geschäfte, der organisatorische Aufbau und die geplanten internen Kontrollverfahren des Instituts hervorgehen;
6. sofern an dem Institut bedeutende Beteiligungen gehalten werden:
   a. die Angabe der Inhaber bedeutender Beteiligungen,
   b. die Höhe dieser Beteiligungen,
   c. die für die Beurteilung der Zuverlässigkeit dieser Inhaber oder gesetzlichen Vertreter oder persönlich haftenden Gesellschafter erforderlichen Angaben,
   d. sofern diese Inhaber Jahresabschlüsse aufzustellen haben: die Jahresabschlüsse der letzten drei Geschäftsjahre nebst Prüfungsberichten von unabhängigen Abschlußprüfern, sofern solche zu erstellen sind, und
   e. sofern diese Inhaber einem Konzern angehören: die Angabe der Konzernstruktur und, sofern solche Abschlüsse aufzustellen sind, die konsolidierten Konzernabschlüsse der letzten drei Geschäftsjahre nebst Prüfungsberichten von unabhängigen Abschlußprüfern, sofern solche zu erstellen sind;

7. die Angabe der Tatsachen, die auf eine enge Verbindung zwischen dem Institut und anderen natürlichen Personen oder anderen Unternehmen hinweisen;
8. die Angabe der Mitglieder des Verwaltungs- oder Aufsichtsorgans nebst der zur Beurteilung ihrer Zuverlässigkeit und Sachkunde erforderlichen Tatsachen.

[3] Die nach Satz 2 einzureichenden Anzeigen und vorzulegenden Unterlagen sind durch Rechtsverordnung nach § 24 Abs. 4 näher zu bestimmen. [4] Die Pflichten nach Satz 2 Nr. 6 Buchstabe d und e bestehen nicht für Finanzdienstleistungsinstitute.

(1a) [1]Wer neben dem Betreiben von Bankgeschäften oder der Erbringung von Finanzdienstleistungen im Sinne des § 1 Absatz 1a Satz 2 Nummer 1 bis 5 und 11 auch Finanzinstrumente für eigene Rechnung anschaffen oder veräußern will, ohne die Voraussetzungen für den Eigenhandel zu erfüllen (Eigengeschäft), bedarf auch hierfür der schriftlichen Erlaubnis der Bundesanstalt. [2]Absatz 1 Satz 1 Halbsatz 2 und die Absätze 2, 4 und 5 sowie die §§ 33 bis 38 sind entsprechend anzuwenden.

(2) [1] Die Bundesanstalt kann die Erlaubnis unter Auflagen erteilen, die sich im Rahmen des mit diesem Gesetz verfolgten Zweckes halten müssen. [2] Sie kann die Erlaubnis auf einzelne Bankgeschäfte oder Finanzdienstleistungen beschränken.

(3) Vor Erteilung der Erlaubnis hat die Bundesanstalt die für das Institut in Betracht kommende Sicherungseinrichtung zu hören.

(3a) Mit der Erteilung der Erlaubnis ist dem Institut, sofern es nach § 8 Abs. 1 des Einlagensicherungs- und Anlegerentschädigungsgesetzes beitragspflichtig ist, die Entschädigungseinrichtung mitzuteilen, der das Institut zugeordnet ist.

(4) Die Bundesanstalt hat die Erteilung der Erlaubnis im elektronischen Bundesanzeiger bekannt zu machen.

(5) 1 Die Bundesanstalt hat auf ihrer Internetseite ein Institutsregister zu führen, in das sie alle inländischen Institute, denen eine Erlaubnis nach Absatz 1, auch in Verbindung mit § 53 Abs. 1 und 2, erteilt worden ist, mit dem Datum der Erteilung und dem Umfang der Erlaubnis und gegebenenfalls dem Datum des Erlöschens oder der Aufhebung der Erlaubnis einzutragen hat. [2] [Satz 2 tritt bereits am 20. Juli 2007 in Kraft] Das Bundesministerium der Finanzen kann durch Rechtsverordnung, die nicht der Zustimmung des Bundesrates bedarf, nähere Bestimmungen zum Inhalt des Registers und den Mitwirkungspflichten der Institute bei der Führung des Registers erlassen.

(6) Soweit einem Zahlungsinstitut eine Erlaubnis nach § 8 Abs. 1 des Zahlungsdiensteaufsichtsgesetzes erteilt worden ist und dieses zusätzlich Finanzdienstleistungen im Sinne des § 1 Abs. 1a Satz 2 Nr. 9 erbringt, bedarf dieses Zahlungsinstitut keiner Erlaubnis nach Absatz 1. Die Anzeigepflicht nach § 14 Abs. 1 ist zu erfüllen und § 14 Abs. 2 bis 4 anzuwenden.

§ 33
Versagung der Erlaubnis

(1) [1] Die Erlaubnis ist zu versagen, wenn

1. die zum Geschäftsbetrieb erforderlichen Mittel, insbesondere ein ausreichendes Anfangskapital im Sinne des § 10 Abs. 2a Satz 1 Nr. 1 bis 6 und 8 im Inland nicht zur Verfügung stehen; als Anfangskapital muß zur Verfügung stehen

a) bei Anlageberatern, Anlagevermittlern, Abschlussvermittlern, Anlageverwaltern und Finanzportfolioverwaltern, Betreibern multilateraler Handelssysteme oder Unternehmen, die das Platzierungsgeschäft betreiben, die nicht befugt sind, sich bei der Erbringung von Finanzdienstleistungen Eigentum oder Besitz an Geldern oder Wertpapieren von Kunden zu verschaffen, und die nicht auf eigene Rechnung mit Finanzinstrumenten handeln, ein Betrag im Gegenwert von mindestens 50 000 Euro,

b) bei anderen Finanzdienstleistungsinstituten, die nicht auf eigene Rechnung mit Finanzinstrumenten handeln, ein Betrag im Gegenwert von mindestens 125 000 Euro,

c) bei Finanzdienstleistungsinstituten, die auf eigene Rechnung mit Finanzinstrumenten handeln, sowie bei Wertpapierhandelsbanken ein Betrag im Gegenwert von mindestens 730 000 Euro,

d) bei Einlagenkreditinstituten und zentralen Kontrahenten im Sinne von § 1 Abs. 31 ein Betrag im Gegenwert von mindestens fünf Millionen Euro,

e) bei Instituten, die nur das E-Geld-Geschäft betreiben, ein Betrag im Gegenwert von mindestens 1 Million Euro und

f) bei Anlageberatern, Anlagevermittlern und Abschlussvermittlern, die nicht befugt sind, sich bei der Erbringung von Finanzdienstleistungen Eigentum oder Besitz an Geldern oder Wertpapieren von Kunden zu verschaffen, und nicht auf eigene Rechnung mit Finanzinstrumenten handeln, ein Betrag von 25 000 Euro, wenn sie zusätzlich als Versicherungsvermittler nach der Richtlinie 2002/92/EG des Europäischen Parlaments und des Rates vom 9. Dezember 2002 über Versicherungsvermittler (ABl. EU Nr. L 9 S. 3) in ein Register eingetragen sind und die Anforderungen des Artikels 4 Abs. 3 der Richtlinie 2002/92/EG erfüllen, und

g) bei Unternehmen, die Eigengeschäfte auch an ausländischen Derivatemärkten und an Kassamärkten nur zur Absicherung dieser Positionen betreiben, das Finanzkommissionsgeschäft oder die Anlagevermittlung nur für andere Mitglieder dieser Märkte erbringen oder im Wege des Eigenhandels als Market Maker im Sinne des § 23 Abs. 4 des Wertpapierhandelsgesetzes Preise für andere Mitglieder dieser Märkte stellen, ein Betrag von 25 000 Euro, sofern für die Erfüllung der Verträge, die diese Unternehmen an diesen Märkten oder in diesen Handelssystemen schließen, Clearingmitglieder derselben Märkte oder Handelssysteme haften;

2. Tatsachen vorliegen, aus denen sich ergibt, daß ein Antragsteller oder eine der in § 1 Abs. 2 Satz 1 bezeichneten Personen nicht zuverlässig ist;

3. Tatsachen die Annahme rechtfertigen, dass der Inhaber einer bedeutenden Beteiligung oder, wenn er eine juristische Person ist, auch ein gesetzlicher oder satzungsmäßiger Vertreter, oder, wenn er eine Personenhandelsgesellschaft ist, auch ein Gesellschafter, nicht

zuverlässig ist oder aus anderen Gründen nicht den im Interesse einer soliden und umsichtigen Führung des Instituts zu stellenden Ansprüchen genügt;

4. Tatsachen vorliegen, aus denen sich ergibt, daß der Inhaber oder eine der in § 1 Abs. 2 Satz 1 bezeichneten Personen nicht die zur Leitung des Instituts erforderliche fachliche Eignung hat und auch nicht eine andere Person nach § 1 Abs. 2 Satz 2 oder 3 als Geschäftsleiter bezeichnet wird;

4a. das Institut im Fall der Erteilung der Erlaubnis Tochterunternehmen einer Finanzholding-Gesellschaft im Sinne des § 1 Abs. 3a Satz 1 oder einer gemischten Finanzholding-Gesellschaft im Sinne des § 1 Abs. 3a Satz 2 wird und Tatsachen die Annahme rechtfertigen, dass eine Person im Sinne des § 2d nicht zuverlässig ist oder nicht die zur Führung der Geschäfte der Finanzholding-Gesellschaft oder der gemischten Finanzholding-Gesellschaft erforderliche fachliche Eignung hat;

5. ein Kreditinstitut oder ein Finanzdienstleistungsinstitut, das befugt ist, sich bei der Erbringung von Finanzdienstleistungen Eigentum oder Besitz an Geldern oder Wertpapieren von Kunden zu verschaffen oder das gemäß einer Bescheinigung der Bundesanstalt nach § 4 Abs. 1 Nr. 2 des Gesetzes über die Zertifizierung von Altersvorsorgeverträgen befugt ist, Altersvorsorgeverträge anzubieten, nicht mindestens zwei Geschäftsleiter hat, die nicht nur ehrenamtlich für das Institut tätig sind;

6. das Institut seine Hauptverwaltung nicht im Inland hat;

7. das Institut nicht bereit oder in der Lage ist, die erforderlichen organisatorischen Vorkehrungen zum ordnungsmäßigen Betreiben der Geschäfte, für die es die Erlaubnis beantragt, zu schaffen;

8. der Antragsteller Tochterunternehmen eines ausländischen Kreditinstituts ist und die für dieses Kreditinstitut zuständige ausländische Aufsichtsbehörde der Gründung des Tochterunternehmens nicht zugestimmt hat.

[2] Einem Anlageberater, Anlagevermittler oder Abschlußvermittler, der nicht befugt ist, sich bei der Erbringung von Finanzdienstleistungen Eigentum oder Besitz an Geldern oder Wertpapieren von Kunden zu verschaffen, und der nicht auf eigene Rechnung mit Finanzinstrumenten handelt, ist die Erlaubnis nach Satz 1 Buchstabe a nicht zu versagen, wenn er anstelle des Anfangskapitals den Abschluß einer geeigneten Versicherung zum Schutz der Kunden die eine Versicherungssumme von mindestens 1 000 000 Euro für jeden Versicherungsfall und eine Versicherungssumme von mindestens 1 500 000 Euro für alle Versicherungsfälle eines Versicherungsjahres vorsieht, nachweist. [3] Satz 2 gilt für Anlageberater und Anlagevermittler, die zusätzlich als Versicherungsvermittler nach der Richtlinie 2002/92/EG in ein Register eingetragen sind und die Anforderungen des Artikels 4 Abs. 3 der Richtlinie 2002/92/EG erfüllen, mit der Maßgabe entsprechend, dass eine Versicherungssumme von mindestens 500 000 Euro für jeden Versicherungsfall und eine Versicherungssumme von mindestens 750 000 Euro vorgesehen ist.

(2) [1] Die fachliche Eignung der in Absatz 1 Satz 1 Nr. 4 genannten Personen für die Leitung eines Instituts setzt voraus, daß sie in ausreichendem Maße theoretische und praktische Kenntnisse in den betreffenden Geschäften sowie Leitungserfahrung haben. [2] Die fachliche

Eignung für die Leitung eines Instituts ist regelmäßig anzunehmen, wenn eine dreijährige leitende Tätigkeit bei einem Institut von vergleichbarer Größe und Geschäftsart nachgewiesen wird.

(3) [1] Die Bundesanstalt kann die Erlaubnis versagen, wenn Tatsachen die Annahme rechtfertigen, dass eine wirksame Aufsicht über das Institut beeinträchtigt wird. [2] Dies ist insbesondere der Fall, wenn

1. das Institut mit anderen Personen oder Unternehmen in einen Unternehmensverbund eingebunden ist oder in einer engen Verbindung zu einem solchen steht, der durch die Struktur des Beteiligungsgeflechtes oder mangelhafte wirtschaftliche Transparenz eine wirksame Aufsicht über das Institut beeinträchtigt;
2. eine wirksame Aufsicht über das Institut wegen der für solche Personen oder Unternehmen geltenden Rechts- oder Verwaltungsvorschriften eines Drittstaates beeinträchtigt wird;
3. das Institut Tochterunternehmen eines Instituts mit Sitz in einem Drittstaat ist, das im Staat seines Sitzes oder seiner Hauptverwaltung nicht wirksam beaufsichtigt wird oder dessen zuständige Aufsichtsstelle zu einer befriedigenden Zusammenarbeit mit der Bundesanstalt nicht bereit ist.

[3] Die Bundesanstalt kann die Erlaubnis auch versagen, wenn entgegen § 32 Abs. 1 Satz 2 der Antrag keine ausreichenden Angaben oder Unterlagen enthält.

(4) Aus anderen als den in den Absätzen 1 und 3 genannten Gründen darf die Erlaubnis nicht versagt werden.

(5) Die Bundesanstalt muss dem Antragsteller einer Erlaubnis binnen sechs Monaten nach Einreichung der vollständigen Unterlagen für einen Erlaubnisantrag nach § 32 Abs. 1 Satz 2 mitteilen, ob eine Erlaubnis erteilt oder versagt wird.

§ 33a
Aussetzung oder Beschränkung der Erlaubnis bei Unternehmen mit Sitz außerhalb der Europäischen Gemeinschaften

[1] Die Bundesanstalt hat die Entscheidung über einen Antrag auf Erlaubnis von Unternehmen mit Sitz außerhalb der Europäischen Gemeinschaften oder von Tochterunternehmen dieser Unternehmen auszusetzen oder die Erlaubnis zu beschränken, wenn ein entsprechender Beschluß der Kommission oder des Rates der Europäischen Gemeinschaften vorliegt, der nach Artikel 151 der Bankenrichtlinie zustande gekommen ist. [2] Die Aussetzung oder Beschränkung darf drei Monate vom Zeitpunkt des Beschlusses an nicht überschreiten. [3] Die Sätze 1 und 2 gelten auch für nach dem Zeitpunkt des Beschlusses eingereichte Anträge auf Erlaubnis. [4] Beschließt der Rat der Europäischen Gemeinschaften die Verlängerung der Frist nach Satz 2, so hat die Bundesanstalt diese Fristverlängerung zu beachten und die Aussetzung oder Beschränkung entsprechend zu verlängern.

§ 33b
Anhörung der zuständigen Stellen eines anderen Staates des Europäischen Wirtschaftsraums

[1] Soll eine Erlaubnis für das Betreiben von Bankgeschäften nach § 1 Abs. 1 Satz 2 Nr. 1, 2, 4, 10 oder 11 oder für das Erbringen von Finanzdienstleistungen nach § 1 Abs. 1a Satz 2 Nr. 1 bis 4 einem Unternehmen erteilt werden, das

1. Tochter- oder Schwesterunternehmen eines Einlagenkreditinstituts, eines E-Geld-Instituts, eines Wertpapierhandelsunternehmens oder eines Erstversicherungsunternehmens ist und dessen Mutterunternehmen in einem anderen Staat des Europäischen Wirtschaftsraums zugelassen ist oder
2. durch dieselben natürlichen Personen oder Unternehmen kontrolliert wird, die ein Einlagenkreditinstitut, ein E-Geld-Institut, ein Wertpapierhandelsunternehmen oder ein Erstversicherungsunternehmen mit Sitz in einem anderen Staat des Europäischen Wirtschaftsraums kontrollieren,

hat die Bundesanstalt vor Erteilung der Erlaubnis die zuständigen Stellen des Herkunftsstaats anzuhören. [2] Die Anhörung erstreckt sich insbesondere auf die Angaben, die für die Beurteilung der Zuverlässigkeit und fachlichen Eignung der in § 1 Abs. 2 Satz 1 genannten Personen sowie für die Beurteilung der Zuverlässigkeit der Inhaber einer bedeutenden Beteiligung an Unternehmen derselben Gruppe mit Sitz in dem betreffenden Staat des Europäischen Wirtschaftsraums erforderlich sind.

§ 34
Stellvertretung und Fortführung bei Todesfall

(1) § 45 der Gewerbeordnung findet auf Institute keine Anwendung.

(2) [1] Nach dem Tode des Inhabers der Erlaubnis darf ein Institut durch zwei Stellvertreter ohne Erlaubnis für die Erben bis zur Dauer eines Jahres fortgeführt werden. [2] Die Stellvertreter sind unverzüglich nach dem Todesfall zu bestimmen; sie gelten als Geschäftsleiter. [3] Ist ein Stellvertreter nicht zuverlässig oder hat er nicht die erforderliche fachliche Eignung, kann die Bundesanstalt die Fortführung der Geschäfte untersagen. [4] Sie kann die Frist nach Satz 1 aus besonderen Gründen verlängern. [5] Für Finanzdienstleistungsinstitute, die nicht befugt sind, sich bei der Erbringung von Finanzdienstleistungen Eigentum oder Besitz an Geldern oder Wertpapieren von Kunden zu verschaffen, genügt ein Stellvertreter.

§ 35
Erlöschen und Aufhebung der Erlaubnis

(1) [1] Die Erlaubnis erlischt, wenn von ihr nicht innerhalb eines Jahres seit ihrer Erteilung Gebrauch gemacht wird. [2] Die Erlaubnis erlischt auch, wenn das Institut nach § 11 des Einlagensicherungs- und Anlegerentschädigungsgesetzes von der Entschädigungseinrichtung ausgeschlossen worden ist.

(2) Die Bundesanstalt kann die Erlaubnis außer nach den Vorschriften des Verwaltungsverfahrensgesetzes aufheben, wenn

1. der Geschäftsbetrieb, auf den sich die Erlaubnis bezieht, seit mehr als sechs Monaten nicht mehr ausgeübt worden ist;
2. ein Kreditinstitut in der Rechtsform des Einzelkaufmanns betrieben wird;
3. ihr Tatsachen bekannt werden, welche die Versagung der Erlaubnis nach § 33 Abs. 1 Satz 1 Nr. 1 bis 8 oder Abs. 3 Nr. 1 bis 3 rechtfertigen würden;
4. Gefahr für die Erfüllung der Verpflichtungen des Instituts gegenüber seinen Gläubigern, insbesondere für die Sicherheit der dem Institut anvertrauten Vermögenswerte, besteht und die Gefahr nicht durch andere Maßnahmen nach diesem Gesetz abgewendet werden kann; eine Gefahr für die Sicherheit der dem Institut anvertrauten Vermögenswerte besteht auch
   a. bei einem Verlust in Höhe der Hälfte des nach § 10 maßgebenden haftenden Eigenkapitals oder
   b. bei einem Verlust in Höhe von jeweils mehr als 10 vom Hundert des nach § 10 maßgebenden haftenden Eigenkapitals in mindestens drei aufeinanderfolgenden Geschäftsjahren;
5. die Eigenmittel eines Wertpapierhandelsunternehmens nicht mindestens einem Viertel seiner Kosten im Sinne des § 10 Abs. 9 entsprechen;
6. das Institut nachhaltig gegen Bestimmungen dieses Gesetzes, des Wertpapierhandelsgesetzes oder die zur Durchführung dieser Gesetze erlassenen Verordnungen oder Anordnungen verstoßen hat.

(2a) [1]Die Erlaubnis soll durch die Bundesanstalt aufgehoben werden, wenn über das Institut ein Insolvenzverfahren eröffnet oder die Auflösung des Instituts beschlossen worden ist. [2]Der Wegfall der Erlaubnis hindert die für die Liquidation zuständigen Personen nicht daran, bestimmte Tätigkeiten des Instituts weiter zu betreiben, soweit dies für Zwecke des Insolvenz- oder Liquidationsverfahrens erforderlich oder angezeigt ist.

(3) § 48 Abs. 4 Satz 1 und § 49 Abs. 2 Satz 2 des Verwaltungsverfahrensgesetzes über die Jahresfrist sind nicht anzuwenden.

(4) Wird die Erlaubnis eines Instituts zum Betreiben von Bankgeschäften oder Erbringen von Finanzdienstleistungen aufgehoben, unterrichtet die Bundesanstalt die zuständigen Stellen der anderen Staaten des Europäischen Wirtschaftsraums, in denen das Institut Zweigniederlassungen errichtet hat oder im Wege des grenzüberschreitenden Dienstleistungsverkehrs tätig gewesen ist.

§ 36
Abberufung von Geschäftsleitern, Übertragung von Organbefugnissen auf Sonderbeauftragte,
Abberufung von Mitgliedern des Verwaltungs- und Aufsichtsorgans

(1) [1] In den Fällen des § 35 Abs. 2 Nr. 3, 4 und 6 kann die Bundesanstalt, statt die Erlaubnis aufzuheben, die Abberufung der verantwortlichen Geschäftsleiter verlangen und diesen Geschäftsleitern auch die Ausübung ihrer Tätigkeit bei Instituten in der Rechtsform einer juristischen Person untersagen. [2] Für die Zwecke des Satzes 1 ist § 35 Abs. 2 Nr. 4 mit der Maßgabe anzuwenden, dass bei der Berechnung der Höhe des Verlustes Bilanzierungshilfen,

mittels derer ein Verlustausweis vermindert oder vermieden wird, nicht berücksichtigt werden.

(1a) aufgehoben

(3) [1]Die Mitglieder des Verwaltungs- oder Aufsichtsorgans eines Instituts oder einer Finanzholding-Gesellschaft müssen zuverlässig sein und die zur Wahrnehmung der Kontrollfunktion sowie zur Beurteilung und Überwachung der Geschäfte, die das Unternehmen betreibt, erforderliche Sachkunde besitzen. [2]Bei der Prüfung, ob eine in Satz 1 genannte Person die erforderliche Sachkunde besitzt, berücksichtigt die Bundesanstalt den Umfang und die Komplexität der vom Institut betriebenen Geschäfte. [3]Liegen Tatsachen vor, aus denen sich ergibt, dass eine der in Satz 1 bezeichneten Personen nicht zuverlässig ist oder nicht die erforderliche Sachkunde besitzt, kann die Bundesanstalt von den Organen des betroffenen Unternehmens verlangen, diese abzuberufen oder ihr die Ausübung ihrer Tätigkeit zu untersagen. [4]Die Bundesanstalt kann dies von dem betroffenen Unternehmen auch dann verlangen, wenn der in Satz 1 bezeichneten Person wesentliche Verstöße des Unternehmens gegen die Grundsätze einer ordnungsgemäßen Geschäftsführung wegen sorgfaltswidriger Ausübung ihrer Überwachungs- und Kontrollfunktion verborgen geblieben sind oder sie nicht alles Erforderliche zur Beseitigung festgestellter Verstöße veranlasst hat und dieses Verhalten trotz Verwarnung der Organe des Unternehmens durch die Bundesanstalt fortsetzt. [5]Wer Geschäftsleiter war, kann nicht zum Mitglied des Verwaltungs- oder Aufsichtsorgans des von ihm geleiteten Unternehmens bestellt werden, wenn bereits zwei ehemalige Geschäftsleiter des Unternehmens Mitglied des Verwaltungs- oder Aufsichtsorgans sind. [6]Es kann auch nicht bestellt werden, wer bereits fünf Kontrollmandate bei unter der Aufsicht der Bundesanstalt stehenden Unternehmen ausübt, es sei denn, diese Unternehmen gehören demselben institutsbezogenen Sicherungssystem an. [7]Soweit das Gericht auf Antrag des Aufsichtsrats ein Aufsichtsratsmitglied abzuberufen hat, kann dieser Antrag bei Vorliegen der Voraussetzungen nach Satz 3 oder Satz 4 auch von der Bundesanstalt gestellt werden, wenn der Aufsichtsrat dem Abberufungsverlangen der Aufsichtsbehörde nicht nachgekommen ist.

§ 37
Einschreiten gegen ungesetzliche Geschäfte

(1) [1] Werden ohne die nach § 32 erforderliche Erlaubnis Bankgeschäfte betrieben oder Finanzdienstleistungen erbracht oder werden nach § 3 verbotene Geschäfte betrieben, kann die Bundesanstalt die sofortige Einstellung des Geschäftsbetriebs und die unverzügliche Abwicklung dieser Geschäfte gegenüber dem Unternehmen und den Mitgliedern seiner Organe anordnen. [2] Sie kann für die Abwicklung Weisungen erlassen und eine geeignete Person als Abwickler bestellen. [3]Sie kann ihre Maßnahmen nach den Sätzen 1 und 2 bekanntmachen. [4]Die Befugnisse der Bundesanstalt nach den Sätzen 1 bis 3 bestehen auch gegenüber dem Unternehmen, das in die Anbahnung, den Abschluss oder die Abwicklung dieser Geschäfte einbezogen ist.

(2) Der Abwickler ist zum Antrag auf Eröffnung eines Insolvenzverfahrens über das Vermögen des Unternehmens berechtigt.

(3) [1]Der Abwickler erhält von der Bundesanstalt eine angemessene Vergütung und den Ersatz seiner Aufwendungen. [2]Die gezahlten Beträge sind der Bundesanstalt von dem

Unternehmen gesondert zu erstatten und auf Verlangen der Bundesanstalt vorzuschießen. [3]Die Bundesanstalt kann das betroffene Unternehmen anweisen, den von der Bundesanstalt festgesetzten Betrag im Namen der Bundesanstalt unmittelbar an den Abwickler zu leisten, wenn dadurch keine Beeinflussung der Unabhängigkeit des Abwicklers zu besorgen ist.

§ 38
Folgen der Aufhebung und des Erlöschens der Erlaubnis, Maßnahmen bei der Abwicklung

(1) [1] Hebt die Bundesanstalt die Erlaubnis auf oder erlischt die Erlaubnis, so kann sie bei juristischen Personen und Personenhandelsgesellschaften bestimmen, daß das Institut abzuwickeln ist. [2] Ihre Entscheidung wirkt wie ein Auflösungsbeschluß. [3] Sie ist dem Registergericht mitzuteilen und von diesem in das Handels- oder Genossenschaftsregister einzutragen.

(2) [1] Die Bundesanstalt kann für die Abwicklung eines Instituts allgemeine Weisungen erlassen. [2] Das Gericht hat auf Antrag der Bundesanstalt Abwickler zu bestellen, wenn die sonst zur Abwicklung berufenen Personen keine Gewähr für die ordnungsmäßige Abwicklung bieten. [3] Besteht eine Zuständigkeit des Gerichts nicht, bestellt die Bundesanstalt den Abwickler.

(2a) [1]Der Abwickler erhält von der Bundesanstalt eine angemessene Vergütung und den Ersatz seiner Aufwendungen. [2]Die gezahlten Beträge sind der Bundesanstalt von der betroffenen juristischen Person oder Personenhandelsgesellschaft gesondert zu erstatten und auf Verlangen der Bundesanstalt vorzuschießen. [3]Die Bundesanstalt kann die betroffene juristische Person oder Personenhandelsgesellschaft anweisen, den von der Bundesanstalt festgesetzten Betrag im Namen der Bundesanstalt unmittelbar an den Abwickler zu leisten, wenn dadurch keine Beeinflussung der Unabhängigkeit des Abwicklers zu besorgen ist.

(3) [1] Die Bundesanstalt hat die Aufhebung oder das Erlöschen der Erlaubnis im elektronischen Bundesanzeiger bekannt zu machen. [2] Sie hat die zuständigen Stellen der anderen Staaten des Europäischen Wirtschaftsraums zu unterrichten, in denen das Institut Zweigniederlassungen errichtet hat oder im Wege des grenzüberschreitenden Dienstleistungsverkehrs tätig gewesen ist.

(4) Die Absätze 1 und 2 gelten nicht für juristische Personen des öffentlichen Rechts.

2. Bezeichnungsschutz

§ 39
Bezeichnungen "Bank" und "Bankier"

(1) Die Bezeichnung "Bank", "Bankier" oder eine Bezeichnung, in der das Wort "Bank" oder "Bankier" enthalten ist, dürfen, soweit durch Gesetz nichts anderes bestimmt ist, in der Firma, als Zusatz zur Firma, zur Bezeichnung des Geschäftszwecks oder zu Werbezwecken nur führen

1. Kreditinstitute, die eine Erlaubnis nach § 32 besitzen, oder Zweigniederlassungen von Unternehmen nach § 53b Abs. 1 Satz 1 und 2 oder Abs. 7;

2. andere Unternehmen, die bei Inkrafttreten dieses Gesetzes eine solche Bezeichnung nach den bisherigen Vorschriften befugt geführt haben.

(2) Die Bezeichnung "Volksbank" oder eine Bezeichnung, in der das Wort "Volksbank" enthalten ist, dürfen nur Kreditinstitute neu aufnehmen, die in der Rechtsform einer eingetragenen Genossenschaft betrieben werden und einem Prüfungsverband angehören.

(3) Die Bundesanstalt kann bei Erteilung der Erlaubnis bestimmen, daß die in Absatz 1 genannten Bezeichnungen nicht geführt werden dürfen, wenn Art oder Umfang der Geschäfte des Kreditinstituts nach der Verkehrsanschauung die Führung einer solchen Bezeichnung nicht rechtfertigen.

§ 40
Bezeichnung "Sparkasse"

(1) Die Bezeichnung "Sparkasse" oder eine Bezeichnung, in der das Wort "Sparkasse" enthalten ist, dürfen in der Firma, als Zusatz zur Firma, zur Bezeichnung des Geschäftszwecks oder zu Werbezwecken nur führen

1. öffentlich-rechtliche Sparkassen, die eine Erlaubnis nach § 32 besitzen;
2. andere Unternehmen, die bei Inkrafttreten dieses Gesetzes eine solche Bezeichnung nach den bisherigen Vorschriften befugt geführt haben;
3. Unternehmen, die durch Umwandlung der in Nummer 2 bezeichneten Unternehmen neu gegründet werden, solange sie auf Grund ihrer Satzung besondere Merkmale, insbesondere eine am Gemeinwohl orientierte Aufgabenstellung und eine Beschränkung der wesentlichen Geschäftätigkeit auf den Wirtschaftsraum, in dem das Unternehmen seinen Sitz hat, in dem Umfang wie vor der Umwandlung aufweisen.

(2) Kreditinstitute im Sinne des § 1 des Gesetzes über Bausparkassen dürfen die Bezeichnung "Bausparkasse", eingetragene Genossenschaften, die einem Prüfungsverband angehören, die Bezeichnung "Spar- und Darlehenskasse" führen.

§ 41
Ausnahmen

[1] Die §§ 39 und 40 gelten nicht für Unternehmen, die die Worte "Bank", "Bankier" oder "Sparkasse" in einem Zusammenhang führen, der den Anschein ausschließt, daß sie Bankgeschäfte betreiben. [2] Kreditinstitute mit Sitz im Ausland dürfen bei ihrer Tätigkeit im Inland die in § 39 Abs. 2 und in § 40 genannten Bezeichnungen in der Firma, als Zusatz zur Firma, zur Bezeichnung des Geschäftszwecks oder zu Werbezwecken führen, wenn sie zur Führung dieser Bezeichnung in ihrem Sitzstaat berechtigt sind und sie die Bezeichnung um einen auf ihren Sitzstaat hinweisenden Zusatz ergänzen.

§ 42
Entscheidung der Bundesanstalt

[1] Die Bundesanstalt entscheidet in Zweifelsfällen, ob ein Unternehmen zur Führung der in den §§ 39 und 40 genannten Bezeichnungen befugt ist. [2] Sie hat ihre Entscheidungen dem Registergericht mitzuteilen.

§ 43
Registervorschriften

(1) Soweit nach § 32 das Betreiben von Bankgeschäften oder das Erbringen von Finanzdienstleistungen einer Erlaubnis bedarf, dürfen Eintragungen in öffentliche Register nur vorgenommen werden, wenn dem Registergericht die Erlaubnis nachgewiesen ist.

(2) [1] Führt ein Unternehmen eine Firma oder einen Zusatz zur Firma, deren Gebrauch nach den §§ 39 bis 41 unzulässig ist, hat das Registergericht das Unternehmen zur Unterlassung des Gebrauchs der Firma oder des Zusatzes zur Firma durch Festsetzung von Ordnungsgeld anzuhalten; § 392 des Gesetzes über das Verfahren in Familiensachen und in den Angelegenheiten der freiwilligen Gerichtsbarkeit gilt entsprechend. [2] § 395 des Gesetzes über das Verfahren in Familiensachen und in den Angelegenheiten der freiwilligen Gerichtsbarkeit bleibt unberührt.

(3) Die Bundesanstalt ist berechtigt, in Verfahren des Registergerichts, die sich auf die Eintragung oder Änderung der Rechtsverhältnisse oder der Firma von Kreditinstituten oder Unternehmen beziehen, die nach §§ 39 bis 41 unzulässige Bezeichnungen verwenden, Anträge zu stellen und die nach dem Gesetz über das Verfahren in Familiensachen und in den Angelegenheiten der freiwilligen Gerichtsbarkeit zulässigen Rechtsmittel einzulegen.

3. Auskünfte und Prüfungen

§ 44
Auskünfte und Prüfungen von Instituten, Anbietern von Nebendienstleistungen, Finanzholding-Gesellschaften und in die Aufsicht auf zusammengefaßter Basis einbezogenen Unternehmen

(1) [1] Ein Institut oder ein übergeordnetes Unternehmen, die Mitglieder deren Organe und deren Beschäftigte haben der Bundesanstalt, den Personen und Einrichtungen, deren sich die Bundesanstalt bei der Durchführung ihrer Aufgaben bedient, sowie der Deutschen Bundesbank auf Verlangen Auskünfte über alle Geschäftsangelegenheiten zu erteilen und Unterlagen vorzulegen. [2] Die Bundesanstalt kann, auch ohne besonderen Anlass, bei den Instituten und übergeordneten Unternehmen Prüfungen vornehmen und die Durchführung der Prüfungen der Deutschen Bundesbank übertragen; das schließt Unternehmen ein, auf die ein Institut oder übergeordnetes Unternehmen wesentliche Bereiche im Sinne des § 25a Abs. 2 ausgelagert hat (Auslagerungsunternehmen). [3] Die Bediensteten der Bundesanstalt, der Deutschen Bundesbank sowie die sonstigen Personen, deren sich die Bundesanstalt bei der Durchführung der Prüfungen bedient, können hierzu die Geschäftsräume des Instituts, des Auslagerungsunternehmens und des übergeordneten Unternehmens innerhalb der üblichen Betriebs- und Geschäftszeiten betreten und besichtigen. [4] Die Betroffenen haben Maßnahmen nach den Sätzen 2 und 3 zu dulden.

(2) [1] Ein nachgeordnetes Unternehmen im Sinne des § 10a Abs. 1 bis 5, eine Finanzholding-Gesellschaft an der Spitze einer Finanzholding-Gruppe im Sinne des § 10a Abs. 3 sowie ein Mitglied eines Organs eines solchen Unternehmens haben der Bundesanstalt, den Personen und Einrichtungen, deren sich die Bundesanstalt bei der Durchführung ihrer Aufgaben bedient, sowie der Deutschen Bundesbank auf Verlangen Auskünfte zu erteilen und

Unterlagen vorzulegen, um die Richtigkeit der Auskünfte oder der übermittelten Daten zu überprüfen, die für die Aufsicht auf zusammengefasster Basis erforderlich sind oder die in Verbindung mit einer Rechtsverordnung nach § 25 Abs. 3 Satz 1 zu übermitteln sind. [2] Die Bundesanstalt kann, auch ohne besonderen Anlass, bei den In Satz 1 genannten Unternehmen Prüfungen vornehmen und die Durchführung der Prüfungen der Deutschen Bundesbank übertragen; Absatz 1 Satz 2 Halbsatz 2 gilt entsprechend. [3] Die Bediensteten der Bundesanstalt, der Deutschen Bundesbank sowie der sonstigen Personen, deren sich die Bundesanstalt bei der Durchführung der Prüfungen bedient, können hierzu die Geschäftsräume der Unternehmen innerhalb der üblichen Betriebs- und Geschäftszeiten betreten und besichtigen. [4] Die Betroffenen haben Maßnahmen nach den Sätzen 2 und 3 zu dulden. [5] Die Sätze 1 bis 4 gelten entsprechend für ein nicht in die Zusammenfassung einbezogenes Tochterunternehmen und ein gemischtes Unternehmen und dessen Tochterunternehmen.

(2a) [1] Benötigt die Bundesanstalt bei der Aufsicht über eine Institutsgruppe oder Finanzholding-Gruppe Informationen, die bereits einer anderen zuständigen Stelle vorliegen, richtet sie ihr Auskunftsersuchen zunächst an diese zuständige Stelle. [2] Bei der Aufsicht über Institute, die einem EU-Mutterinstitut nach § 10a Abs. 1 Satz 2, Abs. 4 oder Abs. 5 nachgeordnet sind, richtet die Bundesanstalt Auskunftsersuchen zur Umsetzung der Ansätze und Methoden nach der Bankenrichtlinie regelmäßig zunächst an die für die Aufsicht auf zusammengefasster Basis zuständige Stelle.

(3) [1] Die in die Zusammenfassung einbezogenen Unternehmen mit Sitz im Ausland haben der Bundesanstalt auf Verlangen die nach diesem Gesetz zulässigen Prüfungen zu gestatten, insbesondere die Überprüfung der Richtigkeit der für die Zusammenfassung nach § 10a Abs. 6 bis 11, § 13b Abs. 3 und § 25 Abs. 2 und 3 übermittelten Daten, soweit dies zur Erfüllung der Aufgaben der Bundesanstalt erforderlich und nach dem Recht des anderen Staates zulässig ist. [2] Dies gilt auch für nicht in die Zusammenfassung einbezogene Tochterunternehmen mit Sitz im Ausland.

(3a) [1] Absatz 2 Satz 1 bis 4 und Satz 5 erste Alternative gilt entsprechend für nachgeordnete Finanzkonglomeratsunternehmen im Sinne des § 10b Abs. 3 Satz 5 und gemischte Finanzholding-Gesellschaften sowie für die Mitglieder der Organe solcher Unternehmen. [2] Absatz 3 gilt entsprechend für nachgeordnete Finanzkonglomeratsunternehmen im Sinne des § 10b Abs. 3 Satz 5 mit Sitz im Ausland.

(4) [1] Die Bundesanstalt kann zu den Hauptversammlungen, Generalversammlungen oder Gesellschafterversammlungen sowie zu den Sitzungen der Aufsichtsorgane bei Instituten oder Finanzholding-Gesellschaften in der Rechtsform einer juristischen Person Vertreter entsenden. [2] Diese können in der Versammlung oder Sitzung das Wort ergreifen. [3] Die Betroffenen haben Maßnahmen nach den Sätzen 1 und 2 zu dulden.

(5) [1] Die Institute und Finanzholding-Gesellschaften in der Rechtsform einer juristischen Person haben auf Verlangen der Bundesanstalt die Einberufung der in Absatz 4 Satz 1 bezeichneten Versammlungen, die Anberaumung von Sitzungen der Verwaltungs- und Aufsichtsorgane sowie die Ankündigung von Gegenständen zur Beschlußfassung vorzunehmen. [2] Die Bundesanstalt kann zu einer nach Satz 1 anberaumten Sitzung Vertreter

entsenden. [3] Diese können in der Sitzung das Wort ergreifen. [4] Die Betroffenen haben Maßnahmen nach den Sätzen 2 und 3 zu dulden. [5] Absatz 4 bleibt unberührt.

(6) Der zur Erteilung einer Auskunft Verpflichtete kann die Auskunft auf solche Fragen verweigern, deren Beantwortung ihn selbst oder einen der in § 383 Abs. 1 Nr. 1 bis 3 der Zivilprozeßordnung bezeichneten Angehörigen der Gefahr strafgerichtlicher Verfolgung oder eines Verfahrens nach dem Gesetz über Ordnungswidrigkeiten aussetzen würde.

§ 44a
Grenzüberschreitende Auskünfte und Prüfungen

(1) [1] Rechtsvorschriften, die einer Übermittlung von Daten entgegenstehen, sind nicht anzuwenden auf die Übermittlung von Daten zwischen einem Institut, einer Kapitalanlagegesellschaft, einem Finanzunternehmen, einer Finanzholding-Gesellschaft, einer gemischten Finanzholding-Gesellschaft, einem Anbieter von Nebendienstleistungen oder einem nicht in die Zusammenfassung oder in die zusätzliche Beaufsichtigung auf Konglomeratsebene einbezogenen Unternehmen und einem Unternehmen mit Sitz im Ausland, das mindestens 20 vom Hundert der Kapitalanteile oder Stimmrechte an dem Unternehmen unmittelbar oder mittelbar hält, Mutterunternehmen ist oder beherrschenden Einfluß ausüben kann, oder zwischen einem gemischten Unternehmen und seinen Tochterunternehmen mit Sitz im Ausland, wenn die Übermittlung der Daten erforderlich ist, um Bestimmungen der Aufsicht nach Maßgabe der Bankenrichtlinie oder der Richtlinie 2002/87/EG über das Unternehmen mit Sitz im Ausland zu erfüllen. [2] Die Bundesanstalt kann einem Institut die Übermittlung von Daten in einen Drittstaat untersagen.

(2) [1] Auf Ersuchen einer für die Aufsicht über ein Unternehmen mit Sitz in einem anderen Staat des Europäischen Wirtschaftsraums zuständigen Stelle hat die Bundesanstalt die Richtigkeit der von einem Unternehmen im Sinne des Absatzes 1 Satz 1 für die Aufsichtsstelle nach Maßgabe der Bankenrichtlinie oder der Richtlinie 2002/87/EG übermittelten Daten zu überprüfen oder zu gestatten, daß die ersuchende Stelle, ein Wirtschaftsprüfer oder ein Sachverständiger diese Daten überprüft; die Bundesanstalt kann nach pflichtgemäßem Ermessen gegenüber Aufsichtsstellen in Drittstaaten entsprechend verfahren, wenn Gegenseitigkeit gewährleistet ist. [2] § 5 Abs. 2 des Verwaltungsverfahrensgesetzes über die Grenzen der Amtshilfe gilt entsprechend. [3] Die Unternehmen im Sinne des Absatzes 1 Satz 1 haben die Prüfung zu dulden.

(3) [1] Die Bundesanstalt kann von Einlagenkreditinstituten, E-Geld-Instituten, Wertpapierhandelsunternehmen, Kapitalanlagegesellschaften, Finanzholding-Gesellschaften oder gemischte Finanzholding-Gesellschaften mit Sitz in einem anderen Staat des Europäischen Wirtschaftsraums Auskünfte verlangen, welche die Aufsicht über Institute erleichtern, die Tochterunternehmen dieser Unternehmen sind und von den zuständigen Stellen des anderen Staates aus § 31 Abs. 3 Satz 1 oder Satz 4 entsprechenden Gründen nicht in die Beaufsichtigung auf zusammengefaßter Basis einbezogen werden. [2] Satz 1 gilt entsprechend, wenn nachgeordnete Finanzkonglomeratsunternehmen von der als Koordinator zuständigen Stelle eines anderen Staates des Europäischen Wirtschaftsraums aus § 31 Abs. 5 Satz 1 oder Satz 3 entsprechenden Gründen nicht in die zusätzliche Aufsicht auf Konglomeratsebene einbezogen werden.

§ 44b
Auskünfte und Prüfungen bei Inhabern bedeutender Beteiligungen

(1) [1] Die Verpflichtungen nach § 44 Abs. 1 Satz 1 gegenüber der Bundesanstalt und der Deutschen Bundesbank zur Auskunft und Vorlegung von Unterlagen gelten auch für

1. Personen und Unternehmen, die eine Beteiligungsabsicht nach § 2c anzeigen oder die im Rahmen eines Erlaubnisantrags nach § 32 Abs. 1 Satz 2 Nr. 6 oder einer Ergänzungsanzeige nach § 64e Abs. 2 Satz 4 als Inhaber bedeutender Beteiligungen angegeben werden,
2. die Inhaber einer bedeutenden Beteiligung an einem Institut und den von ihnen kontrollierten Unternehmen,
3. Personen und Unternehmen, bei denen Tatsachen die Annahme rechtfertigen, daß es sich um Personen oder Unternehmen im Sinne der Nummer 2 handelt und
4. Personen und Unternehmen, die mit einer Person oder einem Unternehmen im Sinne der Nummern 1 bis 3 nach § 15 des Aktiengesetzes verbunden sind.

[2] Auf Verlangen der Bundesanstalt hat der Vorlagepflichtige die einzureichenden Unterlagen gemäß § 2c Abs. 1 Satz 2 auf seine Kosten durch einen von der Bundesanstalt zu bestimmenden Wirtschaftsprüfer prüfen zu lassen.

(2) [1] Die Bundesanstalt und die Deutsche Bundesbank können Maßnahmen nach § 44 Abs. 1 Satz 2 und 3 gegenüber den in Absatz 1 genannten Personen und Unternehmen ergreifen, wenn Anhaltspunkte für einen Untersagungsgrund nach § 2c Abs. 1b Satz 1 Nr. 1 bis 6 vorliegen. [2] Die Betroffenen haben diese Maßnahmen zu dulden.

(3) Wer nach Absatz 1 oder 2 zur Erteilung einer Auskunft verpflichtet ist, kann die Auskunft auf solche Fragen verweigern, deren Beantwortung ihn selbst oder einen der in § 383 Abs. 1 Nr. 1 bis 3 der Zivilprozessordnung bezeichneten Angehörigen der Gefahr strafrechtlicher Verfolgung oder eines Verfahrens nach dem Gesetz über Ordnungswidrigkeiten aussetzen würde.

§ 44c
Verfolgung unerlaubter Bankgeschäfte und Finanzdienstleistungen

(1) [1] Ein Unternehmen, bei dem Tatsachen die Annahme rechtfertigen, daß es Bankgeschäfte oder Finanzdienstleistungen ohne die nach diesem Gesetz erforderliche Erlaubnis oder nach § 3 verbotene Geschäfte betreibt, ein Mitglied eines seiner Organe, ein Beschäftigter dieses Unternehmens sowie in die Abwicklung der Geschäfte einbezogene oder einbezogen gewesene andere Unternehmen haben der Bundesanstalt sowie der Deutschen Bundesbank auf Verlangen Auskünfte über alle Geschäftsangelegenheiten zu erteilen und Unterlagen vorzulegen. [2] Ein Mitglied eines Organs sowie ein Beschäftigter haben auf Verlangen auch nach ihrem Ausscheiden aus dem Organ oder dem Unternehmen Auskunft zu erteilen.

(2) [1] Soweit dies zur Feststellung der Art oder des Umfangs der Geschäfte oder Tätigkeiten erforderlich ist, kann die Bundesanstalt Prüfungen in Räumen des Unternehmens sowie in den Räumen der nach Absatz 1 Satz 1 auskunfts- und vorlegungspflichtigen Personen und Unternehmen vornehmen und die Durchführung der Prüfungen der Deutschen Bundesbank übertragen. [2] Die Bediensteten der Bundesanstalt und der Deutschen Bundesbank dürfen

hierzu diese Räume innerhalb der üblichen Betriebs- und Geschäftzeiten betreten und besichtigen. [3] Zur Verhütung dringender Gefahren für die öffentliche Ordnung und Sicherheit sind sie befugt, diese Räume auch außerhalb der üblichen Betriebs- und Geschäftzeiten sowie Räume, die auch als Wohnung dienen, zu betreten und zu besichtigen; das Grundrecht des Artikels 13 des Grundgesetzes wird insoweit eingeschränkt.

(3) [1] Die Bediensteten der Bundesanstalt und der Deutschen Bundesbank dürfen diese Räume des Unternehmens sowie der nach Absatz 1 Satz 1 auskunfts- und vorlegungspflichtigen Personen und Unternehmen durchsuchen. [2] Das Grundrecht des Artikels 13 des Grundgesetzes wird insoweit eingeschränkt. [3] Durchsuchungen von Geschäftsräumen sind, außer bei Gefahr im Verzug, durch den Richter anzuordnen. [4] Durchsuchungen von Räumen, die als Wohnung dienen, sind durch den Richter anzuordnen. [5] Zuständig ist das Amtsgericht, in dessen Bezirk sich die Räume befinden. [6] Gegen die richterliche Entscheidung ist die Beschwerde zulässig; die §§ 306 bis 310 und 311a der Strafprozeßordnung gelten entsprechend. [7] Über die Durchsuchung ist eine Niederschrift zu fertigen. [8] Sie muß die verantwortliche Dienststelle, Grund, Zeit und Ort der Durchsuchung und ihr Ergebnis und, falls keine richterliche Anordnung ergangen ist, auch die Tatsachen, welche die Annahme einer Gefahr im Verzuge begründet haben, enthalten.

(4) Die Bediensteten der Bundesanstalt und der Deutschen Bundesbank können Gegenstände sicherstellen, die als Beweismittel für die Ermittlung des Sachverhaltes von Bedeutung sein können.

(5) [1] Die Betroffenen haben Maßnahmen nach Absatz 2, Absatz 3 Satz 1 und Absatz 4 zu dulden. 2 § 44 Abs. 6 ist anzuwenden.

(6) [1] Die Rechte der Bundesanstalt und der Deutschen Bundesbank sowie die Mitwirkungs- und Duldungspflichten der Betroffenen bestehen auch hinsichtlich der Unternehmen und Personen, bei denen Tatsachen die Annahme rechtfertigen, dass sie in die Anbahnung, den Abschluss oder die Abwicklung unerlaubter Bankgeschäfte oder Finanzdienstleistungen einbezogen sind. [2] Auf der Grundlage eines entsprechenden Ersuchens der zuständigen Behörde eines anderen Staats an die Bundesanstalt bestehen sie auch hinsichtlich der Unternehmen und Personen, bei denen Tatsachen die Annahme rechtfertigen, dass die Unternehmen oder Personen in die Anbahnung, den Abschluss oder die Abwicklung von Bankgeschäften oder Finanzdienstleistungen einbezogen sind, die in dem anderen Staat entgegen einem dort bestehenden Verbot betrieben oder erbracht werden.

4. Maßnahmen in besonderen Fällen

§ 45
Maßnahmen zur Verbesserung der Eigenmittelausstattung und der Liquidität

(1) [1] Wenn die Vermögens-, Finanz- oder Ertragsentwicklung eines Instituts die Annahme rechtfertigt, dass es die Anforderungen des § 10 Absatz 1 oder Absatz 1b, des § 45b Absatz 1 Satz 2 oder des § 11 nicht dauerhaft erfüllen können wird, kann die Bundesanstalt gegenüber dem Institut Maßnahmen zur Verbesserung seiner Eigenmittelausstattung und Liquidität anordnen, insbesondere

1. eine begründete Darstellung der Entwicklung der wesentlichen Geschäftsaktivitäten über einen Zeitraum von mindestens drei Jahren, einschließlich Planbilanzen, Plangewinn- und -verlustrechnungen sowie der Entwicklung der bankaufsichtlichen Kennzahlen anzufertigen und der Bundesanstalt und der Deutschen Bundesbank vorzulegen,

2. Maßnahmen zur besseren Abschirmung oder Reduzierung der vom Institut als wesentlich identifizierten Risiken und damit verbundener Risikokonzentrationen zu prüfen und gegenüber der Bundesanstalt und der Deutschen Bundesbank zu berichten, wobei auch Konzepte für den Ausstieg aus einzelnen Geschäftsbereichen oder die Abtrennung von Instituts- oder Gruppenteilen erwogen werden sollen,

3. über geeignete Maßnahmen zur Erhöhung des Kernkapitals, der Eigenmittel und der Liquidität des Instituts gegenüber der Bundesanstalt und der Deutschen Bundesbank zu berichten,

4. ein Konzept zur Abwendung einer möglichen Gefahrenlage im Sinne des § 35 Absatz 2 Nummer 4 zu entwickeln und der Bundesanstalt und der Deutschen Bundesbank vorzulegen.

[2]Die Annahme, dass das Institut die Anforderungen des § 10 Absatz 1 oder Absatz 1b, des § 45b Absatz 1 Satz 2 oder des § 11 nicht dauerhaft erfüllen können wird, ist regelmäßig gerechtfertigt, wenn sich

1. die Gesamtkennziffer über das prozentuale Verhältnis der anrechenbaren Eigenmittel und der mit 12,5 multiplizierten Summe aus dem Gesamtanrechnungsbetrag für Adressrisiken, dem Anrechnungsbetrag für das operationelle Risiko und der Summe der Anrechnungsbeträge für Marktrisikopositionen einschließlich der Optionsgeschäfte nach der Rechtsverordnung nach § 10 Absatz 1 Satz 9 von einem Meldestichtag zum nächsten um mindestens 10 Prozent oder die nach der Rechtsverordnung nach § 11 Absatz 1 zu ermittelnde Liquiditätskennziffer von einem Meldestichtag zum nächsten um mindestens 25 Prozent verringert hat und aufgrund dieser Entwicklung mit einem Unterschreiten der Mindestanforderungen innerhalb der nächsten zwölf Monate zu rechnen ist oder

2. die Gesamtkennziffer über das prozentuale Verhältnis der anrechenbaren Eigenmittel und der mit 12,5 multiplizierten Summe aus dem Gesamtanrechnungsbetrag für Adressrisiken, dem Anrechnungsbetrag für das operationelle Risiko und der Summe der Anrechnungsbeträge für Marktrisikopositionen einschließlich der Optionsgeschäfte nach der Rechtsverordnung nach § 10 Absatz 1 Satz 9 an mindestens drei aufeinanderfolgenden Meldestichtagen um jeweils mehr als 3 Prozent oder die nach der Rechtsverordnung nach § 11 Absatz 1 zu ermittelnde Liquiditätskennziffer an mindestens drei aufeinanderfolgenden Meldestichtagen um jeweils mehr als 10 Prozent verringert hat und aufgrund dieser Entwicklung mit einem Unterschreiten der Mindestanforderungen innerhalb der nächsten 18 Monate zu rechnen ist und keine Tatsachen offensichtlich sind, die die Annahme rechtfertigen, dass die Mindestanforderungen mit überwiegender Wahrscheinlichkeit nicht unterschritten werden.

[3]Neben oder an Stelle der Maßnahmen nach Satz 1 kann die Bundesanstalt auch Maßnahmen nach Absatz 2 Satz 1 Nummer 1 bis 6 anordnen, wenn die Maßnahmen nach Satz 1 keine ausreichende Gewähr dafür bieten, die Einhaltung der Anforderungen des § 10

Absatz 1 oder Absatz 1b, des § 45b Absatz 1 Satz 2 oder des § 11 nachhaltig zu sichern; insoweit ist Absatz 5 entsprechend anzuwenden.

(2) [1]Entsprechen bei einem Institut die Eigenmittel nicht den Anforderungen des § 10 Absatz 1 oder Absatz 1b oder des § 45b Absatz 1 Satz 2 oder die Anlage seiner Mittel nicht den Anforderungen des § 11, kann die Bundesanstalt

1. Entnahmen durch die Inhaber oder Gesellschafter sowie die Ausschüttung von Gewinnen untersagen oder beschränken;
2. bilanzielle Maßnahmen untersagen oder beschränken, die dazu dienen, einen entstandenen Jahresfehlbetrag auszugleichen oder einen Bilanzgewinn auszuweisen;
3. anordnen, dass die Auszahlung jeder Art von Erträgen auf Eigenmittelinstrumente, außer solchen nach § 10 Absatz 5a, insgesamt oder teilweise ersatzlos entfällt, wenn sie nicht vollständig durch einen erzielten Jahresüberschuss gedeckt sind;
4. die Gewährung von Krediten im Sinne von § 19 Absatz 1 untersagen oder beschränken;
5. anordnen, dass das Institut Maßnahmen zur Reduzierung von Risiken ergreift, soweit sich diese aus bestimmten Arten von Geschäften und Produkten oder der Nutzung bestimmter Systeme ergeben;
6. die Auszahlung variabler Vergütungsbestandteile untersagen oder auf einen bestimmten Anteil des Jahresergebnisses beschränken; dies gilt nicht für variable Vergütungsbestandteile, die durch Tarifvertrag oder in seinem Geltungsbereich durch Vereinbarung der Arbeitsvertragsparteien über die Anwendung der tarifvertraglichen Regelungen oder aufgrund eines Tarifvertrags in einer Betriebs- oder Dienstvereinbarung vereinbart sind, und
7. anordnen, dass das Institut darlegt, wie und in welchem Zeitraum die Eigenmittelausstattung oder Liquidität des Instituts nachhaltig wiederhergestellt werden soll (Restrukturierungsplan) und der Bundesanstalt und der Deutschen Bundesbank regelmäßig über den Fortschritt dieser Maßnahmen zu berichten ist.

[2]Der Restrukturierungsplan nach Satz 1 Nummer 7 muss transparent, plausibel und begründet sein. [3]In ihm sind konkrete Ziele, Zwischenziele und Fristen für die Umsetzung der dargelegten Maßnahmen zu benennen, die von der Bundesanstalt überprüft werden können. [4]Die Bundesanstalt kann jederzeit Einsicht in den Restrukturierungsplan und die zugehörigen Unterlagen nehmen. [5]Die Bundesanstalt kann die Änderung des Restrukturierungsplans verlangen und hierfür Vorgaben machen, wenn sie die angegebenen Ziele, Zwischenziele und Umsetzungsfristen für nicht ausreichend hält oder das Institut sie nicht einhält.

(3) Die Absätze 1 und 2 Satz 1 Nummer 1 bis 3 und 5 bis 7 sind auf übergeordnete Unternehmen im Sinne des § 10a Absatz 1 bis 5 sowie auf Institute im Sinne des § 10a Absatz 14 entsprechend anzuwenden, wenn die zusammengefassten Eigenmittel der gruppenangehörigen Unternehmen den Anforderungen des § 10 Absatz 1 oder Absatz 1b oder des § 45b Absatz 1 nicht entsprechen. Bei einem gruppenangehörigen Institut, das von der Ausnahmeregelung nach § 2a Absatz 1, 5 oder 6 Gebrauch macht, kann die Bundesanstalt die Anwendung dieser Ausnahmeregelung hinsichtlich der Vorschriften des § 10 sowie der §§ 13 und 13a vorübergehend insgesamt oder teilweise aussetzen.

(4) Entsprechen bei einem Finanzkonglomerat die Eigenmittel nicht den Anforderungen des § 10b Absatz 1, kann die Bundesanstalt

1. gegenüber einem in der Banken- und Wertpapierdienstleistungsbranche tätigen übergeordneten Finanzkonglomeratsunternehmen im Sinne des § 10b Absatz 3 Satz 6 bis 8 oder Absatz 4 Maßnahmen nach Absatz 2 treffen und
2. gegenüber einer gemischten Finanzholding-Gesellschaft die erforderlichen und geeigneten Maßnahmen treffen; sie kann insbesondere Entnahmen durch den Inhaber oder Gesellschafter und die Ausschüttung von Gewinnen untersagen oder beschränken.

(5) ^{1}Die Bundesanstalt darf die in den Absätzen 2 bis 4 bezeichneten Anordnungen erst treffen, wenn das Institut oder die gemischte Finanzholding-Gesellschaft den Mangel nicht innerhalb einer von der Bundesanstalt zu bestimmenden Frist behoben hat. ^{2}Soweit dies zur Verhinderung einer kurzfristig zu erwartenden Verschlechterung der Eigenmittelausstattung oder der Liquidität des Instituts erforderlich ist oder bereits Maßnahmen nach Absatz 1 Satz 1 ergriffen wurden, sind solche Anordnungen auch ohne vorherige Androhung mit Fristsetzung zulässig. ^{3}Beschlüsse über die Gewinnausschüttung sind insoweit nichtig, als sie einer Anordnung nach den Absätzen 2 bis 4 widersprechen. ^{4}Soweit Regelungen in Verträgen über Eigenmittelinstrumente einer Anordnung nach den Absätzen 2 bis 4 widersprechen, können aus ihnen keine Rechte hergeleitet werden. ^{5}Im Falle einer Untersagung der Auszahlung von variablen Vergütungsbestandteilen gemäß Absatz 2 Satz 1 Nummer 6 kann die Bundesanstalt anordnen, dass die Ansprüche auf Gewährung variabler Vergütung ganz oder teilweise erlöschen, wenn

1. das Institut innerhalb eines Zeitraums von zwei Jahren nach der Untersagung der Auszahlung finanzielle Leistungen des Restrukturierungsfonds oder des Finanzmarktstabilisierungsfonds in Anspruch nimmt und die Voraussetzungen für die Untersagung der Auszahlung bis zu diesem Zeitpunkt nicht oder allein aufgrund dieser Leistungen weggefallen sind,
2. innerhalb eines Zeitraums von zwei Jahren nach der Untersagung der Auszahlung eine Anordnung der Bundesanstalt nach Absatz 2 Nummer 1 bis 5 oder 7 getroffen wird oder fortbesteht oder
3. innerhalb eines Zeitraums von zwei Jahren nach der Untersagung der Auszahlung Maßnahmen nach § 46 oder nach § 48a getroffen werden.

^{6}Eine solche Anordnung darf insbesondere ergehen, wenn

1. von den Ansprüchen auf Gewährung variabler Vergütung Anreize ausgehen, die einer nachhaltigen Geschäftspolitik des Instituts entgegenstehen, oder
2. anzunehmen ist, dass ohne die Gewährung finanzieller Leistungen des Restrukturierungsfonds oder des Finanzmarktstabilisierungsfonds das Institut nicht in der Lage gewesen wäre, die variable Vergütung zu gewähren. ^{7}Ist anzunehmen, dass das Institut einen Teil der variablen Vergütung hätte gewähren können, ist die variable Vergütung angemessen zu kürzen.

^{8}Die Sätze 5 und 6 gelten nicht, soweit die Ansprüche auf Gewährung variabler Vergütung vor dem 1. Januar 2011 entstanden sind. ^{9}Institute müssen der Anordnungsbefugnis nach Absatz 2 Satz 1 Nummer 6 und der Regelung in Satz 5 in entsprechenden vertraglichen

Vereinbarungen mit ihren Geschäftsleitern und Mitarbeitern Rechnung tragen. [10]Soweit vertragliche Vereinbarungen über die Gewährung einer variablen Vergütung einer Anordnung nach Absatz 2 Satz 1 Nummer 6 oder der Regelung in Satz 5 entgegenstehen, können aus ihnen keine Rechte hergeleitet werden.

§ 45a
Maßnahmen gegenüber Finanzholding-Gesellschaften und gemischten Finanzholding-Gesellschaften

(1) [1] Die Bundesanstalt kann einer Finanzholding-Gesellschaft an der Spitze einer Finanzholding-Gruppe im Sinne des § 10a Abs. 3 Satz 1 oder 2 oder § 13b Abs. 2 die Ausübung ihrer Stimmrechte an dem übergeordneten Unternehmen und den anderen nachgeordneten Unternehmen untersagen, wenn

1. die Finanzholding-Gesellschaft dem übergeordneten Unternehmen nicht die für die Zusammenfassung nach § 10a oder § 13b erforderlichen Angaben gemäß § 10a Abs. 13 Satz 2 oder § 13b Abs. 5 in Verbindung mit § 10a Abs. 13 Satz 2 übermittelt, sofern nicht den Erfordernissen der bankaufsichtlichen Zusammenfassung in anderer Weise Rechnung getragen werden kann;
2. Tatsachen vorliegen, aus denen sich ergibt, dass eine Person, die die Geschäfte der Finanzholding-Gesellschaft tatsächlich führt, nicht zuverlässig ist oder nicht die zur Führung der Geschäfte erforderliche fachliche Eignung hat.

[2] Satz 1 gilt entsprechend für eine gemischte Finanzholding-Gesellschaft, die dem nach § 10b Abs. 2 und § 13d Abs. 1 anzeigepflichtigen Unternehmen nicht die für die Beaufsichtigung auf Konglomeratsebene nach § 10b oder § 13d erforderlichen Angaben gemäß § 10b Abs. 7 Satz 2, auch in Verbindung mit § 13d Abs. 4 Satz 2, übermittelt oder wenn Tatsachen vorliegen, aus denen sich ergibt, dass eine Person, die die Geschäfte der gemischten Finanzholding-Gesellschaft tatsächlich führt, nicht zuverlässig ist oder nicht die zur Führung der Geschäfte erforderliche fachliche Eignung hat.

(1a) Die Bundesanstalt kann in den Fällen des Absatzes 1 Satz 1 Nr. 2 oder des Absatzes 1 Satz 2 zweite Alternative auch gegenüber dem übergeordneten Unternehmen einer Finanzholding-Gruppe oder dem übergeordneten Finanzkonglomeratsunternehmen anordnen, Weisungen der Finanzholding-Gesellschaft oder der gemischten Finanzholding-Gesellschaft nicht zu befolgen, sofern gesellschaftsrechtliche Möglichkeiten zur Abberufung der Personen, die die Geschäfte der Finanzholding-Gesellschaft oder der gemischten Finanzholding-Gesellschaft tatsächlich führen, nicht zur Verfügung stehen oder solche zwar vorhanden sind, aber ihre Ausschöpfung erfolglos geblieben ist.

(2) [1] Im Falle der Untersagung nach Absatz 1 hat auf Antrag der Bundesanstalt das Gericht des Sitzes des übergeordneten Unternehmens nach § 10a Abs. 1 bis 5 oder des übergeordneten Finanzkonglomeratsunternehmens nach § 10b Abs. 3 Satz 6 bis 8 oder Abs. 4 einen Treuhänder zu bestellen, auf den es die Ausübung der Stimmrechte überträgt. [2] Der Treuhänder hat bei der Ausübung der Stimmrechte den Interessen einer soliden und bankaufsichtskonformen Führung der betroffenen Unternehmen Rechnung zu tragen. [3] Die Bundesanstalt kann aus wichtigem Grund die Bestellung eines anderen Treuhänders beantragen. [4] Sind die Voraussetzungen des Absatzes 1 entfallen, hat die Bundesanstalt den Widerruf der Bestellung des Treuhänders zu beantragen. [5] Der Treuhänder hat Anspruch auf

Ersatz angemessener Auslagen und auf Vergütung für seine Tätigkeit. [6] Das Gericht setzt auf Antrag des Treuhänders die Auslagen und die Vergütung fest; die Rechtsbeschwerde gegen die Vergütungsfestsetzung ist ausgeschlossen. [7] Der Bund schießt die Auslagen und die Vergütung vor; für seine Aufwendungen haften die Finanzholding-Gesellschaft oder die gemischte Finanzholding-Gesellschaft und die betroffenen Unternehmen gesamtschuldnerisch.

(3) [1] Solange die Untersagungsverfügung nach Absatz 1 vollziehbar ist, gelten die betroffenen Unternehmen nicht als nachgeordnete Unternehmen der Finanzholding-Gesellschaft im Sinne der §§ 10a und 13b. [2] Satz 1 gilt in Bezug auf nachgeordnete Unternehmen einer gemischten Finanzholding-Gesellschaft im Sinne von § 10b Abs. 2 Satz 5 entsprechend.

§ 45b
Maßnahmen bei organisatorischen Mängeln

(1) [1]Verfügt ein Institut nicht über eine ordnungsgemäße Geschäftsorganisation im Sinne des § 25a Abs. 1, kann die Bundesanstalt auch bereits vor oder gemeinsam mit einer Anordnung nach § 25a Absatz 1 Satz 8, auch in Verbindung mit einer Rechtsverordnung nach § 25a Absatz 5 Satz 1 und 2, oder nach § 25a Absatz 3 Satz 1 insbesondere anordnen, dass das Institut

1. Maßnahmen zur Reduzierung von Risiken ergreift, soweit sich diese aus bestimmten Arten von Geschäften und Produkten oder der Nutzung bestimmter Systeme oder der Auslagerung von Aktivitäten und Prozessen auf ein anderes Unternehmen ergeben,
2. weitere Zweigstellen nur mit Zustimmung der Bundesanstalt errichten darf und
3. einzelne Geschäftsarten, namentlich die Annahme von Einlagen, Geldern oder Wertpapieren von Kunden und die Gewährung von Krediten nach § 19 Abs. 1 nicht oder nur in beschränktem Umfang betreiben darf.

[2]Die Bundesanstalt kann an Stelle der in Satz 1 genannten Maßnahmen oder zusammen mit diesen auch anordnen, dass das Institut Eigenmittelanforderungen einhalten muss, die über die Anforderungen der Rechtsverordnung nach § 10 Abs. 1 Satz 9 und eine Anordnung nach § 10 Abs. 1b hinausgehen.

(2) Absatz 1 ist entsprechend auf das jeweilige übergeordnete Unternehmen im Sinne des § 10a Abs. 1 bis 5 sowie ein Institut im Sinne von § 10a Abs. 14 anzuwenden, wenn eine Institutsgruppe oder eine Finanzholding-Gruppe entgegen § 25a Abs. 1 und 1a nicht über eine ordnungsgemäße Geschäftsorganisation verfügt; Absatz 1 Nr. 4 findet mit der Maßgabe entsprechende Anwendung, dass die Bundesanstalt statt die Gewährung von Krediten zu untersagen oder zu beschränken die für die Institutsgruppe oder Finanzholding-Gruppe nach Maßgabe von § 13b geltenden Großkreditobergrenzen nach § 13 Abs. 3 Satz 5 und § 13a Abs. 3 Satz 4 und Abs. 4 Satz 5 herabsetzen kann.

(3) (aufgehoben)

§ 45c
Sonderbeauftragter

(1) [1]Die Bundesanstalt kann einen Sonderbeauftragten bestellen, diesen mit der Wahrnehmung von Aufgaben bei einem Institut betrauen und ihm die hierfür erforderlichen Befugnisse übertragen. [2]Der Sonderbeauftragte muss unabhängig, zuverlässig und zur ordnungsgemäßen Wahrnehmung der ihm übertragenen Aufgaben im Sinne einer nachhaltigen Geschäftspolitik des Instituts und der Wahrung der Finanzmarktstabilität geeignet sein; soweit der Sonderbeauftragte Aufgaben eines Geschäftsleiters oder eines Organs übernimmt, muss er Gewähr für die erforderliche fachliche Eignung bieten. [3]Er ist im Rahmen seiner Aufgaben berechtigt, von den Mitgliedern der Organe und den Beschäftigten des Instituts Auskünfte und die Vorlage von Unterlagen zu verlangen, an allen Sitzungen und Versammlungen der Organe und sonstiger Gremien des Instituts in beratender Funktion teilzunehmen, die Geschäftsräume des Instituts zu betreten, Einsicht in dessen Geschäftspapiere und Bücher zu nehmen und Nachforschungen anzustellen. [4]Die Organe und Organmitglieder haben den Sonderbeauftragten bei der Wahrnehmung seiner Aufgaben zu unterstützen. [5]Er ist gegenüber der Bundesanstalt zur Auskunft über alle Erkenntnisse im Rahmen seiner Tätigkeit verpflichtet.

(2) Die Bundesanstalt kann dem Sonderbeauftragten insbesondere übertragen:

1. die Aufgaben und Befugnisse eines oder mehrerer Geschäftsleiter wahrzunehmen, wenn Tatsachen vorliegen, aus denen sich ergibt, dass der oder die Geschäftsleiter des Instituts nicht zuverlässig sind oder nicht die zur Leitung des Instituts erforderliche fachliche Eignung haben;
2. die Aufgaben und Befugnisse eines oder mehrerer Geschäftsleiter wahrzunehmen, wenn das Institut nicht mehr über die erforderliche Anzahl von Geschäftsleitern verfügt, insbesondere weil die Bundesanstalt die Abberufung eines Geschäftsleiters verlangt oder ihm die Ausübung seiner Tätigkeit untersagt hat;
3. die Aufgaben und Befugnisse von Organen des Instituts insgesamt oder teilweise wahrzunehmen, wenn die Voraussetzungen des § 36 Absatz 3 Satz 3 oder Satz 4 vorliegen;
4. die Aufgaben und Befugnisse von Organen des Instituts insgesamt oder teilweise wahrzunehmen, wenn die Aufsicht über das Institut aufgrund von Tatsachen im Sinne des § 33 Absatz 3 beeinträchtigt ist;
5. geeignete Maßnahmen zur Herstellung und Sicherung einer ordnungsgemäßen Geschäftsorganisation einschließlich eines angemessenen Risikomanagements zu ergreifen, wenn das Institut nachhaltig gegen Bestimmungen dieses Gesetzes, des Gesetzes über Bausparkassen, des Depotgesetzes, des Geldwäschegesetzes, des Investmentgesetzes, des Pfandbriefgesetzes, des Zahlungsdiensteaufsichtsgesetzes oder des Wertpapierhandelsgesetzes, gegen die zur Durchführung dieser Gesetze erlassenen Verordnungen oder gegen Anordnungen der Bundesanstalt verstoßen hat;
6. zu überwachen, dass Anordnungen der Bundesanstalt gegenüber dem Institut beachtet werden;
7. einen Restrukturierungsplan für das Institut zu erstellen, wenn die Voraussetzungen des § 45 Absatz 1 Satz 3 oder Absatz 2 vorliegen, die Ausführung eines Restrukturierungsplans zu begleiten und die Befugnisse nach § 45 Absatz 2 Satz 4 und 5 wahrzunehmen;

8. Maßnahmen des Instituts zur Abwendung einer Gefahr im Sinne des § 35 Absatz 2 Nummer 4 oder des § 46 Absatz 1 Satz 1 zu überwachen, selbst Maßnahmen zur Abwendung einer Gefahr zu ergreifen oder die Einhaltung von Maßnahmen der Bundesanstalt nach § 46 zu uberwachen;
9. eine Übertragungsanordnung nach § 48a vorzubereiten;
10. Schadensersatzansprüche gegen Organmitglieder oder ehemalige Organmitglieder zu prüfen, wenn Anhaltspunkte für einen Schaden des Instituts durch eine Pflichtverletzung von Organmitgliedern vorliegen.

(3) ^{1}Soweit der Sonderbeauftragte in die Aufgaben und Befugnisse eines Organs oder Organmitglieds des Instituts insgesamt eintritt, ruhen die Aufgaben und Befugnisse des betroffenen Organs oder Organmitglieds. ^{2}Der Sonderbeauftragte kann nicht gleichzeitig die Funktion eines oder mehrerer Geschäftsleiter und eines oder mehrerer Mitglieder eines Verwaltungs- oder Aufsichtsorgans wahrnehmen. ^{3}Werden dem Sonderbeauftragten für die Wahrnehmung einer Aufgabe nur teilweise die Befugnisse eines Organs oder Organmitglieds eingeräumt, hat dies keine Auswirkung auf die Befugnisse des bestellten Organs oder Organmitglieds des Instituts. ^{4}Die umfassende Übertragung aller Aufgaben und Befugnisse eines oder mehrerer Geschäftsleiter auf den Sonderbeauftragten kann nur in den Fällen des Absatzes 2 Nummer 1, 2 und 4 erfolgen. ^{5}Seine Vertretungsbefugnis richtet sich dabei nach der Vertretungsbefugnis des oder der Geschäftsleiter, an dessen oder deren Stelle der Sonderbeauftragte bestellt ist. ^{6}Solange die Bundesanstalt einem Sonderbeauftragten die Funktion eines Geschäftsleiters übertragen hat, können die nach anderen Rechtsvorschriften hierzu berufenen Personen oder Organe ihr Recht, einen Geschäftsleiter zu bestellen, nur mit Zustimmung der Bundesanstalt ausüben.

(4) Überträgt die Bundesanstalt die Wahrnehmung von Aufgaben und Befugnisse eines Geschäftsleiters nach Absatz 2 Nummer 1 oder 2 auf einen Sonderbeauftragten, werden die Übertragung, die Vertretungsbefugnis sowie die Aufhebung der Übertragung von Amts wegen in das Handelsregister eingetragen.

(5) ^{1}Das Organ des Instituts, das für den Ausschluss von Gesellschaftern von der Geschäftsführung und Vertretung oder die Abberufung geschäftsführungs- oder vertretungsbefugter Personen zuständig ist, kann bei Vorliegen eines wichtigen Grundes beantragen, die Übertragung der Funktion eines Geschäftsleiters auf den Sonderbeauftragten aufzuheben.

(6) ^{1}Die durch die Bestellung des Sonderbeauftragten entstehenden Kosten einschließlich der diesem zu gewährenden angemessenen Auslagen und der Vergütung fallen dem Institut zur Last. ^{2}Die Höhe der Vergütung setzt die Bundesanstalt fest. Die Bundesanstalt schießt die Auslagen und die Vergütung auf Antrag des Sonderbeauftragten vor.

(7) ^{1}Der Sonderbeauftragte haftet für Vorsatz und Fahrlässigkeit. Bei fahrlässigem Handeln beschränkt sich die Ersatzpflicht des Sonderbeauftragten auf 1 Million Euro. ^{2}Handelt es sich um eine Aktiengesellschaft, deren Aktien zum Handel im regulierten Markt zugelassen sind, beschränkt sich die Ersatzpflicht auf 50 Millionen Euro.

(8) Die Absätze 1 bis 7 gelten entsprechend für Finanzholding-Gesellschaften, die nach § 10a Absatz 3 Satz 6 oder 7 als übergeordnetes Unternehmen gelten und bezüglich der Personen, die die Geschäfte derartiger Finanzholding-Gesellschaften tatsächlich führen.

§ 46
Maßnahmen bei Gefahr

(1) [1] Besteht Gefahr für die Erfüllung der Verpflichtungen eines Instituts gegenüber seinen Gläubigern, insbesondere für die Sicherheit der ihm anvertrauten Vermögenswerte, oder besteht der begründete Verdacht, daß eine wirksame Aufsicht über das Institut nicht möglich ist (§ 33 Abs. 3 Nr. 1 bis 3), kann die Bundesanstalt zur Abwendung dieser Gefahr einstweilige Maßnahmen treffen. [2] Sie kann insbesondere

1. Anweisungen für die Geschäftsführung des Instituts erlassen,
2. die Annahme von Einlagen oder Geldern oder Wertpapieren von Kunden und die Gewährung von Krediten (§ 19 Abs. 1) verbieten,
3. Inhabern und Geschäftsleitern die Ausübung ihrer Tätigkeit untersagen oder beschränken,
4. vorübergehend ein Veräußerungs- und Zahlungsverbot an das Institut erlassen,
5. die Schließung des Instituts für den Verkehr mit der Kundschaft anordnen und
6. die Entgegennahme von Zahlungen, die nicht zur Erfüllung von Verbindlichkeiten gegenüber dem Institut bestimmt sind, verbieten, es sei denn, die zuständige Entschädigungseinrichtung oder sonstige Sicherungseinrichtung stellt die Befriedigung der Berechtigten in vollem Umfang sicher.

[3]Die Bundesanstalt kann unter den Voraussetzungen des Satzes 1 Zahlungen an konzernangehörige Unternehmen untersagen oder beschränken, wenn diese Geschäfte für das Institut nachteilig sind. [4]Sie kann ferner bestimmen, dass Zahlungen nur unter bestimmten Voraussetzungen zulässig sind. [5]Die Bundesanstalt unterrichtet über die von ihr nach den Sätzen 3 und 4 beabsichtigten Maßnahmen unverzüglich die betroffenen Aufsichtsbehörden in den Mitgliedstaaten der Europäischen Union sowie die Europäische Zentralbank und die Deutsche Bundesbank. [6]Beschlüsse über die Gewinnausschüttung sind insoweit nichtig, als sie einer Anordnung nach den Sätzen 1 und 2 widersprechen. [7]Bei Instituten, die in anderer Rechtsform als der eines Einzelkaufmanns betrieben werden, sind Geschäftsleiter, denen die Ausübung ihrer Tätigkeit untersagt worden ist, für die Dauer der Untersagung von der Geschäftsführung und Vertretung des Instituts ausgeschlossen. [8]Für die Ansprüche aus dem Anstellungsvertrag oder anderen Bestimmungen über die Tätigkeit des Geschäftsleiters gelten die allgemeinen Vorschriften. [9]Rechte, die einem Geschäftsleiter als Gesellschafter oder in anderer Weise eine Mitwirkung an Entscheidungen über Geschäftsführungsmaßnahmen bei dem Institut ermöglichen, können für die Dauer der Untersagung nicht ausgeübt werden.

(2) [1]Die zuständige Entschädigungseinrichtung oder sonstige Sicherungseinrichtung kann ihre Verpflichtungserklärung im Sinne des Absatzes 1 Satz 2 Nummer 6 davon abhängig machen, dass eingehende Zahlungen, soweit sie nicht zur Erfüllung von Verbindlichkeiten nach Absatz 1 Satz 2 Nummer 6 gegenüber dem Institut bestimmt sind, von dem im Zeitpunkt des Erlasses des Veräußerungs- und Zahlungsverbots nach Absatz 1 Satz 2 Nummer 4 vorhandenen Vermögen des Instituts zugunsten der Einrichtung getrennt gehalten und verwaltet werden. [2]Das Institut darf nach Erlass des Veräußerungs- und Zahlungsverbots nach Absatz 1 Satz 2 Nummer 4 die im Zeitpunkt des Erlasses laufenden Geschäfte abwickeln und neue Geschäfte eingehen, soweit diese zur Abwicklung erforderlich sind, wenn und soweit die zuständige Entschädigungseinrichtung oder sonstige Sicherungseinrichtung die

zur Durchführung erforderlichen Mittel zur Verfügung stellt oder sich verpflichtet, aus diesen Geschäften insgesamt entstehende Vermögensminderungen des Instituts, soweit dies zur vollen Befriedigung sämtlicher Gläubiger erforderlich ist, diesem zu erstatten. ³Die Bundesanstalt kann darüber hinaus Ausnahmen vom Veräußerungs- und Zahlungsverbot nach Absatz 1 Satz 2 Nummer 4 zulassen, soweit dies für die Durchführung der Geschäfte oder die Verwaltung des Instituts sachgerecht ist. ⁴Sie kann eine Betragsgrenze festsetzen, bis zu der ein Sonderbeauftragter Ausnahmen vom Veräußerungs- und Zahlungsverbot zulassen kann. ⁵Solange Maßnahmen nach Absatz 1 Satz 2 Nummer 4 bis 6 andauern, sind Zwangsvollstreckungen, Arreste und einstweilige Verfügungen in das Vermögen des Instituts nicht zulässig. ⁶Die Vorschriften der Insolvenzordnung zum Schutz von Zahlungs- sowie Wertpapierliefer- und -abrechnungssystemen einschließlich interoperabler Systeme sowie von dinglichen Sicherheiten der Zentralbanken und von Finanzsicherheiten finden entsprechend Anwendung.

(3) aufgehoben

§ 46a
aufgehoben

§ 46b
Insolvenzantrag

(1) ¹ Wird ein Institut oder eine nach § 10a Abs. 3 Satz 6 oder Satz 7 als übergeordnetes Unternehmen geltende Finanzholding-Gesellschaft zahlungsunfähig oder tritt Überschuldung ein, so haben die Geschäftsleiter, bei einem in der Rechtsform des Einzelkaufmanns betriebenen Institut der Inhaber und die Personen, die die Geschäfte der Finanzholding-Gesellschaft tatsächlich führen, dies der Bundesanstalt unter Beifügung aussagefähiger Unterlagen unverzüglich anzuzeigen; die im ersten Halbsatz bezeichneten Personen haben eine solche Anzeige unter Beifügung entsprechender Unterlagen auch dann vorzunehmen, wenn das Institut oder die nach § 10a Abs. 3 Satz 6 oder Satz 7 als übergeordnetes Unternehmen geltende Finanzholding-Gesellschaft voraussichtlich nicht in der Lage sein wird, die bestehenden Zahlungspflichten im Zeitpunkt der Fälligkeit zu erfüllen (drohende Zahlungsunfähigkeit). ² Soweit diese Personen nach anderen Rechtsvorschriften verpflichtet sind, bei Zahlungsunfähigkeit oder Überschuldung die Eröffnung des Insolvenzverfahrens zu beantragen, tritt an die Stelle der Antragspflicht die Anzeigepflicht nach Satz 1. ³ Das Insolvenzverfahren über das Vermögen eines Instituts oder einer nach § 10a Abs. 3 Satz 6 oder Satz 7 als übergeordnetes Unternehmen geltenden Finanzholding-Gesellschaft findet im Falle der Zahlungsunfähigkeit, der Überschuldung oder unter den Voraussetzungen des Satzes 5 auch im Falle der drohenden Zahlungsunfähigkeit statt. ⁴ Der Antrag auf Eröffnung des Insolvenzverfahrens über das Vermögen des Instituts oder der nach § 10a Abs. 3 Satz 6 oder Satz 7 als übergeordnetes Unternehmen geltenden Finanzholding-Gesellschaft kann nur von der Bundesanstalt gestellt werden. ⁵ Im Falle der drohenden Zahlungsunfähigkeit darf die Bundesanstalt den Antrag jedoch nur mit Zustimmung des Instituts und im Falle einer nach § 10a Absatz 3 Satz 6 oder Satz 7 als übergeordnetes Unternehmen geltenden Finanzholding-Gesellschaft mit deren Zustimmung stellen.. ⁶ Vor der Bestellung des Insolvenzverwalters hat das Insolvenzgericht die Bundesanstalt zu dessen Eignung zu hören. ⁷ Der Bundesanstalt ist der Eröffnungsbeschluss besonders zuzustellen. ⁸Das Insolvenzgericht übersendet der Bundesanstalt alle weiteren, das Verfahren betreffenden Beschlüsse und

erteilt auf Anfrage Auskunft zum Stand und Fortgang des Verfahrens. [9]Die Bundesanstalt kann Einsicht in die Insolvenzakten nehmen.

(2) [1] Wird über ein Institut, das Teilnehmer eines Systems im Sinne des § 24b Abs. 1 ist, ein Insolvenzverfahren eröffnet, so hat die Bundesanstalt unverzüglich die Stellen zu informieren, die von den anderen Staaten des Europäischen Wirtschaftsraums der Kommission der Europäischen Gemeinschaften benannt wurden. [2] Auf Systembetreiber im Sinne des § 24b Abs. 5 ist Satz 1 entsprechend anzuwenden.

(3) [1] Der Insolvenzverwalter informiert die Bundesanstalt laufend über Stand und Fortgang des Insolvenzverfahrens, insbesondere durch Überlassung der Berichte für das Insolvenzgericht, die Gläubigerversammlung oder einen Gläubigerausschuss. [2]Die Bundesanstalt kann darüber hinaus weitere Auskünfte und Unterlagen zum Insolvenzverfahren verlangen.

§ 46c
Insolvenzrechtliche Fristen und Haftungsfragen

(1) Die nach den §§ 88 und 130 bis 136 der Insolvenzordnung vom Tag des Antrags auf Eröffnung des Insolvenzverfahrens an zu berechnenden Fristen sind vom Tag des Erlasses einer Maßnahme nach § 46 Absatz 1 an zu berechnen.

(2) [1]Es wird vermutet, dass Leistungen des Instituts, die zwischen einer Anordnung der Bundesanstalt nach § 46 Absatz 1 Satz 2 Nummer 4 bis 6 und dem Insolvenzantrag erfolgten und nach § 46 zulässig sind, die Gläubiger des Instituts nicht benachteiligen und mit der Sorgfalt ordentlicher Kaufleute vereinbar sind. [2]Die Bundesanstalt handelt bei ihrer Tätigkeit pflichtgemäß, soweit sie bei Ausübung ihrer Befugnisse vernünftigerweise annehmen durfte, auf der Grundlage angemessener Informationen die Ziele des Gesetzes erreichen zu können. [3]§ 4 Absatz 4 des Finanzdienstleistungsaufsichtsgesetzes bleibt unberührt.

§ 46d
Unterrichtung der anderen Staaten des Europäischen Wirtschaftsraums über Sanierungsmaßnahmen

(1) [1] Vor Erlass einer Sanierungsmaßnahme, insbesondere einer Maßnahme nach § 46, gegenüber einem Einlagenkreditinstitut oder E-Geld-Institut unterrichtet die Bundesanstalt die zuständigen Behörden der anderen Staaten des Europäischen Wirtschaftsraums. [2] Ist dies nicht möglich, sind die zuständigen Behörden unmittelbar nach Erlass der Maßnahme zu unterrichten. [3] Das Gleiche gilt, soweit gegenüber einer Zweigstelle eines Unternehmens im Sinne des § 53 mit Sitz außerhalb der Staaten des Europäischen Wirtschaftsraums Maßnahmen nach § 46 ergriffen werden. [4] In diesem Falle unterrichtet die Bundesanstalt die zuständigen Behörden der anderen Staaten des Europäischen Wirtschaftsraums, in denen das Unternehmen weitere Zweigstellen errichtet hat. [5] Die Regelungen des § 8 Abs. 3 bis 7 bleiben unberührt.

(2) [1] Sanierungsmaßnahmen, die die Rechte von Dritten in einem Aufnahmestaat beeinträchtigen und gegen die Rechtsbehelfe eingelegt werden können, sind ohne den ihrer Begründung dienenden Teil in der Amtssprache oder den Amtssprachen der betroffenen Staaten des Europäischen Wirtschaftsraums unverzüglich im Amtsblatt der Europäischen

Union und in mindestens zwei überregionalen Zeitungen der Aufnahmestaaten bekannt zu machen. [2] In der Bekanntmachung sind die Stelle, bei der die Begründung vorgehalten wird, der Gegenstand und die Rechtsgrundlage der Entscheidung, die Rechtsbehelfsfristen einschließlich des Zeitpunkts ihres Fristablaufs, die Anschrift der Bundesanstalt als über einen Widerspruch entscheidende Behörde und die Anschrift des zuständigen Verwaltungsgerichts anzugeben. [3] Die Bekanntmachung ist nicht Wirksamkeitsvoraussetzung.

(3) [1] Sanierungsmaßnahmen im Sinne der Absätze 1 und 2 sind Maßnahmen nach § 46 sowie nach § 6 Abs. 3, mit denen die finanzielle Lage eines Einlagenkreditinstituts oder E-Geld-Instituts gesichert oder wiederhergestellt werden soll und die die bestehenden Rechte von Dritten in einem Aufnahmestaat des Europäischen Wirtschaftsraums beeinträchtigen könnten, einschließlich der Maßnahmen, die eine Aussetzung der Zahlungen erlauben oder der Wirksamkeit der Sanierungsmaßnahmen von Aufsichtsbehörden des Europäischen Wirtschaftsraums unterstützend dienen. [2] Sanierungsmaßnahmen sind als solche zu bezeichnen. 3 In Ansehung der Sanierungsmaßnahmen sind auf Verträge zur Nutzung oder zum Erwerb eines unbeweglichen Gegenstands, auf Arbeitsverträge und Arbeitsverhältnisse, auf Aufrechnungen, auf Pensionsgeschäfte im Sinne des § 340b des Handelsgesetzbuchs, auf Schuldumwandlungsverträge und Aufrechnungsvereinbarungen sowie auf dingliche Rechte Dritter die §§ 336, 337, 338, 340 und 351 Abs. 2 der Insolvenzordnung entsprechend anzuwenden, soweit dieses Gesetz nichts anderes bestimmt.

(4) [1] Die Absätze 1 und 2 sind nicht anzuwenden, wenn und soweit ausschließlich die Rechte von an der internen Betriebsstruktur beteiligten Personen sowie von Geschäftsführern und Aktionären eines Einlagenkreditinstituts oder E-Geld-Instituts in einer dieser Eigenschaften beeinträchtigt sein können. [2] Bei Einlagenkreditinstituten oder E-Geld-Instituten, die nicht grenzüberschreitend tätig sind, ist die Unterrichtung und Bekanntmachung nach den Absätzen 1 und 2 entbehrlich.

(5) [1] Die Bundesanstalt unterstützt Sanierungsmaßnahmen der Behörden des Herkunftsmitgliedstaates bei einem Einlagenkreditinstitut oder E-Geld-Institut mit Sitz in einem anderen Staat des Europäischen Wirtschaftsraums. [2] Hält sie die Durchführung von Sanierungsmaßnahmen bei einem Einlagenkreditinstitut oder E-Geld-Institut mit Sitz in einem anderen Staat des Europäischen Wirtschaftsraums für notwendig, so setzt sie die zuständigen Behörden dieses Staates hiervon in Kenntnis.

§ 46e
Insolvenzverfahren in den Staaten des Europäischen Wirtschaftsraums

(1) [1] Zuständig für die Eröffnung eines Insolvenzverfahrens über das Vermögen eines Einlagenkreditinstituts oder E-Geld-Instituts sind im Bereich des Europäischen Wirtschaftsraums allein die jeweiligen Behörden oder Gerichte des Herkunftsstaates. [2] Ist ein anderer Staat des Europäischen Wirtschaftsraums Herkunftsstaat eines Einlagenkreditinstituts oder E-Geld-Instituts und wird dort ein Insolvenzverfahren über das Vermögen dieses Instituts eröffnet, so wird das Verfahren ohne Rücksicht auf die Voraussetzungen des § 343 Abs. 1 der Insolvenzordnung anerkannt.

(2) Sekundärinsolvenzverfahren nach § 356 der Insolvenzordnung und sonstige Partikularverfahren nach § 354 der Insolvenzordnung bezüglich der Einlagenkreditinstitute

oder E-Geld-Institute, die ihren Sitz in einem anderen Staat des Europäischen Wirtschaftsraums haben, sind nicht zulässig.

(3) [1] Die Geschäftsstelle des Insolvenzgerichts hat den Eröffnungsbeschluss sofort der Bundesanstalt zu übermitteln, die unverzüglich die zuständigen Behörden der anderen Aufnahmestaaten des Europäischen Wirtschaftsraums über die Verfahrenseröffnung unterrichtet. [2] Unbeschadet der in § 30 der Insolvenzordnung vorgesehenen Bekanntmachung hat das Insolvenzgericht den Eröffnungsbeschluss auszugsweise im Amtsblatt der Europäischen Union und in mindestens zwei überregionalen Zeitungen der Aufnahmestaaten zu veröffentlichen, in denen das betroffene Kreditinstitut eine Zweigstelle hat oder Dienstleistungen erbringt. [3] Der Veröffentlichung ist das Formblatt nach § 46f Abs. 1 voranzustellen.

(4) [1] Die Bundesanstalt kann jederzeit vom Insolvenzgericht und vom Insolvenzverwalter Auskünfte über den Stand des Insolvenzverfahrens verlangen. [2] Sie ist verpflichtet, die zuständige Behörde eines anderen Staates des Europäischen Wirtschaftsraums auf deren Verlangen über den Stand des Insolvenzverfahrens zu informieren.

(5) [1] Stellt die Bundesanstalt den Antrag auf Eröffnung eines Insolvenzverfahrens über das Vermögen der Zweigstelle eines Unternehmens mit Sitz außerhalb des Europäischen Wirtschaftsraums, so unterrichtet sie unverzüglich die zuständigen Behörden der Staaten des Europäischen Wirtschaftsraums, in denen das Unternehmen eine weitere Zweigstelle hat oder Dienstleistungen erbringt. [2] Die Unterrichtung hat sich auch auf Inhalt und Bestand der Erlaubnis nach § 32 zu erstrecken. [3] Die beteiligten Personen und Stellen bemühen sich um ein abgestimmtes Vorgehen.

§ 46f
Unterrichtung der Gläubiger im Insolvenzverfahren

(1) [1] Mit dem Eröffnungsbeschluss ist den Gläubigern von der Geschäftsstelle des Insolvenzgerichts ein Formblatt zu übersenden, das in sämtlichen Amtssprachen der Staaten des Europäischen Wirtschaftsraums mit den Worten "Aufforderung zur Anmeldung und Erläuterung einer Forderung. [2] Fristen beachten!" überschrieben ist. [3] Das Formblatt wird vom Bundesministerium der Justiz im Bundesanzeiger veröffentlicht und enthält insbesondere folgende Angaben:

1. welche Fristen einzuhalten sind und welche Folgen deren Versäumung hat;
2. wer für die Entgegennahme der Anmeldung und Erläuterung einer Forderung zuständig ist;
3. welche weiteren Maßnahmen vorgeschrieben sind;
4. welche Bedeutung die Anmeldung der Forderung für bevorrechtigte oder dinglich gesicherte Gläubiger hat und inwieweit diese ihre Forderungen anmelden müssen.

(2) [1] Gläubiger mit gewöhnlichem Aufenthalt, Wohnsitz oder Sitz in einem anderen Staat des Europäischen Wirtschaftsraums können ihre Forderungen in der oder einer der Amtssprachen dieses Staates anmelden. [2] Die Anmeldung muss in deutscher Sprache mit den Worten "Anmeldung und Erläuterung einer Forderung" überschrieben sein. [3] Der Gläubiger hat auf Verlangen eine Übersetzung der Anmeldung und der Erläuterung

vorzulegen, die von einer hierzu in dem Staat nach Satz 1 befugten Person zu beglaubigen ist.

(3) Der Insolvenzverwalter hat die Gläubiger regelmäßig in geeigneter Form über den Fortgang des Insolvenzverfahrens zu unterrichten.

§ 47
Moratorium, Einstellung des Bank- und Börsenverkehrs

(1) Sind wirtschaftliche Schwierigkeiten bei Kreditinstituten zu befürchten, die schwerwiegende Gefahren für die Gesamtwirtschaft, insbesondere den geordneten Ablauf des allgemeinen Zahlungsverkehrs erwarten lassen, so kann die Bundesregierung durch Rechtsverordnung

1. einem Kreditinstitut einen Aufschub für die Erfüllung seiner Verbindlichkeiten gewähren und anordnen, daß während der Dauer des Aufschubs Zwangsvollstreckungen, Arreste und einstweilige Verfügungen gegen das Kreditinstitut sowie das Insolvenzverfahren über das Vermögen des Kreditinstituts nicht zulässig sind;
2. anordnen, daß die Kreditinstitute für den Verkehr mit ihrer Kundschaft vorübergehend geschlossen bleiben und im Kundenverkehr Zahlungen und Überweisungen weder leisten noch entgegennehmen dürfen; sie kann diese Anordnung auf Arten oder Gruppen von Kreditinstituten sowie auf bestimmte Bankgeschäfte beschränken;
3. anordnen, daß die Börsen im Sinne des Börsengesetzes vorübergehend geschlossen bleiben.

(2) Vor den Maßnahmen nach Absatz 1 hat die Bundesregierung die Deutsche Bundesbank zu hören.

(3) Trifft die Bundesregierung Maßnahmen nach Absatz 1, so hat sie durch Rechtsverordnung die Rechtsfolgen zu bestimmen, die sich hierdurch für Fristen und Termine auf dem Gebiet des bürgerlichen Rechts, des Handels-, Gesellschafts-, Wechsel-, Scheck- und Verfahrensrechts ergeben.

§ 48
Wiederaufnahme des Bank- und Börsenverkehrs

(1) [1] Die Bundesregierung kann nach Anhörung der Deutschen Bundesbank für die Zeit nach einer vorübergehenden Schließung der Kreditinstitute und Börsen gemäß § 47 Abs. 1 Nr. 2 und 3 durch Rechtsverordnung Vorschriften für die Wiederaufnahme des Zahlungs- und Überweisungsverkehrs sowie des Börsenverkehrs erlassen. [2] Sie kann hierbei insbesondere bestimmen, daß die Auszahlung von Guthaben zeitweiligen Beschränkungen unterliegt. [3] Für Geldbeträge, die nach einer vorübergehenden Schließung der Kreditinstitute angenommen werden, dürfen solche Beschränkungen nicht angeordnet werden.

(2) Die nach Absatz 1 sowie die nach § 47 Abs. 1 erlassenen Rechtsverordnungen treten, wenn sie nicht vorher aufgehoben worden sind, drei Monate nach ihrer Verkündung außer Kraft.

4a. Maßnahmen gegenüber Kreditinstituten bei Gefahren für die Stabilität des Finanzsystems

§ 48a
Übertragungsanordnung

(1) Die Bundesanstalt kann nach Maßgabe der folgenden Bestimmungen anordnen, dass das Vermögen eines Kreditinstituts einschließlich seiner Verbindlichkeiten auf einen bestehenden Rechtsträger (übernehmenden Rechtsträger) im Wege der Ausgliederung übertragen wird (Übertragungsanordnung).

(2) Eine Übertragungsanordnung darf nur ergehen, wenn

1. das Kreditinstitut in seinem Bestand gefährdet ist (Bestandsgefährdung) und es hierdurch die Stabilität des Finanzsystems gefährdet (Systemgefährdung) und
2. sich die von der Bestandsgefährdung ausgehende Systemgefährdung nicht auf anderem Wege als durch die Übertragungsanordnung in gleich sicherer Weise beseitigen lässt.

Die Bundesanstalt, die Bundesanstalt für Finanzmarktstabilisierung und der Lenkungsausschuss handeln beim Erlass und beim Vollzug einer Übertragungsanordnung auch dann rechtmäßig, wenn sie bei verständiger Würdigung der ihr zum Zeitpunkt ihres Handelns erkennbaren Umstände annehmen dürfen, dass die gesetzlichen Voraussetzungen für ihr Handeln vorliegen. § 4 Absatz 4 des Finanzdienstleistungsaufsichtsgesetzes bleibt unberührt.

(3) Die Übertragungsanordnung ergeht im Einvernehmen mit dem Lenkungsausschuss im Sinne des § 4 des Finanzmarktstabilisierungsfondsgesetzes, wenn im Zusammenhang mit der Übertragungsanordnung finanzielle Leistungen des Restrukturierungsfonds erforderlich sind oder werden können. Die Entscheidung des Lenkungsausschusses wird durch die Bundesanstalt für Finanzmarktstabilisierung vorbereitet.

(4) Die Bundesanstalt ist berechtigt, dem Lenkungsausschuss und der Bundesanstalt für Finanzmarktstabilisierung die für die Entscheidung erforderlichen Informationen zu übermitteln; § 9 Absatz 1 Satz 5 gilt entsprechend.

§ 48b
Bestands- und Systemgefährdung

(1) [1] Bestandsgefährdung ist die Gefahr eines insolvenzbedingten Zusammenbruchs des Kreditinstituts für den Fall des Unterbleibens korrigierender Maßnahmen. [2] Eine Bestandsgefährdung wird vermutet, wenn

1. das verfügbare Kernkapital das nach § 10 Absatz 1 erforderliche Kernkapital zu weniger als 90 vom Hundert deckt;
2. das modifizierte verfügbare Eigenkapital die nach § 10 Absatz 1 erforderlichen Eigenmittel zu weniger als 90 vom Hundert deckt;
3. die Zahlungsmittel, die dem Institut in einem durch die Rechtsverordnung nach § 11 Absatz 1 Satz 2 definierten Laufzeitband zur Verfügung stehen, die in demselben

Laufzeitband abrufbaren Zahlungsverpflichtungen zu weniger als 90 vom Hundert decken oder

4. Tatsachen die Annahme rechtfertigen, dass eine Unterdeckung nach den Nummern 1, 2 oder 3 eintreten wird, wenn keine korrigierenden Maßnahmen ergriffen werden; dies ist insbesondere der Fall, wenn nach der Ertragslage des Instituts mit einem Verlust zu rechnen ist, infolgedessen die Voraussetzungen der Nummern 1, 2 oder 3 eintreten würden.

[3] Unterliegt das Kreditinstitut nach § 10 Absatz 1b oder nach § 45b Absatz 1 Satz 2 besonderen Eigenmittelanforderungen, so sind diese bei der Prüfung der Voraussetzungen des Satzes 2 Nummer 1, 2 und 4 zu berücksichtigen. [4] Das Gleiche gilt im Rahmen der Prüfung der Voraussetzungen des Satzes 2 Nummer 3 und 4 für besondere Liquiditätsanforderungen nach § 11 Absatz 2.

(2) Eine Systemgefährdung liegt vor, wenn zu besorgen ist, dass sich die Bestandsgefährdung des Kreditinstituts in erheblicher Weise negativ auf andere Unternehmen des Finanzsektors, auf die Finanzmärkte oder auf das allgemeine Vertrauen der Einleger und anderen Marktteilnehmer in die Funktionsfähigkeit des Finanzsystems auswirkt. Dabei sind insbesondere zu berücksichtigen:

1. Art und Umfang der Verbindlichkeiten des Kreditinstituts gegenüber anderen Instituten und sonstigen Unternehmen des Finanzsektors,
2. der Umfang der von dem Institut aufgenommenen Einlagen,
3. die Art, der Umfang und die Zusammensetzung der von dem Institut eingegangenen Risiken sowie die Verhältnisse auf den Märkten, auf denen entsprechende Positionen gehandelt werden,
4. die Vernetzung mit anderen Finanzmarktteilnehmern,
5. die Verhältnisse auf den Finanzmärkten, insbesondere die von den Marktteilnehmern erwarteten Folgen eines Zusammenbruchs des Instituts auf andere Unternehmen des Finanzsektors, auf den Finanzmarkt und das Vertrauen der Einleger und Marktteilnehmer in die Funktionsfähigkeit des Finanzmarktes.

(3) Die Bundesanstalt beurteilt nach Anhörung der Deutschen Bundesbank, ob eine Bestands- und Systemgefährdung im Sinne der Absätze 1 und 2 vorliegt und dokumentiert die gemeinsame Einschätzung schriftlich.

§ 48c
Fristsetzung; Erlass der Übertragungsanordnung

(1) [1] Sofern es die Gefahrenlage zulässt, kann die Bundesanstalt dem Kreditinstitut vor Erlass der Übertragungsanordnung eine Frist setzen, binnen derer das Kreditinstitut einen tragfähigen Plan vorzulegen hat, aus dem hervorgeht, auf welche Weise die Bestandsgefährdung abgewendet werden wird (Wiederherstellungsplan). [2] Im Wiederherstellungsplan sind die Maßnahmen anzugeben, aufgrund derer

1. die Bestandsgefährdung innerhalb von sechs Wochen nach Vorlage des Wiederherstellungsplans (Umsetzungsfrist) abgewendet und
2. die Angemessenheit der Eigenmittel und die ausreichende Liquidität langfristig sichergestellt

werden sollen. [3] Sieht der Wiederherstellungsplan die Zuführung von Eigenmitteln oder die Erhöhung der Liquidität vor, ist glaubhaft zu machen, dass eine begründete Aussicht auf erfolgreiche Durchführung der Maßnahmen besteht. [4] Legt das Kreditinstitut binnen der ihm gesetzten Frist keinen Wiederherstellungsplan vor, der den Anforderungen des Satzes 2 genügt oder macht es die im Wiederherstellungsplan vorgesehene Zuführung von Eigenmitteln oder Erhöhung der Liquidität nicht glaubhaft oder verstößt es gegen Vorgaben aus einem vorgelegten Wiederherstellungsplan oder zeigt sich, dass der Wiederherstellungsplan ungeeignet ist oder sich nicht innerhalb der Umsetzungsfrist umsetzen lässt, kann die Bundesanstalt, sofern es die Gefahrenlage zulässt, dem Kreditinstitut eine letzte Frist setzen, binnen derer es die Bestandsgefährdung zu beseitigen hat; bei der Bemessung der Frist ist zu berücksichtigen, dass das Institut bereits Gelegenheit zur Überwindung der Bestandsgefährdung hatte.

(2) [1] Ein in Übereinstimmung mit den Vorschriften des Kreditinstitute-Reorganisationsgesetzes übermittelter Reorganisationsplan gilt als ein den Anforderungen des Absatzes 1 genügender Wiederherstellungsplan, wenn unter Berücksichtigung der zeitlichen Vorgaben keine Zweifel daran bestehen, dass der übermittelte Reorganisationsplan geeignet ist, die Bestandsgefährdung rechtzeitig abzuwenden und dass der übermittelte Plan rechtzeitig angenommen, bestätigt und umgesetzt werden wird. [2] Die Bundesanstalt kann eine Übertragung auch während eines eingeleiteten Reorganisationsverfahrens anordnen, es sei denn, es besteht kein Zweifel daran, dass das Reorganisationsverfahren geeignet ist, die Bestandsgefährdung rechtzeitig abzuwenden und dass der übermittelte Plan rechtzeitig angenommen, bestätigt und umgesetzt werden wird.

(3) [1] Die Übertragungsanordnung darf nur ergehen, wenn der übernehmende Rechtsträger der Übertragung zustimmt. [2] Die Zustimmung muss auf einen inhaltsgleichen Entwurf der Übertragungsanordnung Bezug nehmen und bedarf der notariellen Beurkundung.

(4) Soll in der Übertragungsanordnung vorgesehen werden, dass dem Kreditinstitut als Gegenleistung für die Übertragung Anteile an dem übernehmenden Rechtsträger einzuräumen sind (§ 48d Absatz 1 Satz 2) und ist hierfür ein Beschluss der Anteilsinhaberversammlung beim übernehmenden Rechtsträger erforderlich, darf die Übertragungsanordnung erst ergehen, wenn die erforderlichen Beschlüsse der Anteilsinhaberversammlung gefasst sind und nicht mehr mit der Rechtsfolge einer möglichen Rückabwicklung angefochten werden können.

(5) [1] Die Übertragungsanordnung darf einen Rechtsträger nicht als übernehmenden Rechtsträger vorsehen, wenn

1. der Rechtsträger nicht in der Rechtsform einer juristischen Person verfasst ist,
2. der Rechtsträger seine Hauptverwaltung nicht im Inland hat,
3. der Rechtsträger nicht über zwei satzungsmäßige Geschäftsleiter verfügt,
4. Tatsachen vorliegen, aus denen sich ergibt, dass ein Geschäftsleiter nicht zuverlässig ist oder nicht über die zur Leitung des Instituts erforderliche fachliche Eignung verfügt,
5. Tatsachen vorliegen, aus denen sich ergibt, dass der Inhaber einer bedeutenden Beteiligung an dem Rechtsträger oder, wenn er eine juristische Person ist, auch ein gesetzlicher oder satzungsmäßiger Vertreter, oder, wenn er eine Personenhandelsgesellschaft ist, auch ein Gesellschafter, nicht zuverlässig ist oder aus

anteren Gründen nicht den im Interesse an einer soliden und umsichtigen
Geschäftsführung zu stellenden Anforderungen genügt,

6. das Kernkapital des übernehmenden Rechtsträgers im Sinne des § 10 Absatz 2a Satz 1
   Nummer 1 bis 6 den Betrag von 5 Millionen Euro unterschreitet oder
7. der satzungsmäßige oder gesellschaftsvertragliche Unternehmensgegenstand des
   Rechtsträgers oder seine Vermögens-, Finanz- oder Ertragslage eine Übernahme und
   Fortführung des Unternehmens des Kreditinstituts nicht erlaubt.

²Ist das Kreditinstitut in der Rechtsform einer Kapitalgesellschaft verfasst, so soll der
übernehmende Rechtsträger in derselben Rechtsform verfasst sein.

(6) ¹Die Übertragungsanordnung ist mit Bekanntgabe gegenüber dem Kreditinstitut auch
dem zuständigen Betriebsrat zuzuleiten. ²Die Übertragungsanordnung ist auch gegenüber
dem übernehmenden Rechtsträger bekannt zu geben. ³Sie ist unverzüglich im elektronischen
Bundesanzeiger zu veröffentlichen. ⁴Die Veröffentlichung enthält auch Angaben zur
Zustimmungserklärung des übernehmenden Rechtsträgers und zu den
Kapitalerhöhungsbeschlüssen nach Absatz 4.

§ 48d
Gegenleistung; Ausgleichsverbindlichkeit

(1) ¹Die Übertragungsanordnung sieht eine Gegenleistung an das Kreditinstitut vor, wenn
der Wert der zu übertragenden Gegenstände in seiner Gesamtheit positiv ist. ²Die
Gegenleistung besteht aus Anteilen an dem übernehmenden Rechtsträger. ³Wenn die
Anteilsgewährung für den übernehmenden Rechtsträger unzumutbar ist oder den Zweck der
Übertragungsanordnung zu vereiteln droht, ist die Gegenleistung in Geld zu bemessen.

(2) ¹Die Gegenleistung muss zum Zeitpunkt des Erlasses der Übertragungsanordnung in
einem angemessenen Verhältnis zum Wert der übertragenen Gegenstände stehen.
²Unterstützungsleistungen durch den Restrukturierungsfonds oder staatliche Stellen, die zur
Vermeidung oder Überwindung der Bestandsgefährdung erbracht oder in Aussicht gestellt
wurden, sind dabei nicht zugunsten des Kreditinstituts zu berücksichtigen.
Zentralbankgeschäfte, die zu üblichen Bedingungen abgeschlossen werden, sind keine
Unterstützungsleistungen im Sinne des Satzes 2.

(3) ¹Die Angemessenheit der Gegenleistung ist durch einen sachverständigen Prüfer zu
prüfen, der auf Antrag der Bundesanstalt für Finanzmarktstabilisierung vom Gericht
ausgewählt und bestellt wird. § 10 Absatz 1 Satz 3, Absatz 2 bis 5 und § 11 des
Umwandlungsgesetzes gelten entsprechend. ²Der Prüfer berichtet schriftlich über das
Ergebnis seiner Prüfung. ³Der Prüfungsbericht ist dem Kreditinstitut, dem übernehmenden
Rechtsträger, der Bundesanstalt und der Bundesanstalt für Finanzmarktstabilisierung zu
übermitteln. ⁴Er ist mit einer Erklärung darüber abzuschließen, ob die Gegenleistung zum
Zeitpunkt des Erlasses der Übertragungsanordnung angemessen war. ⁵Kommt der
Prüfungsbericht zu dem Ergebnis, dass die Gegenleistung angemessen war, bestätigt die
Bundesanstalt im Einvernehmen mit der Bundesanstalt für Finanzmarktstabilisierung die in
der Übertragungsanordnung festgesetzte Gegenleistung. ⁶Andernfalls bestimmt sie im
Einvernehmen mit der Bundesanstalt für Finanzmarktstabilisierung die Gegenleistung unter
Berücksichtigung der Ergebnisse des Prüfungsberichts binnen zwei Wochen nach Erhalt des
Berichts neu. ⁷Die Angemessenheit der neu festgesetzten Gegenleistung ist nach Maßgabe

der Sätze 1 bis 5 zu prüfen; dabei gilt der mit der Erstprüfung befasste Prüfer als zur Durchführung dieser Prüfung bestellt.

(4) [1]Ist eine abschließende und verlässliche Bewertung der zu übertragenden Gegenstände bis zum Erlass der Übertragungsanordnung nicht möglich, kann der Übertragungsanordnung eine vorläufige Bewertung zugrunde gelegt werden. [2]In diesem Fall ist eine vorläufige Gegenleistung festzusetzen und die endgültige Bewertung nachzuholen. [3] § 48c Absatz 4 ist mit der Maßgabe entsprechend anzuwenden, dass als Gegenleistung das Doppelte der vorläufigen Gegenleistung zugrunde zu legen ist. [4]Von einer Prüfung der Angemessenheit der vorläufigen Gegenleistung nach Absatz 3 Satz 1 kann abgesehen werden. [5]Die endgültige Bewertung ist innerhalb von vier Monaten nach Bekanntgabe der Übertragungsanordnung gegenüber dem Kreditinstitut vorzunehmen. [6]Ergehen Rückübertragungsanordnungen nach § 48j oder partielle Übertragungen nach § 48k, ist eine endgültige Bewertung, unbeschadet der Frist nach Satz 5, innerhalb von zwei Monaten nach Bekanntgabe der letzten Anordnung gegenüber dem Kreditinstitut vorzunehmen. [7]Die auf Grundlage der endgültigen Bewertung zu bestimmende Gegenleistung ist nach Absatz 3 zu prüfen.

(5) [1]Wenn die Gegenleistung in Anteilen an dem übernehmenden Rechtsträger besteht und dieser zur Schaffung dieser Anteile eine Kapitalerhöhung durchführen muss, hat der nach Absatz 3 Satz 1 bestellte Prüfer auch zu prüfen und zu erklären, ob der Wert der übertragenen Gegenstände den geringsten Ausgabebetrag der zu gewährenden Anteile erreicht. [2]Diese Prüfung ist auch dann vorzunehmen, wenn eine vorläufige Gegenleistung nach Absatz 4 festgesetzt und deren Angemessenheit nicht geprüft wird. [3]Mit der Bestätigung der Gegenleistung nach Absatz 3 Satz 6 gilt die Kapitalerhöhung als durchgeführt.

(6) [1]Ist der Wert der Gesamtheit der zu übertragenden Gegenstände negativ, soll die Übertragungsanordnung vorsehen, dass das Kreditinstitut dem übernehmenden Rechtsträger einen Ausgleich in Geld leistet (Ausgleichsverbindlichkeit). [2]Fälligkeit und insolvenzrechtlicher Rang der Ausgleichsverbindlichkeit richten sich nach Fälligkeit und Rang der von der Ausgliederung erfassten Verbindlichkeiten. [3]Bei unterschiedlichen Fälligkeiten oder Rangstufen ist das Verhältnis maßgebend, in welchem die Verbindlichkeiten unterschiedlicher Fälligkeit oder Rangstufen zueinander stehen. [4]Die Absätze 2 bis 4 sind entsprechend anzuwenden.

§ 48e
Inhalt der Übertragungsanordnung

(1) Die Übertragungsanordnung enthält mindestens die folgenden Angaben:

1. den Namen oder die Firma und den Sitz des übernehmenden Rechtsträgers,
2. die Angabe, dass die Gesamtheit des Vermögens des Kreditinstituts einschließlich der Verbindlichkeiten auf den übernehmenden Rechtsträger übergeht,
3. den Zeitpunkt, von dem an die Handlungen des übertragenden Rechtsträgers als für Rechnung des übernehmenden Rechtsträgers vorgenommen gelten (Ausgliederungsstichtag),
4. die Angaben nach Absatz 2 oder Absatz 3 über die Gegenleistung oder Ausgleichsverbindlichkeit,

5. den Vorbehalt, dass einzelne Vermögenswerte, Verbindlichkeiten oder Rechtsverhältnisse durch gesonderte Anordnung nach § 48j Absatz 1 und 2 auf das ausgliedernde Kreditinstitut zurückübertragen werden können,

6. die Angabe, dass der übernehmende Rechtsträger der Übertragung in der vorgeschriebenen Form zugestimmt hat.

(2) Sieht die Übertragungsanordnung vor, dass dem Kreditinstitut als Gegenleistung Anteile am übernehmenden Rechtsträger zu gewähren sind, muss sie Angaben enthalten

1. zu Ausstattung und Anzahl dieser Anteile am übernehmenden Rechtsträger,

2. zu dem Wert, der der Gesamtheit der ausgegliederten Gegenstände zum Zeitpunkt des Erlasses der Übertragungsanordnung beigemessen wird und der Ausgliederung, insbesondere der Bestimmung von Ausstattung und Anzahl der dem Kreditinstitut als Gegenleistung gewährten Anteile, zugrunde gelegt wird und

3. u den Methoden und Annahmen, die zur Bestimmung des Wertes nach Nummer 2 unter Berücksichtigung der Vorgaben des § 48d Absatz 2 angewendet wurden.

(3) [1]Im Falle des § 48d Absatz 1 Satz 3 ist anstelle der Angaben nach Absatz 2 Nummer 1 der Umfang der zu gewährenden Geldleistung anzugeben. [2]Ist eine Ausgleichsverbindlichkeit vorgesehen, ist anstelle der Angaben nach Absatz 2 Nummer 1 der Umfang dieser Verbindlichkeit anzugeben. [3]Wird eine vorläufige Gegenleistung oder Ausgleichsverbindlichkeit festgesetzt, ist anstelle der Angaben nach Absatz 2 Nummer 2 und 3 auf die Vorläufigkeit und auf das Verfahren zur Bestimmung der endgültigen Gegenleistung oder Ausgleichsverbindlichkeit hinzuweisen.

§ 48f
Durchführung der Ausgliederung

(1) [1]Die Ausgliederung erfolgt zur Aufnahme auf Grundlage der Übertragungsanordnung und der Zustimmungserklärung des übernehmenden Rechtsträgers. [2]Ein Ausgliederungsvertrag, ein Ausgliederungsbericht oder ein Ausgliederungsbeschluss der Anteilsinhaberversammlung des Kreditinstituts oder des übernehmenden Rechtsträgers sind nicht erforderlich.

(2) [1]Der Ausgliederung ist als Schlussbilanz die Jahresbilanz aus dem letzten geprüften Jahresabschluss des Kreditinstituts zugrunde zu legen, sofern nicht eine auf einen späteren Stichtag bezogene geprüfte Bilanz des Kreditinstituts vorliegt; die Bundesanstalt kann für diesen Zweck von dem Institut eine auf einen späteren Stichtag bezogene geprüfte Bilanz verlangen. [2]In den Jahresbilanzen des übernehmenden Rechtsträgers können als Anschaffungskosten im Sinne des § 253 Absatz 1 des Handelsgesetzbuchs auch die in der Schlussbilanz des Kreditinstituts angesetzten Werte angesetzt werden.

(3) [1]Das Kreditinstitut und der übernehmende Rechtsträger haben die Ausgliederung unverzüglich zur Eintragung in das Register ihres jeweiligen Sitzes anzumelden. [2]Den Anmeldungen sind neben der Schlussbilanz je eine Ausfertigung der Übertragungsanordnung und der notariellen Zustimmungserklärung des übernehmenden Rechtsträgers nach Absatz 1 Satz 1 beizufügen.

(4) [1]Die Eintragungen sind unverzüglich vorzunehmen. [2]Die Einlegung eines Rechtsbehelfs oder die Erhebung einer Klage gegen die Übertragungsanordnung, die Kapitalerhöhung oder

die Eintragung der Ausgliederung oder der Kapitalerhöhung beim übernehmenden Rechtsträger stehen der Eintragung nicht entgegen.

(5) ¹Unterlässt oder verzögert das Kreditinstitut oder der übernehmende Rechtsträger die nach Absatz 3 gebotene Anmeldung zur Eintragung in ein Register, kann die Bundesanstalt für Finanzmarktstabilisierung die Anmeldung für den Eintragungsverpflichteten vornehmen. ²In diesem Fall kann die Anmeldung nicht ohne Zustimmung durch die Bundesanstalt für Finanzmarktstabilisierung zurückgenommen werden.

(6) ¹Die Mitwirkung der Mitglieder der Leitungs- und Aufsichtsorgane bei der Vorbereitung und Durchführung der Ausgliederung stellt gegenüber dem Kreditinstitut und seinen Anteilsinhabern keine Pflichtwidrigkeit dar. ²Hiervon unberührt bleibt die Pflicht, die Rechte des Instituts nach Maßgabe des § 48r Absatz 1 und 2 zu verfolgen. ³Bei der Entscheidung über die Einlegung von Rechtsmitteln, die auf die Verhinderung des Erlasses oder des Vollzugs einer Übertragungsanordnung gerichtet sind, sind die Folgen zu berücksichtigen, die die Verzögerung bei gleichzeitigem Bekanntwerden der Bestandsgefährdung nach sich zieht.

§ 48g
Wirksamwerden und Wirkungen der Ausgliederung

(1) Die Ausgliederung wird mit der Bekanntgabe der Übertragungsanordnung gegenüber dem Kreditinstitut und dem übernehmenden Rechtsträger wirksam.

(2) Mit Wirksamwerden der Ausgliederung

1. gehen die von der Übertragungsanordnung erfassten Vermögenswerte, Verbindlichkeiten und Rechtsverhältnisse (Ausgliederungsgegenstände) auf den übernehmenden Rechtsträger über und
2. entsteht der Anspruch des Kreditinstituts auf die Gegenleistung oder die Ausgleichsverbindlichkeit.

(3) ¹Eine Gegenleistung in Geld (§ 48d Absatz 1 Satz 3) ist mit Wirksamwerden der Ausgliederung fällig. Besteht die Gegenleistung in Anteilen an dem übernehmenden Rechtsträger und ist eine Kapitalerhöhung zur Schaffung der Anteile erforderlich, muss der übernehmende Rechtsträger unverzüglich die für die Eintragung der Kapitalerhöhung und ihre Durchführung erforderlichen Handlungen vornehmen. ²Für die Eintragung der Kapitalerhöhung gilt § 48f Absatz 5 entsprechend.

(4) Anteilsinhaberähnliche Rechte ohne Stimmrecht werden im Zweifel an die durch die Ausgliederung geschaffene Lage angepasst.

(5) § 613a des Bürgerlichen Gesetzbuchs ist entsprechend anzuwenden.

(6) Soweit der übernehmende Rechtsträger nicht über die zur Fortführung der übertragenen Geschäfte erforderliche Erlaubnis nach § 32 verfügt, gilt die Übertragungsanordnung im Umfang der dem Kreditinstitut erteilten Erlaubnis als Erlaubniserteilung zugunsten des übernehmenden Rechtsträgers.

(7) [1]Schuldverhältnisse dürfen allein aus Anlass ihrer Übertragung nicht gekündigt werden. [2]Die Übertragungsanordnung und die Ausgliederung führen insoweit auch nicht zu einer Beendigung von Schuldverhältnissen. [3]Entgegenstehende vertragliche Bestimmungen sind unwirksam. [4]Die Sätze 1 bis 3 gelten nicht

1. für Kündigungs- oder Beendigungsgründe, die sich nicht darin erschöpfen, dass das Schuldverhältnis übertragen wurde oder dass die Voraussetzungen für seine Übertragung vorlagen,
2. für Kündigungs- oder Beendigungsgründe, die in der Person des übernehmenden Rechtsträgers begründet sind und
3. soweit bei einer partiellen Übertragung die Anforderungen des § 48k Absatz 2 Satz 1 bis 3 nicht eingehalten werden.

§ 48h
Haftung des Kreditinstituts; Insolvenzfestigkeit der Ausgliederung

(1) [1] Das Kreditinstitut haftet für die von der Ausgliederung erfassten Verbindlichkeiten nur in Höhe des Betrags, den der Gläubiger im Rahmen einer Abwicklung des Kreditinstituts erlöst haben würde, wenn die Ausgliederung unterblieben wäre. [2]Die Haftung besteht nur, soweit der Gläubiger von dem übernehmenden Rechtsträger keine Befriedigung erlangen kann.

(2) Ein Insolvenzverfahren über das Vermögen des Kreditinstituts lässt die Ausgliederung unberührt; sie kann weder innerhalb noch außerhalb eines solchen Insolvenzverfahrens angefochten werden.

§ 48i
Gegenstände, die ausländischem Recht unterliegen

(1) Unterliegen Ausgliederungsgegenstände einem ausländischen Recht, nach welchem die Rechtswirkungen der Übertragungsanordnung nicht gelten, ist das Kreditinstitut verpflichtet, auf die Vornahme der Akte hinzuwirken, die nach dem ausländischen Recht für den Rechtsübergang auf den übernehmenden Rechtsträger erforderlich sind.

(2) [1] In den Fällen des Absatz 1 sind das Institut und der übernehmende Rechtsträger verpflichtet, einander in Bezug auf die hiervon betroffenen Ausgliederungsgegenstände so zu stellen, als wäre der Rechtsübergang nach den Vorschriften der ausländischen Rechtsordnung erfolgt. [2] Das Kreditinstitut verwaltet die betroffenen Ausgliederungsgegenstände für Rechnung und im Interesse des übernehmenden Rechtsträgers, dessen Weisungen es unterliegt. [3] Der übernehmende Rechtsträger stellt das Kreditinstitut von den in diesem Zusammenhang anfallenden Aufwendungen frei, das Kreditinstitut hat das aus der Verwaltung des Gegenstands Erlangte an den übernehmenden Rechtsträger herauszugeben.

(3) [1] Vermögensgegenstände, deren Übertragung nach Absatz 1 durch die ausländische Rechtsordnung nicht anerkannt wird, gehören in einem Insolvenzverfahren über das Vermögen des Kreditinstituts nicht zur Insolvenzmasse. [2]Die Gläubiger von Forderungen gegen das Kreditinstitut, deren Übertragung nach Absatz 1 durch die ausländische Rechtsordnung nicht anerkannt wird, können ihre Ansprüche nicht gegen das Kreditinstitut

geltend machen. [3]Ansprüche und Verpflichtungen nach den Absätzen 1 und 2 bleiben von einem solchen Insolvenzverfahren unberührt. Rechtshandlungen, die ihrer Erfüllung dienen, sind weder innerhalb noch außerhalb dieses Insolvenzverfahrens anfechtbar.

(4) Bestehen Zweifel daran, ob die Rechtswirkungen der Übertragungsanordnung im Ausland gelten, sind die Absätze 1 bis 3 entsprechend anwendbar.

§ 48j
Partielle Rückübertragung

(1) [1] Die Bundesanstalt kann innerhalb von vier Monaten nach Wirksamwerden der Ausgliederung anordnen, dass einzelne Vermögenswerte, Verbindlichkeiten oder Rechtsverhältnisse (Ausgliederungsgegenstände) auf das ausgliedernde Kreditinstitut zurückübertragen werden (Rückübertragungsanordnung). [2] Innerhalb der Frist nach Satz 1 können weitere Rückübertragungsanordnungen ergehen.

(2) [1] Die Rückübertragungsanordnung ist gegenüber dem übernehmenden Rechtsträger und dem ausgliedernden Kreditinstitut bekannt zu geben und wird mit Bekanntgabe gegenüber beiden wirksam. [2] § 48f Absatz 3 bis 5 ist entsprechend anzuwenden; an die Stelle der in § 48f Absatz 3 Satz 2 genannten Unterlagen tritt eine Ausfertigung der Rückübertragungsanordnung. [3] Der von einer Rückübertragungsanordnung betroffene Ausgliederungsgegenstand gilt als von Anfang an im Vermögen des ausgliedernden Kreditinstituts verblieben.

(3) [1] Von einer Rückübertragung nach Absatz 1 sind vorbehaltlich der Bestimmungen des Absatzes 5 Ausgliederungsgegenstände, für welche Finanzsicherheiten im Sinne des § 1 Absatz 17 bestellt sind, sowie die für diese bestellten Finanzsicherheiten ausgenommen. Satz 1 gilt auch für Ausgliederungsgegenstände, die in ein System im Sinne des § 1 Absatz 16 oder von Zentralbanken einbezogen sind oder die einer nach § 206 Absatz 1 der Solvabilitätsverordnung berücksichtigungsfähigen Aufrechnungsvereinbarung unterfallen. [2]Die Auswahl der übrigen Ausgliederungsgegenstände richtet sich nach deren Bedeutung für eine effektive und kosteneffiziente Abwehr der von dem Kreditinstitut ausgehenden Systemgefährdung. [3]Bei gleichrangiger Bedeutung für die effektive und kosteneffiziente Abwehr der vom Kreditinstitut ausgehenden Systemgefährdung richtet sich die Auswahl von Verbindlichkeiten nach der in einem Insolvenzverfahren über Vermögen des Kreditinstituts maßgeblichen Rangfolge. [4]Die Sätze 3 und 4 gelten auch für die Entscheidung über eine nur teilweise Rückübertragung von Verbindlichkeiten.

(4) [1] Der übernehmende Rechtsträger haftet für Verbindlichkeiten, die von einer Rückübertragungsanordnung betroffen sind, nur in Höhe des Betrags, den der Gläubiger im Rahmen der Abwicklung des Kreditinstituts erlöst haben würde, wenn die Ausgliederung unterblieben wäre. [2]Die Haftung besteht nur, soweit der Gläubiger von dem Kreditinstitut keine Befriedigung erlangen kann.

(5) [1] Ein im Vollzug der Ausgliederung auf den übernehmenden Rechtsträger übergegangenes Schuldverhältnis, dessen Kündigung oder Beendigung von dem Vertragsgegner entgegen § 48g Absatz 7 erklärt oder behauptet wird, kann von der Bundesanstalt innerhalb von zehn Geschäftstagen nach Zugang der Erklärung beim übernehmenden Rechtsträger auf das Kreditinstitut zurückübertragen werden; etwaige

Ansprüche, die sich aus der Beendigung eines solchen Schuldverhältnisses ergeben würden, gelten als mitübertragen. [2]Ist das Schuldverhältnis in eine nach § 206 Absatz 1 der Solvabilitätsverordnung berücksichtigungsfähige Aufrechnungsvereinbarung eingebunden, gelten sämtliche von der Aufrechnungsvereinbarung erfassten Schuldverhältnisse zwischen dem Institut und dem Vertragsgegner, die Aufrechnungsvereinbarung sowie etwaige Ansprüche, die aus der Anwendung der Aufrechnungsvereinbarung resultieren würden, als mitübertragen. [3]Gleiches gilt für Rahmenverträge, in die die von der Aufrechnungsvereinbarung erfassten Schuldverhältnisse eingebunden sind. [4]Die Viermonatsfrist nach Absatz 1 gilt nicht. Der Vertragsgegner ist über die Rückübertragung unverzüglich zu unterrichten.

(6) Wenn im Zusammenhang mit der Übertragungsanordnung finanzielle Leistungen des Restrukturierungsfonds erforderlich sind oder werden können, trifft die Bundesanstalt die Auswahl nach Absatz 3 Satz 4 und die Entscheidung über eine Maßnahme nach Absatz 5 im Benehmen mit der Bundesanstalt für Finanzmarktstabilisierung.

(7) Die Regelungen in § 48g Absatz 2, 4 und 5 gelten entsprechend.

§ 48k
Partielle Übertragung

(1) [1]Abweichend von § 48e Absatz 1 kann die Übertragungsanordnung vorsehen, dass nur ein Teil des Vermögens, der Verbindlichkeiten und der Rechtsverhältnisse auf den übernehmenden Rechtsträger übertragen wird (partielle Übertragung). [2]In diesem Fall hat die Übertragungsanordnung abweichend von § 48e Absatz 1 Nummer 2 nur diejenigen Ausgliederungsgegenstände anzugeben, die von der Ausgliederung erfasst werden; alternativ können die Ausgliederungsgegenstände angegeben werden, die beim Institut verbleiben.

(2) [1]Ausgliederungsgegenstände, für die Finanzsicherheiten im Sinne des § 1 Absatz 17 bestellt sind, dürfen nur zusammen mit der Finanzsicherheit und Finanzsicherheiten dürfen nur zusammen mit den durch sie gesicherten Ausgliederungsgegenständen übertragen werden. Ausgliederungsgegenstände, die in ein System im Sinne des § 1 Absatz 16 oder ein System von Zentralbanken einbezogen sind, dürfen nicht ohne die für sie bestellten Sicherheiten und Sicherheiten nicht ohne die durch sie gesicherten Ausgliederungsgegenstände übertragen werden. [2]Gegenstände, die einer nach § 206 Absatz 1 der Solvabilitätsverordnung berücksichtigungsfähigen Aufrechnungsvereinbarung unterliegen, dürfen nur in ihrer Gesamtheit und zusammen mit der Aufrechnungsvereinbarung und den Rahmenverträgen übertragen werden, in die die von der Aufrechnungsvereinbarung erfassten Schuldverhältnisse mittelbar oder unmittelbar eingebunden sind; § 48j Absatz 5 Satz 2 gilt entsprechend. [3]Für die Auswahl der zu übertragenden Gegenstände ist § 48j Absatz 3 Satz 4 bis 6 und Absatz 6 entsprechend anzuwenden.

(3) Der übernehmende Rechtsträger haftet für Verbindlichkeiten, die von einer Übertragungsanordnung nach Absatz 1 nicht erfasst werden, nur in Höhe des Betrags, den der Gläubiger im Rahmen der Abwicklung des Kreditinstituts erlöst haben würde, wenn die Ausgliederung unterblieben wäre.

(4) [1]Verbleiben bei dem Kreditinstitut Gegenstände, auf deren Nutzung oder Mitnutzung der übernehmende Rechtsträger angewiesen ist, um die auf ihn übertragenen Unternehmensteile fortführen zu können, hat das Kreditinstitut dem übernehmenden Rechtsträger die Nutzung oder Mitnutzung gegen ein angemessenes Entgelt zu gestatten, bis der übernehmende Rechtsträger die betroffenen Gegenstände ersetzen kann. [2]Ansprüche nach Satz 1 oder aus einem aufgrund der Verpflichtung nach Satz 1 geschlossenen Vertrag bleiben von einem über das Vermögen des Instituts eröffneten Insolvenzverfahren unberührt; Vertragsschluss und Erfüllungshandlungen sind nicht anfechtbar.

(5) [1]Die Bundesanstalt kann innerhalb von vier Monaten nach Wirksamwerden einer Ausgliederung, die auf einer Übertragungsanordnung nach Absatz 1 beruht, weitere Übertragungsanordnungen (Folgeanordnungen) erlassen. Folgeanordnungen lösen die Frist nach Satz 1 nicht erneut aus. [2]§ 48a Absatz 3 gilt entsprechend.

§ 48l
Maßnahmen bei dem Kreditinstitut

(1) Nach Wirksamwerden der Übertragungsanordnung kann die Bundesanstalt die Erlaubnis des Kreditinstituts aufheben, wenn das Kreditinstitut nicht in der Lage ist, seine Geschäfte im Einklang mit den Bestimmungen dieses Gesetzes fortzuführen. § 35 bleibt unberührt.

(2) [1]Solange die auf den übernehmenden Rechtsträger übertragenen Unternehmensteile in ihrem Bestand gefährdet sind und solange die Bundesanstalt nicht das Erreichen des Sanierungsziels (§ 48m Absatz 1 Satz 2) beim übernehmenden Rechtsträger festgestellt hat, kann die Bundesanstalt das Kreditinstitut anweisen, die ihm in der Anteilsinhaberversammlung des übernehmenden Rechtsträgers zustehenden Stimmrechte in bestimmter Weise auszuüben; die Weisung ist auch dem übernehmenden Rechtsträger bekanntzugeben. [2]Zur Zustimmung

1. zu einer Kapitalherabsetzung des übernehmenden Rechtsträgers, die nicht der Deckung von Verlusten dient,
2. zu einer Kapitalerhöhung, bei welcher der Ausgabebetrag oder der Mindestbetrag, zu dem die Anteile ausgegeben werden, unangemessen niedrig ist,
3. zu einer Verschmelzung, Spaltung, Ausgliederung oder Vermögensübertragung nach dem Umwandlungsgesetz, bei der die dem Institut zustehende Gegenleistung oder Abfindung unangemessen niedrig ist, und
4. zu einem Ausschluss des Kreditinstituts aus dem Kreis der Anteilsinhaber

kann das Institut nicht angewiesen werden. [3]Die Befolgung einer Weisung nach Satz 1 stellt gegenüber dem Kreditinstitut oder seinen Anteilsinhabern keine Pflichtwidrigkeit der Mitglieder der vertretungsberechtigten Organe dar. [4]Hiervon unberührt bleibt die Pflicht, die Rechte des Kreditinstituts nach Maßgabe von § 48m Absatz 4 und 5 und § 48r Absatz 3 zu verfolgen.

(3) Solange die auf den übernehmenden Rechtsträger übertragenen Unternehmensteile in ihrem Bestand gefährdet sind und solange eine solche Bestandsgefährdung nicht nachhaltig abgewendet ist, darf das Kreditinstitut nicht ohne vorherige schriftliche Zustimmung der Bundesanstalt über die ihm zustehenden Anteile an dem übernehmenden Rechtsträger verfügen.

(4) Droht ein Antrag auf Eröffnung eines Insolvenzverfahrens über das Vermögen des Kreditinstituts allein deshalb abgewiesen zu werden, weil das Vermögen des Kreditinstituts voraussichtlich nicht reicht, um die Kosten des Verfahrens zu decken, ist der übernehmende Rechtsträger verpflichtet, den für die Eröffnung des Verfahrens erforderlichen Kostenvorschuss zu leisten.

(5) Die Bundesanstalt soll bei dem Kreditinstitut einen Sonderprüfer einsetzen, der das Bestehen von Schadensersatzansprüchen des Kreditinstituts gegen Organmitglieder oder ehemalige Organmitglieder wegen der Verletzung von Sorgfaltspflichten prüft. § 45c Absatz 6 sowie die §§ 144 und 145 des Aktiengesetzes gelten entsprechend.

§ 48m
Maßnahmen bei dem übernehmenden Rechtsträger

(1) [1]Der übernehmende Rechtsträger hat der Bundesanstalt auf Verlangen unverzüglich Auskunft über alle Umstände zu geben, die für die Beurteilung der Sanierungsfähigkeit der auf den übernehmenden Rechtsträger übertragenen Unternehmensteile erforderlich sind. [2]Sanierungsfähigkeit im Sinne des Satzes 1 ist die realisierbare Möglichkeit der Herstellung einer Vermögens-, Finanz- und Ertragslage, welche die Wettbewerbsfähigkeit des übertragenen Unternehmens nachhaltig gewährleistet (Sanierungsziel). [3]Soweit dies zur Überprüfung der nach Satz 1 gemachten Angaben erforderlich ist, kann die Bundesanstalt die Vorlage von Unterlagen und die Überlassung von Kopien verlangen.

(2) [1]Zur Ermöglichung oder Umsetzung einer Übertragungsanordnung gelten bis zur Feststellung der Erreichung des Sanierungsziels durch die Bundesanstalt für Beschlussfassungen der Anteilsinhaberversammlung des übernehmenden Rechtsträgers über Kapitalmaßnahmen die §§ 7 bis 7b, 7d, 7e, 8 bis 11, 12 Absatz 1 bis 3, §§ 14, 15 und 17 bis 19 des Finanzmarktstabilisierungsbeschleunigungsgesetzes entsprechend. [2]Dies gilt auch dann, wenn andere private oder öffentliche Stellen Beiträge zur Erreichung des Sanierungsziels oder zur Überwindung der Bestandsgefährdung leisten. § 48d Absatz 2 Satz 3 gilt entsprechend.

(3) [1]Ein Beschluss nach Absatz 2 ist unverzüglich zum Register des Sitzes des übernehmenden Rechtsträgers anzumelden. Er ist, sofern er nicht offensichtlich nichtig ist, unverzüglich in das Register einzutragen. [2]Klagen und Anträge auf Erlass von Entscheidungen gegen den Beschluss oder seine Eintragung stehen der Eintragung nicht entgegen. [3] § 246a Absatz 4 des Aktiengesetzes gilt entsprechend. [4]Dasselbe gilt für die Beschlussfassungen über die Ausnutzung einer nach Absatz 2 geschaffenen Ermächtigung zur Ausnutzung eines genehmigten Kapitals.

(4) [1]Stimmt das Institut für eine Maßnahme nach Absatz 2 in Erfüllung einer ihm nach § 48l Absatz 2 von der Bundesanstalt erteilten Weisung, ist es nicht gehindert, gegen den Beschluss Klage zu erheben. [2]Die Klage kann im Falle einer Kapitalerhöhung auch darauf gestützt werden, dass der Ausgabebetrag der neuen Anteile unangemessen niedrig ist. Im Falle einer Kapitalherabsetzung kann die Klage auch darauf gestützt werden, dass die Kapitalherabsetzung in dem beschlossenen Umfang nicht dem Ausgleich von Verlusten dient. [3]Ist die Klage begründet, die Maßnahme aber nach Absatz 3 bereits in das Handelsregister eingetragen, so soll der dem Institut nach Absatz 3 Satz 4 zustehende Schadensersatzanspruch durch die Ausgabe von Anteilen erfüllt werden, wenn der dem

Institut erlittene Schaden in einer wirtschaftlichen Verwässerung seiner Beteiligung am übernehmenden Rechtsträger besteht.

(5) [1]Die Absätze 2, 3 und 4 Satz 1 und 4 gelten entsprechend für Beschlussfassungen über Satzungsänderungen, den Abschluss oder die Beendigung von Unternehmensverträgen oder Maßnahmen nach dem Umwandlungsgesetz. [2]Stimmt das Kreditinstitut in Erfüllung einer Weisung nach § 48l Absatz 2 für eine Maßnahme nach dem Umwandlungsgesetz, kann es die Klage gegen den Beschluss auch darauf stützen, dass die dem Institut eingeräumte Gegenleistung oder Abfindung nicht angemessen ist.

(6) [1]Sind dem übernehmenden Rechtsträger zum Zwecke der Überwindung der Bestandsgefährdung oder zur Erreichung des Sanierungsziels durch den Restrukturierungsfonds oder auf andere Weise Unterstützungsleistungen gewährt worden, kann die Bundesanstalt bis zur Erreichung des Sanierungsziels

1. Auszahlungen an die Anteilsinhaber des übernehmenden Rechtsträgers untersagen,
2. Auszahlungen an die Inhaber anderer Eigenmittelbestandteile untersagen, die nach den vertraglichen Bestimmungen an die Erreichung festgelegter Kenngrößen geknüpft sind, sofern die einschlägigen Kenngrößen ohne die Unterstützungsleistung nicht erreicht worden wären, oder
3. Auszahlungen an Gläubiger untersagen, solange deren Ansprüche aufgrund einer Nachrangabrede nach einer hypothetischen Rückführung der Unterstützungsleistung nicht zu bedienen wären.

[2]Als Auszahlung im Sinne des Satzes 1 gelten auch die Kündigung oder der Rückerwerb der betroffenen Eigenmittelbestandteile und Schuldtitel sowie bilanzielle Maßnahmen, die zur Folge haben, dass die nach Satz 1 Nummer 2 maßgeblichen Kenngrößen erreicht werden. [3]Wird eine Auszahlung nach Satz 1 Nummer 2 untersagt, gelten die einschlägigen Kenngrößen als nicht erreicht. [4]Satz 1 gilt nicht für Ausschüttungen auf Anteile, die dem Restrukturierungsfonds oder dem Finanzmarktstabilisierungsfonds im Zusammenhang mit einer Unterstützungsleistung gewährt wurden, und für Zahlungen auf Forderungen des Restrukturierungsfonds, die im Zusammenhang mit der staatlichen Unterstützungsleistung entstanden sind. [5]§ 48d Absatz 2 Satz 3 gilt entsprechend. [6]Unterstützungsleistungen durch den Restrukturierungsfonds steht die für die Überwindung der Bestandsgefährdung oder zur Erreichung des Sanierungsziels erforderliche Zuführung von Eigenmitteln oder Liquidität durch private Dritte gleich.

(7) Ist das Sanierungsziel nicht oder nur zu unverhältnismäßigen wirtschaftlichen Bedingungen zu erreichen und lässt sich das Unternehmen ohne Risiken für die Stabilität des Finanzsystems abwickeln, kann die Bundesanstalt in Abstimmung mit der Bundesanstalt für Finanzmarktstabilisierung von dem übernehmenden Rechtsträger die Erstellung eines Liquidationsplans verlangen, aus welchem hervorgeht, dass und auf welche Weise das vom übernehmenden Rechtsträger fortgeführte Unternehmen geordnet abgewickelt wird.

(8) Die Bundesanstalt kann einen nach Absatz 7 erstellten Liquidationsplan für verbindlich erklären.

(9) [1]Die Bundesanstalt ist befugt, die zur Durchsetzung eines nach Absatz 8 verbindlichen Liquidationsplans erforderlichen Maßnahmen zu ergreifen. [2]Insbesondere ist die

Bundesanstalt befugt, dem übernehmenden Rechtsträger Weisungen zu erteilen. [3]Bieten die Geschäftsleiter keine Gewähr für die ordnungsmäßige Durchführung des Plans, kann die Bundesanstalt nach § 45c die Befugnisse der Geschäftsleiter auf einen Sonderbeauftragten übertragen, der geeignet ist, für die ordnungsmäßige Umsetzung des Plans Sorge zu tragen.

§ 48n
Unterrichtung

Über den Erlass einer Übertragungsanordnung und Maßnahmen nach § 48l Absatz 1 und 2 sowie § 48m Absatz 6 bis 9 unterrichtet die Bundesanstalt nach Maßgabe des § 46d Absatz 1 und 2 die zuständigen Behörden der anderen Staaten des Europäischen Wirtschaftsraums.

§ 48o
Maßnahmen bei übergeordneten Unternehmen von Institutsgruppen

(1) [1]Decken die einer Institutsgruppe zur Verfügung stehenden Eigenmittel die nach § 10 Absatz 1 oder 1b oder § 45b Absatz 1 Satz 2, Absatz 2 erforderlichen Eigenmittel zu weniger als 90 vom Hundert oder ist zu erwarten, dass eine solche Unterdeckung eintreten wird, wenn keine korrigierenden Maßnahmen ergriffen werden, so kann die Bundesanstalt in entsprechender Anwendung der §§ 48a bis 48k auch gegenüber dem übergeordneten Unternehmen eine Übertragungsanordnung erlassen. [2]Die §§ 48l bis 48n sind entsprechend anzuwenden.

(2) [1]Ist ein gruppenangehöriges Institut oder das übergeordnete Unternehmen in seinem Bestand gefährdet und droht es dadurch andere gruppenangehörige Unternehmen in deren Bestand zu gefährden, so kann die Bundesanstalt nach Maßgabe der §§ 48c bis 48k eine Übertragungsanordnung auch gegenüber dem übergeordneten Unternehmen erlassen, wenn mit der Gefährdung der anderen gruppenangehörigen Unternehmen eine Systemgefährdung einhergeht. [2]Bei nachgeordneten Unternehmen mit Sitz im Ausland wird eine Institutsgefährdung vermutet, wenn

1. die in dem Staat des Sitzes geltenden Eigenmittel- oder Liquiditätsanforderungen nicht erfüllt werden oder
2. die Eröffnung eines Insolvenzverfahrens oder eines anderen, in der Rechtsordnung des Sitzstaates vorgesehenen Verfahrens mit vergleichbaren Wirkungen bevorsteht und sich auf der Grundlage gruppeninterner Transaktionen nicht abwenden lässt, ohne andere gruppenangehörige Unternehmen einer Institutsgefährdung auszusetzen.

[3]Hat die Bundesanstalt eine Übertragungsanordnung nach Satz 1 erlassen, gelten die §§ 48l bis 48n entsprechend.

§ 48p
Maßnahmen bei Finanzholding-Gruppen

[1]Decken die einer Finanzholding-Gruppe zur Verfügung stehenden Eigenmittel die nach § 10 Absatz 1 oder 1b oder § 45b Absatz 1 Satz 2, Absatz 2 erforderlichen Eigenmittel zu weniger als 90 vom Hundert oder ist zu erwarten, dass eine solche Unterdeckung eintreten wird, wenn keine korrigierenden Maßnahmen ergriffen werden, kann die Bundesanstalt in entsprechender Anwendung der §§ 48a bis 48k auch gegenüber der Finanzholding-

Gesellschaft eine Übertragungsanordnung erlassen. ²Die §§ 48l bis 48n sind entsprechend anzuwenden. § 48o Absatz 2 gilt entsprechend.

§ 48q
Maßnahmen bei Finanzkonglomeraten

¹Decken die einem Finanzkonglomerat zur Verfügung stehenden Eigenmittel die gemäß § 10b Absatz 1 erforderlichen Eigenmittel zu weniger als 90 vom Hundert oder ist zu erwarten, dass eine solche Unterdeckung eintreten wird, wenn keine korrigierenden Maßnahmen ergriffen werden, kann die Bundesanstalt in entsprechender Anwendung der §§ 48a bis 48k auch gegenüber dem übergeordneten Finanzkonglomeratsunternehmen sowie gegenüber der gemischten Finanzholding-Gesellschaft eine Übertragungsanordnung erlassen. ²Die §§ 48l bis 48n sind entsprechend anzuwenden. ³§ 48o Absatz 2 gilt entsprechend.

§ 48r
Rechtsschutz

(1) ¹Die Übertragungsanordnung kann von dem Kreditinstitut binnen vier Wochen vor dem für den Sitz der Bundesanstalt in Frankfurt am Main zuständigen Oberverwaltungsgericht im ersten und letzten Rechtszug angefochten werden. ²Ein Widerspruchsverfahren wird nicht durchgeführt.

(2) ¹Soweit geltend gemacht wird, dass die Übertragungsanordnung keine angemessene Gegenleistung für die Übernahme der Ausgliederungsgegenstände durch den übernehmenden Rechtsträger vorsehe, kann die Klage nur auf Anpassung der Gegenleistung gerichtet werden. ²Satz 1 gilt entsprechend für Klagen, mit denen geltend gemacht wird, dass die dem Institut nach § 48d Absatz 6 auferlegte Ausgleichsverbindlichkeit unangemessen hoch sei oder dass an ihre Stelle eine Gegenleistung treten müsse. ³War in der Übertragungsanordnung eine vorläufige Gegenleistung vorgesehen und weicht die endgültig festgesetzte Gegenleistung zu Lasten des übernehmenden Rechtsträgers von der vorläufigen Gegenleistung ab, kann auch der übernehmende Rechtsträger auf Anpassung der Gegenleistung klagen. ⁴Satz 3 gilt entsprechend für Rechtsmittel gegen ein Urteil, das die Gegenleistung zu Lasten des übernehmenden Rechtsträgers anpasst.

(3) ¹Für die Anfechtung von Weisungen der Bundesanstalt nach § 48l Absatz 2 gilt Absatz 1 entsprechend. ²Weisungen können nur dann wegen eines Verstoßes gegen die Grenzen des § 48l Absatz 2 Satz 2 Nummer 1 bis 3 aufgehoben werden, wenn der Verstoß offensichtlich ist. Ist der Verstoß nicht offensichtlich, kann das Institut vom übernehmenden Rechtsträger nach Maßgabe des § 48m Absatz 4 und 5 Ausgleich fordern.

(4) Für Klagen gegen die Verbindlicherklärung eines Liquidationsplans (§ 48m Absatz 8) oder gegen Maßnahmen zur Durchsetzung eines für verbindlich erklärten Liquidationsplans (§ 48m Absatz 9) gilt Absatz 1 entsprechend.

§ 48s
Beschränkung der Vollzugsfolgenbeseitigung; Entschädigung

(1) [1]Die Wirksamkeit einer gemäß § 48c Absatz 6 Satz 2 im elektronischen Bundesanzeiger veröffentlichten Ausgliederung bleibt von einer Aufhebung der Übertragungsanordnung durch das Oberverwaltungsgericht unberührt. [2]Die Beseitigung der Vollzugsfolgen kann insoweit nicht verlangt werden. [3]Satz 2 gilt nicht, wenn die Folgenbeseitigung

1. nicht zu einer Systemgefährdung zu führen droht,
2. keine schutzwürdigen Interessen Dritter bedrohen würde und
3. nicht unmöglich ist.

(2) [1]Soweit die Beseitigung der Vollzugsfolgen nach Absatz 1 Satz 2 ausgeschlossen ist, steht dem Kreditinstitut ein Anspruch auf Ausgleich der durch die Übertragungsanordnung entstandenen Nachteile zu. [2]Der Anspruch steht dem Institut auch dann zu, wenn die Übertragungsanordnung nicht aufgehoben wird, weil das Handeln der Bundesanstalt nach § 48a Absatz 2 Satz 2 rechtmäßig ist und das Kreditinstitut die in dieser Vorschrift genannten Umstände nicht zu verantworten hat.

5. Vollziehbarkeit, Zwangsmittel, Umlage und Kosten

§ 49
Sofortige Vollziehbarkeit

Widerspruch und Anfechtungsklage gegen Maßnahmen der Bundesanstalt auf der Grundlage des § 2c Abs. 1b Satz 1 und 2, Abs. 2 Satz 1 und Abs. 4, des § 6a, des § 8a Absatz 3 bis 5, des § 10b Abs. 5, des § 12a Abs. 2, des § 13 Abs. 3, des § 13a Abs. 3 bis 5, jeweils auch in Verbindung mit § 13b Abs. 4 Satz 2, des § 13c Abs. 3 Satz 4, des § 13d Abs. 4 Satz 5, des § 28 Abs. 1, des § 35 Abs. 2 Nr. 2 bis 6, der §§ 36, 37 und 44 Abs. 1, auch in Verbindung mit § 44b, Abs. 2 und 3a Satz 1, des § 44a Abs. 2 Satz 1, der §§ 44c, 45, des § 45a Abs. 1 und des § 45b Abs. 1, der §§ 45c, 46, 46b und 48a bis 48q haben keine aufschiebende Wirkung.

§ 50
(aufgehoben)

§ 51
Umlage und Kosten

(1) [1] Die Kosten des Bundesaufsichtsamtes sind, soweit sie nicht durch Gebühren oder durch besondere Erstattung nach Absatz 3 gedeckt sind, dem Bund von den Instituten zu 90 vom Hundert zu erstatten. [2] Die Kosten werden anteilig auf die einzelnen Institute nach Maßgabe ihres Geschäftsumfanges umgelegt und vom Bundesaufsichtsamt nach den Vorschriften des Verwaltungsvollstreckungsgesetzes beigetrieben. [3] Die in der Umlage-Verordnung Kredit- und Finanzdienstleistungswesen vom 8. März 1999 (BGBl. I S. 314) enthaltenen Regelungen gelten für die Zeit vom 12. März 1999 bis zum 30. Dezember 2000 in der am 12. März 1999 geltenden Fassung mit Gesetzeskraft. [4] Für die Zeit vom 31. Dezember 2000 bis zum 31. Dezember 2001 gelten die in der Umlage-Verordnung Kredit und Finanzdienstleistungswesen enthaltenen Regelungen in der am 31. Dezember 2000 geltenden Fassung mit Gesetzeskraft. [5]Für die Zeit vom 1. Januar 2002 bis zum 30. April 2002

gelten die in der Umlage-Verordnung Kredit- und Finanzdienstleistungswesen enthaltenen Regelungen in der am 1. Januar 2002 geltenden Fassung mit Gesetzeskraft. [6] Zu den Kosten gehören auch die Erstattungsbeträge, die nicht beigetrieben werden konnten, sowie die Fehlbeträge aus der Umlage des vorhergehenden Jahres, für das Kosten zu erstatten sind; ausgenommen sind die Erstattungs- oder Fehlbeträge, über die noch nicht unanfechtbar oder rechtskräftig entschieden ist. [7] Das Nähere über die Erhebung der Umlage, insbesondere über den Verteilungsschlüssel und -stichtag, die Mindestveranlagung, das Umlageverfahren einschließlich eines geeigneten Schätzverfahrens, die Zahlungsfristen und die Höhe der Säumniszuschläge, sowie über die Beitreibung bestimmt das Bundesministerium der Finanzen durch Rechtsverordnung; die Rechtsverordnung kann auch Regelungen über die vorläufige Festsetzung des Umlagebetrags vorsehen. [8] Es kann die Ermächtigung durch Rechtsverordnung auf das Bundesaufsichtsamt übertragen.

(2) [1] Das Bundesaufsichtsamt kann für Entscheidungen auf Grund des § 2 Abs. 4 oder 5, des § 10 Abs. 3b Satz 1, des § 31 Abs. 2, der §§ 32 und 34 Abs. 2 und der §§ 35 bis 37 Gebühren in Höhe von 250 Euro bis 50 000 Euro festsetzen. [2] Die Höhe der Gebühr soll sich im Einzelfall nach dem für die Entscheidung erforderlichen Arbeitsaufwand und nach dem Geschäftsumfang des betroffenen Unternehmens richten.

(3) [1] Die Kosten, die dem Bund durch die Bestellung eines Abwicklers nach § 37 Satz 2 und § 38 Abs. 2 Satz 2 und 4, einer Aufsichtsperson nach § 46 Abs. 1 Satz 2, durch eine Bekanntmachung nach § 32 Abs. 4, § 37 Satz 3 oder § 38 Abs. 3 oder eine auf Grund des § 44 Abs. 1 oder 2, § 44b Satz 2 oder § 44c Abs. 2 vorgenommene Prüfung entstehen, sind von dem betroffenen Unternehmen gesondert zu erstatten und auf Verlangen des Bundesaufsichtsamtes vorzuschießen. [2] Die Kosten, die dem Bund durch eine auf Grund des § 44 Abs. 3 vorgenommene Prüfung der Richtigkeit der für die Zusammenfassung nach § 10a Abs. 6 und 7, § 13b Abs. 3 und § 25 Abs. 2 übermittelten Daten entstehen, sind von dem zur Zusammenfassung verpflichteten übergeordneten Institut gesondert zu erstatten und auf Verlangen des Bundesaufsichtsamtes vorzuschießen.

(4) [1] Absatz 1 Satz 3 bis 5 in der Fassung des Gesetzes zur Änderung des Versicherungsaufsichtsgesetzes und anderer Gesetze vom 15. Dezember 2004 (BGBl. I S. 3416) ist für die Zeit vom 12. März 1999 bis zum 30. April 2002 auf die angefallenen Kosten des Bundesaufsichtsamtes für das Kreditwesen anzuwenden. [2] Im Übrigen sind die Absätze 1 bis 3 für den Zeitraum bis zum 30. April 2002 in der bis zum 30. April 2002 geltenden Fassung auf die angefallenen Kosten des Bundesaufsichtsamtes für das Kreditwesen anzuwenden.

Vierter Abschnitt
Besondere Vorschriften für Finanzkonglomerate

§ 51a
Ermittlung eines Finanzkonglomerats; Schwellenwerte

(1) Die Bundesanstalt ermittelt, ob branchenübergreifend tätige Gruppen von Unternehmen als Finanzkonglomerate einzustufen sind.

(2) Eine Gruppe ist im Sinne des § 1 Abs. 20 Satz 1 Nr. 2 Halbsatz 2 vorwiegend in der Finanzbranche tätig, wenn der Anteil der Bilanzsumme der in der Finanzbranche tätigen

Unternehmen der Gruppe an der Bilanzsumme der Gruppe insgesamt mehr als 40 vom Hundert beträgt.

(3) Die konsolidierten oder aggregierten Tätigkeiten beziehungsweise die konsolidierten und aggregierten Tätigkeiten der Unternehmen der Versicherungsbranche sowie der Banken- und Wertpapierdienstleistungsbranche sind erheblich im Sinne des § 1 Abs. 20 Satz 1 Nr. 4, wenn

1.
  a. der Anteil der Bilanzsumme der Unternehmen der Versicherungsbranche an der Bilanzsumme aller gruppenangehöriger Unternehmen beider Finanzbranchen und der Anteil der Solvabilitätsanforderungen der Unternehmen der Versicherungsbranche an den Gesamtsolvabilitätsanforderungen aller gruppenangehöriger Unternehmen beider Finanzbranchen im Durchschnitt mehr als 10 vom Hundert beträgt, und
  b. der Anteil der Bilanzsumme der Unternehmen der Banken- und Wertpapierdienstleistungsbranche an der Bilanzsumme aller gruppenangehöriger Unternehmen beider Finanzbranchen und der Anteil der Solvabilitätsanforderungen der Unternehmen der Banken- und Wertpapierdienstleistungsbranche an den Gesamtsolvabilitätsanforderungen aller gruppenangehöriger Unternehmen beider Finanzbranchen im Durchschnitt mehr als 10 vom Hundert beträgt, oder
2. die Bilanzsumme der Unternehmen in der Versicherungsbranche sowie der Unternehmen in der Banken- und Wertpapierdienstleistungsbranche jeweils 6 Milliarden Euro übersteigen.

(4) [1] Die Bundesanstalt kann bei den Berechnungen nach den Absätzen 2 und 3 im Einzelfall einzelne konglomeratsangehörige Unternehmen unberücksichtigt lassen, wenn und solange

1. das Unternehmen sich in einem Drittstaat befindet, in dem Hindernisse für die Übermittlung der für die Berechnungen notwendigen Angaben bestehen,
2. vorbehaltlich des Satzes 2 die Einbeziehung des Unternehmens für die Aufsicht auf Konglomeratsebene ohne Bedeutung ist oder
3. die Einbeziehung des Unternehmens in die zusätzliche Beaufsichtigung auf Konglomeratsebene ungeeignet oder irreführend wäre.

[2] Erfüllen in den Fällen des Satzes 1 Nr. 2 mehrere konglomeratsangehörige Unternehmen die Voraussetzungen, sind sie in ihrer Gesamtheit für die zusätzliche Beaufsichtigung der Gruppe jedoch nicht von untergeordneter Bedeutung, hat die Bundesanstalt diese Unternehmen bei den Berechnungen nach den Absätzen 2 und 3 zu berücksichtigen.

(5) Sinken bei einer nach Maßgabe des § 1 Abs. 20 sowie der Absätze 2 und 3 als Finanzkonglomerat ermittelten Unternehmensgruppe, die bereits der zusätzlichen Beaufsichtigung nach Maßgabe dieses Gesetzes unterliegt, die Anteile nach den Absätzen 2 und 3 Nr. 1 oder der Betrag nach Absatz 3 Nr. 2 während eines Geschäftsjahres unter die dort genannten Schwellenwerte, gilt die Gruppe weiter als Finanzkonglomerat, wenn in den drei darauf folgenden Geschäftsjahren

1. in Fällen des Absatzes 2 ein Schwellenwert von 35 vom Hundert;

2. in Fällen des Absatzes 3 Nr. 1 ein Schwellenwert von 8 vom Hundert;
3. in Fällen des Absatzes 3 Nr. 2 ein Schwellenwert von 5 Milliarden Euro überschritten wird.

(6) [1] Als Bilanzsumme im Sinne der Absätze 2 und 3 sind die anhand der Jahresabschlüsse ermittelten aggregierten Bilanzsummen der Unternehmen der Gruppe zugrunde zu legen. [2] Unternehmen, an denen eine Beteiligung gehalten wird, sind in Höhe des Anteils ihrer Bilanzsummen anzurechnen, der dem von der Gruppe gehaltenen aggregierten proportionalen Anteil entspricht. [3] Liegt ein konsolidierter Abschluss vor, ist dieser anstelle der aggregierten Bilanzsummen der Einzelabschlüsse der Unternehmen zugrunde zu legen. [4] Abweichend von den Sätzen 1 und 2 kann die Bundesanstalt im Einzelfall zulassen, dass für die Berechnung der Schwellenwerte anstelle oder zusätzlich zu der Bilanzsumme die Ertragsstruktur oder die außerbilanziellen Geschäfte herangezogen werden. [5] Die bei den Berechnungen zu berücksichtigenden Solvabilitätsanforderungen sind nach den §§ 10 und 10a dieses Gesetzes sowie den §§ 53c und 104g des Versicherungsaufsichtsgesetzes zu ermitteln; soweit ein Unternehmen mit Sitz in einem anderen Staat des Europäischen Wirtschaftsraums oder einem Drittstaat in die Berechnung einzubeziehen ist, das nicht bereits in der Berechnung nach § 10a dieses Gesetzes oder nach § 104g des Versicherungsaufsichtsgesetzes erfasst wird, sind insoweit die Bestimmungen über die Solvabilitätsanforderungen des jeweiligen Sitzstaates anzuwenden.

§ 51b
Feststellung eines Finanzkonglomerats

(1) [1] Die Bundesanstalt stellt fest, dass eine branchenübergreifend tätige Gruppe von Unternehmen ein Finanzkonglomerat ist. [2] Sie teilt dem Mutterunternehmen an der Spitze der Gruppe die Feststellung als Finanzkonglomerat und das übergeordnete Finanzkonglomeratsunternehmen mit; steht an der Spitze der Gruppe kein Mutterunternehmen, teilt die Bundesanstalt dies dem in der Banken- und Wertpapierdienstleistungsbranche tätigen beaufsichtigten Finanzkonglomeratsunternehmen mit der höchsten Bilanzsumme mit, es sei denn, ein konglomeratsangehöriges Erstversicherungsunternehmen mit einer höheren Bilanzsumme ist nach § 104o Abs. 1 Satz 2 des Versicherungsaufsichtsgesetzes zu unterrichten.

(2) Die Bundesanstalt hat die Feststellung einer Gruppe von Unternehmen als Finanzkonglomerat und die Bestimmung des übergeordneten Finanzkonglomeratsunternehmens aufzuheben, wenn die Voraussetzungen des § 1 Abs. 20 nicht mehr erfüllt sind, insbesondere in der Gruppe die maßgeblichen Anteile nach § 51a Abs. 2 und 3 Nr. 1 oder der Betrag nach § 51a Abs. 3 Nr. 2 absinken

1. in dem Fall des § 51a Abs. 2 unter einen Schwellenwert von 35 vom Hundert;
2. in dem Fall des § 51a Abs. 3 Nr. 1 unter einen Schwellenwert von 8 vom Hundert;
3. in dem Fall des § 51a Abs. 3 Nr. 2 unter einen Schwellenwert von 5 Milliarden Euro. Absatz 1 Satz 2 gilt entsprechend.

(3) Vorbehaltlich des Absatzes 2 kann die Bundesanstalt in den Fällen des § 51a Abs. 5 während des maßgeblichen Zeitraums von drei Jahren die Feststellung einer Gruppe von Unternehmen als Finanzkonglomerat und die Bestimmung des übergeordneten Finanzkonglomeratsunternehmens aufheben; Absatz 1 Satz 2 gilt entsprechend.

§ 51c
Befreiungen

Die Bundesanstalt kann widerruflich von der Feststellung einer Gruppe von Unternehmen als Finanzkonglomerat absehen oder das übergeordnete Finanzkonglomeratsunternehmen von den Verpflichtungen nach den §§ 13d und 25a Abs. 1a ganz oder teilweise freistellen, wenn

1. im Fall des § 51a Abs. 3 Nr. 2 die Gruppe den in § 51a Abs. 3 Nr. 1 genannten Schwellenwert nicht erreicht und die zusätzliche Beaufsichtigung auf Konglomeratsebene nicht erforderlich, ungeeignet oder irreführend ist; dies ist insbesondere anzunehmen, wenn
   a. die relative Größe der am schwächsten vertretenen Finanzbranche gemessen entweder am durchschnittlichen Anteil nach § 51a Abs. 3 Nr. 1 oder an der Bilanzsumme oder den Solvabilitätsanforderungen dieser Finanzbranche höchstens 5 vom Hundert beträgt oder
   b. der Marktanteil gemessen an der Bilanzsumme in der Banken- und Wertpapierdienstleistungsbranche und an den in der Versicherungsbranche gebuchten Bruttobeiträgen in keinem Vertragsstaat des Europäischen Wirtschaftsraums mehr als 5 vom Hundert beträgt;
2. die zur Feststellung als Finanzkonglomerat führende Überschreitung der Schwellenwerte in § 51a Abs. 2 und 3 ausschließlich auf eine erhebliche Änderung der Struktur der Gruppe zurückzuführen ist; die Freistellung ist auf einen Zeitraum von höchstens drei Jahren zu befristen, beginnend mit dem nächstfolgenden Geschäftsjahr.

Fünfter Abschnitt
Sondervorschriften

§ 52
Sonderaufsicht

Soweit Institute einer anderen staatlichen Aufsicht unterliegen, bleibt diese neben der Aufsicht der Bundesanstalt bestehen.

§ 52a
Verjährung von Ansprüchen gegen Organmitglieder von Kreditinstituten

(1) Ansprüche von Kreditinstituten gegen Geschäftsleiter und Mitglieder des Aufsichts- oder Verwaltungsorgans aus dem Organ- und Anstellungsverhältnis wegen der Verletzung von Sorgfaltspflichten verjähren in zehn Jahren.

(2) Absatz 1 ist auch auf die vor dem 15. Dezember 2010 entstandenen und noch nicht verjährten Ansprüche anzuwenden.

§ 53
Zweigstellen von Unternehmen mit Sitz im Ausland

(1) [1] Unterhält ein Unternehmen mit Sitz im Ausland eine Zweigstelle im Inland, die Bankgeschäfte betreibt oder Finanzdienstleistungen erbringt, gilt die Zweigstelle als

Kreditinstitut oder Finanzdienstleistungsinstitut. [2] Unterhält das Unternehmen mehrere Zweigstellen im Inland, gelten sie als ein Institut.

(2) Auf die in Absatz 1 bezeichneten Institute ist dieses Gesetz mit folgender Maßgabe anzuwenden:

1. Das Unternehmen hat mindestens zwei natürliche Personen mit Wohnsitz im Inland zu bestellen, die für den Geschäftsbereich des Instituts zur Geschäftsführung und zur Vertretung des Unternehmens befugt sind, sofern das Institut Bankgeschäfte betreibt oder Finanzdienstleistungen erbringt und befugt ist, sich bei der Erbringung von Finanzdienstleistungen Eigentum oder Besitz an Geldern oder Wertpapieren von Kunden zu verschaffen. Solche Personen gelten als Geschäftsleiter. Sie sind zur Eintragung in das Handelsregister anzumelden.

2. Das Institut ist verpflichtet, über die von ihm betriebenen Geschäfte und über das seinem Geschäftsbetrieb dienende Vermögen des Unternehmens gesondert Buch zu führen und gegenüber der Bundesanstalt und der Deutschen Bundesbank Rechnung zu legen. Die Vorschriften des Handelsgesetzbuchs über Handelsbücher gelten insoweit entsprechend. Auf der Passivseite der jährlichen Vermögensübersicht ist der Betrag des dem Institut von dem Unternehmen zur Verfügung gestellten Betriebskapitals und der Betrag der dem Institut zur Verstärkung der eigenen Mittel belassenen Betriebsüberschüsse gesondert auszuweisen. Der Überschuß der Passivposten über die Aktivposten oder der Überschuß der Aktivposten über die Passivposten ist am Schluß der Vermögensübersicht ungeteilt und gesondert auszuweisen.

3. Die nach Nummer 2 für den Schluß eines jeden Geschäftsjahres aufzustellende Vermögensübersicht mit einer Aufwands- und Ertragsrechnung und einem Anhang gilt als Jahresabschluß (§ 26). Für die Prüfung des Jahresabschlusses gilt § 340k des Handelsgesetzbuchs entsprechend mit der Maßgabe, daß der Prüfer von den Geschäftsleitern gewählt und bestellt wird. Mit dem Jahresabschluß des Instituts ist der Jahresabschluß des Unternehmens für das gleiche Geschäftsjahr einzureichen.

4. Als Eigenmittel des Instituts gilt die Summe der Beträge, die in dem Monatsausweis nach § 25 als dem Institut von dem Unternehmen zur Verfügung gestelltes Betriebskapital und ihm zur Verstärkung der eigenen Mittel belassene Betriebsüberschüsse ausgewiesen wird, abzüglich des Betrags eines etwaigen aktiven Verrechnungssaldos. Außerdem ist dem Institut Kapital nach § 10 Absatz 5 sowie Kapital, das auf Grund der Eingehung längerfristiger nachrangiger Verbindlichkeiten oder kurzfristiger nachrangiger Verbindlichkeiten eingezahlt ist, und Nettogewinne (§ 10 Absatz 2c Satz 1 Nummer 1) als haftendes Eigenkapital oder Drittrangmittel zuzurechnen, wenn die gemäß § 10 Absatz 5, 5a oder 7 geltenden Bedingungen sich jeweils auf das gesamte Unternehmen beziehen; § 10 Absatz 1, 2 Satz 6 und 7, Absatz 2c Satz 2 bis 5, Absatz 3b, 6, 6a und 9 gilt entsprechend mit der Maßgabe, dass die Eigenmittel nach Satz 1 als Kernkapital gelten.

5. Die Erlaubnis kann auch dann versagt werden, wenn die Gegenseitigkeit nicht auf Grund zwischenstaatlicher Vereinbarungen gewährleistet ist. Die Erlaubnis ist zu widerrufen, wenn und soweit dem Unternehmen die Erlaubnis zum Betreiben von Bankgeschäften oder Erbringen von Finanzdienstleistungen von der für die Aufsicht über das Unternehmen im Ausland zuständigen Stelle entzogen worden ist.

6. Für die Anwendung des § 36 Abs. 1 gilt das Institut als juristische Person.

7. Die Eröffnung neuer Zweigstellen sowie die Schließung von Zweigstellen im Inland hat das Institut der Bundesanstalt und der Deutschen Bundesbank unverzüglich anzuzeigen.

(2a) Für die Bestimmungen dieses Gesetzes, die daran anknüpfen, daß ein Institut das Tochterunternehmen eines Unternehmens mit Sitz im Ausland ist, gilt die Zweigstelle als hundertprozentiges Tochterunternehmen der Institutszentrale mit Sitz im Ausland.

(3) Für Klagen, die auf den Geschäftsbetrieb einer Zweigstelle im Sinne des Absatzes 1 Bezug haben, darf der Gerichtsstand der Niederlassung nach § 21 der Zivilprozeßordnung nicht durch Vertrag ausgeschlossen werden.

(4) Die Absätze 2 bis 3 sind nicht anzuwenden, soweit zwischenstaatliche Vereinbarungen entgegenstehen, denen die gesetzgebenden Körperschaften in der Form eines Bundesgesetzes zugestimmt haben.

(5) [1] Ist ein Beschluss über die Auflösung der Zweigstelle gefasst worden, so ist dieser zur Eintragung in das Handelsregister des Gerichts der Zweigstelle anzumelden und der Vermerk "in Abwicklung" im Rechtsverkehr zu führen. [2] Die erteilte Erlaubnis ist an die Bundesanstalt zurückzugeben.

(6) [1] Die ebenfalls eintragungspflichtige Aufhebung der Zweigstelle darf nur mit Zustimmung der Bundesanstalt erfolgen. [2] Die Zustimmung ist in der Regel zu verweigern, wenn nicht nachgewiesen ist, dass sämtliche Geschäfte der Zweigstelle abgewickelt worden sind.

§ 53a
Repräsentanzen von Instituten mit Sitz im Ausland

[1] Ein Institut mit Sitz im Ausland darf eine Repräsentanz im Inland errichten oder fortführen, wenn es befugt ist, in seinem Herkunftsstaat Bankgeschäfte zu betreiben oder Finanzdienstleistungen zu erbringen und dort seine Hauptverwaltung hat. [2] Das Institut hat die Absicht, eine Repräsentanz zu errichten, und den Vollzug einer solchen Absicht der Bundesanstalt und der Deutschen Bundesbank unverzüglich anzuzeigen. [3] Die Bundesanstalt bestätigt dem Institut den Eingang der Anzeige. [4] Die Repräsentanz, einschließlich ihrer Leiter, darf ihre Tätigkeit erst aufnehmen, wenn dem Institut die Bestätigung der Bundesanstalt vorliegt. [5] Das Institut hat der Bundesanstalt und der Deutschen Bundesbank die Verlegung oder Schließung der Repräsentanz unverzüglich anzuzeigen.

§ 53b
Unternehmen mit Sitz in einem anderen Staat des Europäischen Wirtschaftsraums

(1) [1] Ein Einlagenkreditinstitut oder ein Wertpapierhandelsunternehmen mit Sitz in einem anderen Staat des Europäischen Wirtschaftsraums darf ohne Erlaubnis durch die Bundesanstalt über eine Zweigniederlassung oder im Wege des grenzüberschreitenden Dienstleistungsverkehrs im Inland Bankgeschäfte betreiben oder Finanzdienstleistungen erbringen, wenn das Unternehmen von den zuständigen Stellen des Herkunftsstaats zugelassen worden ist, die Geschäfte durch die Zulassung abgedeckt sind und das Unternehmen von den zuständigen Stellen nach den Vorgaben der Richtlinien der Europäischen Gemeinschaften beaufsichtigt wird. [2] Satz 1 gilt entsprechend für E-Geld-

Institute, sowie für Einlagenkreditinstitute und E-Geld-Institute, die auch Zahlungsdienste im Sinne des Zahlungsdiensteaufsichtsgesetzes erbringen. [3] § 53 ist in diesem Fall nicht anzuwenden. [4] § 14 der Gewerbeordnung bleibt unberührt.

(2) [1] Die Bundesanstalt hat ein Unternehmen im Sinne des Absatzes 1 Satz 1 und 2, das beabsichtigt, eine Zweigniederlassung im Inland zu errichten, innerhalb von zwei Monaten nach Eingang der von den zuständigen Stellen des Herkunftsstaats über die beabsichtigte Errichtung der Zweigniederlassung übermittelten Unterlagen auf die für seine Tätigkeit vorgeschriebenen Meldungen an die Bundesanstalt und die Deutsche Bundesbank hinzuweisen und die Bedingungen anzugeben, die nach Absatz 3 Satz 1 für die Ausübung der von der Zweigniederlassung geplanten Tätigkeiten aus Gründen des Allgemeininteresses gelten. [2] Nach Eingang der Mitteilung der Bundesanstalt, spätestens nach Ablauf der in Satz 1 genannten Frist, kann die Zweigniederlassung errichtet werden und ihre Tätigkeit aufnehmen. [3] Für den Fall, dass ein Unternehmen im Sinne des Absatzes 1 Satz 1 vertraglich gebundene Vermittler einzusetzen beabsichtigt, kann die Bundesanstalt die zuständigen Stellen des Herkunftsstaats ersuchen, ihr deren Namen mitzuteilen. [4] Die Bundesanstalt kann entsprechende Angaben auf ihrer Internetseite veröffentlichen.

(2a) Die Bundesanstalt hat einem Unternehmen im Sinne des Absatzes 1 Satz 1 und 2, das beabsichtigt, im Inland im Wege des grenzüberschreitenden Dienstleistungsverkehrs tätig zu werden, innerhalb von zwei Monaten nach Eingang der von den zuständigen Stellen des Herkunftsstaats über die beabsichtigte Aufnahme des grenzüberschreitenden Dienstleistungsverkehrs übermittelten Unterlagen die Bedingungen anzugeben, die nach Absatz 3 Satz 3 für die Ausübung der geplanten Tätigkeiten aus Gründen des Allgemeininteresses gelten.

(3) [1] Auf Zweigniederlassungen im Sinne des Absatzes 1 Satz 1 und 2 sind die folgenden Regelungen entsprechend anzuwenden mit der Maßgabe, dass eine oder mehrere Zweigniederlassungen desselben Unternehmens als ein Kreditinstitut, E-Geld-Institut oder Finanzdienstleistungsinstitut gelten:

1. die §§ 3 und 6 Abs. 2,
1a. § 10 Abs. 1 Satz 3 bis 8,
2. § 11, sofern es sich um ein Einlagenkreditinstitut handelt,
3. die §§ 14, 22 und 23,
4. § 23a, sofern es sich um ein Einlagenkreditinstitut oder Finanzdienstleistungsinstitut handelt,
5. § 24 Abs. 1 Nr. 5 und 7,
6. die §§ 24b, 24c, 25, 25a Abs. 1 Satz 6 Nr. 2,
7. § 25c Abs. 2, soweit es sich um Anforderungen an die interne Organisation zur Verhinderung von Geldwäsche und Terrorismusfinanzierung handelt,
8. die §§ 25d bis 25f, 25h, 37, 39 bis 42, 43 Abs. 2 und 3, § 44 Abs. 1 und 6, § 44a Abs. 1 und 2 sowie die §§ 44c, 46 bis 49 und
9. § 17 des Finanzdienstleistungsaufsichtsgesetzes.

[2] Änderungen des Geschäftsplans, insbesondere der Art der geplanten Geschäfte und des organisatorischen Aufbaus der Zweigniederlassung, der Anschrift und der Leiter sowie der Sicherungseinrichtung im Herkunftstaat, dem das Institut angehört, sind der Bundesanstalt

und der Deutschen Bundesbank mindestens einen Monat vor dem Wirksamwerden der Änderungen schriftlich anzuzeigen. [3] Für die Tätigkeiten im Wege des grenzüberschreitenden Dienstleistungsverkehrs nach Absatz 1 Satz 1 und 2 gelten der § 3, der, sofern es sich um ein Einlagenkreditinstitut oder Finanzdienstleistungsinstitut handelt, § 23a, die §§ 37, 44 Abs. 1 sowie die §§ 44c und 49 und der § 17 des Finanzdienstleistungsaufsichtsgesetzes entsprechend. [4] Auf Betreiber eines multilateralen Handelssystems, die im Wege des grenzüberschreitenden Dienstleistungsverkehrs im Inland einen Zugang anbieten, ist § 23a nicht anzuwenden.

(4) [1] Stellt die Bundesanstalt fest, dass ein Unternehmen im Sinne des Absatzes 1 Satz 1 und 2 seinen Verpflichtungen nach Absatz 3 nicht nachkommt, insbesondere dass es eine unzureichende Liquidität aufweist, fordert sie es auf, den Mangel innerhalb einer bestimmten Frist zu beheben. [2] Kommt es der Aufforderung nicht nach, unterrichtet sie die zuständigen Stellen des Herkunftsstaats. [3] Ergreift der Herkunftsstaat keine Maßnahmen oder erweisen sich die Maßnahmen als unzureichend, kann sie nach Unterrichtung der zuständigen Stellen des Herkunftsstaats die erforderlichen Maßnahmen ergreifen; erforderlichenfalls kann sie die Durchführung neuer Geschäfte im Inland untersagen.

(5) [1] In dringenden Fällen kann die Bundesanstalt vor Einleitung des in Absatz 4 vorgesehenen Verfahrens die erforderlichen Maßnahmen ergreifen. [2] Sie hat die Kommission der Europäischen Gemeinschaften und die zuständigen Stellen des Herkunftsstaats hiervon unverzüglich zu unterrichten. [3] Die Bundesanstalt hat die Maßnahmen zu ändern oder aufzuheben, wenn die Kommission dies nach Anhörung der zuständigen Stellen des Herkunftsstaats und der Bundesanstalt beschließt.

(6) Die zuständigen Stellen des Herkunftsstaats können nach vorheriger Unterrichtung der Bundesanstalt selbst oder durch ihre Beauftragten die für die bankaufsichtliche Überwachung der Zweigniederlassung erforderlichen Informationen bei der Zweigniederlassung prüfen.

(7) [1] Ein Unternehmen mit Sitz in einem anderen Staat des Europäischen Wirtschaftsraums, das Bankgeschäfte im Sinne des § 1 Abs. 1 Satz 2 Nr. 1 bis 3, 5, 7 bis 9 betreibt, Finanzdienstleistungen im Sinne des § 1 Abs. 1a Satz 2 Nr. 7, 9 und 10, oder Zahlungsdienste im Sinne des Zahlungsdiensteaufsichtsgesetzes erbringt oder sich als Finanzunternehmen im Sinne des § 1 Abs. 3 betätigt, kann diese Tätigkeiten über eine Zweigniederlassung oder im Wege des grenzüberschreitenden Dienstleistungsverkehrs im Inland abweichend von § 32 ohne Erlaubnis der Bundesanstalt ausüben, wenn

1. das Unternehmen ein Tochterunternehmen eines Einlagenkreditinstituts oder ein gemeinsames Tochterunternehmen mehrerer Einlagenkreditinstitute ist,
2. seine Satzung diese Tätigkeiten gestattet,
3. das oder die Mutterunternehmen in dem Staat, in dem das Unternehmen seinen Sitz hat, als Einlagenkreditinstitut zugelassen sind,
4. die Tätigkeiten, die das Unternehmen ausübt, auch im Herkunftsstaat betrieben werden,
5. das oder die Mutterunternehmen mindestens 90 vom Hundert der Stimmrechte des Tochterunternehmens halten,

6. das oder die Mutterunternehmen gegenüber den zuständigen Stellen des Herkunftsstaats des Unternehmens die umsichtige Geschäftsführung des Unternehmens glaubhaft gemacht und sich mit Zustimmung dieser zuständigen Stellen des Herkunftsstaats gegebenenfalls gesamtschuldnerisch für die vom Tochterunternehmen eingegangenen Verpflichtungen verbürgt haben und
7. das Unternehmen in die Beaufsichtigung des Mutterunternehmens auf konsolidierter Basis einbezogen ist.

[2] Satz 1 gilt entsprechend für Tochterunternehmen von in Satz 1 genannten Unternehmen, welche die vorgenannten Bedingungen erfüllen. [3] Die Absätze 2 bis 6 gelten entsprechend.

(8) [1]Die Bundesanstalt kann beantragen, dass eine inländische Zweigniederlassung eines Instituts mit Sitz in einem anderen Staat des Europäischen Wirtschaftsraums als bedeutend angesehen wird. [2]Gehört das Institut einer Institutsgruppe oder Finanzholding-Gruppe an, an deren Spitze ein EU-Mutterinstitut oder eine EU-Mutterfinanzholding-Gesellschaft steht, richtet die Bundesanstalt den Antrag an die für die Beaufsichtigung der Gruppe auf zusammengefasster Basis zuständige Stelle, anderenfalls an die zuständige Stelle des Herkunftsstaates. [3]Der Antrag ist zu begründen. Eine Zweigniederlassung ist insbesondere dann als bedeutend anzusehen, wenn

1. ihr Marktanteil gemessen an den Einlagen vom Hundert übersteigt,
2. sich eine Aussetzung oder Einstellung der Tätigkeit des Instituts auf die Marktliquidität und die Zahlungsverkehrs- sowie Abwicklungs- und Verrechnungssysteme im Inland auswirken würde oder
3. ihr eine gewisse Größe und Bedeutung gemessen an der Kundenzahl innerhalb des Banken- und Finanzsystems zukommt.

(9) [1]Haben die Bundesanstalt, die zuständige Stelle des Herkunftsstaates sowie gegebenenfalls die für die Beaufsichtigung auf zusammengefasster Basis zuständige Stelle innerhalb von zwei Monaten nach Erhalt des Antrags keine einvernehmliche Entscheidung über die Einstufung der Zweigniederlassung als bedeutend getroffen, entscheidet die Bundesanstalt unter Berücksichtigung der Auffassungen und Vorbehalte der anderen zuständigen Stelle innerhalb von weiteren zwei Monaten selbst über die Einstufung einer Zweigniederlassung als bedeutend. [2]Diese Entscheidung ist den anderen zuständigen Stellen schriftlich unter Angabe von Gründen mitzuteilen.

(10) [1]Ist die Bundesanstalt auf Einzelinstitutsebene oder unterkonsolidierter Basis für die Beaufsichtigung von Tochterunternehmen eines EU-Mutterinstituts oder einer EU-Mutter-Finanzholding-Gesellschaft zuständig, für deren Beaufsichtigung auf zusammengefasster Basis sie nicht zuständig ist und kommt es innerhalb der viermonatigen Frist nicht zu einer gemeinsamen Entscheidung aller zuständigen Stellen über die Angemessenheit der Eigenmittelausstattung und das Erfordernis zusätzlicher Eigenmittelanforderungen, entscheidet die Bundesanstalt allein, ob die Eigenmittelausstattung der ihrer Beaufsichtigung unterliegenden Tochterunternehmen angemessen ist und ob zusätzliche Eigenmittelanforderungen erforderlich sind. [2]Bei der Entscheidung berücksichtigt sie angemessen die Auffassungen und Vorbehalte der zuständigen Stelle, die die Aufsicht auf zusammengefasster Basis über die Institutsgruppe oder Finanzholding-Gruppe ausübt; die Entscheidung muss der Risikobewertung und den Auffassungen und Vorbehalten Rechnung

tragen, die innerhalb der viermonatigen Frist von den anderen zuständigen Stellen geäußert wurden. [3]Die Bundesanstalt übersendet der zuständigen Stelle, die die Aufsicht auf zusammengefasster Basis über die Institutsgruppe oder Finanzholding-Gruppe ausübt, die schriftliche Entscheidung unter Angabe der vollständigen Begründung.

§ 53c
Unternehmen mit Sitz in einem Drittstaat

Das Bundesministerium der Finanzen wird ermächtigt, durch Rechtsverordnung

1. zu bestimmen, daß die Vorschriften dieses Gesetzes über ausländische Unternehmen mit Sitz in einem anderen Staat des Europäischen Wirtschaftsraums auch auf Unternehmen mit Sitz in einem Drittstaat anzuwenden sind, soweit dies im Bereich des Niederlassungsrechts oder des Dienstleistungsverkehrs oder für die Aufsicht auf zusammengefaßter Basis auf Grund von Abkommen der Europäischen Gemeinschaften mit Drittstaaten erforderlich ist;
2. die vollständige oder teilweise Anwendung der Vorschriften des § 53b unter vollständiger oder teilweiser Freistellung von den Vorschriften des § 53 auf Unternehmen mit Sitz in einem Drittstaat anzuordnen, wenn die Gegenseitigkeit gewährleistet ist und
   a. die Unternehmen in ihrem Sitzstaat in den von der Freistellung betroffenen Bereichen nach international anerkannten Grundsätzen beaufsichtigt werden,
   b. den Zweigniederlassungen der entsprechenden Unternehmen mit Sitz im Inland in diesem Staat gleichwertige Erleichterungen eingeräumt werden und
   c. die zuständigen Behörden des Sitzstaates zu einer befriedigenden Zusammenarbeit mit der Bundesanstalt bereit sind und dies auf der Grundlage einer zwischenstaatlichen Vereinbarung sichergestellt ist.

§ 53d
Mutterunternehmen mit Sitz in einem Drittstaat

(1) Unterliegen Einlagenkreditinstitute, E-Geld-Institute oder Wertpapierhandelsunternehmen mit Sitz im Inland, die Tochterunternehmen eines Instituts oder einer Finanzholding-Gesellschaft mit Sitz in einem Drittstaat sind, in dem Drittstaat nicht einer den Bestimmungen dieses Gesetzes über die Beaufsichtigung auf konsolidierter Basis gleichwertigen Beaufsichtigung, kann die Bundesanstalt die Gruppe von Unternehmen als Institutsgruppe oder Finanzholding-Gruppe und ein Institut als übergeordnetes Unternehmen bestimmen; die Vorschriften dieses Gesetzes über die Beaufsichtigung auf konsolidierter Basis sind in diesem Fall entsprechend anzuwenden.

(2) Absatz 1 gilt entsprechend für in der Banken- und Wertpapierdienstleistungsbranche tätige beaufsichtigte Finanzkonglomeratsunternehmen mit Sitz im Inland, die Tochterunternehmen eines beaufsichtigten Finanzkonglomeratsunternehmens oder einer gemischten Finanzholding-Gesellschaft mit Sitz in einem Drittstaat sind und in dem Drittstaat nicht einer den Bestimmungen dieses Gesetzes über die Beaufsichtigung von Finanzkonglomeraten gleichwertigen Beaufsichtigung unterliegen.

(3) Die Bundesanstalt kann abweichend von den Absätzen 1 und 2 im Einzelfall einer angemessenen Beaufsichtigung auf konsolidierter Basis oder auf Konglomeratsebene in anderer Weise Rechnung tragen. Sie kann insbesondere verlangen, dass

1. in Fällen des Absatzes 1 eine Finanzholding-Gesellschaft mit Sitz im Inland oder in einem anderen Staat des Europäischen Wirtschaftsraums gegründet wird, auf die die Vorschriften dieses Gesetzes über die Beaufsichtigung auf konsolidierter Basis entsprechend anzuwenden sind;
2. in Fällen des Absatzes 2 eine gemischte Finanzholding-Gesellschaft mit Sitz im Inland oder in einem anderen Staat des Europäischen Wirtschaftsraums gegründet wird, auf die die Vorschriften dieses Gesetzes über die zusätzliche Beaufsichtigung auf Konglomeratsebene entsprechend anzuwenden sind.

§ 53e
Zusammenarbeit mit der Kommission der Europäischen Gemeinschaften

(1) [1] Die Bundesanstalt meldet der Kommission der Europäischen Gemeinschaften

1. die Erteilung einer Erlaubnis an ein Einlagenkreditinstitut oder ein E-Geld-Institut;
2. die Erteilung einer Erlaubnis nach § 32 Abs. 1 an das Tochterunternehmen eines Unternehmens mit Sitz in einem Drittstaat; die Struktur des Konzerns ist in der Mitteilung anzugeben;
3. (aufgehoben)
4. die Anzahl und die Art der Fälle, in denen die Errichtung einer Zweigniederlassung in einem anderen Staat des Europäischen Wirtschaftsraums nicht zustande gekommen ist, weil die Bundesanstalt die Angaben nach § 24a Abs. 1 Satz 2 nicht an die zuständigen Stellen des Aufnahmestaats weitergeleitet hat;
5. die Anzahl und Art der Fälle, in denen Maßnahmen nach § 53b Abs. 4 Satz 3 und Abs. 5 Satz 1 ergriffen wurden;
6. allgemeine Schwierigkeiten, die Wertpapierhandelsunternehmen bei der Errichtung von Zweigniederlassungen, der Gründung von Tochterunternehmen, beim Betreiben von Bankgeschäften, beim Erbringen von Finanzdienstleistungen oder bei Tätigkeiten nach § 1 Abs. 3 Satz 1 Nr. 2 bis 8 in einem Drittstaat haben;
7. den Erlaubnisantrag des Tochterunternehmens eines Unternehmens mit Sitz in einem Drittstaat;
8. (aufgehoben).

[2] Die Meldung nach Satz 1 Nr. 7 ist nur auf Verlangen der Kommission abzugeben.

(2) Die Bundesanstalt unterrichtet die Kommission der Europäischen Gemeinschaften über

1. die Mitteilung der Feststellung einer Gruppe von Unternehmen als Finanzkonglomerat nach § 51b Abs. 1;
2. die Grundsätze, die sie im Einvernehmen mit den anderen zuständigen Stellen des Europäischen Wirtschaftsraums in Bezug auf die Überwachung von gruppeninternen Transaktionen und Risikokonzentrationen anwendet;
3. die gewählte Vorgehensweise in den Fällen nach § 53d Abs. 3.

(3) Die Bundesanstalt hört die Kommission der Europäischen Gemeinschaften vorab an

1. in den Fällen des § 53d Abs. 1, wenn sie nach Maßgabe der Bankenrichtlinie für die konsolidierte Aufsicht zuständig wäre. Die Bundesanstalt berücksichtigt die Stellungnahme, die der Europäische Bankenausschuss im Einklang mit Artikel 143 Abs. 2 der Bankenrichtlinie erstellt hat;
2. in den Fällen des § 53d Abs. 2, wenn sie nach Maßgabe der Richtlinie 2002/87/EG als Koordinator tätig würde. Die Bundesanstalt berücksichtigt die Stellungnahme, die der Finanzkonglomerateausschuss im Einklang mit Artikel 21 Abs. 5 der Richtlinie 2002/87/EG erstellt hat.

Sechster Abschnitt
Strafvorschriften, Bußgeldvorschriften

§ 54
Verbotene Geschäfte, Handeln ohne Erlaubnis

(1) Wer

1. Geschäfte betreibt, die nach § 3, auch in Verbindung mit § 53b Abs. 3 Satz 1 oder 2, verboten sind, oder
2. ohne Erlaubnis nach § 32 Abs. 1 Satz 1 Bankgeschäfte betreibt oder Finanzdienstleistungen erbringt,

wird mit Freiheitsstrafe bis zu drei Jahren oder mit Geldstrafe bestraft.

(2) Handelt der Täter fahrlässig, so ist die Strafe Freiheitsstrafe bis zu einem Jahr oder Geldstrafe.

§ 55
Verletzung der Pflicht zur Anzeige der Zahlungsunfähigkeit oder der Überschuldung

(1) Mit Freiheitsstrafe bis zu drei Jahren oder mit Geldstrafe wird bestraft, wer entgegen § 46b Abs. 1 Satz 1, auch in Verbindung mit § 53b Abs. 3 Satz 1, eine Anzeige nicht, nicht richtig, nicht vollständig oder nicht rechtzeitig erstattet.

(2) Handelt der Täter fahrlässig, so ist die Strafe Freiheitsstrafe bis zu einem Jahr oder Geldstrafe.

§ 55a
Unbefugte Verwertung von Angaben über Millionenkredite

(1) Mit Freiheitsstrafe bis zu zwei Jahren oder mit Geldstrafe wird bestraft, wer entgegen § 14 Abs. 2 Satz 10 eine Angabe verwertet.

(2) Die Tat wird nur auf Antrag verfolgt.

§ 55b
Unbefugte Offenbarung von Angaben über Millionenkredite

(1) Mit Freiheitsstrafe bis zu einem Jahr oder mit Geldstrafe wird bestraft, wer entgegen § 14 Abs. 2 Satz 10 eine Angabe offenbart.

(2) Handelt der Täter gegen Entgelt oder in der Absicht, sich oder einen anderen zu bereichern oder einen anderen zu schädigen, ist die Strafe Freiheitsstrafe bis zu zwei Jahren oder Geldstrafe.

(3) Die Tat wird nur auf Antrag verfolgt.

§ 56
Bußgeldvorschriften

(1) Ordnungswidrig handelt, wer einer vollziehbaren Anordnung nach § 36 Abs. 1 oder 2 Satz 1 zuwiderhandelt.

(2) Ordnungswidrig handelt, wer vorsätzlich oder leichtfertig

1. entgegen § 2c Abs. 1 Satz 1, 5 oder 6, jeweils auch in Verbindung mit einer Rechtsverordnung nach § 24 Abs. 4 Satz 1, eine Anzeige nicht, nicht richtig, nicht vollständig oder nicht rechtzeitig erstattet,
2. einer Rechtsverordnung nach § 2c Abs. 1 Satz 3 zuwiderhandelt, soweit sie für einen bestimmten Tatbestand auf diese Bußgeldvorschrift verweist,
3. einer vollziehbaren Untersagung oder Anordnung nach
    a. § 2c Abs. 1b Satz 1 oder Abs. 2 Satz 1
    b. § 12a Abs. 2 Satz 1

    zuwiderhandelt,

4. entgegen § 2c Abs. 3 Satz 1 oder 4, § 10 Abs. 8 Satz 1 oder 3, § 12a Abs. 1 Satz 3, § 13 Abs. 1 Satz 1, auch in Verbindung mit Abs. 4, Abs. 2 Satz 5 oder 8, jeweils auch in Verbindung mit § 13a Abs. 2, § 13 Abs. 3 Satz 2 oder 6, § 13a Abs. 1 Satz 1, auch in Verbindung mit Abs. 6, Abs. 3 Satz 2 oder 6, § 14 Abs. 1 Satz 1 in Verbindung mit einer Rechtsverordnung nach § 22 Satz 1 Nr. 13, § 14 Abs. 1 Satz 2, jeweils auch in Verbindung mit § 53b Abs. 3 Satz 1, § 15 Abs. 4 Satz 5, § 24 Abs. 1 Nr. 4 bis 10, 12, 13, 14, 15 oder 16, Nr. 5 oder 7 jeweils auch in Verbindung mit § 53b Abs. 3 Satz 1, § 24 Abs. 1a, § 24 Abs. 3 Satz 1 oder Abs. 3a Satz 1 Nr. 1 oder 2 oder Satz 2, jeweils auch in Verbindung mit Satz 5, § 24 Abs. 3a Satz 1 Nr. 3, § 24a Abs. 1 Satz 1, auch in Verbindung mit Abs. 3 Satz 1, oder Abs. 4 Satz 1, auch in Verbindung mit Satz 2, jeweils auch in Verbindung mit einer Rechtsverordnung nach § 24a Abs. 5, § 28 Abs. 1 Satz 1 oder § 53a Satz 2 oder 5, jeweils auch in Verbindung mit einer Rechtsverordnung nach § 24 Abs. 4 Satz 1, eine Anzeige nicht, nicht richtig, nicht vollständig oder nicht rechtzeitig erstattet,
5. entgegen § 10 Absatz 3 Satz 3 oder Satz 4, § 10a Absatz 10 Satz 4 oder Satz 5, § 25 Abs. 1 Satz 1 oder Abs. 2 Satz 1, jeweils in Verbindung mit einer Rechtsverordnung nach Abs. 3 Satz 1, jeweils auch in Verbindung mit § 53b Abs. 3 Satz 1, oder entgegen § 26 Abs. 1 Satz 1, 3 oder 4 oder Abs. 3 einen Zwischenabschluß, eine Bescheinigung über

die prüferische Durchsicht des Zwischenabschlusses, einen Monatsausweis, einen Jahresabschluß, einen Lagebericht, einen Prüfungsbericht, einen Konzernabschluß oder einen Konzernlagebericht nicht, nicht richtig, nicht vollständig oder nicht rechtzeitig einreicht,

6. entgegen § 13 Abs. 3 Satz 1 oder § 13a Abs. 3 Satz 1 einen Kredit gewährt oder nicht sicherstellt, dass die Anlagebuch-Gesamtposition die dort genannte Obergrenze nicht überschreitet, oder

7. (aufgehoben)

8. entgegen § 53a Satz 4 die Tätigkeit aufnimmt.

(3) Ordnungswidrig handelt, wer vorsätzlich oder fahrlässig

1. einer vollziehbaren Anordnung nach § 6a Abs. 1 zuwiderhandelt,

1a. entgegen § 10 Abs. 5 Satz 7 oder Abs. 5a Satz 7, jeweils auch in Verbindung mit einer Rechtsverordnung nach § 24 Abs. 4 Satz 1, eine Anzeige nicht, nicht richtig, nicht vollständig oder nicht rechtzeitig erstattet,

2. entgegen § 12 Abs. 1 Satz 1 oder 2 eine qualifizierte Beteiligung hält,

3. entgegen § 12 Abs. 2 Satz 1 oder 2 nicht sicherstellt, daß die Gruppe keine qualifizierte Beteiligung hält,

4. entgegen § 18 Abs. 1 Satz 1 einen Kredit gewährt,

4a. entgegen § 22i Abs. 3 Satz 1, auch in Verbindung mit § 22n Abs. 5 Satz 4, Leistungen vornimmt,

5. einer vollziehbaren Anordnung nach § 23 Abs. 1, auch in Verbindung mit § 53b Abs. 3 Satz 1, oder § 25a Absatz 1 Satz 8, auch in Verbindung mit einer Rechtsverordnung nach § 25a Absatz 5 Satz 1 und 2, § 25a Absatz 3 Satz 1, § 26a Abs. 3, § 45 Absatz 1 bis 4 oder § 45a Abs. 1 Satz 1 zuwiderhandelt,

6. entgegen § 23a Abs. 1 Satz 3, auch in Verbindung mit § 53b Abs. 3, einen Hinweis nicht, nicht richtig, nicht vollständig, nicht in der vorgeschriebenen Weise oder nicht rechtzeitig gibt,

7. entgegen § 23a Abs. 2, auch in Verbindung mit § 53b Abs. 3, einen Kunden, die Bundesanstalt oder die Deutsche Bundesbank nicht, nicht richtig, nicht vollständig, nicht in der vorgeschriebenen Weise oder nicht rechtzeitig unterrichtet,

7a. entgegen § 24c Abs. 1 Satz 1 eine Datei nicht, nicht richtig oder nicht vollständig führt,

7b. entgegen § 24c Abs. 1 Satz 5 nicht dafür sorgt, dass die Bundesanstalt Daten jederzeit automatisch abrufen kann,

7c. entgegen § 25h Nr. 1 eine Korrespondenzbeziehung oder eine sonstige Geschäftsbeziehung mit einer Bank-Mantelgesellschaft aufnimmt oder fortführt,

7d. entgegen § 25h Nr. 2 ein Konto errichtet oder führt,

8. einer vollziehbaren Auflage nach § 32 Abs. 2 Satz 1 zuwiderhandelt,

9. entgegen § 44 Abs. 1 Satz 1, auch in Verbindung mit § 44b Abs. 1 oder § 53b Abs. 3 Satz 1, § 44 Abs. 2 Satz 1 oder § 44c Abs. 1, auch in Verbindung mit § 53b Abs. 3 Satz 1, eine Auskunft nicht, nicht richtig, nicht vollständig oder nicht rechtzeitig erteilt oder eine Unterlage nicht, nicht richtig, nicht vollständig oder nicht rechtzeitig vorlegt,

10. entgegen § 44 Abs. 1 Satz 4, auch in Verbindung mit § 44b Abs. 2 oder § 53b Abs. 3, Abs. 2 Satz 4, Abs. 4 Satz 3, Abs. 5 Satz 4 oder § 44c Abs. 5 Satz 1, auch in Verbindung mit § 53b Abs. 3, eine Maßnahme nicht duldet,

11. entgegen § 44 Abs. 5 Satz 1 eine dort genannte Maßnahme nicht oder nicht rechtzeitig vornimmt,

12. einer vollziehbaren Anordnung nach § 46 Abs. 1 Satz 1, auch in Verbindung mit § 53b Abs. 3 Satz 1, zuwiderhandelt oder

13. einer Rechtsverordnung nach § 47 Abs. 1 Nr. 2 oder 3 oder § 48 Abs. 1 Satz 1 zuwiderhandelt, soweit sie für einen bestimmten Tatbestand auf diese Bußgeldvorschrift verweist.

(4) Ordnungswidrig handelt, wer gegen die Verordnung (EG) Nr. 1781/2006 des Europäischen Parlaments und des Rates vom 15. November 2006 über die Übermittlung von Angaben zum Auftraggeber bei Geldtransfers (ABl. EU Nr. L 345 S. 1) verstößt, indem er bei Geldtransfers vorsätzlich oder fahrlässig

1. entgegen Artikel 5 Abs. 1 nicht sicherstellt, dass der vollständige Auftraggeberdatensatz übermittelt wird,
2. entgegen Artikel 5 Abs. 2, auch in Verbindung mit Abs. 4, eine dort genannte Angabe zum Auftraggeber nicht oder nicht rechtzeitig überprüft,
3. entgegen Artikel 7 Abs. 1 den Auftraggeberdatensatz nicht, nicht richtig oder nicht vollständig übermittelt,
4. entgegen Artikel 8 Satz 2 nicht über ein wirksames Verfahren zur Feststellung des Fehlens der dort genannten Angaben verfügt,
5. entgegen Artikel 9 Abs. 1 Satz 1 den Transferauftrag nicht oder nicht rechtzeitig zurückweist oder einen vollständigen Auftraggeberdatensatz nicht oder nicht rechtzeitig anfordert,
6. entgegen Artikel 11 oder Artikel 13 Abs. 5 eine Angabe zum Auftraggeber nicht mindestens fünf Jahre aufbewahrt oder
7. entgegen Artikel 12 nicht dafür sorgt, dass alleAngaben zum Auftraggeber, die bei einem Geldtransfer übermittelt werden, bei der Weiterleitung erhalten bleiben.

(5) Die Ordnungswidrigkeit kann in den Fällen des Absatzes 1, des Absatzes 2 Nr. 3 Buchstabe a, Nr. 6 sowie des Absatzes 3 Nr. 12 mit einer Geldbuße bis zu fünfhunderttausend Euro, in den Fällen des Absatzes 2 Nr. 1, 2 und 3 Buchstabe b sowie des Absatzes 3 Nr. 4 bis 10 mit einer Geldbuße bis zu hundertfünfzigtausend Euro, in den übrigen Fällen mit einer Geldbuße bis zu fünfzigtausend Euro geahndet werden.

§ 57
(weggefallen)

§ 58
(weggefallen)

§ 59
Geldbußen gegen Unternehmen

§ 30 des Gesetzes über Ordnungswidrigkeiten gilt auch für Unternehmen im Sinne des § 53b Abs. 1 Satz 1 und Abs. 7 Satz 1, die über eine Zweigniederlassung oder im Wege des grenzüberschreitenden Dienstleistungsverkehrs im Inland tätig sind.

§ 60
Zuständige Verwaltungsbehörde

Verwaltungsbehörde im Sinne des § 36 Abs. 1 Nr. 1 des Gesetzes über Ordnungswidrigkeiten ist die Bundesanstalt.

§ 60a
Mitteilungen in Strafsachen

(1) [1] Das Gericht, die Strafverfolgungs- oder die Strafvollstreckungsbehörde hat in Strafverfahren gegen Inhaber oder Geschäftsleiter von Instituten sowie gegen Inhaber bedeutender Beteiligungen an Instituten oder deren gesetzliche Vertreter oder persönlich haftende Gesellschafter wegen Verletzung ihrer Berufspflichten oder anderer Straftaten bei oder im Zusammenhang mit der Ausübung eines Gewerbes oder dem Betrieb einer sonstigen wirtschaftlichen Unternehmung, ferner in Strafverfahren, die Straftaten nach § 54 zum Gegenstand haben, im Falle der Erhebung der öffentlichen Klage der Bundesanstalt

1. die Anklageschrift oder eine an ihre Stelle tretende Antragsschrift,
2. den Antrag auf Erlaß eines Strafbefehls und
3. die das Verfahren abschließende Entscheidung mit Begründung

zu übermitteln; ist gegen die Entscheidung ein Rechtsmittel eingelegt worden, ist die Entscheidung unter Hinweis auf das eingelegte Rechtsmittel zu übermitteln. [2] In Verfahren wegen fahrlässig begangener Straftaten werden die in den Nummern 1 und 2 bestimmten Übermittlungen nur vorgenommen, wenn aus der Sicht der übermittelnden Stelle unverzüglich Entscheidungen oder andere Maßnahmen der Bundesanstalt geboten sind.

(1a) In Strafverfahren, die Straftaten nach § 54 zum Gegenstand haben, hat die Strafverfolgungsbehörde die Bundesanstalt bereits über die Eröffnung des Ermittlungsverfahrens zu unterrichten.

(2) [1] Werden sonst in einem Strafverfahren Tatsachen bekannt, die auf Mißstände in dem Geschäftsbetrieb eines Instituts hindeuten, und ist deren Kenntnis aus der Sicht der übermittelnden Stelle für Maßnahmen der Bundesanstalt nach diesem Gesetz erforderlich, soll das Gericht, die Strafverfolgungs- oder die Strafvollstreckungsbehörde diese Tatsachen ebenfalls mitteilen, soweit nicht für die übermittelnde Stelle erkennbar ist, daß

schutzwürdige Interessen des Betroffenen überwiegen. ² Dabei ist zu berücksichtigen, wie gesichert die zu übermittelnden Erkenntnisse sind.

(3) ¹ Der Bundesanstalt ist auf Antrag Akteneinsicht zu gewähren, soweit nicht für die Akteneinsicht gewährende Stelle erkennbar ist, dass schutzwürdige Interessen des Betroffenen überwiegen. ² Absatz 2 Satz 2 gilt entsprechend.

Siebenter Abschnitt
Übergangs- und Schlußvorschriften

§ 61
Erlaubnis für bestehende Kreditinstitute

¹ Soweit ein Kreditinstitut bei Inkrafttreten dieses Gesetzes Bankgeschäfte in dem in § 1 Abs. 1 bezeichneten Umfang betreiben durfte, gilt die Erlaubnis nach § 32 als erteilt. ² Die in § 35 Abs. 1 genannte Frist beginnt mit dem Inkrafttreten dieses Gesetzes zu laufen.

§ 62
Überleitungsbestimmungen

(1) ¹ Die auf dem Gebiet des Kreditwesens bestehenden Rechtsvorschriften sowie die auf Grund der bisherigen Rechtsvorschriften erlassenen Anordnungen bleiben aufrechterhalten, soweit ihnen nicht Bestimmungen dieses Gesetzes entgegenstehen. ² Rechtsvorschriften, die für die geschäftliche Betätigung bestimmter Arten von Kreditinstituten weitergehende Anforderungen stellen als dieses Gesetz, bleiben unberührt.

(2) Aufgaben und Befugnisse, die in Rechtsvorschriften des Bundes der Bankaufsichtsbehörde zugewiesen sind, gehen auf die Bundesanstalt über.

(3) Die Zuständigkeiten der Länder für die Anerkennung als verlagertes Geldinstitut nach der Fünfunddreißigsten Durchführungsverordnung zum Umstellungsgesetz, für die Bestätigung der Umstellungsrechnung und der Altbankenrechnung sowie für die Aufgaben und Befugnisse nach den Wertpapierbereinigungsgesetzen und dem Bereinigungsgesetz für deutsche Auslandsbonds bleiben unberührt.

(4) aufgehoben

(5) aufgehoben

§ 63
(Aufhebung und Änderung von Rechtsvorschriften)

§ 63a
Sondervorschriften für das in Artikel 3 des Einigungsvertrages genannte Gebiet

(1) Soweit ein Kreditinstitut mit Sitz in der Deutschen Demokratischen Republik einschließlich Berlin (Ost) am 1. Juli 1990 Bankgeschäfte in dem in § 1 Abs. 1 bezeichneten Umfang betreiben durfte, gilt die Erlaubnis nach § 32 als erteilt.

(2) Die Bundesanstalt kann Gruppen von Kreditinstituten oder einzelne Kreditinstitute mit Sitz in dem in Artikel 3 des Einigungsvertrages genannten Gebiet von Verpflichtungen auf Grund dieses Gesetzes freistellen, wenn dies aus besonderen Gründen, insbesondere wegen der noch fehlenden Angleichung des Rechts in dem in Artikel 3 des Einigungsvertrages genannten Gebiet an das Bundesrecht, angezeigt ist.

§ 64
Nachfolgeunternehmen der Deutschen Bundespost

1 Ab 1. Januar 1995 gilt die Erlaubnis nach § 32 für das Nachfolgeunternehmen der Deutschen Bundespost POSTBANK als erteilt. 2 Bei der Zusammenfassung gemäß § 19 Abs. 2 Satz 1 werden bis zum 31. Dezember 2002 Anteile an den Nachfolgeunternehmen der Deutschen Bundespost nicht berücksichtigt, die von der Bundesanstalt für Post und Telekommunikation Deutsche Bundespost gehalten werden.

§ 64a
(aufgehoben)

§ 64b
Kapital von bestehenden Kreditinstituten

(1) [1] Einlagenkreditinstituten, die am 1. Januar 1993 nach § 32 zugelassen sind, darf abweichend von § 33 Abs. 1 Satz 1 Nr. 1 Buchstabe d an Anfangskapital ein niedrigerer Betrag als der Gegenwert von 5 Millionen Euro zur Verfügung stehen. [2] In diesem Falle darf das Anfangskapital nicht unter den am 31. Dezember 1990 vorhandenen Betrag absinken. [3] Bei nach dem 31. Dezember 1990 zugelassenen Einlagenkreditinstituten darf das Anfangskapital nicht unter den Betrag zum Zeitpunkt der Zulassung absinken.

(2) Sind die Voraussetzungen des Absatzes 1 erfüllt, ist § 35 Abs. 2 Nr. 3 in Verbindung mit § 33 Abs. 1 Satz 1 Nr. 1 Buchstabe d über die Aufhebung der Erlaubnis nicht anzuwenden.

(3) Wechselt die Kontrolle über ein Kreditinstitut, das die Vergünstigung des Absatzes 1 für sich in Anspruch genommen hat, so ist § 33 Abs. 1 Satz 1 Nr. 1 Buchstabe d über die Höhe des Kapitals auf das Kreditinstitut anzuwenden.

(4) [1] Bei einem Zusammenschluß von zwei oder mehreren Kreditinstituten, welche die Vergünstigung des Absatzes 1 für sich in Anspruch genommen haben, darf das Anfangskapital des aus dem Zusammenschluß hervorgehenden Kreditinstituts mit Einwilligung der Bundesanstalt unter dem Gegenwert von fünf Millionen Euro liegen, wenn eine Gefahr für die Erfüllung der Verpflichtungen des Kreditinstituts gegenüber seinen Gläubigern nicht besteht. [2] Das Anfangskapital des zusammengeschlossenen Kreditinstituts muß in diesem Falle jedoch mindestens den zum Zeitpunkt des Zusammenschlusses vorhandenen Gesamtbetrag des Anfangskapitals der sich zusammenschließenden Kreditinstitute erreichen.

(5) [1] Die Bundesanstalt kann dem Kreditinstitut eine Frist einräumen, innerhalb der es die Kapitalanforderungen nach Absatz 1 Satz 2 oder 3 oder Absatz 4 Satz 2 zu erfüllen oder seine Tätigkeit einzustellen hat. [1] Erfüllt ein Kreditinstitut diese Kapitalanforderungen dauerhaft nicht, so gilt § 35 Abs. 2 Nr. 3 über die Aufhebung der Erlaubnis entsprechend.

§ 64c
(aufgehoben)

§ 64d
Übergangsregelung für Großkredite

[1] Bis zum 31. Dezember 1998 gelten für die Großkreditdefinitionsgrenze nach § 13 Abs. 1 Satz 1 und für die Gesamtbuch-Großkreditgrenze nach § 13a Abs. 1 Satz 3 ein Vomhundertsatz von 15 statt 10, für die Großkrediteinzelobergrenze nach § 13 Abs. 3 Satz 1 oder 3, die Anlagebuch-Großkrediteinzelobergrenze nach § 13a Abs. 3 Satz 1 oder 3 und die Gesamtbuch-Großkrediteinzelobergrenze nach § 13a Abs. 4 Satz 1 oder 3 und 4 ein Vomhundertsatz von 40 statt 25 oder ein Vomhundertsatz von 30 statt 20. [2] Die Kredite sind bis zum 31. Dezember 2001 auf die Großkrediteinzelobergrenzen nach § 13 Abs. 3 Satz 1 oder 3 und § 13a Abs. 4 Satz 1 oder 3 zurückzuführen. [3] Satz 2 gilt nicht für Kredite, die vor dem 1. Januar 1996 gewährt wurden und auf Grund vertraglicher Bedingungen erst nach dem 31. Dezember 2001 fällig werden. [4] Für Institute, deren haftendes Eigenkapital am 5. Februar 1993 sieben Millionen Euro nicht überstiegen hat, verlängern sich die in den Sätzen 1 und 2 genannten Fristen jeweils um fünf Jahre; Satz 3 gilt entsprechend. [5] Satz 4 gilt nicht, falls ein solches Institut nach dem 5. Februar 1993 mit einem anderen Institut verschmolzen worden ist oder wird und das haftende Eigenkapital der verschmolzenen Kreditinstitute sieben Millionen Euro übersteigt.

§ 64e
Übergangsvorschriften zum Sechsten Gesetz zur Änderung des Gesetzes über das Kreditwesen

(1) Für ein Kreditinstitut, das am 1. Januar 1998 über eine Erlaubnis als Einlagenkreditinstitut verfügt, gilt die Erlaubnis für das Betreiben des Finanzkommissionsgeschäftes, des Emissionsgeschäftes, des Geldkartengeschäftes, des Netzgeldgeschäftes sowie für das Erbringen von Finanzdienstleistungen für diesen Zeitpunkt als erteilt.

(2) [1] Finanzdienstleistungsinstitute und Wertpapierhandelsbanken, die am 1. Januar 1998 zulässigerweise tätig waren, ohne über eine Erlaubnis der Bundesanstalt zu verfügen, haben bis zum 1. April 1998 ihre nach diesem Gesetz erlaubnispflichtigen Tätigkeiten und die Absicht, diese fortzuführen, der Bundesanstalt und der Deutschen Bundesbank anzuzeigen. [2] Ist die Anzeige fristgerecht erstattet worden, gilt die Erlaubnis nach § 32 in diesem Umfang als erteilt. [3] Die Bundesanstalt bestätigt die bezeichneten Erlaubnisgegenstände innerhalb von drei Monaten nach Eingang der Anzeige. [4] Innerhalb von drei Monaten nach Zugang der Bestätigung der Bundesanstalt hat das Institut der Bundesanstalt und der Deutschen Bundesbank eine Ergänzungsanzeige einzureichen, die den inhaltlichen Anforderungen des § 32 entspricht. [5] Wird die Ergänzungsanzeige nicht fristgerecht eingereicht, kann die Bundesanstalt die Erlaubnis nach Satz 2 aufheben; § 35 bleibt unberührt.

(3) [1] Auf Institute, für die eine Erlaubnis nach Absatz 2 als erteilt gilt, sind § 35 Abs. 2 Nr. 3 in Verbindung mit § 33 Abs. 1 Satz 1 Nr. 1 Buchstabe a bis c sowie § 24 Abs. 1 Nr. 9 über das Anfangskapital erst ab 1. Januar 2003 anzuwenden. [2] Solange das Anfangskapital der in Satz 1 genannten Institute geringer ist als der bei Anwendung des § 33 Abs. 1 Satz 1 Nr. 1 erforderliche Betrag, darf es den Durchschnittswert der jeweils sechs vorangehenden Monate nicht unterschreiten; der Durchschnittswert ist alle sechs Monate zu berechnen und

der Bundesanstalt mitzuteilen. [3] Bei einem Unterschreiten des in Satz 2 genannten Durchschnittswertes kann die Bundesanstalt die Erlaubnis aufheben. [4] Auf die in Satz 1 genannten Institute sind § 10 Abs. 1 bis 8 und die §§ 10a, 11 und 13 bis 13b erst ab 1. Januar 1999 anzuwenden, es sei denn, sie errichten eine Zweigniederlassung oder erbringen grenzüberschreitende Dienstleistungen in anderen Staaten des Europäischen Wirtschaftsraums gemäß § 24a. [5] Wertpapierhandelsunternehmen, für die eine Erlaubnis nach Absatz 2 als erteilt gilt und die § 10 Abs. 1 bis 8 und die §§ 10a, 11 und 13 bis 13b nicht anwenden, haben die Kunden darüber zu unterrichten, daß sie nicht gemäß § 24a in anderen Staaten des Europäischen Wirtschaftsraums eine Zweigniederlassung errichten oder grenzüberschreitende Dienstleistungen erbringen können. [6] Institute, für die eine Erlaubnis nach Absatz 2 als erteilt gilt, haben der Bundesanstalt und der Deutschen Bundesbank anzuzeigen, ob sie § 10 Abs. 1 bis 8 und die §§ 10a, 11 und 13 bis 13b anwenden.

(4) (aufgehoben)

(5) Nachgewiesenes freies Vermögen des Inhabers oder der persönlich haftenden Gesellschafter eines Kreditinstituts, das am 1. Januar 1998 über eine Erlaubnis nach § 32 verfügt, kann auf Antrag in einem von der Bundesanstalt zu bestimmenden Umfang als haftendes Eigenkapital berücksichtigt werden.

§ 64f
Übergangsvorschriften zum Vierten Finanzmarktförderungsgesetz

(1) Für ein Kreditinstitut, das am 1. Juli 2002 über eine Erlaubnis als Einlagenkreditinstitut verfügt, gilt die Erlaubnis für das Betreiben des Kreditkartengeschäfts für diesen Zeitpunkt als erteilt.

(2) [1] Finanzdienstleistungsinstitute und Wertpapierhandelsbanken, die am 1. Juli 2002 zulässigerweise tätig waren, ohne über eine Erlaubnis der Bundesanstalt gemäß § 1 Abs. 1a Satz 2 Nr. 8 zu verfügen, haben bis zum 1. November 2002 ihre erlaubnispflichtige Tätigkeit und die Absicht, diese fortzuführen, der Bundesanstalt und der Deutschen Bundesbank anzuzeigen. [2] § 64e Abs. 2 Satz 2 bis 5 gilt entsprechend.

(3) - (6) (aufgehoben)

§ 64g
Übergangsvorschriften zum Finanzkonglomeraterichtlinie-Umsetzungsgesetz

(1) [1] Bis zum Erlass der Rechtsverordnung nach § 13d Abs. 2

1. sind sämtliche während eines Kalenderjahres auftretende bedeutende Risikokonzentrationen der Bundesanstalt und der Deutschen Bundesbank vor dem 16. Januar des darauf folgenden Jahres anzuzeigen. Eine Risikokonzentration ist bedeutend, wenn das entsprechend der §§ 13 bis 13b, 19 und 20 dieses Gesetzes, jeweils auch in Verbindung mit der Rechtsverordnung nach § 22 dieses Gesetzes sowie des § 54 des Versicherungsaufsichtsgesetzes zu ermittelnde Adressenausfallrisiko, Kreditrisiko oder Anlagerisiko gegenüber einer nach Maßgabe des § 19 Abs. 2 dieses Gesetzes zu bestimmenden Adresse einzeln oder in der Summe 10 vom Hundert der Eigenkapitalanforderung auf Konglomeratebene erreicht oder überschreitet;

2. hat das übergeordnete Finanzkonglomeratsunternehmen nach § 10b Abs. 3 Satz 6 bis 8 oder Abs. 4 der Bundesanstalt und der Deutschen Bundesbank die aus Versicherungsrisiken resultierenden, auf Basis des internen Risikomanagementsystems als bedeutend identifizierten, Risikokonzentrationen, die sich aus Großrisiken und Kumulrisiken sowie Risiken mit langer Entwicklungsphase bei unsicherer Ursachenkette ergeben, unverzüglich anzuzeigen. Soweit solche Risiken sich auch auf einzelne Adressen nach Nummer 1 unmittelbar auswirken, ist dies in der Anzeige, aufgeschlüsselt nach Einzeladressen, ebenfalls anzugeben. Das Versicherungsrisiko besteht in der möglichen Inanspruchnahme, die unter Berücksichtigung der vertraglichen Versicherungssumme unter Einbeziehung der Rückversicherung, der Schadenerfahrungen der Vergangenheit und mathematischer Modelle zu bestimmen ist;
3. hat das übergeordnete Finanzkonglomeratsunternehmen nach § 10b Abs. 3 Satz 6 bis 8 oder Abs. 4 die Bundesanstalt und die Deutsche Bundesbank über Risiken, die sich durch eine Kombination aus und durch Wechselwirkungen zwischen den einzelnen Risikoarten ergeben, unverzüglich zu unterrichten;
4. sind sämtliche während eines Kalenderjahres durchgeführte bedeutende gruppeninterne Transaktionen innerhalb eines Finanzkonglomerats der Bundesanstalt und der Deutschen Bundesbank vor dem 16. Januar des darauf folgenden Jahres anzuzeigen. Gruppeninterne Transaktionen sind insbesondere
    a. Darlehen,
    b. Bürgschaften, Garantien und andere außerbilanzielle Geschäfte,
    c. Geschäfte, die Eigenmittelbestandteile im Sinne der §§ 10 und 10a dieses Gesetzes sowie der §§ 53c und 104g des Versicherungsaufsichtsgesetzes betreffen,
    d. Kapitalanlagen,
    e. Rückversicherungsgeschäfte,
    f. Kostenteilungsvereinbarungen.

² Eine gruppeninterne Transaktion ist bedeutend, wenn die einzelne Transaktion 5 vom Hundert der Eigenkapitalanforderung auf Konglomeratsebene erreicht oder übersteigt. ³ Mehrere Transaktionen desselben oder verschiedener konglomeratsangehöriger Unternehmen mit einem anderen konglomeratsangehörigen Unternehmen während eines Geschäftsjahres sind jeweils adressatenbezogen zusammenzufassen, auch wenn die einzelne Transaktion 5 vom Hundert der Eigenkapitalanforderung auf Konglomeratsebene nicht erreicht.

(2) Bis zum Erlass der Rechtsverordnung nach § 13c Abs. 1 Satz 2 gilt Absatz 1 Nr. 4 für gruppeninterne Transaktionen mit gemischten Unternehmen oder deren Tochterunternehmen entsprechend.

(3) Bis zu einer Ergänzung der Rechtsverordnung nach § 24 Abs. 4

1. sind im Rahmen der Anzeigen nach § 24 Abs. 3a Satz 1 Nr. 1
    a. zur Beurteilung der Zuverlässigkeit der Personen, die die Geschäfte einer Finanzholding-Gesellschaft oder einer gemischten Finanzholding-Gesellschaft tatsächlich führen sollen, die nach § 8 Satz 2 Nr. 2 der Anzeigenverordnung vom 29. Dezember 1997 (BGBl. I S. 3372), die zuletzt durch Artikel 8 des Gesetzes

vom 15. August 2003 (BGBl. I S.1657) geändert worden ist, vorgesehenen Erklärungen abzugeben;

    b. zur Beurteilung der fachlichen Eignung der Personen, die die Geschäfte einer Finanzholding-Gesellschaft oder gemischten Finanzholding-Gesellschaft tatsächlich führen sollen, die nach § 8 Satz 2 Nr. 1 der Anzeigenverordnung vom 29. Dezember 1997 (BGBl. I S. 3372), die zuletzt durch Artikel 8 des Gesetzes vom 15. August 2003 (BGBl. I S. 1657) geändert worden ist, genannten Unterlagen beizufügen;

  2. gilt § 27 der Anzeigenverordnung vom 29. Dezember 1997 (BGBl. I S. 3372), die zuletzt durch Artikel 8 des Gesetzes vom 15. August 2003 (BGBl. I S.1657) geändert worden ist, in Bezug auf Anzeigen einer gemischten Finanzholding-Gesellschaft nach § 12a Abs. 1 Satz 3 und § 24 Abs. 3a Satz 5 entsprechend.

(4) [1] Die Ermittlung und Feststellung einer branchenübergreifend tätigen Unternehmensgruppe als Finanzkonglomerat nach den §§ 51a bis 51c in Verbindung mit § 1 Abs. 20 erfolgt erstmals auf der Grundlage der Jahresabschlüsse für das in 2003 beendete Geschäftsjahr; wesentliche Änderungen während des Geschäftsjahres 2004 hat die Bundesanstalt zu berücksichtigen. [2] Die Bestimmungen des § 10b über die angemessene Eigenkapitalausstattung auf Konglomeratebene sind erstmals auf der Grundlage der Rechnungslegung für das am 1. Januar 2005 beginnende Geschäftsjahr oder das während des Jahres 2005 beendete Geschäftsjahr anzuwenden. [3] Anzeigen nach Absatz 1 Nr. 1 und 4 sind erstmals zum 16. Januar 2006 einzureichen.

§ 64h
Übergangsvorschriften zum Gesetz zur Umsetzung der neu gefassten Bankenrichtlinie und der neu gefassten Kapitaladäquanzrichtlinie

(1) Kredite, die vor dem 1. Januar 2007 gewährt wurden und denen in Anwendung des § 10 Abs. 1a Satz 1 in der bis zum 31. Dezember 2006 geltenden Fassung ein adressenbezogenes Bonitätsgewicht von null vom Hundert beigemessen werden darf, dürfen bis zum Ende der Kreditlaufzeit weiterhin mit null vom Hundert gewichtet werden.

(2) [1] Institute, die nach den Übergangsvorschriften in der Rechtsverordnung nach § 10 Abs. 1 Satz 9 bis zum 1. Januar 2008 statt des KSA die Anforderungen des Grundsatzes I der Grundsätze über die Eigenmittel und die Liquidität der Kreditinstitute in der Fassung der Bekanntmachung vom 29. Oktober 1997 (BAnz. S. 13 555), zuletzt geändert nach Maßgabe der Bekanntmachung vom 20. Juli 2000 (BAnz. S. 17 077) für ihre KSA-Positionen anwenden, können bis zum 31. Dezember 2007 einheitlich für alle Kredite die §§ 13 bis 13b, 14, 19, 20, 22 und 64f Abs. 3 und 4 in der bis zum 31. Dezember 2006 geltenden Fassung und die Großkredit- und Millionenkreditverordnung in der bis zum 31. Dezember 2006 geltenden Fassung anwenden. [2] Institute, die Satz 1 anwenden, haben dies der Bundesanstalt und der Deutschen Bundesbank unverzüglich anzuzeigen.

(3) [1]Besteht zum Zeitpunkt der Umstellung der Ermittlung der zusammengefassten Eigenmittelausstattung von dem Verfahren nach § 10a Abs. 6 auf das Verfahren nach § 10a Abs. 7 bei Beteiligungen, die bis zu diesem Zeitpunkt erworben wurden, ein aktivischer Unterschiedsbetrag im Sinne von § 10a Abs. 6 Satz 9, darf ein insoweit nach § 10a Abs. 6 Satz 10 begonnener Abzug mit der Maßgabe fortgesetzt werden, dass bis zum 31. Dezember

2015 an die Stelle des aktivischen Unterschiedsbetrags der Geschäfts- oder Firmenwert tritt und der Abzug ausschließlich vom Kernkapital erfolgt. [2] Für Beteiligungen, die bis zum 31. Dezember 2006 eingegangen worden sind, darf weiterhin der aktivische Unterschiedsbetrag nach § 10a Abs. 6 Satz 10 abgezogen werden.

(4) [1] Ist ein übergeordnetes Institut einer Institutsgruppe im Sinne von § 10a Abs. 1 oder 2 nach den Vorschriften des Handelsgesetzbuchs verpflichtet, einen Konzernabschluss aufzustellen, darf es bei der Ermittlung der Angemessenheit der Eigenmittelausstattung der Institutsgruppe bis zum 31. Dezember 2015 abweichend von der Regelung des § 10a Abs. 7 das Verfahren nach § 10a Abs. 6 anwenden. [2] Satz 1 gilt entsprechend, wenn das übergeordnete Unternehmen nach Artikel 4 der Verordnung (EG) Nr. 1606/2002 des Europäischen Parlaments und des Rates vom 19. Juli 2002 betreffend die Anwendung internationaler Rechnungslegungsstandards (ABl. EG Nr. L 243 S. 1) in der jeweils geltenden Fassung oder nach § 315a Abs. 2 des Handelsgesetzbuchs verpflichtet ist, bei der Aufstellung des Konzernabschlusses die nach den Artikeln 3 und 6 der genannten Verordnung übernommenen internationalen Rechnungslegungsstandards anzuwenden oder diese nach Maßgabe von § 315a Abs. 3 des Handelsgesetzbuchs anwendet. [3] Die Sätze 1 und 2 gelten entsprechend für das übergeordnete Unternehmen einer Finanzholding-Gruppe im Sinne von § 10a Abs. 3, wenn die Finanzholding-Gesellschaft nach den Vorschriften des Handelsgesetzbuchs verpflichtet ist, einen Konzernabschluss aufzustellen, nach Artikel 4 der Verordnung (EG) Nr. 1606/2002 des Europäischen Parlaments und des Rates vom 19. Juli 2002 betreffend die Anwendung internationaler Rechnungslegungsstandards (ABl. EG Nr. L 243 S. 1) in der jeweils geltenden Fassung oder nach § 315a Abs. 2 des Handelsgesetzbuchs, bei der Aufstellung des Konzernabschlusses die nach den Artikeln 3 und 6 der genannten Verordnung übernommenen internationalen Rechnungslegungsstandards anzuwenden hat oder diese nach Maßgabe von § 315a Abs. 3 des Handelsgesetzbuchs anwendet. [4] Wendet ein übergeordnetes Unternehmen das Verfahren nach § 10a Abs. 7 vor dem 31. Dezember 2015 an, hat es dieses Verfahren beizubehalten.

(5) Institute dürfen personenbezogene Daten, die sie vor dem 1. Januar 2007 erhoben haben, nach Maßgabe des § 10 Abs. 1 verwenden.

(6) § 20c ist bis längstens zum 31. Dezember 2014 anzuwenden.

(7) § 2 Abs. 8a ist bis längstens zum 31. Dezember 2014 anzuwenden.

§ 64i
Übergangsvorschriften zum Finanzmarktrichtlinie-Umsetzungsgesetz

(1) [1] Für ein Unternehmen, das am 1. November 2007 eine Erlaubnis für ein oder mehrere Bankgeschäfte oder Finanzdienstleistungen im Sinne des § 1 Abs. 1a Satz 2 Nr. 1 bis 4 hat, gilt die Erlaubnis für die Anlageberatung als zu diesem Zeitpunkt erteilt. [2] Für ein Finanzdienstleistungsinstitut, das nicht unter Satz 1 fällt, gilt die Erlaubnis für die Anlageberatung ab diesem Zeitpunkt bis zur Entscheidung der Bundesanstalt als vorläufig erteilt, wenn es bis zum 31. Januar 2008 einen vollständigen Erlaubnisantrag nach § 32 Abs. 1 Satz 1 und 2, auch in Verbindung mit einer Rechtsverordnung nach § 24 Abs. 4, stellt.

(2) Für ein Unternehmen, das am 1. November 2007 eine Erlaubnis für ein oder mehrere Bankgeschäfte oder Finanzdienstleistungen im Sinne des § 1 Abs. 1a Satz 2 Nr. 1 bis 4 hat

und bisher auf eigene Rechnung mit Finanzinstrumenten gehandelt hat, gilt die Erlaubnis für das Eigengeschäft als zu diesem Zeitpunkt erteilt.

(3) Für ein Unternehmen, das auf Grund der Ausdehnung der Definition der Finanzinstrumente in § 1 Abs. 11 am 1. November 2007 zum Finanzdienstleistungsinstitut oder zur Wertpapierhandelsbank wird, gilt Absatz 1 Satz 2 entsprechend.

(4) [1] Für ein Unternehmen, das am 1. November 2007 eine Erlaubnis für die Anlagevermittlung hat, gilt die Erlaubnis für den Betrieb eines multilateralen Handelssystems als zu diesem Zeitpunkt erteilt, wenn es bis zum 31. Januar 2008 einen vollständigen Erlaubnisantrag nach § 32 Abs. 1 Satz 1 und 2, auch in Verbindung mit einer Rechtsverordnung nach § 24 Abs. 4, stellt und die Bundesanstalt dem nicht binnen drei Monaten nach Eingang des vollständigen Erlaubnisantrags widerspricht. [2] Die Bundesanstalt kann widersprechen, wenn sie im Falle eines ordentlichen Erlaubnisantrags nach § 32 das Recht hätte, die Erteilung der Erlaubnis nach § 33 zu versagen.

(5) Für ein Unternehmen, das am 1. November 2007 eine Erlaubnis für die Abschlussvermittlung hat, gilt für die Erlaubnis zur Erbringung des Platzierungsgeschäfts Absatz 1 Satz 2 entsprechend.

§ 64j
Übergangsvorschriften zum Jahressteuergesetz 2009

(1) Für ein Unternehmen, das am 25. Dezember 2008 eine Erlaubnis für ein oder mehrere Bankgeschäfte im Sinne des § 1 Abs. 1 oder Finanzdienstleistungsgeschäfte im Sinne des § 1 Abs. 1a Satz 2 Nr. 1 bis 4 hat, gilt die Erlaubnis für das Factoring und das Finanzierungsleasing als zu diesem Zeitpunkt erteilt.

(2) [1]Für Finanzdienstleistungsinstitute, die nicht unter Absatz 1 fallen, gilt die Erlaubnis für das Factoring und das Finanzierungsleasing ab dem 25. Dezember 2008 als erteilt, wenn sie bis zum 31. Januar 2009 anzeigen, dass sie diese Tätigkeiten ausüben. Für Unternehmen im Sinne des Satzes 1, die zum Zeitpunkt des Inkrafttretens des Gesetzes mindestens zwei der drei in § 267 Abs. 1 des Handelsgesetzbuchs genannten Größenkriterien nicht überschreiten, gilt eine längere Frist bis zum 31. Dezember 2009. [2]Die Anzeige muss die Angaben nach § 32 Abs. 1 Satz 2 Nr. 2 und 6 Buchstabe a und b, den Jahresabschluss für das letzte abgelaufene Geschäftsjahr, oder – soweit dieser nach den hierfür geltenden Fristen noch nicht aufzustellen war – für das diesem vorausgegangene Geschäftsjahr, oder – soweit noch kein Jahresabschluss aufzustellen war – die Eröffnungsbilanz und eine unterjährige Gewinn- und Verlustrechnung, sowie einen aktuellen Handelsregisterauszug und die Gewerbeanzeige nach § 14 Abs. 1 Satz 1 der Gewerbeordnung enthalten.

§ 64k
Übergangsvorschrift zum Gesetz zur Umsetzung der Beteiligungsrichtlinie

Auf Verfahren nach § 2c, bei denen bis zum 17. März 2009 eine Anzeige eingegangen ist, sind die Vorschriften dieses Gesetzes in der bis zum 17. März 2009 geltenden Fassung anzuwenden.

§ 64l
Übergangsvorschrift zur Erlaubnis für die Anlageverwaltung

[1] Für ein Institut, das am 25. März 2009 die Erlaubnis für das Finanzkommissionsgeschäft, den Eigenhandel oder die Finanzportfolioverwaltung hat, gilt die Erlaubnis für die Anlageverwaltung als zu diesem Zeitpunkt erteilt. [2] Eine Erlaubnispflicht für die Anlageverwaltung besteht nicht für solche Produkte, für die bis zum 24. September 2008 ein Verkaufsprospekt veröffentlicht wurde.

§ 64m
Übergangsvorschriften zum Gesetz zur Umsetzung der geänderten Bankenrichtlinie und der geänderten Kapitaladäquanzrichtlinie

(1) [1]Kapital, das nach der bis zum 30. Dezember 2010 geltenden Fassung dieses Gesetzes als Kernkapital anrechenbar ist, jedoch den Anforderungen für Kernkapital in der ab dem 31. Dezember 2010 geltenden Fassung dieses Gesetzes nicht entspricht, gilt unter Berücksichtigung der Grenzen des Satzes 2 bis zum 31. Dezember 2040 als sonstiges Kapital nach § 10 Absatz 2a Satz 1 Nummer 10. Kapital, das nach Satz 1 als sonstiges Kapital gilt, darf in den Jahren 2021 bis 2030 höchstens 20 vom Hundert und in den Jahren 2031 bis 2040 höchstens 10 vom Hundert des Kernkapitals ausmachen. [2]Für Kapital, das nach der bis zum 30. Dezember 2010 geltenden Fassung dieses Gesetzes als Kernkapital anrechenbar ist und den Anforderungen der ab dem 31. Dezember 2010 geltenden Fassung dieses Gesetzes an Kernkapital bereits entspricht, kann die Übergangsregelung der Sätze 1 und 2 ebenfalls in Anspruch genommen werden. [3]Im Übrigen gelten für Kapital, das vor dem 31. Dezember 2010 aufgenommen worden ist und die Anforderungen des § 10 Absatz 4 oder 5 dieses Gesetzes in der bis zum 30. Dezember 2010 geltenden Fassung erfüllt, die dort getroffenen Regelungen fort.

(2) [1]Kreditinstitute, die die in § 10 Absatz 2 Satz 3 bis 5 enthaltenen Anrechnungsgrenzen zum 31. Dezember 2010 nicht einhalten, sind verpflichtet, rechtzeitig Maßnahmen zur Beseitigung dieser Lage vor Beginn der in Absatz 1 Satz 2 genannten Zeiträume durchzuführen. [2]Diese Maßnahmen unterliegen der Prüfung nach § 44 Absatz 1.

(3) Kapitalbestandteile, die unter Absatz 1 oder Absatz 2 fallen, sind jeweils gesondert in den Veröffentlichungen nach § 26a Absatz 1 in Verbindung mit der nach § 10 Absatz 1 Satz 9 erlassenen Rechtsverordnung auszuweisen.

(4) Die §§ 18a und 18b sind nur anzuwenden

1. auf Verbriefungstransaktionen, die ab dem 1. Januar 2011 erstmals durchgeführt werden und
2. auf vor dem 1. Januar 2011 begonnene Verbriefungstransaktionen, bei denen nach dem 31. Dezember 2014 zugrunde liegende Forderungen neu hinzugefügt oder ersetzt werden.

Für Verbriefungstransaktionen nach Ziffer 1, die bis zum 31. Dezember 2014 durchgeführt werden, gilt als materieller Nettoanteil im Sinne des § 18a Absatz 1 Satz 1 ein Selbstbehalt in Höhe von mindestens 5 vom Hundert des Nominalwertes der in § 18a Absatz 1 Satz 2 genannten Bezugsgrößen.

(5) Kredite, die vor dem 31. Dezember 2009 gewährt worden sind und den Anforderungen des § 20 Absatz 3 Satz 3 in der bis zum 30. Dezember 2010 geltenden Fassung oder den Anforderungen der §§ 26 und 27 der Großkredit- und Millionenkreditverordnung in der bis zum 30. Dezember 2010 geltenden Fassung genügen, sind bis zum 31. Dezember 2012 nach Maßgabe dieser Bestimmungen auf die Großkreditobergrenze anzurechnen, sofern es sich um Kredite an andere Institute handelt.